감정
평가사 1차

❸권 감정평가관계법규 I

최신기출문제(제35회)

한권으로 끝내기

시대에듀

이 책의 차례

PART 06   감정평가관계법규 <하>

제1편 감정평가 및 감정평가사에 관한 법률

제2편 부동산 가격공시에 관한 법률

제3편 국유재산법

제4편 공간정보의 구축 및 관리 등에 관한 법률

이 책의 차례

PART 07 2024년 제35회 감정평가사 1차 기출문제

PART 05

감정평가관계법규
<상>

제1편

국토의 계획 및 이용에 관한 법

출제경향 & 수험대책

국토이용 및 계획에 관한 법률에서는 13문제가 출제되고 있다. 체계와 용어, 기반시설의 종류, 광역계획권의 지정과 광역도시계획의 수립·승인 구분, 도시·군기본계획, 도시·군관리계획, 용도지역의 지정특례, 용도지구에서의 행위제한, 용도구역의 구분, 지정권자를 중심으로 학습하고, 공동구, 매수청구에 대한 사항은 전체적으로 정리해야 한다. 또한 신설된 해제입안과 결정신청에 대하여도 반드시 학습해 두어야 한다. 그리고 지구단위계획구역의 의무적 지정대상, 도시지역 외의 지정요건, 지구단위계획에 필수 포함사항, 지구단위계획으로 완화되는 대상 법 규정 등을 중점적으로 확인하고, 개발행위허가대상, 허가의 기준과 성장관리계획, 개발행위허가의 제한, 기반시설부담구역의 지정과 기반시설설치계획으로 인한 부과대상 행위와 절차, 비용부담에 대해서도 반드시 정리해 두어야 한다.

제1장 | 국토의 계획 및 이용에 관한 법률 총설

출제포인트
- 목적
- 도시 · 군계획시설
- 도시 · 군계획시설사업
- 도시 · 군계획사업
- 도시 · 군계획의 구분
- 국가계획
- 광역도시계획 및 도시 · 군계획의 관계

제1절 목적(법 제1조)

이 법은 국토의 이용 · 개발과 보전을 위한 계획의 수립 및 집행 등에 필요한 사항을 정하여 공공복리를 증진시키고 국민의 삶의 질을 향상시키는 것을 목적으로 한다.

제2절 용어정의

(1) '도시 · 군계획시설'이란 기반시설 중 도시 · 군관리계획으로 결정된 시설을 말한다.

(2) '도시 · 군계획시설사업'이란 도시 · 군계획시설을 설치 · 정비 또는 개량하는 사업을 말한다.

(3) '도시 · 군계획사업'이란 도시 · 군관리계획을 시행하기 위한 다음의 사업을 말한다.
   ① 도시 · 군계획시설사업
   ②「도시개발법」에 따른 도시개발사업
   ③「도시 및 주거환경정비법」에 따른 정비사업
(4) 도시 · 군계획의 구분 ★31회 기출★

   도시 · 군계획이란 도시 · 군기본계획과 도시 · 군관리계획으로 구분한다.

제3절 국가계획, 광역도시계획 및 도시 · 군계획의 관계 등 ★31회 기출★

(1) 도시 · 군계획은 다른 법률에 따른 토지의 이용 · 개발 및 보전에 관한 계획의 기본이 된다.

(2) 광역도시계획 및 도시 · 군계획은 국가계획에 부합되어야 하며, 광역도시계획 또는 도시 · 군계획의 내용이 국가계획의 내용과 다를 때에는 국가계획의 내용이 우선한다.

(3) 광역도시계획이 수립되어 있는 지역에 대하여 수립하는 도시 · 군기본계획은 그 광역도시계획에 부합되어야 하며, 도시 · 군기본계획의 내용이 광역도시계획의 내용과 다를 때에는 광역도시계획의 내용이 우선한다.

(4) 다른 법률에 따른 환경 · 교통 · 수도 · 하수도 · 주택 등에 관한 부문별 계획을 수립할 때에는 도시 · 군기본계획의 내용에 부합되게 하여야 한다.

제2장 | 광역도시계획

1. 의의 ★33회 기출★

광역도시계획이란 광역계획권의 장기발전방향을 제시하는 계획을 말한다.

2. 법적 성질

비구속적 행정계획

3. 광역계획권의 지정

국토교통부장관이 지정	광역계획권이 둘 이상의 시·도의 관할구역에 걸쳐 있는 경우
도지사가 지정	광역계획권이 도의 관할 구역에 속하여 있는 경우

4. 수립권자 ★32, 33, 34회 기출★

(1) 국토교통부장관, 시·도지사, 시장 또는 군수는 다음의 구분에 따라 광역도시계획을 수립하여야 한다.

관할 시장 또는 군수가 공동으로 수립	광역계획권이 같은 도의 관할 구역에 속하여 있는 경우
관할 시·도지사가 공동으로 수립	광역계획권이 둘 이상의 시·도의 관할 구역에 걸쳐 있는 경우
관할 도지사가 수립	광역계획권을 지정한 날부터 3년이 지날 때까지 관할 시장 또는 군수로부터 광역도시계획의 승인 신청이 없는 경우

국토교통부장관이 수립	국가계획과 관련된 광역도시계획의 수립이 필요한 경우나 광역계획권을 지정한 날부터 3년이 지날 때까지 관할 시·도지사로부터 광역도시계획의 승인 신청이 없는 경우

(2) 국토교통부장관과 시·도지사의 공동수립

국토교통부장관은 시·도지사가 요청하는 경우와 그 밖에 필요하다고 인정되는 경우에는 관할 시·도지사와 공동으로 광역도시계획을 수립할 수 있다.

(3) 도지사와 시장 또는 군수와 공동수립 등

도지사는 시장 또는 군수가 요청하는 경우와 그 밖에 필요하다고 인정하는 경우에는 관할 시장 또는 군수와 공동으로 광역도시계획을 수립할 수 있으며, 시장 또는 군수가 협의를 거쳐 요청하는 경우에는 단독으로 광역도시계획을 수립할 수 있다.

5. 광역도시계획의 수립기준

광역도시계획의 수립기준 등은 대통령령으로 정하는 바에 따라 국토교통부장관이 정한다.

6. 광역도시계획의 수립절차

(1) 기초조사(조사·측량)

① 광역도시계획의 수립 또는 변경에 필요한 사항을 조사하거나 측량(기초조사)하여야 한다.
② 기초조사에 필요한 자료를 제출하도록 요청할 수 있다.
③ 기초조사를 전문기관에 의뢰할 수 있다.
④ 기초조사정보체계를 구축·운영하여야 한다.
⑤ 기초조사정보체계를 구축한 경우에는 등록된 정보의 현황을 5년마다 확인하고 변동사항을 반영하여야 한다.
⑥ 기초조사정보체계의 구축·운영에 필요한 사항은 대통령령으로 정한다.

(2) 공청회

광역도시계획을 수립하거나 변경하려면 미리 공청회를 열어 주민과 관계 전문가 등으로부터 의견을 들어야 하며, 공청회에서 제시된 의견이 타당하다고 인정하면 광역도시계획에 반영하여야 한다.
① 공고 : 다음의 사항을 일간신문, 관보, 공보, 인터넷 홈페이지 또는 방송 등의 방법으로 공청회 개최예정일 14일 전까지 1회 이상 공고해야 한다.
　⊙ 공청회의 개최목적
　⊙ 공청회의 개최예정일시 및 장소
　⊙ 수립 또는 변경하고자 하는 광역도시계획의 개요
　⊙ 그 밖에 필요한 사항
② 개최단위 : 광역계획권 단위로 개최하되, 필요한 경우에는 광역계획권을 여러 개의 지역으로 구분하여 개최할 수 있다.
③ 주재자 : 국토교통부장관, 시·도지사, 시장 또는 군수가 지명하는 사람이 주재한다.

7. 광역도시계획의 승인

승인권자	승인사유
국토교통부장관	시·도지사는 광역도시계획을 수립하거나 변경하려면 국토교통부장관의 승인을 받아야 한다. 다만, 도지사가 수립하는 광역도시계획은 그러하지 아니하다.
도지사	시장 또는 군수는 광역도시계획을 수립하거나 변경하려면 도지사의 승인을 받아야 한다.

8. 광역도시계획의 조정

(1) 조정신청

광역도시계획을 공동으로 수립하는 시·도지사는 그 내용에 관하여 서로 협의가 되지 아니하면 공동이나 단독으로 국토교통부장관에게 조정을 신청할 수 있으며, 광역도시계획을 공동으로 수립하는 시장 또는 군수는 그 내용에 관하여 서로 협의가 되지 아니하면 공동이나 단독으로 도지사에게 조정을 신청할 수 있다.

(2) 협의권고 등

국토교통부장관은 단독으로 조정신청을 받은 경우에는 기한을 정하여 당사자 간에 다시 협의를 하도록 권고할 수 있으며, 기한까지 협의가 이루어지지 아니하는 경우에는 직접 조정할 수 있다.

제3장 | 도시 · 군기본계획

로. 도시·군관리계획 | 수립권자

출제포인트
- 법적 성질
- 광역도시계획과의 관계
- 수립권자와 수립대상지역
- 도시 · 군기본계획의 수립절차
- 도시 · 군기본계획의 승인
- 도시 · 군기본계획의 정비

1. 도시 · 군기본계획의 의의

도시 · 군기본계획이란 특별시 · 광역시 · 특별자치시 · 특별자치도 · 시 또는 군의 관할구역에 대하여 기본적인 공간구조와 장기발전방향을 제시하는 종합계획으로서 도시 · 군관리계획 수립의 지침이 되는 계획을 말한다.

2. 법적 성질

비구속적 행정계획

3. 광역도시계획과의 관계

광역도시계획이 수립되어 있는 지역에 대하여 수립하는 도시 · 군기본계획은 그 광역도시계획에 부합되어야 하며, 도시 · 군기본계획의 내용이 광역도시계획의 내용과 다를 때에는 광역도시계획의 내용이 우선한다.

4. 수립권자와 수립대상지역

(1) 수립의무

특별시장 · 광역시장 · 특별자치시장 · 특별자치도지사 · 시장 또는 군수는 관할구역에 대하여 도시 · 군기본계획을 수립하여야 한다.

주의 국토교통부장관, 도지사는 도시 · 군기본계획의 수립권자가 될 수 없다.

(2) 수립의무가 없는 경우 ★27회 기출★

① 수도권에 속하지 아니하고 광역시와 경계를 같이하지 아니한 시 또는 군으로써 인구 10만 명 이하인 시 또는 군

② 관할 구역 전부에 대하여 광역도시계획이 수립되어 있는 시·군으로서 당해 광역도시계획에 도시·군기본계획의 내용이 모두 포함되어 있는 시·군

(3) 연계수립

지역여건상 필요하다고 인정되는 때에는 인접한 특별시·광역시·특별자치시·특별자치도·시·군의 관할구역의 전부 또는 일부를 포함하여 도시·군기본계획을 수립할 수 있다. 이 경우에는 미리 협의하여야 한다.

5. 도시·군기본계획의 수립절차 ★32회 기출★

(1) 기초조사 등

① 도시·군기본계획을 수립하거나 변경하는 경우에는 광역도시계획의 기초조사, 공청회 규정을 준용한다.

② 시·도지사, 시장 또는 군수는 기초조사의 내용에 국토교통부장관이 정하는 바에 따라 실시하는 토지의 토양, 입지, 활용가능성 등 토지의 적성에 대한 평가(토지적성평가)와 재해 취약성에 관한 분석(재해취약성분석)을 포함하여야 한다.

③ 도시·군기본계획 입안일부터 5년 이내에 토지적성평가를 실시한 경우 등 대통령령으로 정하는 경우에는 토지적성평가 또는 재해취약성분석을 하지 아니할 수 있다.

(2) 지방의회 의견청취

① 미리 그 특별시·광역시·특별자치시·특별자치도·시 또는 군 의회의 의견을 들어야 한다.

② 의회는 특별한 사유가 없으면 30일 이내에 의견을 제시하여야 한다.

(3) 특별시·광역시·특별자치시·특별자치도의 도시·군기본계획의 확정

특별시장·광역시장·특별자치시장 또는 특별자치도지사는 도시·군기본계획을 수립하거나 변경하려면 관계 행정기관의 장(국토교통부장관을 포함한다)과 협의한 후 지방도시계획위원회의 심의를 거쳐야 한다.

6. 도시·군기본계획의 승인

시장 또는 군수는 도시·군기본계획을 수립하거나 변경하려면 도지사의 승인을 받아야 한다.

7. 도시·군기본계획의 정비

① 5년마다 관할 구역의 도시·군기본계획에 대하여 그 타당성 여부를 전반적으로 재검토하여 정비하여야 한다.

② 도시·군기본계획의 내용에 우선하는 광역도시계획의 내용 및 도시·군기본계획에 우선하는 국가계획의 내용을 도시·군기본계획에 반영하여야 한다.

제4장 | 도시 · 군관리계획

출제포인트

□ 도시 · 군관리계획의 내용
□ 도시 · 군관리계획의 법적 성질
□ 도시 · 군관리계획의 입안권자
□ 도시 · 군관리계획 입안의 제안
□ 도시 · 군관리계획 입안절차
□ 도시 · 군관리계획의 결정권자
□ 지형도면의 승인
□ 결정의 효력 등
□ 도시지역으로 결정 · 고시의 의제

1. 도시 · 군관리계획의 의의

도시 · 군관리계획이란 특별시 · 광역시 · 특별자치시 · 특별자치도 · 시 또는 군의 개발 · 정비 및 보전을 위하여 수립하는 계획을 말한다.

2. 도시 · 군관리계획의 내용 ★27, 33, 34회 기출★

1. 용도지역 · 용도지구의 지정 또는 변경에 관한 계획
2. 개발제한구역, 도시자연공원구역, 시가화조정구역, 수산자원보호구역의 지정 또는 변경에 관한 계획
3. 기반시설의 설치 · 정비 또는 개량에 관한 계획
4. 도시개발사업이나 정비사업에 관한 계획
5. 지구단위계획구역의 지정 또는 변경에 관한 계획과 지구단위계획
6. 입지규제최소구역의 지정 또는 변경에 관한 계획과 입지규제최소구역계획

3. 도시 · 군관리계획의 법적 성질

구속성을 갖는 행정계획

4. 도시 · 군관리계획의 입안권자 ★27회 기출★

(1) 원칙적 입안권자

특별시장 · 광역시장 · 특별자치시장 · 특별자치도지사 · 시장 · 군수

(2) 예외적 입안권자

국토교통부장관, 도지사

5. 도시 · 군관리계획 입안의 기준 등 ★28회 기출★

(1) 입안의 기준

① 도시 · 군관리계획은 광역도시계획과 도시 · 군기본계획에 부합되어야 한다. 위반되어도 당연무효는 아니다.

② 도시 · 군관리계획은 차등을 두어 입안하여야 한다.

④ 도시 · 군관리계획의 수립기준 등은 국토교통부장관이 정한다.

(2) 입안의 특례

도시 · 군관리계획을 조속히 입안하여야 할 필요가 있다고 인정되면 광역도시계획이나 도시 · 군기본계획을 수립할 때에 도시 · 군관리계획을 함께 입안할 수 있다.

6. 도시 · 군관리계획 입안의 제안

(1) 주민(이해관계자 포함)의 입안제안

① 입안제안사항

> 1. 기반시설의 설치 · 정비 또는 개량에 관한 사항
> 2. 지구단위계획구역의 지정 및 변경과 지구단위계획의 수립 및 변경에 관한 사항
> 3. 다음의 어느 하나에 해당하는 용도지구의 지정 및 변경에 관한 사항
>   ① 개발진흥지구 중 산업 · 유통개발진흥지구
>   ② 지정된 용도지구 중 해당 용도지구에 따른 건축물이나 그 밖의 시설의 용도 · 종류 및 규모 등의 제한을 지구단위계획으로 대체하기 위한 용도지구
> 4. 입지규제최소구역의 지정 및 변경과 입지규제최소구역계획의 수립 및 변경에 관한 사항

② 도시 · 군관리계획의 입안을 제안하려는 자는 다음의 구분에 따라 토지소유자의 동의를 받아야 한다. 이 경우 동의 대상 토지 면적에서 국 · 공유지는 제외한다.

> 1. 기반시설의 설치 · 정비 또는 개량에 관한 사항에 대한 제안의 경우 : 대상 토지 면적의 5분의 4 이상
> 2. '지구단위계획구역의 지정 및 변경과 지구단위계획의 수립 및 변경에 관한 사항', 개발진흥지구 중 산업 · 유통개발진흥지구, 지정된 용도지구 중 해당 용도지구에 따른 건축물이나 그 밖의 시설의 용도 · 종류 및 규모 등의 제한을 지구단위계획으로 대체하기 위한 용도지구 : 대상 토지 면적의 3분의 2 이상

(2) 결과통보

도시 · 군관리계획입안의 제안을 받은 국토교통부장관, 시 · 도지사, 시장 또는 군수는 제안일부터 45일 이내에 도시 · 군관리계획입안에의 반영여부를 제안자에게 통보하여야 한다. 다만, 부득이한 사정이 있는 경우에는 1회에 한하여 30일을 연장할 수 있다.

(3) 비용부담

도시 · 군관리계획의 입안을 제안받은 자는 제안자와 협의하여 제안된 도시 · 군관리계획의 입안 및 결정에 필요한 비용의 전부 또는 일부를 제안자에게 부담시킬 수 있다.

7. 도시 · 군관리계획 입안절차

(1) 기초조사

① 기초조사의무

② 환경성 검토

③ 토지적성평가 및 재해취약성분석

④ 기초조사 등의 생략 : 도시 · 군관리계획으로 입안하려는 지역이 도심지에 위치하거나 개발이 끝나 나대지가 없는 등 대통령령으로 정하는 요건에 해당하면 기초조사, 환경성 검토, 토지적성평가 또는 재해취약성분석을 하지 아니할 수 있다.

더 알아보기 심화학습

1. 기초조사를 실시하지 아니할 수 있는 요건 : 다음 각 목의 어느 하나에 해당하는 경우
   가. 해당 지구단위계획구역이 도심지(상업지역과 상업지역에 연접한 지역을 말한다)에 위치하는 경우
   나. 해당 지구단위계획구역 안의 나대지면적이 구역면적의 2퍼센트에 미달하는 경우
   다. 해당 지구단위계획구역 또는 도시 · 군계획시설부지가 다른 법률에 따라 지역 · 지구 등으로 지정되거나 개발계획이 수립된 경우
   라. 해당 지구단위계획구역의 지정목적이 해당 구역을 정비 또는 관리하고자 하는 경우로서 지구단위계획의 내용에 너비 12미터 이상 도로의 설치계획이 없는 경우
   마. 기존의 용도지구를 폐지하고 지구단위계획을 수립 또는 변경하여 그 용도지구에 따른 건축물이나 그 밖의 시설의 용도 · 종류 및 규모 등의 제한을 그대로 대체하려는 경우
   바. 해당 도시 · 군계획시설의 결정을 해제하려는 경우
   사. 그 밖에 국토교통부령으로 정하는 요건에 해당하는 경우
2. 환경성 검토를 실시하지 아니할 수 있는 요건 : 다음 각 목의 어느 하나에 해당하는 경우
   가. 제1호 가목부터 사목까지의 어느 하나에 해당하는 경우
   나. 「환경영향평가법」 제9조에 따른 전략환경영향평가 대상인 도시 · 군관리계획을 입안하는 경우
3. 토지적성평가를 실시하지 아니할 수 있는 요건 : 다음 각 목의 어느 하나에 해당하는 경우
   가. 제1호 가목부터 사목까지의 어느 하나에 해당하는 경우
   나. 도시 · 군관리계획 입안일부터 5년 이내에 토지적성평가를 실시한 경우
   다. 주거지역 · 상업지역 또는 공업지역에 도시 · 군관리계획을 입안하는 경우
   라. 법 또는 다른 법령에 따라 조성된 지역에 도시 · 군관리계획을 입안하는 경우
   마. 「개발제한구역의 지정 및 관리에 관한 특별조치법 시행령」 제2조 제3항 제1호 · 제2호 또는 제6호(같은 항 제1호 또는 제2호에 따른 지역과 연접한 대지로 한정한다)의 지역에 해당하여 개발제한구역에서 조정 또는 해제된 지역에 대하여 도시 · 군관리계획을 입안하는 경우

바. 「도시개발법」에 따른 도시개발사업의 경우

사. 지구단위계획구역 또는 도시·군계획시설부지에서 도시·군관리계획을 입안하는 경우

아. 다음의 어느 하나에 해당하는 용도지역·용도지구·용도구역의 지정 또는 변경의 경우

　　1) 주거지역·상업지역·공업지역 또는 계획관리지역의 그 밖의 용도지역으로의 변경(계획관리지역을 자연녹지지역으로 변경하는 경우는 제외한다)

　　2) 주거지역·상업지역·공업지역 또는 계획관리지역 외의 용도지역 상호간의 변경(자연녹지지역으로 변경하는 경우는 제외한다)

　　3) 용도지구·용도구역의 지정 또는 변경(개발진흥지구의 지정 또는 확대지정은 제외한다)

자. 다음의 어느 하나에 해당하는 기반시설을 설치하는 경우 ★32회 기출★

　　1) 제55조 제1항 각 호에 따른 용도지역별 개발행위규모에 해당하는 기반시설

　　2) 도로·철도·궤도·수도·가스 등 선형(線型)으로 된 교통시설 및 공급시설

　　3) 공간시설(체육공원·묘지공원 및 유원지는 제외한다) ★31회 기출★

　　4) 방재시설 및 환경기초시설(폐차장은 제외한다) ★30회 기출★

　　5) 개발제한구역 안에 설치하는 기반시설

4. 재해취약성분석을 실시하지 않을 수 있는 요건 : 다음 각 목의 어느 하나에 해당하는 경우

가. 제1호 가목부터 사목까지의 어느 하나에 해당하는 경우

나. 도시·군관리계획 입안일부터 5년 이내에 재해취약성분석을 실시한 경우

다. 제3호 아목에 해당하는 경우(방재지구의 지정·변경은 제외한다)

라. 다음의 어느 하나에 해당하는 기반시설을 설치하는 경우

　　1) 제3호 자목 1)의 기반시설

　　2) 삭제 〈2019. 8. 6.〉

　　3) 공간시설 중 녹지·공공공지

(2) 주민의 의견청취

① **공고·열람** : 도시·군관리계획을 입안할 때에는 주민의 의견을 들어야 하며, 그 의견이 타당하다고 인정되면 이를 도시·군관리계획안에 반영하여야 한다. 주민의 의견청취에 필요한 사항은 대통령령으로 정하는 기준에 따라 해당 지방자치단체의 조례로 정한다.

② **결과통보** : 제출된 의견을 도시·군관리계획안에 반영할 것인지 여부를 검토하여 그 결과를 열람기간이 종료된 날부터 60일 이내에 당해 의견을 제출한 자에게 통보하여야 한다.

③ **주민의 의견청취의 생략** : 국방상 또는 국가안전보장상 기밀을 지켜야 할 필요가 있는 사항(관계 중앙행정기관의 장의 요청하는 것만 해당한다)이거나 대통령령으로 정하는 경미한 사항인 경우에는 주민의 의견청취를 생략할 수 있다.

(3) 지방의회의 의견청취

① 도시·군관리계획을 입안하려면 다음의 사항에 대하여 해당 지방의회의 의견을 들어야 한다.

　㉠ 용도지역·용도지구 또는 용도구역의 지정 또는 변경지정

　㉡ 광역도시계획에 포함된 광역시설의 설치·정비 또는 개량에 관한 도시·군관리계획의 결정 또는 변경결정

　㉢ 일정한 기반시설의 설치·정비 또는 개량에 관한 도시·군관리계획의 결정 또는 변경결정

8. 도시 · 군관리계획의 결정권자

(1) 원칙 : 시 · 도지사, 대도시 시장(시장 · 군수)

다음의 도시 · 군관리계획은 시장 또는 군수가 직접 결정한다.

> 1. 시장 또는 군수가 입안한 지구단위계획구역의 지정 · 변경과 지구단위계획의 수립 · 변경에 관한 도시 · 군관리계획
> 2. 지구단위계획으로 대체하는 용도지구 폐지에 관한 도시 · 군관리계획[해당 시장(대도시 시장은 제외한다) 또는 군수가 도지사와 미리 협의한 경우에 한정한다]

(2) 예외 : 국토교통부장관

다음의 도시 · 군관리계획은 국토교통부장관이 결정한다.

> 1. 국토교통부장관이 입안한 도시 · 군관리계획
> 2. 개발제한구역의 지정 및 변경에 관한 도시 · 군관리계획
> 3. 국가계획과 연계하여 시가화조정구역의 지정 또는 변경이 필요한 경우 시가화조정구역의 지정 및 변경에 관한 도시 · 군관리계획

다만, 수산자원보호구역의 지정 및 변경에 관한 도시 · 군관리계획은 해양수산부장관이 결정한다.

9. 지형도면의 승인

시장(대도시 시장은 제외한다)이나 군수는 지형도에 도시 · 군관리계획(지구단위계획구역의 지정 · 변경과 지구단위계획의 수립 · 변경에 관한 도시 · 군관리계획은 제외한다)에 관한 사항을 자세히 밝힌 도면(지형도면)을 작성하면 도지사의 승인을 받아야 한다.

10. 결정의 효력 등

(1) 효력발생시기

도시 · 군관리계획결정은 지형도면이 고시된 날부터 효력이 발생한다.

(2) 기득권 보호

① 도시 · 군관리계획 결정 당시 이미 사업이나 공사에 착수한 자(이 법 또는 다른 법률에 따라 허가 · 인가 · 승인 등을 받아야 하는 경우에는 그 허가 · 인가 · 승인 등을 받아 사업이나 공사에 착수한 자를 말한다)는 그 도시 · 군관리계획 결정과 관계없이 그 사업이나 공사를 계속할 수 있다.

② 예외

시가화조정구역이나 수산자원보호구역의 지정에 관한 도시 · 군관리계획 결정이 있는 경우에는 대통령령으로 정하는 바에 따라 특별시장 · 광역시장 · 특별자치시장 · 특별자치도지사 · 시장 또는 군수에게 신고하고 그 사업이나 공사를 계속할 수 있다.

> 「국토의 계획 및 이용에 관한 법률 시행령」제26조(시행중인 공사에 대한 특례)
> ① 시가화조정구역 또는 수산자원보호구역의 지정에 관한 도시·군관리계획의 결정 당시 이미 사업 또는 공사에 착수한 자는 당해 사업 또는 공사를 계속하고자 하는 때에는 법 제31조 제2항 단서의 규정에 의하여 시가화조정구역 또는 수산자원보호구역의 지정에 관한 도시·군관리계획결정의 고시일부터 3월 이내에 그 사업 또는 공사의 내용을 관할 특별시장·광역시장·특별자치시장·특별자치도지사·시장 또는 군수에게 신고하여야 한다.

11. 재검토

특별시장·광역시장·특별자치시장·특별자치도지사·시장 또는 군수는 5년마다 관할구역의 도시·군관리계획에 대하여 대통령령이 정하는 바에 따라 그 타당성을 전반적으로 재검토하여 정비하여야 한다.

12. 도시·군관리계획 결정절차상 특례

(1) 공유수면매립지에 대한 특례

매립목적이 이웃 용도지역과 동일한 경우	공유수면(바다만 해당한다)의 매립목적이 그 매립구역과 이웃하고 있는 용도지역의 내용과 같으면 도시·군관리계획의 입안 및 결정절차 없이 그 매립준공구역은 그 매립의 준공인가일부터 이와 이웃하고 있는 용도지역으로 지정된 것으로 본다. 이 경우 관계 특별시장·광역시장·특별자치시장·특별자치도지사·시장 또는 군수는 그 사실을 지체 없이 고시하여야 한다.
매립목적이 이웃 용도지역과 다른 경우	공유수면의 매립목적이 그 매립구역과 이웃하고 있는 용도지역의 내용과 다른 경우 및 그 매립구역이 둘 이상의 용도지역에 걸쳐 있거나 이웃하고 있는 경우 그 매립구역이 속할 용도지역은 도시·군관리계획결정으로 지정하여야 한다.

※ 위에서 용도지역이란 법 제36조 제1항에 따라 지정된 용도지역을 말한다. 다만, 용도지역이 도시지역에 해당하는 경우에는 시행령 제30조에 따라 세분하여 지정된 용도지역을 말한다.

(2) 도시지역으로 결정·고시의 의제

다음의 어느 하나의 구역 등으로 지정·고시된 지역은 이 법에 따른 도시지역으로 결정·고시된 것으로 본다. ★31회 기출★

> 1. 「항만법」에 따른 항만구역으로서 도시지역에 연접한 공유수면
> 2. 「어촌·어항법」에 따른 어항구역으로서 도시지역에 연접한 공유수면
> 3. 「산업입지 및 개발에 관한 법률」에 따른 국가산업단지, 일반산업단지 및 도시첨단산업단지
> 4. 「택지개발촉진법」에 따른 택지개발지구
> 5. 「전원개발촉진법」에 따른 전원개발사업구역 및 예정구역(수력발전소 또는 송·변전설비만을 설치하기 위한 전원개발사업구역 및 예정구역은 제외한다)

(3) 농림지역 또는 자연환경보전지역으로 결정·고시의 의제

관리지역에서 농지법에 따른 농업진흥지역으로 지정·고시된 지역은 이 법에 따른 농림지역으로, 관리지역의 산림 중 「산지관리법」에 따라 보전산지로 지정·고시된 지역은 그 고시에서 구분하는 바에 따라 이 법에 따른 농림지역 또는 자연환경보전지역으로 결정·고시된 것으로 본다.

제5장 | 용도지역

1. 용도지역의 분류 ★27, 28, 30, 31, 32, 33, 34회 기출★

국토계획법에 의한 용도지역	시행령에 의한 용도지역		용도지역의 구체적 내용	건폐율	용적률
도시지역	주거지역	전용주거지역 / 제1종 전용주거지역	단독주택중심의 양호한 주거환경 보호	50	50-100
		전용주거지역 / 제2종 전용주거지역	공동주택중심의 양호한 주거환경 보호	50	50-150
		일반주거지역 / 제1종 일반주거지역	저층주택(4층이하) 중심으로 편리한 주거환경 조성	60	100-200
		일반주거지역 / 제2종 일반주거지역	중층주택 중심으로 편리한 주거환경조성	60	100-250
		일반주거지역 / 제3종 일반주거지역	중고층주택 중심으로 편리한 주거환경조성	50	100-300
		준주거지역	주거기능 위주, 일부 상업 · 업무기능	70	200-500
	상업지역	중심상업지역	도심 · 부도심의 상업 · 업무기능 확충	90	200-1500
		일반상업지역	일반적 상업 · 업무기능 담당	80	200-1300
		근린상업지역	근린지역에서의 일용품 · 서비스 공급	70	200-900
		유통상업지역	도시 내 및 지역 간 유통기능 증진	80	200-1100
	공업지역	전용공업지역	중화학공업, 공해성 공업 등	70	150-300
		일반공업지역	환경을 저해하지 아니하는 공업 배치	70	150-350
		준공업지역	경공업, 주거 · 상업 · 업무기능 보완	70	150-400
	녹지지역	보전녹지지역	도시의 자연환경 · 경관 · 산림 · 녹지공간 보전	20	50-80
		생산녹지지역	농업적 생산 위하여 개발 유보 필요	20	50-100
		자연녹지지역	제한적인 개발이 허용되는 지역	20	50-100

관리 지역	보전		자연환경보전지역으로 지정이 곤란한 지역	20	50-80
	생산		농림지역으로 지정하기 곤란한 지역	20	50-80
	계획		계획적·체계적 관리가 필요한 지역	40	50-100
농림지역			농업진흥지역·보전산지 등 농림업 진흥 및 산림 보전 지역	20	50-80
자연환경 보전지역			자연환경·수자원·해안·생태계·상수원·문화재 보전, 수산자원 보호·육성 지역	20	50-80

※ 시·도지사 또는 대도시 시장은 해당 시·도 또는 대도시의 도시·군계획조례로 정하는 바에 따라 도 시·군관리계획결정으로 세분된 주거지역·상업지역·공업지역·녹지지역을 추가적으로 세분하여 지 정할 수 있다.

2. 용도지역 미지정 또는 미세분지역에서의 행위제한 등 ★28, 30, 31, 33회 기출★

용도지역 미지정의 경우	도시지역·관리지역·농림지역 또는 자연환경보전지역으로 용도가 지정되지 아니한 지역에 대하여는 건축제한, 건폐율, 용적률의 규정을 적용함에 있어서 자연환경보전지역에 관한 규정을 적용한다.
용도지역 미세분의 경우	도시지역 또는 관리지역이 세부용도지역으로 지정되지 아니한 경우에는 건축제한, 건폐율, 용적률의 규정을 적용함에 있어서 해당 용도지역이 도시지역인 경우에는 보전녹지지역에 관한 규정을 적용하고, 관리지역인 경우에는 보전관리지역에 관한 규정을 적용한다.

3. 도시지역에서 다른 법률의 적용배제

도시지역에 대하여는 다음의 법률규정을 적용하지 아니한다.

1. 도로법에 따른 접도구역
2. 농지법에 따른 농지취득자격증명. 다만, 녹지지역의 농지로서 도시·군계획시설사업에 필요하지 아니한 농지에 대하여는 그러하지 아니하다.

제6장 │ 용도지구

1. 용도지구의 종류

(1) 법령의 규정에 의한 용도지구 ★28, 30, 31, 32회 기출★

고도지구	쾌적한 환경 조성 및 토지의 효율적 이용을 위하여 건축물 높이의 최고한도를 규제할 필요가 있는 지구	
경관지구	경관의 보전·관리 및 형성을 위하여 필요한 지구	
	자연경관지구	산지·구릉지 등 자연경관을 보호하거나 유지하기 위하여 필요한 지구
	시가지경관지구	지역 내 주거지, 중심지 등 시가지의 경관을 보호 또는 유지하거나 형성하기 위하여 필요한 지구
	특화경관지구	지역 내 주요 수계의 수변, 문화적 보존가치가 큰 건축물 주변의 경관 등 특별한 경관을 보호 또는 유지하거나 형성하기 위하여 필요한 지구
보호지구	문화재, 중요 시설물(항만, 공항, 공용시설, 교정 및 군사시설을 말한다) 및 문화적·생태적으로 보존가치가 큰 지역의 보호와 보존을 위하여 필요한 지구	
	역사문화환경보호지구	문화재·전통사찰 등 역사·문화적으로 보존가치가 큰 시설 및 지역의 보호와 보존을 위하여 필요한 지구
	중요시설물보호지구	중요시설물의 보호와 기능 유지 및 증진 등을 위하여 필요한 지구
	생태계보호지구	야생동식물서식처 등 생태적으로 보존가치가 큰 지역의 보호와 보존을 위하여 필요한 지구
취락지구	녹지지역·관리지역·농림지역·자연환경보전지역·개발제한구역 또는 도시자연공원구역의 취락을 정비하기 위한 지구	
	자연취락지구	녹지지역·관리지역·농림지역 또는 자연환경보전지역안의 취락을 정비하기 위하여 필요한 지구
	집단취락지구	개발제한구역안의 취락을 정비하기 위하여 필요한 지구

개발진흥지구	주거기능 · 상업기능 · 공업기능 · 유통물류기능 · 관광기능 · 휴양기능 등을 집중적으로 개발 · 정비할 필요가 있는 지구	
	주거개발진흥지구	주거기능을 중심으로 개발 · 정비할 필요가 있는 지구
	산업 · 유통개발진흥지구	공업기능 및 유통 · 물류기능을 중심으로 개발 · 정비할 필요가 있는 지구
	관광 · 휴양개발진흥지구	관광 · 휴양기능을 중심으로 개발 · 정비할 필요가 있는 지구
	복합개발진흥지구	주거기능, 공업기능, 유통 · 물류기능 및 관광 · 휴양기능 중 2 이상의 기능을 중심으로 개발 · 정비할 필요가 있는 지구
	특정개발진흥지구	주거기능, 공업기능, 유통 · 물류기능 및 관광 · 휴양기능 외의 기능을 중심으로 특정한 목적을 위하여 개발 · 정비할 필요가 있는 지구
방재지구	풍수해, 산사태, 지반의 붕괴, 그 밖의 재해를 예방하기 위하여 필요한 지구	
	시가지방재지구	건축물 · 인구가 밀집되어 있는 지역으로서 시설 개선 등을 통하여 재해 예방이 필요한 지구
	자연방재지구	토지의 이용도가 낮은 해안변, 하천변, 급경사지 주변 등의 지역으로서 건축 제한 등을 통하여 재해 예방이 필요한 지구
특정 용도 제한 지구	주거 및 교육 환경 보호나 청소년 보호 등의 목적으로 오염물질 배출시설, 청소년 유해시설 등 특정시설의 입지를 제한할 필요가 있는 지구	
방화지구	화재의 위험을 예방하기 위하여 필요한 지구	
복합용도지구	지역의 토지이용 상황, 개발 수요 및 주변 여건 등을 고려하여 효율적이고 복합적인 토지이용을 도모하기 위하여 특정시설의 입지를 완화할 필요가 있는 지구	
그 밖에 대통령령으로 정하는 지구		

(2) 복합용도지구의 지정

① 시 · 도지사 또는 대도시 시장은 대통령령으로 정하는 주거지역 · 공업지역 · 관리지역(일반주거지역, 일반공업지역 및 계획관리지역)에 복합용도지구를 지정할 수 있으며, 그 지정기준 및 방법 등에 필요한 사항은 대통령령으로 정한다.

② 시 · 도지사 또는 대도시 시장은 복합용도지구를 지정하는 경우에는 다음의 기준을 따라야 한다.

> 1. 용도지역의 변경 시 기반시설이 부족해지는 등의 문제가 우려되어 해당 용도지역의 건축제한만을 완화하는 것이 적합한 경우에 지정할 것
> 2. 간선도로의 교차지(交叉地), 대중교통의 결절지(結節地) 등 토지이용 및 교통 여건의 변화가 큰 지역 또는 용도지역 간의 경계지역, 가로변 등 토지를 효율적으로 활용할 필요가 있는 지역에 지정할 것
> 3. 용도지역의 지정목적이 크게 저해되지 아니하도록 해당 용도지역 전체 면적의 3분의 1 이하의 범위에서 지정할 것
> 4. 그 밖에 해당 지역의 체계적 · 계획적인 개발 및 관리를 위하여 지정 대상지가 국토교통부장관이 정하여 고시하는 기준에 적합할 것

(3) 시 · 도 또는 대도시 조례가 정하는 용도지구

> 1. 용도지구의 신설은 법에서 정하고 있는 용도지역 · 용도지구 · 용도구역 · 지구단위계획구역 또는 다른 법률에 따른 지역 · 지구만으로는 효율적인 토지이용을 달성할 수 없는 부득이한 사유가 있는 경우에 한할 것
> 2. 용도지구 안에서의 행위제한은 그 용도지구의 지정목적 달성에 필요한 최소한도에 그치도록 할 것
> 3. 당해 용도지역 또는 용도구역의 행위제한을 완화하는 용도지구를 신설하지 아니할 것

(4) 방재지구의 의무적 지정

시 · 도지사 또는 대도시 시장은 연안침식이 진행 중이거나 우려되는 지역 등 아래의 대통령령으로 정하는 지역에 대해서는 방재지구의 지정 또는 변경을 도시 · 군관리계획으로 결정하여야 한다. 이 경우 도시 · 군관리계획의 내용에는 해당 방재지구의 재해저감대책을 포함하여야 한다.

> 1. 연안침식으로 인하여 심각한 피해가 발생하거나 발생할 우려가 있어 이를 특별히 관리할 필요가 있는 지역으로서 「연안관리법」에 따른 연안침식관리구역으로 지정된 지역(연안육역에 한정한다)
> 2. 풍수해, 산사태 등의 동일한 재해가 최근 10년 이내 2회 이상 발생하여 인명 피해를 입은 지역으로서 향후 동일한 재해 발생 시 상당한 피해가 우려되는 지역

(5) 도시 · 군계획조례에 의한 용도지구의 세분

시 · 도지사 또는 대도시 시장은 지역여건상 필요한 때에는 해당 시 · 도 또는 대도시의 도시 · 군계획조례로 정하는 바에 따라 경관지구를 추가적으로 세분(특화경관지구의 세분을 포함한다)하거나 중요시설물보호지구 및 특정용도제한지구를 세분하여 지정할 수 있다.

(6) 용도지구 지정의 효과(용도지구 안에서의 행위제한)

용도지구에서의 건축물이나 그 밖의 시설의 용도 · 종류 및 규모 등의 제한에 관한 사항은 이 법 또는 다른 법률에 특별한 규정이 있는 경우 외에는 대통령령으로 정하는 기준에 따라 특별시 · 광역시 · 특별자치시 · 특별자치도 · 시 또는 군의 조례로 정할 수 있다.

용도지구	행위제한 근거규정
고도지구	도시 · 군관리계획
집단취락지구	개발제한구역의 지정 및 관리에 관한 특별조치법
자연취락지구	대통령령
개발진흥지구	지구단위계획 또는 관계법률에 의한 개발계획
기타 용도지구	도시 · 군계획조례

2. 건축제한의 예외 등

(1) 도시 · 군계획시설

용도지역 · 용도지구 안에서의 도시 · 군계획시설에 대하여는 건축제한에 관한 규정을 적용하지 아니한다.

(2) 건축제한의 완화

경관지구 또는 고도지구 안에서의 리모델링이 필요한 건축물에 대하여는 건축제한에 관한 규정에 불구하고 건축물의 높이 · 규모 등의 제한을 완화하여 제한할 수 있다.

제7장 | 용도구역

출제포인트
□ 개발제한구역
□ 시가화조정구역
□ 수산자원보호구역
□ 도시자연공원구역
□ 입지규제최소구역의 지정 등

1. 용도구역의 의의 ★32회 기출★

용도구역이란 토지의 이용 및 건축물의 용도 · 건폐율 · 용적률 · 높이 등에 대한 용도지역 및 용도지구의 제한을 강화하거나 완화하여 따로 정함으로써 시가지의 무질서한 확산방지, 계획적이고 단계적인 토지이용의 도모, 토지이용의 종합적 조정 · 관리 등을 위하여 도시 · 군관리계획으로 결정하는 지역을 말한다.

2. 개발제한구역

국토교통부장관은 도시의 무질서한 확산을 방지하고 도시주변의 자연환경을 보전하여 도시민의 건전한 생활환경을 확보하기 위하여 도시의 개발을 제한할 필요가 있거나 국방부장관의 요청이 있어 보안상 도시의 개발을 제한할 필요가 있다고 인정되면 개발제한구역의 지정 또는 변경을 도시 · 군관리계획으로 결정할 수 있다.

3. 시가화조정구역

(1) 지정

시 · 도지사는 직접 또는 관계 행정기관의 장의 요청을 받아 도시지역과 그 주변지역의 무질서한 시가화를 방지하고 계획적 · 단계적인 개발을 도모하기 위하여 5년 이상 20년 이내의 기간 동안 시가화를 유보할 필요가 있다고 인정되면 시가화조정구역의 지정 또는 변경을 도시 · 군관리계획으로 결정할 수 있다. 다만, 국가계획과 연계하여 시가화조정구역의 지정 또는 변경이 필요한 경우에는 국토교통부장관이 직접 시가화조정구역의 지정 또는 변경을 도시 · 군관리계획으로 결정할 수 있다.

(2) 시가화 유보기간 및 실효

　① 시가화 유보기간

　　국토교통부장관 또는 시·도지사는 시가화조정구역을 지정 또는 변경하고자 하는 때에는 당해 도시
　　지역과 그 주변지역의 인구의 동태, 토지의 이용상황, 산업발전상황 등을 고려하여 도시·군관리계
　　획으로 시가화유보기간을 정하여야 한다.

　② 실효

　　시가화조정구역의 지정에 관한 도시·군관리계획의 결정은 시가화 유보기간이 끝난 날의 다음날부
　　터 그 효력을 잃는다. 이 경우 그 사실을 고시하여야 한다.

(3) 지정의 효과(행위제한)

　① 도시·군계획사업 : 원칙 금지, 예외 허용

　② 비도시·군계획사업 : 허가사항

> ㉠ 주택의 증축(기존주택의 면적을 포함하여 100m² 이하에 해당하는 면적의 증축을 말한다)
> ㉡ 공익시설·공용시설 및 공공시설 등
> ㉢ 종교시설의 증축(지정당시의 연면적의 200%를 초과할 수 없다)
> ㉣ 공장·주택 등 시가화조정구역 안에서의 신축이 금지된 시설의 용도를 근린생활시설 또는 종교시설로 변경하는
> 　행위
> ㉤ 농림어업인의 농림어업 등 건축물의 건축
> ㉥ 문화재 복원과 문화재관리용 건축물
> ㉦ 기존 건축물의 동일 용도 및 규모 안에서 개축·재축 및 대수선
> ㉧ 입목벌채·조림·육림·토석 채취·토지의 합병 및 분할

(4) 조건부 허가

(5) 도시·군계획사업 시행자의 의견청취

(6) 위반행위자에 대한 조치

　① 시가화조정구역 안에서 허가를 받지 아니하고 건축물의 건축, 토지의 형질변경 등의 행위를 하는 자
　　에 관하여는 개발행위허가의 원상회복 및 행정대집행의 규정을 준용한다.

　② 3년 이하의 징역 또는 3,000만 원 이하의 벌금

(7) 의제규정

　허가가 있는 경우에는 다음의 허가 또는 신고가 있는 것으로 본다.

　① 「산지관리법」에 따른 산지전용허가 및 산지전용신고, 산지일시사용허가·신고

　② 「산림자원의 조성 및 관리에 관한 법률」입목벌채 등의 허가·신고

4. 수산자원보호구역

해양수산부장관은 직접 또는 관계 행정기관의 장의 요청을 받아 수산자원을 보호 · 육성하기 위하여 필요한 공유수면이나 그에 인접한 토지에 대한 수산자원보호구역의 지정 또는 변경을 도시 · 군관리계획으로 결정할 수 있다.

5. 도시자연공원구역 ★28회 기출★

시 · 도지사 또는 대도시 시장은 도시의 자연환경 및 경관을 보호하고 도시민에게 건전한 여가 · 휴식공간을 제공하기 위하여 도시지역 안에서 식생이 양호한 산지의 개발을 제한할 필요가 있다고 인정하면 도시자연공원구역의 지정 또는 변경을 도시 · 군관리계획으로 결정할 수 있다.

6. 입지규제최소구역의 지정 등 ★28회, 31, 34회 기출★

(1) 입지규제최소구역 지정대상지역

도시 · 군관리계획의 결정권자는 도시지역에서 복합적인 토지이용을 증진시켜 도시 정비를 촉진하고 지역 거점을 육성할 필요가 있다고 인정되면 다음의 어느 하나에 해당하는 지역과 그 주변지역의 전부 또는 일부를 입지규제최소구역으로 지정할 수 있다.

> 1. 도시 · 군기본계획에 따른 도심 · 부도심 또는 생활권의 중심지역
> 2. 철도역사, 터미널, 항만, 공공청사, 문화시설 등의 기반시설 중 지역의 거점 역할을 수행하는 시설을 중심으로 주변지역을 집중적으로 정비할 필요가 있는 지역
> 3. 세 개 이상의 노선이 교차하는 대중교통 결절지로부터 1킬로미터 이내에 위치한 지역
> 4. 「도시 및 주거환경정비법」에 따른 노후 · 불량건축물이 밀집한 주거지역 또는 공업지역으로 정비가 시급한 지역
> 5. 「도시재생 활성화 및 지원에 관한 특별법」에 따른 도시재생활성화지역 중 도시경제기반형 활성화계획을 수립하는 지역
> 6. 그 밖에 창의적인 지역개발이 필요한 지역으로 대통령령으로 정하는 지역

(2) 입지규제최소구역계획의 내용

> 1. 건축물의 용도 · 종류 및 규모 등에 관한 사항
> 2. 건축물의 건폐율 · 용적률 · 높이에 관한 사항
> 3. 간선도로 등 주요 기반시설의 확보에 관한 사항
> 4. 용도지역 · 용도지구, 도시 · 군계획시설 및 지구단위계획의 결정에 관한 사항
> 5. 입지규제최소구역에서의 다른 법률의 적용 특례에 따른 다른 법률 규정 적용의 완화 또는 배제에 관한 사항
> 6. 그 밖에 입지규제최소구역의 체계적 개발과 관리에 필요한 사항

(3) 건축제한 완화 및 비용부담

입지규제최소구역계획에 따른 기반시설 확보를 위하여 필요한 부지 또는 설치비용의 전부 또는 일부를 부담시킬 수 있다. 이 경우 기반시설의 부지 또는 설치비용의 부담은 건축제한의 완화에 따른 토지가치 상승분(감정평가법인등이 건축제한 완화 전·후에 대하여 각각 감정평가한 토지가액의 차이를 말한다)을 초과하지 아니하도록 한다.

(4) 적용배제규정 ★28회 기출★

입지규제최소구역에 대하여는 다음의 법률 규정을 적용하지 아니할 수 있다.

> 1. 「주택법」 제35조에 따른 주택의 배치, 부대시설·복리시설의 설치기준 및 대지조성기준
> 2. 「주차장법」에 따른 부설주차장의 설치
> 3. 「문화예술진흥법」에 따른 건축물에 대한 미술작품의 설치
> 4. 「건축법」에 따른 공개 공지 등의 확보

(5) 적용완화규정

다음의 법률 규정을 완화하여 적용할 수 있다.

> 1. 「학교보건법」에 따른 학교환경위생 정화구역에서의 행위제한
> 2. 「문화재보호법」에 따른 역사문화환경 보존지역에서의 행위제한

(6) 의제규정 등

입지규제최소구역으로 지정된 지역은 「건축법」에 따른 특별건축구역으로 지정된 것으로 본다.

제8장 │ 지구단위계획

출제포인트
- 지구단위계획
- 구역의 임의적 지정
- 지구단위계획구역의 의무적 지정
- 법률규정의 완화
- 도시 · 군관리계획 결정의 실효

1. 지구단위계획의 의의 ★32회 기출★

지구단위계획이란 도시 · 군계획 수립 대상지역의 일부에 대하여 토지이용을 합리화하고 그 기능을 증진시키며 미관을 개선하고 양호한 환경을 확보하며, 그 지역을 체계적 · 계획적으로 관리하기 위하여 수립하는 도시 · 군관리계획을 말한다.

2. 지구단위계획구역의 임의적 지정

국토교통부장관, 시 · 도지사, 시장 또는 군수는 다음의 어느 하나에 해당하는 지역의 전부 또는 일부에 대하여 지구단위계획구역을 지정할 수 있다.

1. 용도지구
2. 도시개발구역
3. 정비구역
4. 택지개발지구
5. 대지조성사업지구
6. 산업단지와 준산업단지
7. 관광단지와 관광특구
8. 개발제한구역 · 도시자연공원구역 · 시가화조정구역 또는 공원에서 해제되는 구역, 녹지지역에서 주거 · 상업 · 공업지역으로 변경되는 구역과 새로 도시지역으로 편입되는 구역 중 계획적인 개발 또는 관리가 필요한 지역
9. 도시지역 내 주거 · 상업 · 업무 등의 기능을 결합하는 등 복합적인 토지 이용을 증진시킬 필요가 있는 지역으로서 대통령령으로 정하는 요건에 해당하는 지역
10. 도시지역 내 유휴토지를 효율적으로 개발하거나 교정시설, 군사시설, 그 밖에 대통령령으로 정하는 시설을 이전 또는 재배치하여 토지 이용을 합리화하고, 그 기능을 증진시키기 위하여 집중적으로 정비가 필요한 지역으로서 대통령령으로 정하는 요건에 해당하는 지역

11. 도시지역의 체계적 · 계획적인 관리 또는 개발이 필요한 지역
12. 그 밖에 양호한 환경의 확보나 기능 및 미관의 증진 등을 위하여 필요한 지역으로서 대통령령으로 정하는 지역

3. 지구단위계획구역의 의무적 지정

(1) 사업이 끝난 후 10년이 지난 지역

1. 정비구역(도시 및 주거환경정비법)
2. 택지개발지구(택지개발촉진법)

(2) 그 면적이 30만m² 이상인 다음의 지역

1. 시가화조정구역 또는 공원에서 해제되는 지역. 다만, 녹지지역으로 지정 또는 존치되거나 법 또는 다른 법령에 의하여
   도시 · 군계획사업 등 개발계획이 수립되지 아니하는 경우를 제외한다.
2. 녹지지역에서 주거지역 · 상업지역 또는 공업지역으로 변경되는 지역

4. 도시지역 외의 지역에서 지구단위계획구역 지정

1. 지정하려는 구역 면적의 100분의 50 이상이 계획관리지역으로서 대통령령으로 정하는 요건에 해당하는 지역
2. 개발진흥지구로서 대통령령으로 정하는 요건에 해당하는 지역
3. 지정된 용도지구를 폐지하고 그 용도지구에서의 행위 제한 등을 지구단위계획으로 대체하려는 지역

더 알아보기 도시지역 외 지구단위계획구역에서의 건폐율 등의 완화적용 ★28회 기출★

① 지구단위계획구역(도시지역 외에 지정하는 경우로 한정한다)에서는 지구단위계획으로 당해 용도지역 또는 개발진흥지구에 적
   용되는 건폐율의 150퍼센트 및 용적률의 200퍼센트 이내에서 건폐율 및 용적률을 완화하여 적용할 수 있다.
② 지구단위계획구역에서는 지구단위계획으로 건축물의 용도 · 종류 및 규모 등을 완화하여 적용할 수 있다. 다만, 개발진흥지구
   (계획관리지역에 지정된 개발진흥지구를 제외한다)에 지정된 지구단위계획구역에 대하여는 공동주택 중 아파트 및 연립주택은
   허용되지 아니한다.

5. 지구단위계획의 내용

지구단위계획에는 다음의 사항 중 2와 4의 사항을 포함한 둘 이상의 사항이 포함되어야 한다. 다만, 1의2를
내용으로 하는 지구단위계획의 경우에는 그러하지 아니하다. ★30회 기출★

1. 용도지역이나 용도지구를 대통령령으로 정하는 범위에서 세분하거나 변경하는 사항

1의2. 기존의 용도지구를 폐지하고 그 용도지구에서의 건축물이나 그 밖의 시설의 용도 · 종류 및 규모 등의 제한을 대체하는 사항

2. 대통령령으로 정하는 기반시설의 배치와 규모

3. 도로로 둘러싸인 일단의 지역 또는 계획적인 개발 · 정비를 위하여 구획된 일단의 토지의 규모와 조성계획

4. 건축물의 용도제한, 건축물의 건폐율 또는 용적률, 건축물 높이의 최고한도 또는 최저한도

5. 건축물의 배치 · 형태 · 색채 또는 건축선에 관한 계획

6. 환경관리계획 또는 경관계획

7. 보행안전 등을 고려한 교통처리계획

8. 그 밖에 토지 이용의 합리화, 도시나 농 · 산 · 어촌의 기능 증진 등에 필요한 사항으로서 대통령령으로 정하는 사항

6. 법률규정의 완화 ★28회 기출★

(1) 지구단위계획구역에서는 다음의 규정을 지구단위계획으로 정하는 바에 따라 완화하여 적용할 수 있다.

국토계획법	제76조(건축제한), 제77조(건폐율), 제78조(용적률)
건축법	제42조(대지의 조경), 제43조(공개 공지 등의 확보), 제44조(대지와 도로의 관계), 제60조(건축물의 높이 제한), 제61조(일조 등의 확보를 위한 건축물의 높이 제한)
주차장법	제19조(부설주차장의 설치 · 지정), 제19조의2(부설주차장 설치계획서)

(2) 지구단위계획구역의 지정목적이 다음의 1에 해당하는 경우에는 주차장 설치기준을 100퍼센트까지 완화하여 적용할 수 있다.

1. 한옥마을을 보존하고자 하는 경우

2. 차 없는 거리를 조성하고자 하는 경우(지구단위계획으로 보행자전용도로를 지정하거나 차량의 출입을 금지한 경우를 포함한다)

3. 그 밖에 국토교통부령이 정하는 경우

7. 도시 · 군관리계획 결정의 실효 ★34회 기출★

① 지구단위계획구역의 실효지구단위계획구역의 지정에 관한 도시 · 군관리계획결정의 고시일부터 3년 이내에 그 지구단위계획구역에 관한 지구단위계획이 결정 · 고시되지 아니하면 그 3년이 되는 날의 다음날에 그 지구단위계획구역의 지정에 관한 도시 · 군관리계획결정은 효력을 잃는다.

② 지구단위계획의 실효지구단위계획(주민이 입안을 제안한 것에 한정한다)에 관한 도시 · 군관리계획결정의 고시일부터 5년 이내에 이 법 또는 다른 법률에 따라 허가 · 인가 · 승인 등을 받아 사업이나 공사에 착수하지 아니하면 그 5년이 된 날의 다음날에 그 지구단위계획에 관한 도시 · 군관리계획결정은 효력을 잃는다.

제9장 | 개발행위허가제

1. 개발행위허가제의 의의 ★33회 기출★

개발행위허가제란 도시·군계획(또는 도시·군계획사업)의 목적에 위반될 우려가 있는 개발행위를 하는 경우에 허가를 받게 하는 제도이다.

2. 허가대상행위

(1) 원칙

개발행위를 하려는 자는 특별시장·광역시장·특별자치시장·특별자치도지사·시장 또는 군수의 개발행위허가를 받아야 한다. 다만, 도시·군계획사업(다른 법률에 따라 도시·군계획사업을 의제한 사업을 포함한다)에 의한 행위는 그러하지 아니하다.

> 1. 건축물의 건축 또는 공작물의 설치
>   ① 「건축법」에 따른 건축물의 건축
>   ② 인공을 가하여 제작한 시설물(「건축법」에 따른 건축물을 제외한다)의 설치
> 2. 토지의 형질 변경(경작을 위한 경우로서 대통령령으로 정하는 토지의 형질 변경은 제외한다) : 절토(땅깎기)·성토(흙쌓기)·정지(땅고르기)·포장 등의 방법으로 토지의 형상을 변경하는 행위와 공유수면의 매립 ★33회 기출★
>   ※ 대통령령으로 정하는 토지의 형질 변경이란 조성이 끝난 농지에서 농작물 재배, 농지의 지력 증진 및 생산성 향상을 위한 객토나 정지작업, 양수·배수시설 설치를 위한 토지의 형질 변경으로서 다음의 어느 하나에 해당하지 않는 경우의 형질 변경을 말한다.
>   ① 인접토지의 관개·배수 및 농작업에 영향을 미치는 경우
>   ② 재활용 골재, 사업장 폐토양, 무기성 오니 등 수질오염 또는 토질오염의 우려가 있는 토사 등을 사용하여 성토하는 경우. 다만, 「농지법 시행령」 제3조의2 제2호에 따른 성토는 제외한다.

③ 지목의 변경을 수반하는 경우(전·답 사이의 변경은 제외한다)

④ 옹벽 설치(제53조에 따라 허가를 받지 않아도 되는 옹벽 설치는 제외한다) 또는 2미터 이상의 절토·성토가 수반되는 경우. 다만, 절토·성토에 대해서는 2미터 이내의 범위에서 특별시·광역시·특별자치시·특별자치도·시 또는 군의 도시·군계획조례로 따로 정할 수 있다.

3. 토석의 채취 : 흙·모래·자갈·바위 등의 토석을 채취하는 행위. 다만, 토지의 형질 변경을 목적으로 하는 것을 제외한다.

4. 토지분할(건축물이 있는 대지의 분할은 제외한다)

① 녹지지역·관리지역·농림지역 및 자연환경보전지역 안에서 관계법령에 따른 허가·인가 등을 받지 아니하고 행하는 토지의 분할

② 「건축법」 제57조 제1항에 따른 분할제한면적 미만으로의 토지의 분할

③ 관계법령에 의한 허가·인가 등을 받지 아니하고 행하는 너비 5m 이하로의 토지의 분할

5. 물건을 쌓아놓는 행위 : 녹지지역·관리지역 또는 자연환경보전지역 안에서 건축물의 울타리 안(적법한 절차에 의하여 조성된 대지에 한한다)에 위치하지 아니한 토지에 물건을 1월 이상 쌓아놓는 행위

(2) 변경 ★34회 기출★

개발행위허가를 받은 자는 경미한 사항을 변경한 때에는 지체 없이 그 사실을 특별시장·광역시장·특별자치시장·특별자치도지사·시장 또는 군수에게 통지하여야 한다.

1. 사업기간을 단축하는 경우

2. 다음의 어느 하나에 해당하는 경우

① 부지면적 또는 건축물 연면적을 5퍼센트 범위에서 축소(공작물의 무게, 부피 또는 수평투영면적을 5퍼센트 범위에서 축소하는 경우를 포함한다)하는 경우

② 관계 법령의 개정 또는 도시·군관리계획의 변경에 따라 허가받은 사항을 불가피하게 변경하는 경우

③ 「공간정보의 구축 및 관리 등에 관한 법률」 제26조 제2항 및 「건축법」 제26조에 따라 허용되는 오차를 반영하기 위한 변경인 경우

④ 「건축법 시행령」 제12조 제3항 각 호(일괄신고)의 어느 하나에 해당하는 변경(공작물의 위치를 1미터 범위에서 변경하는 경우를 포함한다)인 경우

3. 허용되는 행위

다음의 어느 하나에 해당하는 행위는 개발행위허가를 받지 아니하고 할 수 있다.

(1) 재해복구나 재난수습을 위한 응급조치(응급조치를 한 경우에는 1개월 이내에 특별시장·광역시장·특별자치시장·특별자치도지사·시장 또는 군수에게 신고하여야 한다)

(2) 「건축법」에 따라 신고하고 설치할 수 있는 건축물의 개축·증축 또는 재축과 이에 필요한 범위에서의 토지의 형질 변경

(3) 그 밖에 다음에서 정하는 경미한 행위

1. 건축물의 건축 : 「건축법」에 따른 건축허가 또는 건축신고 및 가설건축물 건축의 허가 또는 가설건축물의 축조신고 대상에 해당하지 아니하는 건축물의 건축

2. 공작물의 설치
  ① 녹지지역 · 관리지역 또는 농림지역 안에서의 농림어업용 비닐하우스(비닐하우스 안에 설치하는 육상어류양식장을 제외한다)의 설치
3. 토지의 형질변경
  ① 높이 50cm 이내 또는 깊이 50cm 이내의 절토 · 성토 · 정지 등(포장을 제외하며, 주거지역 · 상업지역 및 공업지역 외의 지역에서는 지목변경을 수반하지 아니하는 경우에 한한다)
  ② 조성이 완료된 기존 대지에 건축물이나 그 밖의 공작물을 설치하기 위한 토지의 형질변경(절토 및 성토는 제외한다)
  ③ 국가 또는 지방자치단체가 공익상의 필요에 의하여 직접 시행하는 사업을 위한 토지의 형질변경
4. 토석채취
  ① 도시지역 또는 지구단위계획구역에서 채취면적이 25㎡ 이하인 토지에서의 부피 50㎡ 이하의 토석채취
5. 토지분할
  ① 「사도법」에 의한 사도개설허가를 받은 토지의 분할
  ② 토지의 일부를 공공용지 또는 공용지로 하기 위한 토지의 분할
  ③ 행정재산 중 용도 폐지되는 부분의 분할 또는 일반재산을 매각 · 교환 또는 양여하기 위한 분할
  ④ 토지의 일부가 도시 · 군계획시설로 지형도면고시가 된 당해 토지의 분할
  ⑤ 너비 5미터 이하로 이미 분할된 토지의 「건축법」에 따른 분할제한면적 이상으로의 분할

4. 개발행위허가기준 ★31회 기출★

(1) 용도지역별 특성을 고려하여 다음에서 정하는 개발행위의 규모(토지의 형질변경면적)에 적합할 것

도시지역	주거지역 · 상업지역 · 자연녹지지역 · 생산녹지지역	1만㎡ 미만
	공업지역	3만㎡ 미만
	보전녹지지역	5천㎡ 미만
관리지역		3만㎡ 미만
농림지역		3만㎡ 미만
자연환경보전지역		5천㎡ 미만

(2) 도시 · 군관리계획 및 성장관리계획구역의 내용에 어긋나지 아니할 것

(3) 도시 · 군계획사업의 시행에 지장이 없을 것

(4) 주변지역의 토지이용실태 또는 토지이용계획, 건축물의 높이, 토지의 경사도, 수목의 상태, 물의 배수, 하천 · 호소 · 습지의 배수 등 주변 환경이나 경관과 조화를 이룰 것

(5) 해당 개발행위에 따른 기반시설의 설치나 그에 필요한 용지의 확보계획이 적절할 것

(6) 성장관리계획
  ① 성장관리계획구역의 지정 등(법 제75조의 2)
    ㉠ 특별시장 · 광역시장 · 특별자치시장 · 특별자치도지사 · 시장 또는 군수는 녹지지역, 관리지역, 농림지역 및 자연환경보전지역 중 다음 각 호의 어느 하나에 해당하는 지역의 전부 또는 일부에 대하여 성장관리계획구역을 지정할 수 있다.

> 1. 개발수요가 많아 무질서한 개발이 진행되고 있거나 진행될 것으로 예상되는 지역
> 2. 주변의 토지이용이나 교통요건 변화 등으로 향후 시가화가 예상되는 지역
> 3. 주변지역과 연계하여 체계적인 관리가 필요한 지역
> 4. 「토지이용규제 기본법」 제2조 제1호에 따른 지역·지구등의 변경으로 토지이용에 대한 행위제한이 완화되는 지역
> 5. 그 밖에 난개발의 방지와 체계적인 관리가 필요한 지역으로서 대통령령으로 정하는 지역

   ⓛ 특별시장·광역시장·특별자치시장·특별자치도지사·시장 또는 군수는 성장관리계획구역을 지정하거나 이를 변경하려면 대통령령으로 정하는 바에 따라 미리 주민과 해당 지방의회의 의견을 들어야 하며, 관계 행정기관과의 협의 및 지방도시계획위원회의 심의를 거쳐야 한다. 다만, 대통령령으로 정하는 경미한 사항을 변경하는 경우에는 그러하지 아니하다.

   ⓒ 특별시·광역시·특별자치시·특별자치도·시 또는 군의 의회는 특별한 사유가 없으면 60일 이내에 특별시장·광역시장·특별자치시장·특별자치도지사·시장 또는 군수에게 의견을 제시하여야 하며, 그 기간까지 의견을 제시하지 아니하면 의견이 없는 것으로 본다.

② 성장관리계획의 수립 등(법 제75조의 3) ★34회 기출★

   ㉠ 특별시장·광역시장·특별자치시장·특별자치도지사·시장 또는 군수는 성장관리계획구역을 지정할 때에는 다음의 사항 중 그 성장관리계획구역의 지정목적을 이루는 데 필요한 사항을 포함하여 성장관리계획을 수립하여야 한다.

> 1. 도로, 공원 등 기반시설의 배치와 규모에 관한 사항
> 2. 건축물의 용도제한, 건축물의 건폐율 또는 용적률
> 3. 건축물의 배치, 형태, 색채 및 높이
> 4. 환경관리 및 경관계획
> 5. 그 밖의 난개발의 방지와 체계적인 관리에 필요한 사항으로서 대통령령으로 정하는 사항(영 제79조의 12)
>   • 인구감소 또는 경제성장 정체 등으로 압축적이고 효율적인 도시성장관리가 필요한 지역
>   • 공장 등과 입지 분리 등을 통해 쾌적한 주거환경 조성이 필요한 지역
>   • 그 밖의 난개발의 방지와 체계적인 관리가 필요한 지역으로서 특별시·광역시·특별자치시·특별자치도·시 또는 군의 도시·군계획조례로 정하는 지역

   ㉡ 성장관리계획구역에서는 제77조 제1항에도 불구하고 다음 각 호의 구분에 따른 범위에서 성장관리계획으로 정하는 바에 따라 특별시·광역시·특별자치시·특별자치도·시 또는 군의 조례로 정하는 비율까지 건폐율을 완화하여 적용할 수 있다.

> 1. 계획관리지역 : 50퍼센트 이하
> 2. 생산관리지역·농림지역 및 자연녹지지역과 생산녹지지역 : 30퍼센트 이하

   ㉢ 성장관리계획구역 내 계획관리지역에서는 제78조 제1항에도 불구하고 125퍼센트 이하의 범위에서 성장관리계획으로 정하는 바에 따라 특별시·광역시·특별자치시·특별자치도·시 또는 군의 조례로 정하는 비율까지 용적률을 완화하여 적용할 수 있다.

   ㉣ 특별시장·광역시장·특별자치시장·특별자치도지사·시장 또는 군수는 5년마다 관할 구역 내 수립된 성장관리계획에 대하여 대통령령으로 정하는 바에 따라 그 타당성 여부를 전반적으로 재검토하여 정비하여야 한다.

③ 성장관리계획구역에서의 개발행위 등(법 제 75조의 4)

성장관리계획구역에서 개발행위 또는 건축물의 용도변경을 하려면 그 성장관리계획에 맞게 하여야 한다.

5. 의견청취

특별시장 · 광역시장 · 특별자치시장 · 특별자치도지사 · 시장 또는 군수는 개발행위허가 또는 변경허가를 하려면 그 개발행위가 도시 · 군계획사업의 시행에 지장을 주는지에 관하여 해당 지역에서 시행되는 도시 · 군계획사업의 시행자의 의견을 들어야 한다.

6. 허가권자의 처분 ★32회 기출★

(1) 개발행위허가의 신청에 대하여 특별한 사유가 없으면 15일(도시계획위원회의 심의를 거쳐야 하거나 관계 행정기관의 장과 협의를 하여야 하는 경우에는 심의 또는 협의기간을 제외한다) 이내에 허가 또는 불허가의 처분을 하여야 한다.

(2) 허가 또는 불허가의 처분을 할 때에는 지체 없이 그 신청인에게 허가내용이나 불허가처분의 사유를 서면 또는 국토이용정보체계를 통하여 알려야 한다.

7. 조건부허가

(1) 개발행위허가를 하는 경우에는 그 개발행위에 따른 기반시설의 설치 또는 그에 필요한 용지의 확보, 위해 방지, 환경오염 방지, 경관, 조경 등에 관한 조치를 할 것을 조건으로 개발행위허가를 할 수 있다.

(2) 개발행위허가에 조건을 붙이려는 때에는 미리 개발행위허가를 신청한 자의 의견을 들어야 한다.

8. 개발행위허가의 이행담보 등

(1) 이행보증금

더 알아보기	예치하지 않는 경우

1. 국가나 지방자치단체가 시행하는 개발행위
2. 「공공기관의 운영에 관한 법률」에 따른 공공기관 중 대통령령으로 정하는 기관이 시행하는 개발행위
3. 그 밖에 해당 지방자치단체의 조례로 정하는 공공단체가 시행하는 개발행위

(2) 원상회복명령

개발행위허가를 받지 아니하고 개발행위를 하거나 허가내용과 다르게 개발행위를 하는 자에게는 그 토지의 원상회복을 명할 수 있다.

(3) 행정대집행에 따른 원상회복

원상회복의 명령을 받은 자가 원상회복을 하지 아니하면 행정대집행법에 따른 행정대집행에 따라 원상회복을 할 수 있다. 이 경우 행정대집행에 필요한 비용은 개발행위허가를 받은 자가 예치한 이행보증금을 사용할 수 있다. 이 경우 잔액이 있는 때에는 즉시 이를 이행보증금의 예치자에게 반환하여야 한다.

9. 개발행위허가의 제한 ★30, 33회 기출★

(1) 개발행위허가 제한사유

국토교통부장관, 시·도지사, 시장 또는 군수는 중앙도시계획위원회(국토교통부장관이 제한하는 경우)나 지방도시계획위원회(시·도지사 또는 시장·군수가 제한하는 경우)의 심의를 거쳐 한 차례만 3년 이내의 기간 동안 개발행위허가를 제한할 수 있다. <u>다만, 3.부터 5.까지에 해당하는 지역에 대해서는 중앙도시계획위원회나 지방도시계획위원회의 심의를 거치지 아니하고</u> 한 차례만 2년 이내의 기간 동안 개발행위허가의 제한을 연장할 수 있다.

> 1. 녹지지역이나 계획관리지역으로서 수목이 집단적으로 자라고 있거나 조수류 등이 집단적으로 서식하고 있는 지역 또는 우량 농지 등으로 보전할 필요가 있는 지역
> 2. 개발행위로 인하여 주변의 환경·경관·미관·문화재 등이 크게 오염되거나 손상될 우려가 있는 지역
> 3. 도시·군기본계획이나 도시·군관리계획을 수립하고 있는 지역으로서 그 도시·군기본계획이나 도시·군관리계획이 결정될 경우 용도지역·용도지구 또는 용도구역의 변경이 예상되고 그에 따라 개발행위허가의 기준이 크게 달라질 것으로 예상되는 지역
> 4. 지구단위계획구역으로 지정된 지역
> 5. 기반시설부담구역으로 지정된 지역

(2) 시장 또는 군수의 의견청취 ★31회 기출★

개발행위허가를 제한하고자 하는 자가 국토교통부장관 또는 시·도지사인 경우에는 중앙도시계획위원회 또는 시·도 도시계획위원회의 심의 전에 미리 제한하고자 하는 지역을 관할하는 시장 또는 군수의 의견을 들어야 한다.

(3) 개발행위허가제한의 해제

해당 지역에서 개발행위를 제한할 사유가 없어진 경우에는 그 제한기간이 끝나기 전이라도 지체 없이 개발행위허가의 제한을 해제하여야 한다.

10. 개발밀도관리구역 ★27, 31회 기출★

(1) 개발밀도관리구역의 의의

개발밀도관리구역이란 개발로 인하여 기반시설이 부족할 것으로 예상되나 기반시설을 설치하기 곤란한 지역을 대상으로 건폐율이나 용적률을 강화하여 적용하기 위하여 지정하는 구역을 말한다.

(2) 지정권자

특별시장 · 광역시장 · 특별자치시장 · 특별자치도지사 · 시장 또는 군수

(3) 지정대상지역

주거 · 상업 또는 공업지역에서의 개발행위로 기반시설(도시 · 군계획시설을 포함한다)의 처리 · 공급 또는 수용능력이 부족할 것으로 예상되는 지역 중 기반시설의 설치가 곤란한 지역을 개발밀도관리구역으로 지정할 수 있다.

(4) 지정효과

개발밀도관리구역에서는 대통령령으로 정하는 범위(해당 용도지역에 적용되는 용적률의 최대한도의 50%)에서 건폐율 또는 용적률을 강화하여 적용한다.

(5) 지정기준

개발밀도관리구역의 지정기준, 개발밀도관리구역의 관리 등에 관하여 필요한 사항은 다음 사항을 종합적으로 고려하여 국토교통부장관이 정한다.

1. ① 당해 지역의 도로서비스 수준이 매우 낮아 차량통행이 현저하게 지체되는 지역
   ② 당해 지역의 도로율이 용도지역별 도로율에 20% 이상 미달하는 지역
   ③ 향후 2년 이내에 당해 지역의 수도에 대한 수요량이 수도시설의 시설용량을 초과할 것으로 예상되는 지역
   ④ 향후 2년 이내에 당해 지역의 하수발생량이 하수시설의 시설용량을 초과할 것으로 예상되는 지역
   ⑤ 향후 2년 이내에 당해 지역의 학생 수가 학교수용능력을 20% 이상 초과할 것으로 예상되는 지역
2. 개발밀도관리구역의 경계는 도로 · 하천 그 밖에 특색 있는 지형지물을 이용하거나 용도지역의 경계선을 따라 설정하는 등 경계선이 분명하게 구분되도록 할 것
3. 용적률의 강화범위는 당해 용도지역에 적용되는 용적률의 최대한도의 50% 범위 안에서 위 1.에 규정된 기반시설의 부족정도를 감안하여 결정할 것
4. 개발밀도관리구역 안의 기반시설의 변화를 주기적으로 검토하여 용적률을 강화 또는 완화하거나 개발밀도관리구역을 해제하는 등 필요한 조치를 취하도록 할 것

11. 기반시설부담구역

(1) 의의

기반시설부담구역이란 개발밀도관리구역 외의 지역으로서 개발로 인하여 도로, 공원, 녹지 등 대통령령으로 정하는 기반시설의 설치가 필요한 지역을 대상으로 기반시설을 설치하거나 그에 필요한 용지를 확보하게 하기 위하여 지정·고시하는 구역을 말한다.

(2) 기반시설부담구역의 지정

① **지정권자** : 특별시장·광역시장·특별자치시장·특별자치도지사·시장 또는 군수

② **지정대상지역**

　㉠ 의무적 지정 : 다음의 어느 하나에 해당하는 지역에 대하여는 기반시설부담구역으로 지정하여야 한다.

> 1. 법령의 제정·개정으로 인하여 행위 제한이 완화되거나 해제되는 지역
> 2. 용도지역 등이 변경되거나 해제되어 행위 제한이 완화되는 지역
> 3. 다음의 어느 하나에 해당하는 지역
>   ① 해당 지역의 전년도 개발행위허가 건수가 전전년도 개발행위허가 건수보다 20% 이상 증가한 지역
>   ② 해당 지역의 전년도 인구증가율이 그 지역이 속하는 특별시·광역시·특별자치시·특별자치도·시 또는 군(광역시의 관할 구역에 있는 군은 제외한다)의 전년도 인구증가율보다 20% 이상 높은 지역

　㉡ 임의적 지정 : 개발행위가 집중되어 특별시장·광역시장·특별자치시장·특별자치도지사·시장 또는 군수가 해당 지역의 계획적 관리를 위하여 필요하다고 인정하면 위 의무적 지정대상지역에 해당하지 아니하는 경우라도 기반시설부담구역으로 지정할 수 있다.

③ **지정절차**

기반시설부담구역을 지정 또는 변경하려면 주민의 의견을 들어야 하며, 해당 지방자치단체에 설치된 지방도시계획위원회의 심의를 거쳐 대통령령으로 정하는 바에 따라 이를 고시하여야 한다.

④ **기반시설설치계획**

기반시설부담구역이 지정되면 기반시설설치계획을 수립하여야 하며, 이를 도시·군관리계획에 반영하여야 한다.

⑤ **지정해제의 의제**

기반시설부담구역의 지정고시일부터 1년이 되는 날까지 기반시설설치계획을 수립하지 아니하면 그 1년이 되는 날의 다음 날에 기반시설부담구역의 지정은 해제된 것으로 본다.

⑥ **지정기준**

기반시설부담구역의 지정기준 등에 관하여 다음의 사항을 종합적으로 고려하여 국토교통부장관이 정한다.

> 1. 기반시설부담구역은 기반시설이 적절하게 배치될 수 있는 규모로서 최소 10만㎡ 이상의 규모가 되도록 지정할 것
> 2. 소규모 개발행위가 연접하여 시행될 것으로 예상되는 지역의 경우에는 하나의 단위구역으로 묶어서 기반시설부담구역을 지정할 것
> 3. 기반시설부담구역의 경계는 도로, 하천, 그 밖의 특색 있는 지형지물을 이용하는 등 경계선이 분명하게 구분되도록 할 것

(3) 기반시설설치비용의 부과대상 등 ★34회 기출★

① 기반시설설치비용의 부과대상

기반시설부담구역에서 기반시설설치비용의 부과대상인 건축행위는 단독주택 및 숙박시설 등 대통령령으로 정하는 시설로서 200㎡(기존 건축물의 연면적을 포함한다)를 초과하는 건축물의 신축 · 증축행위로 한다. 다만, 기존 건축물을 철거하고 신축하는 경우에는 기존 건축물의 건축연면적을 초과하는 건축행위만 부과대상으로 한다.

② 납부기간

납부의무자가 국가 또는 지방자치단체로부터 건축허가(다른 법률에 따른 사업승인 등 건축허가가 의제되는 경우에는 그 사업승인)를 받은 날부터 2개월 이내에 기반시설설치비용을 부과하여야 하고, 납부의무자는 사용승인(다른 법률에 따라 준공검사 등 사용승인이 의제되는 경우에는 그 준공검사) 신청 시까지 이를 내야 한다.

③ 기반시설설치비용의 물납

기반시설설치비용은 현금, 신용카드 또는 직불카드로 납부하도록 하되, 부과대상 토지 및 이와 비슷한 토지로 하는 납부(물납)를 인정할 수 있다.

더 알아보기 기반시설부담구역에 설치가 필요한 기반시설이 아닌 것 ★33회 기출★

1. 대학 2. 산업대학 3. 교육대학 4. 전문대학 5. 방송대학 · 통신대학 · 방송통신대학 및 사이버대학(이하 "원격대학"이라 한다)
6. 기술대학

더 알아보기 기반시설유발계수

1. 단독주택 : 0.7	2. 공동주택 : 0.7	3. 교육연구시설 : 0.7
4. 의료시설 : 0.9	5. 숙박시설 : 1.0	6. 제1종 근린생활시설 : 1.3
7. 제2종 근린생활시설 : 1.6	8. 위락시설 : 2.1	

제10장 | 기반시설

출제포인트
- 기반시설
- 도시 · 군계획시설부지에 대한 매수청구권
- 매수여부의 결정매수대금의 지급
- 도시 · 군계획시설결정의 실효
- 도시 · 군계획시설채권

1. 기반시설

(1) 기반시설의 종류 ★27, 28, 30, 31, 32, 33회 기출★

교통시설	도로 · 철도 · 항만 · 공항 · 주차장·자동차정류장 · 궤도 · 차량 검사 및 면허시설
공간시설	광장 · 공원 · 녹지 · 유원지 · 공공공지
유통 · 공급시설	유통업무설비, 수도 · 전기 · 가스 · 열공급설비, 방송 · 통신시설, 공동구 · 시장, 유류저장 및 송유설비 ★33회 기출★
공공 · 문화체육시설	학교 · 공공청사 · 문화시설 · 공공필요성이 인정되는 체육시설 · 연구시설 · 사회복지시설 · 공공직업훈련시설 · 청소년수련시설
방재시설	하천 · 유수지 · 저수지 · 방화설비 · 방풍설비 · 방수설비 · 사방설비 · 방조설비
보건위생시설	장사시설 · 도축장 · 종합의료시설
환경기초시설	하수도 · 폐기물처리 및 재활용시설 · 빗물저장 및 이용시설 · 수질오염방지시설 · 폐차장

(2) 도시 · 군계획시설

도시 · 군계획시설이란 기반시설 중 도시 · 군관리계획으로 결정된 시설을 말한다.

2. 도시 · 군계획시설부지에 대한 매수청구권 ★27, 32회 기출★

(1) 매수청구권의 의의

도시 · 군계획시설결정의 고시일부터 10년 이내에 그 도시 · 군계획시설의 설치에 관한 도시 · 군계획시설사업이 시행되지 아니하는 경우(실시계획의 인가나 그에 상당하는 절차가 진행된 경우는 제외한다) 그 도시 · 군계획시설의 부지로 되어 있는 토지 중 지목이 대(垈)인 토지(그 토지에 있는 건축물 및 정착물을 포함한다)의 소유자는 대통령령으로 정하는 바에 따라 특별시장 · 광역시장 · 특별자치시장 · 특별자치도지사 · 시장 또는 군수에게 그 토지의 매수를 청구할 수 있다.

(2) 매수청구 *27회 기출*

① **원칙** : 특별시장 · 광역시장 · 특별자치시장 · 특별자치도지사 · 시장 또는 군수에게 그 토지의 매수를 청구할 수 있다.

② **예외** : 다만, 다음의 어느 하나에 해당하는 경우에는 그에 해당하는 자에게 그 토지의 매수를 청구할 수 있다.

> ① 해당 도시 · 군계획시설사업의 시행자가 정하여진 경우에는 그 시행자
> ② 도시 · 군계획시설을 설치하거나 관리하여야 할 의무가 있는 자가 있으면 그 의무가 있는 자. 서로 다른 경우에는 설치하여야 할 의무가 있는 자에게 매수청구하여야 한다.

(3) 매수여부의 결정 *30회 기출*

매수의무자는 매수청구를 받은 날부터 6개월 이내에 매수여부를 결정하여 토지소유자와 특별시장 · 광역시장 · 특별자치시장 · 특별자치도지사 · 시장 또는 군수에게 알려야 하며, 매수하기로 결정한 토지는 매수 결정을 알린 날부터 2년 이내에 매수하여야 한다.

(4) 매수대금의 지급

① **원칙**

매수의무자는 매수청구를 받은 토지를 매수할 때에는 현금으로 그 대금을 지급한다.

② **예외**

다음의 어느 하나에 해당하는 경우로서 매수의무자가 지방자치단체인 경우에는 채권(도시 · 군계획시설채권)을 발행하여 지급할 수 있다.

> 1. 토지소유자가 원하는 경우
> 2. 부재부동산소유자의 토지 또는 비업무용 토지로서 매수대금이 3천만원을 초과하여 그 초과하는 금액을 지급하는 경우

(5) 도시 · 군계획시설채권

① **발행기준**

도시 · 군계획시설채권의 상환기간은 10년 이내로 하며, 구체적인 상환기간과 이율은 특별시 · 광역시 · 특별자치시 · 특별자치도 · 시 또는 군의 조례로 정한다.

② **발행절차**

도시 · 군계획시설채권의 발행절차나 그 밖에 필요한 사항에 관하여는 지방재정법에서 정하는 바에 따른다.

(6) 매수절차 등

매수청구된 토지의 매수가격 · 매수절차 등에 관하여는 「공익사업을 위한 토지 등의 취득 및 보상에 관한 법률」을 준용한다.

(7) 개발행위의 허가 *★34회 기출★*

매수청구를 한 토지의 소유자는 다음의 어느 하나에 해당하는 경우 개발행위허가를 받아 아래의 건축물 또는 공작물을 설치할 수 있다.

① 매수하지 아니하기로 결정한 경우
② 매수결정을 알린 날부터 2년이 지날 때까지 해당 토지를 매수하지 아니하는 경우
1. 단독주택으로서 3층 이하인 것
2. 제1종 근린생활시설로서 3층 이하인 것
3. 제2종 근린생활시설(다중생활시설.단란주점.안마시술소.노래연습장 제외)로서 3층 이하인 것
4. 공작물

(8) 도시 · 군계획시설결정의 실효 *★33회 기출★*

도시 · 군계획시설결정이 고시된 도시 · 군계획시설에 대하여 그 고시일부터 20년이 지날 때까지 그 시설의 설치에 관한 도시 · 군계획시설사업이 시행되지 아니하는 경우 그 도시 · 군계획시설결정은 그 고시일부터 20년이 되는 날의 다음날에 그 효력을 잃는다.

제11장 | 도시 · 군계획시설사업

출제포인트

□ 단계별 집행계획 수립권자
□ 도시 · 군계획시설사업의 시행자
□ 사업시행자에 대한 지원
□ 행정심판

1. 단계별 집행계획 수립권자 ★34회 기출★

원칙	특별시장 · 광역시장 · 특별자치시장 · 특별자치도지사 · 시장 또는 군수는 도시 · 군계획시설에 대하여 도시 · 군계획시설결정의 고시일부터 3개월 이내에 재원조달계획 · 보상계획 등을 포함하는 단계별 집행계획을 수립하여야 한다.
예외	국토교통부장관이나 도지사가 직접 입안한 도시 · 군관리계획인 경우 국토교통부장관이나 도지사는 단계별 집행계획을 수립하여 해당 특별시장 · 광역시장 · 특별자치시장 · 특별자치도지사 · 시장 또는 군수에게 송부할 수 있다.

2. 단계별 집행계획의 구분 등

(1) 단계별집행계획의 구분

3년 이내에 시행하는 도시 · 군계획시설사업은 제1단계 집행계획에, 3년 후에 시행하는 도시 · 군계획시설사업은 제2단계 집행계획에 포함되도록 하여야 한다.

(2) 단계별 집행계획의 조정

매년 제2단계 집행계획을 검토하여 3년 이내에 도시 · 군계획시설사업을 시행할 도시 · 군계획시설은 이를 제1단계 집행계획에 포함시킬 수 있다.

3. 단계별 집행계획의 공고

특별시장 · 광역시장 · 특별자치시장 · 특별자치도지사 · 시장 또는 군수는 단계별 집행계획을 수립하거나 받은 때에는 지체 없이 그 사실을 공고하여야 한다.

4. 단계별 집행계획이 수립되지 않은 경우 ★32회 기출★

특별시장 · 광역시장 · 특별자치시장 · 특별자치도지사 · 시장 또는 군수는 도시 · 군계획시설 결정의 고시일부터 2년이 지날 때까지 그 시설의 설치에 관한 사업이 시행되지 아니한 도시 · 군계획시설 중 단계별 집행계획이 수립되지 아니하거나 단계별 집행계획에서 제1단계 집행계획에 포함되지 아니한 도시 · 군계획시설의 부지에 대하여는 다음의 개발행위를 허가할 수 있다.

> 1. 가설건축물의 건축과 이에 필요한 범위에서의 토지의 형질 변경
> 2. 도시 · 군계획시설의 설치에 지장이 없는 공작물의 설치와 이에 필요한 범위에서의 토지의 형질 변경
> 3. 건축물의 개축 또는 재축과 이에 필요한 범위에서의 토지의 형질 변경(건축법에 따라 신고하고 설치할 수 있는 건축물의 개축 · 증축 · 재축은 제외한다)

5. 도시 · 군계획시설사업의 시행자 ★34회 기출★

(1) 원칙적 시행자

특별시장 · 광역시장 · 특별자치시장 · 특별자치도지사 · 시장 또는 군수

(2) 예외적 시행자

① 협의로 지정

도시 · 군계획시설사업이 둘 이상의 특별시 · 광역시 · 특별자치시 · 특별자치도 · 시 또는 군의 관할 구역에 걸쳐 시행되게 되는 경우에는 관계 특별시장 · 광역시장 · 특별자치시장 · 특별자치도지사 · 시장 또는 군수가 서로 협의하여 시행자를 정한다.

② 협의가 성립되지 아니하는 경우

협의가 성립되지 아니하는 경우 도시 · 군계획시설사업을 시행하려는 구역이 같은 도의 관할 구역에 속하는 경우에는 관할 도지사가 시행자를 지정하고, 둘 이상의 시 · 도의 관할 구역에 걸치는 경우에는 국토교통부장관이 시행자를 지정한다.

③ 국토교통부장관 · 도지사의 직접 시행

㉠ 국토교통부장관은 국가계획과 관련되거나 그 밖에 특히 필요하다고 인정되는 경우
㉡ 도지사는 광역도시계획과 관련되거나 특히 필요하다고 인정되는 경우

④ 지정받은 자의 시행

국가 또는 지방자치단체, 대통령령으로 정하는 공공기관, 그 밖에 대통령령으로 정하는 자에 해당하지 아니하는 자가 도시 · 군계획시설사업의 시행자로 지정을 받으려면 도시 · 군계획시설사업의 대상인 토지(국 · 공유지는 제외한다)면적의 3분의 2 이상에 해당하는 토지를 소유하고, 토지소유자 총수의 2분의 1 이상에 해당하는 자의 동의를 얻어야 하는 요건을 갖추어야 한다.

6. 사업시행자에 대한 지원

(1) 도시 · 군계획시설사업의 분할 시행

도시 · 군계획시설사업의 시행자는 도시 · 군계획시설사업을 효율적으로 추진하기 위하여 필요하다고 인정되면 사업시행대상지역 또는 대상시설을 둘 이상으로 분할하여 도시 · 군계획시설사업을 시행할 수 있다.

(2) 「공익사업을 위한 토지 등의 취득 및 보상에 관한 법률」의 특례 ★32회 기출★

① 「공익사업을 위한 토지 등의 취득 및 보상에 관한 법률」을 준용할 때에 실시계획을 고시한 경우에는 사업인정 및 그 고시가 있었던 것으로 본다.

② 재결 신청은 「공익사업을 위한 토지 등의 취득 및 보상에 관한 법률」에도 불구하고 실시계획에서 정한 도시 · 군계획시설사업의 시행기간에 하여야 한다.

7. 행정심판

이 법에 따른 도시 · 군계획시설사업 시행자의 처분에 대하여는 「행정심판법」에 따라 행정심판을 제기할 수 있다. 이 경우 행정청이 아닌 시행자의 처분에 대하여는 그 시행자를 지정한 자에게 행정심판을 제기하여야 한다.

제12장 | 보칙

출제포인트
□ 사전동의
□ 사전허가
□ 사전통지
□ 출입의 제한
□ 수인의무
□ 타인 토지에의 출입 등으로 인한 손실보상

1. 타인토지 출입 등 *27, 34회 기출*

(1) 타인토지 출입의 주체

국토교통부장관, 시 · 도지사, 시장 또는 군수나 도시 · 군계획시설사업의 시행자는 타인의 토지에 출입하거나 타인의 토지를 재료 적치장 또는 임시통로로 일시 사용할 수 있으며, 특히 필요한 경우에는 나무, 흙, 돌, 그 밖의 장애물을 변경하거나 제거할 수 있다.

(2) 출입절차

타인의 토지에 출입하려는 자는 특별시장 · 광역시장 · 특별자치시장 · 특별자치도지사 · 시장 또는 군수의 허가를 받아야 하며, 출입하려는 날의 7일 전까지 그 토지의 소유자 · 점유자 또는 관리인에게 그 일시와 장소를 알려야 한다. 다만, 행정청인 도시 · 군계획시설사업의 시행자는 허가를 받지 아니하고 타인의 토지에 출입할 수 있다.

2. 타인토지의 일시사용 또는 장애물의 변경 · 제거의 경우

(1) 사전동의

타인의 토지를 재료 적치장 또는 임시통로로 일시사용하거나 나무, 흙, 돌, 그 밖의 장애물을 변경 또는 제거하려는 자는 토지의 소유자 · 점유자 또는 관리인의 동의를 받아야 한다.

(2) 사전허가

토지나 장애물의 소유자 · 점유자 또는 관리인이 현장에 없거나 주소 또는 거소가 불분명하여 그 동의를 받을 수 없는 경우에는 행정청인 도시 · 군계획시설사업의 시행자는 관할 특별시장 · 광역시장 · 특별자치시장 · 특별자치도지사 · 시장 또는 군수에게 그 사실을 통지하여야 하며, 행정청이 아닌 도시 · 군계획시설사업의 시행자는 미리 관할 특별시장·광역시장·특별자치시장·특별자치도지사·시장 또는 군수의 허가를 받아야 한다.

(3) 사전통지

토지를 일시 사용하거나 장애물을 변경 또는 제거하려는 자는 토지를 사용하려는 날이나 장애물을 변경 또는 제거하려는 날의 3일 전까지 그 토지나 장애물의 소유자·점유자 또는 관리인에게 알려야 한다.

3. 출입의 제한

일출 전이나 일몰 후에는 그 <u>토지 점유자의 승낙 없이</u> 택지나 담장 또는 울타리로 둘러싸인 타인의 토지에 출입할 수 없다.

4. 수인의무 ★32회 기출★

토지의 점유자는 정당한 사유 없이 토지에의 출입 등에 관한 행위를 방해하거나 거부하지 못한다.

5. 증표의 제시

토지에의 출입 등에 관한 행위를 하려는 자는 그 권한을 표시하는 증표와 허가증을 지니고 이를 관계인에게 내보여야 한다. 이 경우 증표와 허가증에 관하여 필요한 사항은 국토교통부령으로 정한다.

6. 타인 토지에의 출입 등으로 인한 손실보상

(1) 손실보상의 의무자

토지에의 출입 등에 관한 행위로 인하여 손실을 입은 자가 있으면 그 행위자가 속한 행정청이나 도시·군계획시설사업의 시행자가 그 손실을 보상하여야 한다.

(2) 손실보상의 절차

① 당사자의 협의 : 손실보상에 관하여는 그 손실을 보상할 자와 손실을 입은 자가 협의하여야 한다.
② 재결신청 : 손실을 보상할 자나 손실을 입은 자는 협의가 성립되지 아니하거나 협의를 할 수 없는 경우에는 관할 토지수용위원회에 재결을 신청할 수 있다. 이 경우 관할 토지수용위원회의 재결에 관하여는 「공익사업을 위한 토지 등의 취득 및 보상에 관한 법률」 제83조부터 제87조까지의 규정을 준용한다.

더 알아보기 청문 ★31회 기출★

국토교통부장관, 시·도지사, 시장·군수 또는 구청장은 다음의 어느 하나에 해당하는 처분을 하려면 청문을 하여야 한다.
1. 개발행위허가의 취소
2. 도시·군계획시설사업의 시행자 지정의 취소
3. 실시계획인가의 취소

제13장 | 도시개발구역 지정권자 · 지정규모 · 지정효과

출제포인트
- □ 지정권자
- □ 지정규모
- □ 도시개발구역 지정 효과
- □ 도시지역과 지구단위계획구역의 의제
- □ 개발행위허가

1. 지정권자

(1) 원칙 – 시 · 도지사, 대도시 시장

(2) 예외 – 국토교통부장관

> 1. 국가가 도시개발사업을 실시할 필요가 있는 경우
> 2. 관계 중앙행정기관의 장이 요청하는 경우
> 3. 공공기관의 장 또는 정부출연기관의 장이 30만㎡ 이상으로서 국가계획과 밀접한 관련이 있는 도시개발구역의 지정을 제안하는 경우
> 4. 도시개발구역 지정에 대한 협의가 성립되지 아니하는 경우
> 5. 천재지변, 그 밖의 사유로 인하여 도시개발사업을 긴급하게 할 필요가 있는 경우

(3) 도시개발구역의 분할 및 결합

도시개발구역을 지정하는 자(지정권자)는 도시개발사업의 효율적인 추진과 도시의 경관 보호 등을 위하여 필요하다고 인정하는 경우에는 도시개발구역을 둘 이상의 사업시행지구로 분할하거나 서로 떨어진 둘 이상의 지역을 결합하여 하나의 도시개발구역으로 지정할 수 있다.

2. 지정규모

(1) 원칙

도시지역	주거지역 · 상업지역 · 자연녹지지역 · 생산녹지지역(생산녹지지역이 도시개발구역 지정면적의 100분의 30 이하인 경우만 해당된다)	1만㎡ 이상
	공업지역	3만㎡ 이상

	다만, 공동주택 중 아파트 또는 연립주택의 건설계획이 포함되는 경우로서 다음 요건을 모두 갖춘 경우에는 10만㎡ 이상으로 한다. 1. 도시개발구역에 초등학교용지를 확보하여 관할 교육청과 협의한 경우 2. 도시개발구역에서 「도로법」 규정에 해당하는 도로 또는 국토교통부령으로 정하는 도로와 연결되거나 4차로 이상의 도로를 설치하는 경우	
도시지역 외의 지역		30만㎡ 이상

(2) 예외

① 자연녹지지역, 생산녹지지역 및 도시지역 외의 지역에 도시개발구역을 지정하는 경우

광역도시계획 또는 도시ㆍ군기본계획에 의하여 개발이 가능한 지역에서만 국토교통부장관이 정하는 기준에 따라 지정하여야 한다. 다만, 광역도시계획 및 도시ㆍ군기본계획이 수립되지 아니한 지역인 경우에는 자연녹지지역 및 계획관리지역에서만 도시개발구역을 지정할 수 있다.

② 규모별도지정

> ① 취락지구 또는 개발진흥지구로 지정된 지역
> ② 지구단위계획구역으로 지정된 지역
> ③ 국토교통부장관이 국가균형발전을 위하여 관계 중앙행정기관의 장과 협의하여 도시개발구역으로 지정하려는 지역 (자연환경보전지역은 제외한다)

3. 도시개발구역 지정 효과

(1) 도시지역과 지구단위계획구역의 의제

도시개발구역이 지정ㆍ고시된 경우 해당 도시개발구역은 도시지역과 지구단위계획구역으로 결정되어 고시된 것으로 본다. 다만, 도시지역 외의 지역에 지정하는 지구단위계획구역 및 취락지구로 지정된 지역인 경우에는 그러하지 아니하다.

(2) 지형도면의 고시의 특례

도시ㆍ군관리계획에 관한 지형도면의 고시는 도시개발사업의 시행기간에 할 수 있다.

(3) 개발행위허가

① 허가사항

다음은 특별시장ㆍ광역시장ㆍ특별자치도지사ㆍ시장 또는 군수의 허가를 받아야 한다.

> 1. 건축물의 건축 등 : 「건축법」에 따른 건축물(가설건축물을 포함한다)의 건축, 대수선 또는 용도 변경
> 2. 공작물의 설치 : 인공을 가하여 제작한 시설물(「건축법」에 따른 건축물은 제외한다)의 설치
> 3. 토지의 형질변경 : 절토(땅깎기)ㆍ성토(흙쌓기)ㆍ정지ㆍ포장 등의 방법으로 토지의 형상을 변경하는 행위, 토지의 굴착 또는 공유수면의 매립
> 4. 토석의 채취 : 흙ㆍ모래ㆍ자갈ㆍ바위 등의 토석을 채취하는 행위. 다만, 토지의 형질 변경을 목적으로 하는 것은 3.에 따른다.
> 5. 토지분할
> 6. 물건을 쌓아놓는 행위 : 옮기기 쉽지 아니한 물건을 1개월 이상 쌓아놓는 행위
> 7. 죽목의 벌채 및 식재

② 허용사항

다음의 어느 하나에 해당하는 행위는 허가를 받지 아니하고 할 수 있다.

1. 재해 복구 또는 재난 수습에 필요한 응급조치를 위하여 하는 행위
2. 그 밖에 대통령령으로 정하는 행위
   ① 농림수산물의 생산에 직접 이용되는 것으로서 간이공작물의 설치
   ② 경작을 위한 토지의 형질변경
   ③ 도시개발구역의 개발에 지장을 주지 아니하고 자연경관을 훼손하지 아니하는 범위에서의 토석채취
   ④ 도시개발구역에 남겨두기로 결정된 대지에서 물건을 쌓아놓는 행위
   ⑤ 관상용 죽목의 임시 식재(경작지에서의 임시 식재는 제외한다)

제14장 | 개발계획

1. 개발계획의 수립

(1) 수립순서

① 원칙

지정권자는 도시개발구역을 지정하려면 해당 도시개발구역에 대한 개발계획을 수립하여야 한다.

② 예외

개발계획을 공모하거나 다음의 어느 하나에 해당하는 지역에 도시개발구역을 지정할 때에는 도시개 발구역을 지정한 후에 개발계획을 수립할 수 있다.

1. 자연녹지지역
2. 생산녹지지역
3. 도시지역 외의 지역
4. 국토교통부장관이 국가균형발전을 위하여 관계 중앙행정기관의 장과 협의하여 도시개발구역으로 지정하려는 지역 (자연환경보전지역은 제외한다)
5. 해당 도시개발구역에 포함되는 주거지역·상업지역·공업지역의 면적의 합계가 전체 도시개발구역 지정 면적의 100분의 30 이하인 지역

(2) 토지소유자의 동의

① 지정권자는 환지방식의 도시개발사업에 대한 개발계획을 수립하려면 환지방식이 적용되는 지역의 토지면적의 3분의 2 이상에 해당하는 토지 소유자와 그 지역의 토지소유자 총수의 2분의 1 이상의 동의를 받아야 한다.

② 지정권자는 도시개발사업을 환지방식으로 시행하려고 개발계획을 수립하거나 변경할 때에 도시개발사업의 시행자가 국가나 지방자치단체에 해당하는 자이면 위 ①에도 불구하고 토지소유자의 동의를 받을 필요가 없다.

2. 개발계획의 내용

아래 규정에 해당하는 사항은 도시개발구역을 지정한 후에 개발계획에 포함시킬 수 있다.

1. 도시개발구역 밖의 지역에 기반시설을 설치하여야 하는 경우에는 그 시설의 설치에 필요한 비용의 부담 계획
2. 수용 또는 사용의 대상이 되는 토지·건축물 또는 토지에 정착한 물건과 이에 관한 소유권 외의 권리, 광업권, 어업권, 물의 사용에 관한 권리(이하 "토지 등"이라 한다)가 있는 경우에는 그 세부목록
3. 임대주택건설계획 등 세입자 등의 주거 및 생활 안정 대책
4. 순환개발 등 단계적 사업추진이 필요한 경우 사업추진 계획 등에 관한 사항

3. 개발계획의 수립기준

(1) 광역도시계획 또는 도시·군기본계획과의 관계

광역도시계획이나 도시·군기본계획이 수립되어 있는 지역에 대하여 개발계획을 수립하려면 개발계획의 내용이 해당 광역도시계획이나 도시·군기본계획에 들어맞도록 하여야 한다.

(2) 상호기능의 조화

330만㎡ 이상인 도시개발구역에 관한 개발계획을 수립할 때에는 해당 구역에서 주거, 생산, 교육, 유통, 위락 등의 기능이 서로 조화를 이루도록 노력하여야 한다.

제15장 | 시행자 · 실시계획

출제포인트
- 시행자의 변경
- 도시개발구역의 지정제안
- 실시계획
- 실시계획의 인가
- 도시 · 군관리계획 결정의 의제

1. 시행자의 변경

지정권자는 다음의 어느 하나에 해당하는 경우에는 시행자를 변경할 수 있다.

1. 도시개발사업에 관한 실시계획의 인가를 받은 후 2년 이내에 사업을 착수하지 아니하는 경우
2. 행정처분으로 시행자의 지정이나 실시계획의 인가가 취소된 경우
3. 시행자의 부도 · 파산, 그 밖에 이와 유사한 사유로 도시개발사업의 목적을 달성하기 어렵다고 인정되는 경우
4. 도시개발구역의 전부를 환지방식으로 시행하는 경우에 시행자로 지정된 토지소유자 또는 조합이 도시개발구역 지정의 고시일부터 1년(다만, 지정권자가 실시계획의 인가신청기간의 연장이 불가피하다고 인정하여 6개월의 범위에서 연장한 경우에는 그 연장된 기간을 말한다) 내에 도시개발사업에 관한 실시계획의 인가를 신청하지 아니하는 경우

2. 도시개발구역의 지정제안

(1) 지정제안

① 시행자가 될 수 있는 자(국가 · 지방자치단체 · 조합 제외)는 특별자치도지사 · 시장 · 군수 또는 구청장에게 도시개발구역의 지정을 제안할 수 있다. 다만, 공공기관의 장, 정부출연기관의 장은 국토교통부장관에게 직접 제안할 수 있다.

② 도시개발구역의 지정을 제안하려는 지역이 둘 이상의 시 · 군 또는 구의 행정구역에 걸쳐 있는 경우에는 그 지역에 포함된 면적이 가장 큰 행정구역의 시장 · 군수 또는 구청장에게 서류를 제출하여야 한다.

③ 도시개발구역지정의 제안을 받은 국토교통부장관 · 특별자치도지사 · 시장 · 군수 또는 구청장은 제안내용의 수용 여부를 1개월 이내에 제안자에게 통보하여야 한다. 다만, 관계 기관과의 협의가 지연되는 등 불가피한 사유가 있는 경우에는 1개월 이내의 범위에서 통보기간을 연장할 수 있다.

(2) 토지소유자의 동의

조합을 제외한 민간시행자에 해당하는 자가 도시개발구역의 지정을 제안하려는 경우에는 대상구역 토지 면적의 3분의 2 이상에 해당하는 토지소유자(지상권자를 포함한다)의 동의를 받아야 한다.

(3) 비용부담

특별자치도지사 · 시장 · 군수 또는 구청장은 제안자와 협의하여 도시개발구역의 지정을 위하여 필요한 비용의 전부 또는 일부를 제안자에게 부담시킬 수 있다.

3. 실시계획

(1) 실시계획의 작성

시행자는 개발계획에 맞게 도시개발사업에 관한 실시계획(설계도서, 자금계획, 시행기간 등)을 작성하여야 한다. 이 경우 실시계획에는 지구단위계획이 포함되어야 한다.

(2) 실시계획의 인가

시행자(지정권자가 시행자인 경우는 제외한다)는 작성된 실시계획에 관하여 실시계획의 인가를 받으려는 경우에는 실시계획 인가신청서에 국토교통부령으로 정하는 서류를 첨부하여 시장(대도시 시장은 제외한다) · 군수 또는 구청장을 거쳐 지정권자에게 제출하여야 한다.

(3) 도시 · 군관리계획 결정의 의제

실시계획을 고시한 경우 그 고시된 내용 중 도시 · 군관리계획(지구단위계획을 포함한다)으로 결정하여야 하는 사항은 도시 · 군관리계획이 결정되어 고시된 것으로 본다. 이 경우 종전에 도시 · 군관리계획으로 결정된 사항 중 고시 내용에 저촉되는 사항은 고시된 내용으로 변경된 것으로 본다.

제16장 | 도시개발조합

1. 도시개발조합설립

(1) 조합설립의 인가

조합을 설립하려면 도시개발구역의 토지소유자 7명 이상이 정관을 작성하여 지정권자에게 조합설립의 인가를 받아야 한다. 조합이 인가를 받은 사항을 변경하려면 지정권자로부터 변경인가를 받아야 한다. 다만, 아래의 대통령령으로 정하는 경미한 사항을 변경하려는 경우에는 신고하여야 한다.

① 주된 사무소의 소재지를 변경하려는 경우
② 공고방법을 변경하려는 경우

(2) 조합설립의 동의요건

조합설립의 인가를 신청하려면 해당 도시개발구역의 토지면적의 3분의 2 이상에 해당하는 토지소유자와 그 구역의 토지소유자 총수의 2분의 1 이상의 동의를 받아야 한다.

(3) 동의철회

토지 소유자는 조합 설립인가의 신청 전에 동의를 철회할 수 있다. 이 경우 그 토지 소유자는 동의자 수에서 제외한다.

(4) 동의의제

조합 설립인가에 동의한 자로부터 토지를 취득한 자는 조합의 설립에 동의한 것으로 본다. 다만, 토지를 취득한 자가 조합 설립인가 신청 전에 동의를 철회한 경우에는 그러하지 아니하다.

(5) 조합설립등기

조합의 설립인가를 받은 조합의 대표자는 설립인가를 받은 날부터 30일 이내에 주된 사무소의 소재지에서 설립등기를 하여야 한다.

2. 조합의 구성

(1) 조합원 : 조합의 조합원은 도시개발구역의 토지소유자로 한다.

(2) 임원

① 조합에는 다음의 임원을 둔다.
  ㉠ 조합장 1명
  ㉡ 이사
  ㉢ 감사

② 조합의 임원은 의결권을 가진 조합원이어야 하고, 정관으로 정한 바에 따라 총회에서 선임한다.

③ 조합의 임원은 그 조합의 다른 임원이나 직원을 겸할 수 없다.

④ 다음의 어느 하나에 해당하는 자는 조합의 임원이 될 수 없다.
  ㉠ 피성년후견인, 피한정후견인 또는 미성년자
  ㉡ 파산선고를 받은 자로서 복권되지 아니한 자
  ㉢ 금고 이상의 형을 선고받고 그 집행이 끝나거나 집행을 받지 아니하기로 확정된 후 2년이 지나지 아니한 자 또는 그 형의 집행유예 기간 중에 있는 자

⑤ 조합의 임원으로 선임된 자가 위 ④의 어느 하나에 해당하게 된 경우에는 그 다음날부터 임원의 자격을 상실한다.

3. 조합원의 권리 · 의무

① 보유토지의 면적과 관계없는 평등한 의결권

② 정관에서 정한 조합의 운영 및 도시개발사업의 시행에 필요한 경비의 부담

③ 그 밖에 정관에서 정하는 권리 및 의무(조합의 합병 · 해산) : 조합의 합병 또는 해산은 총회의 의결을 거쳐야 한다. 다만, 대의원회를 둔 경우로서 청산금의 징수 · 교부를 완료한 후에 조합을 해산하는 경우에는 대의원회의 의결로서 해산할 수 있다.

4. 조합의 법인격 등

① 조합은 법인으로 한다.

② 조합은 그 주된 사무소의 소재지에서 등기를 하면 성립한다.

③ 조합에 관하여 이 법으로 규정한 것 외에는 「민법」 중 사단법인에 관한 규정을 준용한다.

5. 조합임원의 직무 등

① 조합장은 조합을 대표하고 그 사무를 총괄하며, 총회·대의원회 또는 이사회의 의장이 된다.

② 조합장 또는 이사의 자기를 위한 조합과의 계약이나 소송에 관하여는 감사가 조합을 대표한다.

③ 조합의 임원은 같은 목적의 사업을 하는 다른 조합의 임원 또는 직원을 겸할 수 없다.

6. 대의원회

(1) 의결권을 가진 조합원의 수가 50인 이상인 조합은 총회의 권한을 대행하게 하기 위하여 대의원회를 둘수 있다.

(2) 대의원회에 두는 대의원의 수는 의결권을 가진 조합원 총수의 100분의 10 이상으로 하고, 대의원은 의결권을 가진 조합원 중에서 정관에서 정하는 바에 따라 선출한다.

(3) 총회의 권한 중 대의원회가 대행할 수 없는 것
① 정관의 변경
② 개발계획 및 실시계획의 수립 및 변경
③ 환지계획의 작성
④ 조합임원의 선임
⑤ 조합의 합병 또는 해산에 관한 사항

제17장 | 수용 · 사용방식

출제포인트
- 토지 등의 수용 또는 사용
- 토지상환채권
- 원형지의 공급과 개발
- 조성토지 등의 공급계획

1. 도시개발사업의 시행방식

1. 환지방식 : 다음의 어느 하나에 해당하는 경우
   ① 대지로서의 효용증진과 공공시설의 정비를 위하여 토지의 교환 · 분합 · 합병, 그 밖의 구획변경, 지목 또는 형질의 변경이나 공공시설의 설치 · 변경이 필요한 경우
   ② 도시개발사업을 시행하는 지역의 지가가 인근의 다른 지역에 비하여 현저히 높아 수용 또는 사용방식으로 시행하는 것이 어려운 경우
2. 수용 또는 사용방식 : 계획적이고 체계적인 도시개발 등 집단적인 조성과 공급이 필요한 경우
3. 혼용방식 : 도시개발구역으로 지정하려는 지역이 부분적으로 수용 · 사용방식 또는 환지방식에 해당하는 경우

2. 토지 등의 수용 또는 사용

(1) 시행자의 수용 · 사용

① 시행자는 도시개발사업에 필요한 토지 등을 수용하거나 사용할 수 있다. 다만, 민간시행자(조합제외)에 해당하는 시행자는 사업대상 토지면적의 3분의 2 이상에 해당하는 토지를 소유하고 토지소유자 총수의 2분의 1 이상에 해당하는 자의 동의를 받아야 한다.

(2) 공익사업을 위한 토지 등의 취득 및 보상에 관한 법률의 특례

사업인정의 특례	수용 또는 사용의 대상이 되는 토지의 세부목록을 고시한 경우에는 「공익사업을 위한 토지 등의 취득 및 보상에 관한 법률」에 따른 사업인정 및 그 고시가 있었던 것으로 본다.
재결신청기간의 특례	재결신청은 개발계획에서 정한 도시개발사업의 시행 기간 종료일까지 하여야 한다.

3. 토지상환채권

(1) 토지상환채권의 발행자

① **시행자의 발행** : 시행자는 토지소유자가 원하면 토지 등의 매수 대금의 일부를 지급하기 위하여 사업 시행으로 조성된 토지·건축물로 상환하는 토지상환채권을 발행할 수 있다. 토지상환채권의 발행규모는 그 토지상환채권으로 상환할 토지·건축물이 해당 도시개발사업으로 조성되는 분양 토지 또는 분양건축물 면적의 2분의 1을 초과하지 아니하도록 하여야 한다.

② **지급보증** : 민간시행자는 금융기관 등(은행과 보험회사)으로부터 지급보증을 받은 경우에만 이를 발행할 수 있다.

(2) 토지상환채권의 발행절차

① **발행계획의 승인** : 시행자(지정권자가 시행자인 경우는 제외한다)는 토지상환채권을 발행하려면 토지상환채권의 발행계획을 작성하여 미리 지정권자의 승인을 얻어야 한다.

② **발행방법 등** : 토지상환채권의 이율은 발행 당시의 은행의 예금금리 및 부동산 수급상황을 고려하여 발행자가 정한다. 또한 토지상환채권은 기명식 증권으로 한다.

③ **토지상환채권의 이전 등**
토지상환채권을 이전하는 경우 취득자는 그 성명과 주소를 토지상환채권원부에 기재하여 줄 것을 요청하여야 하며, 취득자의 성명과 주소가 토지상환채권에 기재되지 아니하면 취득자는 발행자 및 그 밖의 제3자에게 대항하지 못한다.

4. 원형지의 공급과 개발

(1) 원형지의 공급

시행자는 도시를 자연친화적으로 개발하거나 복합적·입체적으로 개발하기 위하여 필요한 경우에는 미리 지정권자의 승인을 받아 다음의 어느 하나에 해당하는 자에게 원형지를 공급하여 개발하게 할 수 있다. 이 경우 공급될 수 있는 원형지의 면적은 도시개발구역 전체 토지 면적의 3분의 1 이내로 한정한다.

> 1. 국가 또는 지방자치단체
> 2. 공공기관
> 3. 지방공사
> 4. 국가 또는 지방자치단체가 복합개발 등을 위하여 실시한 공모에서 선정된 자
> 5. 원형지를 학교나 공장 등의 부지로 직접 사용하는 자

주의 정부출연기관은 원형지개발자가 될 수 없다.

(2) 공급 계획의 작성

① 시행자는 원형지를 공급하기 위하여 지정권자에게 승인 신청을 할 때에는 원형지의 공급 계획을 작성하여 함께 제출하여야 한다. 작성된 공급 계획을 변경하는 경우에도 같다.

② 시행자는 개발 방향과 승인내용 및 공급 계획에 따라 원형지개발자와 공급계약을 체결한 후 원형지개발자로부터 세부계획을 제출받아 이를 실시계획의 내용에 반영하여야 한다.

(3) 매각제한

원형지개발자(국가 및 지방자치단체는 제외한다)는 10년의 범위에서 원형지에 대한 공사완료 공고일로부터 5년 또는 원형지 공급 계약일로부터 10년 기간 중 먼저 끝나는 기간 안에는 원형지를 매각할 수 없다. 다만, 이주용 주택이나 공공·문화 시설 등 대통령령으로 정하는 경우로서 미리 지정권자의 승인을 받은 경우에는 예외로 한다.

5. 조성토지 등의 공급계획

(1) 공급계획의 작성 및 제출

시행자(지정권자가 시행자인 경우는 제외한다)는 조성토지 등을 공급하려고 할 때에는 조성토지 등의 공급 계획을 작성하거나 변경하여 지정권자에게 제출하여야 한다. 이 경우 행정청이 아닌 시행자는 시장(대도시 시장은 제외한다)·군수 또는 구청장을 거쳐 제출하여야 한다.

(2) 조성토지 등의 공급방법 등

① 추첨

> 1. 「주택법」에 따른 국민주택규모 이하의 주택건설용지(공공시행자가 임대주택 건설용지를 공급하는 경우 포함)
> 2. 「주택법」에 따른 공공택지
> 3. 국토교통부령으로 정하는 면적 이하의 단독주택용지 및 공장용지

② 수의계약

> 1. 학교용지, 공공청사용지 등 일반에게 분양할 수 없는 공공용지를 국가, 지방자치단체, 그 밖의 법령에 따라 해당 시설을 설치할 수 있는 자에게 공급하는 경우
> 1의2. 임대주택 건설용지를 다음에 해당하는 자가 단독 또는 공동으로 총지분의 100분의 50을 초과하여 출자한 「부동산투자회사법」에 따른 부동산투자회사에 공급하는 경우
> ① 국가나 지방자치단체
> ② 한국토지주택공사
> ③ 주택사업을 목적으로 설립된 지방공사
> 2. 고시한 실시계획에 따라 존치하는 시설물의 유지관리에 필요한 최소한의 토지를 공급하는 경우
> 3. 「공익사업을 위한 토지 등의 취득 및 보상에 관한 법률」에 따른 협의를 하여 그가 소유하는 도시개발구역 안의 조성토지등의 전부를 시행자에게 양도한 자에게 국토교통부령으로 정하는 기준에 따라 토지를 공급하는 경우
> 4. 토지상환채권에 의하여 토지를 상환하는 경우
> 5. 토지의 규모 및 형상, 입지조건 등에 비추어 토지이용가치가 현저히 낮은 토지로서, 인접 토지 소유자 등에게 공급하는 것이 불가피하다고 시행자가 인정하는 경우
> 6. 공공시행자가 도시개발구역에서 도시발전을 위하여 복합적이고 입체적인 개발이 필요하여 국토교통부령으로 정하는 절차와 방법에 따라 선정된 자에게 토지를 공급하는 경우
> 6의2. 외국인투자기업에게 수의계약을 통하여 조성토지등을 공급할 필요가 있다고 인정하는 경우
> 6의3. 대행개발사업자가 개발을 대행하는 토지를 해당 대행개발사업자에게 공급하는 경우
> 7. 경쟁입찰 또는 추첨의 결과 2회 이상 유찰된 경우
> 8. 그 밖에 관계 법령의 규정에 따라 수의계약으로 공급할 수 있는 경우

③ 조성토지등의 가격 평가는 감정가격으로 한다.

6. 학교 용지 등의 공급가격

시행자는 학교, 폐기물처리시설, 그 밖에 대통령령으로 정하는 시설을 설치하기 위한 조성토지 등과 이주단지의 조성을 위한 토지를 공급하는 경우에는 해당 토지의 가격을 감정평가법인 등이 감정평가한 가격 이하로 정할 수 있다.

대통령령으로 정하는 시설

1. 공공청사
2. 사회복지시설(행정기관 및 사회복지법인이 설치하는 사회복지시설을 말한다). 다만, 「사회복지사업법」에 따른 사회복지시설의 경우에는 유료시설을 제외한 시설로서 관할 지방자치단체의 장의 추천을 받은 경우로 한정한다.
3. 공장. 다만, 해당 도시개발사업으로 이전되는 공장의 소유자가 설치하는 경우로 한정한다.
4. 임대주택
5. 「주택법」에 따른 국민주택 규모 이하의 공동주택. 다만, 공공시행자가 국민주택 규모 이하의 공동주택을 건설하려는 자에게 공급하는 경우로 한정한다.
5의2. 「관광진흥법」에 따른 호텔업 시설. 다만, 공공시행자가 200실 이상의 객실을 갖춘 호텔의 부지로 토지를 공급하는 경우로 한정한다.
6. 그 밖에 「국토의 계획 및 이용에 관한 법률」에 따른 기반시설로서 국토교통부령으로 정하는 시설

제18장 | 환지방식

1. 신청 · 동의 등에 따른 환지의 제외

토지소유자가 신청하거나 동의하면 해당 토지의 전부 또는 일부에 대하여 환지를 정하지 아니할 수 있다. 다만, 해당 토지에 관하여 임차권자 등이 있는 경우에는 그 동의를 받아야 한다.

2. 환지 제외 토지의 사용 · 수익의 정지

시행자는 환지를 정하지 아니하기로 결정된 토지 소유자나 임차권자 등에게 날짜를 정하여 그날부터 해당 토지 또는 해당 부분의 사용 또는 수익을 정지시킬 수 있다. 시행자가 사용 또는 수익을 정지하게 하려면 30일 이상의 기간을 두고 미리 해당 토지소유자 또는 임차권자등에게 알려야 한다.

3. 토지면적을 고려한 환지

시행자는 토지 면적의 규모를 조정할 특별한 필요가 있으면 면적이 작은 토지는 과소토지가 되지 아니하도록 면적을 늘려 환지를 정하거나 환지 대상에서 제외할 수 있고, 면적이 넓은 토지는 그 면적을 줄여서 환지를 정할 수 있다.

4. 입체환지

① 시행자는 도시개발사업을 원활히 시행하기 위하여 특히 필요한 경우에는 토지 또는 건축물 소유자의 신청을 받아 건축물의 일부와 그 건축물이 있는 토지의 공유지분을 부여할 수 있다.

② 입체 환지의 신청 기간은 통지한 날부터 30일 이상 60일 이하로 하여야 한다. 다만, 시행자는 환지 계획의 작성에 지장이 없다고 판단하는 경우에는 20일의 범위에서 그 신청기간을 연장할 수 있다.

5. 공공시설의 용지 등에 관한 조치

① 공공시설의 용지에 대하여는 환지계획을 정할 때 그 위치 · 면적 등에 관하여 환지기준을 적용하지 아니할 수 있다.

② 시행자가 도시개발사업의 시행으로 국가 또는 지방자치단체가 소유한 공공시설과 대체되는 공공시설을 설치하는 경우 종전의 공공시설의 전부 또는 일부의 용도가 폐지되거나 변경되어 사용하지 못하게 될 토지는 환지를 정하지 아니하며, 이를 다른 토지에 대한 환지의 대상으로 하여야 한다.

6. 체비지 등

(1) 체비지 또는 보류지의 지정

시행자는 도시개발사업에 필요한 경비에 충당하거나 규약 · 정관 · 시행규정 또는 실시계획으로 정하는 목적을 위하여 일정한 토지를 환지로 정하지 아니하고 보류지로 정할 수 있으며, 그 중 일부를 체비지로 정하여 도시개발사업에 필요한 경비에 충당할 수 있다.

(2) 공동주택건설을 위한 체비지

특별자치도지사 · 시장 · 군수 또는 구청장은 「주택법」에 따른 공동주택의 건설을 촉진하기 위하여 필요하다고 인정하면 체비지 중 일부를 같은 지역에 집단으로 정하게 할 수 있다.

7. 조성토지의 가격평가

시행자는 환지방식이 적용되는 도시개발구역에 있는 조성토지 등의 가격을 평가하고자 할 때에는 토지평가협의회의 심의를 거쳐 결정하되, 그에 앞서 공인평가기관인 감정평가업자로 하여금 평가하게 하여야 한다.

8. 환지계획의 인가 등

(1) 환지계획의 인가

행정청이 아닌 시행자가 환지계획을 작성한 경우에는 특별자치도지사 · 시장 · 군수 또는 구청장의 인가를 받아야 하며, 인가받은 내용을 변경하려는 경우에 준용한다.

(2) 통지 및 공람

행정청이 아닌 시행자가 환지 계획의 인가를 신청하려고 하거나 행정청인 시행자가 환지 계획을 정하려고 하는 경우에는 토지 소유자와 임차권자등에게 환지 계획의 기준 및 내용 등을 알리고 관계 서류의 사본을 일반인에게 공람시켜야 한다.

(3) 의견서의 제출

토지소유자나 임차권자 등은 공람 기간에 시행자에게 의견서를 제출할 수 있으며, 시행자는 그 의견이 타당하다고 인정하면 환지계획에 이를 반영하여야 한다.

(4) 의견서의 첨부

행정청이 아닌 시행자가 환지계획 인가를 신청할 때에는 제출된 의견서를 첨부하여야 한다.

(5) 결과 통보

시행자는 제출된 의견에 대하여 공람 기일이 종료된 날부터 60일 이내에 그 의견을 제출한 자에게 환지계획에의 반영 여부에 관한 검토 결과를 통보하여야 한다.

9. 환지예정지의 지정

(1) 환지예정지 지정절차

① 환지예정지의 지정 : 시행자는 도시개발사업의 시행을 위하여 필요하면 도시개발구역의 토지에 대하여 환지예정지를 지정할 수 있다. 이 경우 종전의 토지에 대한 임차권자 등이 있으면 해당 환지예정지에 대하여 해당 권리의 목적인 토지 또는 그 부분을 아울러 지정하여야 한다.

② 통지 및 공람 : 민간시행자가 환지예정지를 지정하고자 하는 때에는 토지소유자와 해당 토지에 대하여 임차권·지상권 기타 사용 또는 수익할 권리를 가진 자에게 이를 알리고 관계서류의 사본을 일반에게 공람시켜야 한다.

③ 토지소유자나 임차권자 등은 공람기간에 시행자에게 의견서를 제출할 수 있으며, 시행자는 그 의견이 타당하다고 인정하면 환지계획에 이를 반영하여야 한다.

④ 환지예정지 지정의 통지 : 시행자가 환지예정지를 지정하려면 관계 토지소유자와 임차권자 등에게 환지예정지의 위치·면적과 환지예정지 지정의 효력발생 시기를 알려야 한다.

(2) 환지예정지 지정의 효과

① 사용·수익권 취득(효력발생시기)

ㄱ 원칙 : 환지예정지가 지정되면 종전의 토지의 소유자와 임차권자 등은 환지예정지 지정의 효력발생일부터 환지처분이 공고되는 날까지 환지 예정지나 해당 부분에 대하여 종전과 같은 내용의 권리를 행사할 수 있으며 종전의 토지는 사용하거나 수익할 수 없다.

ㄴ 예외 : 시행자는 환지예정지를 지정한 경우에 해당 토지를 사용하거나 수익하는 데에 장애가 될 물건이 그 토지에 있거나 그 밖에 특별한 사유가 있으면 그 토지의 사용 또는 수익을 시작할 날을 따로 정할 수 있다.

② 사용·수익의 정지 등 : 환지예정지 지정의 효력이 발생하거나 그 토지의 사용 또는 수익을 시작하는 경우에 해당 환지예정지의 종전의 소유자 또는 임차권자 등은 ①의 ㄱ 또는 ㄴ에서 규정하는 기간에 이를 사용하거나 수익할 수 없으며 ㄱ에 따른 권리의 행사를 방해할 수 없다.

③ 체비지의 사용·수익·처분 : 시행자는 체비지의 용도로 환지예정지가 지정된 경우에는 도시개발사업에 드는 비용을 충당하기 위하여 이를 사용 또는 수익하게 하거나 처분할 수 있다.

10. 환지처분

(1) 환지처분 절차

① 공사완료의 공고	시행자는 환지방식으로 도시개발사업에 관한 공사를 끝낸 경우에는 지체 없이 대통령령으로 정하는 바에 따라 이를 공고하고 공사 관계서류를 일반인에게 공람시켜야 한다.
② 의견제출	도시개발구역의 토지소유자나 이해관계인은 공람 기간에 시행자에게 의견서를 제출할 수 있으며, 의견서를 받은 시행자는 공사 결과와 실시계획 내용에 맞는지를 확인하여 필요한 조치를 하여야 한다.
③ 준공검사의 신청 등	시행자는 공람 기간에 의견서의 제출이 없거나 제출된 의견서에 따라 필요한 조치를 한 경우에는 지정권자에 의한 준공검사를 신청하거나 도시개발사업의 공사를 끝내야 한다.
④ 환지처분의 시기	시행자는 지정권자에 의한 준공검사를 받은 경우(지정권자가 시행자인 경우에는 공사 완료 공고가 있는 때)에는 대통령령으로 정하는 기간(60일 이내)에 환지처분을 하여야 한다.
⑤ 통지·공고	시행자는 환지처분을 하려는 경우에는 환지계획에서 정한 사항을 토지소유자에게 알리고 대통령령으로 정하는 바에 따라 이를 공고하여야 한다.

(2) 환지처분의 효과

① 권리의 이전
  ㉠ 원칙 : 환지계획에서 정하여진 환지는 그 환지처분이 공고된 날의 다음 날부터 종전의 토지로 보며, 환지계획에서 환지를 정하지 아니한 종전의 토지에 있던 권리는 그 환지처분이 공고된 날이 끝나는 때에 소멸한다.
  ㉡ 예외
    ⓐ 행정상·재판상의 처분 : 환지처분은 행정상 처분이나 재판상의 처분으로서 종전의 토지에 전속하는 것에 관하여는 영향을 미치지 아니한다.
    ⓑ 지역권 : 도시개발구역의 토지에 대한 지역권은 종전의 토지에 존속한다. 다만, 도시개발사업의 시행으로 행사할 이익이 없어진 지역권은 환지처분이 공고된 날이 끝나는 때에 소멸한다.
② 입체환지 : 환지계획에 따라 환지처분을 받은 자는 환지처분이 공고된 날의 다음 날에 환지계획으로 정하는 바에 따라 건축물의 일부와 해당 건축물이 있는 토지의 공유지분을 취득한다. 이 경우 종전의 토지에 대한 저당권은 환지처분이 공고된 날의 다음 날부터 해당 건축물의 일부와 해당 건축물이 있는 토지의 공유지분에 존재하는 것으로 본다.
③ 체비지 및 보류지
  체비지는 시행자가, 보류지는 환지계획에서 정한 자가 각각 환지처분이 공고된 날의 다음 날에 해당 소유권을 취득한다.

11. 환지등기

① 등기의 촉탁 또는 신청 : 시행자는 환지처분이 공고되면 공고 후 14일 이내에 관할 등기소에 이를 알리고 토지와 건축물에 관한 등기를 촉탁하거나 신청하여야 한다. 등기에 관하여는 대법원규칙으로 정하는 바에 따른다.
② 다른 등기의 제한 : 환지처분이 공고된 날부터 등기가 있는 때까지는 다른 등기를 할 수 없다. 다만, 등기신청인이 확정일자가 있는 서류로 환지처분의 공고일 전에 등기원인이 생긴 것임을 증명하면 다른 등기를 할 수 있다.

12. 청산금의 징수 · 교부 등

(1) 결정 및 징수 등

① 결정시기	청산금은 환지처분을 하는 때에 결정하여야 한다. 다만, 환지 대상에서 제외한 토지 등에 대하여는 청산금을 교부하는 때에 청산금을 결정할 수 있다.
② 징수 · 교부시기	시행자는 환지처분이 공고된 후에 확정된 청산금을 징수하거나 교부하여야 한다. 다만, 환지를 정하지 아니하는 토지에 대하여는 환지처분 전이라도 청산금을 교부할 수 있다.

(2) 징수 · 교부방법

① 청산금은 이자를 붙여 분할징수하거나 분할교부할 수 있다.

② 강제징수

⊙ 행정청인 시행자	행정청인 시행자는 청산금을 납부하여야 할 자가 이를 납부하지 아니하는 때에는 국세체납처분 또는 지방세체납처분의 예에 따라 이를 징수할 수 있다.
ⓛ 행정청이 아닌 시행자	행정청이 아닌 시행자는 특별자치도지사 · 시장 · 군수 또는 구청장에게 청산금의 징수를 위탁할 수 있다. 이 경우 행정청이 아닌 시행자는 특별자치도지사 · 시장 · 군수 또는 구청장이 지방세체납처분의 예에 따라 징수한 금액의 100분의 4에 해당하는 금액을 해당 특별자치도 · 시 · 군 또는 구에 지급하여야 한다.

③ 공탁

청산금을 받을 자가 주소 불분명 등의 이유로 청산금을 받을 수 없거나 받기를 거부하면 그 청산금을 공탁할 수 있다.

④ 청산금의 소멸시효

청산금을 받을 권리나 징수할 권리를 5년간 행사하지 아니하면 시효로 소멸한다.

13. 감가보상금

행정청인 시행자는 도시개발사업의 시행으로 사업 시행 후의 토지 가액의 총액이 사업 시행 전의 토지 가액의 총액보다 줄어든 경우에는 그 차액에 해당하는 감가보상금을 대통령령으로 정하는 기준에 따라 종전의 토지소유자나 임차권자 등에게 지급하여야 한다.

14. 권리 · 의무의 조정

(1) 임대료 등의 증감청구

(2) 권리의 포기

(3) 손실보상청구

(4) 청구의 제한

환지처분이 공고된 날부터 60일이 지나면 임대료 · 지료, 그 밖의 사용료 등의 증감을 청구할 수 없다.
환지처분이 공고된 날부터 60일이 지나면 권리를 포기하거나 계약을 해지할 수 없다.

(1) 발행권자

지방자치단체의 장은 도시개발사업 또는 도시·군계획시설사업에 필요한 자금을 조달하기 위하여 도시개발채권을 발행할 수 있다. 이 경우 도시개발채권은 시·도의 조례로 정하는 바에 따라 시·도지사가 이를 발행한다. 시·도지사는 도시개발채권의 발행하려는 경우에는 일정한 사항에 대하여 행정안전부장관의 승인을 받아야 한다.

(2) 소멸시효

도시개발채권의 소멸시효는 상환일부터 기산하여 원금은 5년, 이자는 2년으로 한다.

(3) 발행방법 등

① 도시개발채권은 「주식·사채 등의 전자등록에 관한 법률」에 따라 전자등록하여 발행하거나 무기명으로 발행할 수 있으며, 발행방법에 필요한 세부적인 사항은 시·도의 조례로 정한다.

② 도시개발채권의 이율은 채권의 발행 당시의 국채·공채 등의 금리와 특별회계의 상황 등을 고려하여 해당 시·도의 조례로 정한다.

③ 법 제62조에 따른 도시개발채권의 상환은 5년부터 10년까지의 범위에서 지방자치단체의 조례로 정한다.

④ 도시개발채권의 매출 및 상환업무의 사무취급기관은 해당 시·도지사가 지정하는 은행 또는 「자본시장과 금융투자업에 관한 법률」에 따라 설립된 한국예탁결제원으로 한다.

⑤ 도시개발채권의 재발행·상환·매입필증의 교부 등 도시개발채권의 발행과 사무취급에 필요한 사항은 국토교통부령으로 정한다.

(4) 도시개발채권 매입의무자

> 1. 수용 또는 사용방식으로 시행하는 도시개발사업의 경우 제11조 제1항 제1호부터 제4호까지의 규정에 해당하는 자(공공시행자)와 공사의 도급계약을 체결하는 자
>
> 2. 위 1.에 해당하는 시행자 외에 도시개발사업을 시행하는 자
>
> 3. 「국토의 계획 및 이용에 관한 법률」 제56조 제1항에 따른 허가를 받은 자 중 토지의 형질변경허가를 받은 자

○ × 핵심체크

01 도시의 지속가능성 및 생활인프라 수준의 최종 평가 주체는 시 · 도지사이다. ○ ×

02 개발제한구역, 시가화조정구역의 지정 또는 변경에 관한 계획은 도시 · 군기본계획으로 결정한다. ○ ×

03 도시 · 군관리계획을 시행하기 위한 정비사업은 도시 · 군계획시설사업에 포함된다. ○ ×

04 도시 · 군계획시설은 기반시설 중 도시 · 군기본계획으로 결정된 시설을 말한다. ○ ×

05 차량 검사 및 면허시설과 그 시설의 기능발휘와 이용을 위하여 필요한 부대시설 및 편익시설은 기반시설에 해당한다. ○ ×

06 도시 · 군기본계획은 시 · 군 · 구의 관할구역에 대하여 기본적인 공간구조를 제시하는 계획이다. ○ ×

07 지구단위계획은 도시 · 군계획 수립 대상지역의 일부에 대하여 토지 이용을 합리화하고 그 기능을 증진시키며 미관을 개선하고 양호한 환경을 확보하며, 그 지역을 체계적 · 계획적으로 관리하기 위하여 수립하는 도시 · 군기본계획이다. ○ ×

08 도시 · 군계획은 광역도시계획과 도시 · 군기본계획이다. ○ ×

정답 및 해설　　01 ×　02 ×　03 ×　04 ×　05 ○　06 ×　07 ×　08 ×

오답분석

01 도시의 지속가능성 및 생활인프라 수준의 최종 평가 주체는 국토교통부장관이다(법 제3조의 2 제1항).

02 도시 · 군관리계획으로 결정한다(법 제2조 제4호 참조).

03 도시 · 군계획시설사업이란 도시 · 군계획시설을 설치 · 정비 또는 개량하는 사업을 말한다(법 제2조 제10호).

04 도시 · 군계획시설은 기반시설 중 도시 · 군관리계획으로 결정된 시설이다(법 제2조 제7호).

06 "도시 · 군기본계획"이란 특별시 · 광역시 · 특별자치시 · 특별자치도 · 시 또는 군의 관할 구역에 대하여 기본적인 공간구조와 장기발전방향을 제시하는 종합계획으로서, 구는 도시 · 군기본계획의 수립대상지역이 아니다.

07 "지구단위계획"이란 도시 · 군계획 수립 대상지역의 일부에 대하여 토지 이용을 합리화하고 그 기능을 증진시키며 미관을 개선하고 양호한 환경을 확보하며, 그 지역을 체계적 · 계획적으로 관리하기 위하여 수립하는 도시 · 군관리계획을 말한다.

08 도시 · 군계획은 도시 · 군기본계획과 도시 · 군관리계획으로 구분한다.

09 국토교통부장관, 시·도지사, 시장 또는 군수가 기초조사정보체계를 구축한 경우에는 등록된 정보의 현황을 3년마다 확인하고 변동사항을 반영하여야 한다. ☐○ ☐×

10 광역계획권의 지정권자는 국토교통부장관 또는 도지사이다. ☐○ ☐×

11 중앙행정기관의 장, 특별시장·광역시장·특별자치시장·도지사·특별자치도지사, 시장 또는 군수는 국토교통부장관에게 광역계획권의 지정을 요청할 수 있다. ☐○ ☐×

12 국토교통부장관은 광역계획권을 지정하고자 하는 때에는 관계 특별시장·광역시장·도지사·시장 또는 군수와 협의를 거쳐 중앙도시계획위원회의 의결을 거쳐야 한다. ☐○ ☐×

13 국토교통부장관 또는 도지사는 광역계획권을 지정하면 지체 없이 관계 시·도지사, 시장 또는 군수에게 그 사실을 통보하여야 한다. ☐○ ☐×

14 국토교통부장관 또는 도지사는 광역계획권을 변경하면 지체 없이 관계 시·도지사, 시장 또는 군수에게 그 사실을 통보하여야 한다. ☐○ ☐×

15 시장 또는 군수는 지역여건상 필요하다고 인정되면 인접한 시 또는 군의 관할구역의 전부를 포함하여 도시·군기본계획을 수립할 수 있다. ☐○ ☐×

16 도시·군기본계획은 광역도시계획과 도시·군관리계획 수립의 지침이 되는 계획을 말한다. ☐○ ☐×

17 시장 또는 군수가 도시·군기본계획을 변경하려면 국토교통부장관의 승인을 얻어야 한다. ☐○ ☐×

정답 및 해설　**09** ×　**10** ○　**11** ○　**12** ×　**13** ○　**14** ○　**15** ○　**16** ×　**17** ×

오답분석

09 국토교통부장관, 시·도지사, 시장 또는 군수가 기초조사정보체계를 구축한 경우에는 등록된 정보의 현황을 5년마다 확인하고 변동사항을 반영하여야 한다(동법 제13조 제5항).

12 국토교통부장관은 광역계획권을 지정하거나 변경하려면 관계 시·도지사, 시장 또는 군수의 의견을 들은 후 중앙도시계획위원회의 심의를 거쳐야 한다(법 제10조 제3항).

16 "도시·군기본계획"이란 특별시·광역시·특별자치시·특별자치도·시 또는 군의 관할구역에 대하여 기본적인 공간구조와 장기발전방향을 제시하는 종합계획으로서 도시·군관리계획 수립의 지침이 되는 계획을 말한다(법 제2조 제3호).

17 시장 또는 군수는 도시·군기본계획을 수립하거나 변경하려면 대통령령으로 정하는 바에 따라 도지사의 승인을 받아야 한다(법 제22조의2 제1항).

18 광역도시계획이 수립되어 있는 지역의 도시·군기본계획의 내용이 그 광역도시계획의 내용과 다른 때에는 도시·군기본계획의 내용이 우선한다. ☐O ☐X

19 수도권에 속하는 인구 10만 이하의 시 또는 군의 경우는 도시·군기본계획을 수립하지 아니할 수 있다. ☐O ☐X

20 이해관계인을 포함한 주민은 기반시설의 정비에 관한 사항에 대하여 도시·군관리계획의 입안권자에게 도시·군관리계획의 입안을 제안할 수 있다. ☐O ☐X

21 국토교통부장관은 국가계획과 관련된 경우에는 직접 도시·군관리계획을 입안할 수 있다. ☐O ☐X

22 도시·군관리계획입안의 제안을 받은 입안권자는 부득이한 사정이 있는 경우를 제외하고는 제안일부터 30일 이내에 도시·군관리계획입안에의 반영여부를 제안자에게 통보하여야 한다. ☐O ☐X

23 개발행위허가를 받은 부지면적을 5퍼센트 확장하는 경우에는 별도의 변경허가를 받지 않아도 된다. ☐O ☐X

24 도시·군관리계획 결정의 효력은 지형도면을 고시한 날부터 발생한다. ☐O ☐X

25 근린상업지역은 주거기능을 위주로 이를 지원하는 일부 상업기능 및 업무기능을 보완하기 위하여 필요한 지역이다. ☐O ☐X

26 전용공업지역은 환경을 저해하지 아니하는 공업의 배치를 위하여 필요한 지역이다. ☐O ☐X

정답 및 해설 **18** X **19** X **20** O **21** O **22** X **23** X **24** O **25** X **26** X

오답분석

18 광역도시계획이 수립되어 있는 지역에 대하여 수립하는 도시·군기본계획은 그 광역도시계획에 부합되어야 하며, 도시·군기본계획의 내용이 광역도시계획의 내용과 다를 때에는 광역도시계획의 내용이 우선한다(법 제4조 제3항).

19 「수도권정비계획법」 제2조 제1호의 규정에 의한 수도권(이하 "수도권"이라 한다)에 속하지 아니하고 광역시와 경계를 같이 하지 아니한 시 또는 군으로서 인구 10만명 이하인 시 또는 군은 도시·군기본계획을 수립하지 아니할 수 있다(법 제18조 제1항 단서, 영 제14조 제1호).

22 도시·군관리계획입안의 제안을 받은 국교통부장관, 시·도지사, 시장 또는 군수는 제안일부터 45일 이내에 도시·군관리계획입안에의 반영여부를 제안자에게 통보하여야 한다. 다만, 부득이한 사정이 있는 경우에는 1회에 한하여 30일을 연장할 수 있다(영 제20조 제1항).

23 개발행위허가를 받은 부지면적을 5퍼센트 축소하는 경우에는 별도의 변경허가를 받지 않아도 된다(법 제56조 제2항, 영 제52조 제1항 제2호 가목).

25 근린상업지역은 근린지역에서의 일용품 및 서비스의 공급을 위하여 필요한 지역이다(영 제30조 제1항 제2호 다목).

26 전용공업지역은 주로 중화학공업, 공해성 공업 등을 수용하기 위하여 필요한 지역이다(영 제30조 제1항 제3호).

27 농림지역은 주로 농업적 생산을 위하여 개발을 유보할 필요가 있는 지역이다. ○×

28 제3종 전용주거지역은 중·고층주택을 중심으로 양호한 주거환경을 보호하기 위하여 필요한 지역이다. ○×

29 보전녹지지역은 도시의 자연환경·경관·산림 및 녹지공간을 보전할 필요가 있는 지역이다. ○×

30 국가계획으로 설치하는 광역시설은 그 광역시설의 설치·관리를 사업종목으로 하여 다른 법률에 따라 설립된 법인이 관리할 수 있다. ○×

31 교통시설에 해당하는 차량검사시설과 유통·공급시설에 해당하는 공동구는 기반시설에 속한다. ○×

32 특별시장·광역시장·특별자치시장·특별자치도지사·시장 또는 군수는 개발행위가 집중되어 해당 지역의 계획적 관리가 필요하다고 인정하는 지역을 기반시설부담구역으로 지정할 수 있다. ○×

33 상업지역에서 지상·지하 등에 공공공지·열공급설비 등을 설치하려고 할 경우 그 시설의 종류·명칭·위치·규모 등을 미리 도시·군관리계획으로 결정하여야 한다. ○×

34 국가 또는 지방자치단체는 행정청이 아닌 자가 시행하는 도시·군계획시설사업에 드는 비용의 일부를 보조·융자할 수 있으며, 이 때 해당지역의 기반시설이 인근지역에 비하여 부족한 지역을 우선 지원할 수 있다. ○×

35 토지소유자가 원하는 경우 매수의무자는 도시·군계획시설채권을 발행하여 그 대금을 지급할 수 있다. ○×

정답 및 해설   **27** ×   **28** ×   **29** ○   **30** ○   **31** ○   **32** ○   **33** ×   **34** ○   **35** ○

오답분석
27 농림지역은 도시지역에 속하지 아니하는 「농지법」에 따른 농업진흥지역 또는 「산지관리법」에 따른 보전산지 등으로서 농림업을 진흥시키고 산림을 보전하기 위하여 필요한 지역이다(법 제6조 제3호).
28 전용주거지역은 제1종 전용주거지역과 제2종 전용주거지역으로 세분된다(영 제30조 제1항 제1호 가목 참조).
33 도시·군관리계획으로 결정하지 않고 설치할 수 있는 경우 : 도시지역 또는 지구단위계획에서 설치하는 기반시설 {공공공지, 열공급설비, 방송·통신시설, 시장, 공공청사 등(법 제43조 제1항 단서, 영 제35조 제1항 1호 가목 참조)}

36 매수청구를 받은 토지가 비업무용 토지인 경우 그 대금의 전부에 대하여 도시·군계획시설채권을 발행하여 지급하여야 한다. ☐○ ☐×

37 매수의무자는 매수청구를 받은 날부터 2년 이내에 매수 여부를 결정하여 토지소유자에게 알려야 한다. ☐○ ☐×

38 도시·군계획시설채권의 상환기간은 10년 이상 20년 이내로 한다. ☐○ ☐×

39 매수 청구된 토지의 매수가격은 공시지가로 한다. ☐○ ☐×

40 지구단위계획구역은 도시·군관리계획으로 결정한다. ☐○ ☐×

41 용도지구로 지정된 지역에 대하여는 지구단위계획구역을 지정할 수 없다. ☐○ ☐×

42 「도시 및 주거환경정비법」에 따라 지정된 정비구역의 일부에 대하여 지구단위 계획구역을 지정할 수 있다. ☐○ ☐×

43 도시지역 외 지구단위계획구역에서는 지구단위계획으로 당해 용도지역 또는 개발 진흥지구에 적용되는 건폐율의 150퍼센트 이내에서 건폐율을 완화하여 적용할 수 있다. ☐○ ☐×

44 도시지역 내 지구단위계획구역의 지정목적이 한옥마을을 보존하고자 하는 경우 지구단위계획으로 「주차장법」에 의한 주차장 설치기준을 100퍼센트까지 완화하여 적용할 수 있다. ☐○ ☐×

45 허가권자는 개발행위허가의 신청에 대하여 특별한 사유가 없으면 15일(심의 또는 협의기간은 제외) 이내에 처분을 하여야 한다. ☐○ ☐×

정답 및 해설   **36** ×   **37** ×   **38** ×   **39** ×   **40** ○   **41** ×   **42** ○   **43** ○   **44** ○   **45** ○

오답분석

36 매수청구를 받은 토지가 비업무용 토지인 경우 매수대금이 대통령령으로 정하는 금액(3천만 원)을 초과하여 그 초과하는 금액에 대하여 도시·군계획시설채권을 발행하여 지급할 수 있다(법 제47조 제2항 제2호, 영 제41조 제4항 참조).

37 매수의무자는 매수청구를 받은 날부터 6개월 이내에 매수 여부를 결정하여 토지소유자에게 알려야 한다(법 제47조 제6항 참조).

38 도시·군계획시설채권의 상환기간은 10년 이내로 한다(법 제47조 제3항 참조).

39 매수 청구된 토지의 매수가격·매수절차 등에 관하여 이 법에 특별한 규정이 있는 경우 외에는 「공익사업을 위한 토지 등의 취득 및 보상에 관한 법률」을 준용한다(법 제47조 제4항 참조).

41 지정할 수 있다(법 제51조 제1항 제1호).

46 허가권자가 처분을 할 때에는 신청인에게 허가내용이나 불허가처분의 사유를 서면으로 알려야 한다. ☐○ ☐×

47 개발밀도관리구역 안에서 개발행위허가 신청을 할 때에는 기반시설의 설치나 그에 필요한 용지의 확보에 관한 계획서를 제출하여야 한다. ☐○ ☐×

48 도시·군계획사업에 의한 개발행위는 허가를 받을 필요가 없다. ☐○ ☐×

49 허가권자가 개발행위허가에 조건을 붙이려는 때에는 미리 신청한 자의 의견을 들어야 한다. ☐○ ☐×

50 도시·군계획시설사업에 관한 비용에 관하여 이 법 또는 다른 법률에 특별한 규정이 없는 한 행정청이 아닌 자가 시행하는 경우에는 그 자가 부담함을 원칙으로 한다. ☐○ ☐×

51 국토교통부장관 또는 시·도지사는 그가 시행한 도시·군계획시설사업으로 인하여 현저한 이익을 받은 시·도가 있는 때에는 당해 도시·군계획시설사업에 소요된 비용의 전부를 이익을 받은 시·도에 부담시킬 수 있다. ☐○ ☐×

52 도시·군관리계획의 입안을 제안받은 자는 제안자와 협의하여 제안된 도시·군관리계획의 입안 및 결정에 필요한 비용의 전부 또는 일부를 제안자에게 부담시킬 수 있다. ☐○ ☐×

53 도시·군계획시설사업의 시행자는 공동구를 설치하는 경우 다른 법률에 따라 그 공동구에 수용되어야 할 시설을 설치할 의무가 있는 자에게 공동구의 설치에 필요한 비용을 부담시킬 수 있다. ☐○ ☐×

54 행정청이 시행하는 도시·군계획시설사업에 드는 비용은 대통령령이 정하는 바에 따라 그 비용의 전부 또는 일부를 국가예산에서 보조하거나 융자할 수 있다. ☐○ ☐×

55 건축물의 디자인 및 건축선은 성장관리계획에 포함되어야 할 사항으로 명시되어 있다. ☐○ ☐×

정답 및 해설　46 ○　47 ×　48 ○　49 ○　50 ○　51 ×　52 ○　53 ○　54 ○　55 ×

오답분석

47 개발행위를 하려는 자는 그 개발행위에 따른 기반시설의 설치나 그에 필요한 용지의 확보, 위해 방지, 환경오염 방지, 경관, 조경 등에 관한 계획서를 첨부한 신청서를 개발행위허가권자에게 제출하여야 한다. 이 경우 개발밀도관리구역 안에서는 기반시설의 설치나 그에 필요한 용지의 확보에 관한 계획서를 제출하지 아니한다(법 제57조 제1항 참조).

51 국토교통부장관이나 시·도지사는 그가 시행한 도시·군계획시설사업으로 현저한 이익을 받는 시·도, 시·군에 그 도시·군계획시설사업에 든 비용의 일부를 그 이익을 받는 시·도, 시 또는 군에 부담시킬 수 있다(법 제102조 제1항).

55 건축물의 디자인 및 건축선은 성장관리계획에 포함되어야 할 사항으로 명시되어 있지 않다(법 제75조의3 제1항, 영 제70조의14 제1항).

제1편 | 확인학습문제

01 국토의 계획 및 이용에 관한 법령상 용어에 관한 설명으로 옳지 <u>않은</u> 것은? ★27회 기출 변형★

☑확인
Check!
○
△
×

① 용도지역 · 용도구역의 지정 또는 변경에 관한 계획은 도시 · 군관리계획으로 결정한다.
② 기반시설은 도시 · 군계획시설 중 도시 · 군관리계획으로 결정된 시설을 말한다.
③ 도시 · 군관리계획을 시행하기 위한 「도시개발법」에 따른 도시개발사업은 도시 · 군계획사업에 포함된다.
④ 도시 · 군계획은 도시 · 군기본계획과 도시 · 군관리계획으로 구분한다.
⑤ 지구단위계획은 도시 · 군관리계획으로 결정한다.

해설
난도 ★
② (×) 도시 · 군계획시설은 기반시설 중 도시 · 군관리계획으로 결정된 시설을 말한다(법 제2조 제7호).

답 ②

02 국토의 계획 및 이용에 관한 법령상 도시 · 군관리계획에 해당하는 것은? ★24회 기출 변형★

☑확인
Check!
○
△
×

① 「국토기본법」상의 국토종합계획
② 「도시개발법」상의 도시개발사업에 관한 계획
③ 「수도권정비계획법」상의 수도권정비계획
④ 「주택법」상의 대지조성사업지구 지정에 관한 계획
⑤ 「경제자유구역의 지정 및 운영에 관한 특별법」상의 경제자유구역 지정에 관한 계획

해설
난도 ★
② 법 제2조 제4호 참조

> 법 제2조(정의)
>
> 4. "도시 · 군관리계획"이란 특별시 · 광역시 · 특별자치시 · 특별자치도 · 시 또는 군의 개발 · 정비 및 보전을 위하여
>   수립하는 토지 이용, 교통, 환경, 경관, 안전, 산업, 정보통신, 보건, 복지, 안보, 문화 등에 관한 다음 각 목의 계획을
>   말한다.
>   가. 용도지역 · 용도지구의 지정 또는 변경에 관한 계획
>   나. 개발제한구역, 도시자연공원구역, 시가화조정구역, 수산자원보호구역의 지정 또는 변경에 관한 계획
>   다. 기반시설의 설치 · 정비 또는 개량에 관한 계획
>   라. 도시개발사업이나 정비사업에 관한 계획
>   마. 지구단위계획구역의 지정 또는 변경에 관한 계획과 지구단위계획
>   바. 입지규제최소구역의 지정 또는 변경에 관한 계획과 입지규제최소구역계획

답 ②

03 국토의 계획 및 이용에 관한 법령상 용도지역, 용도지구, 용도구역의 지정에 관한 설명으로 옳지 <u>않은</u> 것은?
★24회 기출★

① 동일한 토지에 2개 이상의 용도지역을 중복하여 지정할 수 있다.
② 동일한 토지에 2개 이상의 용도지구를 중복하여 지정할 수 있다.
③ 동일한 토지에 용도지역과 용도지구를 중복하여 지정할 수 있다.
④ 동일한 토지에 용도구역과 용도지역을 중복하여 지정할 수 있다.
⑤ 동일한 토지에 용도구역과 용도지구를 중복하여 지정할 수 있다.

해설
난도 ★

① (×) "용도지역"이란 토지의 이용 및 건축물의 용도, 건폐율, 용적률, 높이 등을 제한함으로써 토지를 경제적 · 효율적으로
　 이용하고 공공복리의 증진을 도모하기 위하여 서로 중복되지 아니하게 도시 · 군관리계획으로 결정하는 지역을 말한다(법
　 제2조 제15호)
② (○) 법 제2조 제16호
③ (○) 법 제2조 제16호
④ (○) 법 제2조 제17호
⑤ (○) 법 제2조 제17호

답 ①

04 국토의 계획 및 이용에 관한 법령상 기반시설의 구분과 시설 종류의 연결이 옳지 <u>않은</u> 것은? ★27회 기출★

① 공간시설 : 공원, 청소년수련시설
② 유통 · 공급시설 : 유통업무설비, 방송 · 통신시설
③ 보건위생시설 : 장사시설, 도축장
④ 환경기초시설 : 하수도, 폐차장
⑤ 방재시설 : 하천, 유수지

해설
난도 ★★
① (×) 청소년수련시설은 공공 · 문화체육시설에 해당한다(법 제2조 제6호 및 영 제2조 제1항「국토의 계획 및 이용에 관한 법률 시행령」(이하 제1편에서 "영"이라 한다) 참조).

> **법 제2조(정의)**
> 6. "기반시설"이란 다음 각 목의 시설로서 대통령령으로 정하는 시설을 말한다.
>   가. 도로 · 철도 · 항만 · 공항 · 주차장 등 교통시설
>   나. 광장 · 공원 · 녹지 등 공간시설
>   다. 유통업무설비, 수도 · 전기 · 가스공급설비, 방송 · 통신시설, 공동구 등 유통 · 공급시설
>   라. 학교 · 공공청사 · 문화시설 및 공공필요성이 인정되는 체육시설 등 공공 · 문화체육시설
>   마. 하천 · 유수지 · 방화설비 등 방재시설
>   바. 장사시설 등 보건위생시설
>   사. 하수도, 폐기물처리 및 재활용시설, 빗물저장 및 이용시설 등 환경기초시설
>
> **영 제2조(기반시설)**
> ① 「국토의 계획 및 이용에 관한 법률」(이하 "법"이라 한다) 제2조 제6호 각 목 외의 부분에서 "대통령령으로 정하는 시설"이란 다음 각 호의 시설(당해 그 자체의 기능발휘와 이용을 위하여 필요한 부대시설 및 편익시설을 포함한다)을 말한다.
> 1. 교통시설 : 도로 · 철도 · 항만 · 공항 · 주차장 · 자동차정류장 · 궤도 · 차량 검사 및 면허시설
> 2. 공간시설 : 광장 · 공원 · 녹지 · 유원지 · 공공공지
> 3. 유통 · 공급시설 : 유통업무설비, 수도 · 전기 · 가스 · 열공급설비, 방송 · 통신시설, 공동구 · 시장, 유류저장 및 송유설비
> 4. 공공 · 문화체육시설 : 학교 · 공공청사 · 문화시설 · 공공필요성이 인정되는 체육시설 · 연구시설 · 사회복지시설 · 공공직업훈련시설 · 청소년수련시설
> 5. 방재시설 : 하천 · 유수지 · 저수지 · 방화설비 · 방풍설비 · 방수설비 · 사방설비 · 방조설비
> 6. 보건위생시설 : 장사시설 · 도축장 · 종합의료시설
> 7. 환경기초시설 : 하수도 · 폐기물처리 및 재활용시설 · 빗물저장 및 이용시설 · 수질오염방지시설 · 폐차장

답 ①

05 국토의 계획 및 이용에 관한 법령상 기반시설 중 공간시설에 해당하는 것은?

① 학교
② 녹지
③ 하천
④ 주차장
⑤ 빗물저장 및 이용시설

해설
난도 ★

① 공공 · 문화체육시설 : 학교 · 공공청사 · 문화시설 · 공공필요성이 인정되는 체육시설 · 연구시설 · 사회복지시설 · 공공직업훈련시설 · 청소년수련시설(법 제2조 제6호, 영 제2조 제1항 제4호)
② 공간시설 : 광장 · 공원 · 녹지 · 유원지 · 공공공지(법 제2조 제6호, 영 제2조 제1항 제2호)
③ 방재시설 : 하천 · 유수지 · 저수지 · 방화설비 · 방풍설비 · 방수설비 · 사방설비 · 방조설비(법 제2조 제6호, 영 제2조 제1항 제5호)
④ 교통시설 : 도로 · 철도 · 항만 · 공항 · 주차장 · 자동차정류장 · 궤도 · 차량 검사 및 면허시설(법 제2조 제6호, 영 제2조 제1항 제1호)
⑤ 환경기초시설 : 하수도 · 폐기물처리 및 재활용시설 · 빗물저장 및 이용시설 · 수질오염방지시설 · 폐차장(법 제2조 제6호, 영 제2조 제1항 제7호)

답 ②

---

06 기반시설에 관한 다음 설명 중 잘못된 것은?

① 기반시설의 설치 · 정비 또는 개량에 관한 사항은 도시 · 군기본계획의 대상이 된다.
② 법은 기반시설로서 교통시설, 공간시설, 유통 · 공급시설, 공공 · 문화체육시설, 방재시설, 보건위생시설, 환경기초시설의 7종을 열거하고 있다.
③ 기반시설 중 도시 · 군관리계획으로 결정된 것은 도시 · 군계획시설이다.
④ 둘 이상의 특별시 · 광역시 · 시 또는 군의 관할구역에 걸치는 시설로서 광역적인 정비체계가 필요한 기반시설은 광역시설로 정한다.
⑤ 전기 · 가스 · 수도 등의 공급설비, 통신시설, 하수도시설 등 지하매설물은 미관의 개선, 도로구조의 보전 및 교통의 원활한 소통을 기하기 위하여 공동구로서 지하에 설치하게 된다.

해설
난도 ★★

① (×) 기반시설의 설치 · 정비 또는 개량에 관한 사항은 도시 · 군관리계획의 대상이 된다(법 제2조 제4호 다목).

답 ①

07 국토의 계획 및 이용에 관한 법령에서 정하고 있는 '공공시설'이 아닌 것은? ★24회 기출★

① 행정청이 설치하는 저수지
② 도로
③ 광장
④ 방범시설
⑤ 방수설비

해설
난도 ★★

① · ② · ③ · ⑤ 행정청이 설치하는 저수지, 도로, 광장, 방수설비는 '공공시설'에 속한다(법 제2조 제13호, 영 제4조 제1호 및 제2호).

> 법 제2조(정의)
> 13. "공공시설"이란 도로 · 공원 · 철도 · 수도, 그 밖에 대통령령으로 정하는 공공용 시설을 말한다.
>
> 영 제4조(공공시설)
> 법 제2조 제13호에서 "대통령령으로 정하는 공공용 시설"이란 다음 각 호의 시설을 말한다.
> 1. 항만 · 공항 · 광장 · 녹지 · 공공공지 · 공동구 · 하천 · 유수지 · 방화설비 · 방풍설비 · 방수설비 · 사방설비 · 방조설비 · 하수도 · 구거
> 2. 행정청이 설치하는 시설로서 주차장, 저수지 및 그 밖에 국토교통부령으로 정하는 시설
> 3. 「스마트도시의 조성 및 산업진흥 등에 관한 법률」 제2조 제3호 다목에 따른 시설

④ 방범시설은 법에서 정하는 '공공시설'에 포함되지 않는다.

답 ④

08 국토의 계획 및 이용에 관한 법령상 도시 · 군관리계획의 내용에 해당하지 않는 것은? ★23회 기출★

① 수산자원보호구역의 변경에 관한 계획
② 기반시설의 개량에 관한 계획
③ 도시개발사업이나 정비사업에 관한 계획
④ 지구단위계획구역의 변경에 관한 계획
⑤ 자연보전권역의 변경에 관한 계획

해설
난도 ★★

⑤ 자연보전권역의 변경에 관한 계획은 도시 · 군관리계획의 내용에 해당하지 않는다.

답 ⑤

09 국토의 계획 및 이용에 관한 법령상 도시·군관리계획으로 결정할 사항으로 옳은 것은? ★25회 기출 변형★

① 용도지역의 지정과 용도지역별 건폐율·용적률 제한에 관한 사항
② 용도구역의 지정과 그에 따른 행위제한에 관한 사항
③ 기반시설부담구역의 지정 또는 변경에 관한 사항
④ 입지규제최소구역의 변경에 관한 계획
⑤ 지가동향의 조사와 토지거래허가구역 지정에 관한 사항

해설

난도 ★

④ 법 제2조 제4호 참조

> 법 제2조(정의)
> 4. "도시·군관리계획"이란 특별시·광역시·특별자치시·특별자치도·시 또는 군의 개발·정비 및 보전을 위하여 수립하는 토지 이용, 교통, 환경, 경관, 안전, 산업, 정보통신, 보건, 복지, 안보, 문화 등에 관한 다음 각 목의 계획을 말한다.
> 　가. 용도지역·용도지구의 지정 또는 변경에 관한 계획
> 　나. 개발제한구역, 도시자연공원구역, 시가화조정구역(市街化調整區域), 수산자원보호구역 의 지정 또는 변경에 관한 계획
> 　다. 기반시설의 설치·정비 또는 개량에 관한 계획
> 　라. 도시개발사업이나 정비사업에 관한 계획
> 　마. 지구단위계획구역의 지정 또는 변경에 관한 계획과 지구단위계획
> 　바. 입지규제최소구역의 지정 또는 변경에 관한 계획과 입지규제최소구역계획

답 ④

---

10 국토의 계획 및 이용에 관한 법령상 국가계획, 광역도시계획 및 도시·군계획의 관계에 관한 설명으로 옳지 <u>않은</u> 것은? ★26회 기출★

① 광역도시계획의 내용이 국가계획의 내용과 다를 때에는 국가계획의 내용이 우선한다.
② 도시·군기본계획의 내용이 광역도시계획의 내용과 다를 때에는 광역도시계획의 내용이 우선한다.
③ 도시·군계획은 특별시·광역시·특별자치시·특별자치도·시 또는 군의 관할 구역에서 수립되는 다른 법률에 따른 토지의 이용·개발 및 보전에 관한 계획의 기본이 된다.
④ 도시·군계획은 국가계획에 부합되어야 하며, 도시·군계획의 내용이 국가계획의 내용과 다를 때에는 국가계획의 내용이 우선한다.
⑤ 특별시장이 관할 구역에 대하여 다른 법률에 따른 환경·교통·수도·하수도·주택에 관하여 수립하는 부문별 계획은 도시·군기본계획의 내용에 부합되지 않아도 된다.

난도 ★★

⑤ (×) 특별시장 · 광역시장 · 특별자치시장 · 특별자치도지사 · 시장 또는 군수가 관할 구역에 대하여 다른 법률에 따른 환경 · 교통 · 수도 · 하수도 · 주택 등에 관한 부문별 계획을 수립할 때에는 도시 · 군기본계획의 내용에 부합되게 하여야 한다(법 제4조 제4항).

정답 ⑤

11 국토교통부장관이 국토의 계획 및 이용에 관한 법률이 아닌 다른 법률에 의한 토지이용에 관한 구역의 협의 또는 승인을 하고자 하는 경우 중앙도시계획위원회의 심의를 거쳐야 되는 것은? ★18회 기출★

① 다른 법률에 따라 지정하거나 변경하려는 구역 등이 도시 · 군기본계획이 반영된 경우
② 군사상 기밀을 지켜야 할 필요가 있는 구역 등을 지정하려는 경우
③ 농림지역에서 농지법에 따른 농업진흥지역을 지정하는 경우
④ 계획관리지역에서 농지법에 따른 농업진흥지역을 지정하는 경우
⑤ 자연환경보전지역에서 자연환경보전법의 생태 · 경관보전지역을 지정하는 경우

난도 ★★

④ 도시지역과 계획관리지역에서 국토교통부장관과 협의를 거치거나 국토교통부장관에게 승인을 받아야 하며 이 경우 중앙도시계획위원회의 심의를 거쳐야 한다(법 제8조 제4항 및 제5항 참조).

정답 ④

12 국토의 계획 및 이용에 관한 법령에서 명시하고 있는 국토이용 및 관리의 기본원칙에 해당되지 <u>않는</u> 것은? ★24회 기출★

① 수도권의 질서 있는 정비와 균형 있는 발전
② 훼손된 자연환경 및 경관의 개선 및 복원
③ 주거 등 생활환경 개선을 통한 국민의 삶의 질 향상
④ 지역의 정체성과 문화유산의 보전
⑤ 기후변화에 대한 대응을 통한 국민의 생명과 재산의 보호

해설

난도 ★★

① 법 제3조 참조

> **법 제 3조(국토 이용 및 관리의 기본원칙)**
>
> 국토는 자연환경의 보전과 자원의 효율적 활용을 통하여 환경적으로 건전하고 지속가능한 발전을 이루기 위하여 다음의 목적을 이룰 수 있도록 이용되고 관리되어야 한다.
>
> 1. 국민생활과 경제활동에 필요한 토지 및 각종 시설물의 효율적 이용과 원활한 공급
> 2. 자연환경 및 경관의 보전과 훼손된 자연환경 및 경관의 개선 및 복원
> 3. 교통수자원ㆍ에너지 등 국민생활에 필요한 각종 기초 서비스 제공
> 4. 주거 등 생활환경 개선을 통한 국민의 삶의 질 향상
> 5. 지역의 정체성과 문화유산의 보전
> 6. 지역 간 협력 및 균형발전을 통한 공동번영의 추구
> 7. 지역경제 발전과 지역 및 지역 내 적절한 기능배분을 통한 사회적 비용의 최소화
> 8. 기후변화에 대한 대응 및 풍수해 저감을 통한 국민의 생명과 재산의 보호
> 9. 저출산ㆍ인구의 고령화에 따른 대응과 새로운 기술변화를 적용한 최적의 생활환경 제공

답 ①

13 국토의 계획 및 이용에 관한 법령상 광역도시계획에 관한 설명으로 옳은 것은?   ★25회 기출★

☑확인
Check!
○
△
×

① 특별시장ㆍ광역시장ㆍ특별자치시장ㆍ특별자치도지사ㆍ시장 또는 군수는 광역계획권을 지정할 수 있다.

② 광역계획권을 지정한 날부터 2년이 지날 때까지 관할 시ㆍ도지사로부터 광역도시계획의 승인 신청이 없는 경우에는 국토교통부장관이 수립한다.

③ 광역계획권을 지정한 날부터 3년이 지날 때까지 관할 시장 또는 군수로부터 광역도시계획의 승인신청이 없는 경우에는 국토교통부장관이 수립한다.

④ 국가계획과 관련된 광역도시계획의 수립이 필요한 경우에는 국토교통부장관이 직접 또는 관계 중앙행정기관의 장과 공동으로 수립한다.

⑤ 광역계획권이 둘 이상의 시ㆍ도의 관할 구역에 걸쳐 있는 경우에는 관할 시ㆍ도지사가 공동으로 수립한다.

해설
난도 ★★★

① (×) 국토교통부장관과 도시자가 광역계획권을 지정할 수 있고, 중앙행정기관의 장, 시 · 도지사, 시장 또는 군수는 국토교통부장관이나 도지사에게 광역계획권의 지정 또는 변경을 요청할 수 있다(법 제10조 참조).

② (×) 국가계획과 관련된 광역도시계획의 수립이 필요한 경우나 광역계획권을 지정한 날부터 3년이 지날 때까지 관할 시 · 도지사로부터 제16조 제1항에 따른 광역도시계획의 승인 신청이 없는 경우 : 국토교통부장관이 수립(법 제11조 제1항 제4호)

③ (×) 광역계획권을 지정한 날부터 3년이 지날 때까지 관할 시장 또는 군수로부터 제16조 제1항에 따른 광역도시계획의 승인 신청이 없는 경우 : 관할 도지사가 수립(법 제11조 제1항 제3호)

④ (×) 국토교통부장관은 시 · 도지사가 요청하는 경우와 그 밖에 필요하다고 인정되는 경우에는 제1항에도 불구하고 관할 시 · 도지사와 공동으로 광역도시계획을 수립할 수 있다(법 제11조 제2항).

⑤ (○) 광역계획권이 둘 이상의 시 · 도의 관할 구역에 걸쳐 있는 경우 : 관할 시 · 도지사가 공동으로 수립(법 제11조 제1항 제2호)

정답 ⑤

---

14 국토의 계획 및 이용에 관한 법령상 광역도시계획에 관한 설명으로 옳은 것은?   ★22회 기출★

① 중앙행정기관의 장, 시 · 도지사, 시장 또는 군수는 국토교통부장관이나 도지사에게 광역계획권의 지정 또는 변경을 요청할 수 있다.

② 광역계획권이 둘 이상의 시 · 도의 관할 구역에 걸쳐 있는 경우에는 관계 시 · 도지사가 협의하여 광역계획권을 지정한다.

③ 광역계획권이 같은 도의 관할 구역에 속하여 있는 경우에는 도지사가 광역도시계획을 수립하여야 한다.

④ 도지사가 광역계획권을 지정하거나 변경하려면 국토교통부장관관의 협의와 관계 시 · 도, 시 또는 군 의회의 의견을 들은 후 지방도시계획위원회의 심의를 거쳐야 한다.

⑤ 광역도시계획을 공동으로 수립하는 시 · 도지사는 그 내용에 관하여 서로 협의가 되지 아니하면 공동으로 국토교통부장관에게 조정을 신청하여야 한다.

해설
난도 ★★

① (○) 법 제10조 제2항

② (×) 광역계획권이 둘 이상의 시 · 도에 걸쳐 있는 경우에는 국토교통부장관이 광역계획권을 지정한다(법 제10조 제1항 제1호).

③ (×) 광역계획권이 같은 도의 관할 구역에 속하는 경우 관할 시장 · 군수가 공동으로 광역도시계획을 수립하여야 한다(법 제11조 제1항 제1호).

④ (×) 도지사가 광역계획권을 지정하거나 변경하려면 관계 중앙행정기관의 장, 관계 시 · 도지사, 시장 또는 군수의 의견을 들은 후 지방도시계획위원회의 심의를 거쳐야 한다(법 제10조 제4항).

⑤ (×) 광역도시계획을 공동으로 수립하는 시 · 도지사는 그 내용에 관하여 서로 협의가 되지 아니하면 공동이나 단독으로 국토교통부장관에게 조정을 신청할 수 있다(법 제17조 제1항).

정답 ①

15 국토의 계획 및 이용에 관한 법령에서 명시하고 있는 광역도시계획의 내용에 해당하지 <u>않는</u> 것은?

★26회 기출★

① 경관계획에 관한 사항

② 공간구조, 생활권의 설정 및 인구의 배분에 관한 사항

③ 광역계획권의 녹지관리체계와 환경보전에 관한 사항

④ 광역계획권의 공간 구조와 기능 분담에 관한 사항

⑤ 광역시설의 배치 · 규모 · 설치에 관한 사항

해설
난도 ★

② 법 제12조 제1항 및 영 제9조

> **법 제12조(광역도시계획의 내용)**
> ① 광역도시계획에는 다음 각 호의 사항 중 그 광역계획권의 지정목적을 이루는 데 필요한 사항에 대한 정책 방향이 포함되어야 한다.
> 1. 광역계획권의 공간 구조와 기능 분담에 관한 사항
> 2. 광역계획권의 녹지관리체계와 환경 보전에 관한 사항
> 3. 광역시설의 배치 · 규모 · 설치에 관한 사항
> 4. 경관계획에 관한 사항
> 5. 그 밖에 광역계획권에 속하는 특별시 · 광역시 · 특별자치시 · 특별자치도 · 시 또는 군 상호 간의 기능 연계에 관한 사항으로서 대통령령으로 정하는 사항
>
> **영 제9조(광역도시계획의 내용)**
> 법 제12조 제1항 제5호에서 "대통령령으로 정하는 사항"이란 다음의 사항을 말한다.
> 1. 광역계획권의 교통 및 물류유통체계에 관한 사항
> 2. 광역계획권의 문화 · 여가공간 및 방재에 관한 사항

답 ②

---

16 국토의 계획 및 이용에 관한 법령상 광역도시계획에 관한 설명으로 옳지 <u>않은</u> 것은?

★22회 기출 변형★

① 특별시장 · 광역시장 · 특별자치시장 · 특별자치도지사 · 시장 또는 군수는 5년마다 광역도시계획에 대하여 그 타당성 여부를 전반적으로 재검토하여 정비하여야 한다.

② 시 · 도지사는 광역도시계획을 수립하거나 변경하려면 국토교통부장관의 승인을 받아야 한다.

③ 광역계획권이 같은 도의 관할구역에 속한 경우에는 원칙적으로 관할 시장 또는 군수가 공동으로 광역도시계획을 수립하여야 한다.

④ 광역도시계획을 시 · 도지사가 공동으로 수립하는 경우 그 내용에 관해 서로 협의가 이루어지지 아니한 때에는 공동 또는 단독으로 국토교통부장관에게 조정을 신청할 수 있다.

⑤ 국토교통부장관, 시 · 도지사, 시장 또는 군수가 기초조사정보체계를 구축한 경우에는 등록된 정보의 현황을 5년마다 확인하고 변동사항을 반영하여야 한다.

난도 ★★

① (×) 광역도시계획에는 정비관련 규정이 없다. 지문은 도시·군기본계획의 정비에 관한 것이다(법 제23조 제1항 참조).

> **법 제23조(도시·군기본계획의 정비)**
> ① 특별시장·광역시장·특별자치시장·특별자치도지사·시장 또는 군수는 5년마다 관할 구역의 도시·군기본계획에 대하여 그 타당성 여부를 전반적으로 재검토하여 정비하여야 한다.

답 ①

---

17 국토의 계획 및 이용에 관한 법령상 도시·군기본계획을 수립하지 않을 수 있는 지방자치단체는?(단, 수도권은 「수도권정비계획법」상의 수도권을 의미함)
★27회 기출★

① 수도권에 속하는 인구 10만명 이하인 군
② 수도권에서 광역시·특별시와 경계를 같이하는 인구 10만명 이하인 시
③ 수도권 외 지역에서 광역시와 경계를 같이하지 아니하는 인구 10만명 이하인 시
④ 관할구역 일부에 대하여 광역도시계획이 수립되어 있는 인구 시로서 광역도시계획에 도시·군 기본계획의 내용이 모두 포함되어 있는 시
⑤ 관할구역 전부에 대하여 광역도시계획이 수립되어 있는 군으로서 광역도시계획에 도시·군기본계획의 내용이 일부 포함되어 있는 시

난도 ★★★

③ (○) 법 제18조 제1항 단서 및 영 제14조 제1호

> **법 제18조(도시·군기본계획의 수립권자와 대상지역)**
> ① 특별시장·광역시장·특별자치시장·특별자치도지사·시장 또는 군수는 관할 구역에 대하여 도시·군기본계획을 수립하여야 한다. 다만, 시 또는 군의 위치, 인구의 규모, 인구감소율 등을 고려하여 대통령령으로 정하는 시 또는 군은 도시·군기본계획을 수립하지 아니할 수 있다.
>
> **영 제14조(도시·군기본계획을 수립하지 아니할 수 있는 지역)**
> 법 제18조 제1항 단서에서 "대통령령으로 정하는 시 또는 군"이란 다음 각 호의 어느 하나에 해당하는 시 또는 군을 말한다.
> 1. 「수도권정비계획법」 제2조 제1호의 규정에 의한 수도권(이하 "수도권"이라 한다)에 속하지 아니하고 광역시와 경계를 같이하지 아니한 시 또는 군으로서 인구 10만명 이하인 시 또는 군
> 2. 관할구역 전부에 대하여 광역도시계획이 수립되어 있는 시 또는 군으로서 당해 광역도시계획에 법 제19조 제1항 각호의 사항이 모두 포함되어 있는 시 또는 군

답 ③

18 국토의 계획 및 이용에 관한 법령상 도시 · 군기본계획에 관한 설명으로 옳지 <u>않은</u> 것은? ★21회 기출★

① 특별시장 · 광역시장 · 시장 · 군수는 지역여건상 필요하다고 인정되면 인접한 특별시 · 광역시 · 시 또는 군의 관할구역 전부 또는 일부를 포함하여 도시 · 군기본계획을 수립할 수 있다.

② 시장 또는 군수는 도시 · 군기본계획을 수립하거나 변경하려면 대통령령으로 정하는 바에 따라 도지사의 승인을 받아야 한다.

③ 특별시장 · 광역시장 · 시장 또는 군수는 도시 · 군기본계획 수립시 광역도시계획 및 국가계획의 내용을 반영하여야 한다.

④ 도시 · 군기본계획과 광역도시계획의 내용이 서로 다를 경우 광역도시계획의 내용이 우선한다.

⑤ 특별시장 · 광역시장이 도시 · 군기본계획을 수립하거나 변경할 경우 지방도시계획위원회의 심의를 거친 후 관계행정기관의 장과 협의하여야 한다.

해설

난도 ★★

⑤ (×) 특별시장 · 광역시장 · 특별자치시장 또는 특별자치도지사는 도시 · 군기본계획을 수립하거나 변경하려면 관계 행정기관의 장(국토교통부장관을 포함한다)과 협의한 후 지방도시계획위원회의 심의를 거쳐야 한다(법 제22조).

답 ⑤

19 국토의 계획 및 이용에 관한 법령상 도시 · 군기본계획에 포함되어야 하는 내용으로 옳은 것을 모두 고른 것은? ★25회 기출★

ㄱ. 토지의 용도별 수요 및 공급에 관한 사항
ㄴ. 에너지절약에 관한 사항
ㄷ. 범죄예방에 관한 사항
ㄹ. 경관에 관한 사항

① ㄱ, ㄷ
② ㄴ, ㄷ
③ ㄱ, ㄴ, ㄹ
④ ㄴ, ㄷ, ㄹ
⑤ ㄱ, ㄴ, ㄷ, ㄹ

해설

난도 ★★★

⑤ (○) 법 제19조 제1항 참조

법 제19조(도시 · 군기본계획의 내용)

① 도시 · 군기본계획에는 다음 각 호의 사항에 대한 정책 방향이 포함되어야 한다.

1. 지역적 특성 및 계획의 방향 · 목표에 관한 사항

2. 공간구조, 생활권의 설정 및 인구의 배분에 관한 사항

3. 토지의 이용 및 개발에 관한 사항

4. 토지의 용도별 수요 및 공급에 관한 사항

5. 환경의 보전 및 관리에 관한 사항

6. 기반시설에 관한 사항

7. 공원 · 녹지에 관한 사항

8. 경관에 관한 사항

8의2. 기후변화 대응 및 에너지절약에 관한 사항

8의3. 방재 · 방범 등 안전에 관한 사항

9. 제2호부터 제8호까지, 제8호의2 및 제8호의3에 규정된 사항의 단계별 추진에 관한 사항

10. 그 밖에 대통령령으로 정하는 사항

영 제15조(도시 · 군기본계획의 내용)

법 제19조 제1항 제10호에서 "그 밖에 대통령령으로 정하는 사항"이란 다음 각 호의 사항으로서 도시 · 군기본계획의 방향 및 목표 달성과 관련된 사항을 말한다.

1. 도심 및 주거환경의 정비 · 보전에 관한 사항

2. 다른 법률에 따라 도시 · 군기본계획에 반영되어야 하는 사항

3. 도시 · 군기본계획의 시행을 위하여 필요한 재원조달에 관한 사항

4. 그 밖에 법 제22조의2 제1항에 따른 도시 · 군기본계획 승인권자가 필요하다고 인정하는 사항

답 ⑤

20 국토의 계획 및 이용에 관한 법령상 도시 · 군기본계획의 수립기준으로서 타당하지 못한 것은?

★23회 기출★

☑확인
Check!
○
△
×

① 녹지축 등을 충분히 고려할 것

② 계획의 연속성을 유지하도록 하고 구체적이고 상세한 계획이 되도록 할 것

③ 도시지역 등에 위치한 개발가능토지는 단계별로 시차를 두어 개발되도록 할 것

④ 지역적인 특성을 고려하되 기반시설의 배치계획, 토지용도 등은 도시와 농어촌 및 산촌지역이 서로 연계되도록 할 것

⑤ 기본적인 공간구조에 관한 종합계획이 되도록 할 것

해설
난도 ★★

② (×) 영 16조 제3호 참조

영 제16조(도시 · 군기본계획의 수립기준)

국토교통부장관은 법 제19조 제3항에 따라 도시 · 군기본계획의 수립기준을 정할 때에는 다음 각 호의 사항을 종합적으로 고려하여야 한다.

1. 특별시 · 광역시 · 특별자치시 · 특별자치도 · 시 또는 군의 기본적인 공간구조와 장기발전방향을 제시하는 토지이용 · 교통 · 환경 등에 관한 종합계획이 되도록 할 것
2. 여건변화에 탄력적으로 대응할 수 있도록 포괄적이고 개략적으로 수립하도록 할 것
3. 법 제23조의 규정에 의하여 도시 · 군기본계획을 정비할 때에는 종전의 도시 · 군기본계획의 내용 중 수정이 필요한 부분만을 발췌하여 보완함으로써 계획의 연속성이 유지되도록 할 것
4. 도시와 농어촌 및 산촌지역의 인구밀도, 토지이용의 특성 및 주변환경 등을 종합적으로 고려하여 지역별로 계획의 상세정도를 다르게 하되, 기반시설의 배치계획, 토지용도 등은 도시와 농어촌 및 산촌지역이 서로 연계되도록 할 것
5. 부문별 계획은 법 제19조 제1항 제1호의 규정에 의한 도시 · 군기본계획의 방향에 부합하고 도시 · 군기본계획의 목표를 달성할 수 있는 방안을 제시함으로써 도시 · 군기본계획의 통일성과 일관성을 유지하도록 할 것
6. 도시지역 등에 위치한 개발가능토지는 단계별로 시차를 두어 개발되도록 할 것
7. 녹지축 · 생태계 · 산림 · 경관 등을 양호한 자연환경과 우량농지, 보전목적의 용도지역, 문화재 및 역사문화환경 등을 충분히 고려하여 수립하도록 할 것
8. 법 제19조 제1항 제8호의 경관에 관한 사항에 대하여는 필요한 경우에는 도시 · 군기본계획도서의 별책으로 작성할 수 있도록 할 것
9. 「재난 및 안전관리 기본법」제24조 제1항에 따른 시 · 도안전관리계획 및 같은 법 제25조 제1항에 따른 시 · 군 · 구 안전관리계획과 「자연재해대책법」 제16조 제1항에 따른 시 · 군 자연재해저감 종합계획을 충분히 고려하여 수립하도록 할 것

답 ②

21 국토의 계획 및 이용에 관한 도시 · 군관리계획의 입안에 관한 설명으로 옳은 것은?　★21회 기출★

① 특별시장 · 광역시장 · 특별자치시장 · 특별자치도지사 · 시장 또는 군수는 인접한 관할 구역 전부 또는 일부를 포함하여 도시 · 군관리계획을 입안할 경우 입안권자를 지정하는 협의가 성립되지 아니하면 공동으로 입안하여야 한다.

② 국토교통부장관은 국가계획과 관련된 도시 · 군관리계획에 대하여는 관계 중앙행정기관의 장의 요청 없이도 직접 입안할 수 있다.

③ 일정한 사항에 관해서는 주민도 도시 · 군관리계획을 입안할 수 있으며 이 경우 도시 · 군관리계획도서와 계획설명서를 첨부하여야 한다.

④ 주민이 입안한 도시 · 군관리계획은 당해 지방자치단체에 설치된 지방도시계획위원회의 자문을 거쳐야 한다.

⑤ 국토교통부장관, 시 · 도지사, 시장 또는 군수가 도시 · 군관리계획을 입안할 경우 주민의 의견을 청취하여야 하며, 주민의 의견 청취에 필요한 사항은 국토교통부장관이 정한다.

난도 ★★★

① (×) 협의가 성립되지 아니하는 경우 도시·군관리계획을 입안하려는 구역이 같은 도의 관할 구역에 속할 때에는 관할 도 지사가, 둘 이상의 시·도의 관할 구역에 걸쳐 있을 때에는 국토교통부장관(수산자원보호구역의 경우 해양수산부장관)이 입 안할 자를 지정하고 그 사실을 고시하여야 한다(법 제24조 제4항).

② (○) 법 제24조 제5항 참조

③ (×), ④ (×) 주민은 도시·군관리계획의 입안을 제안할 수 있는 것이지, 결정하는 것은 아니다. 주민(이해관계자를 포함 한다. 이하 같다)은 도시·군관리계획을 입안할 수 있는 자에게 도시·군관리계획의 입안을 제안할 수 있다. 이 경우 제안 서에는 도시·군관리계획도서와 계획설명서를 첨부하여야 한다(법 제26조 제1항). 국토교통부장관, 시·도지사, 시장 또는 군수는 법 제26조 제1항의 규정에 의한 제안을 도시·군관리계획입안에 반영할 것인지 여부를 결정함에 있어서 필요한 경 우에는 중앙도시계획위원회 또는 당해 지방자치단체에 설치된 지방도시계획위원회의 자문을 거칠 수 있다(영 제20조 제2 항).

⑤ (×) 주민의 의견 청취에 필요한 사항은 대통령령으로 정하는 기준에 따라 해당 지방자치단체의 조례로 정한다(법 제28조 제5항 참조).

目 ②

---

22 도시·군관리계획의 입안제도에 관한 설명으로 옳은 것은?

★18회 기출★

① 도시·군관리계획의 입안제안권자는 주민이며 이해관계자는 여기에서의 주민에 포함되지 아니한다.

② 주민은 도시·군관리계획 입안권자에게 기반시설의 설치·정비·개량 및 용도지역의 변경에 관한 사항에 대하여 도시·군관리계획의 입안을 제안할 수 있다.

③ 도시·군관리계획의 입안제안서에는 도시·군관리계획도서, 계획설명서 및 문화재 지표 조사 설명 서를 첨부하여야 한다.

④ 주민은 지구단위계획구역의 지정·변경사항에 대해서는 도시·군관리계획 입안자에게 그 입안을 제 안할 수 없다.

⑤ 도시·군관리계획입안의 제안을 받은 도시·군과리계획 입안권자는 그 제안일로부터 45일 이내에 도시·군관리계획입안의 반영 여부를 제안자에게 통보하여야 하며, 부득이한 사정이 있는 경우에는 1회에 한하여 30일을 연장할 수 있다.

난도 ★★

① (×) 도시·군관리계획의 입안을 제안할 수 있는 주민에는 이해관계자가 포함된다(법 제26조 제1항).

② (×), ④ (×) 주민이 입안을 제안할 수 있는 사항은 법 제26조 제1항 참조

법 제26조(도시 · 군관리계획 입안의 제안)

① 주민(이해관계자를 포함한다. 이하 같다)은 다음 각 호의 사항에 대하여 제24조에 따라 도시 · 군관리계획을 입안할 수 있는 자에게 도시 · 군관리계획의 입안을 제안할 수 있다. 이 경우 제안서에는 도시 · 군관리계획도서와 계획설명서를 첨부하여야 한다.

1. 기반시설의 설치 · 정비 또는 개량에 관한 사항
2. 지구단위계획구역의 지정 및 변경과 지구단위계획의 수립 및 변경에 관한 사항
3. 다음 각 목의 어느 하나에 해당하는 용도지구의 지정 및 변경에 관한 사항
   가. 개발진흥지구 중 공업기능 또는 유통물류기능 등을 집중적으로 개발 · 정비하기 위한 개발진흥지구로서 대통령령으로 정하는 개발진흥지구
   나. 제37조에 따라 지정된 용도지구 중 해당 용도지구에 따른 건축물이나 그 밖의 시설의 용도 · 종류 및 규모 등의 제한을 지구단위계획으로 대체하기 위한 용도지구
4. 입지규제최소구역의 지정 및 변경과 입지규제최소구역계획의 수립 및 변경에 관한 사항

③ (×) 제안서에는 도시 · 군관리계획도서와 계획설명서를 첨부하여야 한다(법 제26조 제1항).
⑤ (○) 영 제20조 제1항

目 ⑤

---

23 국토의 계획 및 이용에 관한 법령상 도시 · 군관리계획의 입안 등에 관한 설명으로 옳지 **않은** 것은?
★28회 기출★

☑확인
Check!
○
△
×

① 주민은 기반시설의 개량에 관한 사항에 대하여 도시 · 군관리계획의 입안을 제안할 수 있다.
② 도시 · 군관리계획의 입안을 제안받은 자는 제안자와 협의하여 제안된 도시 · 군관리계획의 입안 및 결정에 필요한 비용의 전부 또는 일부를 제안자에게 부담시킬 수 있다.
③ 지구단위계획구역의 지정에 관한 사항에 대하여 도시 · 군관리계획의 입안을 제안하려는 자는 국 · 공유지를 제외한 대상토지면적의 3분의 2 이상의 토지소유자의 동의를 받아야 한다.
④ 도시 · 군관리계획으로 입안하려는 지구단위계획구역이 상업지역에 위치하는 경우에는 재해취약성 분석을 실시하여야 한다.
⑤ 도시지역의 축소에 따른 지구단위계획구역의 변경에 대한 도시 · 군관리계획을 입안할 때에는 주민의 의견청취가 요구되지 아니한다.

해설
난도 ★★★
① (○) 법 제26조 제1항 제1호
② (○) 법 제26조 제3항
③ (○) 법 제26조 제1항 제2호 및 영 제19조의2 제2항 제2호
④ (×) 법 제27조 제4항 및 영 제21조 제2항 제4호

법 제27조(도시 · 군관리계획의 입안을 위한 기초조사 등)

④ 도시 · 군관리계획으로 입안하려는 지역이 도심지에 위치하거나 개발이 끝나 나대지가 없는 등 대통령령으로 정하는 요건에 해당하면 제1항부터 제3항까지의 규정에 따른 기초조사, 환경성 검토, 토지적성평가 또는 재해취약성분석을 하지 아니할 수 있다.

영 제21조(도시 · 군관리계획의 입안을 위한 기초조사 면제사유 등)

① 법 제27조 제1항 단서에서 "대통령령으로 정하는 경미한"이란 제25조 제3항 각 호 및 같은 조 제4항 각 호의 사항을 말한다.

② 법 제27조 제4항에서 "대통령령으로 정하는 요건"이란 다음 각 호의 구분에 따른 요건을 말한다.

1. 기초조사를 실시하지 아니할 수 있는 요건 : 다음 각 목의 어느 하나에 해당하는 경우

　가. 해당 지구단위계획구역이 도심지(상업지역과 상업지역에 연접한 지역을 말한다)에 위치하는 경우

　나. 해당 지구단위계획구역 안의 나대지면적이 구역면적의 2퍼센트에 미달하는 경우

　다. 해당 지구단위계획구역 또는 도시 · 군계획시설부지가 다른 법률에 따라 지역 · 지구 등으로 지정되거나 개발계획이 수립된 경우

　라. 해당 지구단위계획구역의 지정목적이 해당 구역을 정비 또는 관리하고자 하는 경우로서 지구단위계획의 내용에 너비 12미터 이상 도로의 설비계획이 없는 경우

　마. 기존의 용도지구를 폐지하고 지구단위계획을 수립 또는 변경하여 그 용도지구에 따른 건축물이나 그 밖의 시설의 용도 · 종류 및 규모 등의 제한을 그대로 대체하려는 경우

　바. 해당 도시 · 군계획시설의 결정을 해제하려는 경우

　사. 그 밖에 국토교통부령으로 정하는 요건에 해당하는 경우

2. 환경성 검토를 실시하지 아니할 수 있는 요건 : 다음 각 목의 어느 하나에 해당하는 경우

　가. 제1호 가목부터 사목까지의 어느 하나에 해당하는 경우

　나. 「환경영향평가법」 제9조에 따른 전략환경영향평가 대상인 도시 · 군관리계획을 입안하는 경우

3. 토지적성평가를 실시하지 아니할 수 있는 요건 : 다음 각 목의 어느 하나에 해당하는 경우

　가. 제1호 가목부터 사목까지의 어느 하나에 해당하는 경우

　나. 도시 · 군관리계획 입안일부터 5년 이내에 토지적성평가를 실시한 경우

　다. 주거지역 · 상업지역 또는 공업지역에 도시 · 군관리계획을 입안하는 경우

　라. 법 또는 다른 법령에 따라 조성된 지역에 도시 · 군관리계획을 입안하는 경우

　마. 「개발제한구역의 지정 및 관리에 관한 특별조치법 시행령」제2조 제3항 제1호 · 제2호 또는 제6호(같은 항 제1호 또는 제2호에 따른 지역과 연접한 대지로 한정한다)의 지역에 해당하여 개발제한구역에서 조정 또는 해제된 지역에 대하여 도시 · 군관리계획을 입안하는 경우

　바. 「도시개발법」에 따른 도시개발사업의 경우

　사. 지구단위계획구역 또는 도시 · 군계획시설부지에서 도시 · 군관리계획을 입안하는 경우

　아. 다음의 어느 하나에 해당하는 용도지역 · 용도지구 · 용도구역의 지정 또는 변경의 경우

　　1) 주거지역 · 상업지역 · 공업지역 또는 계획관리지역의 그 밖의 용도지역으로의 변경(계획관리지역을 자연녹지지역으로 변경하는 경우는 제외한다)

　　2) 주거지역 · 상업지역 · 공업지역 또는 계획관리지역 외의 용도지역 상호간의 변경(자연녹지지역으로 변경하는 경우는 제외한다)

　　3) 용도지구 · 용도구역의 지정 또는 변경(개발진흥지구의 지정 또는 확대지정은 제외한다)

　자. 다음의 어느 하나에 해당하는 기반시설을 설치하는 경우

　　1) 제55조 제1항 각 호에 따른 용도지역별 개발행위규모에 해당하는 기반시설

　　2) 도로 · 철도 · 궤도 · 수도 · 가스 등 선형으로 된 교통시설 및 공급시설

　　3) 공간시설(체육공원 · 묘지공원 및 유원지는 제외한다)

　　4) 방재시설 및 환경기초시설(폐차장은 제외한다)

　　5) 개발제한구역 안에 설치하는 기반시설

4. 재해취약성분석을 실시하지 않을 수 있는 요건 : 다음 각 목의 어느 하나에 해당하는 경우

　가. 제1호 가목부터 사목까지의 어느 하나에 해당하는 경우

　나. 도시 · 군관리계획 입안일부터 5년 이내에 재해취약성분석을 실시한 경우

　다. 제3호 아목에 해당하는 경우(방재지구의 지정 · 변경은 제외한다)

　라. 다음의 어느 하나에 해당하는 기반시설을 설치하는 경우

　　1) 제3호 자목 1)의 기반시설

　　3) 공간시설 중 녹지 · 공공공지

⑤ (○) 법 제28조 제1항 단서, 영 제22조 제1항 및 제25조 제3항 제4호

달 ④

---

24 도시 · 군관리계획의 수립절차로서 주민의견청취에 대한 설명으로 옳은 것은?　　★18회 기출 변형★

① 주민의견청취는 도시 · 군관리계획의 결정권자가 진행한다.

② 주민의 의견을 청취하고자 하는 때에는 일정한 요건을 갖춘 둘 이상의 일간신문 및 인터넷 게시판에 공고하고 도시 · 군관리계획안을 7일 이상 열람할 수 있도록 하여야 한다.

③ 도시 · 군관리계획안의 내용에 대하여 의견이 있는 자는 열람기간이 종료된 후 14일 이내에 특별시장 등에게 의견서를 제출할 수 있다.

④ 절차진행자는 제출된 의견을 반영할 것인지를 검토하여 그 결과를 열람이 종료된 날로부터 30일 이내에 의견제출자에게 통보해야 한다.

⑤ 제출된 의견을 반영하고자 하는 경우 그 내용이 도시 · 군계획조례에서 정하는 중요한 사항인 때에는 그 내용을 다시 공고 및 열람하게 하여 주민의견을 들어야 한다.

해설

난도 ★★

① (×) 주민의견청취는 도시 · 군관리계획의 입안권자가 진행한다(법 제28조 제1항 · 제2항).

② (×) 14일 이상 일반이 열람할 수 있도록 하여야 한다(영 제22조 제2항).

③ (×) 의견이 있는 자는 열람기간 이내에 의견서를 제출할 수 있다(영 제22조 제3항).

④ (×) 절차진행자는 제출된 의견을 반영할 것인지를 검토하여 그 결과를 열람기간이 종료된 날부터 60일 이내에, 당해 의견을 제출한 자에게 통보하여야 한다(영 제22조 제4항).

⑤ (○) 영 제22조 제5항 참조

> **영 제22조(주민 및 지방의회의 의견청취)**
> ⑤ 국토교통부장관, 시 · 도지사, 시장 또는 군수는 제3항의 규정에 의하여 제출된 의견을 도시 · 군관리계획안에 반영하고자 하는 경우 그 내용이 해당 특별시 · 광역시 · 특별자치시 · 특별자치도 · 시 또는 군의 도시 · 군계획조례가 정하는 중요한 사항인 때에는 그 내용을 다시 공고 · 열람하게 하여 주민의 의견을 들어야 한다.

달 ⑤

25 국토의 계획 및 이용에 관한 법령상 지방자치단체의 의견청취에 관한 설명으로 옳지 <u>않은</u> 것은?

★22회 기출★

① 시·도지사, 시장 또는 군수는 광역도시계획을 수립하거나 변경하려면 미리 관계 시·도, 시 또는 군의 의회와 관계 시장 또는 군수의 의견을 들어야 한다.

② 광역도시계획이 수립되는 시·도, 시 또는 군의 의회와 관계 시장 또는 군수는 특별한 사유가 없으면 30일 이내에 시·도지사, 시장 또는 군수에게 의견을 제시하여야 한다.

③ 시장은 도시·군기본계획을 수립하거나 변경하려면 미리 그 시의회의 의견을 들어야 한다.

④ 시장은 도시·군기본계획을 변경하려면 미리 공청회를 열어 주민과 관계 전문가 등으로부터 의견을 들어야 하며, 공청회에서 제시된 의견이 타당하다고 인정하면 도시·군기본계획에 반영하여야 한다.

⑤ 시장 또는 군수가 녹지지역의 지정에 관한 도시·군관리계획을 입안한 경우에는 해당 지방의회의 의견청취를 생략할 수 있다.

해설

난도 ★★★

① (○) 법 제15조 제1항

② (○) 법 제15조 제3항

③ (○) 법 제21조 제1항

④ (○) 법 제20조 제1항 및 제14조 제1항

⑤ (×) 녹지지역 지정에 관한 도시·군관리계획의 입안은 용도지역 지정에 관한 사항이므로 지방의회의 의견을 들어야 한다 (법 제28조 제6항, 영 제22조 제7항 참조).

> **법 제28조(주민과 지방의회의 의견 청취)**
> ⑥ 국토교통부장관, 시·도지사, 시장 또는 군수는 도시·군관리계획을 입안하려면 대통령령으로 정하는 사항에 대하여 해당 지방의회의 의견을 들어야 한다.
>
> **영 제22조(주민 및 지방의회의 의견청취)**
> ⑦ 법 제28조 제5항에서 "대통령령으로 정하는 사항"이란 다음 각 호의 사항을 말한다. 다만, 제25조 제3항 각 호의 사항 및 지구단위계획으로 결정 또는 변경 결정하는 사항은 제외한다.
> 1. 법 제36조부터 제38조까지, 제38조의2, 제39조, 제40조 및 제40조의2에 따른 용도지역·용도지구 또는 용도구역의 지정 또는 변경지정. 다만, 용도지구에 따른 건축물이나 그 밖의 시설의 용도·종류 및 규모 등의 제한을 그대로 지구단위계획으로 대체하기 위한 경우로서 해당 용도지구를 폐지하기 위하여 도시·군관리계획을 결정하는 경우에는 제외한다.
> 2. 광역도시계획에 포함된 광역시설의 설치·정비 또는 개량에 관한 도시·군관리계획의 결정 또는 변경결정
> 3. 다음 각 목의 어느 하나에 해당하는 기반시설의 설치·정비 또는 개량에 관한 도시·군관리계획의 결정 또는 변경 결정. 다만, 법 제48조 제4항에 따른 지방의회의 권고대로 도시·군계획시설결정(도시·군계획시설에 대한 도시·군관리계획결정을 말한다. 이하 같다)을 해제하기 위한 도시·군관리계획을 결정하는 경우는 제외한다.
>   가. 도로중 주간선도로(시·군내 주요지역을 연결하거나 시·군 상호간이나 주요지방 상호간을 연결하여 대량통과교통을 처리하는 도로로서 시·군의 골격을 형성하는 도로를 말한다. 이하 같다)
>   나. 철도중 도시철도
>   다. 자동차정류장중 여객자동차터미널(시외버스운송사업용에 한한다)
>   라. 공원(「도시공원 및 녹지 등에 관한 법률」에 따른 소공원 및 어린이공원은 제외한다)
>   마. 유통업무설비
>   바. 학교 중 대학
>   자. 공공청사 중 지방자치단체의 청사

파. 하수도(하수종말처리시설에 한한다)

하. 폐기물처리 및 재활용시설

거. 수질오염방지시설

너. 그 밖에 국토교통부령으로 정하는 시설

답 ⑤

---

26 다음 중 도시계획의 종류와 그 입안권자 내지 수립권자가 <u>잘못</u> 연결된 것은?

★28회 기출 변형★

☑확인
Check!
○
△
×

① 광역도시계획 – 시 · 도지사

② 광역도시계획 – 국토교통부장관

③ 도시 · 군기본계획 – 국토교통부장관

④ 도시 · 군관리계획 – 시장

⑤ 도시 · 군관리계획 – 특별시장

[해설]
난도 ★★

① (○), ② (○) 광역도시계획의 수립권자 : 국토교통부장관, 시 · 도지사, 시장 또는 군수(법 제11조)

③ (×) 도시 · 군기본계획의 수립권자 : 특별시장 · 광역시장 · 특별자치시장 · 특별자치도지사 · 시장 또는 군수(법 제18조 제1항)

④ (○), ⑤ (○) 도시 · 군관리계획의 입안권자 : 특별시장 · 광역시장 · 특별자치시장 · 특별자치도지사 · 시장 또는 군수(법 제24조 제1항), 국토교통부장관(동조 제5항), 도지사(동조 제6항)

답 ③

---

27 다음 중 결정권자가 국토교통부장관이 <u>아닌</u> 것은?

★19회 기출★

☑확인
Check!
○
△
×

① 국가계획과 관련되어 국토교통부장관이 입안한 도시 · 군관리계획

② 도시자연공원구역의 지정 및 변경에 관한 도시 · 군관리계획

③ 시가화조정구역의 지정 및 변경에 관한 도시 · 군관리계획

④ 개발제한구역의 지정 및 변경에 관한 도시 · 군관리계획

⑤ 둘 이상의 시 · 도에 걸쳐 이루어지는 사업으로 국토교통부장관이 입안한 도시 · 군관리계획

난도 ★★

①, ③, ④, ⑤ 국토교통부장관(또는 해양수산부장관)이 결정하는 도시 · 군관리계획(법 제29조 제2항 참조)

> 법 제29조(도시 · 군관리계획의 결정권자)
>
> ② 제1항에도 불구하고 다음 각 호의 도시 · 군관리계획은 국토교통부장관이 결정한다. 다만, 제4호의 도시 · 군관리계획은 해양수산부장관이 결정한다.
>
> 1. 제24조 제5항에 따라 국토교통부장관이 입안한 도시 · 군관리계획
>
> 2. 제38조에 따른 개발제한구역의 지정 및 변경에 관한 도시 · 군관리계획
>
> 3. 제39조 제1항 단서에 따른 시가화조정구역의 지정 및 변경에 관한 도시 · 군관리계획
>
> 4. 제40조에 따른 수산자원보호구역의 지정 및 변경에 관한 도시 · 군관리계획

② 용도구역 중 도시자연공원구역은 시 · 도지사 또는 대도시 시장이 결정할 사항이다(법 제29조 제1항 및 법 제38조의2 제1항 참조).

답 ②

28 국토의 계획 및 이용에 관한 법령상 도시 · 군관리계획에 관한 설명으로 옳지 않은 것은? ★30회 기출★

① 도시 · 군관리계획 결정의 효력은 그 결정이 있는 때부터 발생한다.

② 도시 · 군관리계획은 광역도시계획과 도시 · 군기본계획에 부합되어야 한다.

③ 수산자원보호구역의 지정에 관한 도시 · 군관리계획은 해양수산부장관이 결정할 수 있다.

④ 주민은 도시 · 군관리계획을 입안할 수 있는 자에게 기반시설의 개량에 관한 사항에 대하여 도시 · 군관리계획의 입안을 제안할 수 있다.

⑤ 국토교통부장관이 직접 지형도면을 작성한 경우에는 이를 고시하여야 한다.

난도 ★★

① (×) 도시 · 군관리계획 결정의 효력은 지형도면을 고시한 날부터 발생한다(법 제31조 제1항).

답 ①

29 국토의 계획 및 이용에 관한 법률에 의한 용도지역에 해당하지 <u>않는</u> 것은?

★21회 기출 변형★

① 자연환경보전지역

② 관리지역

③ 준농림지역

④ 도시지역

⑤ 농림지역

[해설]

난도 ★★

③ 법의 규정상 용도지역은 도시지역, 관리지역, 농림지역, 자연환경보전지역으로 나뉘고, 도시지역은 주거지역, 상업지역, 공업지역, 녹지지역으로 구분되고, 관리지역은 보전관리지역, 생산관리지역, 계획관리지역으로 구분된다.

답 ③

---

30 국토의 계획 및 이용에 관한 법령상 용도지역에 관한 설명이다. (   )에 들어갈 용어가 옳게 연결된 것은?

★23회 기출★

> (㉠) : 공동주택 중심의 양호한 주거환경을 보호하기 위하여 필요한 지역
> (㉡) : 근린지역에서의 일용품 및 서비스의 공급을 위하여 필요한 지역
> (㉢) : 주로 농업적 생산을 위하여 개발을 유보할 필요가 있는 지역

	㉠	㉡	㉢
①	제2종일반주거지역	근린상업지역	생산녹지지역
②	제2종일반주거지역	근린상업지역	농림지역
③	제2종일반주거지역	일반상업지역	농림지역
④	제2종전용주거지역	근린상업지역	생산녹지지역
⑤	제2종전용주거지역	일반상업지역	생산녹지지역

[해설]

난도 ★★

㉠ 제2종전용주거지역(영 제30조 제1항 제1호 가목)

㉡ 근린상업지역(영 제30조 제1항 제2호 다목)

㉢ 생산녹지지역(영 제30조 제1항 제4호 나목)

답 ④

31 국토의 계획 및 이용에 관한 법령상 용도지역에 관한 설명이다. ( )에 들어갈 용어가 옳게 연결된 것은?

★30회 기출★

> (ㄱ) : 중고층주택을 중심으로 편리한 주거환경을 조성하기 위하여 필요한 지역
> (ㄴ) : 환경을 저해하지 아니하는 공업의 배치를 위하여 필요한 지역
> (ㄷ) : 도시의 녹지공간의 확보, 도시확산의 방지, 장래 도시용지의 공급 등을 위하여 보전할 필요가 있는 지역으로서 불가피한 경우에 한하여 제한적인 개발이 허용되는 지역

① ㄱ : 제2종일반주거지역, ㄴ : 준공업지역, ㄷ : 자연녹지지역
② ㄱ : 제2종일반주거지역, ㄴ : 준공업지역, ㄷ : 보전녹지지역
③ ㄱ : 제2종일반주거지역, ㄴ : 일반공업지역, ㄷ : 자연녹지지역
④ ㄱ : 제3종일반주거지역, ㄴ : 일반공업지역, ㄷ : 보전녹지지역
⑤ ㄱ : 제3종일반주거지역, ㄴ : 일반공업지역, ㄷ : 자연녹지지역

해설
난도 ★

⑤ ㄱ : 제3종일반주거지역(영 제30조 제1항 제1호 나목), ㄴ : 일반공업지역(영 제30조 제1항 제3호 나목), ㄷ : 자연녹지지역(영 제30조 제1항 제4호 다목)

📖 ⑤

---

32 국토의 계획 및 이용에 관한 법령상 용도지구에 관한 설명으로 옳지 <u>않은</u> 것은?

★26회 기출★

① 용도지구란 토지의 이용 및 건축물의 용도 · 건폐율 · 용적률 · 높이 등에 대한 용도지역의 제한을 강화하거나 완화하여 적용함으로써 용도지역의 기능을 증진시키고 미관 · 경관 · 안전 등을 도모하기 위하여 도시 · 군관리계획으로 결정하는 지역을 말한다.
② 국토교통부장관은 지정된 용도지구의 일부에 대하여 지구단위계획구역을 지정할 수 없다.
③ 국토교통부장관은 경관지구를 중심지미관지구, 역사문화미관지구, 일반미관지구로 세분하여 지정할 수 있다.
④ 건축물이나 그 밖의 시설의 용도 · 종류 및 규모 등의 제한은 해당 용도지구의 지정목적에 적합하여야 한다.
⑤ 지방자치단체의 장이 다른 법률에 따라 토지 이용에 관한 지구를 지정하는 경우에는 그 지구의 지정목적이 「국토의 계획 및 이용에 관한 법률」에 따른 용도지구의 지정목적에 부합되도록 하여야 한다.

난도 ★★★

① (○) 법 제2조 제16호

② (×) 법 제51조 제1항 제1호 참조

법 제51조(지구단위계획구역의 지정 등)

① 국토교통부장관, 시 · 도지사, 시장 또는 군수는 다음 각 호의 어느 하나에 해당하는 지역의 전부 또는 일부에 대하여 지구단위계획구역을 지정할 수 있다.

1. 제37조에 따라 지정된 용도지구

2. 「도시개발법」 제3조에 따라 지정된 도시개발구역

3. 「도시 및 주거환경정비법」 제8조에 따라 지정된 정비구역

4. 「택지개발촉진법」 제3조에 따라 지정된 택지개발지구

5. 「주택법」 제15조에 따른 대지조성사업지구

6. 「산업입지 및 개발에 관한 법률」 제2조 제8호의 산업단지와 같은 조 제12호의 준산업단지

7. 「관광진흥법」 제52조에 따라 지정된 관광단지와 같은 법 제70조에 따라 지정된 관광특구

8. 개발제한구역 · 도시자연공원구역 · 시가화조정구역 또는 공원에서 해제되는 구역, 녹지지역에서 주거 · 상업 · 공업지역으로 변경되는 구역과 새로 도시지역으로 편입되는 구역 중 계획적인 개발 또는 관리가 필요한 지역

8의2. 도시지역 내 주거 · 상업 · 업무 등의 기능을 결합하는 등 복합적인 토지 이용을 증진시킬 필요가 있는 지역으로서 대통령령으로 정하는 요건에 해당하는 지역

8의3. 도시지역 내 유휴토지를 효율적으로 개발하거나 교정시설, 군사시설, 그 밖에 대통령령으로 정하는 시설을 이전 또는 재배치하여 토지 이용을 합리화하고, 그 기능을 증진시키기 위하여 집중적으로 정비가 필요한 지역으로 대통령령으로 정하는 요건에 해당하는 지역

9. 도시지역의 체계적 · 계획적인 관리 또는 개발이 필요한 지역

10. 그 밖에 양호한 환경의 확보나 기능 및 미관의 증진 등을 위하여 필요한 지역으로서 대통령령으로 정하는 지역

---

③ (×) 영 제31조 개정으로 미관지구 관련 규정은 삭제되었다. 해당 조문은 존재하지 않는다.

④ (○) 법 제76조 제3항

⑤ (○) 법 제8조 제1항

답 ②, ③

---

33 용도지구의 지정목적에 관한 설명으로 **틀린** 것은?

★18회 기출 변형★

① 중요시설물보호지구 : 공용시설을 보호하고 공공업무기능을 효율화하기 위하여 필요한 지구

② 특화경관지구 : 지역 내 주요 수계의 수변 또는 문화적 보존가치가 큰 건축물 주변의 경관 등 특별한 경관을 보호 또는 유지하거나 형성하기 위하여 필요한 지구

③ 복합개발진흥지구 : 주거기능, 공업기능, 유통 · 물류기능 및 관광 · 휴양기능 중 2 이상의 기능을 중심으로 개발 · 정비할 필요가 있는 지구

④ 역사문화환경보호지구 : 문화재 · 전통사찰 등 역사 · 문화적으로 보존가치가 큰 시설 및 지역의 보호와 보존을 위하여 필요한 지구

⑤ 산업 · 유통개발진흥지구 : 공업기능 및 유통 · 물류기능을 중심으로 개발 · 정비할 필요가 있는 지구

난도 ★★

① (×) 중요시설물보호지구는 보호지구의 일종으로서 중요시설물(제1항에 따른 시설물을 말한다. 이하 같다)의 보호와 기능의 유지 및 증진 등을 위하여 필요한 지구다(영 제31조 제2항 제5호 나목).

영 제31조(용도지구의 지정)

② 국토교통부장관, 시 · 도지사 또는 대도시 시장은 법 제37조 제2항에 따라 도시 · 군관리계획결정으로 경관지구 · 방재지구 · 보호지구 · 취락지구 및 개발진흥지구를 다음 각 호와 같이 세분하여 지정할 수 있다.

1. 경관지구
   가. 자연경관지구 : 산지 · 구릉지 등 자연경관을 보호하거나 유지하기 위하여 필요한 지구
   나. 시가지경관지구 : 지역 내 주거지, 중심지 등 시가지의 경관을 보호 또는 유지하거나 형성하기 위하여 필요한 지구
   다. 특화경관지구 : 지역 내 주요 수계의 수변 또는 문화적 보존가치가 큰 건축물 주변의 경관 등 특별한 경관을 보호 또는 유지하거나 형성하기 위하여 필요한 지구
2. 삭제
3. 삭제
4. 방재지구
   가. 시가지방재지구 : 건축물 · 인구가 밀집되어 있는 지역으로서 시설 개선 등을 통하여 재해 예방이 필요한 지구
   나. 자연방재지구 : 토지의 이용도가 낮은 해안변, 하천변, 급경사지 주변 등의 지역으로서 건축 제한 등을 통하여 재해 예방이 필요한 지구
5. 보호지구
   가. 역사문화환경보호지구 : 문화재 · 전통사찰 등 역사 · 문화적으로 보존가치가 큰 시설 및 지역의 보호와 보존을 위하여 필요한 지구
   나. 중요시설물보호지구 : 중요시설물(제1항에 따른 시설물을 말한다. 이하 같다)의 보호와 기능의 유지 및 증진 등을 위하여 필요한 지구
   다. 생태계보호지구 : 야생동식물서식처 등 생태적으로 보존가치가 큰 지역의 보호와 보존을 위하여 필요한 지구
6. 삭제
7. 취락지구
   가. 자연취락지구 : 녹지지역 · 관리지역 · 농림지역 또는 자연환경보전지역안의 취락을 정비하기 위하여 필요한 지구
   나. 집단취락지구 : 개발제한구역안의 취락을 정비하기 위하여 필요한 지구
8. 개발진흥지구
   가. 주거개발진흥지구 : 주거기능을 중심으로 개발 · 정비할 필요가 있는 지구
   나. 산업 · 유통개발진흥지구 : 공업기능 및 유통 · 물류기능을 중심으로 개발 · 정비할 필요가 있는 지구
   다. 삭제
   라. 관광 · 휴양개발진흥지구 : 관광 · 휴양기능을 중심으로 개발 · 정비할 필요가 있는 지구
   마. 복합개발진흥지구 : 주거기능, 공업기능, 유통 · 물류기능 및 관광 · 휴양기능 중 2 이상의 기능을 중심으로 개발 · 정비할 필요가 있는 지구
   바. 특정개발진흥지구 : 주거기능, 공업기능, 유통 · 물류기능 및 관광 · 휴양기능 외의 기능을 중심으로 특정한 목적을 위하여 개발 · 정비할 필요가 있는 지구

답 ①

34 국토의 계획 및 이용에 관한 법령상 시가화조정구역에 관한 설명으로 옳지 <u>않은</u> 것은? ★25회 기출 변형★

① 시가화조정구역의 변경은 도시 · 군관리계획에 의해 이루어진다.

② 시가화유보기간은 5년 이상 20년 이내의 기간으로 한다.

③ 시가화유보기간은 도시 · 군관리계획에 의해 결정된다.

④ 시가화조정구역의 지정에 관한 도시 · 군관리계획 결정은 시가화유보기간이 끝난 날의 다음날부터 그 효력을 잃는다.

⑤ 국방과 관련하여 보안상 도시의 개발을 제한할 필요가 있을 경우, 도시 · 군관리계획에 의해서 시가화조정구역을 지정할 수 있다.

> **해설**
> 난도 ★★
> ①, ②, ③, ④ (○) 법 제39조 및 영 제32조 참조
> ⑤ (×) 개발제한구역에 대한 설명이다(법 제38조 참조).

답 ⑤

35 국토의 계획 및 이용에 관한 법령상 용도구역에 관한 설명이다. 다음 ( ) 안에 들어갈 용어로 알맞은 것은? ★28회 기출★

> 시 · 도지사 또는 대도시 시장은 도시의 자연환경 및 경관을 보호하고 도시민에게 건전한 여가 · 휴식공간을 제공하기 위하여 도시지역 안에서 식생이 양호한 산지의 개발을 제한할 필요가 있다고 인정하면 ( )의 지정 또는 변경을 도시 · 군관리계획을 결정할 수 있다.

① 시가화조정구역

② 개발제한구역

③ 수산자원보호구역

④ 입지규제최소구역

⑤ 도시자연공원구역

> **해설**
> 난도 ★
> ⑤ 법 제38조의2

답 ⑤

36 국토의 계획 및 이용에 관한 법령상 제3종일반주거지역 안에서 건축할 수 있는 건축물을 모두 고른 것은?(단, 조례는 고려하지 않음) ★28회 기출★

☑확인
Check!
○
△
×

ㄱ. 다가구주택	ㄴ. 아파트
ㄷ. 공중화장실	ㄹ. 단란주점
ㅁ. 생활숙박시설	

① ㄱ, ㄴ, ㄷ
② ㄱ, ㄴ, ㄹ
③ ㄱ, ㄹ, ㅁ
④ ㄴ, ㄷ, ㅁ
⑤ ㄷ, ㄹ, ㅁ

해설
난도 ★★
① 법 제76조 제1항, 영 제71조 제1항 제5호

답 ①

37 국토의 계획 및 이용에 관한 법령상 용도지역 미세분 지역에 관한 설명이다. 다음 ( ) 안의 내용이 옳게 연결된 것은? ★27회 기출★

☑확인
Check!
○
△
×

도시지역 또는 관리지역이 세부 용도지역으로 지정되지 아니한 경우, 용도 지역별 건축물의 건축제한에 관한 규정을 적용할 때에 해당 용도지역이 도시지역인 경우에는 (ㄱ)에 관한 규정을 적용하고, 관리지역인 경우에는 (ㄴ)에 관한 규정을 적용한다.

① ㄱ : 생산녹지지역, ㄴ : 보전관리지역
② ㄱ : 생산녹지지역, ㄴ : 자연환경보전지역
③ ㄱ : 보전녹지지역, ㄴ : 보전관리지역
④ ㄱ : 보전녹지지역, ㄴ : 자연환경보전지역
⑤ ㄱ : 자연환경보전지역, ㄴ : 자연환경보전지역

난도 ★★

③ 법 제79조 제2항, 영 제86조

법 제79조(용도지역 미지정 또는 미세분 지역에서의 행위 제한 등)

① 도시지역, 관리지역, 농림지역 또는 자연환경보전지역으로 용도가 지정되지 아니한 지역에 대하여는 제76조부터 제78조까지의 규정을 적용할 때에 자연환경보전지역에 관한 규정을 적용한다.

② 제36조에 따른 도시지역 또는 관리지역이 같은 조 제1항 각 호 각목의 세부 용도지역으로 지정되지 아니한 경우에는 제76조부터 제78조까지의 규정을 적용할 때에 해당 용도지역이 도시지역인 경우에는 녹지지역 중 대통령령으로 정하는 지역에 관한 규정을 적용하고, 관리지역인 경우에는 보전관리지역에 관한 규정을 적용한다.

영 제86조(용도지역 미세분지역에서의 행위제한 등)

법 제79조 제2항에서 "대통령령으로 정하는 지역"이란 보전녹지지역을 말한다.

답 ③

---

38 용도지역 안에서의 건폐율의 상한이 상대적으로 가장 높은 지역은?

★20회 기출 변형★

☑확인
Check!
○
△
×

① 농림지역

② 녹지지역

③ 보전관리지역

④ 생산관리지역

⑤ 계획관리지역

난도 ★

⑤ 계획관리지역은 40% 이하, 나머지는 20% 이하(영 제84조 제1항 참조)

답 ⑤

39 국토의 계획 및 이용에 관한 법령상 용도지역에 관한 설명으로 옳지 <u>않은</u> 것은?

① 공유수면의 매립목적이 당해 매립구역과 이웃하고 있는 용도지역의 내용과 다른 경우 그 매립구역이 속할 용도지역은 도시·군관리계획 결정으로 지정하여야 한다.
② 택지개발촉진법에 의한 택지개발지구로 지정·고시된 지역은 국토의 계획 및 이용에 관한 법률에 의한 도시지역으로 결정·고시된 것으로 본다.
③ 관리지역 안에서 농지법에 의한 농업진흥지역으로 지정·고시된 지역은 농림지역으로 결정·고시된 것으로 본다.
④ 도시지역·관리지역·농림지역 또는 자연환경보전지역으로 용도가 지정되지 아니한 지역에 대하여는 건폐율 규정을 적용함에 있어서 자연환경보전지역에 관한 규정을 적용한다.
⑤ 관리지역이 세부 용도지역으로 지정되지 아니한 경우 용적률에 대하여는 계획관리지역에 관한 규정을 적용한다.

해설
난도 ★★★
⑤ 관리지역이 세부 용도지역으로 지정되지 아니한 경우에는 보전관리지역에 관한 규정을 적용한다(법 제79조 제2항).

답 ⑤

40 용도지역·용도지구·용도구역에 관한 설명 중 옳은 것은?

① 중심상업지역에는 방화지구가 지정될 수 없다.
② 토지적성평가 등에 의해 세부용도지역으로 지정되지 아니한 관리지역에서는 건축물의 건축 또는 공작물의 설치가 금지된다.
③ 최고고도지구 안에서는 당해 최고고도지구에서 정한 높이를 초과하는 건축물을 건축할 수 있다.
④ 시가화조정구역 안에서는 도시·군계획사업에 의하는 경우가 아니라 하더라도 공익시설·공공시설은 허가 없이 설치할 수 있다.
⑤ 도시지역이 세부용도지역으로 지정되지 아니한 경우, 그에 대한 행위제한은 보전녹지지역에 관한 규정을 적용한다.

해설
난도 ★★
① (×) 용도지역과 용도지구는 중복하여 지정될 수 있다.
② (×) 관리지역이 세분되지 아니한 경우 보전관리지역의 규정을 적용한다.
③ (×) 고도지구에서 정한 높이를 초과하는 건축물을 건축할 수 없다.
④ (×) 시가화조정구역에서는 도시계획사업의 경우 외에는 특별시장·광역시장·특별자치시장·특별자치도지사·시장 또는 군수의 허가를 받아 그 행위를 할 수 있다(법 제81조 제1항 및 제2항 참조).

> **법 제81조(시가화조정구역에서의 행위 제한 등)**
> ① 제39조에 따라 지정된 시가화조정구역에서의 도시·군계획사업은 대통령령으로 정하는 사업만 시행할 수 있다.
> ② 시가화조정구역에서는 제56조와 제76조에도 불구하고 제1항에 따른 도시·군계획사업의 경우 외에는 다음 각 호의 어느 하나에 해당하는 행위에 한정하여 특별시장·광역시장·특별자치시장·특별자치도지사·시장 또는 군수의 허가를 받아 그 행위를 할 수 있다.
> 1. 농업·임업 또는 어업용의 건축물 중 대통령령으로 정하는 종류와 규모의 건축물이나 그 밖의 시설을 건축하는 행위
> 2. 마을공동시설, 공익시설·공공시설, 광공업 등 주민의 생활을 영위하는 데에 필요한 행위로서 대통령령으로 정하는 행위
> 3. 입목의 벌채, 조림, 육림, 토석의 채취, 그 밖에 대통령령으로 정하는 경미한 행위

답 ⑤

41 국토의 계획 및 이용에 관한 법령상의 내용으로 옳지 않은 것은? ★26회 기출★

① 기반시설에 관한 사항에 대한 정책방향은 도시·군기본계획의 내용에 포함되어야 한다.
② 입지규제최소구역의 지정 목적을 이루기 위하여 간선도로 등 주요 기반시설의 확보에 관한 사항은 입지규제최소구역계획에 포함되어야 한다.
③ 지상이나 지하에 기반시설을 설치하려면 원칙적으로 그 시설의 종류·명칭·위치·규모 등을 미리 도시·군기본계획으로 결정하여야 한다.
④ 녹지는 기반시설 중 공간시설에 해당한다.
⑤ 주거·상업 또는 공업지역에서의 개발행위로 기반시설의 처리·공급 또는 수용능력이 부족할 것으로 예상되는 지역 중 기반시설의 설치가 곤란한 지역을 개발밀도관리구역으로 지정할 수 있다.

> **해설**
> 난도 ★★
> ③ (×) 도시·군관리계획으로 결정하여야 한다(법 제43조 제1항).

답 ③

42 도시 · 군계획시설부지의 매수청구에 관한 설명이다. 옳지 않은 것은?

★20회 기출 변형★

① 도시 · 군계획시설결정 고시일부터 10년 이내에 당해 도시 · 군계획시설의 설치에 관한 사업이 시행되지 아니하는 경우, 당해 시설부지 내의 토지 중 지목이 대인 토지의 소유자는 당해 토지의 매수를 청구할 수 있다.
② 매수의무자가 매수 청구를 받은 토지를 매수하는 때에는 현금으로 지급함이 원칙이다.
③ 매수의무자가 지방자치단체인 경우에는 도시 · 군계획시설채권을 발행하여 지급할 수 있다.
④ 도시 · 군계획시설채권의 상환기간은 10년 이내로 하며, 구체적인 상환기간과 이율은 특별시 · 광역시 · 특별자치시 · 특별자치도 · 시 또는 군의 조례로 정한다.
⑤ 매수의무자는 매수청구일부터 1년 이내에 매수 여부를 결정하여 토지 소유자에게 통지하여야 하며 매수결정통지일부터 1년 이내에 그 토지를 매수하여야 한다.

해설

난도 ★★

⑤ (×) 매수의무자는 매수 청구를 받은 날부터 6개월 이내에 매수 여부를 결정하여 토지 소유자와 특별시장 · 광역시장 · 특별자치시장 · 특별자치도지사 · 시장 또는 군수(매수의무자가 특별시장 · 광역시장 · 특별자치시장 · 특별자치도지사 · 시장 또는 군수인 경우는 제외)에게 알려야 하며, 매수하기로 결정한 토지는 매수 결정을 알린 날부터 2년 이내에 매수하여야 한다(법 제47조 제6항).

답 ⑤

---

43 주거지역에 인접한 상업지역에 마권장외발매소 등이 입지하여 주거환경을 해치는 것을 방지하기 위한 국토의 계획 및 이용에 관한 법령상의 수단으로 적합한 것은?
★22회 기출★

① 시설보호지구 지정
② 개발진흥지구 지정
③ 계획관리지역 지정
④ 지구단위계획 결정 또는 변경결정
⑤ 개발밀도관리구역

해설

난도 ★★

④ 지구단위계획에 의해 마권장외발매소를 불허용도로 지정하는 방법을 강구할 수 있다.

답 ④

44 국토의 계획 및 이용에 관한 법령상 지구단위계획 및 지구단위계획구역에 관한 설명 중 옳지 않은 것은?

★28회 기출 변형★

① 지구단위계획은 제1종과 제2종으로 구분되지 않는다.

② 지구단위계획은 도시·군관리계획으로 결정된다.

③ 관광진흥법에 따라 지정된 관광특구에 대하여 지구단위계획구역을 지정할 수 있다.

④ 지정하려는 구역 면적의 100분의 50 이상이 계획관리지역으로서 대통령령으로 정하는 요건에 해당하는 지역에 대하여 지구단위계획구역을 지정할 수 있다.

⑤ 택지개발지구의 경우 그 일부에 대하여 지구단위계획구역을 지정할 수는 없다.

해설
난도 ★★

⑤ (×) 택지개발지구의 경우 전부 또는 일부에 대하여 지구단위계획구역을 지정할 수 있다(법 제51조 제1항 제4호 참조).

답 ⑤

45 국토의 계획 및 이용에 관한 법령상 지구단위계획의 내용에 반드시 포함되어야 하는 사항이 아닌 것은?

★27회 기출 변형★

① 건축선에 관한 계획

② 건축물의 건폐율 또는 용적률

③ 건축물 높이의 최고한도 또는 최저한도

④ 건축물의 용도제한

⑤ 기반시설의 배치와 규모

해설
난도 ★

① (×) 대통령령으로 정하는 기반시설의 배치와 규모, 건축물의 용도제한, 건폐율 또는 용적률, 건축물 높이의 최고한도 또는 최저한도는 반드시 포함되어야 한다(법 제52조 제1항 참조).

> **법 제52조(지구단위계획의 내용)**
> ① 지구단위계획구역의 지정목적을 이루기 위하여 지구단위계획에는 다음 각 호의 사항 중 제2호와 제4호의 사항을 포함한 둘 이상의 사항이 포함되어야 한다. 다만, 제1호의2를 내용으로 하는 지구단위계획의 경우에는 그러하지 아니하다.
> 1. 용도지역이나 용도지구를 대통령령으로 정하는 범위에서 세분하거나 변경하는 사항
> 1의2. 기존의 용도지구를 폐지하고 그 용도지구에서의 건축물이나 그 밖의 시설의 용도·종류 및 규모 등의 제한을 대체하는 사항
> 2. 대통령령으로 정하는 기반시설의 배치와 규모
> 3. 도로로 둘러싸인 일단의 지역 또는 계획적인 개발·정비를 위하여 구획된 일단의 토지의 규모와 조성계획
> 4. 건축물의 용도제한, 건축물의 건폐율 또는 용적률, 건축물 높이의 최고한도 또는 최저한도

5. 건축물의 배치 · 형태 · 색채 또는 건축선에 관한 계획

6. 환경관리계획 또는 경관계획

7. 교통처리계획

8. 그 밖에 토지 이용의 합리화, 도시나 농 · 산 · 어촌의 기능 증진 등에 필요한 사항으로서 대통령령으로 정하는 사항

답 ①

46 국토의 계획 및 이용에 관한 법령상 개발행위허가에 관한 설명으로 옳은 것은?(단, 조례는 고려하지 않음)

★26회 기출★

① 도시 · 군계획사업에 의한 행위의 경우에도 개발행위허가를 받아야 한다.

② 토지의 일부를 공공용지 또는 공용지로 하기 위한 토지의 분할은 개발행위허가를 받아야 한다.

③ 농림지역에 물건을 1개월 이상 쌓아놓는 경우 개발행위허가를 요하지 아니한다.

④ 경작을 위한 토지의 형질 변경으로서 전 · 답 사이의 지목의 변경을 수반하는 경우에는 개발행위허가를 받아야 한다.

⑤ 개발행위허가를 받은 사항으로서 사업면적을 10퍼센트 범위 안에서 축소하는 경우에는 개발행위허가를 요하지 아니한다.

해설

난도 ★★

① (×) 허가받을 필요 없다(법 제56조 제1항 단서 참조).

② (×) 허가를 받지 아니하여도 되는 경미한 행위에 해당한다(영 제53조 제5호 나목).

③ (○) 녹지지역 · 관리지역 또는 자연환경보전지역안에서 건축물의 울타리안(적법한 절차에 의하여 조성된 대지에 한한다)에 위치하지 아니한 토지에 물건을 1월 이상 쌓아놓는 행위는 허가를 받아야 한다(영 제51조 제1항 제6호). 농림지역에 물건을 1개월 이상 쌓아놓는 경우 개발행위허가를 요하지 아니한다.

④ (×) 허가를 받지 아니한다(영 제51조 제2항 제3호 참조).

> **법 제56조(개발행위의 허가)**
>
> ① 다음 각 호의 어느 하나에 해당하는 행위로서 대통령령으로 정하는 행위(이하 "개발행위"라 한다)를 하려는 자는 특별시장 · 광역시장 · 특별자치시장 · 특별자치도지사 · 시장 또는 군수의 허가(이하 "개발행위허가"라 한다)를 받아야 한다. 다만, 도시 · 군계획사업(다른 법률에 따라 도시 · 군계획사업을 의제한 사업을 포함한다)에 의한 행위는 그러하지 아니하다.
>
> 1. 건축물의 건축 또는 공작물의 설치
>
> 2. 토지의 형질 변경(경작을 위한 경우로서 대통령령으로 정하는 토지의 형질 변경은 제외한다)
>
> 3. 토석의 채취
>
> 4. 토지 분할(건축물이 있는 대지의 분할은 제외한다)
>
> 5. 녹지지역 · 관리지역 또는 자연환경보전지역에 물건을 1개월 이상 쌓아놓는 행위

> **영 제51조(개발행위허가의 대상)**
> ② 법 제56조 제1항 제2호에서 "대통령령으로 정하는 토지의 형질변경"이란 조성이 끝난 농지에서 농작물 재배, 농지의 지력 증진 및 생산성 향상을 위한 객토나 정지작업, 양수ㆍ배수시설 설치를 위한 토지의 형질변경으로서 다음 각 호의 어느 하나에 해당하지 않는 형질변경을 말한다.
> 1. 인접토지의 관개ㆍ배수 및 농작업에 영향을 미치는 경우
> 2. 재활용 골재, 사업장 폐토양, 무기성 오니 등 수질오염 또는 토질오염의 우려가 있는 토사 등을 사용하여 성토하는 경우. 다만, 「농지법 시행령」 제3조의2 제2호에 따른 성토는 제외한다.
> 3. 지목의 변경을 수반하는 경우(전ㆍ답 사이의 변경은 제외한다)
> 4. 옹벽 설치(제53조에 따라 허가를 받지 않아도 되는 옹벽 설치는 제외한다) 또는 2미터 이상의 절토ㆍ성토가 수반되는 경우. 다만, 절토ㆍ성토에 대해서는 2미터 이내의 범위에서 특별시ㆍ광역시ㆍ특별자치시ㆍ특별자치도ㆍ시 또는 군의 도시ㆍ군계획조례로 따로 정할 수 있다.

⑤ (×) 영 제52조 제1항 제2호 참조

> **영 제52조(개발행위허가의 경미한 변경)**
> ① 법 제56조 제2항 단서에서 "대통령령으로 정하는 경미한 사항을 변경하는 경우"란 다음 각 호의 어느 하나에 해당하는 경우(다른 호에 저촉되지 않는 경우로 한정한다)를 말한다.
> 1. 사업기간을 단축하는 경우
> 2. 다음 각 목의 어느 하나에 해당하는 경우
>   가. 부지면적 또는 건축물 연면적을 5퍼센트 범위안에서 축소하는 경우
>   나. 관계 법령의 개정 또는 도시ㆍ군관리계획의 변경에 따라 허가받은 사항을 불가피하게 변경하는 경우
>   다. 「공간정보의 구축 및 관리 등에 관한 법률」 제26조 제2항 및 「건축법」 제26조에 따라 허용되는 오차를 반영하기 위한 변경
>   라. 「건축법 시행령」 제12조 제3항 각 호의 어느 하나에 해당하는 변경인 경우

답 ③

---

47 국토의 계획 및 이용에 관한 법령상 개발행위허가에 관한 설명으로 옳지 <u>않은</u> 것은? ★23회 기출 변형★

① 도시개발법에 따른 도시개발사업에 의해 건축물을 건축하는 경우에는 허가를 필요로 하지 않는다.
② 허가권자가 개발행위허가에 조건을 붙이려는 때에는 미리 개발행위허가를 신청한 자의 의견을 들어야 한다.
③ 토석의 채취에 대하여 개발행위허가를 받은 자가 개발행위를 마치면 준공검사를 받아야 한다.
④ 지구단위계획구역으로 지정된 지역으로서 도시ㆍ군관리계획상 특히 필요하다고 인정하는 지역에 대해서는 최장 5년의 기간 동안 개발행위허가를 제한할 수 있다.
⑤ 환경오염 방지, 위해 방지 등을 위하여 필요한 경우 지방자치단체가 시행하는 개발행위에 대해서 이행보증금을 예치하게 할 수 있다.

난도 ★★

⑤ (×) 법 제60조 참조

법 제60조(개발행위허가의 이행 보증 등)

① 특별시장·광역시장·특별자치시장·특별자치도지사·시장 또는 군수는 기반시설의 설치나 그에 필요한 용지의 확보, 위해 방지, 환경오염 방지, 경관, 조경 등을 위하여 필요하다고 인정되는 경우로서 대통령령으로 정하는 경우에는 이의 이행을 보증하기 위하여 개발행위허가(다른 법률에 따라 개발행위허가가 의제되는 협의를 거친 인가·허가·승인 등을 포함한다. 이하 이 조에서 같다)를 받는 자로 하여금 이행보증금을 예치하게 할 수 있다. 다만, 다음 각 호의 어느 하나에 해당하는 경우에는 그러하지 아니하다.

1. 국가나 지방자치단체가 시행하는 개발행위
2. 「공공기관의 운영에 관한 법률」에 따른 공공기관(이하 "공공기관"이라 한다) 중 대통령령으로 정하는 기관이 시행하는 개발행위
3. 그 밖에 해당 지방자치단체의 조례로 정하는 공공단체가 시행하는 개발행위

 답 ⑤

---

48 다음 중 법이 정하는 개발행위허가의 기준이 <u>아닌</u> 것은?　　　　★25회 기출 변형★

확인
Check!
○
△
×

① 용도지역별 특성을 감안하여 대통령령이 정하는 개발행위의 규모에 적합할 것
② 도시·군관리계획의 내용에 배치되지 아니할 것
③ 주변환경 또는 경관과 조화를 이룰 것
④ 개발행위를 원활하게 수행하기 위한 자력을 갖추고 있을 것
⑤ 당해 개발행위에 따른 기반시설의 설치 또는 그에 필요한 용지의 확보계획이 적정할 것

난도 ★★

④ (×) 법 제58조 제1항 참조

법 제58조(개발행위허가의 기준 등)

① 특별시장·광역시장·특별자치시장·특별자치도지사·시장 또는 군수는 개발행위허가의 신청 내용이 다음 각 호의 기준에 맞는 경우에만 개발행위허가 또는 변경허가를 하여야 한다.

1. 용도지역별 특성을 고려하여 대통령령으로 정하는 개발행위의 규모에 적합할 것. 다만, 개발행위가 「농어촌정비법」 제2조 제4호에 따른 농어촌정비사업으로 이루어지는 경우 등 대통령령으로 정하는 경우에는 개발행위 규모의 제한을 받지 아니한다.
2. 도시·군관리계획 및 성장관리계획의 내용에 어긋나지 아니할 것
3. 도시·군계획사업의 시행에 지장이 없을 것
4. 주변지역의 토지이용실태 또는 토지이용계획, 건축물의 높이, 토지의 경사도, 수목의 상태, 물의 배수, 하천·호소·습지의 배수 등 주변환경이나 경관과 조화를 이룰 것
5. 해당 개발행위에 따른 기반시설의 설치나 그에 필요한 용지의 확보계획이 적절할 것

답 ④

49 국토의 계획 및 이용에 관한 법령상 개발행위에 따른 공공시설의 귀속에 관한 설명으로 옳은 것은?

★30회 기출★

① 개발행위허가를 받은 자가 행정청이 아닌 경우 개발행위로 용도가 폐지되는 공공시설은 새로 설치한 공공시설의 설치비용에 상당하는 범위에서 개발행위허가를 받은 자에게 무상으로 양도할 수 있다.

② 개발행위허가를 받은 자가 행정청이 아닌 경우 개발행위허가를 받은 자가 새로 설치한 공공시설은 그 시설을 관리할 관리청에 유상으로 귀속된다.

③ 개발행위허가를 받은 자가 행정청인 경우 개발행위허가를 받은 자가 새로 설치한 공공시설은 개발행위허가를 받은 행정청에 귀속된다.

④ 군수는 공공시설인 도로의 귀속에 관한 사항이 포함된 개발행위허가를 하려면 미리 기획재정부장관의 의견을 들어야 한다.

⑤ 개발행위허가를 받은 자가 행정청인 경우 개발행위허가를 받은 자가 준공검사를 마쳤다면 해당 시설의 관리청에 공공시설의 종류를 통지할 필요가 없다.

[해설]
난도 ★★

① (○) 법 제65조 제2항

② (×) 무상으로 귀속된다(법 제65조 제2항).

③ (×) 개발행위허가를 받은 행정청에 귀속되는 것이 아니고, 새로 설치된 공공시설을 관리할 관리청에 무상으로 귀속된다(법 제65조 제1항).

④ (×) 기획재정부장관이 아닌 공공시설이 속한 관리청의 의견을 들어야 한다(법 제65조 제3항).

⑤ (×) 개발행위허가를 받은 자가 행정청인 경우 개발행위허가를 받은 자는 개발행위가 끝나 준공검사를 마친 때에는 해당 시설의 관리청에 공공시설의 종류와 토지의 세목을 통지하여야 한다(법 제65조 제5항).

답 ①

---

50 개발밀도관리구역에 관한 설명으로 옳지 <u>않은</u> 것은?

★18회 기출★

① 개발밀도관리구역의 지정기준은 국토교통부장관이 정한다.

② 개발밀도관리구역에서는 건폐율 또는 용적률을 강화하여 적용한다.

③ 개발밀도관리구역을 지정하고자 하는 경우에는 당해 지방자치단체에 설치된 지방도시계획위원회의 심의를 거쳐야 한다.

④ 개발밀도관리구역을 변경하는 경우에는 고시하여야 한다.

⑤ 계획관리지역에서 기반시설의 설치가 곤란한 지역은 개발밀도관리구역으로 지정할 수 있다.

[해설]
난도 ★★

⑤ (×) 개발밀도관리구역은 주거·상업·공업지역에서의 개발행위로 기반시설(도시·군계획시설을 포함한다)의 수용능력이 부족할 것으로 예상되는 지역 중 기반시설의 설치가 곤란한 지역에 지정할 수 있다(법 제66조 제1항 참조).

답 ⑤

51 국토의 계획 및 이용에 관한 법령상 개발밀도관리구역에 관한 설명 중 옳은 것은?

① 개발밀도관리구역 안에서는 해당 용도지역에 적용되는 용적률의 최대한도의 50% 범위안에서 용적률을 강화하여 적용한다.

② 개발밀도관리구역에 대하여는 기반시설의 변화가 있는 경우 이를 즉시 검토하여 그 구역의 해제 등 필요한 조치를 취하여야 한다.

③ 개발밀도관리구역의 명칭 변경에 대하여는 지방도시계획위원회의 심의를 요하지 아니한다.

④ 공업지역에서의 개발행위로 인하여 기반시설의 수용능력이 부족할 것으로 예상되는 지역 중 기반시설의 설치가 곤란한 지역은 개발밀도관리구역으로 지정될 수 없다.

⑤ 개발밀도관리구역의 지정권자는 국토교통부장관이다.

해설

난도 ★★

② (×) 개발밀도관리구역 안의 기반시설의 변화를 주기적으로 검토하여 용적률을 강화 또는 완화하거나 개발밀도관리구역을 해제하는 등 필요한 조치를 취하여야 한다.

③ (×) 구역의 명칭, 구역의 범위, 건폐율 또는 용적률의 강화 범위 등에 대해 지방도시계획위원회의 심의를 거쳐야 한다.

④, ⑤ (×) 특별시장·광역시장, 특별자치시장·특별자치도지사, 시장·군수는 주거·상업·공업지역에서의 개발행위로 기반시설(도시·군계획시설을 포함한다)의 수용능력이 부족할 것으로 예상되는 지역 중 기반시설의 설치가 곤란한 지역을 개발밀도관리구역으로 지정할 수 있다.

답 ①

---

52 甲은 행정청이 아닌 자로서 도시·군계획시설사업을 시행하는 자이다. 국토의 계획 및 이용에 관한 법령상 甲의 사업비용에 관한 설명으로 옳은 것은?

① 국가 또는 지방자치단체는 법령에서 정한 소요비용의 3분의 1 이하의 범위 안에서 甲의 사업비용을 보조 또는 융자할 수 있다.

② 甲이 현저한 이익을 받는 지방자치단체에게 비용을 부담하게 하는 경우 당해 사업의 설계비도 소요비용에 포함된다.

③ 甲의 사업이 다른 공공시설의 정비를 주된 내용으로 하는 경우에는 갑은 자신의 사업으로 현저한 이익을 받은 공공시설의 관리자에게 그 사업에 든 비용의 2분의 1까지 부담시킬 수 있다.

④ 국가 또는 지방자치단체는 甲의 도시·군계획시설사업에 소요되는 조사·측량비를 보조할 수 있다.

⑤ 甲은 자신의 사업으로 현저한 이익을 받는 지방자치단체에게 그 사업에 든 비용의 일부를 부담시킬 수 있다.

난도 ★★

① (○) 행정청이 아닌 자가 시행하는 도시계획시설사업에 대하여는 당해 도시계획시설사업에 소요되는 비용의 3분의 1 이하의 범위 안에서 국가 또는 지방자치단체가 보조 또는 융자할 수 있다(영 제106조 제2항 참조).

② · ③ · ⑤ (×) 갑은 행정청이 아닌 자이기 때문에 지방자치단체에게 부담시킬 수 없다.

④ (×) 행정청이 시행하는 도시 · 군계획시설사업에 드는 비용은 그 비용의 전부 또는 일부를 국가예산에서 보조하거나 융자할 수 있다{법 제104조 제2항. 50% 이하의 범위 ; 조사 · 측량비, 설계비 및 관리비를 제외한 공사비와 감정비를 포함한 보상비를 말한다(영 제106조 제2항)}.

정답 ①

---

53 국토의 계획 및 이용에 관한 법률상 권한의 위임에 관한 설명으로 가장 타당하지 <u>않은</u> 것은?

★24회 기출 변형★

① 국토교통부장관의 권한은 그 일부를 시 · 도지사에게 위임할 수 있고, 시 · 도지사는 국토교통부장관의 승인을 얻어 시장 · 군수 또는 구청장에게 재위임할 수 있다.

② 시 · 도지사의 권한은 시장 · 군수 또는 구청장에게 위임할 수 있고, 이 경우 시 · 도지사는 국토교통부장관의 승인을 얻어야 한다.

③ 국토교통부장관, 시 · 도지사, 시장 또는 군수의 사무는 그 일부를 다른 행정청이나 행정청이 아닌 자에게 위탁할 수 있다.

④ 위탁받은 사무를 수행하는 자(행정청이 아닌 자에 한한다)나 그에 소속된 직원은 형법 그 밖의 법률에 의한 벌칙의 적용에 있어서는 공무원으로 의제된다.

⑤ 시 · 도지사는 위임받은 업무를 처리한 때에는 국토교통부장관에게 보고하여야 한다.

난도 ★★★

② 시 · 도지사의 권한은 시 · 도의 조례로 정하는 바에 따라 시장 · 군수 · 구청장에게 위임할 수 있다. 이 경우 시 · 도지사는 권한의 위임시설을 국토교통부장관에게 보고하여야 한다(법 제139조 제2항).

정답 ②

54 국토의 계획 및 이용에 관한 법령상 행정청인 도시계획시설사업의 시행자가 사업시행과 관련하여 타인의 토지를 출입하는 경우 등에 관한 설명으로 옳지 <u>않은</u> 것은? ★23회 기출★

☑확인
Check!
○
△
×

① 타인의 토지에 출입하려면 출입하려는 날의 3일전까지 그 토지의 소유자·점유자 또는 관리인에게 그 일시와 장소를 알려야 한다.

② 타인의 토지를 임시통로로 일시사용하려면 그 토지의 소유자·점유자 또는 관리인의 동의를 받아야 한다.

③ 타인의 토지를 재료적치장으로 일시사용하고자 할 때, 그 토지의 소유자·점유자 또는 관리인의 주소가 불분명하여 동의를 받을 수 없는 경우에는 미리 관할 시장 또는 군수의 허가를 받아야 한다.

④ 장애물을 제거하려면 제거하려는 날의 3일 전까지 장애물의 소유자·점유자 또는 관리인에게 알려야 한다.

⑤ 일출 전이나 일몰 후에는 그 토지 점유자의 승낙 없이 택지나 담장 또는 울타리로 둘러싸인 타인의 토지에 출입할 수 없다.

해설

난도 ★★

① (×) 타인의 토지에 출입하려는 자는 특별시장·광역시장·특별자치시장·특별자치도지사·시장 또는 군수의 허가를 받아야 하며, 출입하려는 날의 7일 전까지 그 토지의 소유자·점유자 또는 관리인에게 그 일시와 장소를 알려야 한다. 다만, 행정청인 도시·군계획시설사업의 시행자는 허가를 받지 아니하고 타인의 토지에 출입할 수 있다(법 제130조 제2항).

② (○) 타인의 토지를 재료 적치장 또는 임시통로로 일시사용하거나 나무, 흙, 돌, 그 밖의 장애물을 변경 또는 제거하려는 자는 토지의 소유자·점유자 또는 관리인의 동의를 받아야 한다(법 제130조 제3항).

③ (×) 토지나 장애물의 소유자·점유자 또는 관리인이 현장에 없거나 주소 또는 거소가 불분명하여 그 동의를 받을 수 없는 경우에는 행정청인 도시·군계획시설사업의 시행자는 관할 특별시장·광역시장·특별자치시장·특별자치도지사·시장 또는 군수에게 그 사실을 통지하여야 하며, 행정청이 아닌 도시·군계획시설사업의 시행자는 미리 관할 특별시장·광역시장·특별자치시장·특별자치도지사·시장 또는 군수의 허가를 받아야 한다(법 제130조 제4항).

④ (○) 토지를 일시 사용하거나 장애물을 변경 또는 제거하려는 자는 토지를 사용하려는 날이나 장애물을 변경 또는 제거하려는 날의 3일 전까지 그 토지나 장애물의 소유자·점유자 또는 관리인에게 알려야 한다(법 제130조 제5항).

⑤ (○) 일출 전이나 일몰 후에는 그 토지 점유자의 승낙 없이 택지나 담장 또는 울타리로 둘러싸인 타인의 토지에 출입할 수 없다(법 제130 제6항).

답 ①, ③

55 국토의 계획 및 이용에 관한 법령상 청문을 실시하여야 하는 경우는? ★22회 기출 변형★

☑확인
Check!
○
△
×

① 이 법에 의한 명령을 위반한 자에 대하여 공작물을 개축하도록 조치하거나 하는 경우
② 이 법에 의한 처분을 위반한 자에 대하여 공사중지 처분을 하고자 하는 경우
③ 어떤 개발행위가 현저히 공익을 해할 우려가 있다고 인정되어 그 개발행위를 중지시키고자 하는 경우
④ 부정한 방법으로 개발행위허가를 받은 자에 대하여 그 개발행위의 허가를 취소하고자 하는 경우
⑤ 사정의 변경으로 도시 · 군계획시설사업의 계속적인 시행이 어렵다고 인정되어 도시 · 군계획시설사업을 중지하고자 하는 경우

해설
난도 ★
④ 법 제136조 참조

> **법 제136조(청문)**
> 국토교통부장관, 시 · 도지사, 시장 · 군수 또는 구청장은 제133조 제1항에 따라 다음 각 호의 어느 하나에 해당하는 처분을 하려면 청문을 하여야 한다.
> 1. 개발행위허가의 취소
> 2. 제86조 제5항에 따른 도시 · 군계획시설사업의 시행자 지정의 취소
> 3. 실시계획인가의 취소

답 ④

---

56 국토의 계획 및 이용에 관한 법률상의 과태료 부과 · 징수의 대상이 되는 자가 <u>아닌</u> 것은? ★19회 기출 변형★

☑확인
Check!
○
△
×

① 정당한 사유 없이 타인토지출입 등의 행위를 방해 또는 거부한 자
② 허가를 받지 아니하고 타인토지출입 등의 행위를 한 자
③ 허가를 받지 아니하고 공동구를 점용 또는 사용한 자
④ 재해복구 또는 재난수습을 위한 응급조치 후 1개월 이내 신고를 하지 아니한 자
⑤ 속임수나 그 밖의 부정한 방법으로 허가 또는 변경허가를 받아 개발행위를 한 자

해설
난도 ★★
⑤ 벌칙 부과 대상이다(법 제140조 참조).

답 ⑤

자신의 능력을 믿어야 한다.
그리고 끝까지 굳게 밀고 나가라.

– 로잘린 카터 –

제2편

도시 및 주거환경 정비법

출제경향 & 수험대책

도시 및 주거환경정비법률에서는 4문제가 출제되고 있다. 출제 포인트로서 용어의 정의, 정비기본계획, 정비계획은 체계적으로 정리하고, 특히 정비구역의 지정효과는 반드시 숙지해 두어야 한다. 또한 정비구역의 해제, 시행방식, 시공자·시행자, 예외적 시행·대행, 조합설립추진위원회, 정비사업조합, 안전진단, 정비사업시행, 정비사업의 시행특례, 관리처분계획, 준공인가 및 사후조치에 대해서도 출제되고 있으므로 이에 대한 대비가 필요하다.

제1장 | 도시 및 주거환경정비법 총론

출제포인트
□ 정비사업
□ 노후 · 불량건축물
□ 정비기반시설
□ 공동이용시설
□ 토지등소유자

1. "정비구역"이란 정비사업을 계획적으로 시행하기 위하여 지정 · 고시된 구역을 말한다.

2. 정비사업 ★27, 30, 32회 기출★

1. 주거환경개선사업 : 도시저소득 주민이 집단 거주하는 지역으로서 정비기반시설이 극히 열악하고 노후 · 불량건축물이 과도하게 밀집한 지역의 주거환경을 개선하거나 단독주택 및 다세대주택이 밀집한 지역에서 정비기반시설과 공동이용시설 확충을 통하여 주거환경을 보전 · 정비 · 개량하기 위한 사업
2. 재개발사업 : 정비기반시설이 열악하고 노후 · 불량건축물이 밀집한 지역에서 주거환경을 개선하거나 상업지역 · 공업지역 등에서 도시기능의 회복 및 상권활성화 등을 위하여 도시환경을 개선하기 위한 사업
3. 재건축사업 : 정비기반시설은 양호하나 노후 · 불량건축물에 해당하는 공동주택이 밀집한 지역에서 주거환경을 개선하기 위한 사업

3. "노후 · 불량건축물"이란 다음의 어느 하나에 해당하는 건축물을 말한다.

1. 건축물이 훼손되거나 일부가 멸실되어 붕괴, 그 밖의 안전사고의 우려가 있는 건축물
2. 내진성능이 확보되지 아니한 건축물 중 중대한 기능적 결함 또는 부실 설계 · 시공으로 구조적 결함 등이 있는 건축물로서 건축물을 건축하거나 대수선할 당시 건축법령에 따른 지진에 대한 안전 여부 확인 대상이 아닌 건축물로서 다음의 어느 하나에 해당하는 건축물을 말한다.
   ① 급수 · 배수 · 오수 설비 등의 설비 또는 지붕 · 외벽 등 마감의 노후화나 손상으로 그 기능을 유지하기 곤란할 것으로 우려되는 건축물
   ② 안전진단기관이 실시한 안전진단 결과 건축물의 내구성 · 내하력 등이 국토교통부장관이 정하는 기준에 미치지 못할 것으로 예상되어 구조 안전의 확보가 곤란할 것으로 우려되는 건축물

3. '주변 토지의 이용 상황 등에 비추어 주거환경이 불량한 곳에 위치할 것', '건축물을 철거하고 새로운 건축물을 건설하는 경우 건설에 드는 비용과 비교하여 효용의 현저한 증가가 예상될 것'과 같은 요건을 충족하는 다음의 건축물
   ① 「건축법」에 따라 해당 지방자치단체의 조례로 정하는 면적에 미치지 못하거나 도시·군계획시설 등의 설치로 인하여 효용을 다할 수 없게 된 대지에 있는 건축물
   ② 공장의 매연·소음 등으로 인하여 위해를 초래할 우려가 있는 지역에 있는 건축물
   ③ 해당 건축물을 준공일 기준으로 40년까지 사용하기 위하여 보수·보강하는 데 드는 비용이 철거 후 새로운 건축물을 건설하는 데 드는 비용보다 클 것으로 예상되는 건축물
4. 도시미관을 저해하거나 노후화된 건축물로서 시·도 조례로 정하는 다음 어느 하나에 해당하는 건축물
   ① 준공된 후 20년 이상 30년 이하의 범위에서 조례로 정하는 기간이 지난 건축물
   ② 도시·군기본계획의 경관에 관한 사항에 어긋나는 건축물

4. "정비기반시설"이란 도로·상하수도·구거(도랑)·공원·공용주차장·공동구 등을 말한다. ★31, 32회 기출★

[주의] ① 공원·공용주차장·공동구는 공동이용시설이 아니라 정비기반시설이다.
      ② 주민의 생활에 필요한 열·가스 등의 공급시설로서 녹지, 하천, 공공공지, 광장, 소방용수시설, 비상대피시설, 가스공급시설, 지역난방시설 등은 정비기반시설이다.
      ③ 주거환경개선사업을 위하여 지정·고시된 정비구역에 설치하는 공동이용시설로서 사업시행계획서에 해당시장·군수등이 관리하는 것으로 포함된 것은 정비기반시설이다.

5. "공동이용시설"이란 주민이 공동으로 사용하는 놀이터·마을회관·공동작업장 등 다음의 시설

1. 공동으로 사용하는 구판장·세탁장·화장실 및 수도
2. 탁아소·어린이집·경로당 등 노유자시설
3. 그 밖에 제1호 및 제2호의 시설과 유사한 용도의 시설로서 시·도조례로 정하는 시설

6. "토지등소유자"란 다음 의 어느 하나에 해당하는 자를 말한다. ★27, 28회 기출★

1. 주거환경개선사업 및 재개발사업의 경우에는 정비구역에 위치한 토지 또는 건축물의 소유자 또는 그 지상권자
2. 재건축사업의 경우에는 정비구역에 위치한 건축물 및 그 부속토지의 소유자

[주의] ① 재건축사업에서 지상권자는 토지등소유자에 해당하지 않는다.
      ② 신탁업자가 사업시행자로 지정된 경우 토지등소유자가 정비사업을 목적으로 신탁업자에게 신탁한 토지 또는 건축물에 대하여는 위탁자를 토지등소유자로 본다.
      ③ 도시 및 주거환경정비법에서 시장·군수등은 특별자치시장, 특별자치도지사, 시장, 군수, 자치구의 구청장을 말한다.

제2장 | 정비기본계획 · 안전진단

출제포인트
□ 수립권자
□ 기본계획의 내용
□ 주거지 관리계획
□ 사회복지시설 및 주민문화시설 등의 설치계획
□ 정비구역으로 지정할 예정인 구역(정비예정구역)의 개략적 범위
□ 단계별 정비사업 추진계획
□ 기본계획 수립절차

1. 수립권자

특별시장 · 광역시장 · 특별자치시장 · 특별자치도지사 또는 시장은 관할 구역에 대하여 도시 · 주거환경정비기본계획(기본계획)을 10년 단위로 수립하여야 한다. 다만, 도지사가 대도시가 아닌 시로서 기본계획을 수립할 필요가 없다고 인정하는 시에 대하여는 기본계획을 수립하지 아니할 수 있다.

주의 국토교통부장관, 도지사, 구청장은 기본계획을 수립할 수 없다.

2. 기본계획의 내용

(1) 내용 ★28, 33회 기출★

1. 정비사업의 기본방향
2. 정비사업의 계획기간
3. 인구 · 건축물 · 토지이용 · 정비기반시설 · 지형 및 환경 등의 현황
4. 주거지 관리계획
5. 토지이용계획 · 정비기반시설계획 · 공동이용시설설치계획 및 교통계획
6. 녹지 · 조경 · 에너지공급 · 폐기물처리 등에 관한 환경계획
7. 사회복지시설 및 주민문화시설 등의 설치계획
8. 도시의 광역적 재정비를 위한 기본방향
9. 정비구역으로 지정할 예정인 구역(정비예정구역)의 개략적 범위
10. 단계별 정비사업 추진계획(정비예정구역별 정비계획의 수립시기가 포함되어야 한다)
11. 건폐율 · 용적률 등에 관한 건축물의 밀도계획
12. 세입자에 대한 주거안정대책
13. 그 밖에 주거환경 등을 개선하기 위하여 필요한 사항으로서 대통령령으로 정하는 사항

(2) 기본계획의 수립권자는 기본계획에 다음의 사항을 포함하는 경우에는 위 (1)의 제9호 및 제10호의 사항을 생략할 수 있다.

> 1. 생활권의 설정, 생활권별 기반시설 설치계획 및 주택수급계획
> 2. 생활권별 주거지의 정비 · 보전 · 관리의 방향

3. 타당성 검토

기본계획에 대하여 5년마다 타당성 여부를 검토하여 그 결과를 기본계획에 반영하여야 한다.

4. 기본계획 수립절차 ★32회 기출★

(1) 기본계획 수립을 위한 주민의견청취 등

① 기본계획의 수립권자는 기본계획을 수립하거나 변경하려는 경우에는 14일 이상 주민에게 공람하여 의견을 들어야 하며, 제시된 의견이 타당하다고 인정되면 이를 기본계획에 반영하여야 한다.

② 기본계획의 수립권자는 공람과 함께 지방의회의 의견을 들어야 한다. 이 경우 지방의회는 기본계획의 수립권자가 기본계획을 통지한 날부터 60일 이내에 의견을 제시하여야 하며, 의견제시 없이 60일이 지난 경우 이의가 없는 것으로 본다.

(2) 도지사 승인

대도시의 시장이 아닌 시장은 기본계획을 수립하거나 변경하려면 도지사의 승인을 받아야 한다.

(3) 국토교통부장관에게 보고

기본계획의 수립권자는 기본계획을 고시한 때에는 국토교통부장관에게 보고하여야 한다.

더 알아보기 도시 · 주거환경정비 기본방침

국토교통부장관은 도시 및 주거환경을 개선하기 위하여 10년마다 기본방침을 정하고, 5년마다 타당성을 검토하여 그 결과를 기본방침에 반영하여야 한다.

---

5. 안전진단

(1) 재건축사업 정비계획 입안을 위한 안전진단

① 안전진단 실시의무

㉠ 정비계획의 입안권자는 재건축사업 정비계획의 입안을 위하여 정비예정구역별 정비계획의 수립시기가 도래한 때에 안전진단을 실시하여야 한다.

㉡ 정비계획의 입안권자는 다음의 어느 하나에 해당하는 경우에는 안전진단을 실시하여야 한다. 이 경우 정비계획의 입안권자는 안전진단에 드는 비용을 해당 안전진단의 실시를 요청하는 자에게 부담하게 할 수 있다.

ⓒ 정비계획을 입안하는 특별자치시장, 특별자치도지사, 시장, 군수 또는 구청장등(정비계획의 입안권자)은 위 박스 내 1.에 따른 안전진단의 요청이 있는 때에는 요청일부터 30일 이내에 국토교통부장관이 정하는 바에 따라 안전진단의 실시여부를 결정하여 요청인에게 통보하여야 한다. 이 경우 정비계획의 입안권자는 안전진단 실시 여부를 결정하기 전에 단계별 정비사업 추진계획 등의 사유로 재건축사업의 시기를 조정할 필요가 있다고 인정하는 경우에는 안전진단의 실시 시기를 조정할 수 있다.

ⓔ 정비계획의 입안권자는 현지조사 등을 통하여 위 박스 내 1.에 따른 안전진단의 요청이 있는 공동주택이 노후 · 불량건축물에 해당하지 아니함이 명백하다고 인정하는 경우에는 안전진단의 실시가 필요하지 아니하다고 결정할 수 있다.

ⓜ 정비계획의 입안권자는 현지조사의 전문성 확보를 위하여 한국건설기술연구원 또는 국토안전관리원에 현지조사를 의뢰할 수 있다. 이 경우 현지조사를 의뢰받은 기관은 의뢰를 받은 날부터 20일 이내에 조사결과를 정비계획의 입안권자에게 제출하여야 한다.

② 안전진단의 대상

재건축사업의 안전진단은 주택단지의 건축물을 대상으로 한다. 다만, 다음의 어느 하나에 해당하는 주택단지의 건축물은 안전진단 대상에서 제외할 수 있다.

③ 안전진단 실시 여부의 결정

㉠ 정비계획의 입안권자는 현지조사 등을 통하여 해당 건축물의 구조안전성, 건축마감, 설비노후도 및 주거환경 적합성 등을 심사하여 안전진단의 실시 여부를 결정하여야 하며, 안전진단의 실시가 필요하다고 결정한 경우에는 다음의 대통령령으로 정하는 안전진단기관에 안전진단을 의뢰하여야 한다.

ⓒ 안전진단을 의뢰받은 안전진단기관은 국토교통부장관이 정하여 고시하는 기준(건축물의 내진성 능 확보를 위한 비용을 포함한다)에 따라 안전진단을 실시하여야 하며, 국토교통부령으로 정하는 방법 및 절차에 따라 안전진단 결과보고서를 작성하여 정비계획의 입안권자 및 제2항에 따라 안전진단의 실시를 요청한 자에게 제출하여야 한다.

ⓒ 시 · 도지사는 안전진단전문기관이 제출한 안전진단 결과보고서를 받은 경우에는 한국건설기술연구원 또는 국토안전관리원에 안전진단 결과보고서의 적정 여부에 대한 검토를 의뢰할 수 있다.

ⓔ 정비계획의 입안권자는 안전진단의 결과와 도시계획 및 지역여건 등을 종합적으로 검토하여 정비계획의 입안 여부를 결정하여야 한다.

④ 재건축사업의 안전진단 구분

재건축사업의 안전진단은 다음의 구분에 따른다.

> 1. 구조안전성 평가 : 노후 · 불량건축물을 대상으로 구조적 또는 기능적 결함 등을 평가하는 안전진단
> 2. 구조안전성 및 주거환경 중심 평가 : 제1호 외의 노후 · 불량건축물을 대상으로 구조적 · 기능적 결함 등 구조안전성과 주거생활의 편리성 및 거주의 쾌적성 등 주거환경을 종합적으로 평가하는 안전진단

(2) 안전진단 결과의 적정성 검토

① 특별시장 · 광역시장 · 특별자치시장 · 도지사 · 특별자치도지사(시 · 도지사)는 필요한 경우 국토안전관리원 또는 한국건설기술연구원에 안전진단 결과의 적정성 여부에 대한 검토를 의뢰할 수 있다.

② 국토교통부장관은 시 · 도지사에게 안전진단 결과보고서의 제출을 요청할 수 있으며, 필요한 경우 시 · 도지사에게 안전진단 결과의 적정성에 대한 검토를 요청할 수 있다.

③ 안전진단 결과의 적정성 여부에 따른 검토 비용은 적정성 여부에 대한 검토를 의뢰 또는 요청한 시 · 도지사 또는 국토교통부장관이 부담한다.

④ 안전진단 결과의 적정성 여부에 따른 검토를 의뢰받은 기관은 적정성 여부에 따른 검토를 의뢰받은 날부터 60일 이내에 안전진단 결과를 시 · 도지사에게 제출하여야 한다. 다만, 부득이한 경우에는 30일의 범위에서 한 차례만 연장할 수 있다.

⑤ 시 · 도지사는 검토결과에 따라 정비계획의 입안권자에게 정비계획 입안결정의 취소 등 필요한 조치를 요청할 수 있으며, 정비계획의 입안권자는 특별한 사유가 없으면 그 요청에 따라야 한다. 다만, 특별자치시장 및 특별자치도지사는 직접 정비계획의 입안결정의 취소 등 필요한 조치를 할 수 있다.

제3장 | 정비계획 및 정비구역

출제포인트
□ 정비구역의 지정 등
□ 정비구역 지정 · 고시의 효력 등
□ 정비구역 등의 해제
□ 개발행위허가
□ 비경제적인 건축행위 및 투기 수요의 유입 방지

1. 정비구역의 지정 등

(1) 정비구역 지정 ★28회 기출★

특별시장 · 광역시장 · 특별자치시장 · 특별자치도지사 · 시장 또는 군수(광역시의 군수는 제외하며, 이하
"정비구역의 지정권자"라 한다)는 기본계획에 적합한 범위에서 노후 · 불량건축물이 밀집하는 등 대통령
령으로 정하는 요건에 해당하는 구역에 대하여 정비계획을 결정하여 정비구역을 지정할 수 있다.

(2) 정비구역 지정절차

① 정비구역의 지정권자는 정비구역의 진입로 설치를 위하여 필요한 경우에는 진입로 지역과 그 인접지
역을 포함하여 정비구역을 지정할 수 있다.

② 정비구역의 지정권자는 정비구역 지정을 위하여 직접 정비계획을 입안할 수 있다.

③ 정비계획의 내용

1. 정비사업의 명칭
2. 정비구역 및 그 면적
3. 도시 · 군계획시설의 설치에 관한 계획
4. 공동이용시설 설치계획
5. 건축물의 주용도 · 건폐율 · 용적률 · 높이에 관한 계획
6. 환경보전 및 재난방지에 관한 계획
7. 정비구역 주변의 교육환경 보호에 관한 계획
8. 세입자 주거대책
9. 정비사업시행 예정시기
10. 정비사업을 통하여 공공지원민간임대주택을 공급하거나 주택임대관리업자에게 임대할 목적으로 주택을 위탁하려는 경우의 사항
11. 「국토의 계획 및 이용에 관한 법률」의 지구단위계획의 내용(필요한 경우로 한정한다)
12. 그 밖에 정비사업의 시행을 위하여 필요한 사항으로서 대통령령으로 정하는 사항

2. 정비구역 지정·고시의 효력 등

(1) 지구단위계획구역 및 지구단위계획으로 결정·고시 의제

정비구역의 지정·고시가 있는 경우 해당 정비구역 및 정비계획 중「국토의 계획 및 이용에 관한 법률」의 내용에 해당하는 사항은 지구단위계획구역 및 지구단위계획으로 결정·고시된 것으로 본다.

(2) 정비구역으로 지정·고시 의제

지구단위계획구역에 대하여 정비계획의 내용을 모두 포함한 지구단위계획을 결정·고시하는 경우 해당 지구단위계획구역은 정비구역으로 지정·고시된 것으로 본다.

3. 정비구역등의 해제 ★31회 기출★

(1) 정비구역등 해제의무

1. 정비예정구역에 대하여 기본계획에서 정한 정비구역 지정 예정일부터 3년이 되는 날까지 특별자치시장, 특별자치도지사, 시장 또는 군수가 정비구역을 지정하지 아니하거나 구청장등이 정비구역의 지정을 신청하지 아니하는 경우
2. 재개발사업·재건축사업(조합이 시행하는 경우로 한정한다)이 다음의 어느 하나에 해당하는 경우
   ① 토지등소유자가 정비구역으로 지정·고시된 날부터 2년이 되는 날까지 추진위원회의 승인을 신청하지 아니하는 경우
   ② 토지등소유자가 정비구역으로 지정·고시된 날부터 3년이 되는 날까지 조합설립인가를 신청하지 아니하는 경우(추진위원회를 구성하지 아니하는 경우로 한정한다)
   ③ 추진위원회가 추진위원회 승인일부터 2년이 되는 날까지 조합설립인가를 신청하지 아니하는 경우
   ④ 조합이 조합설립인가를 받은 날부터 3년이 되는 날까지 사업시행계획인가를 신청하지 아니하는 경우
3. 토지등소유자가 시행하는 재개발사업으로서 토지등소유자가 정비구역으로 지정·고시된 날부터 5년이 되는 날까지 사업시행계획인가를 신청하지 아니하는 경우

(2) 정비구역등의 직권해제

1. 정비사업의 시행으로 토지등소유자에게 과도한 부담이 발생할 것으로 예상되는 경우
2. 정비구역등의 추진 상황으로 보아 지정 목적을 달성할 수 없다고 인정되는 경우
3. 토지등소유자의 100분의 30 이상이 정비구역등(추진위원회가 구성되지 아니한 구역으로 한정한다)의 해제를 요청하는 경우
4. 자력방식으로 시행 중인 주거환경개선사업의 정비구역이 지정·고시된 날부터 10년 이상 경과하고, 추진 상황으로 보아 지정 목적을 달성할 수 없다고 인정되는 경우로서 토지등소유자의 과반수가 정비구역의 해제에 동의하는 경우
5. 추진위원회 구성 또는 조합 설립에 동의한 토지등소유자의 2분의 1 이상 3분의 2 이하의 범위에서 시·도조례로 정하는 비율 이상의 동의로 정비구역의 해제를 요청하는 경우(사업시행계획인가를 신청하지 아니한 경우로 한정한다)
6. 추진위원회가 구성되거나 조합이 설립된 정비구역에서 토지등소유자 과반수의 동의로 정비구역의 해제를 요청하는 경우(사업시행계획인가를 신청하지 아니한 경우로 한정한다)

(3) 정비구역등 해제의 효력

① 정비구역등이 해제된 경우에는 정비계획으로 변경된 용도지역, 정비기반시설 등은 정비구역 지정 이전의 상태로 환원된 것으로 본다. 다만, 자력방식으로 시행 중인 주거환경개선사업의 정비구역이 해제되는 경우 정비구역의 지정권자는 정비기반시설의 설치 등 해당 정비사업의 추진 상황에 따라 환원되는 범위를 제한할 수 있다.

② 정비구역등(재개발사업 및 재건축사업을 시행하려는 경우로 한정한다)이 해제된 경우 정비구역의 지정권자는 해제된 정비구역등을 자력방식으로 시행하는 주거환경개선구역으로 지정할 수 있다. 이 경우 주거환경개선구역으로 지정된 구역은 기본계획에 반영된 것으로 본다.

③ 정비구역등이 해제 · 고시된 경우 추진위원회 구성승인 또는 조합설립인가는 취소된 것으로 보고, 시장 · 군수등은 해당 지방자치단체의 공보에 그 내용을 고시하여야 한다.

④ 정비구역등이 해제된 경우 정비구역의 지정권자는 해제된 정비구역등을 「도시재생 활성화 및 지원에 관한 특별법」에 따른 도시재생선도지역으로 지정하도록 국토교통부장관에게 요청할 수 있다.

4. 개발행위허가

(1) 허가의 대상 ★27, 33회 기출★

정비구역에서 다음의 어느 하나에 해당하는 행위를 하려는 자는 시장 · 군수등의 허가를 받아야 한다. 허가받은 사항을 변경하려는 때에도 또한 같다. ★27회 기출★

1. 건축물의 건축 등 : 「건축법」에 따른 건축물(가설건축물을 포함한다)의 건축, 용도변경
2. 공작물의 설치 : 인공을 가하여 제작한 시설물(「건축법」에 따른 건축물을 제외한다)의 설치
3. 토지의 형질변경: 절토(땅깎기) · 성토(흙쌓기) · 정지(땅고르기) · 포장 등의 방법으로 토지의 형상을 변경하는 행위, 토지의 굴착 또는 공유수면의 매립
4. 토석의 채취 : 흙 · 모래 · 자갈 · 바위 등의 토석을 채취하는 행위. 다만, 토지의 형질변경을 목적으로 하는 것은 제3호에 따른다.
5. 토지분할
6. 물건을 쌓아놓는 행위 : 이동이 쉽지 아니한 물건을 1개월 이상 쌓아놓는 행위
7. 죽목의 벌채 및 식재

(2) 허가 없이 할 수 있는 행위

다음의 어느 하나에 해당하는 행위는 (1)에도 불구하고 허가를 받지 아니하고 할 수 있다.

1. 재해복구 또는 재난수습에 필요한 응급조치를 위한 행위
1-1. 기존 건축물의 붕괴 등 안전사고의 우려가 있는 경우 해당 건축물에 대한 안전조치를 위한 행위
2. 다음의 어느 하나에 해당하는 행위로서 「국토의 계획 및 이용에 관한 법률」제56조에 따른 개발행위허가의 대상이 아닌 것
   ① 농림수산물의 생산에 직접 이용되는 것으로서 국토교통부령으로 정하는 간이공작물의 설치
   ② 경작을 위한 토지의 형질변경
   ③ 정비구역의 개발에 지장을 주지 아니하고 자연경관을 손상하지 아니하는 범위에서의 토석의 채취
   ④ 정비구역에 존치하기로 결정된 대지 안에서 물건을 쌓아놓는 행위
   ⑤ 관상용 죽목의 임시식재(경작지에서의 임시식재를 제외한다)

주의 비경제적인 건축행위 및 투기 수요의 유입 방지

국토교통부장관, 시·도지사, 시장, 군수 또는 구청장(자치구의 구청장을 말한다)은 비경제적인 건축행위 및 투기 수요의 유입을 막기 위하여 기본계획을 공람 중인 정비예정구역 또는 정비계획을 수립 중인 지역에 대하여 3년 이내의 기간(1년의 범위에서 한 차례만 연장할 수 있다)을 정하여 대통령령으로 정하는 방법과 절차에 따라 다음의 행위를 제한할 수 있다.

1. 건축물의 건축
2. 토지의 분할

주의 정비예정구역 또는 정비구역(정비구역등)에서는 「주택법」에 따른 지역주택조합의 조합원을 모집해서는 아니 된다.

제4장 │ 사업시행자 및 사업시행방식

출제포인트
- 정비사업의 시행방법
- 정비사업의 시행자
- 주거환경개선사업의 시행자
- 재개발사업의 시행자
- 재건축사업의 시행자
- 개발사업 · 재건축사업의 공공시행자

1. 정비사업의 시행방법 ★31회 기출★

(1) 주거환경개선사업

주거환경개선사업은 다음의 어느 하나에 해당하는 방법 또는 이를 혼용하는 방법으로 한다.

1. 사업시행자가 정비구역에서 정비기반시설 및 공동이용시설을 새로 설치하거나 확대하고 토지등소유자가 스스로 주택을 보전 · 정비하거나 개량하는 방법
2. 사업시행자가 정비구역의 전부 또는 일부를 수용하여 주택을 건설한 후 토지등소유자에게 우선 공급하거나 대지를 토지등소유자 또는 토지등소유자 외의 자에게 공급하는 방법
3. 사업시행자가 환지로 공급하는 방법
4. 사업시행자가 정비구역에서 인가받은 관리처분계획에 따라 주택 및 부대시설 · 복리시설을 건설하여 공급하는 방법

(2) 재개발사업

재개발사업은 정비구역에서 인가받은 관리처분계획에 따라 건축물을 건설하여 공급하거나 환지로 공급하는 방법으로 한다.

(3) 재건축사업

① 재건축사업은 정비구역에서 인가받은 관리처분계획에 따라 주택, 부대시설 · 복리시설 및 오피스텔을 건설하여 공급하는 방법으로 한다. 다만, 주택단지에 있지 아니하는 건축물의 경우에는 지형여건 · 주변의 환경으로 보아 사업 시행상 불가피한 경우로서 정비구역으로 보는 사업에 한정한다.

② 오피스텔을 건설하여 공급하는 경우에는 준주거지역 및 상업지역에서만 건설할 수 있다. 이 경우 오피스텔의 연면적은 전체 건축물 연면적의 100분의 30 이하이어야 한다.

2. 정비사업의 시행자

(1) 주거환경개선사업의 시행자

① 자력방식으로 시행하는 주거환경개선사업은 시장·군수등이 직접 시행하되, 토지주택공사등을 사업 시행자로 지정하여 시행하게 하려는 경우에는 정비계획입안에 따른 공람공고일 현재 토지등소유자 의 과반수의 동의를 받아야 한다.

② 수용방식, 환지방식, 관리처분계획방식까지의 규정에 따른 방법으로 시행하는 주거환경개선사업은 시장·군수등이 직접 시행하거나 다음에서 정한 자에게 시행하게 할 수 있다.

> 1. 시장·군수등이 다음의 어느 하나에 해당하는 자를 사업시행자로 지정하는 경우
>   ① 토지주택공사등
>   ② 주거환경개선사업을 시행하기 위하여 국가, 지방자치단체, 토지주택공사등 또는 공공기관이 총지분의 100분의 50을 초과하는 출자로 설립한 법인
> 2. 시장·군수등이 1.에 해당하는 자와 다음의 어느 하나에 해당하는 자를 공동시행자로 지정하는 경우
>   ① 건설업자
>   ② 등록사업자

③ 공람공고일 현재 해당 정비예정구역의 토지 또는 건축물의 소유자 또는 지상권자의 3분의 2 이상의 동의와 세입자 세대수의 과반수의 동의를 각각 받아야 한다. 다만, 세입자의 세대수가 토지등소유자 의 2분의 1 이하인 경우 등 다음의 대통령령으로 정하는 사유가 있는 경우에는 세입자의 동의절차를 거치지 아니할 수 있다.

> 1. 세입자의 세대수가 토지등소유자의 2분의 1 이하인 경우
> 2. 정비구역지정 고시일 현재 해당 지역이 속한 시·군·구에 공공임대주택 등 세입자가 입주 가능한 임대주택이 충 분하여 임대주택을 건설할 필요가 없다고 시·도지사가 인정하는 경우
> 3. 자력방식, 환지방식 또는 관리처분계획방식에 따른 방법으로 사업을 시행하는 경우

④ 시장·군수등은 천재지변, 그 밖의 불가피한 사유로 건축물이 붕괴할 우려가 있어 긴급히 정비사업 을 시행할 필요가 있다고 인정하는 경우에는 토지등소유자 및 세입자의 동의 없이 자신이 직접 시행 하거나 토지주택공사등을 사업시행자로 지정하여 시행하게 할 수 있다.

주의 조합은 주거환경개선사업의 시행자가 될 수 없다.

(2) 재개발사업의 시행자

재개발사업은 다음의 어느 하나에 해당하는 방법으로 시행할 수 있다.

> 1. 조합이 시행하거나 조합이 조합원의 과반수의 동의를 받아 시장·군수등, 토지주택공사등, 건설업자, 등록사업자 또는 신탁업자와 한국부동산원과 공동으로 시행하는 방법
> 2. 토지등소유자가 20인 미만인 경우에는 토지등소유자가 시행하거나 토지등소유자가 토지등소유자의 과반수의 동의를 받아 시장·군수등, 토지주택공사등, 건설업자, 등록사업자 또는 신탁업자와 한국부동산원과 공동으로 시행하는 방법

(3) 재건축사업의 시행자

<u>재건축사업은 조합이 시행</u>하거나 조합이 조합원의 과반수의 동의를 받아 시장 · 군수등, 토지주택공사등, 건설업자 또는 등록사업자와 공동으로 시행할 수 있다.

(4) 재개발사업 · 재건축사업의 공공시행자 ★33회 기출★

시장 · 군수등은 재개발사업 및 재건축사업이 다음의 어느 하나에 해당하는 때에는 직접 정비사업을 시행하거나 토지주택공사등을 사업시행자로 지정하여 정비사업을 시행하게 할 수 있다.

1. 천재지변, 사용제한 · 사용금지, 그 밖의 불가피한 사유로 긴급하게 정비사업을 시행할 필요가 있다고 인정하는 때
2. 고시된 정비계획에서 정한 정비사업시행 예정일부터 2년 이내에 사업시행계획인가를 신청하지 아니하거나 사업시행계획인가를 신청한 내용이 위법 또는 부당하다고 인정하는 때(재건축사업의 경우는 제외한다)
3. 추진위원회가 시장 · 군수등의 구성승인을 받은 날부터 3년 이내에 조합설립인가를 신청하지 아니하거나 조합이 조합설립인가를 받은 날부터 3년 이내에 사업시행계획인가를 신청하지 아니한 때
4. 지방자치단체의 장이 시행하는 도시 · 군계획사업과 병행하여 정비사업을 시행할 필요가 있다고 인정하는 때
5. 순환정비방식으로 정비사업을 시행할 필요가 있다고 인정하는 때
6. 사업시행계획인가가 취소된 때
7. 해당 정비구역의 국 · 공유지 면적 또는 국 · 공유지와 토지주택공사등이 소유한 토지를 합한 면적이 전체 토지면적의 2분의 1 이상으로서 토지등소유자의 과반수가 시장 · 군수등 또는 토지주택공사등을 사업시행자로 지정하는 것에 동의하는 때
8. 해당 정비구역의 토지면적 2분의 1 이상의 토지소유자와 토지등소유자의 3분의 2 이상에 해당하는 자가 시장 · 군수등 또는 토지주택공사등을 사업시행자로 지정할 것을 요청하는 때

제5장 | 정비조합

1. 조합설립추진위원회 ★31, 32회 기출★

(1) 조합설립추진위원회의 구성·승인

① 조합을 설립하려는 경우에는 정비구역 지정·고시 후 다음의 사항에 대하여 토지등소유자 과반수의 동의를 받아 조합설립을 위한 추진위원회를 구성하여 국토교통부령으로 정하는 방법과 절차에 따라 시장·군수등의 승인을 받아야 한다.

> 1. 추진위원회 위원장(이하 "추진위원장"이라 한다)을 포함한 5명 이상의 추진위원회 위원(이하 "추진위원"이라 한다)
> 2. 운영규정

② 추진위원회의 구성에 동의한 토지등소유자는 조합의 설립에 동의한 것으로 본다. 다만, 조합설립인 가를 신청하기 전에 시장·군수등 및 추진위원회에 조합설립에 대한 반대의 의사표시를 한 추진위원 회 동의자의 경우에는 그러하지 아니하다.

③ 정비사업에 대하여 공공지원을 하려는 경우에는 추진위원회를 구성하지 아니할 수 있다.

(2) 추진위원회의 기능

① 추진위원회는 다음의 업무를 수행할 수 있다. ★30회 기출★

> 1. 정비사업전문관리업자의 선정 및 변경
> 2. 설계자의 선정 및 변경
> 3. 개략적인 정비사업 시행계획서의 작성
> 4. 조합설립인가를 받기 위한 준비업무

5. 그 밖에 조합설립을 추진하기 위하여 대통령령으로 정하는 업무
   ① 추진위원회 운영규정의 작성
   ② 토지등소유자의 동의서의 접수
   ③ 조합의 설립을 위한 창립총회의 개최
   ④ 조합정관의 초안 작성
   ⑤ 그 밖에 추진위원회 운영규정으로 정하는 업무

② 추진위원회가 정비사업전문관리업자를 선정하려는 경우에는 추진위원회 승인을 받은 후 경쟁입찰 또는 수의계약(2회 이상 경쟁입찰이 유찰된 경우로 한정한다)의 방법으로 선정하여야 한다.

③ 추진위원회는 수행한 업무를 총회에 보고하여야 하며, 그 업무와 관련된 권리·의무는 조합이 포괄 승계한다.

2. 조합의 설립 ★32, 34회 기출★

(1) 조합설립인가 등

① 조합설립의무

시장·군수등, 토지주택공사등 또는 지정개발자가 아닌 자가 정비사업을 시행하려는 경우에는 토지등소유자로 구성된 조합을 설립하여야 한다. 다만, 토지등소유자가 재개발사업을 시행하려는 경우에는 그러하지 아니하다.

② 재개발사업의 조합설립인가신청의 동의요건

재개발사업의 추진위원회가 조합을 설립하려면 토지등소유자의 4분의 3 이상 및 토지면적의 2분의 1 이상의 토지소유자의 동의를 받아 시장·군수등의 인가를 받아야 한다.

③ 재건축사업의 조합설립인가신청의 동의요건

㉠ 주택단지내의 동의요건

재건축사업의 추진위원회가 조합을 설립하려는 때에는 주택단지의 공동주택의 각 동별 구분소유자의 과반수 동의(공동주택의 각 동별 구분소유자가 5 이하인 경우는 제외한다)와 주택단지의 전체 구분소유자의 4분의 3 이상 및 토지면적의 4분의 3 이상의 토지소유자의 동의를 받아 시장·군수등의 인가를 받아야 한다.

㉡ 주택단지가 아닌 지역이 정비구역에 포함된 때

주택단지가 아닌 지역의 토지 또는 건축물 소유자의 4분의 3 이상 및 토지면적의 3분의 2 이상의 토지소유자의 동의를 받아야 한다.

④ 정보제공의무

추진위원회는 조합설립에 필요한 동의를 받기 전에 추정분담금 등 대통령령으로 정하는 정보를 토지등소유자에게 제공하여야 한다.

(2) 조합의 법인격 등

① 조합은 법인으로 한다.

② 조합은 조합설립인가를 받은 날부터 30일 이내에 주된 사무소의 소재지에서 대통령령으로 정하는 사항을 등기하는 때에 성립한다.

③ 조합은 명칭에 "정비사업조합"이라는 문자를 사용하여야 한다.

(3) 조합원의 자격 등

① 정비사업의 조합원(사업시행자가 신탁업자인 경우에는 위탁자를 말한다)은 토지등소유자(재건축사업의 경우에는 재건축사업에 동의한 자만 해당한다)로 한다.

②「주택법」에 따른 투기과열지구로 지정된 지역에서 재건축사업을 시행하는 경우에는 조합설립인가 후, 재개발사업을 시행하는 경우에는 관리처분계획의 인가 후 해당 정비사업의 건축물 또는 토지를 양수(매매·증여, 그 밖의 권리의 변동을 수반하는 모든 행위를 포함하되, 상속·이혼으로 인한 양도·양수의 경우는 제외한다)한 자는 조합원이 될 수 없다. 다만, 양도인이 다음의 어느 하나에 해당하는 경우 그 양도인으로부터 그 건축물 또는 토지를 양수한 자는 그러하지 아니하다.

1. 세대원(세대주가 포함된 세대의 구성원을 말한다)의 근무상 또는 생업상의 사정이나 질병치료(「의료법」에 따른 의료기관의 장이 1년 이상의 치료나 요양이 필요하다고 인정하는 경우로 한정한다)·취학·결혼으로 세대원이 모두 해당 사업구역에 위치하지 아니한 특별시·광역시·특별자치시·특별자치도·시 또는 군으로 이전하는 경우
2. 상속으로 취득한 주택으로 세대원 모두 이전하는 경우
3. 세대원 모두 해외로 이주하거나 세대원 모두 2년 이상 해외에 체류하려는 경우
4. 1세대(법 제39조 제1항 제2호에 따라 1세대에 속하는 때를 말한다) 1주택자로서 양도하는 주택에 대한 소유기간 및 거주기간이 대통령령으로 정하는 기간 이상인 경우
5. 그 밖에 불가피한 사정으로 양도하는 경우로서 대통령령으로 정하는 경우
   ① 조합설립인가일부터 3년 이상 사업시행인가 신청이 없는 재건축사업의 건축물을 3년 이상 계속하여 소유하고 있는 자(소유기간을 산정할 때 소유자가 피상속인으로부터 상속받아 소유권을 취득한 경우에는 피상속인의 소유기간을 합산한다. 이하 ② 및 ③에서 같다)가 사업시행인가 신청 전에 양도하는 경우
   ② 사업시행계획인가일부터 3년 이내에 착공하지 못한 재건축사업의 토지 또는 건축물을 3년 이상 계속하여 소유하고 있는 자가 착공 전에 양도하는 경우
   ③ 착공일부터 3년 이상 준공되지 않은 재개발사업·재건축사업의 토지를 3년 이상 계속하여 소유하고 있는 경우
   ④ 법률 제7056호 도시및주거환경정비법 일부개정법률 부칙 제2항에 따른 토지등소유자로부터 상속·이혼으로 인하여 토지 또는 건축물을 소유한 자
   ⑤ 국가·지방자치단체 및 금융기관(「주택법 시행령」 제71조 제1호 각 목의 금융기관을 말한다)에 대한 채무를 이행하지 못하여 재개발사업·재건축사업의 토지 또는 건축물이 경매 또는 공매되는 경우
   ⑥「주택법」 제63조 제1항에 따른 투기과열지구로 지정되기 전에 건축물 또는 토지를 양도하기 위한 계약(계약금 지급 내역 등으로 계약일을 확인할 수 있는 경우로 한정한다)을 체결하고, 투기과열지구로 지정된 날부터 60일 이내에「부동산 거래신고 등에 관한 법률」 제3조에 따라 부동산 거래의 신고를 한 경우

(4) 조합의 임원 ★31회 기출★

① 조합은 다음의 어느 하나의 요건을 갖춘 조합장 1명과 이사, 감사를 임원으로 둔다. 이 경우 조합장은 선임일부터 관리처분계획인가를 받을 때까지는 해당 정비구역에서 거주(영업을 하는 자의 경우 영업을 말한다)하여야 한다.

1. 정비구역에서 거주하고 있는 자로서 선임일 직전 3년 동안 정비구역 내 거주 기간이 1년 이상일 것
2. 정비구역에 위치한 건축물 또는 토지(재건축사업의 경우에는 건축물과 그 부속토지를 말한다)를 5년 이상 소유하고 있을 것

② 조합에 두는 이사의 수는 3명 이상으로 하고, 감사의 수는 1명 이상 3명 이하로 한다. 다만, 토지등소유자의 수가 100명을 초과하는 경우에는 이사의 수를 5명 이상으로 한다.

③ 조합은 총회 의결을 거쳐 조합임원의 선출에 관한 선거관리를 「선거관리위원회법」에 따라 선거관리위원회에 위탁할 수 있다.

④ 조합임원의 임기는 3년 이하의 범위에서 정관으로 정하되, 연임할 수 있다.

⑤ 조합임원의 선출방법 등은 정관으로 정한다. 다만, 시장·군수등은 다음의 어느 하나에 해당하는 경우 시·도조례로 정하는 바에 따라 변호사·회계사·기술사 등으로서 대통령령으로 정하는 요건을 갖춘 자를 전문조합관리인으로 선정하여 조합임원의 업무를 대행하게 할 수 있다. ★31회 기출★

> 1. 조합임원이 사임, 해임, 임기만료, 그 밖에 불가피한 사유 등으로 직무를 수행할 수 없는 때부터 6개월 이상 선임되지 아니한 경우
> 2. 총회에서 조합원 과반수의 출석과 출석 조합원 과반수의 동의로 전문조합관리인의 선정을 요청하는 경우

(5) 조합임원의 직무 등

① 조합장은 조합을 대표하고, 그 사무를 총괄하며, 총회 또는 대의원회의 의장이 된다.

② 조합장이 대의원회의 의장이 되는 경우에는 대의원으로 본다.

③ 조합장 또는 이사가 자기를 위하여 조합과 계약이나 소송을 할 때에는 감사가 조합을 대표한다.

④ 조합임원은 같은 목적의 정비사업을 하는 다른 조합의 임원 또는 직원을 겸할 수 없다.

(6) 조합임원 등의 결격사유 및 해임

① 조합임원 등의 결격사유 및 해임

다음의 어느 하나에 해당하는 자는 조합임원 또는 전문조합관리인이 될 수 없다.

> 1. 미성년자·피성년후견인 또는 피한정후견인
> 2. 파산선고를 받고 복권되지 아니한 자
> 3. 금고 이상의 실형을 선고받고 그 집행이 종료(종료된 것으로 보는 경우를 포함한다)되거나 집행이 면제된 날부터 2년이 지나지 아니한 자
> 4. 금고 이상의 형의 집행유예를 받고 그 유예기간 중에 있는 자
> 5. 이 법을 위반하여 벌금 100만 원 이상의 형을 선고받고 10년이 지나지 아니한 자

② 조합임원이 다음의 어느 하나에 해당하는 경우에는 당연 퇴임한다.

> 1. ①의 어느 하나에 해당하게 되거나 선임 당시 그에 해당하는 자이었음이 밝혀진 경우
> 2. 조합임원이 자격요건을 갖추지 못한 경우

③ 퇴임된 임원이 퇴임 전에 관여한 행위는 그 효력을 잃지 아니한다.

④ 조합임원은 조합원 10분의 1 이상의 요구로 소집된 총회에서 조합원 과반수의 출석과 출석 조합원 과반수의 동의를 받아 해임할 수 있다. 이 경우 요구자 대표로 선출된 자가 해임 총회의 소집 및 진행을 할 때에는 조합장의 권한을 대행한다.

⑤ 총회에서 조합원 과반수의 출석과 출석 조합원 과반수의 동의로 전문조합관리인의 선정을 요청하는 경우에 따라 시장·군수등이 전문조합관리인을 선정한 경우 전문조합관리인이 업무를 대행할 임원은 당연 퇴임한다.

(7) 총회의 소집

① 조합에는 조합원으로 구성되는 총회를 둔다.

② 총회는 조합장이 직권으로 소집하거나 조합원 5분의 1 이상(정관의 기재사항 중 조합임원의 권리·의무·보수·선임방법·변경 및 해임에 관한 사항을 변경하기 위한 총회의 경우는 10분의 1 이상으로 한다) 또는 대의원 3분의 2 이상의 요구로 조합장이 소집한다.

③ 조합임원의 사임, 해임 또는 임기만료 후 6개월 이상 조합임원이 선임되지 아니한 경우에는 시장·군수등이 조합임원 선출을 위한 총회를 소집할 수 있다.

④ 총회를 소집하려는 자는 총회가 개최되기 7일 전까지 회의 목적·안건·일시 및 장소를 정하여 조합원에게 통지하여야 한다.

(8) 총회의 의결

① 총회의 의결은 이 법 또는 정관에 다른 규정이 없으면 조합원 과반수의 출석과 출석 조합원의 과반수 찬성으로 한다.

② 사업시행계획서의 작성 및 변경과 관리처분계획의 수립 및 변경의 경우에는 조합원 과반수의 찬성으로 의결한다. 다만, 정비사업비가 100분의 10(생산자물가상승률분, 분양신청을 하지 아니한 자등에 따른 손실보상 금액은 제외한다) 이상 늘어나는 경우에는 조합원 3분의 2 이상의 찬성으로 의결하여야 한다.

③ 조합원은 서면으로 의결권을 행사하거나 다음의 어느 하나에 해당하는 경우에는 대리인을 통하여 의결권을 행사할 수 있다. 서면으로 의결권을 행사하는 경우에는 정족수를 산정할 때에 출석한 것으로 본다.

> 1. 조합원이 권한을 행사할 수 없어 배우자, 직계존비속 또는 형제자매 중에서 성년자를 대리인으로 정하여 위임장을 제출하는 경우
> 2. 해외에 거주하는 조합원이 대리인을 지정하는 경우
> 3. 법인인 토지등소유자가 대리인을 지정하는 경우. 이 경우 법인의 대리인은 조합임원 또는 대의원으로 선임될 수 있다.

④ 총회의 의결은 조합원의 100분의 10 이상이 직접 출석하여야 한다. 다만, 창립총회, 사업시행계획서의 작성 및 변경, 관리처분계획의 수립 및 변경을 의결하는 총회 등 대통령령으로 정하는 총회의 경우에는 조합원의 100분의 20 이상이 직접 출석하여야 한다.

(9) 대의원회

① 조합원의 수가 100명 이상인 조합은 대의원회를 두어야 한다.

② 대의원회는 조합원의 10분의 1 이상으로 구성한다. 다만, 조합원의 10분의 1이 100명을 넘는 경우에는 조합원의 10분의 1의 범위에서 100명 이상으로 구성할 수 있다.

③ 조합장이 아닌 조합임원은 대의원이 될 수 없다.

제6장 | 사업시행인가·관리처분계획인가

1. 사업시행계획인가 등 ★34회 기출★

(1) 사업시행계획인가

① 시장 · 군수등은 사업시행계획을 인가하는 경우 사업시행자가 제출하는 사업시행계획에 해당 정비사업과 직접적으로 관련이 없거나 과도한 정비기반시설의 기부채납을 요구하여서는 아니 된다.

② 시장 · 군수등은 사업시행계획인가(시장 · 군수등이 사업시행계획서를 작성한 경우를 포함한다)를 하려는 경우 정비구역부터 200미터 이내에 교육시설이 설치되어 있는 때에는 해당 지방자치단체의 교육감 또는 교육장과 협의하여야 하며, 인가받은 사항을 변경하는 경우에도 또한 같다.

2. 지정개발자의 정비사업비의 예치 등

시장 · 군수등은 재개발사업의 사업시행계획인가를 하는 경우 해당 정비사업의 사업시행자가 지정개발자(지정개발자가 토지등소유자인 경우로 한정한다)인 때에는 정비사업비의 100분의 20의 범위에서 시 · 도조례로 정하는 금액을 예치하게 할 수 있다.

3. 임시거주시설 · 임시상가의 설치 등

(1) 임시거주 등 조치

① 사업시행자는 주거환경개선사업 및 재개발사업의 시행으로 철거되는 주택의 소유자 또는 세입자에게 해당 정비구역 안과 밖에 위치한 임대주택 등의 시설에 임시로 거주하게 하거나 주택자금의 융자를 알선하는 등 임시거주에 상응하는 조치를 하여야 한다.

② 사업시행자는 임시거주시설의 설치 등을 위하여 필요한 때에는 국가 · 지방자치단체, 그 밖의 공공단체 또는 개인의 시설이나 토지를 일시 사용할 수 있다.

(2) 국가 또는 지방자치단체의 의무

국가 또는 지방자치단체는 사업시행자로부터 임시거주시설에 필요한 건축물이나 토지의 사용신청을 받은 때에는 다음의 대통령령으로 정하는 사유가 없으면 이를 거절하지 못한다. 이 경우 사용료 또는 대부료는 면제한다.

> 1. 제3자와 이미 매매계약을 체결한 경우
> 2. 사용신청 이전에 사용계획이 확정된 경우
> 3. 제3자에게 이미 사용허가를 한 경우

(3) 원상회복의무

사업시행자는 정비사업의 공사를 완료한 때에는 완료한 날부터 30일 이내에 임시거주시설을 철거하고, 사용한 건축물이나 토지를 원상회복하여야 한다.

(4) 임시상가설치

재개발사업의 사업시행자는 사업시행으로 이주하는 상가세입자가 사용할 수 있도록 정비구역 또는 정비구역 인근에 임시상가를 설치할 수 있다.

4. 임시거주시설 · 임시상가의 설치 등에 따른 손실보상 ★34회 기출★

사업시행자는 공공단체(지방자치단체는 제외한다) 또는 개인의 시설이나 토지를 일시 사용함으로써 손실을 입은 자가 있는 경우에는 손실을 보상하여야 하며, 손실을 보상하는 경우에는 손실을 입은 자와 협의하여야 한다.

5. 주거환경개선사업의 특례

(1) 주거환경개선사업에 따른 건축허가를 받은 때와 부동산등기(소유권 보존등기 또는 이전등기로 한정한다)를 하는 때에는 「주택도시기금법」의 국민주택채권의 매입에 관한 규정을 적용하지 아니한다.

(2) 주거환경개선구역은 해당 정비구역의 지정 · 고시가 있는 날부터 다음의 대통령령으로 정하는 지역으로 결정 · 고시된 것으로 본다.

> 1. 주거환경개선사업이 자력방식 또는 환지의 방법으로 시행되는 경우 : 제2종일반주거지역
> 2. 주거환경개선사업이 수용방식 또는 관리처분계획의 방법으로 시행되는 경우 : 제3종일반주거지역. 다만, 공공지원민간임대주택 또는 공공건설임대주택을 200세대 이상 공급하려는 경우로서 해당 임대주택의 건설지역을 포함하여 정비계획에서 따로 정하는 구역은 준주거지역으로 한다.

6. 지상권 등 계약의 해지

(1) 계약해지

① 정비사업의 시행으로 지상권 · 전세권 또는 임차권의 설정 목적을 달성할 수 없는 때에는 그 권리자는 계약을 해지할 수 있다.

② 계약을 해지할 수 있는 자가 가지는 전세금 · 보증금, 그 밖의 계약상의 금전의 반환청구권은 사업시행자에게 행사할 수 있다.

(2) 구상권 등

① 금전의 반환청구권의 행사로 해당 금전을 지급한 사업시행자는 해당 토지등소유자에게 구상할 수 있다.

② 사업시행자는 구상이 되지 아니하는 때에는 해당 토지등소유자에게 귀속될 대지 또는 건축물을 압류할 수 있다. 이 경우 압류한 권리는 저당권과 동일한 효력을 가진다.

(3) 계약기간규정 적용배제

관리처분계획의 인가를 받은 경우 지상권 · 전세권설정계약 또는 임대차계약의 계약기간은 「민법」 제280조 · 제281조 및 제312조 제2항, 「주택임대차보호법」 제4조 제1항, 「상가건물 임대차보호법」 제9조 제1항을 적용하지 아니한다.

7. 분양공고

① 사업시행자는 사업시행계획인가의 고시가 있는 날(사업시행계획인가 이후 시공자를 선정한 경우에는 시공자와 계약을 체결한 날)부터 120일 이내에 다음의 사항을 토지등소유자에게 통지하여야 한다.

> 1. 분양대상자별 종전의 토지 또는 건축물의 명세 및 사업시행계획인가의 고시가 있은 날을 기준으로 한 가격(사업시행계획인가 전에 제81조제3항에 따라 철거된 건축물은 시장 · 군수등에게 허가를 받은 날을 기준으로 한 가격)
> 2. 분양대상자별 분담금의 추산액
> 3. 분양신청기간
> 4. 그 밖에 대통령령으로 정하는 사항
>   • 사업시행인가의 내용
>   • 정비사업의 종류 · 명칭 및 정비구역의 위치 · 면적
>   • 분양신청기간 및 장소
>   • 분양대상 대지 또는 건축물의 내역
>   • 분양신청자격
>   • 분양신청방법
>   • 분양을 신청하지 아니한 자에 대한 조치
>   • 분양신청서
>   • 그 밖에 시 · 도조례로 정하는 사항

② 분양의 대상이 되는 대지 또는 건축물의 내역 등 대통령령으로 정하는 사항을 해당 지역에서 발간되는 일간신문에 공고하여야 한다. 다만, 토지등소유자 1인이 시행하는 재개발사업의 경우에는 그러하지 아니하다.

1. 사업시행인가의 내용
2. 정비사업의 종류·명칭 및 정비구역의 위치·면적
3. 분양신청기간 및 장소
4. 분양대상 대지 또는 건축물의 내역
5. 분양신청자격
6. 분양신청방법
7. 토지등소유자외의 권리자의 권리신고방법
8. 분양을 신청하지 아니한 자에 대한 조치
9. 그 밖에 시·도조례로 정하는 사항

8. 관리처분계획 ★28, 30, 33회 기출★

(1) 관리처분계획의 내용

사업시행자는 분양신청기간이 종료된 때에는 분양신청의 현황을 기초로 다음의 사항이 포함된 관리처분계획을 수립하여 시장·군수등의 인가를 받아야 하며, 관리처분계획을 변경·중지 또는 폐지하려는 경우에도 또한 같다. 다만, 대통령령으로 정하는 경미한 사항을 변경하려는 경우에는 시장·군수등에게 신고하여야 한다.

1. 분양설계
2. 분양대상자의 주소 및 성명
3. 분양대상자별 분양예정인 대지 또는 건축물의 추산액(임대관리 위탁주택에 관한 내용을 포함한다)
4. 보류지 등의 명세와 추산액 및 처분방법
5. 분양대상자별 종전의 토지 또는 건축물 명세 및 사업시행계획인가 고시가 있은 날을 기준으로 한 가격(사업시행계획인가 전에 철거된 건축물은 시장·군수등에게 허가를 받은 날을 기준으로 한 가격)
6. 정비사업비의 추산액(재건축사업의 경우에는 재건축부담금에 관한 사항을 포함한다) 및 그에 따른 조합원 분담규모 및 분담시기
7. 분양대상자의 종전 토지 또는 건축물에 관한 소유권 외의 권리명세
8. 세입자별 손실보상을 위한 권리명세 및 그 평가액
9. 그 밖에 정비사업과 관련한 권리 등에 관하여 대통령령으로 정하는 사항

더 알아보기 | 관리처분계획의 경미한 변경

1. 계산착오·오기·누락 등에 따른 조서의 단순정정인 경우(불이익을 받는 자가 없는 경우에만 해당한다)
2. 정관 및 사업시행계획인가의 변경에 따라 관리처분계획을 변경하는 경우
3. 매도청구에 대한 판결에 따라 관리처분계획을 변경하는 경우
4. 권리·의무의 변동이 있는 경우로서 분양설계의 변경을 수반하지 아니하는 경우
5. 주택분양에 관한 권리를 포기하는 토지등소유자에 대한 임대주택의 공급에 따라 관리처분계획을 변경하는 경우
6. 「민간임대주택에 관한 특별법」에 따른 임대사업자의 주소(법인인 경우에는 법인의 소재지와 대표자의 성명 및 주소)를 변경하는 경우

(2) 관리처분계획의 수립기준

> 1. 종전의 토지 또는 건축물의 면적·이용 상황·환경, 그 밖의 사항을 종합적으로 고려하여 대지 또는 건축물이 균형 있게 분양신청자에게 배분되고 합리적으로 이용되도록 한다.
> 2. 지나치게 좁거나 넓은 토지 또는 건축물은 넓히거나 좁혀 대지 또는 건축물이 적정 규모가 되도록 한다.
> 3. 너무 좁은 토지 또는 건축물이나 정비구역 지정 후 분할된 토지를 취득한 자에게는 현금으로 청산할 수 있다.
> 4. 재해 또는 위생상의 위해를 방지하기 위하여 토지의 규모를 조정할 특별한 필요가 있는 때에는 너무 좁은 토지를 넓혀 토지를 갈음하여 보상을 하거나 건축물의 일부와 그 건축물이 있는 대지의 공유지분을 교부할 수 있다.
> 5. 분양설계에 관한 계획은 분양신청기간이 만료되는 날을 기준으로 하여 수립한다.
> 6. 1세대 또는 1명이 하나 이상의 주택 또는 토지를 소유한 경우 1주택을 공급하고, 같은 세대에 속하지 아니하는 2명 이상이 1주택 또는 1토지를 공유한 경우에는 1주택만 공급한다.
> 7. 제6호에도 불구하고 다음의 경우에는 각 항의 방법에 따라 주택을 공급할 수 있다.
>   ① 2명 이상이 1토지를 공유한 경우로서 시·도 조례로 주택공급을 따로 정하고 있는 경우에는 시·도 조례로 정하는 바에 따라 주택을 공급할 수 있다.
>   ② 다음 어느 하나에 해당하는 토지등소유자에게는 소유한 주택 수만큼 공급할 수 있다.
>   ㉠ 과밀억제권역에 위치하지 아니한 재건축사업의 토지등소유자. 다만, 투기과열지구 또는 과열지역인 조정대상지역에서 사업시행계획인가(최초 사업시행계획인가를 말한다)를 신청하는 재건축사업의 토지등소유자는 제외한다.
>   ㉡ 근로자(공무원인 근로자를 포함한다) 숙소, 기숙사 용도로 주택을 소유하고 있는 토지등소유자
>   ㉢ 국가, 지방자치단체 및 토지주택공사등
>   ㉣ 공공기관지방이전 및 혁신도시 활성화를 위한 시책 등에 따라 이전하는 공공기관이 소유한 주택을 양수한 자
>   ③ 사업시행계획인가 고시가 있은 날을 기준으로 한 가격의 범위 또는 종전 주택의 주거전용면적의 범위에서 2주택을 공급할 수 있고, 이 중 1주택은 주거전용면적을 60제곱미터 이하로 한다. 다만, 60제곱미터 이하로 공급받은 1주택은 이전고시일 다음 날부터 3년이 지나기 전에는 주택을 전매(매매·증여나 그 밖에 권리의 변동을 수반하는 모든 행위를 포함하되 상속의 경우는 제외한다)하거나 전매를 알선할 수 없다.
>   ④ 과밀억제권역에 위치한 재건축사업의 경우에는 토지등소유자가 소유한 주택수의 범위에서 3주택까지 공급할 수 있다. 다만, 투기과열지구 또는 과열지역인 조정대상지역에서 사업시행계획인가(최초 사업시행계획인가를 말한다)를 신청하는 재건축사업의 경우에는 그러하지 아니하다.

9. 정비사업의 준공인가 ★34회 기출★

(1) 시장·군수등의 준공인가

① 시장·군수등이 아닌 사업시행자가 정비사업 공사를 완료한 때에는 대통령령으로 정하는 방법 및 절차에 따라 시장·군수등의 준공인가를 받아야 한다.

② 시장·군수등이 아닌 사업시행자는 준공인가를 받고자 하는 때에는 국토교통부령으로 정하는 준공인가신청서를 시장·군수등에게 제출하여야 한다. 다만, 사업시행자(공동시행자인 경우를 포함한다)가 토지주택공사인 경우로서 「한국토지주택공사법」에 따라 준공인가 처리결과를 시장·군수등에게 통보한 경우에는 그러하지 아니하다.

(2) 준공인가 전 사용

시장·군수등은 준공인가를 하기 전이라도 완공된 건축물이 사용에 지장이 없는 등 다음의 대통령령으로 정하는 기준에 적합한 경우에는 입주예정자가 완공된 건축물을 사용할 수 있도록 사업시행자에게 허가할 수 있다. 다만, 시장·군수등이 사업시행자인 경우에는 허가를 받지 아니하고 입주예정자가 완공

된 건축물을 사용하게 할 수 있다. 시장·군수등은 사용허가를 하는 때에는 동별·세대별 또는 구획별로 사용허가를 할 수 있다.

> 1. 완공된 건축물에 전기·수도·난방 및 상·하수도 시설 등이 갖추어져 있어 해당 건축물을 사용하는 데 지장이 없을 것
> 2. 완공된 건축물이 인가받은 관리처분계획에 적합할 것
> 3. 입주자가 공사에 따른 차량통행·소음·분진 등의 위해로부터 안전할 것

10. 준공인가 등에 따른 정비구역의 해제

(1) 정비구역 해제의제

정비구역의 지정은 준공인가의 고시가 있는 날(관리처분계획을 수립하는 경우에는 이전고시가 있는 때를 말한다)의 다음 날에 해제된 것으로 본다. 이 경우 지방자치단체는 해당 지역을 「국토의 계획 및 이용에 관한 법률」에 따른 지구단위계획으로 관리하여야 한다.

(2) 조합의 존속

정비구역의 해제는 조합의 존속에 영향을 주지 아니한다.

11. 이전고시 등

(1) 소유권 이전

사업시행자는 공사완료에 따른 고시가 있는 때에는 지체 없이 대지확정측량을 하고 토지의 분할절차를 거쳐 관리처분계획에서 정한 사항을 분양받을 자에게 통지하고 대지 또는 건축물의 소유권을 이전하여야 한다. 다만, 정비사업의 효율적인 추진을 위하여 필요한 경우에는 해당 정비사업에 관한 공사가 전부 완료되기 전이라도 완공된 부분은 준공인가를 받아 대지 또는 건축물별로 분양받을 자에게 소유권을 이전할 수 있다.

(2) 소유권 취득시기

사업시행자는 대지 및 건축물의 소유권을 이전하려는 때에는 그 내용을 해당 지방자치단체의 공보에 고시한 후 시장·군수등에게 보고하여야 한다. 이 경우 대지 또는 건축물을 분양받을 자는 고시가 있는 날의 다음 날에 그 대지 또는 건축물의 소유권을 취득한다.

12. 청산금 등

(1) 소멸시효

청산금을 지급(분할지급을 포함한다)받을 권리 또는 이를 징수할 권리는 이전고시일의 다음 날부터 5년간 행사하지 아니하면 소멸한다.

(2) 저당권의 물상대위

정비구역에 있는 토지 또는 건축물에 저당권을 설정한 권리자는 사업시행자가 저당권이 설정된 토지 또는 건축물의 소유자에게 청산금을 지급하기 전에 압류절차를 거쳐 저당권을 행사할 수 있다.

13. 정비구역의 범죄 예방

(1) 시장·군수등은 사업시행계획인가를 한 경우 그 사실을 관할 경찰서장에게 통보하여야 한다.

(2) 시장·군수등은 사업시행계획인가를 한 경우 정비구역 내 주민 안전 등을 위하여 다음의 사항을 관할 시·도경찰청장 또는 경찰서장에게 요청할 수 있다.

> 1. 순찰 강화
> 2. 순찰초소의 설치 등 범죄 예방을 위하여 필요한 시설의 설치 및 관리
> 3. 그 밖에 주민의 안전을 위하여 필요하다고 인정하는 사항

○ × 핵심체크

01 재건축사업이란 정비기반시설은 양호하나 노후·불량건축물에 해당하는 공동주택이 밀집한 지역에서 주거환경을 개선하기 위한 사업을 말한다. ○ ×

02 도시환경정비사업이란 도시지역 안에서 토지의 효율적 이용과 도심 또는 부도심 등 도시기능의 회복이나 상권활성화 등이 필요한 지역에서 도시환경을 개선하기 위한 사업을 말한다. ○ ×

03 주거환경개선사업이란 도시저소득 주민이 집단거주하는 지역으로서 정비기반시설이 극히 열악하고 노후·불량건축물이 과도하게 밀집한 지역의 주거환경을 개선하거나 단독주택 및 다세대주택이 밀집한 지역에서 정비기반시설과 공동이용시설 확충을 통하여 주거환경을 보전·정비·개량하기 위한 사업을 말한다. ○ ×

04 정비사업이란 도시 및 주거환경정비법에서 정한 절차에 따라 도시기능을 회복하기 위하여 정비구역에서 정비기반시설을 정비하거나 주택 등 건축물을 개량 또는 건설하는 사업을 말한다. ○ ×

05 재개발사업이란 정비기반시설이 열악하고 노후·불량건축물이 밀집한 지역에서 주거환경을 개선하거나 상업지역·공업지역 등에서 도시기능의 회복 및 상권활성화 등을 위하여 도시환경을 개선하기 위한 사업을 말한다. ○ ×

06 대지란 정비사업에 의하여 조성된 지목이 대인 토지를 말한다. ○ ×

07 토지주택공사 등이란 한국토지주택공사 또는 자산관리공사를 말한다. ○ ×

08 정비사업은 주거환경개선사업, 주택재개발사업, 주택재건축사업 또는 도시환경정비사업으로 구분한다. ○ ×

정답 및 해설 **01** ○ **02** × **03** ○ **04** ○ **05** ○ **06** × **07** × **08** ×

오답분석

02 종래엔 도시환경정비사업이 있었지만, 현재에는 「도시 및 주거환경정비법」이 전부 개정되어, 존재하지 않는 사업이 되었다.

06 "대지"란 정비사업에 의하여 조성된 토지를 말한다. 즉, 지목이 대인 조건은 필요 없다.

07 "토지주택공사 등"이란 「한국토지주택공사법」에 따라 설립된 한국토지주택공사 또는 「지방공기업법」에 따라 주택사업을 수행하기 위하여 설립된 지방공사를 말한다.

08 "정비사업"은 주거환경개선사업, 재개발사업, 재건축사업으로 구분한다.

09 시장 · 군수등은 사업시행계획을 인가하는 경우 사업시행자가 제출하는 사업시행계획에 해당 정비사업과 직접적으로 관련이 없거나 과도한 정비기반시설의 기부채납을 요구하여서는 아니 된다. ☐O☐X

10 공동이용시설이라 함은 주민이 공동으로 사용하는 놀이터 · 마을회관 · 공원 · 공용주차장 · 공동작업장 그 밖에 대통령령으로 정하는 시설을 말한다. ☐O☐X

11 주민(세입자 포함)은 14일 이상의 공람기간 이내에 특별시장 · 광역시장 · 특별자치시장 · 특별자치도지사 또는 시장에게 서면으로 의견을 제출할 수 있다. ☐O☐X

12 도지사가 대도시가 아닌 시로서 기본계획을 수립할 필요가 없다고 인정하는 시에 대하여는 기본계획을 수립하지 아니할 수 있다. ☐O☐X

13 기본계획의 수립권자(대도시의 시장이 아닌 시장은 제외)는 기본계획을 수립하거나 변경하려면 관계 행정기관의 장과 협의한 지방도시계획위원회의 심의를 거쳐야 한다. ☐O☐X

14 세입자에 대한 주거안정대책, 건폐율, 용적률 등에 관한 건축물의 밀도계획은 기본계획에 포함된다. ☐O☐X

15 특별시장 · 광역시장 · 특별자치시장 · 특별자치도지사 또는 시장은 기본계획을 수립 또는 변경한 때에는 국토교통부령이 정하는 방법 및 절차에 따라 국토교통부장관에게 승인을 얻어야 한다. ☐O☐X

16 주거환경개선사업은 주거환경개선사업의 시행자가 환지로 공급하는 방법에 의하여 사업을 시행할 수는 없다. ☐O☐X

17 재개발사업은 정비구역에서 인가받은 관리처분계획에 따라 건축물을 건설하여 공급하거나 환지로 공급하는 방법으로 한다. ☐O☐X

정답 및 해설 **09** O **10** X **11** O **12** O **13** O **14** O **15** X **16** X **17** O

오답분석
10 공원, 공용주차장은 정비기반시설에 해당한다.
15 기본계획의 수립권자(특별시장 · 광역시장 · 특별자치시장 · 특별자치도지사 또는 시장)는 제3항에 따라 기본계획을 고시한 때에는 국토교통부령으로 정하는 방법 및 절차에 따라 국토교통부장관에게 보고하여야 한다(법 제7조 제4항).
16 주거환경개선사업은 주거환경개선사업의 시행자가 환지로 공급하는 방법에 의하여 사업을 시행할 수 있다.

18 재건축사업은 정비구역 안 또는 정비구역이 아닌 구역에서 인가받은 관리처분계획에 따라 주택 및 부대 · 복리시설 및 오피스텔을 건설하여 공급하거나 환지로 공급하는 방법에 의한다. ☐×

19 재개발사업은 정비구역에서 인가받은 관리처분계획에 따라 건축물을 건설하여 공급하는 방법으로만 시행한다. ☐×

20 주거환경개선사업은 정비구역에서 인가받은 관리처분계획에 따라 건축물을 건설하여 공급하는 방법으로는 할 수 없다. ☐×

21 사업시행자는 토지등소유자로부터 정비사업의 비용과 정비사업의 시행과정에서 발생한 수입의 차액을 부과금으로 부과 · 징수할 수 있다. ☐×

22 사업시행자는 토지등소유자가 부과금의 납부를 게을리한 때에는 연체료를 부과 · 징수할 수 있다. ☐×

23 시장 · 군수는 그가 시행하는 정비사업으로 현저한 이익을 받은 정비기반시설의 관리자가 있는 경우 정비사업비의 일부를 그 정비기반시설의 관리자와 협의하여 그 관리자에게 부담시킬 수 있으며 이 경우 부담비용의 총액은 정비 사업에 소요되는 비용의 2분의 1을 초과하여서는 아니 된다. ☐×

24 정비사업비는 이 법 또는 다른 법령에 특별한 규정이 있는 경우를 제외하고는 사업시행자가 부담한다. ☐×

25 시장 · 군수는 시장 · 군수가 아닌 사업시행자가 시행하는 정비계획에 따라 설치되는 도시 · 군계획시설 중 주요 정 비기반시설, 공동이용시설 및 임시수용시설에 대하여 그 건설에 소요되는 비용의 전부 또는 일부를 부담할 수 있다. ☐×

정답 및 해설 **18** × **19** × **20** × **21** ○ **22** ○ **23** × **24** ○ **25** ○

오답분석

18 재건축사업은 정비구역에서 제74조에 따라 인가받은 관리처분계획에 따라 주택, 부대시설 · 복리시설 및 오피스텔(「건축법」 제2조 제2항에 따른 오피스텔을 말한다. 이하 같다)을 건설하여 공급하는 방법으로 한다. 즉, 재건축사업은 환지로 공급하는 방법으로 할 수 없다.

19 재개발사업은 환지로 공급하는 방법으로도 가능하다.

20 주거환경개선사업은 정비구역에서 인가받은 관리처분계획에 따라 건축물을 건설하여 공급하는 방법으로 할 수 있다.

23 소요된 비용의 3분의 1을 초과해서는 아니 된다. 다만, 다른 정비기반시설의 정비가 그 정비사업의 주된 내용이 되는 경우에 는 그 부담비용의 총액은 해당 정비사업에 소요된 비용의 2분의 1까지로 할 수 있다(법 제94조 제1항 및 영 제78조 제1항).

제2편 | 확인학습문제

01 도시 및 주거환경정비법령상 도시저소득 주민이 집단 거주하는 지역으로서 정비기반시설이 극히 열악하고 노후·불량건축물이 과도하게 밀집한 지역의 주거환경을 개선하거나 단독주택 및 다세대주택이 밀집한 지역에서 정비기반시설과 공동이용시설 확충을 통하여 주거환경을 보전·정비·개량하기 위한 사업은?

★27회 기출★

① 재건축사업
② 재개발사업
③ 도시환경정비사업
④ 주거환경개선사업
⑤ 가로주택정비사업

해설
난도 ★
④ 법 제2조 제2호 가목

답 ④

02 다음 중 도시 및 주거환경정비법령에 규정된 "노후·불량건축물"의 요건에 관한 설명 중 옳지 않은 것은?

★27회 기출 변형★

① 해당 건축물을 준공일 기준으로 20년까지 사용하기 위하여 보수·보강하는 비용이 철거 후 새로운 건축물을 건설하는 데 드는 비용보다 클 것으로 예상되는 건축물은 "노후·불량건축물"의 요건에 해당한다.
② 공장의 매연·소음 등으로 인하여 위해를 초래할 우려가 있는 지역 안에 있는 건축물은 "노후·불량건축물"의 요건에 해당한다.
③ 준공된 후 20년 이상 30년 이하의 범위에서 조례로 정하는 기간이 지난 건축물은 "노후·불량건축물"의 요건에 해당한다.
④ 급수·배수·오수 설비 등의 설비 또는 지붕·외벽 등 마감의 노후화나 손상으로 그 기능을 유지하기 곤란할 것으로 우려되는 건축물은 "노후·불량건축물"에 해당한다.
⑤ 주변 토지의 이용 상황 등에 비추어 주거환경이 불량한 곳에 소재하며 철거하고 새로운 건축물을 건축하는 경우에 소요되는 비용에 비추어 효용의 현저한 증가가 예상되는 건축물로 대통령령에 따라 시·도 조례가 정하는 건축물은 "노후·불량건축물"에 해당한다.

해설
난도 ★★

① (×) 당해 건축물을 준공일 기준으로 40년까지 사용하기 위하여 보수·보강하는 데 드는 비용이 철거 후 새로운 건축물을 건설하는 데 드는 비용보다 클 것으로 예상되는 건축물은 "노후 불량건축물"의 요건에 해당한다(영 제2조 제2항 제3호).

답 ①

---

03 다음 중 도시 및 주거환경정비법령상 "토지등소유자"에 해당하지 않는 것은? ★27회 기출 변형★

☑확인
Check!
○
△
×

① 주거환경개선사업의 경우에는 정비구역에 위치한 토지의 소유자
② 주거환경개선사업의 경우에는 정비구역에 위치한 토지의 지상권자
③ 재건축사업의 경우에는 정비구역에 위치한 토지 또는 건축물의 지상권자
④ 재개발사업의 경우에는 정비구역에 위치한 토지의 지상권자
⑤ 재건축사업의 경우에는 정비구역에 위치한 건축물 및 그 부속토지의 소유자

해설
난도 ★★

③ 법 제2조 제9호 참조

> **법 제2조(정의)**
> 9. "토지등소유자"란 다음 각 목의 어느 하나에 해당하는 자를 말한다. 다만, 제27조 제1항에 따라 「자본시장과 금융투자업에 관한 법률」 제8조 제7항에 따른 신탁업자(이하 "신탁업자"라 한다)가 사업시행자로 지정된 경우 토지등소유자가 정비사업을 목적으로 신탁업자에게 신탁한 토지 또는 건축물에 대하여는 위탁자를 토지등소유자로 본다.
> 가. 주거환경개선사업 및 재개발사업의 경우에는 정비구역에 위치한 토지 또는 건축물의 소유자 또는 그 지상권자
> 나. 재건축사업의 경우에는 정비구역에 위치한 건축물 및 그 부속토지의 소유자

답 ③

04 도시 및 주거환경정비법령상 정비사업에 해당되지 <u>않는</u> 사업은?　★28회 기출★

① 주거환경개선사업
② 재개발사업
③ 재건축사업
④ 가로주택정비사업
⑤ 주거환경관리사업

해설
난도 ★★

④·⑤「도시 및 주거환경정비법」의 전부개정으로 인하여 가로주택정비사업과 주거환경관리사업은 더 이상 정비사업이 아니다(법 제2조 제2호).

답 ④, ⑤

05 다음 중 도시 및 주거환경정비법령에 규정된 도시·주거환경정비기본계획(이하 기본계획)에 대한 설명으로 옳지 <u>않은</u> 것은?　★28회 기출 변형★

① 기본계획을 수립 또는 변경하고자 하는 경우에는 14일 이상 주민에게 공람하여 의견을 들어야 하며, 공람과 함께 지방의회의 의견을 들어야 하며 지방의회는 기본계획을 통지한 날부터 60일 내 의견을 제시하여야 한다.
② 기본계획의 작성기준 및 작성방법은 국토교통부장관이 이를 정한다.
③ 특별시장·광역시장·특별자치시장·특별자치도지사 또는 시장이 10년 단위로 기본계획을 수립하여야 한다.
④ 기본계획에 대하여 5년마다 그 타당성 여부를 검토하여 그 결과를 기본계획에 반영하여야 한다.
⑤ 서울특별시, 광역시를 제외한 시의 시장은 정비사업의 계획기간을 단축하는 경우 도지사의 승인을 얻어야 한다.

해설
난도 ★★★

⑤ (×) 대도시의 시장이 아닌 시장은 기본계획을 수립하거나 변경하려면 도지사의 승인을 받아야 하지만, '정비사업의 계획기간을 단축하는 경우' 등 대통령령으로 정하는 경미한 사항에 해당하는 변경의 경우에는 도지사의 승인을 받지 아니할 수 있다.

> 법 제7조(기본계획의 확정·고시 등)
> ② 대도시의 시장이 아닌 시장은 기본계획을 수립하거나 변경하려면 도지사의 승인을 받아야 하며, 도지사가 이를 승인하려면 관계 행정기관의 장과 협의한 후 지방도시계획위원회의 심의를 거쳐야 한다. 다만, 법 제7조 제1항 단서(대통령령으로 정하는 경미한 사항)에 해당하는 변경의 경우에는 도지사의 승인을 받지 아니할 수 있다.

영 제6조 제4항(대통령령으로 정하는 경미한 사항)

1. 정비기반시설의 규모를 확대하거나 그 면적을 10퍼센트 미만의 범위에서 축소하는 경우
2. 정비사업의 계획기간을 단축하는 경우
3. 공동이용시설에 대한 설치계획을 변경하는 경우
4. 사회복지시설 및 주민문화시설 등에 대한 설치계획을 변경하는 경우
5. 구체적으로 면적이 명시된 법 제5조제1항제9호에 따른 정비예정구역(이하 "정비예정구역"이라 한다)의 면적을 20 퍼센트 미만의 범위에서 변경하는 경우
6. 법 제5조제1항제10호에 따른 단계별 정비사업 추진계획(이하 "단계별 정비사업 추진계획"이라 한다)을 변경하는 경우
7. 건폐율(「건축법」 제55조에 따른 건폐율을 말한다. 이하 같다) 및 용적률(「건축법」 제56조에 따른 용적률을 말한다. 이하 같다)을 각 20퍼센트 미만의 범위에서 변경하는 경우
8. 정비사업의 시행을 위하여 필요한 재원조달에 관한 사항을 변경하는 경우
9. 「국토의 계획 및 이용에 관한 법률」 제2조제3호에 따른 도시 · 군기본계획의 변경에 따라 기본계획을 변경하는 경우

답 ⑤

---

06 도시 및 주거환경정비법령상 도시 · 주거환경정비기본계획에 포함되어야 하는 사항에 해당하지 <u>않는</u> 것은?

★28회 기출★

① 도시 및 주거환경 정비를 위한 국가 정책방향
② 정비사업의 기본방향
③ 녹지 · 조경 등에 관한 환경계획
④ 도시의 광역적 재정비를 위한 기본방향
⑤ 건폐율 · 용적률 등에 관한 건축물의 밀도계획

해설

난도 ★★★

① 도시 및 주거환경 정비 기본방침의 수립 시 포함할 사항(법 제3조 제1호)
②, ③, ④, ⑤ 법 제5조 제1항

답 ①

07 다음 중 도시 및 주거환경정비기본계획에 포함되는 내용이 <u>아닌</u> 것은?

☑확인
Check!
○
△
×

① 도시의 광역적 재정비를 위한 기본방향
② 정비구역으로 지정할 예정인 구역(=정비예정구역)의 개략적 범위
③ 단계별 정비사업의 추진계획(정비예정구역별 정비계획의 수립시기를 포함하여야 한다)
④ 정비사업의 시행예정시기
⑤ 주거지 관리계획

해설

난도 ★★★

④ 정비사업의 시행예정시기는 정비계획에 포함되어야 하는 내용이다.

기본계획에 포함될 내용(법 제5조)	정비계획에 포함될 내용(법 제9조)
1. 정비사업의 기본방향 2. 정비사업의 계획기간 3. 인구 · 건축물 · 토지이용 · 정비기반시설 · 지형 및 환경 등의 현황 4. 주거지 관리계획 5. 토지이용계획 · 정비기반시설계획 · 공동이용시설 설치계획 및 교통계획 6. 녹지 · 조경 · 에너지공급 · 폐기물처리 등에 관한 환경계획 7. 사회복지시설 및 주민문화시설 등의 설치계획 8. 도시의 광역적 재정비를 위한 기본방향 9. 제16조에 따라 정비구역으로 지정할 예정인 구역(이하 "정비예정구역"이라 한다)의 개략적 범위 10. 단계별 정비사업 추진계획(정비예정구역별 정비계획의 수립시기가 포함되어야 한다) 11. 건폐율 · 용적률 등에 관한 건축물의 밀도계획 12. 세입자에 대한 주거안정대책 13. 그 밖에 주거환경 등을 개선하기 위하여 필요한 사항으로서 대통령령으로 정하는 사항	1. 정비사업의 명칭 2. 정비구역 및 그 면적 3. 도시 · 군계획시설의 설치에 관한 계획 4. 공동이용시설 설치계획 5. 건축물의 주용도 · 건폐율 · 용적률 · 높이에 관한 계획 6. 환경보전 및 재난방지에 관한 계획 7. 정비구역 주변의 교육환경 보호에 관한 계획 8. 세입자 주거대책 9. 정비사업시행 예정시기 10. 정비사업을 통하여 공공지원민간임대주택(이하 "공공지원민간임대주택"이라 한다)을 공급하거나 같은 조 제11호에 따른 주택임대관리업자(이하 "주택임대관리업자"라 한다)에게 임대할 목적으로 주택을 위탁하려는 경우에는 다음 각 목의 사항. 다만, 나목과 다목의 사항은 건설하는 주택 전체 세대수에서 공공지원민간임대주택 또는 임대할 목적으로 주택임대관리업자에게 위탁하려는 주택(이하 "임대관리 위탁주택"이라 한다)이 차지하는 비율이 100분의 20 이상, 임대기간이 8년 이상의 범위 등에서 대통령령으로 정하는 요건에 해당하는 경우로 한정한다. 　가. 공공지원민간임대주택 또는 임대관리 위탁주택에 관한 획지별 토지이용 계획 　나. 주거 · 상업 · 업무 등의 기능을 결합하는 등 복합적인 토지이용을 증진시키기 위하여 필요한 건축물의 용도에 관한 계획 　다. 「국토의 계획 및 이용에 관한 법률」제36조 제1항 제1호 가목에 따른 주거지역을 세분 또는 변경하는 계획과 용적률에 관한 사항 　라. 그 밖에 공공지원민간임대주택 또는 임대관리 위탁주택의 원활한 공급 등을 위하여 대통령령으로 정하는 사항 11. 「국토의 계획 및 이용에 관한 법률」제52조 제1항 각 호의 사항의 사항에 관한 계획(필요한 경우로 한정한다) 12. 그 밖에 정비사업의 시행을 위하여 필요한 사항으로서 대통령령으로 정하는 사항

답 ④

08 도시 및 주거환경정비법령상 도시·주거환경정비기본계획(이하 '기본계획')에 관한 설명으로 옳지 않은 것은? ★30회 기출★

① 도지사가 대도시가 아닌 시로서 기본계획을 수립할 필요가 없다고 인정하는 시에 대하여는 기본계획을 수립하지 아니할 수 있다.

② 정비사업의 계획기간을 단축하는 경우 기본계획의 수립자는 주민공람과 지방의회의 의견청취 절차를 거쳐야 한다.

③ 기본계획에는 세입자에 대한 주거안정대책도 포함되어야 한다.

④ 대도시의 시장이 아닌 시장은 기본계획을 수립하려면 도지사의 승인을 받아야 한다.

⑤ 기본계획의 수립권자는 기본계획을 수립하는 경우에 14일 이상 주민에게 공람하여 의견을 들어야 한다.

해설

난도 ★

② (×) "정비사업의 계획기간을 단축하는 경우"는 경미한 사항의 변경에 해당하므로, 기본계획의 수립권자는 주민공람과 지방의회의 의견청취 절차를 거치지 아니할 수 있다(법 제6조 제3항, 영 제6조 제4항).

답 ②

---

09 도시 및 주거환경정비법령상 도시 및 주거환경정비기본계획(이하 '기본계획')에 관한 다음 설명 중 옳은 것은? ★29회 기출 변형★

① 기본계획은 5년 단위로 수립하여야 한다.

② 기본계획의 내용 중 정비기간시설의 규모를 확대하는 경우 도시계획위원회의 심의를 거쳐 기본계획을 변경하여야 한다.

③ 기본계획의 내용 중 공동이용시설에 대한 설치계획을 변경하는 경우에는 지방도시계획위원회의 심의를 거쳐 기본계획을 변경하여야 한다.

④ 기본계획의 수립권자는 기본계획을 수립하거나 변경한 때에는 지체 없이 이를 해당 지방자치단체의 공보에 고시하고 일반인이 열람할 수 있도록 하여야 한다.

⑤ 시장은 기본계획에 대하여 10년마다 그 타당성 여부를 검토하여 그 결과를 기본계획에 반영하여야 한다.

해설

난도 ★★

① (×) 기본계획은 10년 단위로 수립하여야 한다(법 제4조 제1항).

② (×) 정비기반시설의 규모를 확대하거나 그 면적 10% 미만을 축소하는 경우 심의를 거치지 아니한다(영 제6조 제4항 제1호).

③ (×) 공동이용시설에 대한 설치계획을 변경하는 경우에도 심의를 거치지 아니한다(영 제6조 제4항 제3호).

⑤ (×) 특별시장·광역시장·특별자치시장·특별자치도지사 또는 시장(이하 '기본계획의 수립권자'라 한다)은 기본계획에 대하여 5년마다 타당성을 검토하여 그 결과를 기본계획에 반영하여야 한다(법 제4조 제2항).

답 ④

10 다음 중 도시 및 주거환경정비법령상 정비계획에 포함되어야 하는 내용이 <u>아닌</u> 것은?(시 · 도조례로 정하는

★29회 기출 변형★

사항이 있는 경우를 제외)

① 정비구역 주변의 교육환경 보호에 관한 계획

② 조합원의 자격에 관한 사항

③ 정비구역 및 그 면적

④ 공동이용시설 설치계획

⑤ 세입자 주거대책

해설

난도 ★★

② 조합원의 자격, 조합원의 제명 · 탈퇴 및 교체 등은 정관에 포함될 내용이다(법 제40조 제1항).

①, ③, ④, ⑤ 법 제9조 제1항

답 ②

11 다음 중 정비계획의 수립과 정비구역의 지정에 관한 설명으로 옳은 것은?

★26회 기출 변형★

① 정비계획의 입안권자는 정비계획을 입안하거나 변경하려면 주민에게 구두로 통보한 후 주민설명회 및 14일 이상 주민에게 공람하여 의견을 들어야 하며, 제시된 의견이 타당하다고 인정되면 이를 정비계획에 반영하여야 한다.

② 정비계획의 입안권자는 주민공람과 함께 지방의회의 의견을 들어야 하며, 이 경우 지방의회는 정비계획의 입안권자가 정비계획을 통지한 날부터 30일 이내에 의견을 제시하여야 하며, 의견제시 없이 30일이 지난 경우 이의가 없는 것으로 본다.

③ 시 · 도지사 또는 대도시시장이 정비구역을 지정하고자 하는 경우 지방도시계획위원회와 건축위원회의 공동심의를 거쳐 지정하여야 한다.

④ 정비계획의 작성기준 및 작성방법은 시 · 도 조례로 정한다.

⑤ 정비구역 지정의 고시가 있는 경우 당해 정비구역 및 정비계획 중 지구단위계획내용에 해당하는 사항은 지구단위계획구역 및 지구단위계획으로 결정 · 고시된 것으로 본다.

해설

난도 ★★★

① (×) 정비계획의 입안권자는 정비계획을 입안하거나 변경하려면 주민에게 서면으로 통보한 후 주민설명회 및 30일 이상 주민에게 공람하여 의견을 들어야 하며, 제시된 의견이 타당하다고 인정되면 이를 정비계획에 반영하여야 한다(법 제15조 제1항).

② (×) 정비계획의 입안권자는 제1항에 따른 주민공람과 함께 지방의회의 의견을 들어야 한다. 이 경우 지방의회는 정비계획의 입안권자가 정비계획을 통지한 날부터 60일 이내에 의견을 제시하여야 하며, 의견제시 없이 60일이 지난 경우 이의가 없는 것으로 본다(법 제15조 제2항).

③ (×) 정비구역의 지정권자는 정비구역을 지정하거나 변경지정하려면 지방도시계획위원회의 심의를 거쳐야 한다(법 제16조 제1항).

④ (×) 정비계획의 작성기준 및 작성방법은 국토교통부장관이 정하여 고시한다(법 제9조 제4항).

⑤ (○) 법 제17조 제1항 참조

답 ⑤

12 도시 및 주거환경정비법령상 정비구역에 관한 설명으로 옳지 <u>않은</u> 것은?(단, 조례는 고려하지 않음)

★30회 기출★

① 정비구역의 지정권자는 정비구역에서의 건축물의 최고 높이를 변경하는 경우에도 지방도시계획위원회의 심의를 거치지 아니할 수 있다.

② 정비구역의 지정권자는 정비사업의 효율적인 추진을 위하여 필요하다고 인정하는 경우에는 하나의 정비구역을 둘 이상의 정비구역으로 분할하는 방법으로 정비구역을 지정할 수 있다.

③ 정비사업의 시행으로 토지등소유자에게 과도한 부담이 발생할 것으로 예상되는 경우 정비구역의 지정권자는 지방도시계획위원회의 심의를 거치지 아니하고 정비구역 등을 해제할 수 있다.

④ 주거환경개선사업은 사업시행자가 정비구역에서 정비기반시설 및 공동이용시설을 새로 설치하거나 확대하고 토지등소유자가 스스로 주택을 보전·정비하거나 개량하기 위한 사업을 말한다.

⑤ 정비구역등의 추진상황으로 보아 지정 목적을 달성할 수 없다고 인정되어 정비구역 등이 해제된 경우 정비계획으로 변경된 용도지역은 정비구역 지정 이전의 상태로 환원된 것으로 본다.

해설

난도 ★★

③ (×) 정비사업의 시행으로 토지등소유자에게 과도한 부담이 발생할 것으로 예상되는 경우 정비구역의 지정권자는 지방도시계획위원회의 심의를 거쳐 정비구역 등을 해제할 수 있다(법 제21조 제1항 제1호).

답 ③

13 다음 중 정비구역 안에서 시행하는 개발행위에 관한 설명으로 옳지 <u>않은</u> 것은?

① 정비구역 안에서 건축물의 건축과 대수선은 허가대상이다.

② 정비구역 지정 및 고시 당시 이미 관계 법령에 따라 행위허가를 받아 사업 또는 공사에 착수한 자는 정비구역이 지정·고시된 날부터 30일 이내 사업 또는 공사의 진행상황과 시행계획 등을 첨부하여 시장·군수에게 신고하고 이를 계속 시행할 수 있다.

③ 시장·군수가 개발행위의 허가를 하고자 하는 경우로서 정비사업의 시행자가 있는 경우 그 시행자의 의견을 미리 들어야 한다.

④ 정비구역 안에서 재해복구 또는 재난수습에 필요한 응급조치를 위하여 하는 행위는 허가를 받지 아니하고 할 수 있다.

⑤ 정비구역 안에서 이동이 용이하지 아니한 물건을 1월 이상 쌓아두는 행위는 시장·군수에게 허가를 받아야 한다.

해설

난도 ★★

① (×) 정비구역 안에서 건축물의 대수선은 허가대상이 아니다(법 제19조 참조).

> **법 제19조(행위제한 등)**
> ① 정비구역에서 다음 각 호의 다음 하나에 해당하는 행위를 하려는 자는 시장·군수등의 허가를 받아야 한다. 허가받은 사항을 변경하려는 때에도 또한 같다.
> 1. 건축물의 건축
> 2. 공작물의 설치
> 3. 토지의 형질변경
> 4. 토석의 채취
> 5. 토지분할
> 6. 물건을 쌓아 놓는 행위
> 7. 그 밖에 대통령령으로 정하는 행위
> ② 다음 각 호의 어느 하나에 해당하는 행위는 제1항에도 불구하고 허가를 받지 아니하고 할 수 있다.
> 1. 재배복구 또는 재난수습에 필요한 응급조치를 위한 행위
> 2. 기본 건축물의 붕괴 등 안전사고의 우려가 있는 경우 해당 건축물에 대한 안전조치를 위한 행위
> 3. 그 밖에 대통령령으로 정하는 행위
>
> **영 제15조(행위허가의 대상 등)**
> ① 법 제19조 제1항에 따라 시장·군수등의 허가를 받아야 하는 행위는 다음 각 호와 같다.
> 1. 건축물의 건축 등 : 「건축법」 제2조 제1항 제2호에 따른 건축물(가설건축물을 포함한다)의 건축, 용도변경
> 2. 공작물의 설치 : 인공을 가하여 제작한 시설물(「건축법」 제2조 제1항 제2호에 따른 건축물을 제외한다)의 설치
> 3. 토지의 형질변경 : 절토(땅깎기)·성토(흙쌓기)·정지(땅고르기)·포장 등의 방법으로 토지의 형상을 변경하는 행위, 토지의 굴착 또는 공유수면의 매립
> 4. 토석의 채취 : 흙·모래·자갈·바위 등의 토석을 채취하는 행위. 다만, 토지의 형질변경을 목적으로 하는 것은 제3호에 따른다.
> 5. 토지분할
> 6. 물건을 쌓아놓는 행위 : 이동이 쉽지 아니한 물건을 1개월 이상 쌓아놓는 행위
> 7. 죽목의 벌채 및 식재

답 ①

14 도시 및 주거환경정비법령상 정비구역 안에서 시장·군수의 허가를 받아야 하는 행위로 옳은 것만을 모두 고른 것은?(단, 재해복구 또는 재난수습에 필요한 응급조치를 위하여 하는 행위는 고려하지 않으며, 정비구역의 지정 및 고시 당시 이미 행위허가를 받았거나 받을 필요가 없는 행위는 제외함) ★27회 기출★

> ㄱ. 가설공연장의 용도변경
> ㄴ. 죽목의 벌채
> ㄷ. 토지분할
> ㄹ. 이동이 용이하지 아니한 물건을 3주일 동안 쌓아놓는 행위

① ㄱ, ㄹ
② ㄷ, ㄹ
③ ㄱ, ㄴ, ㄷ
④ ㄱ, ㄷ, ㄹ
⑤ ㄱ, ㄴ, ㄷ, ㄹ

해설
난도 ★★
③ 법 제19조 제1항 및 영 제15조 제1항 참조

답 ③

15 다음 중 도시 및 주거환경정비법령상 정비계획 및 정비구역의 지정 등에 관한 설명으로 옳지 <u>않은</u> 것은?
★27회 기출★

① 국토의 계획 및 이용에 관한 법률에 의한 건폐율 등의 완화규정은 정비계획에 관하여 이를 준용할 때, "지구단위계획"은 "정비계획"으로 본다.
② 정비구역의 지정권자는 정비구역의 진입로 설치를 위하여 필요한 경우에는 진입로 지역과 그 인접지역을 제외하고 정비구역을 지정할 수 있다.
③ 정비계획의 내용 중 정비구역면적의 10퍼센트 미만의 변경인 경우 주민에 대한 서면통보, 주민설명회, 주민공람 및 지방의회의 의견청취절차를 거치지 아니할 수 있다.
④ 시장·군수는 정비구역 안에서 허가를 받지 아니하고 개발행위를 한 자에 대하여는 원상회복을 명할 수 있으며, 그 명령을 이행하지 아니하는 때에는 이를 대집행할 수 있다.
⑤ 정비계획의 입안권자는 정비기반시설 및 국유·공유재산의 귀속 및 처분에 관한 사항이 포함된 정비계획을 입안하려면 미리 해당 정비기반시설 및 국유·공유재산의 관리청의 의견을 들어야 한다.

해설
난도 ★★
②(×) 정비구역의 지정권자는 정비구역의 진입로 설치를 위하여 필요한 경우에는 진입로 지역과 그 인접지역을 포함하여 정비구역을 지정할 수 있다(법 제8조 제3항).

답 ②

16 다음은 정비계획의 입안제안에 관한 설명이다. 옳지 <u>않은</u> 것은?

① 시장·군수에게 정비계획의 입안을 제안하려는 때에는 시·도 조례로 정하는 바에 따라 토지등소유자의 동의를 받은 후 제안서에 정비계획도서, 계획설명서, 그 밖의 필요한 서류를 첨부하여 시장·군수에게 제출하여야 한다.

② 토지등소유자는 일정한 사유에 해당하는 경우 시장·군수에게 정비계획의 입안을 제안할 수 있다.

③ 토지등소유자는 단계별 정비사업 추진계획상 정비예정구역별 정비계획의 입안시기가 지났음에도 불구하고 정비계획이 입안되지 아니하거나 정비예정구역별 정비계획의 수립시기를 정하고 있지 아니한 경우에는 정비계획의 입안을 제안할 수 없다.

④ 토지등소유자가 토지주택공사 등을 사업시행자로 요청하고자 하는 경우에 제안할 수 있는 사유에 해당한다.

⑤ 시장·군수는 제안이 있는 경우에는 제안일부터 60일 이내에 정비계획에의 반영여부를 제안자에게 통보하여야 한다. 다만, 부득이한 사정이 있는 경우에는 한 차례만 30일을 연장할 수 있다.

[해설]
난도 ★★

③ (×) 토지등소유자는 단계별 정비사업 추진계획상 정비예정구역별 정비계획의 입안시기가 지났음에도 불구하고 정비계획이 입안되지 아니하거나 정비예정구역별 정비계획의 수립시기를 정하고 있지 아니한 경우에는 정비계획의 입안권자에게 정비계획의 입안을 제안할 수 있다(법 제14조 제1항 제1호).

답 ③

---

17 기본계획을 공람 중인 정비예정구역 또는 정비구역 안에서 개발행위의 제한에 관한 설명으로 틀린 것은?

① 제한을 하려는 때에는 제한지역·제한사유·제한대상행위 및 제한기간을 미리 고시하여야 한다.

② 국토교통부장관, 시·도지사 또는 시장·군수가 비경제적인 건축행위 및 투기수요 유입방지를 위하여 건축물의 건축, 토지의 분할 행위를 제한할 수 있다.

③ 행위를 제한하려는 자가 국토교통부장관인 경우에는 중앙도시계획위원회의 심의를 거쳐야 하며, 시·도지사, 시장, 군수 또는 구청장인 경우에는 해당 지방자치단체에 설치된 지방도시계획위원회의 심의를 거쳐야 한다.

④ 제한기간은 2년 이내의 기간(1회에 한하여 1년 범위 안에서 연장 가능)을 정하여 제한할 수 있다.

⑤ 개발행위가 제한된 지역에서 건축물의 건축 등의 행위를 하려는 자는 시장·군수에게 허가를 받아야 한다.

[해설]
난도 ★★

④ (×) 제한기간은 3년 이내의 기간(1회에 한하여 1년 범위 안에서 연장 가능)을 정하여 제한할 수 있다(법 제19조 제7항 참조).

> **법 제19조(행위제한 등)**
>
> ⑦ 국토교통부장관, 시·도지사, 시장, 군수 또는 구청장(자치구의 구청장을 말한다. 이하 같다)은 비경제적인 건축행위 및 투기 수요의 유입을 막기 위하여 제6조제1항에 따라 기본계획을 공람 중인 정비예정구역 또는 정비계획을 수립 중인 지역에 대하여 3년 이내의 기간(1년의 범위에서 한차례만 연장할 수 있다)을 정하여 대통령령으로 정하는 방법과 절차에 따라 다음 각 호의 행위를 제한할 수 있다.
>
> 1. 건축물의 건축
> 2. 토지의 분할

답 ④

---

18 도시 및 주거환경정비법상정비사업으로 건설하는 주택 중 주택의 규모 및 건설비율에 관한 내용으로 옳지 <u>않은</u> 것은?

★26회 기출 변형★

① 정비계획의 입안권자는 주택수급의 안정과 저소득 주민의 입주기회 확대를 위하여 정비사업으로 건설하는 주택에 대하여 국토교통부장관이 정하여 고시하는 임대주택 및 주택규모별 건설비율 등을 정비계획에 반영하여야 한다.

② 주거환경개선사업의 경우 「주택법」에 따른 국민주택규모의 주택이 건설하는 주택 전체 세대수의 100분의 80 이하 범위로 한다.

③ 재개발사업의 경우 국민주택규모의 주택은, 건설하는 주택 전체 세대수의 100분의 80 이하로 한다.

④ 재건축사업의 경우 국민주택규모의 주택이 건설하는 주택 전체 세대수의 100분의 60 이하 범위로 한다.

⑤ 사업시행자는 고시된 내용에 따라 주택을 건설하여야 한다.

[해설]

난도 ★★

② (×) 주거환경개선사업의 경우 「주택법」 제2조 제6호에 따른 국민주택규모(이하 "국민주택규모"라 한다)의 주택은 건설하는 주택 전체 세대수의 100분의 90 이하의 범위로 한다(법 제10조 제1항 제1호, 영 제9조 제1항 제1호 가목).

답 ②

19 도시 및 주거환경정비법상 정비예정구역 또는 정비구역(이하 '정비구역 등')의 해제에 관한 내용으로 옳지 <u>않은</u> 것은?
★27회 기출 변형★

① 구청장등은 정비구역 등이 법정된 사유에 해당하는 경우 특별시장·광역시장에게 정비구역 등의 해제를 요청하여야 한다.

② 정비구역 등을 해제하거나 정비구역 등의 해제를 요청하는 시장·군수 또는 구청장등은 정비구역 등의 해제에 관한 내용을 30일 이상 주민에게 공람하고 지방의회의 의견을 들어야 한다.

③ 정비구역 등을 해제하거나 정비구역 등의 해제를 요청받은 특별시장·광역시장·특별자치시장·특별자치도지사, 시장 또는 군수는 지방도시계획위원회의 심의를 거쳐 정비구역 등을 해제하여야 한다.

④ 정비구역 등이 해제된 경우 특별시장·광역시장·특별자치시장·특별자치도지사, 시장 또는 군수는 해제된 정비구역을 주거환경개선구역으로 지정할 수 있다.

⑤ 토지등소유자의 30/100 이상이 정비구역 등(추진위원회가 구성되지 아니한 구역)의 해제를 요청하는 경우 시장·군수는 정비구역 등을 해제를 요청하여야 한다.

해설
난도 ★★★

⑤ (×) 특별시장·광역시장·특별자치시장·특별자치도지사, 시장 또는 군수는 토지등소유자의 100분의 30 이상이 정비구역 등(추진위원회가 구성되지 아니한 구역에 한한다)의 해제를 요청하는 경우 지방도시계획위원회의 심의를 거쳐 정비구역 등의 지정을 해제할 수 있다(법 제21조 제1항 제3호).

답 ⑤

20 시장·군수는 구청장이 '정비구역 등'의 해제를 요청하는 경우 그 사유에 해당하지 <u>않는</u> 것은?
★27회 기출 변형★

① 정비예정구역에 대하여 기본계획에서 정한 정비구역 지정 예정일부터 3년이 되는 날까지 특별자치시장, 특별자치도지사, 시장 또는 군수가 정비구역을 지정하지 아니하거나 구청장등이 정비구역 지정을 신청하지 아니하는 경우

② 재개발사업에서 토지등소유자가 정비구역으로 지정·고시된 날부터 3년이 되는 날까지 조합설립추진위원회의 승인을 신청하지 아니하는 경우

③ 재개발사업에서 조합설립추진위원회 승인일부터 2년이 되는 날까지 조합설립인가를 신청하지 아니하는 경우

④ 재개발사업에서 조합이 조합설립인가를 받은 날부터 3년이 되는 날까지 사업시행인가를 신청하지 아니하는 경우

⑤ 추진위원회의 승인 또는 조합설립인가가 취소되는 경우

난도 ★★

② (×) 재개발사업에서 토지등소유자가 정비구역으로 지정·고시된 날부터 2년이 되는 날까지 조합설립추진위원회의 승인을 신청하지 아니하는 경우 해제를 요청할 수 있는 사유에 해당한다.

법 제20조(정비구역등 해제)

① 정비구역의 지정권자는 다음 각 호의 어느 하나에 해당하는 경우에는 정비구역등을 해제하여야 한다.

1. 정비예정구역에 대하여 기본계획에서 정한 정비구역 지정 예정일부터 3년이 되는 날까지 특별자치시장, 특별자치도지사, 시장 또는 군수가 정비구역을 지정하지 아니하거나 구청장등이 정비구역의 지정을 신청하지 아니하는 경우

2. 재개발사업·재건축사업[제35조에 따른 조합(이하 "조합"이라 한다)이 시행하는 경우로 한정한다]이 다음 각 목의 어느 하나에 해당하는 경우

   가. 토지등소유자가 정비구역으로 지정·고시된 날부터 2년이 되는 날까지 제31조에 따른 조합설립추진위원회(이하 "추진위원회"라 한다)의 승인을 신청하지 아니하는 경우

   나. 토지등소유자가 정비구역으로 지정·고시된 날부터 3년이 되는 날까지 제35조에 따른 조합설립인가(이하 "조합설립인가"라 한다)를 신청하지 아니하는 경우(제31조 제4항에 따라 추진위원회를 구성하지 아니하는 경우로 한정한다)

   다. 추진위원회가 추진위원회 승인일부터 2년이 되는 날까지 조합설립인가를 신청하지 아니하는 경우

   라. 조합이 조합설립인가를 받은 날부터 3년이 되는 날까지 제50조에 따른 사업시행계획인가(이하 "사업시행계획인가"라 한다)를 신청하지 아니하는 경우

3. 토지등소유자가 시행하는 재개발사업으로서 토지등소유자가 정비구역으로 지정·고시된 날부터 5년이 되는 날까지 사업시행계획인가를 신청하지 아니하는 경우

답 ②

---

21 도시 및 주거환경정비법령상 정비사업의 시행에 관한 설명으로 옳지 <u>않은</u> 것은? ★30회 기출★

① 재건축사업은 조합이 조합원의 과반수의 동의를 받아 시장·군수 등과 공동으로 시행할 수 있다.

② 토지등소유자가 20인 미만인 경우에는 토지등소유자가 직접 재개발사업을 시행할 수 없다.

③ 조합설립추진위원회도 개략적인 정비사업 시행계획서를 작성할 수 있다.

④ 재개발사업은 정비구역에서 인가받은 관리처분계획에 따라 건축물을 건설하여 공급하거나 환지로 공급하는 방법으로 한다.

⑤ 조합이 사업시행자인 경우 시장·군수등은 특별한 사유가 없으면 사업시행계획서의 제출이 있는 날부터 60일 이내에 인가 여부를 결정하여 사업시행자에게 통보하여야 한다.

난도 ★

② (×) 토지등소유자가 20인 미만인 경우에는 토지등소유자가 시행하거나 토지등소유자가 토지등소유자의 과반수의 동의를 받아 시장·군수등, 토지주택공사등, 건설업자, 등록사업자 또는 대통령령으로 정하는 요건을 갖춘 자와 공동으로 재개발사업을 시행할 수 있다(법 제25조 제1항 제2호).

답 ②

22 도시 및 주거환경정비법상 정비사업의 시행에 관한 내용으로 옳지 <u>않은</u> 것은? ★26회 기출 변형★

① 주거환경개선사업은 시장 · 군수가 직접 시행하거나 '토지주택공사등'을 시행자로 지정할 수 있다.

② 재개발사업은 조합이 조합원의 과반수 동의를 얻어 '토지주택공사등'과 공동으로 사업을 시행할 수도 있다.

③ 재건축사업은 조합이 조합원의 과반수 동의를 얻어 주택법상 등록사업자와 공동으로 사업을 시행할 수 없다.

④ 시장 · 군수등은 재건축사업이 불가피한 사유로 긴급하게 정비사업을 시행할 필요가 있다고 인정하는 때에는 직접 정비사업을 시행하거나 '토지주택공사등'을 사업시행자로 지정하여 정비사업을 시행하게 할 수 있다.

⑤ 주거환경개선사업에서 시장 · 군수등은 천재지변으로 건축물이 붕괴할 우려가 있어 긴급히 정비사업을 시행할 필요가 있다고 인정하는 경우에는 토지등소유자 및 세입자의 동의 없이 자신이 직접 시행할 수 있다.

해설

난도 ★

③ (×) 재건축사업은 조합은 시행하거나 조합이 조합원의 과반수의 동의를 받아 시장 · 군수등, 토지주택공사등, 건설업자 또는 등록사업자와 공동으로 시행할 수 있다(법 제25조 제2항).

답 ③

---

23 다음은 도시 및 주거환경정비법상 정비사업 시행에 대한 설명이다. 옳은 것은? ★26회 기출 변형★

① 재건축사업과 재개발사업의 공동시행자는 동일하다.

② 재개발사업은 조합을 의무적으로 설립하여 사업을 시행하여야 한다.

③ 재개발사업에서 조합이 공동으로 사업을 시행하고자 하는 경우 조합원의 2/3 이상 동의를 얻어야 한다.

④ 가로주택정비사업은 시장 · 군수가 직접시행하거나 '주택공사등'을 시행자로 지정(과반수 동의)할 수 있다.

⑤ 주거환경개선사업은 사업시행자가 정비구역에서 정비기반시설 및 공동이용시설을 새로 설치하거나 확대하고 토지등소유자가 스스로 주택을 보전 · 정비하거나 개량하는 방법으로 시행할 수도 있다.

해설

난도 ★★

① (×) 재건축사업과 재개발사업의 공동시행자는 동일하지 아니하다(법 제25조).

② (×) 재개발사업은 조합 또는 토지등소유자가 시행할 수 있다. 즉 토지등소유자가 20인 미만인 경우에는 조합 대신 토지등소유자가 사업을 시행할 수 있다(법 제25조 제1항 제2호).

③ (×) 조합원의 과반수 동의를 얻어야 한다(법 제25조 제1항 제1호).

④ (×) 가로주택정비사업에 관한 규정은 삭제되었다.

⑤ (○) 법 제23조 제1항 제1호

답 ⑤

24 도시 및 주거환경정비법령상 토지등소유자로 구성된 조합이 시행할 수 <u>없는</u> 정비사업은?   ★27회 기출★

① 가로주택정비사업
② 재건축사업
③ 도시환경정비사업
④ 재개발사업
⑤ 주거환경개선사업

해설

난도 ★★

⑤ 가로주택정비사업과 도시환경정비사업은 법 개정으로 인해 삭제되었고, 나머지 사업은 조합이 시행할 수 있지만, 주거환경 개선사업은 조합이 이를 시행할 수 없다(법 제24조 참조).

> **법 제24조 (주거환경개선사업의 시행자)**
> ① 제23조 제1항 제1호에 따른 방법으로 시행하는 주거환경개선사업은 시장·군수등이 직접 시행하되, 토지주택공사등을 사업시행자로 지정하여 시행하게 하려는 경우에는 제15조 제1항에 따른 공람공고일 현재 토지등소유자의 과반수의 동의를 받아야 한다.
> ② 제23조 제1항 제2호부터 제4호까지의 규정에 따른 방법으로 시행하는 주거환경개선사업은 시장·군수등이 직접 시행하거나 다음 각 호에서 정한 자에게 시행하게 할 수 있다.
> 1. 시장·군수등이 다음 각 목의 어느 하나에 해당하는 자를 사업시행자로 지정하는 경우
>   가. 토지주택공사등
>   나. 주거환경개선사업을 시행하기 위하여 국가, 지방자치단체, 토지주택공사등 또는 「공공기관의 운영에 관한 법률」 제4조에 따른 공공기관이 총지분의 100분의 50을 초과하는 출자로 설립한 법인
> 2. 시장·군수등이 제1호에 해당하는 자와 다음 각 목의 어느 하나에 해당하는 자를 공동시행자로 지정하는 경우
>   가. 「건설산업기본법」 제9조에 따른 건설업자(이하 "건설업자"라 한다)
>   나. 「주택법」 제7조 제1항에 따라 건설업자로 보는 등록사업자(이하 "등록사업자"라 한다)
> ③ 제2항에 따라 시행하려는 경우에는 제15조 제1항에 따른 공람공고일 현재 해당 정비예정구역의 토지 또는 건축물의 소유자 또는 지상권자의 3분의 2 이상의 동의와 세입자(제15조 제1항에 따른 공람공고일 3개월 전부터 해당 정비예정구역에 3개월 이상 거주하고 있는 자를 말한다) 세대수의 과반수의 동의를 각각 받아야 한다. 다만, 세입자의 세대수가 토지등소유자의 2분의 1 이하인 경우 등 대통령령으로 정하는 사유가 있는 경우에는 세입자의 동의절차를 거치지 아니할 수 있다.
> ④ 시장·군수 등은 천재지변, 그 밖의 불가피한 사유로 건축물이 붕괴할 우려가 있어 긴급히 정비사업을 시행할 필요가 있다고 인정하는 경우에는 제1항 및 제3항에도 불구하고 토지등소유자 및 세입자의 동의 없이 자신이 직접 시행하거나 토지주택공사등을 사업시행자로 지정하여 시행하게 할 수 있다. 이 경우 시장·군수등은 지체 없이 토지등소유자에게 긴급한 정비사업의 시행 사유·방법 및 시기 등을 통보하여야 한다.

답 ⑤

25 도시 및 주거환경정비법령상 정비사업의 대행에 관한 설명으로 옳지 <u>않은</u> 것은?

★27회 기출 변형★

☑확인
Check!
○
△
×

① 시장·군수가 아닌 사업의 대행자는 재산의 처분, 자금의 차입 그 밖에 시행자에게 재산상 부담을 가하는 행위는 할 수 없다.

② 사업의 대행자는 시행자에게 청구할 수 있는 보수 또는 비용의 상환을 청구할 수 있으며 그 권리행사를 위하여 시행자에게 귀속될 대지 또는 건축물을 압류할 수 있다.

③ 사업의 대행자가 사업시행자에게 보수 또는 비용의 상환을 청구함에 있어 그 보수 또는 비용을 지출한 날 이후의 이자를 청구할 수 있다.

④ 시장·군수는 장기간 정비사업이 지연되거나 권리관계에 대한 분쟁 등으로 인하여 해당조합 또는 토지등소유자가 시행하는 정비사업을 계속 추진하기 어렵다고 인정하는 때에는 해당 조합 또는 토지등소유자를 대신하여 직접 정비사업을 시행하거나 지정개발자 또는 토지주택공사 등으로 하여금 해당 조합 또는 토지등소유자를 대신하여 정비사업을 시행하게 할 수 있다.

⑤ 사업의 대행자는 대행개시결정 고시일의 다음 날부터 대행완료의 고시일까지 자기의 이름과 시행자의 계산으로 시행자의 업무를 집행하고 재산을 관리한다.

해설
난도 ★★

① (×) 시장·군수등이 아닌 사업대행자는 재산의 처분, 자금의 차입 그 밖에 사업시행자에게 재산상 부담을 주는 행위를 하려는 때에는 미리 시장·군수등의 승인을 받아야 한다(영 제22조 제4항).

답 ①

---

26 도시 및 주거환경정비법령상 정비사업을 시행하는 경우 시공자 선정에 관한 내용으로 옳지 <u>않은</u> 것은?

★27회 기출 변형★

☑확인
Check!
○
△
×

① 조합은 조합설립인가를 받은 후 조합총회에서 건설업자 또는 등록사업자를 시공자로 선정하여야 한다.

② 조합은 시공자를 선정할 때 추첨의 방법으로 하여야 한다.

③ 조합원 수가 100명 이하의 정비사업의 경우에는 조합 총회에서 정관으로 정하는 바에 따라 선정할 수 있다.

④ 일반경쟁의 방법으로 계약을 체결하는 경우로서「건설산업기본법」에 따른 건설공사로서 추정가격이 6억 원을 초과하는 공사의 계약은「전자조달의 이용 및 촉진에 관한 법률」의 국가 종합전자조달시스템을 이용하여야 한다.

⑤ 시공자의 선정과 관련하여 금품, 향응 또는 그 밖에 재산상 이익을 제공하거나 제공받은 자는 5년 이하의 징역 또는 5천만 원 이하 벌금에 처한다.

해설
난도 ★★

② (×) 조합은 조합설립인가를 받은 후 조합총회에서 경쟁입찰 또는 수의계약(2회 이상 경쟁입찰이 유찰된 경우로 한정한다)의 방법으로 건설업자 또는 등록사업자를 시공자로 선정하여야 한다(법 제29조 제4항).

답 ②

27 도시 및 주거환경정비법상 재건축사업의 안전진단과 관련한 내용으로 옳지 <u>않은</u> 것은? ★27회 기출 변형★

① 정비계획의 입안권자는 재건축사업 정비계획의 입안을 위하여 정비예정구역별 정비계획의 수립시기가 도래한 때에 안전진단을 실시하여야 한다.

② 시장·군수는 정비계획의 입안을 제안하고자 하는 자가 제안하기 전에 해당 정비예정구역 안에 소재한 건축물 및 그 부속토지의 소유자가 10분의 1 이상의 동의를 얻어 안전진단실시를 요청하는 때 안전진단을 실시하여야 한다.

③ 정비예정구역을 지정하지 아니한 지역에서 재건축사업을 하려는 자가 사업예정구역에 있는 건축물 및 그 부속토지의 소유자 10분의 1 이상의 동의를 받아 안전진단의 실시를 요청하는 경우 안전진단을 실시하여야 한다.

④ 재건축사업의 안전진단은 아파트를 대상으로 실시한다.

⑤ 주택의 구조안전상 사용금지가 필요하다고 시장·군수가 인정하는 건축물은 안전진단대상에서 제외될 수 있다.

> 해설

난도 ★

④ (×) 재건축사업의 안전진단은 주택단지의 건축물을 대상으로 한다(법 제12조 제3항).

답 ④

28 도시 및 주거환경정비법령상 정비사업의 조합설립 규정 및 조합설립추진위원회에 관한 설명으로 옳지 <u>않은</u> 것은? ★27회 기출 변형★

① 시장·군수등, 토지주택공사등 또는 지정개발자가 아닌 자가 정비사업을 시행하려는 경우에는 토지등소유자로 구성된 조합을 설립하여야 한다.

② 조합을 설립하려는 경우에는 정비구역 지정·고시 후 토지등소유자 과반수의 동의를 받아 조합설립을 위한 추진위원회를 구성하여야 한다.

③ 추진위원회는 정관에 따라 운영하여야 하며 "토지등소유자"는 운영에 필요한 경비를 정관이 정하는 바에 따라 납부하여야 한다.

④ 추진위원회를 구성한 경우 국토교통부령으로 정하는 방법과 절차에 따라 시장·군수등의 승인을 얻어야 한다.

⑤ 추진위원회 구성에 동의한 토지등소유자는 조합의 설립에 동의한 것으로 본다.

> 해설

난도 ★★

③ (×) 추진위원회는 운영규정에 따라 운영하여야 하며, 토지등소유자는 운영에 필요한 경비를 운영규정이 정하는 바에 따라 납부하여야 한다(법 제34조 제2항).

답 ③

29 도시 및 주거환경정비법령의 규정상 조합설립추진위원회의 업무로 옳지 <u>않은</u> 것은?

① 정비사업전문관리업자의 선정
② 조합의 설립인가를 받기 위한 준비업무
③ 설계자의 선정 및 변경
④ 개략적인 정비사업 시행계획서의 작성
⑤ 정비사업비의 사용

해설

난도 ★★

⑤ (×) 조합설립추진위원회의 업무가 아니다. '정비사업비의 세부 항목별 사용계획이 포함된 예산안 및 예산의 사용내역'은 총회의 의결을 거쳐야 하는 사항이다(법 제45조 제1항 제3호).

법 제32조(추진위원회의 기능)

① 추진위원회는 다음 각 호의 업무를 수행할 수 있다.

1. 102조에 따른 정비사업전문관리업자(이하 "정비사업전문관리업자"라 한다)의 선정 및 변경
2. 설계자의 선정 및 변경
3. 개략적인 정비사업 시행계획서의 작성
4. 조합설립인가를 받기 위한 준비업무
5. 그 밖에 조합설립을 추진하기 위하여 대통령령으로 정하는 업무

영 제26조(추진위원회의 업무 등)

법 제32조 제1항 제5호에서 "대통령령으로 정하는 업무"란 다음 각 호의 업무를 말한다.

1. 법 제31조 제1항 제2호에 따른 추진위원회 운영규정의 작성
2. 토지등소유자의 동의서의 접수
3. 조합의 설립을 위한 창립총회(이하 "창립총회"라 한다)의 개최
4. 조합 정관의 초안 작성
5. 그 밖에 추진위원회 운영규정으로 정하는 업무

답 ⑤

30 도시 및 주거환경정비법령의 규정상 조합설립추진위원회의 위원이 될 수 있는 자는?

확인
Check!
○
△
×

① 금고 이상의 실형을 선고받고 그 집행이 종료되는 날부터 1년 6월이 경과된 자

② 이 법을 위반하여 벌금 100만 원을 선고받고 10년이 경과된 자

③ 파산선고를 받고 복권되지 아니한 자

④ 피한정후견 선고를 받고 2년이 경과된 자

⑤ 금고 이상의 형의 집행유예를 받고 그 유예기간에 있는 자

해설
난도 ★★

② 이 법을 위반하여 벌금 100만 원 이상의 형을 선고받고 10년이 경과되었으므로 위원이 될 수 있다.

법 제43조(조합임원의 결격사유 및 해임)

① 다음 각 호의 어느 하나에 해당하는 자는 조합임원 또는 전문조합관리인이 될 수 없다.

1. 미성년자ㆍ피성년후견인 또는 피한정후견인

2. 파산선고를 받고 복권되지 아니한 자

3. 금고 이상의 실형을 선고받고 그 집행이 종료(종료된 것으로 보는 경우를 포함한다)되거나 집행이 면제된 날부터 2년이 경과되지 아니한 자

4. 금고 이상의 형의 집행유예를 받고 그 유예기간 중에 있는 자

5. 이 법을 위반하여 벌금 100만 원 이상의 형을 선고받고 10년이 지나지 아니한 자

② 조합임원이 다음 각 호의 어느 하나에 해당하는 경우에는 당연 퇴임한다.

1. 제1항 각 호의 어느 하나에 해당하게 되거나 선임 당시 그에 해당하는 자이었음이 밝혀진 경우

2. 조합임원이 제41조제1항에 따른 자격요건을 갖추지 못한 경우

③ 제2항에 따라 퇴임된 임원이 퇴임 전에 관여한 행위는 그 효력을 잃지 아니한다.

④ 조합임원은 제44조 제2항에도 불구하고 조합원 10분의 1 이상의 요구로 소집된 총회에서 조합원 과반수의 출석과 출석 조합원 과반수의 동의를 받아 해임할 수 있다. 이 경우 요구자 대표로 선출된 자가 해임 총회의 소집 및 진행을 할 때에는 조합장의 권한을 대행한다.

⑤ 제41조 제5항 제2호에 따라 시장ㆍ군수등이 전문조합관리인을 선정한 경우 전문조합관리인이 업무를 대행할 임원은 당연 퇴임한다.

답 ②

31 다음 중 도시 및 주거환경정비법령상 정비사업조합(이하 "조합"이라 한다)에 관한 설명으로 옳은 것은?

★28회 기출 변형★

① 정비구역 안에서 재개발조합과 재건축조합의 설립인가를 신청하는 경우 토지등소유자의 과반수 동의를 얻어야 한다.
② 조합은 조합 설립의 인가를 받은 날부터 30일 이내에 주된 사무소의 소재지에서 대통령령이 정하는 사항을 등기함으로써 성립한다.
③ 투기과열지구 안에서 재건축조합의 설립인가 후 양수(상속, 이혼은 제외)한 자는 조합원이 될 수 있다.
④ 재개발사업 및 도시환경정비사업의 조합에 관하여는 이 법의 규정을 제외하고는 민법 중 조합에 관한 규정을 준용한다.
⑤ 가로주택정비사업의 조합을 설립하는 경우 토지 등 소유자의 3/4 이상 및 토지면적의 1/2 이상 토지소유자 동의를 얻어 설립인가를 신청하여야 한다.

해설

난도 ★★

① (×) 법 제35조 제2항 및 제3항 참조

> **법 제35조(조합의 설립인가 등)**
> ② 재개발사업의 추진위원회(제31조 제4항에 따라 추진위원회를 구성하지 아니하는 경우에는 토지등소유자를 말한다)가 조합을 설립하려면 토지등소유자의 4분의 3 이상 및 토지면적의 2분의 1 이상의 토지소유자의 동의를 받아 다음 각 호의 사항을 첨부하여 시장·군수등의 인가를 받아야 한다.
> 1. 정관
> 2. 정비사업비와 관련된 자료 등 국토교통부령으로 정하는 서류
> 3. 그 밖에 시·도조례로 정하는 서류
> ③ 재건축사업의 추진위원회(제31조 제4항에 따라 추진위원회를 구성하지 아니하는 경우에는 토지등소유자를 말한다)가 조합을 설립하려는 때에는 주택단지의 공동주택의 각 동(복리시설의 경우에는 주택단지의 복리시설 전체를 하나의 동으로 본다)별 구분소유자의 과반수 동의(공동주택의 각 동별 구분소유자가 5 이하인 경우는 제외한다)와 주택단지의 전체 구분소유자의 4분의 3 이상 및 토지 면적의 4분의 3 이상의 토지소유자의 동의를 받아 제2항 각 호의 사항을 첨부하여 시장·군수등의 인가를 받아야 한다.

② (○) 법 제38조 제2항
③ (×) 법 제39조 제2항

④ (×) 「민법」 중 사단법인에 관한 규정을 준용한다.
⑤ (×) 전부개정으로 삭제된 내용임

정답 ②

---

32 다음 중 도시 및 주거환경정비법령에 규정된 정비사업조합에 관한 설명으로 옳지 <u>않은</u> 것은?
★29회 기출 변형★

① 재개발조합은 법정된 사항이 포함된 정관을 작성하여야 한다.
② 조합의 설립인가를 받으려면, 주택단지가 아닌 지역이 정비구역에 포함된 때에는 주택단지가 아닌 지역의 토지 또는 건축물 소유자의 4분의 3 이상 및 토지면적의 3분의 2 이상의 토지소유자의 동의를 받아야 한다.
③ 조합설립추진위원회는 추진위원회를 대표하는 추진위원장 1명과 감사를 두어야 한다.
④ 토지 또는 건축물의 소유권과 지상권이 여러 명의 공유에 속하는 경우 그 여러 명을 대표하는 1인을 조합원으로 본다.
⑤ 재건축사업의 조합원은 정비구역 안의 토지등소유자로 한다.

해설
난도 ★
⑤ (×) 재건축사업의 조합원은 정비구역 안의 토지등소유자로서 재건축사업에 동의한 자로 한다.

정답 ⑤

33 도시 및 주거환경정비법령상 조합을 설립하는 경우 토지등소유자의 동의자수 산정방법으로 옳지 않은 것은?

★28회 기출★

① 재건축사업의 경우 1명이 둘 이상의 소유권을 소유하고 있는 경우에는 소유권의 수에 관계없이 토지등소유자를 1명으로 산정한다.
② 재개발사업의 경우 하나의 건축물이 여러 명의 공유에 속하는 때에는 그 여러 명을 대표하는 1인을 토지등소유자로 산정한다.
③ 국·공유지에 대해서는 그 재산관리청을 토지등소유자로 산정한다.
④ 재개발사업의 경우 토지에 지상권이 설정되어 있는 경우에는 토지의 소유자와 해당 토지의 지상권자를 대표하는 1인을 토지등소유자로 산정한다.
⑤ 재건축사업의 경우 구분소유권을 여럿이서 공유하는 경우에는 그 여럿을 각각 토지등소유자로 산정할 것

해설

난도 ★★

⑤ (×) 소유권 또는 구분소유권을 여럿이서 공유하는 경우에는 그 여럿을 대표하는 1인을 토지등소유자로 산정할 것(영 제33조 제1항 제2호 가목)

> **영 제33조(토지등소유자의 동의자수 산정방법 등)**
> ① 법 제12조 제2항, 제28조 제1항, 제36조 제1항, 이 영 제12조, 제14조 제2항 및 제27조에 따른 토지등소유자(토지면적에 관한 동의자 수를 산정하는 경우에는 토지소유자를 말한다. 이하 이 조에서 같다)의 동의는 다음 각 호의 기준에 따라 산정한다.
> 1. 주거환경개선사업, 재개발사업의 경우에는 다음 각 목의 기준에 의할 것
>   가. 1필지의 토지 또는 하나의 건축물을 여럿이서 공유할 때에는 그 여럿을 대표하는 1인을 토지등소유자로 산정할 것. 다만, 재개발구역의 「전통시장 및 상점가 육성을 위한 특별법」 제2조에 따른 전통시장 및 상점가로서 1필지의 토지 또는 하나의 건축물을 여럿이서 공유하는 경우에는 해당 토지 또는 건축물의 토지등소유자의 4분의 3 이상의 동의를 받아 이를 대표하는 1인을 토지등소유자로 산정할 수 있다.
>   나. 토지에 지상권이 설정되어 있는 경우 토지의 소유자와 해당 토지의 지상권자를 대표하는 1인을 토지등소유자로 산정할 것
>   다. 1인이 다수 필지의 토지 또는 다수의 건축물을 소유하고 있는 경우에는 필지나 건축물의 수에 관계없이 토지등소유자를 1인으로 산정할 것. 다만, 재개발사업으로서 법 제25조 제1항 제2호에 따라 토지등소유자가 재개발사업을 시행하는 경우 토지등소유자가 정비구역 지정 후에 정비사업을 목적으로 취득한 토지 또는 건축물에 대해서는 정비구역 지정 당시의 토지 또는 건축물의 소유자를 토지등소유자의 수에 포함하여 산정하되, 이 경우 동의 여부는 이를 취득한 토지등소유자에 따른다.
>   라. 둘 이상의 토지 또는 건축물을 소유한 공유자가 동일한 경우에는 그 공유자 여럿을 대표하는 1인을 토지등소유자로 산정할 것

2. 재건축사업의 경우에는 다음 각 목의 기준에 따를 것

    가. 소유권 또는 구분소유권을 여럿이서 공유하는 경우에는 그 여럿을 대표하는 1인을 토지등소유자로 산정할 것

    나. 1인이 둘 이상의 소유권 또는 구분소유권을 소유하고 있는 경우에는 소유권 또는 구분소유권의 수에 관계없이 토지등소유자를 1인으로 산정할 것

    다. 둘 이상의 소유권 또는 구분소유권을 소유한 공유자가 동일한 경우에는 그 공유자 여럿을 대표하는 1인을 토지등소유자로 할 것

3. 추진위원회의 구성 또는 조합의 설립에 동의한 자로부터 토지 또는 건축물을 취득한 자는 추진위원회의 구성 또는 조합의 설립에 동의한 것으로 볼 것

4. 토지등기부등본·건물등기부등본·토지대장 및 건축물관리대장에 소유자로 등재될 당시 주민등록번호의 기록이 없고 기록된 주소가 현재 주소와 다른 경우로서 소재가 확인되지 아니한 자는 토지등소유자의 수 또는 공유자 수에서 제외할 것

5. 국·공유지에 대해서는 그 재산관리청 각각을 토지등소유자로 산정할 것

답 ⑤

34 다음 중 도시 및 주거환경정비법령에 규정된 정비사업조합에 관한 설명으로 옳은 것은? ★28회 기출 변형★

① 조합은 총회의결을 거쳐 조합 임원 선출에 관한 선거를 시장·군수에게 위탁할 수 있다.

② 조합임원은 같은 목적의 정비사업을 하는 다른 조합의 직원을 겸할 수 있다.

③ 조합임원이 피성년후견인 또는 피한정후견인의 선고를 받은 때에는 당연 퇴임한다.

④ 조합원 수가 100인 이상인 조합은 대의원회를 둘 수 있다.

⑤ 토지등소유자는 조합설립인가를 받은 후 동의를 철회하거나 반대의 의사를 표시할 수 있음이 원칙이다.

해설

난도 ★★

① (×) 선거관리위원회에게 위탁할 수 있다.

② (×) 다른 조합의 임원 또는 직원을 겸할 수 없다.

④ (×) 조합원 수가 100인 이상인 조합은 대의원회를 두어야 한다. 대의원회는 조합원의 1/10 이상으로 하되 조합원의 1/10이 100명을 넘는 경우 조합원의 1/10 범위 안에서 100인 이상으로 구성할 수 있다.

⑤ (×) 인가를 신청하기 전에 동의를 철회하거나 반대의 의사를 표시할 수 있다.

답 ③

35 도시 및 주거환경정비법령상 재개발사업을 위해 조합설립을 할 때 토지등소유자의 동의자 수 산정방법 등에 대한 설명으로 옳지 <u>않은</u> 것은? ★28회 기출 변형★

☑확인
Check!
○
△
×

① 1필지 토지 또는 하나의 건축물이 여럿의 공유에 속하는 경우 그 여럿을 대표하는 1인을 토지등소유자로 산정한다.

② 토지에 지상권이 설정되어 있는 경우 토지소유자와 해당 토지의 지상권자를 대표하는 1인을 토지등소유자로 산정한다.

③ 1인이 다수 필지의 토지 또는 다수의 건축물을 소유하고 있는 경우에는 필지나 건축물의 수에 따라 토지등소유자를 산정한다.

④ 토지등소유자의 동의는 서면동의서에 토지등소유자가 성명을 적고 지장을 날인하는 방법으로 하며 신분증명서의 사본을 첨부하여야 한다.

⑤ 동의의 철회가 있는 경우 철회서가 동의의 상대방에게 도달한 때 또는 시장·군수가 동의의 상대방에게 철회서가 접수된 사실을 통지한 때 중 빠른 때에 효력이 발생한다.

해설
난도 ★★
③ (×) 1인이 다수 필지의 토지 또는 다수의 건축물을 소유하고 있는 경우에는 필지나 건축물의 수에 관계없이 토지등소유자를 1인으로 산정한다.

답 ③

36 다음 중 도시 및 주거환경정비법령에 규정된 정비사업조합의 임원 등에 관한 설명으로 옳지 <u>않은</u> 것은? ★25회 기출 변형★

☑확인
Check!
○
△
×

① 조합장은 대의원이 될 수 없다.

② 조합임원의 해임은 조합원이 10분의 1 이상의 요구로 소집된 총회에서 조합원 과반수의 출석과 출석 조합원 과반수의 동의를 얻어 할 수 있다.

③ 대의원회는 조합원의 10분의 1 이상으로 하되 조합원의 10분의 1이 100명을 넘는 경우에는 조합원의 10분의 1 범위 안에서 100인 이상으로 구성할 수 있으며, 총회의 의결사항 중 대통령령으로 정하는 사항을 제외하고는 총회의 권한을 대행할 수 있다.

④ 조합임원이 결격사유에 해당하거나 선임 당시 그에 해당하는 자이었음이 판명된 때에는 당연 퇴임한다.

⑤ 퇴임된 임원이 퇴임 전에 관여한 행위는 그 효력을 잃지 아니한다.

해설
난도 ★★
① (×) 조합장이 아닌 조합임원(이사, 감사)은 대의원이 될 수 없다(법 제46조 제3항).

답 ①

37 도시 및 주거환경정비법령상 조합임원에 관한 설명으로 옳은 것은?

① 조합임원이 금고 이상의 형의 집행유예를 받고 그 유예기간 중에 있는 경우에는 총회의의결을 거쳐 해임된다.
② 조합임원은 조합원 10분의 1 이상의 요구로 소집된 총회에서 조합원 과반수의 출석과 출석 조합원 과반수의 동의를 받아 해임할 수 있다.
③ 조합장 또는 이사가 자기를 위하여 조합과 계약이나 소송을 할 때에는 대의원회의 의장이 조합을 대표한다.
④ 조합임원의 임기는 정관으로 정하되, 연임할 수 없다.
⑤ 조합의 정관에는 조합임원 업무의 분담 및 대행 등에 관한 사항은 포함되지 아니한다.

해설
난도 ★★

① (×) 당연 퇴임사유다(법 제43조 제1항 및 제2항).
② (○) 법 제43조 제4항
③ (×) 조합장 또는 이사가 자기를 위하여 조합과 계약이나 소송을 할 때에는 감사가 조합을 대표한다(법 제42조 제3항).
④ (×) 조합임원의 임기는 3년 이하의 범위에서 정관으로 정하되, 연임할 수 있다(법 제41조 제4항).
⑤ (×) 포함된다(법 제40조 제1항 제18호, 영 제38조 제2호).

답 ②

38 다음 중 정비사업조합의 대의원회가 총회의 권한을 대행할 수 있는 사항은?

① 정비사업비의 세부 항목별 사용계획이 포함된 예산안 및 예산의 사용내역에 관한 총회의 의결
② 조합의 합병 및 해산
③ 정비사업전문관리업자의 선정
④ 자금의 차입과 그 방법·이자율 및 상환방법
⑤ 예산으로 정한 사항 외에 조합원에게 부담이 될 계약

해설
난도 ★★

① 정비사업비의 세부 항목별 사용계획이 포함된 예산안 및 예산의 사용내역에 관한 사항은 총회의 의결을 거쳐야 한다(법 제45조 제1항 제3호, 법 제46조 제4항, 영 제43조).

답 ①

39 다음 중 도시 및 주거환경정비법령에 규정된 주민대표회의에 관한 설명으로 옳지 <u>않은</u> 것은?

★28회 기출 변형★

① 정비구역 안의 토지등소유자가 시장·군수 또는 토지주택공사등의 사업시행을 원하는 경우 사업시행을 원활하게 하기 위한 주민대표회의를 정비구역지정 고시 후 구성하여야 한다.

② 주민대표회의는 5인 이상 25인 이하로 구성한다.

③ 주민대표회의는 토지등소유자 3분의 2 이상의 동의를 얻어서 구성하며, 구성한 때에는 시장·군수의 승인을 얻어야 한다.

④ 주민대표회의 또는 세입자(상가세입자 포함)는 사업시행자가 시행규정을 정하는 때에 의견을 제시할 수 있다.

⑤ 시장·군수는 주민대표회의의 운영에 필요한 경비의 일부를 해당 정비사업비에서 지원할 수 있다.

> **해설**
> 난도 ★
> ③ (×) 주민대표회의는 토지등소유자의 과반수의 동의를 받아 구성하며, 국토교통부령으로 정하는 방법 및 절차에 따라 시장·군수등의 승인을 받아야 한다(법 제47조 제3항).
>
> 답 ③

40 다음 중 도시 및 주거환경정비법령상 사업시행인가에 관한 설명으로 옳은 것은?

★26회 기출 변형★

① 재개발사업의 사업시행인가를 하고자 하는 경우 건축물의 높이·층수·용적률 등에 대하여 시·군·구에 설치하는 건축위원회 심의를 거쳐야 한다.

② 시장·군수는 사업시행계획인가를 하고자 하는 경우 정비구역으로부터 300m 이내에 교육시설이 설치되어 있는 경우 교육감 또는 교육장과 협의하여야 한다.

③ 재개발사업의 사업시행인가를 하고자 하는 경우 정비사업의 시행자가 지정개발자인 때에는 정비사업비의 20/100 범위 안에서 시·도 조례가 정하는 금액을 예치하게 하여야 한다.

④ 사업시행자는 사업시행인가를 신청하기 전에 미리 총회를 개최하여 조합원 동의를 얻어야 한다.

⑤ 시장·군수는 고시된 정비계획에 따라 사업시행계획서를 작성하여야 한다.

> **해설**
> 난도 ★★
> ① (×) 시장·군수는 제4조 제1항의 규정에 의한 정비구역이 아닌 구역에서 시행하는 재건축사업의 사업시행인가를 하고자 하는 경우에는 건축물의 높이·층수·용적률 등 대통령령이 정하는 사항에 대하여 「건축법」 제4조에 따라 특별자치시·특별자치도·시·군·구(자치구를 말한다)에 설치하는 건축위원회(이하 "건축위원회"라 한다)의 심의를 거쳐야 한다.
> ② (×) 시장·군수는 제1항에 따른 사업시행인가(시장·군수가 사업시행계획서를 작성한 경우를 포함한다)를 하고자 하는 경우(인가받은 내용을 변경하는 경우를 포함한다) 정비구역으로부터 200미터 이내에 교육시설이 설치되어 있는 때에는 해당 지방자치단체의 교육감 또는 교육장과 협의하여야 한다.

③ (×) 시장·군수는 도시환경정비사업의 사업시행인가를 하고자 하는 경우 해당 정비사업의 사업시행자가 지정개발자인 때에는 정비사업비의 100분의 20의 범위 이내에서 시·도조례로 정하는 금액을 예치하게 할 수 있다.
⑤ (×) 사업시행자는 고시된 정비계획에 따라 사업시행계획서를 작성하여야 한다.

답 ④

---

41 도시 및 주거환경정비법령에 규정된 순환정비방식의 정비사업에 관한 설명으로 옳지 <u>않은</u> 것은?

★28회 기출 변형★

☑확인
Check!
○
△
×

① 공급가능한 주택 수는 우선 공급요청일 현재 공급 예정인 물량의 3분의 1의 범위 이내로 함이 원칙이다.
② 순환용주택에 거주하는 자가 정비사업이 완료된 후에도 순환용주택에 계속 거주를 희망하는 때에는 이를 분양할 수 있으며, 이 경우 순환용주택은 관리처분계획에 따라 토지등소유자에게 처분된 것으로 본다.
③ 사업시행자는 정비사업을 원활히 시행하기 위하여 정비구역의 내·외에 새로 건설한 주택 또는 이미 건설되어 있는 주택의 경우 그 정비사업의 시행으로 철거되는 주택의 소유자 또는 세입자(정비구역에서 실제 거주하는 자에 한함)가 임시로 거주하게 하는 등의 방식으로 그 정비구역을 순차적으로 정비하는 등 주택의 소유자 또는 세입자의 이주대책을 수립하여야 한다.
④ 사업시행자는 그 임시로 거주하는 주택을 「주택법」 제54조의 규정에도 불구하고 임시거주시설로 사용하거나 임대할 수 있다.
⑤ 사업시행자는 관리처분계획의 인가 신청 후 주택공사 등이 보유한 공공임대주택을 순환용주택으로 우선 공급할 것을 요청할 수 있다.

해설
난도 ★★
① (×) 공급가능한 주택 수는 우선 공급 예정일 현재 공급 예정인 물량의 2분의 1의 범위 이내로 한다(영 제51조 제3항).

답 ①

42 다음은 도시 및 주거환경정비법령상 재건축사업 등의 용적률 완화 및 국민주택규모 주택 건설 등에 관한 설명이다. 옳지 않은 것은? ★29회 기출 변형★

☑확인
Check!
○
△
✕

① 시행자는 건설된 소형주택을 국토교통부장관, 시 · 도지사, 시장, 군수, 구청장 또는 주택공사 등(이하 인수자)에게 공급하여야 한다.

② 인수자에게 공급하는 소형주택의 공급가격은 임대주택법에 따라 국토교통부장관이 고시하는 공공건설임대주택의 표준건축비로 하며, 부속토지는 인수자에게 기부채납한 것으로 본다.

③ 인수된 소형주택은 대통령령으로 정하는 장기공공임대주택으로 활용하여야 한다.

④ 과밀억제권역에서 시행하는 지건축사업 및 재개발사업의 경우 사업의 시행자는 정비계획에서 정하여진 용적률에도 불구하고 지방도시계획위원회의 심의를 거쳐 국토의 계획 및 이용에 관한 법률에 따른 법적상한용적률까지 건축할 수 있다.

⑤ 과밀억제권역에서 시행하는 재건축사업의 경우 사업시행자는 법적상한용적률에서 정비계획으로 정하여진 용적률을 뺀 용적률의 100분의 50 이상 100분의 75 이하로서 시 · 도조례로 정하는 비율에 해당하는 면적에 국민주택규모 주택을 건설하여야 한다.

해설
난도 ★★

⑤ (✕) 과밀억제권역에서 시행하는 재건축사업의 경우 사업시행자는 법적상한용적률에서 정비계획으로 정하여진 용적률을 뺀 초과 용적률의 100분의 30 이상 100분의 50 이하로서 시 · 도조례로 정하는 비율에 해당하는 면적에 국민주택규모 주택을 건설하여야 한다(법 제54조 제4항 제1호 참조).

답 ⑤

43 다음 중 정비사업과 관련된 관리처분계획의 수립기준으로 옳지 않은 것은? ★26회 기출 변형★

☑확인
Check!
○
△
✕

① 1세대 또는 1인이 하나 이상의 주택 또는 토지를 소유한 경우 1주택을 공급하고, 같은 세대에 속하지 아니하는 2인 이상이 1주택 또는 1토지를 공유한 경우에는 1주택만 공급한다.

② 재해 또는 위생상의 위해를 방지하기 위하여 토지의 규모를 조정할 특별한 필요가 있는 때에는 너무 좁은 토지를 증가시키거나 토지에 갈음하여 보상을 하거나 건축물의 일부와 그 건축물이 있는 대지의 공유지분을 교부할 수 있다.

③ 종전 토지의 위치 · 지목 · 면적 그 밖의 사항을 종합적으로 고려하여 균형 있게 배분되고 합리적으로 이용되도록 한다.

④ 지나치게 좁거나 넓은 토지 또는 건축물에 대하여 필요한 경우에는 이를 증가하거나 감소시켜 대지 또는 건축물이 적정 규모가 되도록 한다.

⑤ 너무 좁은 토지 또는 건축물이나 정비구역 지정 후 분할된 토지를 취득한 자에 대하여는 현금으로 청산할 수 있다.

③ (×) 종전의 토지 또는 건축물의 면적 · 이용상황 · 환경 그 밖의 사항을 종합적으로 고려하여 대지 또는 건축물이 균형 있게 분양신청자에게 배분되고 합리적으로 이용되도록 한다(법 제76조 제1항 제1호).

답 ③

44 다음은 재개발사업의 분양신청 및 관리처분계획의 수립에 관한 설명이다. 옳지 않은 것은? ★29회 기출 변형★

① 분양신청기간은 그 통지한 날부터 30일 이상 60일 이내로 하여야 한다. 다만, 사업시행자는 관리처분계획의 수립에 지장이 없다고 판단하는 경우에는 분양신청기간을 20일의 범위 이내에서 연장할 수 있다.

② 분양신청을 하지 아니한 자에 대하여는 분양신청기간 종료일부터 120일 이내 현금으로 청산하여야 한다.

③ 관리처분계획에는 세입자별 손실보상을 위한 권리명세 및 그 평가액 등의 내용이 포함된다.

④ 사업시행자는 관리처분계획을 인가를 신청하기 전에 관계서류의 사본을 30일 이상 토지등소유자에게 공람하게 하고 의견을 들어야 하며, 시장 · 군수는 관리처분계획의 인가신청이 있는 날부터 30일 이내 인가여부를 결정하여 사업시행자에게 통보하여야 한다.

⑤ 사업시행자는 사업시행계획인가의 고시가 있은 날부터 120일 이내 개략적인 부담금 내역 및 분양신청기간 등을 토지등소유자에게 통지하고, 분양대상이 되는 대지 또는 건축물 내역 등을 일간신문에 공고하여야 한다.

② (×) 법 제73조, 영 제60조 참조

법 제73조(분양신청을 하지 아니한 자 등에 대한 조치)

① 사업시행자는 관리처분계획이 인가·고시된 다음 날부터 90일 이내에 다음 각 호에서 정하는 자와 토지, 건축물 또는 그 밖의 권리의 손실보상에 관한 협의를 하여야 한다. 다만, 사업시행자는 분양신청기간 종료일의 다음 날부터 협의를 시작할 수 있다.

1. 분양신청을 하지 아니한 자
2. 분양신청기간 종료 이전에 분양신청을 철회한 자
3. 제72조 제6항 본문에 따라 분양신청을 할 수 없는 자
4. 제74조에 따라 인가된 관리처분계획에 따라 분양대상에서 제외된 자

영 제60조(분양신청을 하지 아니한 자 등에 대한 조치)

① 사업시행자가 법 제73조 제1항에 따라 토지등소유자의 토지, 건축물 또는 그 밖의 권리에 대하여 현금으로 청산하는 경우 청산금액은 사업시행자와 토지등소유자가 협의하여 산정한다. 이 경우 재개발사업의 손실보상액의 산정을 위한 감정평가업자 선정에 관하여는 「공익사업을 위한 토지 등의 취득 및 보상에 관한 법률」 제68조 제1항에 따른다.

답 ②

45 도시 및 주거환경정비법령상 관리처분계획에 관한 설명으로 옳은 것은?   ★28회 기출★

① 재건축사업에서 주택분양에 관한 권리를 포기하는 토지등소유자에 대한 임대주택의 공급에 따라 관리처분계획을 변경하는 때에는 시장·군수에게 신고하여야 한다.
② 재개발사업에서 관리처분계획은 주택단지의 경우 1개의 건축물의 대지는 1필지의 토지가 되도록 정하여야 한다.
③ 재건축사업의 관리처분계획에서 분양대상자별 분양예정인 건축물의 추산액을 평가할 때에는 시장·군수가 선정·계약한 2인 이상의 감정평가업자가 평가한 금액을 산술평균하여 산정한다.
④ 재개발사업에서 지방자치단체인 토지등소유자에게는 하나 이상의 주택 또는 토지를 소유한 경우라도 1주택을 공급하도록 관리처분계획을 정한다.
⑤ 주거환경관리사업의 사업시행자는 관리처분계획을 수립하여 시장·군수의 인가를 받아야 한다.

해설

난도 ★★

① (○) 법 제74조 제1항 단서, 영 제61조 제5호
② (×) 재개발사업에서 관리처분계획은 1개의 건축물의 대지는 1필지의 토지가 되도록 정할 것. 다만, 주택단지의 경우에는 그러하지 아니하다(법 제74조 제4항, 영 제63조 제1항 제2호).
③ (×) 재건축사업의 관리처분계획에서 분양대상자별 분양예정인 건축물의 추산액을 평가할 때에는 시장·군수가 선정·계약한 1인 이상의 감정평가업자와 조합총회의 의결로 정하여 선정·계약한 1인 이상의 감정평가업자가 평가한 금액을 산술평균하여 산정한다(법 제74조 제4항 제1호).
④ (×) 재개발사업에서 지방자치단체인 토지등소유자에게는 소유한 주택 수만큼 공급할 수 있다(법 제76조 제1항 제7호 나목).
⑤ (×) 전부개정으로 삭제된 내용이다.

답 ①

46 다음 중 도시 및 주거환경정비법령상 정비사업의 완료 후 절차에 관한 설명으로 옳지 <u>않은</u> 것은?

★27회 기출 변형★

① 사업시행자는 준공인가 및 공사완료의 고시가 있는 경우 지체 없이 대지확정측량 및 토지분할절차를 분양받을 자에게 통지하고 소유권을 이전 · 고시를 하여야 한다.

② 사업시행자는 소유권이전의 고시가 있은 때에는 15일 이내 대지 및 건축물에 대한 등기를 촉탁 또는 신청하여야 한다.

③ 시장 · 군수가 아닌 시행자는 정비사업에 관한 공사를 완료한 때에는 시장 · 군수의 준공인가를 받아야 한다.

④ 준공인가신청을 받은 시장 · 군수는 지체 없이 준공검사를 실시하여야 한다.

⑤ 시장 · 군수는 준공인가를 하기 전이라도 완공된 건축물이 사용에 지장이 없으면 입주예정자가 완공된 건물을 사용할 것을 사업시행자에 대하여 허가할 수 있다.

해설
난도 ★★

② (×) 소유권이전의 고시가 있은 때에는 지체 없이 대지 및 건축물에 대한 등기를 촉탁 또는 신청하여야 한다(법 제88조 제1항).

답 ②

---

47 다음 중 도시 및 주거환경정비법령상 청산금에 관한 설명으로 옳지 <u>않은</u> 것은?

★27회 기출 변형★

① 사업시행자는 소유권 이전 · 고시가 있은 후에 그 차액에 상당하는 금액(이하 "청산금"이라 한다)을 분양받은 자로부터 징수하거나 분양받은 자에게 지급하여야 한다.

② 종전에 소유하고 있던 토지 또는 건축물의 가격과 분양받은 대지 또는 건축물의 가격은 그 토지 또는 건축물의 규모 · 위치 · 용도 · 이용상황 · 정비사업비 등을 참작하여 평가하여야 한다.

③ 청산금을 지급받을 권리 또는 징수할 권리는 소유권 이전의 고시일 다음 날부터 5년간 행사하지 아니하면 소멸한다.

④ 조합이 시장 · 군수에게 청산금의 지급을 위탁한 경우 시장 · 군수에게 징수한 금액의 5/100에 해당하는 금액을 수수료로 지급해야 한다.

⑤ 청산금은 일괄징수 · 일괄지급하지만 예외적으로 정관 등에서 정하면 분할 징수 및 분할지급할 수 있다.

해설
난도 ★★

④ (×) 시장 · 군수는 청산금의 부과 · 징수를 위탁받은 경우에는 지방세 체납처분의 예에 의하여 이를 부과 · 징수할 수 있다. 이 경우 사업시행자는 징수한 금액의 100분의 4에 해당하는 금액을 당해 시장 · 군수에게 교부하여야 한다(법 제90조 제1항 및 제93조 제5항).

답 ④

48 도시 및 주거환경정비법령상 비용부담 등에 관한 설명으로 옳지 <u>않은</u> 것은?

① 시장·군수는 시장·군수가 아닌 사업시행자가 시행하는 정비사업의 정비계획에 따라 설치되는 도시·군계획시설 중 녹지에 대하여는 그 건설에 소요되는 비용의 전부 또는 일부를 부담할 수 있다.

② 시장·군수는 그가 시행하는 정비사업으로 인하여 현저한 이익을 받는 정비기반시설의 관리자가 있는 경우에는 그 정비기반시설의 관리자와 협의하여 당해 정비사업비의 3분의 2까지를 그 관리자에게 부담시킬 수 있다.

③ 시장·군수가 아닌 사업시행자는 부과금 또는 연체료를 체납하는 자가 있는 때에는 시장·군수에게 그 부과·징수를 위탁할 수 있다.

④ 공동구에 수용될 전기·가스·수도의 공급시설과 전기통신시설 등의 관리자가 부담할 공동구의 설치에 소요되는 비용의 부담비율은 공동구의 점용예정면적비율에 의한다.

⑤ 사업시행자가 정비사업비의 일부를 정비기반시설의 관리자에게 부담시키고자 하는 때에는 정비사업에 소요된 비용의 명세와 부담금액을 명시하여 그 비용을 부담시키고자 하는 자에게 통지하여야 한다.

해설
난도 ★★

② (×) 3분의 1을 초과하여서는 아니 된다(법 제94조 제1항 및 영 제78조 제1항).

답 ②

49 다음 중 도시 및 주거환경정비법령에 규정된 정비기반시설의 설치에 관한 설명으로 옳지 <u>않은</u> 것은?

① 정비기반시설의 설치를 위하여 토지 또는 건축물이 수용된 자는 당해 정비구역 안의 소재하는 매각대상이 되는 대지 또는 건축물을 다른 사람에 우선하여 매수를 청구할 수 있다.

② 시·도지사 또는 대도시 시장은 정비구역의 진입로 설치를 위하여 필요한 경우 진입로 지역과 그 인접지역을 포함하여 정비구역을 지정할 수 있다.

③ 시장·군수 또는 '주택공사 등'이 정비사업의 시행으로 기존에 정비기반시설에 대체되는 정비기반시설을 설치한 경우 종래의 정비기반시설은 사업시행자에게 무상으로 귀속되고 새로이 설치된 정비기반시설은 그 시설을 관리할 국가 또는 지방자치단체에 무상으로 귀속된다.

④ 관할 지방자치단체의 장이 정비구역 안에 정비기반시설을 설치하여야 한다.

⑤ 당해 대지 또는 건축물이 국가 또는 지방자치단체의 소유에 속하는 때에는 국유재산법 또는 지방재정법의 규정에도 불구하고 수의계약으로 매각할 수 있다.

해설
난도 ★★

④ (×) 사업시행자가 관할 지방자치단체의 장과 협의하여 정비구역에 정비기반시설을 설치하여야 한다(법 제96조).

답 ④

50 다음 중 도시 및 주거환경정비법령상 국·공유지의 처분 및 국·공유재산 임대 등에 관한 내용으로 옳지 않은 것은? ★26회 기출 변형★

☑확인
Check!
○
△
×

① 주거환경개선구역 안에서 국가 또는 지방자치단체가 소유하는 토지는 사업시행계획인가의 고시가 있은 날부터 종전용도가 폐지된 것으로 보고, 국유재산법 등의 규정에도 불구하고 해당 사업시행자에게 무상으로 양여된다.

② 시장·군수는 사업시행계획서에 국·공유재산의 처분에 관한 내용이 포함되어 있는 때에는 미리 관리청과 협의하여야 하며, 이 경우 관리청이 불분명한 재산 중 도로·하천 등은 기획재정부장관을 관리청으로 한다.

③ 협의요청을 받은 관리청은 20일 이내 의견을 제시하여야 한다.

④ 지방자치단체 또는 토지주택공사 등은 주거환경개선구역 및 재개발구역에서 임대주택을 건설하는 경우 국·공유지 관리청과 협의하여 정한 기간 동안 국·공유지를 임대할 수 있다.

⑤ 시장·군수등은 「국유재산법」 제18조 제1항 또는 「공유재산 및 물품 관리법」 제13조에도 불구하고 제1항에 따라 임대하는 국·공유지 위에 공동주택, 그 밖의 영구시설물을 축조하게 할 수 있다.

해설
난도 ★★
② (×) 관리청이 불분명한 재산 중 도로·하천·구거(도랑) 등은 국토교통부장관을, 그 외의 재산에 대하여는 기획재정부장관을 관리청으로 한다(법 제98조 제1항).

정답 ②

너의 길을 가라. 남들이 무엇이라 하든지 내버려 두라.

- A.단테 -

제3편

건축법

출제경향 & 수험대책

건축법에서는 3문제가 출제되고 있다. 특히 용어의 개념을 이해하고 넘어가야 하며, 건축물, 공작물, 대지, 건축과 대수선에 대해서는 완벽히 학습해야 한다. 또한 용도변경, 면적 등의 산정기준, 건폐율과 용적률, 높이와 층수, 사전결정, 건축허가, 건축신고, 건축허가의 제한·취소·거부, 가설건축물과 사용승인, 건축물의 유지와 관리, 건축물의 대지, 건축물의 도로, 건축물의 구조안전, 건축물의 설비와 재료, 지하층, 높이의 제한, 기타 건축제한, 특별건축구역, 건축협정, 건축위원회 등에 대해서도 체계적으로 학습해 두어야 한다.

제1장 | 건축법 총론

출제포인트
- □ 적용대상물
- □ 적용대상행위
- □ 지하층
- □ 주요구조부
- □ 리모델링
- □ 발코니
- □ 초고층 건축물
- □ 고층건축물
- □ 연면적의 산정방법
- □ 다중이용건축물
- □ 준다중이용건축물

1. 적용대상물 ★32회 기출★

(1) 건축물

① 건축물의 의의

건축물이란 토지에 정착하는 공작물 중 지붕과 기둥 또는 벽이 있는 것과 이에 딸린 시설물, 지하나 고가의 공작물에 설치하는 사무소·공연장·점포·차고·창고, 그 밖에 대통령령으로 정하는 것을 말한다.

② 「건축법」을 적용하지 않는 건축물 ★31회 기출★

다음의 어느 하나에 해당하는 건축물에는 이 법을 적용하지 아니한다.

> 1. 「문화재보호법」에 따른 지정문화재나 임시지정문화재
> 2. 철도나 궤도의 선로 부지에 있는 다음의 시설
>   ① 운전보안시설
>   ② 철도 선로의 위나 아래를 가로지르는 보행시설
>   ③ 플랫폼
>   ④ 해당 철도 또는 궤도사업용 급수·급탄 및 급유시설
> 3. 고속도로 통행료 징수시설
> 4. 컨테이너를 이용한 간이창고(공장의 용도로만 사용되는 건축물의 대지에 설치하는 것으로서 이동이 쉬운 것만 해당된다)
> 5. 「하천법」에 따른 하천구역 내의 수문조작실

2. 적용대상행위 ★27회 기출★

(1) 건축

건축물을 신축ㆍ증축ㆍ개축ㆍ재축하거나 건축물을 이전하는 것을 말한다.

> 1. 신축 : 신축이란 건축물이 없는 대지(기존 건축물이 해체되거나 멸실된 대지를 포함한다)에 새로 건축물을 축조하는 것(부속건축물만 있는 대지에 새로 주된 건축물을 축조하는 것을 포함하되, 개축 또는 재축하는 것은 제외한다)을 말한다.
> 2. 증축 : 증축이란 기존 건축물이 있는 대지에서 건축물의 건축면적, 연면적, 층수 또는 높이를 늘리는 것을 말한다.
> 3. 개축 : 개축이란 기존 건축물의 전부 또는 일부[내력벽ㆍ기둥ㆍ보ㆍ지붕틀(한옥의 경우에는 지붕틀의 범위에서 서까래는 제외한다) 중 셋 이상이 포함되는 경우를 말한다]를 해체하고 그 대지에 종전과 같은 규모의 범위에서 건축물을 다시 축조하는 것을 말한다.
> 4. 재축 : 재축이란 건축물이 천재지변이나 그 밖의 재해로 멸실된 경우 그 대지에 다음의 요건을 모두 갖추어 다시 축조하는 것을 말한다.
>   ① 연면적 합계는 종전 규모 이하로 할 것
>   ② 동(棟)수, 층수 및 높이는 다음의 어느 하나에 해당할 것
>   ㉠ 동수, 층수 및 높이가 모두 종전 규모 이하일 것
>   ㉡ 동수, 층수 또는 높이의 어느 하나가 종전 규모를 초과하는 경우에는 해당 동수, 층수 및 높이가 「건축법」, 이 영 또는 건축조례에 모두 적합할 것
> 5. 이전 : 이전이란 건축물의 주요구조부를 해체하지 아니하고 같은 대지의 다른 위치로 옮기는 것을 말한다.

3. 지하층 ★33회 기출★

건축물의 바닥이 지표면 아래에 있는 층으로서 바닥에서 지표면까지 평균높이가 해당 층 높이의 2분의 1 이상인 것을 말한다.

4. 주요구조부

내력벽, 기둥, 바닥, 보, 지붕틀 및 주계단을 말한다.

5. 리모델링

건축물의 노후화를 억제하거나 기능 향상 등을 위하여 대수선하거나 건축물의 일부를 증축 또는 개축하는 행위를 말한다.

6. 발코니

건축물의 내부와 외부를 연결하는 완충공간으로서 전망이나 휴식 등의 목적으로 건축물 외벽에 접하여 부가적으로 설치되는 공간을 말한다. 이 경우 주택에 설치되는 발코니로서 국토교통부장관이 정하는 기준에 적합한 발코니는 필요에 따라 거실ㆍ침실ㆍ창고 등의 용도로 사용할 수 있다.

7. 초고층 건축물

층수가 50층 이상이거나 높이가 200m 이상인 건축물을 말한다.

8. 고층건축물 ★33회 기출★

층수가 30층 이상이거나 높이가 120m 이상인 건축물을 말한다.

9. 연면적의 산정방법

하나의 건축물 각 층의 바닥면적의 합계로 하되, 용적률을 산정할 때에는 다음에 해당하는 면적은 제외한다.

> 1. 지하층의 면적
> 2. 지상층의 주차용(해당 건축물의 부속용도인 경우만 해당한다)으로 쓰는 면적
> 3. 초고층 건축물과 준초고층 건축물에 설치하는 피난안전구역의 면적
> 4. 건축물의 경사지붕 아래에 설치하는 대피공간의 면적

10. 층수

승강기탑, 계단탑, 망루, 장식탑, 옥탑, 그 밖에 이와 비슷한 건축물의 옥상부분으로서 그 수평투영면적의 합계가 해당 건축물 건축면적의 8분의 1(「주택법」에 따른 사업계획승인 대상인 공동주택 중 세대별 전용면적이 85m² 이하인 경우에는 6분의 1) 이하인 것과 지하층은 건축물의 층수에 산입하지 아니하고, 층의 구분이 명확하지 아니한 건축물은 그 건축물의 높이 4m마다 하나의 층으로 보고 그 층수를 산정하며, 건축물이 부분에 따라 그 층수가 다른 경우에는 그중 가장 많은 층수를 그 건축물의 층수로 본다.

11. 다중이용건축물

"다중이용 건축물"이란 다음의 어느 하나에 해당하는 건축물을 말한다.

(1) 다음의 어느 하나에 해당하는 용도로 쓰는 바닥면적의 합계가 5천m² 이상인 건축물
　　① 문화 및 집회시설(동물원 및 식물원은 제외한다)
　　② 종교시설
　　③ 판매시설
　　④ 운수시설 중 여객용 시설
　　⑤ 의료시설 중 종합병원
　　⑥ 숙박시설 중 관광숙박시설

(2) 16층 이상인 건축물

12. 준다중이용건축물

"준다중이용 건축물"이란 다중이용 건축물 외의 건축물로서 다음의 어느 하나에 해당하는 용도로 쓰는 바닥면적의 합계가 1천m² 이상인 건축물을 말한다.

① 문화 및 집회시설(동물원 및 식물원은 제외한다)

② 종교시설

③ 판매시설

④ 운수시설 중 여객용 시설

⑤ 의료시설 중 종합병원

⑥ 교육연구시설

⑦ 노유자시설

⑧ 운동시설

⑨ 숙박시설 중 관광숙박시설

⑩ 위락시설

⑪ 관광 휴게시설

⑫ 장례시설

13. 바닥면적

건축물의 각 층 또는 그 일부로서 벽, 기둥, 그 밖에 이와 비슷한 구획의 중심선으로 둘러싸인 부분의 수평투영면적으로 한다. 다만, 다음의 어느 하나에 해당하는 경우에는 그 정하는 바에 따른다.

① 벽·기둥의 구획이 없는 건축물은 그 지붕 끝부분으로부터 수평거리 1m를 후퇴한 선으로 둘러싸인 수평투영면적으로 한다.

② 건축물의 노대등의 바닥은 난간 등의 설치 여부에 관계없이 노대등의 면적에서 노대등이 접한 가장 긴 외벽에 접한 길이에 1.5m를 곱한 값을 뺀 면적을 바닥면적에 산입한다.

③ 승강기탑, 계단탑, 장식탑, 다락[층고가 1.5m(경사진 형태의 지붕인 경우에는 1.8m) 이하인 것만 해당한다]은 바닥면적에 산입하지 아니한다.

제2장 | 건축물의 건축

출제포인트
- □ 건축허가권자
- □ 건축허가의 절차
- □ 건축허가의 특례
- □ 건축허가 등의 제한
- □ 건축허가의 취소
- □ 용도변경

1. 건축허가권자

(1) 원칙

건축물을 건축하거나 대수선하려는 자는 특별자치시장·특별자치도지사 또는 시장·군수·구청장의 허가를 받아야 한다.

(2) 예외

다음의 건축물을 특별시나 광역시에 건축하려면 특별시장이나 광역시장의 허가를 받아야 한다.

> 1. 층수가 21층 이상
> 2. 연면적의 합계가 10만m² 이상인 건축물의 건축(연면적의 10분의 3 이상을 증축하여 층수가 21층 이상으로 되거나 연면적의 합계가 10만m² 이상으로 되는 경우를 포함한다)을 말한다. 다만, 다음의 어느 하나에 해당하는 건축물의 건축은 제외한다.
>   ① 공장
>   ② 창고
>   ③ 지방건축위원회의 심의를 거친 건축물(특별시 또는 광역시의 건축조례로 정하는 바에 따라 해당 지방건축위원회의 심의사항으로 할 수 있는 건축물에 한정하며, 초고층 건축물은 제외한다)

2. 건축허가의 절차 ★27, 28, 31, 32회 기출★

(1) 건축 관련입지와 규모의 사전결정 ★30, 31회 기출★

① 건축허가 대상 건축물을 건축하려는 자는 건축허가를 신청하기 전에 허가권자에게 그 건축물의 건축에 관한 다음의 사항에 대한 사전결정을 신청할 수 있다.

1. 해당 대지에 건축하는 것이 이 법이나 관계 법령에서 허용되는지 여부
2. 이 법 또는 관계 법령에 따른 건축기준 및 건축제한, 그 완화에 관한 사항 등을 고려하여 해당 대지에 건축 가능한 건축물의 규모
3. 건축허가를 받기 위하여 신청자가 고려하여야 할 사항

② 사전결정을 신청하는 자(사전결정신청자)는 건축위원회 심의와 「도시교통정비 촉진법」에 따른 교통영향평가서의 검토를 동시에 신청할 수 있다.

③ 허가권자는 사전결정이 신청된 건축물의 대지면적이 「환경영향평가법」에 따른 소규모환경영향평가 대상사업인 경우 환경부장관이나 지방환경관서의 장과 소규모환경영향평가에 관한 협의를 하여야 한다.

④ 사전결정통지를 받은 경우에는 다음의 허가를 받거나 신고 또는 협의를 한 것으로 본다.

㉠ 「국토의 계획 및 이용에 관한 법률」에 따른 개발행위허가
㉡ 「산지관리법」에 따른 산지전용허가와 산지전용신고, 산지일시사용허가·신고. 다만, 보전산지인 경우에는 도시지역만 해당된다.
㉢ 「농지법」에 따른 농지전용허가·신고 및 협의
㉣ 「하천법」에 따른 하천점용허가

⑤ 허가권자는 위 ④ 각 호의 어느 하나에 해당되는 내용이 포함된 사전결정을 하려면 미리 관계 행정기관의 장과 협의하여야 하며, 협의를 요청받은 관계 행정기관의 장은 요청받은 날부터 15일 이내에 의견을 제출하여야 한다.

⑥ 사전결정신청자는 사전결정을 통지받은 날부터 2년 이내에 건축허가를 신청하여야 하며, 이 기간에 건축허가를 신청하지 아니하면 사전결정의 효력이 상실된다.

(2) 도지사의 사전승인 ★33회 기출★

시장·군수는 다음의 어느 하나에 해당하는 건축물의 건축을 허가하려면 도지사의 승인을 받아야 한다.

1. 층수가 21층 이상이거나 연면적의 합계가 10만m² 이상인 건축물의 건축(연면적의 10분의 3 이상을 증축하여 층수가 21층 이상으로 되거나 연면적의 합계가 10만m² 이상으로 되는 경우를 포함한다)을 말한다. 다만, 다음의 어느 하나에 해당하는 건축물의 건축은 제외한다.
   ① 공장
   ② 창고
   ③ 지방건축위원회의 심의를 거친 건축물(특별시 또는 광역시의 건축조례로 정하는 바에 따라 해당 지방건축위원회의 심의사항으로 할 수 있는 건축물에 한정하며, 초고층 건축물은 제외한다)
   다만, 도시환경, 광역교통 등을 고려하여 해당 도의 조례로 정하는 건축물은 제외한다.
2. 자연환경이나 수질을 보호하기 위하여 도지사가 지정·공고한 구역에 건축하는 3층 이상 또는 연면적의 합계가 1천m² 이상인 건축물로서 다음에 해당하는 건축물
   ① 공동주택
   ② 제2종 근린생활시설(일반음식점만 해당한다)
   ③ 업무시설(일반업무시설만 해당한다)
   ④ 숙박시설
   ⑤ 위락시설
3. 주거환경이나 교육환경 등 주변 환경을 보호하기 위하여 필요하다고 인정하여 도지사가 지정·공고한 구역에 건축하는 위락시설 및 숙박시설에 해당하는 건축물

(3) 예외적 건축불허가처분

허가권자는 다음의 어느 하나에 해당하는 경우에는 이 법이나 다른 법률에도 불구하고 건축위원회의 심의를 거쳐 건축허가를 하지 아니할 수 있다.

> 1. 위락시설이나 숙박시설에 해당하는 건축물의 건축을 허가하는 경우 해당 대지에 건축하려는 건축물의 용도·규모 또는 형태가 주거환경이나 교육환경 등 주변 환경을 고려할 때 부적합하다고 인정되는 경우
> 2. 방재지구 및 자연재해위험개선지구 등 상습적으로 침수되거나 침수가 우려되는 지역에 건축하려는 건축물에 대하여 지하층 등 일부 공간을 주거용으로 사용하거나 거실을 설치하는 것이 부적합하다고 인정되는 경우

3. 건축허가의 특례

(1) 건축신고

허가대상 건축물이라 하더라도 다음의 어느 하나에 해당하는 경우에는 미리 특별자치시장·특별자치도지사 또는 시장·군수·구청장에게 국토교통부령으로 정하는 바에 따라 신고를 하면 건축허가를 받은 것으로 본다. 신고를 한 자가 신고일부터 1년 이내에 공사에 착수하지 아니하면 그 신고의 효력은 없어진다. 다만, 건축주의 요청에 따라 허가권자가 정당한 사유가 있다고 인정하면 1년의 범위에서 착수기한을 연장할 수 있다.

① 건축신고대상 건축물 ★28회 기출★

> 1. 바닥면적의 합계가 85m² 이내의 증축·개축 또는 재축. 다만, 3층 이상 건축물인 경우에는 증축·개축 또는 재축하려는 부분의 바닥면적의 합계가 건축물 연면적의 10분의 1 이내인 경우로 한정한다.
> 2. 「국토의 계획 및 이용에 관한 법률」에 따른 관리지역, 농림지역 또는 자연환경보전지역에서 연면적이 200m² 미만이고 3층 미만인 건축물의 건축. 다만, 다음의 어느 하나에 해당하는 구역에서의 건축은 제외한다.
>   ① 지구단위계획구역
>   ② 방재지구 등 재해취약지역으로서 대통령령으로 정하는 구역
>   ㉠ 「국토의 계획 및 이용에 관한 법률」에 따라 지정된 방재지구
>   ㉡ 「급경사지 재해예방에 관한 법률」에 따라 지정된 붕괴위험지역
> 3. 연면적이 200m² 미만이고 3층 미만인 건축물의 대수선
> 4. 주요구조부의 해체가 없는 등 다음의 대통령령으로 정하는 대수선 ★34회 기출★
>   ① 내력벽의 면적을 30m² 이상 수선하는 것
>   ② 기둥을 세 개 이상 수선하는 것
>   ③ 보를 세 개 이상 수선하는 것
>   ④ 지붕틀을 세 개 이상 수선하는 것
>   ⑤ 방화벽 또는 방화구획을 위한 바닥 또는 벽을 수선하는 것
>   ⑥ 주계단·피난계단 또는 특별피난계단을 수선하는 것
> 5. 그 밖에 소규모 건축물로서 다음의 대통령령으로 정하는 건축물의 건축
>   ① 연면적의 합계가 100m² 이하인 건축물
>   ② 건축물의 높이를 3m 이하의 범위에서 증축하는 건축물
>   ③ 표준설계도서에 따라 건축하는 건축물로서 그 용도 및 규모가 주위환경이나 미관에 지장이 없다고 인정하여 건축조례로 정하는 건축물
>   ④ 「국토의 계획 및 이용에 관한 법률」에 따른 공업지역, 지구단위계획구역(산업·유통형만 해당한다) 및 「산업입지 및 개발에 관한 법률」에 따른 산업단지에서 건축하는 2층 이하인 건축물로서 연면적 합계 500m² 이하인 공장

⑤ 농업이나 수산업을 경영하기 위하여 읍·면지역(특별자치시장·특별자치도지사·시장·군수가 지역계획 또는 도시·군계획에 지장이 있다고 지정·공고한 구역은 제외한다)에서 건축하는 연면적 200m² 이하의 창고 및 연면적 400m² 이하의 축사·작물재배사, 종묘배양시설, 화초 및 분재 등의 온실

② 준용 및 착수기한

건축허가의 의제사항에 대한 규정은 건축신고에 관하여 이를 준용한다. 신고를 한 자가 신고일부터 1년 이내에 공사에 착수하지 아니하면 그 신고의 효력은 없어진다. 다만, 건축주의 요청에 따라 허가권자가 정당한 사유가 있다고 인정하면 1년의 범위에서 착수기한을 연장할 수 있다.

(2) 공용건축물에 대한 특례

국가나 지방자치단체는 건축물을 건축·대수선·용도변경하거나 가설건축물을 건축하거나 공작물을 축조하려는 경우에는 대통령령으로 정하는 바에 따라 미리 건축물의 소재지를 관할하는 허가권자와 협의하여야 한다.

4. 건축허가 제한 등

제한권자	제한요건	제한내용
국토교통부 장관	① 국토교통부장관이 국토관리를 위하여 특히 필요하다고 인정하는 경우 ② 주무부장관이 국방, 문화재보존, 환경보전 또는 국민경제상 특히 필요하다고 인정하여 요청하는 경우	• 제한기간은 2년 이내(연장은 1회에 한하여 1년 내) • 제한 목적·기간, 대상 건축물의 용도와 대상구역의 위치·면적·경계 등을 상세하게 정하여 허가권자에게 통보 〈특별시장·광역시장·도지사는 시장·군수·구청장의 건축허가나 건축물의 착공을 제한한 경우 즉시 국토교통부장관에게 보고하여야 하며, 보고를 받은 국토교통부장관은 제한내용이 지나치다고 인정하면 해제를 명할 수 있다〉
특별시장·광역시장·도지사	지역계획 또는 도시·군계획에 특히 필요하다고 인정하는 경우	

5. 건축허가의 취소

허가권자는 허가를 받은 자가 다음의 어느 하나에 해당하면 허가를 취소하여야 한다. 다만, 제1호에 해당하는 경우로서 정당한 사유가 있다고 인정되면 1년의 범위에서 공사의 착수기간을 연장할 수 있다.

1. 허가를 받은 날부터 2년(「산업집적활성화 및 공장설립에 관한 법률」에 따라 공장의 신설·증설 또는 업종변경의 승인을 받은 공장은 3년) 이내에 공사에 착수하지 아니한 경우
2. 제1호의 기간 이내에 공사에 착수하였으나 공사의 완료가 불가능하다고 인정되는 경우
3. 착공신고 전에 경매 또는 공매 등으로 건축주가 대지의 소유권을 상실한 때부터 6개월이 경과한 이후 공사의 착수가 불가능하다고 판단되는 경우

6. 용도변경

(1) 용도별 건축물의 종류 ★31회 기출★

용도	건축물의 종류
단독주택	단독주택, 다중주택, 다가구주택, 공관
공동주택	아파트, 연립주택, 다세대주택, 기숙사
제1종근린생활시설	이용원, 미용원, 목욕장, 세탁소, 의원, 치과의원, 한의원, 침술원, 접골원, 조산원, 안마원, 산후조리원, 탁구장, 공중화장실 등
제2종근린생활시설	일반음식점, 독서실, 동물병원, 장의사, 동물미용실, 실내낚시터 등
문화 및 집회시설	동물원, 식물원, 수족관 등
의료시설	종합병원, 마약진료소 등
수련시설	유스호스텔 등
업무시설	외국공관, 오피스텔 등
숙박시설	관광호텔, 휴양콘도미니엄 등
위락시설	단란주점(150㎡ 이상), 유흥주점, 무도장, 무도학원, 카지노영업소 등
창고시설	집배송시설 등
위험물저장 및 처리시설	주유소 등
자동차관련시설	운전학원 등
동물 및 식물관련시설	축사, 도축장 등
자원순환 관련시설	고물상 등
묘지관련시설	화장시설, 봉안당 등
관광휴게시설	야외음악당, 야외극장, 어린이회관, 휴게소 등
장례시설	장례식장, 동물 전용의 장례식장
야영장 시설	「관광진흥법」에 따른 야영장 시설로서 관리동, 화장실, 샤워실, 대피소, 취사시설 등의 용도로 쓰는 바닥면적의 합계가 300m² 미만인 것

(2) 용도변경의 허가 또는 신고의무

사용승인을 받은 건축물의 용도를 변경하려는 자는 다음의 구분에 따라 국토교통부령으로 정하는 바에 따라 특별자치시장·특별자치도지사 또는 시장·군수·구청장의 허가를 받거나 신고를 하여야 한다.

① 허가대상	〈건축물의 시설군과 용도〉표 어느 하나에 해당하는 시설군에 속하는 건축물의 용도를 상위군에 해당하는 용도로 변경하는 경우
② 신고대상	〈건축물의 시설군과 용도〉표 어느 하나에 해당하는 시설군에 속하는 건축물의 용도를 하위군에 해당하는 용도로 변경하는 경우

(3) 동일 시설군 내의 용도변경

〈건축물의 시설군과 용도〉표의 시설군 중 같은 시설군 안에서 용도를 변경하려는 자는 국토교통부령으로 정하는 바에 따라 특별자치시장·특별자치도지사 또는 시장·군수·구청장에게 건축물대장 기재내용의 변경을 신청하여야 한다. 다만, 대통령령으로 정하는 변경의 경우(① 별표1의 같은 호에 속하는 건축물 상호 간의 용도변경, ② 제1종 근린생활시설과 제2종 근린생활시설 상호 간의 용도변경)에는 그러하지 아니하다.

(4) 사용승인규정 등의 준용

허가나 신고대상인 경우로서 용도변경하려는 부분의 바닥면적의 합계가 100㎡ 이상인 경우의 사용승인에 관하여는 제22조(건축물의 사용승인)를 준용한다. 다만, 용도변경하려는 부분의 바닥면적의 합계가 500m^2 미만으로서 대수선에 해당되는 공사를 수반하지 아니하는 경우에는 그러하지 아니하다. 허가대상인 경우로서 용도변경하려는 부분의 바닥면적의 합계가 500㎡ 이상인 용도변경의 설계에 관하여는 제23조(건축물의 설계)를 준용한다.

더 알아보기 건축물의 시설군과 용도 ★31회 기출★

시설군	건축물의 세부용도
자동차관련 시설군	① 자동차관련시설
산업 등의 시설군	① 운수시설 ② 창고시설 ③ 공장 ④ 위험물저장 및 처리시설 ⑤ 자원순환 관련시설 ⑥ 묘지관련시설 ⑦ 장례시설
전기통신시설군	① 방송통신시설 ② 발전시설
문화 및 집회시설군	① 문화 및 집회시설 ② 종교시설 ③ 위락시설 ④ 관광휴게시설
영업시설군	① 판매시설 ② 운동시설 ③ 숙박시설 ④ 제2종 근린생활시설 중 다중생활시설
교육 및 복지시설군	① 의료시설 ② 교육연구시설 ③ 노유자시설 ④ 수련시설 ⑤ 야영장 시설
근린생활시설군	① 제1종 근린생활시설 ② 제2종 근린생활시설(다중생활시설은 제외한다)
주거업무시설군	① 단독주택 ② 공동주택 ③ 업무시설 ④ 교정 및 군사시설
그 밖의 시설군	① 동물 및 식물관련시설

(5) 임시사용의 승인

① **임시사용승인** : 허가권자는 신청서를 접수한 경우에는 공사가 완료된 부분이 기준에 적합한 경우에만 임시사용을 승인할 수 있으며, 식수 등 조경에 필요한 조치를 하기에 부적합한 시기에 건축공사가 완료된 건축물은 허가권자가 지정하는 시기까지 식수 등 조경에 필요한 조치를 할 것을 조건으로 임시사용을 승인할 수 있다.

② **임시사용승인의 기간** : 임시사용승인의 기간은 2년 이내로 한다. 다만, 허가권자는 대형 건축물 또는 암반공사 등으로 인하여 공사기간이 긴 건축물에 대하여는 그 기간을 연장할 수 있다.

제3장 | 대지와 도로

출제포인트
□ 대지의 조경
□ 공개공지
□ 건축법상의 도로
□ 도로의 지정·폐지 또는 변경
□ 대지와 도로의 관계
□ 건축선에 따른 건축제한

1. 대지의 조경

(1) 원칙

면적이 200m² 이상인 대지에 건축을 하는 건축주는 용도지역 및 건축물의 규모에 따라 해당 지방자치
단체의 조례로 정하는 기준에 따라 대지에 조경이나 그 밖에 필요한 조치를 하여야 한다.

(2) 예외 ★31회 기출★

다음의 어느 하나에 해당하는 건축물에 대하여는 조경 등의 조치를 하지 아니할 수 있다.

1. 녹지지역에 건축하는 건축물
2. 면적 5천m² 미만인 대지에 건축하는 공장
3. 연면적의 합계가 1천500m² 미만인 공장
4. 「산업집적활성화 및 공장설립에 관한 법률」에 따른 산업단지의 공장
5. 대지에 염분이 함유되어 있는 경우 또는 건축물 용도의 특성상 조경 등의 조치를 하기가 곤란하거나 조경 등의 조치를
   하는 것이 불합리한 경우로서 건축조례로 정하는 건축물
6. 축사
7. 허가대상 가설건축물
8. 연면적의 합계가 1천500m² 미만인 물류시설(주거지역 또는 상업지역에 건축하는 것은 제외한다)
9. 자연환경보전지역·농림지역 또는 관리지역(지구단위계획구역으로 지정된 지역은 제외한다)의 건축물
10. 다음의 어느 하나에 해당하는 건축물 중 건축조례로 정하는 건축물
    ① 「관광진흥법」에 따른 관광지 또는 관광단지에 설치하는 관광시설
    ② 「관광진흥법 시행령」에 따른 전문휴양업의 시설 또는 종합휴양업의 시설
    ③ 「국토의 계획 및 이용에 관한 법률 시행령」에 따른 관광·휴양형 지구단위계획구역에 설치하는 관광시설
    ④ 「체육시설의 설치·이용에 관한 법률 시행령」에 따른 골프장

2. 공개공지 ★28, 33회 기출★

(1) 공개공지 등의 확보

다음의 어느 하나에 해당하는 지역의 환경을 쾌적하게 조성하기 위하여 대통령령으로 정하는 용도와 규모의 건축물은 일반이 사용할 수 있도록 대통령령으로 정하는 기준에 따라 소규모 휴식시설 등의 공개공지 또는 공개공간을 설치하여야 한다.

> 1. 일반주거지역, 준주거지역
> 2. 상업지역
> 3. 준공업지역
> 4. 특별자치시장·특별자치도지사 또는 시장·군수·구청장이 도시화의 가능성이 크거나 노후 산업단지의 정비가 필요하다고 인정하여 지정·공고하는 지역

(2) 공개공지확보대상 건축물

다음의 어느 하나에 해당하는 건축물의 대지에는 공개공지 또는 공개공간(공개공지 등)을 설치해야 한다. 이 경우 공개 공지는 필로티의 구조로 설치할 수 있다.

> 1. 문화 및 집회시설, 종교시설, 판매시설(「농수산물 유통 및 가격안정에 관한 법률」에 따른 농수산물유통시설은 제외한다), 운수시설(여객용 시설만 해당한다), 업무시설 및 숙박시설로서 해당 용도로 쓰는 바닥면적의 합계가 5천m² 이상인 건축물
> 2. 그 밖에 다중이 이용하는 시설로서 건축조례로 정하는 건축물

(3) 공개공지 확보면적 및 설치시설

① 확보면적

공개공지등의 면적은 대지면적의 100분의 10 이하의 범위에서 건축조례로 정한다. 이 경우 조경면적과 「매장문화재 보호 및 조사에 관한 법률」에 따른 매장문화재의 현지보존 조치 면적을 공개공지등의 면적으로 할 수 있다.

② 설치시설

공개공지등을 설치할 때에는 모든 사람들이 환경친화적으로 편리하게 이용할 수 있도록 긴 의자 또는 조경시설 등 건축조례로 정하는 시설을 설치해야 한다.

(4) 건축기준의 완화

① 완화규정

건축물(위 (2)에 따른 건축물과 위 (2)에 해당되지 아니하는 건축물이 하나의 건축물로 복합된 경우를 포함한다)에 공개공지등을 설치하는 경우에는 다음의 범위에서 대지면적에 대한 공개공지등 면적 비율에 따라 법 제56조 및 제60조를 완화하여 적용한다.

> 1. 용적률은 해당 지역에 적용하는 용적률의 1.2배 이하
> 2. 높이제한은 해당 건축물에 적용하는 높이기준의 1.2배 이하

② 점검 등

    ㉠ 시 · 도지사 또는 시장 · 군수 · 구청장은 관할 구역 내 공개공지등에 대한 점검 등 유지 · 관리에 관한 사항을 해당 지방자치단체의 조례로 정할 수 있다.

    ㉡ 누구든지 공개공지등에 물건을 쌓아놓거나 출입을 차단하는 시설을 설치하는 등 공개공지등의 활용을 저해하는 행위를 하여서는 아니 된다.

(5) 공개공지 설치대상이 아닌 건축물에 대한 준용

위 (2)에 따른 공개공지등의 설치대상이 아닌 건축물(「주택법」에 따른 사업계획승인 대상인 공동주택 중 주택 외의 시설과 주택을 동일 건축물로 건축하는 것 외의 공동주택은 제외한다)의 대지에 적합한 공개공지를 설치하는 경우에는 위 (4)의 완화규정을 준용한다.

(6) 공개공지 등의 이용

공개공지 등에는 연간 60일 이내의 기간 동안 건축조례로 정하는 바에 따라 주민들을 위한 문화행사를 열거나 판촉활동을 할 수 있다. 다만, 울타리를 설치하는 등 공중이 해당 공개공지 등을 이용하는 데 지장을 주는 행위를 해서는 아니 된다.

3. 건축법상의 도로

(1) 원칙적 도로

도로란 보행과 자동차 통행이 가능한 너비 4m 이상의 도로로서 다음의 어느 하나에 해당하는 도로나 그 예정도로를 말한다.

> ① 「국토의 계획 및 이용에 관한 법률」, 「도로법」, 「사도법」, 그 밖의 관계법령에 따라 신설 또는 변경에 관한 고시가 된 도로
> ② 건축허가 또는 신고시에 특별시장 · 광역시장 · 특별자치시장 · 도지사 · 특별자치도지사(이하 "시 · 도지사"라 한다) 또는 시장 · 군수 · 구청장(자치구의 구청장을 말한다)이 위치를 지정하여 공고한 도로

(2) 차량통행불가능 도로

특별자치시장 · 특별자치도지사 또는 시장 · 군수 · 구청장이 지형적 조건으로 인하여 차량통행을 위한 도로의 설치가 곤란하다고 인정하여 그 위치를 지정 · 공고하는 구간의 너비 3m 이상(길이가 10m 미만인 막다른 도로인 경우에는 너비 2m 이상)인 도로

(3) 막다른 도로

막다른 도로의 길이	도로의 너비
10m 미만	2m 이상
10m 이상 35m 미만	3m 이상
35m 이상	6m(도시지역이 아닌 읍 · 면 지역에서는 4m) 이상

4. 도로의 지정 · 폐지 또는 변경

(1) 도로의 지정

허가권자는 도로의 위치를 지정 · 공고하려면 국토교통부령으로 정하는 바에 따라 그 도로에 대한 이해관계인의 동의를 받아야 한다. 다만, 다음의 어느 하나에 해당하면 이해관계인의 동의를 받지 아니하고 건축위원회의 심의를 거쳐 도로를 지정할 수 있다.

> 1. 허가권자가 이해관계인이 해외에 거주하는 등의 사유로 이해관계인의 동의를 받기가 곤란하다고 인정하는 경우
> 2. 주민이 오랫동안 통행로로 이용하고 있는 사실상의 통로로서 해당 지방자치단체의 조례로 정하는 것인 경우

(2) 도로의 폐지 또는 변경

허가권자는 지정한 도로를 폐지하거나 변경하려면 그 도로에 대한 이해관계인의 동의를 받아야 한다.

5. 대지와 도로의 관계

(1) 원칙

건축물의 대지는 2m 이상이 도로(자동차만의 통행에 사용되는 도로는 제외한다)에 접하여야 한다.

(2) 예외

다만, 다음의 어느 하나에 해당하면 그러하지 아니하다.

> 1. 해당 건축물의 출입에 지장이 없다고 인정되는 경우
> 2. 건축물의 주변에 광장, 공원, 유원지, 그 밖에 관계법령에 따라 건축이 금지되고 공중의 통행에 지장이 없는 공지로서 허가권자가 인정한 것이 있는 경우
> 3. 「농지법」에 따른 농막을 건축하는 경우

(3) 기준의 강화

연면적의 합계가 2천㎡(공장인 경우에는 3천㎡) 이상인 건축물(축사, 작물재배사, 그 밖에 이와 비슷한 건축물로서 건축조례로 정하는 규모의 건축물은 제외한다)의 대지는 너비 6m 이상의 도로에 4m 이상 접하여야 한다.

6. 건축선에 따른 건축제한

① 건축물과 담장은 건축선의 수직면을 넘어서는 아니 된다. 다만, 지표 아래 부분은 그러하지 아니하다.
② 도로면으로부터 높이 4.5m 이하에 있는 출입구, 창문, 그 밖에 이와 유사한 구조물은 열고 닫을 때 건축선의 수직면을 넘지 아니하는 구조로 하여야 한다.

제4장 | 건축물의 구조 및 재료

출제포인트
- □ 안전영향평가
- □ 내진능력공개
- □ 구조안전의 확인 서류 제출
- □ 건축물의 용도 및 규모
- □ 특수구조 건축물

1. 안전영향평가 ★30, 33, 34회 기출★

허가권자는 초고층 건축물 등 대통령령으로 정하는 주요 건축물에 대하여 건축허가를 하기 전에 건축물의 구조안전과 인접 대지의 안전에 미치는 영향 등을 평가하는 건축물 안전영향평가를 안전영향평가기관에 의뢰하여 실시하여야 한다. 여기서 "초고층 건축물 등 대통령령으로 정하는 주요 건축물"이란 다음의 어느 하나에 해당하는 건축물을 말한다.

(1) 초고층 건축물

(2) 다음의 요건을 모두 충족하는 건축물
① 연면적(하나의 대지에 둘 이상의 건축물을 건축하는 경우에는 각각의 건축물의 연면적을 말한다)이 10만m² 이상일 것
② 16층 이상일 것

2. 내진능력공개

다음의 어느 하나에 해당하는 건축물을 건축하고자 하는 자는 사용승인을 받는 즉시 건축물이 지진 발생 시에 견딜 수 있는 능력(내진능력)을 공개하여야 한다. 다만, 구조안전 확인 대상 건축물이 아니거나 내진능력 산정이 곤란한 건축물로서 대통령령으로 정하는 건축물은 공개하지 아니한다.

1. 층수가 2층[주요구조부인 기둥과 보를 설치하는 건축물로서 그 기둥과 보가 목재인 목구조 건축물(이하 "목구조 건축물"이라 한다)의 경우에는 3층] 이상인 건축물
2. 연면적이 200제곱미터(목구조 건축물의 경우에는 500제곱미터) 이상인 건축물
3. 그 밖에 건축물의 규모와 중요도를 고려하여 대통령령으로 정하는 건축물
   ① 높이가 13m 이상인 건축물
   ② 처마높이가 9m 이상인 건축물
   ③ 기둥과 기둥 사이의 거리가 10m 이상인 건축물
   ④ 건축물의 용도 및 규모를 고려한 중요도가 높은 건축물로서 국토교통부령으로 정하는 건축물
   ⑤ 국가적 문화유산으로 보존할 가치가 있는 건축물로서 국토교통부령으로 정하는 것
   ⑥ 제2조제18호가목 및 다목의 건축물
   ⑦ 별표 1 제1호의 단독주택 및 같은 표 제2호의 공동주택

3. 구조안전의 확인 서류 제출

구조 안전을 확인한 건축물 중 다음의 어느 하나에 해당하는 건축물의 건축주는 해당 건축물의 설계자로부터 구조 안전의 확인 서류를 받아 착공신고를 하는 때에 그 확인 서류를 허가권자에게 제출하여야 한다. 다만, 표준설계도서에 따라 건축하는 건축물은 제외한다.

1. 층수가 2층(주요구조부인 기둥과 보를 설치하는 건축물로서 그 기둥과 보가 목재인 목구조 건축물의 경우에는 3층) 이상인 건축물
2. 연면적이 200m²(목구조 건축물의 경우에는 500m²) 이상인 건축물. 다만, 창고, 축사, 작물 재배사는 제외한다.
3. 높이가 13m 이상인 건축물
4. 처마높이가 9m 이상인 건축물
5. 기둥과 기둥 사이의 거리가 10m 이상인 건축물
6. 건축물의 용도 및 규모를 고려한 중요도가 높은 건축물로서 국토교통부령으로 정하는 건축물
7. 국가적 문화유산으로 보존할 가치가 있는 건축물로서 국토교통부령으로 정하는 것
8. 특수구조 건축물
   ① 한쪽 끝은 고정되고 다른 끝은 지지되지 아니한 구조로 된 보ㆍ차양 등이 외벽의 중심선으로부터 3m 이상 돌출된 건축물
   ② 특수한 설계ㆍ시공ㆍ공법 등이 필요한 건축물로서 국토교통부장관이 정하여 고시하는 구조로 된 건축물
9. 별표 1 제1호의 단독주택 및 같은 표 제2호의 공동주택

제5장 | 지역 및 지구의 건축물

출제포인트

□ 대지의 분할제한
□ 가로구역단위의 높이제한
□ 높이의 지정 · 공고
□ 상이한 높이지정
□ 일조 등의 확보를 위한 건축물의 높이제한

1. 대지의 분할제한

건축물이 있는 대지는 다음에서 정하는 범위에서 해당 지방자치단체의 조례로 정하는 면적에 못 미치게 분할할 수 없다.

1. 주거지역 : 60m²
2. 상업지역 : 150m²
3. 공업지역 : 150m²
4. 녹지지역 : 200m²
5. 위의 규정에 해당하지 아니하는 지역 : 60m²

2. 가로구역단위의 높이제한 ★31회 기출★

(1) 높이의 지정 · 공고

허가권자는 가로구역(도로로 둘러싸인 일단의 지역을 말한다)을 단위로 하여 대통령령으로 정하는 기준과 절차에 따라 건축물의 높이를 지정 · 공고할 수 있다. 다만, 특별자치시장 · 특별자치도지사 또는 시장 · 군수 · 구청장은 가로구역의 높이를 완화하여 적용할 필요가 있다고 판단되는 대지에 대하여는 대통령령으로 정하는 바에 따라 건축위원회의 심의를 거쳐 높이를 완화하여 적용할 수 있다.

(2) 상이한 높이지정

허가권자는 같은 가로구역에서 건축물의 용도 및 형태에 따라 건축물의 높이를 다르게 정할 수 있다.

3. 일조 등의 확보를 위한 건축물의 높이제한

(1) 전용주거지역·일반주거지역 안에서 건축하는 건축물의 경우 → 정북방향의 인접 대지경계선으로부터의 격리

(2) 공동주택의 경우

다음의 어느 하나에 해당하는 공동주택(일반상업지역과 중심상업지역에 건축하는 것은 제외한다)은 채광(採光) 등의 확보를 위하여 대통령령으로 정하는 높이 이하로 하여야 한다.

(3) 높이제한의 적용제외

2층 이하로서 높이가 8m 이하인 건축물에는 해당 지방자치단체의 조례로 정하는 바에 따라 일조 등의 확보를 위한 건축물의 높이제한규정을 적용하지 아니할 수 있다.

제6장 | 특별건축구역 건축협정

출제포인트
□ 특별건축구역
□ 지정제외구역
□ 지정해제
□ 도시 · 군관리계획 결정의 의제
□ 건축협정
□ 건축협정의 폐지

1. 특별건축구역 ★30, 31회 기출★

(1) 개념

특별건축구역이란 조화롭고 창의적인 건축물의 건축을 통하여 도시경관의 창출, 건설기술 수준향상 및 건축 관련 제도 개선을 도모하기 위하여 이 법 또는 관계법령에 따라 일부규정을 적용하지 아니하거나 완화 또는 통합하여 적용할 수 있도록 특별히 지정하는 구역을 말한다.

(2) 지정제외구역

다음의 어느 하나에 해당하는 지역 · 구역 등에 대하여는 특별건축구역으로 지정할 수 없다.

1. 보전산지
2. 개발제한구역
3. 접도구역
4. 자연공원

(3) 지정해제

국토교통부장관 또는 시 · 도지사는 다음의 어느 하나에 해당하는 경우에는 특별건축구역의 전부 또는 일부에 대하여 지정을 해제할 수 있다.

1. 지정신청기관의 요청이 있는 경우
2. 거짓이나 그 밖의 부정한 방법으로 지정을 받은 경우
3. 특별건축구역 지정일부터 5년 이내에 특별건축구역 지정목적에 부합하는 건축물의 착공이 이루어지지 아니하는 경우
4. 특별건축구역 지정요건 등을 위반하였으나 시정이 불가능한 경우

(4) 도시 · 군관리계획 결정의 의제

특별건축구역을 지정하거나 변경한 경우에는 도시 · 군관리계획의 결정(용도지역 · 지구 · 구역의 지정 및 변경은 제외한다)이 있는 것으로 본다.

(5) 통합적용

특별건축구역에서는 다음의 관계법령의 규정에 대하여는 개별 건축물마다 적용하지 아니하고 특별건축구역 전부 또는 일부를 대상으로 통합하여 적용할 수 있다.

> 1. 「문화예술진흥법」 제9조에 따른 건축물에 대한 미술작품의 설치
> 2. 「주차장법」 제19조에 따른 부설주차장의 설치
> 3. 「도시공원 및 녹지 등에 관한 법률」에 따른 공원의 설치

2. 건축협정

(1) 건축협정의 체결

① 토지 또는 건축물의 소유자, 지상권자 등 대통령령으로 정하는 자(소유자등)는 전원의 합의로 다음의 어느 하나에 해당하는 지역 또는 구역에서 건축물의 건축 · 대수선 또는 리모델링에 관한 협정(건축협정)을 체결할 수 있다.

> 1. 「국토의 계획 및 이용에 관한 법률」에 따라 지정된 지구단위계획구역
> 2. 「도시재정비 촉진을 위한 특별법」에 따른 존치지역
> 3. 「도시 및 주거환경정비법」에 따른 주거환경개선사업을 시행하기 위하여 지정 · 고시된 정비구역
> 4. 「도시재생 활성화 및 지원에 관한 특별법」에 따른 도시재생활성화지역
> 5. 그 밖에 시 · 도지사 및 시장 · 군수 · 구청장(이하 "건축협정인가권자"라 한다)이 도시 및 주거환경개선이 필요하다고 인정하여 해당 지방자치단체의 조례로 정하는 구역

② 위 지역 또는 구역에서 둘 이상의 토지를 소유한 자가 1인인 경우에도 그 토지 소유자는 해당 토지의 구역을 건축협정 대상 지역으로 하는 건축협정을 정할 수 있다. 이 경우 그 토지 소유자 1인을 건축협정 체결자로 본다.

③ 건축협정은 다음의 사항을 포함하여야 한다.

> 1. 건축물의 건축 · 대수선 또는 리모델링에 관한 사항
> 2. 건축물의 위치 · 용도 · 형태 및 부대시설에 관하여 대통령령으로 정하는 사항
>   ① 건축선
>   ② 건축물 및 건축설비의 위치
>   ③ 건축물의 용도, 높이 및 층수
>   ④ 건축물의 지붕 및 외벽의 형태
>   ⑤ 건폐율 및 용적률
>   ⑥ 담장, 대문, 조경, 주차장 등 부대시설의 위치 및 형태
>   ⑦ 차양시설, 차면시설 등 건축물에 부착하는 시설물의 형태
>   ⑧ 맞벽 건축의 구조 및 형태

(2) 건축협정의 인가

① 협정체결자 또는 건축협정운영회의 대표자는 건축협정서를 작성하여 해당 건축협정인가권자의 인가를 받아야 한다. 이 경우 인가신청을 받은 건축협정인가권자는 인가를 하기 전에 건축협정인가권자가 두는 건축위원회의 심의를 거쳐야 한다.

② 건축협정 체결 대상 토지가 둘 이상의 특별자치시 또는 시·군·구에 걸치는 경우 건축협정 체결 대상 토지면적의 과반(過半)이 속하는 건축협정인가권자에게 인가를 신청할 수 있다. 이 경우 인가 신청을 받은 건축협정인가권자는 건축협정을 인가하기 전에 다른 특별자치시장 또는 시장·군수·구청장과 협의하여야 한다.

(3) 건축협정의 폐지

① 협정체결자 또는 건축협정운영회의 대표자는 건축협정을 폐지하려는 경우에는 협정체결자 과반수의 동의를 받아 건축협정인가권자의 인가를 받아야 한다. 다만, 제건축협정에 따른 특례를 적용하여 착공신고를 한 경우에는 대통령령으로 정하는 기간(착공신고를 한 날부터 20년)이 경과한 후에 건축협정의 폐지인가를 신청할 수 있다.

(4) 건축협정에 따른 특례

① 건축협정을 체결하여 둘 이상의 건축물 벽을 맞벽으로 하여 건축하려는 경우 맞벽으로 건축하려는 자는 공동으로 건축허가를 신청할 수 있다.

② 건축협정의 인가를 받은 건축협정구역에서 연접한 대지에 대하여는 다음의 관계 법령의 규정을 개별 건축물마다 적용하지 아니하고 건축협정구역의 전부 또는 일부를 대상으로 **통합**하여 적용할 수 있다.

> 대지의 **조경**
> 건폐율
> **지하층**의 설치
> 개인**하수**처리시설의 설치
> **부설주차장**의 설치
> **대지와 도로와의 관계**

제7장 | 보칙 및 벌칙

> 출제포인트
> □ 이행강제금
> □ 이행강제금 부과
> □ 이행강제금 부과에 관한 특례
> □ 축사 등 농업용·어업용 시설로서 500m²
> □ 그 밖에 위반 동기
> □ 위반 범위 및 위반 시기

1. 이행강제금 ★27, 32, 34회 기출★

(1) 이행강제금 부과

① 허가권자는 시정명령을 받은 후 시정기간 내에 시정명령을 이행하지 아니한 건축주등에 대하여는 그 시정명령의 이행에 필요한 상당한 이행기한을 정하여 그 기한까지 시정명령을 이행하지 아니하면 다음의 이행강제금을 부과한다.

다만, 연면적(공동주택의 경우에는 세대 면적을 기준으로 한다)이 60m² 이하인 주거용 건축물과 제2호 중 주거용 건축물로서 대통령령으로 정하는 경우에는 다음 각 호의 어느 하나에 해당하는 금액의 2분의 1의 범위에서 해당 지방자치단체의 조례로 정하는 금액을 부과한다.

> 1. 건축물이 건폐율이나 용적률을 초과하여 건축된 경우 또는 허가를 받지 아니하거나 신고를 하지 아니하고 건축된 경우에는 1m²의 시가표준액의 100분의 50에 해당하는 금액에 위반면적을 곱한 금액 이하의 범위에서 위반 내용에 따라 대통령령으로 정하는 비율을 곱한 금액
> 2. 건축물이 제1호 외의 위반 건축물에 해당하는 경우에는 그 건축물에 적용되는 시가표준액에 해당하는 금액의 100분의 10의 범위에서 위반내용에 따라 대통령령으로 정하는 금액

② 허가권자는 영리목적을 위한 위반이나 상습적 위반 등 대통령령으로 정하는 다음의 경우에 ①에 따른 금액을 100분의 100의 범위에서 해당 지방자치단체의 조례로 정하는 바에 따라 가중하여야 한다. 다만, 위반행위 후 소유권이 변경된 경우는 제외한다.

1. 임대 등 영리를 목적으로 용도변경규정을 위반하여 용도변경을 한 경우(위반면적이 50m²를 초과하는 경우로 한정한다)
2. 임대 등 영리를 목적으로 허가나 신고 없이 신축 또는 증축한 경우(위반면적이 50m²를 초과하는 경우로 한정한다)
3. 임대 등 영리를 목적으로 허가나 신고 없이 다세대주택의 세대수 또는 다가구주택의 가구수를 증가시킨 경우(5세대 또는 5가구 이상 증가시킨 경우로 한정한다)
4. 동일인이 최근 3년 내에 2회 이상 법 또는 법에 따른 명령이나 처분을 위반한 경우

③ 허가권자는 이행강제금을 부과하기 전에 이행강제금을 부과·징수한다는 뜻을 미리 문서로써 계고(戒告)하여야 한다.

④ 허가권자는 이행강제금을 부과하는 경우 금액, 부과 사유, 납부기한, 수납기관, 이의제기 방법 및 이의제기 기관 등을 구체적으로 밝힌 문서로 하여야 한다.

⑤ 허가권자는 최초의 시정명령이 있었던 날을 기준으로 하여 1년에 2회 이내의 범위에서 해당 지방자치단체의 조례로 정하는 횟수만큼 그 시정명령이 이행될 때까지 반복하여 이행강제금을 부과·징수할 수 있다.

⑥ 허가권자는 시정명령을 받은 자가 이를 이행하면 새로운 이행강제금의 부과를 즉시 중지하되, 이미 부과된 이행강제금은 징수하여야 한다.

⑦ 허가권자는 이행강제금 부과처분을 받은 자가 이행강제금을 납부기한까지 내지 아니하면 「지방행정제재·부과금의 징수 등에 관한 법률」에 따라 징수한다.

(2) 이행강제금 부과에 관한 특례

허가권자는 이행강제금을 다음 각 호에서 정하는 바에 따라 감경할 수 있다. 다만, 지방자치단체의 조례로 정하는 기간까지 위반내용을 시정하지 아니한 경우는 제외한다.

1. 축사 등 농업용·어업용 시설로서 500m²(수도권 외의 지역에서는 1천m²) 이하인 경우는 5분의 1을 감경
2. 그 밖에 위반 동기, 위반 범위 및 위반 시기 등을 고려하여 다음의 대통령령으로 정하는 경우(허가권자는 영리목적을 위한 위반이나 상습적 위반 등 대통령령으로 정하는 경우에 금액을 100분의 100의 범위에서 가중하여야 하는 경우는 제외한다)에는 2분의 1의 범위에서 대통령령으로 정하는 비율을 감경
   ① 위반행위 후 소유권이 변경된 경우
   ② 임차인이 있어 현실적으로 임대기간 중에 위반내용을 시정하기 어려운 경우 등 상황의 특수성이 인정되는 경우
   ③ 위반면적이 30m² 이하인 경우
   ④ 「집합건물의 소유 및 관리에 관한 법률」의 적용을 받는 집합건축물의 구분소유자가 위반한 면적이 5m² 이하인 경우
   ⑤ 사용승인 당시 존재하던 위반사항으로서 사용승인 이후 확인된 경우

○× 핵심체크

01 '이전'은 건축물의 주요구조부를 해체하여 같은 대지의 다른 위치로 옮기는 것을 말한다. ○×

02 건축물의 피난계단을 증설하는 것은 '증축'에 해당한다. ○×

03 '개축'은 건축물이 천재지변으로 멸실된 경우 그 대지에 종전과 같은 규모의 범위에서 다시 축조하는 것을 말한다. ○×

04 건축물의 바닥이 지표면 아래에 있는 층으로서 바닥에서 지표면까지 평균높이가 해당 층높이의 3분의 1인 것은 '지하층'에 해당한다. ○×

05 바닥(최하층 바닥은 제외)은 '주요구조부'에 해당한다. ○×

06 기존 건축물의 일부를 철거하고 그 대지 안에 종전과 동일한 규모의 범위 안에서 건축물을 다시 축조하는 것을 신축이라 한다. ○×

07 개축이라 함은 기존 건축물이 있는 대지 안에서 건축물의 연면적 및 층수를 증가시키는 것을 말한다. ○×

정답 및 해설   **01** ×   **02** ×   **03** ×   **04** ×   **05** ○   **06** ×   **07** ×

오답분석

01 "이전"이란 건축물의 주요구조부를 해체하지 아니하고 같은 대지의 다른 위치로 옮기는 것을 말한다(영 제2조 제5호).

02 "증축"이란 기존 건축물이 있는 대지에서 건축물의 건축면적, 연면적, 층수 또는 높이를 늘리는 것을 말한다(영 제2조 제2호).

03 "개축"이란 기존 건축물의 전부 또는 일부[내력벽·기둥·보·지붕틀(제16호에 따른 한옥의 경우에는 지붕틀의 범위에서 서까래는 제외한다) 중 셋 이상이 포함되는 경우를 말한다]를 해체하고 그 대지에 종전과 같은 규모의 범위에서 건축물을 다시 축조하는 것을 말한다(영 제2조 제3호).

　　　"재축"이란 건축물이 천재지변이나 그 밖의 재해로 멸실된 경우 그 대지에 「건축법」상의 일정한 요건을 모두 갖추어 다시 축조하는 것을 말한다(영 제2조 제4호 참조).

04 "지하층"이란 건축물의 바닥이 지표면 아래에 있는 층으로서 바닥에서 지표면까지 평균높이가 해당 층 높이의 2분의 1 이상인 것을 말한다(법 제2조 제1항 제5호).

06 기존 건축물의 전부 또는 일부를 철거하고 그 대지 안에 종전과 동일한 규모의 범위 안에서 건축물을 다시 축조하는 것을 개축이라 한다.

07 증축이라 함은 기존 건축물이 있는 대지에서 건축물의 건축면적, 연면적, 층수 또는 높이를 늘리는 것을 말한다.

08 재축이라 함은 건축물이 없는 대지에 새로이 건축물을 축조하는 것을 말한다. ☐O☐X

09 이전이라 함은 건축물의 주요구조부를 해체하지 아니하고 동일한 대지 안의 다른 위치로 옮기는 것을 말한다. ☐O☐X

10 증축이라 함은 건축물의 기둥 · 보 · 내력벽 · 주계단 등의 구조 또는 외부 형태를 수선 · 변경 또는 증설하는 것을 말한다. ☐O☐X

11 건축물이 부분에 따라 층수를 달리하는 경우에 그 층수는 가중평균 층수로 산정한다. ☐O☐X

12 건축면적은 원칙적으로 건축물의 외벽의 중심선으로 둘러싸인 부분의 수평투영면적으로 산정한다. ☐O☐X

13 지상층의 주차용(해당 건축물의 부속용도인 경우에 한한다)으로 사용되는 면적은 용적률을 산정할 때에는 연면적에 산입하지 아니한다. ☐O☐X

14 지하층은 건축물의 층수에 산입하지 아니한다. ☐O☐X

15 층의 구분이 명확하지 아니한 건축물은 해당 건축물의 높이 4m마다 하나의 층으로 산정한다. ☐O☐X

16 A도 B시에서 30층의 건축물을 건축하려는 자는 건축허가신청 전에 A도지사에게 그 건축물의 건축이 법령에서 허용될지에 대한 사전결정을 신청하여야 한다. ☐O☐X

---

17 허가권자는 사정결정이 신청된 건축물의 건축면적이 환경영향평가법에 따른 환경영향평가의 대상인 경우 국토교통부장관과 협의하여야 한다. ☐○ ☐×

18 사전결정신청자가 사전결정을 통지받은 날부터 2년 이내에 법령에 따른 건축허가를 신청하지 않으면 그 사전결정은 효력을 상실한다. ☐○ ☐×

19 사전결정을 받은 자는 사전결정된 건축물의 입지, 규모, 용도 등에 관하여 공고하여야 한다. ☐○ ☐×

20 사전결정의 신청자는 그 신청시 건축위원회의 심의와 교통영향평가서의 검토를 동시에 신청할 수 없다. ☐○ ☐×

21 건축주가 건축공사 완료 후 그 건축물을 사용하려면 건축공사 완료 이전에 공사감리자에게 그 건축물 전체의 사용승인을 신청하여야 한다. ☐○ ☐×

22 건축주가 사용승인을 받은 경우에는 대기환경보전법에 따른 대기오염물질 배출시설의 가동개시 신고를 한 것으로 본다. ☐○ ☐×

23 허가권자가 법령이 정한 기간 내에 사용승인서를 교부하지 않은 경우, 건축주는 그 건축물을 사용하거나 사용하게 할 수 없다. ☐○ ☐×

24 건축물의 사용승인신청을 위해서는 공사시공자가 작성한 감리중간보고서와 공사예정도서를 첨부하여야 한다. ☐○ ☐×

정답 및 해설　17 ×　18 ○　19 ×　20 ×　21 ×　22 ○　23 ×　24 ×

오답분석

17　허가권자는 사전환경성검토대상인 경우 환경부장관이나 지방환경관서의 장과 사전환경성검토에 관한 협의를 하여야 한다.

19　허가권자는 사전결정 신청을 받으면 입지, 건축물의 규모, 용도 등을 사전결정한 후 사전결정 신청자에게 알려야 한다.

20　사전결정을 신청하는 자는 건축위원회 심의와 교통영향평가서의 검토를 동시에 신청할 수 있다.

21　건축주가 허가를 받았거나 신고를 한 건축물의 건축공사를 완료한 후 그 건축물을 사용하려면 공사감리자가 작성한 감리완료보고서와 공사완료도서를 첨부하여 허가권자에게 사용승인을 신청하여야 한다.

23　허가권자가 기간 내에 사용승인서를 교부하지 않거나, 임시사용승인을 받은 경우에는 사용승인을 받기 전이라도 사용할 수 있다.

24　건축주가 사용승인을 신청하려면, 공사감리자가 작성한 감리완료보고서(공사감리자를 지정한 경우만 해당된다)와 국토교통부령으로 정하는 공사완료도서를 첨부하여야 한다.

25 사용승인서의 교부 전에 공사가 완료된 부분이 건폐율, 용적률 등의 법정기준에 적합한 경우 허가권자는 직권으로 임시사용으로 승인할 수 있으며, 그 기간은 1년 이내로 하여야 한다. ☐O ☐X

26 허가권자는 계고 없이 이행강제금을 부과·징수할 수 있다. ☐O ☐X

27 위법이 시정된 경우에는 이미 부과된 이행강제금은 징수하지 아니한다. ☐O ☐X

28 허가권자는 이행강제금 부과처분을 받은 자가 이행강제금을 납부기한까지 내지 아니하면 「지방행정제재·부과금의 징수 등에 관한 법률」에 따라 징수한다. ☐O ☐X

29 이행강제금을 1년에 1회 이내의 범위에서 그 시정명령이 이행될 때까지 반복하여 부과·징수 할 수 있다. ☐O ☐X

30 긴급한 경우에는 시정명령 없이 이행강제금을 부과할 수 있다. ☐O ☐X

31 조정 및 재정을 하기 위하여 국토교통부에 건축분쟁전문위원회를 둔다. ☐O ☐X

32 부득이한 사정으로 연장되지 않는 한 건축분쟁전문위원회는 당사자의 조정신청을 받으면 30일 이내에 절차를 마쳐야 한다. ☐O ☐X

33 조정안을 제시받은 당사자는 제시를 받은 날부터 30일 이내에 수락 여부를 조정위원회에 알려야 한다. ☐O ☐X

정답 및 해설　**25** ×　**26** ×　**27** ×　**28** ○　**29** ×　**30** ×　**31** ○　**32** ×　**33** ×

오답분석

25　임시사용승인의 기간은 2년 이내로 한다.

26　허가권자는 부과하기 전에 이행강제금을 부과·징수한다는 뜻을 미리 문서로써 계고하여야 한다.

27　허가권자는 시정명령을 받은 자가 이를 이행하면 새로운 이행강제금의 부과를 즉시 중지하되, 이미 부과된 이행강제금은 징수하여야 한다.

29　허가권자는 최초의 시정명령이 있었던 날을 기준으로 하여 1년에 2회 이내의 범위에서 그 시정명령이 이행될 때까지 반복하여 이행강제금을 부과·징수할 수 있다.

30　허가권자는 위반건축물에 행해진 시정명령을 받은 후 시정기간 내에 시정명령이 이행되지 않은 건축주 등에게 상당한 이행기간을 정하여 그 기한까지 시정명령을 이행하지 아니하면 이행강제금을 부과한다.

32　부득이한 사정으로 연장되지 않는 한 건축분쟁전문위원회는 당사자의 조정신청을 받으면 60일 이내에 절차를 마쳐야 한다(법 제92조 제3항).

33　조정안을 제시받은 당사자는 제시를 받은 날부터 15일 이내에 수락 여부를 조정위원회에 알려야 한다(법 제96조 제2항).

제3편 | 확인학습문제

01 건축법령상 용어에 관한 설명으로 옳은 것은? ★25회 기출 변형★

☑확인
Check!
○
△
×

① 기둥 4개를 철거하고 다시 축조하여 건축물의 높이를 늘리는 것은 재축이다.

② 지붕틀 3개를 증설하여 건축물의 연면적을 넓히는 것은 대수선이다.

③ 건축물의 기능 향상을 위해 기존 건축물이 있는 대지에 건축물의 연면적과 건축면적 및 층수를 늘리는 것은 개축이다.

④ 재해로 멸실된 담장을 종전과 같이 다시 쌓는 것은 증축이다.

⑤ 건축물의 특별피난계단을 수선하는 것은 대수선이다.

> 해설
> 난도 ★★
>
> ① (×) 건축물의 높이를 늘리는 것이므로 증축이다.
> ② (×) 건축물의 연면적을 넓히는 것이므로 증축이다.
> ③ (×) 기존 건축물이 있는 대지에 건축물의 연면적과 건축면적 및 층수를 늘리는 것은 증축이다.
> ④ (×) 재해로 멸실된 담장을 종전과 같이 다시 쌓는 것이므로 재축이다.
> ⑤ (○) "대수선"이란 건축물의 기둥, 보, 내력벽, 주계단 등의 구조나 외부 형태를 수선 · 변경하거나 증설하는 것으로서 대통령령으로 정하는 것을 말한다. 주계단 · 피난계단 또는 특별피난계단을 증설 또는 해체하거나 수선 또는 변경하는 것도 대수선의 범위 속한다(법 제2조 제1항 제9호 및 영 제3조의2 제6호).
>
> 답 ⑤

02 건축법령에서 규정하고 있는 용어의 정의로서 가장 **부적당한** 것은?

① 건축주란 건축설비의 설치 또는 공작물의 축조에 관한 공사를 발주하거나 스스로 그 공사를 하는 자를 말한다.

② 설계자라 함은 자기의 책임으로 설계도서를 작성하고 그 설계도서에서 의도하는 바를 해설하며, 지도하고 자문에 응하는 자를 말한다.

③ 공사감리자라 함은 건축물, 건축설비 또는 공작물이 설계도서의 내용대로 시공되는지를 확인하고, 품질관리 · 공사관리 · 안전관리 등에 대하여 지도 · 감독하는 자를 말한다.

④ 관계전문기술자라 함은 건축물의 구조 · 설비 등 건축물과 관련된 전문기술자격을 보유하고 독자적으로 설계 및 공사감리를 하는 자를 말한다.

⑤ 공사시공자라 함은 「건설사업기본법」에 따라 건설공사를 행하는 자를 말한다.

해설

난도 ★★

④ "관계전문기술자"란 건축물의 구조 · 설비 등 건축물과 관련된 전문기술자격을 보유하고 설계와 공사감리에 참여하여 설계자 및 공사감리자와 협력하는 자를 말한다.

답 ④

---

03 건축법령상 용어에 관한 설명으로 **옳지 않은** 것은?

① '지하층'이란 건축물의 바닥이 지표면 아래에 있는 층으로서 바닥에서 지표면까지 평균높이가 해당 층 높이의 2분의 1 이상인 것을 말한다.

② 건축물을 이전하는 것은 '건축'에 해당하지 않는다.

③ '리모델링'이란 건축물의 노후화를 억제하거나 기능 향상 등을 위하여 대수선하거나 건축물의 일부를 증축 또는 개축하는 행위를 말한다.

④ 층수가 25층이며, 높이가 120m인 건축물은 '고층건축물'에 해당한다.

⑤ 피뢰침은 '건축설비'에 해당한다.

해설

난도 ★

① (○) 법 제2조 제1항 제5호

② (×) 건축이란 건축물을 신축 · 증축 · 개축 · 재축하거나 건축물을 이전하는 것을 말한다(법 제2조 제1항 제8호).

③ (○) 법 제2조 제1항 제10호

④ (○) 고층건축물이란 층수가 30층 이상이거나 높이가 120m 이상인 건축물을 말한다(법 제2조 제1항 제19호). 보기의 건축물은 높이 요건(120m 이상)을 충족하였으므로 고층건축물에 해당한다.

⑤ (○) 법 제2조 제1항 제4호

답 ②

04 건축물의 바닥이 지표면 아래에 있는 층으로서 건축법령상 지하층에 해당하지 <u>않는</u> 것은? ★27회 기출 변형★

① 해당 층의 높이가 3m인 경우 바닥에서 지표면까지 평균높이가 2m 이상인 것
② 해당 층의 높이가 4m인 경우 바닥에서 지표면까지 평균높이가 2m 미만인 것
③ 해당 층의 높이가 4m인 경우 바닥에서 지표면까지 평균높이가 2m인 것
④ 해당 층의 높이가 3m인 경우 바닥에서 지표면까지 평균높이가 2m인 것
⑤ 해당 층의 높이가 3m인 경우 바닥에서 지표면까지 평균높이가 1.5m 이상인 것

[해설]
난도 ★

② 지하층 : 건축물의 바닥이 지표면 아래에 있는 층으로서, 바닥에서 지표면까지 평균높이가 해당층 높이의 1/2 이상인 것

답 ②

05 건축법령상 주요구조부에 해당하지 <u>않는</u> 것은? ★25회 기출 변형★

① 내력벽
② 사이기둥
③ 바닥(최하층바닥은 제외)
④ 지붕틀
⑤ 주계단

[해설]
난도 ★

② "주요구조부"란 내력벽, 기둥, 바닥, 보, 지붕틀 및 주계단을 말한다. 다만, 사이기둥, 최하층 바닥, 작은 보, 차양, 옥외 계단, 그 밖에 이와 유사한 것으로 건축물의 구조상 중요하지 아니한 부분은 제외한다.

답 ②

06 건축법의 용어 정의로 옳은 것은?

① 주요구조부라 함은 내력벽·기둥·차양·지붕틀 및 주계단을 말한다.
② 건축이라 함은 건축물을 신축·증축·개축·재축·수선 또는 이전하는 것을 말한다.
③ 리모델링이라 함은 건축물의 노후화 억제 또는 기능 향상 등을 위하여 대수선 또는 재축하는 행위를 말한다.
④ 도로라 함은 보행 및 자동차 통행이 가능한 너비 6m 이상의 도로를 말한다.
⑤ 지하층이라 함은 건축물의 바닥이 지표면 아래에 있는 층으로서 바닥으로 지표면까지 평균높이가 해당 층 높이의 2분의 1 이상인 것을 말한다.

해설
난도 ★★★

① (×) "주요구조부"란 내력벽, 기둥, 바닥, 보, 지붕틀 및 주계단을 말한다(사이 기둥, 최하층 바닥, 작은 보, 차양, 옥외 계단, 그 밖에 이와 유사한 것으로 건축물의 구조상 중요하지 아니한 부분은 제외).
② (×) "건축"이란 건축물을 신축·증축·개축·재축하거나 건축물을 이전하는 것을 말한다.
③ (×) "리모델링"이란 건축물의 노후화를 억제하거나 기능 향상 등을 위하여 대수선하거나 건축물의 일부를 증축 또는 개축하는 행위를 말한다.
④ (×) 4m 이상인 것을 말한다.

답 ⑤

07 건축법령상 다음 내용 중 옳지 않은 것은?

① 건축물에 설치하는 유선방송 수신시설은 건축법상 건축설비이다.
② 용적률 산정 시 지하층의 면적은 연면적에서 제외된다.
③ 최하층 바닥은 주요부에서 해당한다.
④ 길이 10m 미만의 막다른 도로의 너비는 2m 이상이어야 한다.
⑤ '지하층'이란 건축물의 바닥이 지표면 아래에 있는 층으로서 바닥에서 지표면까지 평균높이가 해당 층 높이의 2분의 1 이상인 것을 말한다.

해설
난도 ★

③ (×) 사이 기둥, 최하층 바닥, 작은 보, 차양, 옥외 계단, 그 밖에 이와 유사한 것으로 건축물의 구조상 중요하지 아니한 부분은 주요구조부에서 제외한다.

답 ③

08 다음의 건축물 중 건축법령이 적용되는 것은?

★21회 기출★

① 문화재보호법에 따른 지정문화재
② 관람석의 바닥면적의 합계가 1천m² 이상인 경정장
③ 고속도로 통행료 징수시설
④ 궤도의 선로 부지에 있는 플랫폼
⑤ 문화재보호법에 따른 임시지정문화재

해설
난도 ★

> **법 제3조(적용 제외)**
> ① 다음 각 호의 어느 하나에 해당하는 건축물에는 이 법을 적용하지 아니한다.
> 1. 「문화재보호법」에 따른 지정문화재나 임시지정문화재
> 2. 철도나 궤도의 선로 부지에 있는 다음 각 목의 시설
>   가. 운전보안시설
>   나. 철도 선로의 위나 아래를 가로지르는 보행시설
>   다. 플랫폼
>   라. 해당 철도 또는 궤도사업용 급수·급탄 및 급유시설
> 3. 고속도로 통행료 징수시설
> 4. 컨테이너를 이용한 간이창고(「산업집적활성화 및 공장설립에 관한 법률」 제2조 제1호에 따른 공장의 용도로만 사용되는 건축물의 대지에 설치하는 것으로서 이동이 쉬운 것만 해당된다)
> 5. 「하천법」에 따른 하천구역 내의 수문조작실

目 ②

09 건축법령상 건축법을 적용하지 <u>않는</u> 건축물을 모두 고른 것은?

★30회 기출★

> ㄱ. 「문화재보호법」에 따른 지정문화재나 가지정문화재
> ㄴ. 철도나 궤도의 선로 부지에 있는 플랫폼
> ㄷ. 고속도로 통행료 징수시설
> ㄹ. 주거용 건축물의 대지에 설치한 컨테이너를 이용한 간이창고
> ㅁ. 「하천법」에 따른 하천구역 내의 수문조작실

① ㄱ, ㄹ
② ㄴ, ㄷ
③ ㄱ, ㄴ, ㄷ, ㅁ
④ ㄱ, ㄷ, ㄹ, ㅁ
⑤ ㄴ, ㄷ, ㄹ, ㅁ

해설

난도 ★★★

ㄹ. 공장의 용도로만 사용되는 건축물의 대지에 설치하는 것으로서 이동이 쉬운, 컨테이너를 이용한 간이창고에 건축법을 적용
하지 아니한다.

> 법 제3조(적용 제외)
> ① 다음 각 호의 어느 하나에 해당하는 건축물에는 이 법을 적용하지 아니한다.
> 1. 「문화재보호법」에 따른 지정문화재나 임시지정문화재
> 2. 철도나 궤도의 선로 부지에 있는 다음 각 목의 시설
>   가. 운전보안시설
>   나. 철도 선로의 위나 아래를 가로지르는 보행시설
>   다. 플랫폼
>   라. 해당 철도 또는 궤도사업용 급수·급탄 및 급유 시설
> 3. 고속도로 통행료 징수시설
> 4. 컨테이너를 이용한 간이창고(「산업집적활성화 및 공장설립에 관한 법률」 제2조 제1호에 따른 공장의 용도로만 사
>   용되는 건축물의 대지에 설치하는 것으로서 이동이 쉬운 것만 해당된다)
> 5. 「하천법」에 따른 하천구역 내의 수문조작실

답 ③

10 건축법상 건축법의 적용에 관한 설명으로 틀린 것은?

★22회 기출 변형★

① 철도의 선로부지에 있는 플랫폼을 건축하는 경우에는 건축법상 건폐율 규정이 적용되지 않는다.

② 고속도로 통행료 징수시설을 건축하는 경우에는 건축법상 대지의 분할제한 규정이 적용되지 않는다.

③ 지구단위계획구역이 아닌 계획관리지역으로서 동이나 읍이 아닌 지역에서는 건축법상 대지의 분할
제한 규정이 적용되지 않는다.

④ 지구단위계획구역이 아닌 계획관리지역으로서 동이나 읍이 아닌 지역에서는 건축법상 건축선에 따
른 건축제한 규정이 적용되지 않는다.

⑤ 지구단위계획구역이 아닌 계획관리지역으로서 동이나 읍이 아닌 지역에서는 건축법상 용적률 규정
이 적용되지 않는다.

해설

난도 ★

⑤ (×) 건폐율, 용적률, 높이제한은 적용이 배제되지 않는다.

> 법 제3조(적용 제외)
> ② 「국토의 계획 및 이용에 관한 법률」에 따른 도시지역 및 같은 법 제51조 제3항에 따른 지구단위계획구역(이하 "지
>   구단위계획구역"이라 한다) 외의 지역으로서 동이나 읍(동이나 읍에 속하는 섬의 경우에는 인구가 500명 이상인
>   경우만 해당된다)이 아닌 지역은 제44조부터 제47조까지, 제51조 및 제57조를 적용하지 아니한다.

답 ⑤

11 건축면적이 560m²이고 높이 28m인 건축물의 옥상 좌측에는 수평투영면적이 63m²이고 높이 9m로 된 장식탑을 세우고 우측에는 수평투영면적이 42m²이고 높이 14m인 옥탑을 설치하였을 경우, 이 건축물의 건축법령상의 높이는? ★22회 기출★

① 28m

② 30m

③ 37m

④ 42m

⑤ 51m

해설

난도 ★★

④ 건축물의 옥상에 설치되는 승강기탑·계단탑·망루·장식탑·옥탑 등으로서 그 수평투영면적의 합계가 해당 건축물 건축면적의 1/8 이하인 경우로서 그 부분의 높이가 12m를 넘는 경우에는 그 넘는 부분만 해당 건축물의 높이에 산입한다.

ⓐ 장식탑과 옥탑의 면적 : (63+42)=95m², 건축면적의 1/8(560+8=70m²)을 초과한다.

ⓑ 높이 : 28+14=42m

답 ④

12 건축법령상 다음 건축물의 높이는? ★19회 기출★

• 건축물의 용도 : 관광숙박시설
• 건축면적 : 560m²
• 층고가 4m인 5층 건축물
• 옥상에 설치된 높이 9m인 장식탑의 수평투영면적 : 90m²

① 20m

② 26m

③ 29m

④ 35m

⑤ 56m

해설

난도 ★★

③ 장식탑의 수평투영면적(90m²)이 건축면적의 1/8(70m²)을 초과하므로 장식탑의 높이를 모두 적용한다. 건축물의 높이는 20m(4m×5개층)이고, 장식탑의 높이는 9m이므로 모두 합산하면 29m이다.

답 ③

13 건축법령상 대지면적 600m²인 대지에 각층 바닥 면적이 300m²인 지하 1층, 지상 3층 건축물을 건축한 경우 용적률은?

★20회 기출★

① 50%

② 100%

③ 150%

④ 200%

⑤ 250%

해설

난도 ★★

ⓐ 지상층 바닥면적의 합 : 300m²×3층＝900m²

ⓑ 대지면적 : 600m²

ⓒ 용적률 : (900/600)×100＝150%

답 ③

14 건축법령상 건축물의 면적, 층수 등의 산정방법에 관한 설명으로 옳지 <u>않은</u> 것은?

★21회 기출 변형★

① 건축물의 1층이 차량의 주차에 전용되는 필로티인 경우 그 면적은 바닥면적에 산입되지 아니한다.

② 층고가 2m인 다락은 바닥면적에 산입된다.

③ 용적률을 산정할 때에는 초고층 건축물의 피난안전구역의 면적은 연면적에 포함시키지 아니한다.

④ 층의 구분이 명확하지 않은 건축물은 건축물의 높이 4m 마다 하나의 층으로 보고 층수를 산정한다.

⑤ 주택의 발코니의 바닥은 전체가 바닥면적에 산입된다.

해설

난도 ★

⑤ (×) 건축물의 노대등의 바닥은 난간등의 설치 여부에 관계없이 노대등의 면적(외벽의 중심선으로부터 노대등의 끝부분까지의 면적을 말한다)에서 노대등이 접한 가장 긴 외벽에 접한 길이에 1.5m를 곱한 값을 뺀 면적을 바닥면적에 산입한다(「건축법 시행령」 제119조 제1항 제3호 나목).

답 ⑤

15 건축법령상 건폐율, 용적률 및 높이 제한에 관한 틀린 설명만을 고른 것은?

ㄱ. 건폐율은 대지면적에 대한 건축면적의 비율이다.
ㄴ. 용적률은 대지면적에 대한 연면적의 비율이다.
ㄷ. 건폐율·용적률의 최대한도는 국토의 계획 및 이용에 관한 법률에 따르되, 건축법이 그 기준율 완화 또는 강화하여 적
　용하도록 규정한 경우에는 그에 의한다.
ㄹ. 건축물의 높이 제한은 법률과 시행령으로 정해지므로, 조례로 정할 수는 없다.
ㅁ. 240%의 용적률과 60%의 건폐율 최대한도를 적용받는다면, 4층을 초과하는 건축물을 건축할 수 없다.

① ㄱ, ㄷ
② ㄴ, ㄷ
③ ㄷ, ㄹ
④ ㄹ, ㅁ
⑤ ㄷ, ㅁ

해설
난도 ★★
ㄹ (×) 건축물의 높이 제한은 법률과 시행령의 범위에서 조례로 정할 수 있다.
ㅁ (×) 건축면적율 건폐율 60%가 되지 않게 건축면적을 적용한다면 4층을 초과할 수 있다.

답 ④

16 건축법령상 건축 관련 입지와 규모의 사전결정에 관한 설명으로 옳지 않은 것은?

① 건축허가 대상 건축물을 건축하려는 자는 건축허가를 신청하기 전에 허가권자에게 그 건축물을 해당
　대지에 건축하는 것이 「건축법」이나 다른 법령에서 허용되는지에 대한 사전결정을 신청할 수 있다.
② 사전결정신청자는 건축위원회 심의와 「도시교통정비 촉진법」에 따른 교통영향분석·개선대책의 검
　토를 동시에 신청할 수 있다.
③ 허가권자는 사전결정이 신청된 건축물의 대지면적이 「환경영향평가법」에 따른 소규모 환경영향평가
　대상사업인 경우 환경부장관이나 지방환경관서의 장과 소규모 환경영향평가에 관한 협의를 하여야
　한다.
④ 사전결정 통지를 받은 경우에도 「국토의 계획 및 이용에 관한 법률」에 따른 개발행위허가는 따로 받
　아야 한다.
⑤ 사전결정신청자가 사전결정을 통지받은 날부터 2년 이내에 건축허가를 신청하지 아니하면 사전결정
　의 효력이 상실된다.

해설
난도 ★★★

④ (×) 사전결정 통지를 받은 경우에는 「국토의 계획 및 이용에 관한 법률」에 따른 개발행위허가를 받은 것으로 본다(건축법 제10조 제6항 제1호 참조).

※ ②에서 '교통영향분석 · 개선대책의 검토'는 '교통영향평가서의 검토'로 개정되었다.

답 ④

---

17 건축법에 의한 사전결정을 통지받은 경우 허가를 받거나 신고 또는 협의를 한 것으로 보는 사항 중 가장 부적당한 것은?
★27회 기출★

☑확인
Check!
○
△
×

① 「농지법」 규정에 의한 농지전용허가 · 신고 및 협의

② 「도로법」 규정에 의한 도로점용허가

③ 「산지관리법」 규정에 의한 산지전용허가 · 산진전용신고

④ 「하천법」 규정에 의한 하천점용허가

⑤ 「국토의 계획 및 이용에 관한 법률」의 규정에 의한 개발행위허가

해설
난도 ★★

② 「건축법」 제10조 참조

> 「건축법」 제10조(건축 관련 입지와 규모의 사전결정)
> ⑥ 사전결정 통지를 받은 경우에는 다음 각 호의 허가를 받거나 신고 또는 협의를 한 것으로 본다.
> 1. 「국토의 계획 및 이용에 관한 법률」 제56조에 따른 개발행위허가
> 2. 「산지관리법」 제14조와 제15조에 따른 산지전용허가와 산지전용신고, 같은 법 제15조의2에 따른 산지일시사용허가 · 신고. 다만, 보전산지인 경우에는 도시지역만 해당된다.
> 3. 「농지법」 제34조, 제35조 및 제43조에 따른 농지전용허가 · 신고 및 협의
> 4. 「하천법」 제33조에 따른 하천점용허가

답 ②

18 건축법령상 건축허가권자를 모두 나열한 것은?

① 특별시장, 광역시장, 특별자치도지사, 도지사, 시장 · 군수 · 구청장
② 국토교통부장관, 특별자치시장 · 특별자치도지사, 시장 · 군수
③ 국토교통부장관, 특별시장, 광역시장, 시장 · 군수 · 구청장
④ 특별시장, 광역시장, 특별자치시장 · 특별자치도지사, 시장 · 군수 · 구청장
⑤ 국토교통부장관, 특별시장, 광역시장, 도지사, 시장 · 군수 · 구청장

해설
난도 ★★
④ 건축물을 건축하거나 대수선하려는 자는 특별자치시장 · 특별자치도지사 또는 시장 · 군수 · 구청장의 허가를 받아야 한다.
다만, 21층 이상의 건축물 등 대통령령으로 정하는 용도 및 규모의 건축물을 특별시나 광역시에 건축하려면 특별시장이나
광역시장의 허가를 받아야 한다(법 제11조 제1항).

답 ④

19 건축법령상 건축허가에 관한 설명으로 옳은 것은?

① 위락시설에 해당하는 건축물의 건축을 허가하는 경우 건축물의 용도 · 규모가 주거환경 등 주변 환경
을 고려할 때 부적합하다고 인정되면 건축위원회의 심의를 거쳐 건축허가를 하지 않을 수 있다.
② 연면적의 합계가 10만m² 이상인 공장을 광역시에 건축하려면 광역시장의 허가를 받아야 한다.
③ 고속도로 통행료 징수시설을 대수선하려는 자는 시장 · 군수 · 구청장의 허가를 받아야 한다.
④ 허가권자는 건축허가를 받은 자가 허가를 받은 날로부터 6개월 이내에 공사에 착수하지 아니한 경우
허가를 취소하여야 한다.
⑤ 건축위원회의 심의를 받은 자가 심의결과를 통지받은 날부터 1년 이내에 건축허가를 신청하지 아니
하면 건축위원회 심의의 효력이 상실된다.

난도 ★★★

① (○) 법 제11조 제4항 제1호

② (×) 공장은 제외한다(영 제8조 제1항 제1호).

> **영 제8조(건축허가)**
> ① 법 제11조 제1항 단서에 따라 특별시장 또는 광역시장의 허가를 받아야 하는 건축물의 건축은 층수가 21층 이상
> 이거나 연면적의 합계가 10만m² 이상인 건축물의 건축(연면적의 10분의 3 이상을 증축하여 층수가 21층 이상으로
> 되거나 연면적의 합계가 10만m² 이상으로 되는 경우를 포함한다)을 말한다. 다만, 다음 각 호의 어느 하나에 해당하
> 는 건축물의 건축은 제외한다.
> 1. 공장
> 2. 창고
> 3. 지방건축위원회의 심의를 거친 건축물(특별시 또는 광역시의 건축조례로 정하는 바에 따라 해당 지방건축위원회의
>   심의사항으로 할 수 있는 건축물에 한정하며, 초고층 건축물은 제외한다)

③ (×) 고속도로 통행료 징수시설에 대해서는 건축법을 적용하지 않는다(법 제3조 제1항).

> **법 제3조(적용제외)**
> ① 다음 각 호의 어느 하나에 해당하는 건축물에는 이 법을 적용하지 아니한다.
> 1. 「문화재보호법」에 따른 지정문화재나 임시지정 문화재
> 2. 철도나 궤도의 선로 부지에 있는 다음 각 목의 시설
>   가. 운전보안시설
>   나. 철도 선로의 위나 아래를 가로지르는 보행시설
>   다. 플랫폼
>   라. 해당 철도 또는 궤도사업용 급수·급탄 및 급유 시설
> 3. 고속도로 통행료 징수시설
> 4. 컨테이너를 이용한 간이창고(「산업집적활성화 및 공장설립에 관한 법률」 제2조 제1호에 따른 공장의 용도로만 사
>   용되는 건축물의 대지에 설치하는 것으로서 이동이 쉬운 것만 해당된다)
> 5. 「하천법」에 따른 하천구역 내의 수문조작실

④ (×) 2년 이내에 공사에 착수하지 않는 경우 건축허가를 취소해야 한다(법 제11조 제7항).

> **법 제11조(건축허가)**
> ⑦ 허가권자는 제1항에 따른 허가를 받은 자가 다음 각 호의 어느 하나에 해당하면 허가를 취소하여야 한다. 다만, 제
> 1호에 해당하는 경우로서 정당한 사유가 있다고 인정되면 1년의 범위에서 공사의 착수기간을 연장할 수 있다.
> 1. 허가를 받은 날부터 2년(「산업집적활성화 및 공장설립에 관한 법률」 제13조에 따라 공장의 신설·증설 또는 업종
>   변경의 승인을 받은 공장은 3년) 이내에 공사에 착수하지 아니한 경우
> 2. 제1호의 기간 이내에 공사에 착수하였으나 공사의 완료가 불가능하다고 인정되는 경우
> 3. 제21조에 따른 착공신고 전에 경매 또는 공매 등으로 건축주가 대지의 소유권을 상실한 때부터 6개월이 경과한 후
>   공사의 착수가 불가능하다고 판단되는 경우

⑤ (×) 2년 이내에 건축허가를 신청해야 심의의 효력이 상실되지 않는다(법 제11조 제10항).

답 ①

20 건축법령상 건축허가 등에 관한 설명으로 옳지 <u>않은</u> 것은?

① 광역시에 연면적의 합계가 20만m²인 공장을 건축하려면 광역시장의 허가를 받아야 한다.

② 허가권자는 숙박시설에 해당하는 건축물의 용도가 교육환경 등 주변 환경을 고려할 때 부적합하다고 인정되는 경우에는 건축위원회의 심의를 거쳐 해당 건축 허가를 하지 아니할 수 있다.

③ 건축허가를 받으면 「도로법」에 따른 도로의 점용 허가를 받은 것으로 본다.

④ 건축 관련 입지와 규모에 대한 사전결정을 신청한 자는 사전결정을 통지받은 날부터 2년 이내에 건축허가를 신청하여야 한다.

⑤ 건축허가를 받은 후 건축주를 변경하는 경우에는 신고하여야 한다.

해설

난도 ★★

① (×) 허가를 받지 않는다(법 제11조 제1항, 영 제8조 제1항 단서).

> **법 제11조(건축허가)**
> ① 건축물을 건축하거나 대수선하려는 자는 특별자치시장·특별자치도지자 또는 시장·군수·구청장의 허가를 받아야 한다. 다만, 21층 이상의 건축물 등 대통령령으로 정하는 용도 및 규모의 건축물을 특별시나 광역시에 건축하려면 특별시장이나 광역시장의 허가를 받아야 한다.
>
> **영 제8조(건축허가)**
> ① 법 제11조 제1항 단서에 따라 특별시장 또는 광역시장의 허가를 받아야 하는 건축물의 건축은 층수가 21층 이상이거나 연면적의 합계가 10만m² 이상인 건축물의 건축(연면적의 10분의 3 이상을 증축하여 층수가 21층 이상으로 되거나 연면적의 합계가 10만m² 이상으로 되는 경우를 포함한다)을 말한다. 다음 각 호의 어느 하나에 해당하는 건축물의 건축은 제외한다.
> 1. 공장
> 2. 창고
> 3. 지방건축위원회의 심의를 거친 건축물(특별시 또는 광역시의 건축조례로 정하는 바에 따라 해당 지방건축위원회의 심의사항으로 할 수 있는 건축물에 한정하며, 초고층 건축물은 제외한다)

② (○) 법 제11조 제4항 제1호

③ (○) 법 제11조 제5항 제9호

④ (○) 법 제10조 제9항

⑤ (○) 법 제16조 제1항, 영 제12조 제1항 제3호

답 ①

21 건축법령상 건축허가에 관한 설명으로 옳지 않은 것은?(단, 조례는 고려하지 않음)

① 50층의 공동주택을 광역시에 건축하려면 광역시장의 허가를 받아야 한다.

② 자연환경을 보호하기 위하여 도지사가 지정·공고한 구역에 건축하는 3층의 숙박시설에 대하여 시장·군수가 건축허가를 하려면 도지사의 승인을 받아야 한다.

③ 건축허가를 받으면 「자연공원법」에 따른 행위허가를 받은 것으로 본다.

④ 건축허가시 실시하는 건축물 안전형양평가는 건축물이 연면적 10만m² 이상이고 21층 이상일 것을 요건으로 한다.

⑤ 2층 건축물이 건축허가 대상이라도 증축하려는 부분의 바닥면적의 합계가 80m²인 경우에는 증축에 대한 건축신고를 하면 건축허가를 받은 것으로 본다.

해설
난도 ★★

④ (×) 초고층 건축물이거나, 연면적(하나의 대지에 둘 이상의 건축물을 건축하는 경우에는 각각의 건축물의 연면적을 말한다)이 10만m² 이상이고 16층 이상인 경우 건축허가를 하기 전에 안전영향평가를 실시하여야 한다(법 제13조의2 제1항, 영 제10조의3 제1항).

답 ④

22 건축법령상 건축허가 등에 관한 설명으로 틀린 것은?

① 21층 이상의 건축물 등 대통령령으로 정하는 용도 및 규모의 건축물을 광역시에 건축하려면 광역시장의 허가를 받아야 한다.

② 시장·군수는 21층 이상의 건축물의 건축을 허가하려면 미리 건축계획서와 기본설계도서를 첨부하여 도지사의 승인을 받아야 한다.

③ 건축허가나 건축물의 착공을 제한하는 경우 제한기간은 2년 이내로 하며, 2회에 한하여 1년 이내의 범위에서 제한기간을 연장할 수 있다.

④ 허가를 받으려는 자는 허가신청서에 국토교통부령으로 정하는 설계도서와 관계 법령에서 제출하도록 의무화하고 있는 신청서 및 구비서류를 첨부하여 허가권자에게 제출하여야 한다.

⑤ 허가권자는 허가를 받은 자가 허가를 받은 날부터 2년 이내에 공사에 착수하였으나 공사의 완료가 불가능하다고 인정되는 경우에는 허가를 취소하여야 한다.

해설
난도 ★

③ (×) 건축허가나 건축물의 착공을 제한하는 경우 제한기간은 2년 이내로 한다. 다만, 1회에 한하여 1년 이내의 범위에서 제한기간을 연장할 수 있다(법 제18조 제4항 참조).

답 ③

23 건축법령상 시장·군수가 건축허가를 하기 위해 도지사의 사전승인을 받아야 하는 건축물은?

★20회 기출 변형★

① 연면적의 10분의 2를 증축하여 층수가 21층이 되는 공장
② 연면적의 합계가 100,000m²인 창고
③ 자연환경을 보호하기 위하여 도지사가 지정·공고한 구역에 건축하는 연면적의 합계가 900m²인 2층의 위락시설
④ 주거환경 등 주변환경을 보호하기 위하여 도지사가 지정·공고한 구역에 건축하는 연면적의 합계가 900m²인 2층의 숙박시설
⑤ 수질을 보호하기 위하여 도지사가 지정·공고한 구역에 건축하는 연면적의 합계가 900m²인 2층의 숙박시설

| 해설 |
난도 ★★

①, ② 연면적의 10분의 3 이상을 증축하여 층수가 21층 이상으로 되거나 연면적의 합계가 10만m² 이상으로 되는 경우는 도지사의 사전승인을 받아야 한다. 다만, 공장, 창고, 지방건축위원회의 심의를 거친 건축물(초고층 건축물은 제외한다)의 건축은 제외한다.

③, ⑤ 자연환경이나 수질을 보호하기 위하여 도지사가 지정·공고한 구역에 건축하는, 3층 이상 또는 연면적 1천m² 이상인 건축물로서, 위락시설과 숙박시설 등은 도지사의 사전승인을 받아야 한다.

답 ④

24 건축법령상 건축물의 건축허가를 받으면 허가를 받거나 신고를 한 것으로 본다. 이러한 허가 등의 의제에 해당하지 <u>않는</u> 것은?

★26회 기출★

① 「농지법」에 따른 농지전용허가
② 「하천법」에 따른 하천점용허가
③ 「폐기물처리법」에 따른 폐기물처리업허가
④ 「대기환경보전법」에 따른 대기오염물질 배출시설설치의 신고
⑤ 「국토의 계획 및 이용에 관한 법률」에 따른 개발행위허가

| 해설 |
난도 ★

③ 법 제11조 제5항 각호 참조

법 제11조(건축허가)

⑤ 제1항에 따른 건축허가를 받으면 다음 각 호의 허가 등을 받거나 신고를 한 것으로 보며, 공장건축물의 경우에는 「산업집적활성화 및 공장설립에 관한 법률」 제13조의2와 제14조에 따라 관련 법률의 인·허가등이나 허가등을 받은 것으로 본다.

1. 제20조 제3항에 따른 공사용 가설건축물의 축조신고
2. 제83조에 따른 공작물의 축조신고
3. 「국토의 계획 및 이용에 관한 법률」 제56조에 따른 개발행위허가
4. 「국토의 계획 및 이용에 관한 법률」 제86조 제5항에 따른 시행자의 지정과 같은 법 제88조 제2항에 따른 실시계획의 인가
5. 「산지관리법」 제14조와 제15조에 따른 산지전용허가와 산지전용신고, 같은 법 제15조의 2에 따른 산지일시사용허가·신고. 다만, 보전산지인 경우에는 도시지역만 해당된다.
6. 「사도법」 제4조에 따른 사도개설허가
7. 「농지법」 제34조, 제35조 및 제43조에 따른 농지전용허가·신고 및 협의
8. 「도로법」 제36조에 따른 도로관리청이 아닌 자에 대한 도로공사 시행의 허가, 같은 법 제52조 제1항에 따른 도로와 다른 시설의 연결 허가
9. 「도로법」 제61조에 따른 도로의 점용 허가
10. 「하천법」 제33조에 따른 하천점용 등의 허가
11. 「하수도법」 제27조에 따른 배수설비의 설치신고
12. 「하수도법」 제34조 제2항에 따른 개인하수처리시설의 설치신고
13. 「수도법」 제38조에 따라 수도사업자가 지방자치단체인 경우 그 지방자치단체가 정한 조례에 따른 상수도 공급신청
14. 「전기안전관리법」 제8조에 따른 자가용전기설비 공사계획의 인가 또는 신고
15. 「물환경보전법」 제33조에 따른 수질오염물질 배출시설 설치의 허가나 신고
16. 「대기환경보전법」 제23조에 따른 대기오염물질 배출시설설치의 허가나 신고
17. 「소음·진동관리법」 제8조에 따른 소음·진동 배출시설 설치의 허가나 신고
18. 「가축분뇨의 관리 및 이용에 관한 법률」 제11조에 따른 배출시설 설치허가나 신고
19. 「자연공원법」 제23조에 따른 행위허가
20. 「도시공원 및 녹지 등에 관한 법률」 제24조에 따른 도시공원의 점용허가
21. 「토양환경보전법」 제12조에 따른 특정토양오염관리대상시설의 신고
22. 「수산자원관리법」 제52조 제2항에 따른 행위의 허가
23. 「초지법」 제23조에 따른 초지전용의 허가 및 신고

답 ③

25 건축법령상 건축허가와 건축신고에 관한 설명으로 **틀린** 것은?

★25회 기출 변형★

① 허가 대상 건축물이라 하더라도 바닥면적의 합계가 85m² 이내의 증축인 경우에는 건축신고를 하면 건축허가를 받은 것으로 본다.

② 시장·군수는 연면적의 합계가 10만m² 이상인 공장의 건축을 허가하려면 미리 도지사의 승인을 얻어야 한다.

③ 국가가 건축물을 건축하기 위하여 미리 건축물의 소재지를 관할하는 허가권자와 협의한 경우에는 건축허가를 받았거나 신고한 것으로 본다.

④ 건축신고를 한 자가 신고일부터 1년 이내에 공사에 착수하지 아니하면, 그 신고의 효력은 없어진다.

⑤ 시·도지사가 시장·군수·구청자의 건축허가를 제한하는 경우, 제한기간은 2년 이내로 하되 1회에 한하여 1년 이내의 범위에서 연장할 수 있다.

해설

난도 ★★

② (×) 공장, 창고, 지방건축위원회의 심의를 거친 건축물(특별시 또는 광역시의 건축조례로 정하는 바에 따라 해당 지방건축위원회의 심의사항으로 할 수 있는 건축물에 한정하며, 초고층 건축물은 제외한다)은 제외한다.

答 ②

---

26 건축법령상 허가 대상 건축물이라 하더라도 건축신고를 하면 건축허가를 받은 것으로 보는 경우를 모두 고른 것은?

★28회 기출★

> ㄱ. 연면적이 150m²이고 2층인 건축물의 대수선
> ㄴ. 보를 5개 수선하는 것
> ㄷ. 내력벽의 면적을 50m² 수선하는 것
> ㄹ. 소규모 건축물로서 연면적의 합계가 150m²인 건축물의 신축
> ㅁ. 소규모 건축물로서 건축물의 높이를 5m 증축하는 건축물의 증축

① ㄱ, ㄴ, ㄷ

② ㄱ, ㄷ, ㄹ

③ ㄱ, ㄹ, ㅁ

④ ㄴ, ㄷ, ㄹ

⑤ ㄴ, ㄷ, ㄹ, ㅁ

해설

난도 ★★

① ㄱ, ㄴ, ㄷ(법 제14조 제1항, 영 제11조 제2항·제3항)

법 제14조(건축신고)

① 제11조에 해당하는 허가 대상 건축물이라 하더라도 다음 각 호의 어느 하나에 해당하는 경우에는 미리 특별자치시장 · 특별자치도지사 또는 시장 · 군수 · 구청장에게 국토교통부령으로 정하는 바에 따라 신고를 하면 건축허가를 받은 것으로 본다.

1. 바닥면적의 합계가 85m² 이내의 증축 · 개축 또는 재축. 다만, 3층 이상 건축물인 경우에는 증축 · 개축 또는 재축하려는 부분의 바닥면적의 합계가 건축물 연면적의 10분의 1 이내인 경우로 한정한다.
2. 「국토의 계획 및 이용에 관한 법률」에 따른 관리지역, 농림지역 또는 자연환경보전지역에서 연면적이 200m² 미만이고 3층 미만인 건축물의 건축. 다만, 다음 각 목의 어느 하나에 해당하는 구역에서의 건축은 제외한다.
   가. 지구단위계획구역
   나. 방재지구 등 재해취약지역으로서 대통령령으로 정하는 구역
3. 연면적이 200m² 미만이고 3층 미만인 건축물의 대수선
4. 주요구조부의 해체가 없는 등 대통령령으로 정하는 대수선
5. 그 밖에 소규모 건축물로서 대통령령으로 정하는 건축물의 건축

영 제11조(건축신고)

② 법 제14조 제1항 제4호에서 "주요구조부의 해체가 없는 등 대통령령으로 정하는 대수선"이란 다음 각 호의 어느 하나에 해당하는 대수선을 말한다.

1. 내력벽의 면적을 30m² 이상 수선하는 것
2. 기둥을 세 개 이상 수선하는 것
3. 보를 세 개 이상 수선하는 것
4. 지붕틀을 세 개 이상 수선하는 것
5. 방화벽 또는 방화구획을 위한 바닥 또는 벽을 수선하는 것
6. 주계단 · 피난계단 또는 특별피난계단을 수선하는 것

③ 법 제14조 제1항 제5호에서 "대통령령으로 정하는 건축물"이란 다음 각 호의 어느 하나에 해당하는 건축물을 말한다.

1. 연면적의 합계가 100m² 이하인 건축물
2. 건축물의 높이를 3m 이하의 범위에서 증축하는 건축물
3. 법 제23조 제4항에 따른 표준설계도서(이하 "표준설계도서"라 한다)에 따라 건축하는 건축물로서 그 용도 및 규모가 주위환경이나 미관에 지장이 없다고 인정하여 건축조례로 정하는 건축물
4. 「국토의 계획 및 이용에 관한 법률」제36조 제1항 제1호 다목에 따른 공업지역, 같은 법 제51조 제3항에 따른 지구단위계획구역(같은 법 시행령 제48조 제10호에 따른 산업 · 유통형만 해당한다) 및 「산업입지 및 개발에 관한 법률」에 따른 산업단지에서 건축하는 2층 이하인 건축물로서 연면적 합계 500m² 이하인 공장(별표 1 제4호 너목에 따른 제조업소 등 물품의 제조 · 가공을 위한 시설을 포함한다)
5. 농업이나 수산업을 경영하기 위하여 읍 · 면지역(특별자치시장 · 특별자치도지사 · 시장 · 군수가 지역계획 또는 도시 · 군계획에 지장이 있다고 지정 · 공고한 구역은 제외한다)에서 건축하는 연면적 200m² 이하의 창고 및 연면적 400m² 이하의 축사, 작물재배사, 종묘배양시설, 화초 및 분재 등의 온실

답 ①

27 건축법상 신고사항을 설명한 것으로 **틀린** 것은?

★20회 기출 변형★

① 관리지역·농림지역 또는 자연환경보전지역 안에서 연면적 200m² 미만이고 3층 미만인 건축물. 다만, 제2종 지구단위계획구역 안에서 건축을 제외한다.

② 연면적 200m² 미만이고 3층 미만인 건물의 대수선

③ 바닥면적의 합계가 85m² 이내의 증축·개축 또는 재축

④ 연면적의 합계가 100m² 이하의 건축물

⑤ 산업단지 안에서 건축하는 3층 이하의 건축물로서 바닥면적의 합계가 500m² 이하인 공장

> **해설**
>
> 난도 ★★★
>
> ⑤ 공업지역, 지구단위계획구역(산업·유통형만 해당) 및 산업단지에서 건축하는 2층 이하인 건축물로서 연면적 합계 500m² 이하인 공장(영 제11조 제3항 제4호 참조)
>
> **답** ⑤

28 건축법령상 건축허가의 제한에 관한 설명으로 옳은 것은?

★21회 기출 변형★

① 국토교통부장관은 문화체육관광부장관이 문화재보존을 위하여 특히 필요하다고 인정하여 요청한 경우 건축허가를 받은 건축물의 착공을 제한할 수 있다.

② 국토교통부장관은 국토관리를 위하여 특히 필요하다고 인정하더라도 시장·군수·구청장의 건축허가를 제한할 수 없다.

③ 건축허가를 제한하는 경우 제한기간은 2년 이내로 하며, 그 기간은 연장할 수 없다.

④ 시·도지사가 시장·군수·구청장의 건축허가를 제한한 경우, 국토교통부장관에게 보고하여야 하며, 국토교통부장관은 보고받은 내용을 공고하여야 한다.

⑤ 시·도지사는 시장·군수·구청장의 건축허가 제한이 지나치다고 인정하면 직권으로 이를 해제할 수 있다.

> **해설**
>
> 난도 ★★
>
> ② (×) 국토교통부장관은 국토관리를 위하여 특히 필요하다고 인정하면 시장·군수·구청장의 건축허가를 제한할 수 있다.
>
> ③ (×) 제한기간은 2년 이내로 한다(다만, 1회에 한하여 1년 이내의 범위에서 연장할 수 있다).
>
> ④ (×) 국토교통부장관이나 시·도지사는 건축허가나 건축물의 착공을 제한하는 경우 제한 목적·기간, 건축물의 용도 등을 상세하게 정하여 허가권자에게 통보하여야 하며, 통보를 받은 허가권자는 지체 없이 이를 공고하여야 한다.
>
> ⑤ (×) 시·도지사는 건축허가나 건축물의 착공을 제한한 경우 즉시 국토교통부장관에게 보고하여야 하며, 보고를 받은 국토교통부장관은 제한 내용이 지나치다고 인정하면 해제를 명할 수 있다.
>
> **답** ①

29 건축법령에서 규정하고 있는 건축허가 제한에 관한 설명 중 가장 <u>부적당한</u> 것은?

★21회 기출 변형★

① 국토교통부장관은 국토관리상 필요하다고 인정하는 경우에는 허가권자의 건축허가를 제한할 수 있다.

② 시·도지사는 주무부장관이 국방·문화재보전·환경보전 또는 국민경제상 특히 필요하다고 인정하는 경우에는 허가권자의 건축허가를 제한할 수 있다.

③ 국토교통부장관 또는 시·도지사가 건축허가를 제한하는 경우 그 목적·기간 및 대상을 정하여 허가권자에게 통보하여야 한다.

④ 시·도지사가 시장·군수·구청장의 건축허가를 제한하는 경우에는 즉시 국토교통부장관에게 보고하여야 한다.

⑤ 건축허가 제한 조건 중 제한기간은 2년으로 하되, 제한기간의 연장은 1회에 한하여 1년 이내로 한다.

해설
난도 ★★★

② 국토교통부장관은 국토관리를 위하여 특히 필요하다고 인정하거나 주무부장관이 국방, 문화재보존, 환경보전 또는 국민경제를 위하여 특히 필요하다고 인정하여 요청하면 허가권자의 건축허가나 허가를 받은 건축물의 착공을 제한할 수 있다(법 제18조 제1항).

답 ②

---

30 건축법령상 건축허가의 제한 등에 관한 설명 중 옳지 <u>않은</u> 것은?

★19회 기출 변형★

① 국토관리상 특히 필요한 경우, 허가권자의 건축허가나 허가받은 건축물의 착공이 제한될 수 있다.

② 국방·문화재보존·환경보전에 특히 필요한 경우 허가권자의 건축허가나 허가받은 건축물의 착공이 제한될 수 있다.

③ 국민경제상 특히 필요한 경우 허가권자의 건축허가나 허가받은 건축물의 착공이 제한될 수 있다.

④ 지역계획 또는 도시계획상 특히 필요한 경우 시장·군수·구청장의 건축허가나 허가받은 건축물의 착공이 제한될 수 있다.

⑤ 장기간의 건축제한을 방지하기 위하여 제한기간은 1년 이내로 하며, 이를 연장할 수 없다.

해설
난도 ★

⑤ (×) 건축허가나 건축물의 착공을 제한하는 경우 제한기간은 2년 이내로 한다. 다만, 1회에 한하여 1년 이내의 범위에서 제한기간을 연장할 수 있다.

답 ⑤

31 건축법령상 건축물의 용도변경으로서 허가대상인 것을 모두 고른 것은?

★25회 기출★

☑확인 Check! ○ △ ×

용도변경 전	용도변경 후
ㄱ. 숙박시설	위락시설
ㄴ. 문화 및 집회시설	교육연구시설
ㄷ. 판매시설	관광휴게시설
ㄹ. 의료시설	장례식장
ㅁ. 운동시설	수련시설

① ㄱ, ㄴ, ㅁ
② ㄱ, ㄷ, ㄹ
③ ㄴ, ㄷ, ㄹ
④ ㄴ, ㄹ, ㅁ
⑤ ㄷ, ㄹ, ㅁ

해설

난도 ★

ㄱ, ㄷ, ㄹ 용도변경 허가대상
ㄴ, ㅁ 용도변경 신고대상(법 제19조 제2항)

답 ②

32 건축법령상 사용승인을 받은 건축물을 용도변경하기 위해 허가를 필요로 하는 경우는?

★22회 기출 변형★

☑확인 Check! ○ △ ×

① 업무시설을 판매시설로 용도변경하는 경우
② 숙박시설을 제1종 근린생활시설로 용도변경하는 경우
③ 장례식장을 종교시설로 용도변경하는 경우
④ 수련시설을 공동주택으로 용도변경하는 경우
⑤ 공장을 관광휴게시설로 용도변경하는 경우

해설
난도 ★★

시설군(9개)	용도군(30개)
1. 자동차관련 시설군	① 자동차관련시설
2. 산업 등의 시설군	① 운수시설 ② 창고시설 ③ 공장 ④ 위험물저장 및 처리시설 ⑤ 자원순환 관련시설 ⑥ 묘지관련시설 ⑦ 장례시설
3. 전기통신시설군	① 방송통신시설 ② 발전시설
4. 문화 및 집회시설군	① 문화 및 집회시설 ② 종교시설 ③ 위락시설 ④ 관광휴게시설
5. 영업시설군	① 판매시설 ② 운동시설 ③ 숙박시설 ④ 제2종 근린생활시설인 다중생활시설
6. 교육 및 복지시설군	① 의료시설 ② 교육연구시설 ③ 노유자시설 ④ 수련시설 ⑤ 야영장 시설
7. 근린생활시설군	① 제1종 근린생활시설 ② 제2종 근린생활시설(다중생활시설 제외)
8. 주거업무시설군	① 단독주택 ② 공동주택 ③ 업무시설 ④ 교정 및 군사시설
9. 그 밖의 시설군	① 동물 및 식물관련시설

• 하위시설군에서 상위시설군 용도변경시 : 특별자치시장 · 특별자치도지사 · 시장 · 군수 · 구청장(허가)
• 상위시설군에서 하위시설군 용도변경시 : 특별자치시장 · 특별자치도지사 · 시장 · 군수 · 구청장(신고)

답 ①

---

33 건축법령상 특별시에서 건축물의 용도를 변경하고자 하는 경우에 관한 설명으로 옳은 것은?

★28회 기출 변형★

① 자원순환 관련시설을 묘지관련시설로 용도변경하는 경우 관할 구청장에게 건축물대장 기재내용의 변경을 신청하여야 한다.
② 발전시설을 공장으로 용도변경하는 경우 특별시장의 허가를 받아야 한다.
③ 운동시설을 수련시설로 용도변경하는 경우 관할 구청장의 허가를 받아야 한다.
④ 숙박시설을 종교시설로 용도변경하는 경우 특별시장에게 신고하여야 한다.
⑤ 업무시설을 교육연구시설로 용도변경하는 경우 특별시장에게 건축물대장 기재내용의 변경을 신청하여야 한다.

해설
난도 ★★
②, ④, ⑤ (×) 관할 구청장의 허가를 받아야 한다.
③ (×) 관할 구청장에게 신고하여야 한다.

답 ①

34 건축법령상 제1종 근린생활시설에 해당되는 시설은?(단, 동일한 건축물 안에서 당해 용도에 쓰이는 바닥 면적의 합계는 400m^{2}이다) ★27회 기출 변형★

① 테니스장
② 부동산중개사무소
③ 골프연습장
④ 일반음식점
⑤ 수퍼마켓

해설
난도 ★★
①, ③ 테니스장·에어로빅장·볼링장·당구장·실내낚시터·골프연습장 같은 건축물에서 해당 용도에 쓰이는 바닥 면적의 합계가
• 500m^2 미만 : 제2종 근린생활시설
• 500m^2 이상 : 운동시설
② 부동산중개사무소·금융업소·사무소·결혼상담소·출판사 같은 건축물에 해당 용도에 쓰이는 바닥 면적의 합계가
• 300m^2 미만 : 제1종 근린생활시설
• 300m^2 이상~500m^2 미만 : 제2종 근린생활시설
④ 일반음식점·기원 : 제2종 근린생활시설

답 ⑤

35 건축법령상 도시·군계획시설예정지에 건축하는 3층 이하의 가설건축물에 관한 설명으로 틀린 것은? ★24회 기출 변형★

① 가설건축물은 철근콘크리트 또는 철골철근콘크리트조가 아니어야 한다.
② 가설건축물은 공동주택·판매시설·운수시설 등으로서 분양을 목적으로 하는 건축물이 아니어야 한다.
③ 가설건축물은 전기·수도·가스 등 새로운 간선 공급설비의 설치를 필요로 하는 것이 아니어야 한다.
④ 가설건축물의 존치기간은 2년 이내이어야 한다.
⑤ 가설건축물은 도시계획예정도로에도 건축할 수 있다.

해설
난도 ★
④ 존치기간은 3년 이내일 것

답 ④

36 건축법령에서 규정하고 있는 가설건축물의 허가기준으로 가장 <u>부적당한</u> 것은? ★24회 기출 변형★

① 공동주택 · 판매시설 · 운수시설 등으로 분양을 목적으로 건축하는 건축물이 아닐 것

② 철근콘크리트 또는 철골철근콘크리트가 아닐 것

③ 3층 이하일 것

④ 존치기간은 2년 이내일 것. 다만, 도시계획사업이 시행될 때까지 그 기간은 연장할 수 있다.

⑤ 전기 · 수도 · 가스 등 새로운 간선공급설비의 설치를 요하지 아니할 것

> **해설**
> 난도 ★
> ④ 존치기간은 3년 이내일 것

답 ④

37 건축법령상 건축물과 분리하여 공작물을 축조할 경우 특별자치도지사 또는 시장 · 군수 · 구청장에게 신고해야 하는 공작물에 해당하는 것은? ★24회 기출★

① 높이 5m의 굴뚝

② 높이 5m의 광고탑

③ 높이 4m의 기념탑

④ 높이 5m의 고가수조

⑤ 높이 4m의 장식탑

> **해설**
> 난도 ★★
> ①, ③, ④, ⑤ 「건축법 시행령」 제118조 제1항 참조
> ② 높이 4m를 넘는 광고탑을 축조할 경우 특별자치도지사 또는 시장 · 군수 · 구청장에게 신고를 해야 한다(「건축법 시행령」 제118조 제1항 제3호 참조).

답 ②

38 건축법령상 공사감리자의 업무내용으로 <u>부적합한</u> 것은?

① 공정표의 검토
② 허가권자에 대한 위법건축공사보고서의 작성 및 제출
③ 허가권자에 대한 감리보고서의 작성 및 제출
④ 설계변경의 적정여부의 검토·확인
⑤ 건축법령에 의한 명령이나 처분 위반사항의 시정요청

해설
난도 ★★
③ 공사감리자는 감리일지를 기록·유지하여야 하고, 공사의 진도에 따라 감리중간보고서, 공사를 완료한 경우에는 감리완료보고서를 각각 작성하여 건축주에게 제출하여야 한다.

답 ③

39 건축법령상 건축공사현장 안전관리에 관한 설명 중 <u>틀린</u> 것은?

① 건축허가를 받은 자는 건축물의 건축공사를 중단하고 장기간 공사현장을 방치한 경우에는 안전관리조치 등을 할 의무가 있다.
② 허가권자는 일정한 경우에는 장기간 공사현장방치에 대비하여 미리 안전관리비용 등을 예치하게 할 수 있다.
③ 예치금을 대통령령이 정하는 보증서로 대신할 수 있다.
④ 허가권자는 안전에 위해하다고 판단되는 경우 안전관리를 위한 개선명령을 말할 수 있다.
⑤ 예치금은 반환하여야 하므로 이를 사용하여 대집행을 할 수 없다.

해설
난도 ★★
⑤ (×) 허가권자는 개선명령을 받은 자가 개선을 하지 아니하면 행정대집행을 할 수 있다. 이 경우 건축주가 예치한 예치금을 행정대집행에 필요한 비용에 사용할 수 있다.

답 ⑤

40 건축법령에서 규정하고 있는 다음 내용 중 옳지 <u>않은</u> 것은?

① 사용승인을 얻은 건축물의 용도를 변경하고자 하는 자는 특별자치시장·특별자치도지사 또는 시장·군수·구청장의 허가를 받거나 신고를 하여야 한다.

② 사전결정을 신청하는 자는 건축위원회의 심의 및 '도시교통정비 촉진법'에 따른 교통영향평가서의 검토를 동시에 신청할 수 있다.

③ 다가구주택 및 다세대주택의 가구 및 세대 간 경계벽을 증설·해체하거나 수선·변경하는 것은 대수선에 해당한다.

④ 공사감리자는 공사의 공정이 대통령령이 정하는 진도에 다다른 때에는 감리중간보고서를, 공사를 완료한 때에는 감리완료보고서를 각각 작성하여 건축주에게 제출하여야 한다.

⑤ 허가권자는 위락시설 또는 숙박시설에 해당하는 건축물의 건축을 허가하는 경우 주변 환경을 감안할 때 부적합하다고 인정하는 경우에는 건축위원회의 심의 없이 건축허가를 아니할 수 있다.

> **해설**
> 난도 ★★★
> ⑤ (×) 허가권자는 위락시설이나 숙박시설에 해당하는 건축물의 건축을 허가하는 경우 해당 대지에 건축하려는 건축물의 용도·규모 또는 형태가 주거환경이나 교육환경 등 주변 환경을 고려할 때 부적합하다고 인정되는 경우에는 「건축법」이나 다른 법률에도 불구하고 건축위원회의 심의를 거쳐 건축허가를 하지 아니할 수 있다.
>
> 답⑤

41 건축법령상 위반 건축물 등에 대한 조치에 관한 설명으로 옳지 <u>않은</u> 것은?

① 허가권자는 건축물이 건축법령에 위반되는 경우 그 건축물의 현장관리인에게 공사의 중지를 명할 수 있다.

② 건축물이 용적률을 초과하여 건축된 경우 해당 건축물에 적용되는 시가표준액의 100분의 10에 해당하는 금액으로 이행강제금이 부과된다.

③ 허가권자는 이행강제금을 부과하기 전에 이행강제금을 부과·징수한다는 뜻을 미리 문서로써 계고하여야 한다.

④ 허가권자는 이행강제금 부과처분을 받은 자가 이행강제금을 납부기한까지 내지 아니하면 「지방행정제재·부과금의 징수 등에 관한 법률」에 따라 징수한다.

⑤ 허가권자는 시정명령을 받은 자가 이를 이행하면 새로운 이행강제금의 부과를 즉시 중지하되, 이미 부과된 이행강제금은 징수하여야 한다.

> **해설**
> 난도 ★★
> ① (○) 법 제79조 제1항 참조
> ② (×) 「지방세법」에 따라 해당 건축물에 적용되는 $1m^2$의 시가표준액의 100분의 50에 해당하는 금액에 위반면적을 곱한 금액 이하의 범위에서 위반 내용에 따라 대통령령으로 정하는 비율을 곱한 금액을 부과한다(법 제80조 제1항 제1호).

> **법 제80조(이행강제금)**
>
> ① 허가권자는 제79조 제1항에 따라 시정명령을 받은 후 시정기간 내에 시정명령을 이행하지 아니한 건축주등에 대하여는 그 시정명령의 이행에 필요한 상당한 이행기한을 정하여 그 기한까지 시정명령을 이행하지 아니하면 다음 각 호의 이행강제금을 부과한다. 다만, 연면적(공동주택의 경우에는 세대 면적을 기준으로 한다)이 60m² 이하인 주거용 건축물과 제2호 중 주거용 건축물로서 대통령령으로 정하는 경우에는 다음 각 호의 어느 하나에 해당하는 금액의 2분의 1의 범위에서 해당 지방자치단체의 조례로 정하는 금액을 부과한다.
>
> 1. 건축물이 제55조와 제56조에 따른 건폐율이나 용적률을 초과하여 건축된 경우 또는 허가를 받지 아니하거나 신고를 하지 아니하고 건축된 경우에는 「지방세법」에 따라 해당 건축물에 적용되는 1m²의 시가표준액의 100분의 50에 해당하는 금액에 위반면적을 곱한 금액 이하의 범위에서 위반 내용에 따라 대통령령으로 정하는 비율을 곱한 금액
> 2. 건축물이 제1호 외의 위반 건축물에 해당하는 경우에는 「지방세법」에 따라 그 건축물에 적용되는 시가표준액에 해당하는 금액의 100분의 10의 범위에서 위반내용에 따라 대통령령으로 정하는 금액

③ (○) 법 제80조 제3항
④ (○) 법 제80조 제7항
⑤ (○) 법 제80조 제6항

답 ②

---

42 건축법령상 「행정대집행법」 적용의 특례 사유로 규정되지 **않은** 것은?

★27회 기출★

① 어린이를 보호하기 위하여 필요하다고 인정되는 경우
② 재해가 발생할 위험이 절박한 경우
③ 건축물의 구조 안전상 심각한 문제가 있어 붕괴 등 손괴의 위험이 예상되는 경우
④ 허가권자의 공사중지명령을 받고도 불응하여 공사를 강행하는 경우
⑤ 도로통행에 현저하게 지장을 주는 불법건축물인 경우

해설
난도 ★★★
① 법 제85조 참조

답 ①

43 건축법령상 하나 이상의 필지의 일부를 하나의 대지로 할 수 있는 경우가 <u>아닌</u> 것은?

★19회 기출★

① 하나 이상의 필지의 일부에 대하여 도시·군계획시설의 결정·고시가 있는 부분의 토지
② 하나 이상의 필지의 일부에 대하여 농지법에 의한 농지전용허가를 받은 부분의 토지
③ 하나 이상의 필지의 일부에 대하여 산지관리법에 의한 산지전용허가를 받은 부분의 토지
④ 하나 이상의 필지의 일부에 대하여 국토의 계획 및 이용에 관한 법률에 의한 개발행위허가를 받은 부분의 토지
⑤ 하나 이상의 필지의 일부에 대하여 하천법에 의한 하천점용허가를 받은 부분의 토지

해설
난도 ★★
⑤ 영 제3조 제2항 참조

영 제3조(대지의 범위)

② 법 제2조 제1항 제1호 단서에 따라 하나 이상의 필지의 일부를 하나의 대지로 할 수 있는 토지는 다음 각 호와 같다.

1. 하나 이상의 필지의 일부에 대하여 도시·군계획시설이 결정·고시된 경우 : 그 결정·고시된 부분의 토지
2. 하나 이상의 필지의 일부에 대하여 「농지법」 제34조에 따른 농지전용허가를 받은 경우 : 그 허가받은 부분의 토지
3. 하나 이상의 필지의 일부에 대하여 「산지관리법」 제14조에 따른 산지전용허가를 받은 경우 : 그 허가받은 부분의 토지
4. 하나 이상의 필지의 일부에 대하여 「국토의 계획 및 이용에 관한 법률」 제56조에 따른 개발행위허가를 받은 경우 : 그 허가받은 부분의 토지
5. 법 제22조에 따른 사용승인을 신청할 때 필지를 나눌 것을 조건으로 건축허가를 하는 경우 : 그 필지가 나누어지는 토지

답 ⑤

44 건축법령상 공개공지등의 확보에 관한 설명으로 옳지 <u>않은</u> 것은?

① 상업지역에서 업무시설로서 해당 용도로 쓰는 바닥면적의 합계가 5천m² 이상인 건축물의 대지에서 공개공지등을 설치해야 한다.

② 공개공지는 필로티의 구조로 설치할 수 있다.

③ 공개공지등을 설치할 때에는 모든 사람들이 환경친화적으로 편리하게 이용할 수 있도록 긴 의자 또는 조경시설 등을 설치해야 한다.

④ 공개공지등의 면적은 건축면적의 100분의 10 이하로 한다.

⑤ 공개공지등을 설치하는 경우에는 건축물의 용적률 기준을 완화하여 적용할 수 있다.

해설

난도 ★★

① (○) 영 제27조의2 제1항 제1호

② (○) 영 제27조의2 제1항

③ (○) 영 제27조의2 제3항

④ (×) 공개공지등의 면적은 대지면적의 100분의 10 이하의 범위에서 건축조례로 정한다(영 제27조의2 제2항).

⑤ (○) 법 제43조 제2항, 법 제56조

답 ④

45 건축법령상 공개공지의 확보 등에 관한 설명으로 옳지 <u>않은</u> 것은?

① 공개공지의 면적은 대지면적의 100분의 10 이하의 범위에서 건축조례로 정한다.

② 문화 및 집회시설로서 연면적의 합계가 3천m² 이상일 경우 공개공지를 확보하여야 한다.

③ 공개공지를 확보하는 경우 용적률은 해당 지역에 적용하는 용적률의 1.2배 이하의 범위 내에서 건축조례로 정하여 완화할 수 있다.

④ 공개공지에는 연간 60일 이내의 기간 동안 건축조례로 정하는 바에 따라 주민을 위한 문화행사를 열거나 판촉활동을 할 수 있다.

⑤ 공개공지에는 환경친화적으로 편리하게 이용할 수 있도록 건축조례로 정하는 시설을 설치하여야 한다.

해설

난도 ★★★

② (×) 문화 및 집회시설, 종교시설, 판매시설(「농수산물 유통 및 가격안정에 관한 법률」에 따른 농수산물유통시설은 제외한다), 운수시설(여객용 시설만 해당한다), 업무시설 및 숙박시설로서 해당 용도로 쓰는 바닥면적의 합계가 5천m² 이상인 건축물의 대지에는 공개공지 또는 공개공간(이하 이 조에서 "공개공지등"이라 한다)을 설치하여야 한다.

답 ②

46 건축법령상 도로와 관련된 설명 중 옳은 것은?

① 지형적 조건으로 자동차 통행이 불가능하더라도 건축법상의 도로로 되는 경우가 있다.
② 건축법상 모든 도로는 도로라는 특성상 도로법에 의한 신설·변경 고시가 되어야 한다.
③ 주민이 장기간 통행으로 이용하는 사실상의 통로라는 건축법상의 도로로 되기 위해서는 이해관계인의 동의가 필수적이다.
④ 건축허가권자가 도로의 위치를 지정·공고할 수는 없다.
⑤ 예정도로인 한 건축법상의 도로에 해당될 수 없다.

해설
난도 ★★

---

1. 도로의 개념
   ① 원칙 : 통행도로
      건축법상의 도로는(보행과 자동차 통행이 가능)한 너비 4m 이상으로서 다음에 해당하는 도로 또는 예정도로를 말한다.
      ㉠ 국토의 계획 및 이용에 관한 법률·도로법·사도법, 그 밖에 관계 법령에 따라 신설 또는 변경에 관한 고시가 된 도로
      ㉡ 건축허가 또는 신고시 특별시장·광역시장·특별자치시장·도지사·특별자치도지사·시장·군수 또는 구청장이 그 위치를 지정·공고한 도로
   ② 예외
      ㉠ 지형 조건으로 자동차 통행이 불가능한 경우와 막다른 도로의 경우
      ㉡ 특별자치시장·특별자치도지사·시장·군수 또는 구청장이 지형적 조건으로 인하여 차량통행을 위한 도로의 설치가 곤란하다고 인정하여 그 위치를 지정·공고한 구간의 너비가 3m 이상인 도로도 도로에 해당한다.
2. 도로의 지정 : 허가권자는 도로의 위치를 지정·공고하려면 이해관계인의 동의를 받아야 한다. 다만, 허가권자가 이해관계인이 해외에 거주하는 등의 사유로 동의받기 곤란하다고 인정하는 경우 또는 주민이 오랫동안 통행로로 이용하고 있는 사실상 통로로서, 조례로 정한 것인 경우에는 이해관계인의 동의를 받지 아니하고 건축위원회의 심의를 거쳐 도로로 지정할 수 있다.
3. 도로의 폐지·변경 : 허가권자가 반드시 이해관계인의 동의를 받아야 한다.

답 ①

47 갑은 대지에 높이 4m, 연면적의 합계가 90m²인 건축물을 신축하려 한다. 건축법령상 건축규제에 위반되는 것은?(단, 조례는 고려하지 않음) ★23회 기출 변형★

① 갑은 건축을 위해 건축신고를 하였다.

② 갑의 대지는 인접한 도로면보다 낮으나, 대지의 배수에 지장이 없고, 건축물의 용도상 방습의 필요가 없다.

③ 갑은 공개공지 또는 공개공간을 확보하지 않았다.

④ 갑의 대지는 보행과 자동차 통행이 가능한 도로에 3m 접하고 있다.

⑤ 갑의 건축물은 창문을 열었을 때 건축선의 수직면을 넘어서는 구조로 되어 있다.

해설
난도 ★★

⑤ 도로면으로부터 높이 4.5m 이하에 있는 출입구, 창문, 그 밖에 이와 유사한 구조물은 열고 닫을 때 건축선의 수직면을 넘지 아니하는 구조로 하여야 한다.

답 ⑤

48 건축법령상 건축물의 대지와 도로에 관한 설명으로 옳지 <u>않은</u> 것은?(단, 건축법상 적용제외 규정 및 건축협정에 따른 특례는 고려하지 않음) ★28회 기출★

① 건축물의 주변에 허가권자가 인정한 유원지가 있는 경우에는 건축물의 대지가 자동차전용도로가 아닌 도로에 2m 이상 접할 것이 요구되지 아니한다.

② 연면적의 합계가 3천m²인 작물 재배사의 대지는 너비 6m 이상의 도로에 4m 이상 접할 것이 요구되지 아니한다.

③ 주민이 오랫동안 통행로로 이용하고 있는 사실상의 통로로서 해당 지방자치단체의 조례로 정하는 것인 경우의 「건축법」상 도로는 이해관계인의 동의를 받지 아니하고 건축위원회의 심의를 거쳐 그 도로를 폐지할 수 있다.

④ 면적 5천m² 미만인 대지에 공장을 건축하는 건축주는 대지에 조경 등의 조치를 하지 아니할 수 있다.

⑤ 도로면으로부터 높이 4.5m 이하에 있는 창문은 열고 닫을 때 건축선의 수직면을 넘지 아니하는 구조로 하여야 한다.

해설
난도 ★★★

① (○) 건축물의 주변에 광장, 공원, 유원지 등 건축이 금지되고 공중의 통행에 지장이 없는 공지로서 허가권자가 인정한 공지가 있는 경우, 해당 대지는 2m 이상 도로에 접하여야 하는 것은 아니다(법 제44조 제1항 제2호, 영 제28 제1항).

② (○) 영 제28조 제2항

> 영 제28조(대지와 도로의 관계)
> ② 법 제44조 제2항에 따라 연면적의 합계 2천m²(공장인 경우에는 3천m²) 이상인 건축물(축사, 작물 재배사, 그 밖에 이와 비슷한 건축물로서 건축조례로 정하는 규모의 건축물은 제외한다)의 대지는 너비 6m 이상의 도로에 4m 이상 접하여야 한다.

③ (×) 이해관계인의 동의를 요한다(법 제45조 제1항 제2호 및 제2항).

> **법 제45조(도로의 지정·폐지 또는 변경)**
> ① 허가권자는 제2조 제1항 제11호 나목에 따라 도로의 위치를 지정·공고하려면 국토교통부령으로 정하는 바에 따라 그 도로에 대한 이해관계인의 동의를 받아야 한다. 다만, 다음 각 호의 어느 하나에 해당하면 이해관계인의 동의를 받지 아니하고 건축위원회의 심의를 거쳐 도로를 지정할 수 있다.
> 1. 허가권자가 이해관계인이 해외에 거주하는 등의 사유로 이해관계인의 동의를 받기가 곤란하다고 인정하는 경우
> 2. 주민이 오랫동안 통행로로 이용하고 있는 사실상 통로로서 해당 지방자치단체의 조례로 정하는 것인 경우
> ② 허가권자는 제1항에 따라 지정한 도로를 폐지하거나 변경하려면 그 도로에 대한 이해관계인의 동의를 받아야 한다. 그 도로에 편입된 토지의 소유자, 건축주 등이 허가권자에게 제1항에 따라 지정된 도로의 폐지나 변경을 신청하는 경우에도 또한 같다.

④ (○) 법 제42조 제1항, 영 제27조 제1항

> **법 제42조(대지의 조경)**
> ① 면적이 200m² 이상인 대지에 건축을 하는 건축주는 용도지역 및 건축물의 규모에 따라 해당 지방자치단체의 조례로 정하는 기준에 따라 대지에 조경이나 그 밖에 필요한 조치를 하여야 한다. 다만, 조경이 필요하지 아니한 건축물로서 대통령령으로 정하는 건축물에 대하여는 조경 등의 조치를 하지 아니할 수 있으며, 옥상 조경 등 대통령령으로 따로 기준을 정하는 경우에는 그 기준에 따른다.
>
> **영 제27조(대지의 조경)**
> ① 법 제42조 제1항 단서에 따라 다음 각 호의 어느 하나에 해당하는 건축물에 대하여는 조경 등의 조치를 하지 아니할 수 있다.
> 1. 녹지지역에 건축하는 건축물
> 2. 면적 5천m² 미만인 대지에 건축하는 공장
> 3. 연면적의 합계가 1천500m² 미만인 공장
> 4. 「산업집적활성화 및 공장설립에 관한 법률」 제2조 제14호에 따른 산업단지의 공장
> 5. 대지에 염분이 함유되어 있는 경우 또는 건축물 용도의 특성상 조경 등의 조치를 하기가 곤란하거나 조경 등의 조치를 하는 것이 불합리한 경우로서 건축조례로 정하는 건축물
> 6. 축사
> 7. 법 제20조 제1항에 따른 가설건축물
> 8. 연면적의 합계가 1천500m² 미만인 물류시설(주거지역 또는 상업지역에 건축하는 것은 제외한다)로서 국토교통부령으로 정하는 것
> 9. 「국토의 계획 및 이용에 관한 법률」에 따라 지정된 자연환경보전지역·농림지역 또는 관리지역(지구단위계획구역으로 지정된 지역은 제외한다)의 건축물
> 10. 다음 각 목의 어느 하나에 해당하는 건축물 중 건축조례로 정하는 건축물
>   가. 「관광진흥법」 제2조 제6호에 따른 관광지 또는 같은 조 제7호에 따른 관광단지에 설치하는 관광시설
>   나. 「관광진흥법 시행령」 제2조 제1항 제3호 가목에 따른 전문휴양업의 시설 또는 같은 호 나목에 따른 종합휴양업의 시설
>   다. 「국토의 계획 및 이용에 관한 법률 시행령」 제48조 제10호에 따른 관광·휴양형 지구단위계획구역에 설치하는 관광시설
>   라. 「체육시설의 설치·이용에 관한 법률 시행령」 별표 1에 따른 골프장

⑤ (○) 법 제47조 제2항

답 ③

49 건축법령상 대지에 대해 조경 등의 조치를 하여야 하는 건축물은?

☑확인
Check!
○
△
✕

① 녹지역에 건축하는 건축물

② 면적 5천m² 미만인 대지에 건축하는 공장

③ 상업지역에 건축하는 연면적의 합계가 1천500m² 미만인 물류시설

④ 축사

⑤ 연면적의 합계가 1천500m² 미만인 공장

해설
난도 ★
③ 조경 등의 조치를 하여야 하는 건축물이다(영 제27조 제1항 제8호).

 ③

50 면적이 1,000m²인 대지에 건축물을 건축하는 경우, 건축법령상 대지의 조경 등의 조치가 면제될 수 있는 건축물이 <u>아닌</u> 것은?(단, 지구단위계획구역이 아니며, 조례는 고려하지 않는다)

☑확인
Check!
○
△
✕

① 자연녹지지역인 대지에 건축하는 연면적이 800m²인 수련시설

② 상업지역인 대지에 건축하는 연면적이 1,000m²인 물류시설

③ 연면적인 1,000m²인 공장

④ 연면적이 500m²인 축사

⑤ 자연환경보전지역인 대지에 건축하는 연면적이 330m²인 단독주택

해설
난도 ★★
② 연면적의 합계가 1천500m² 미만인 물류시설이라도 주거지역 또는 상업지역에 건축하는 것은 조경 등의 조치를 하여야 한다.

 ②

51 건축법령상 소음 방지를 위하여 일정한 기준에 따라 경계벽을 설치하여야 하는 경우가 <u>아닌</u> 것은?(단, 「건축법」 제73조에 따른 적용 특례는 고려하지 않음) ★26회 기출★

① 의료시설의 병실 간
② 숙박시설의 객실 간
③ 도서관의 열람실 간
④ 단독주택 중 다가구주택의 각 가구 간
⑤ 제2종 근린생활시설 중 다중생활시설의 호실 간

해설

난도 ★

③ 법 제49조 제4항 및 영 제53조 제2항 참조

법 제49조(건축물의 피난시설 및 용도제한 등)

④ 대통령령으로 정하는 용도 및 규모의 건축물에 대하여 가구 · 세대 등 간 소음방지를 위하여 국토교통부령으로 정하는 바에 따라 경계벽 및 바닥을 설치하여야 한다.

영 제53조(경계벽 등의 설치)

① 법 제49조 제4항에 따라 다음 각 호의 어느 하나에 해당하는 건축물의 경계벽은 국토교통부령으로 정하는 기준에 따라 설치해야 한다.

1. 단독주택 중 다가구주택의 각 가구 간 또는 공동주택(기숙사는 제외)의 각 세대 간 경계벽(제2조 제14호 후단에 따라 거실 · 침실 등의 용도로 쓰지 아니하는 발코니 부분은 제외)

2. 공동주택 중 기숙사의 침실, 의료시설의 병실, 교육연구시설 중 학교의 교실 또는 숙박시설의 객실 간 경계벽

3. 제1종 근린생활시설 중 산후조리원의 다음 각 호의 어느 하나에 해당하는 경계벽

　　가. 임산부실 간 경계벽

　　나. 신생아실 간 경계벽

　　다. 임산부실과 신생아실 간 경계벽

4. 제2종 근린생활시설 중 다중생활시설의 호실 간 경계벽

5. 노유자시설 중 「노인복지법」 제32조 제1항 제3호에 따른 노인복지주택(이하 "노인복지주택"이라 한다)의 각 세대 간 경계벽

6. 노유자시설 중 노인요양시설의 호실 간 경계벽

目 ③

52 건축법령상 건축물을 건축하거나 대수선하는 경우에는 국토교통부령이 정하는 구조기준 및 구조개선에 따라 그 구조의 안전을 확인하여야 하는 바, 이에 해당하지 <u>않는</u> 건축물은? ★21회 기출 변형★

☑확인
Check!
○
△
×

① 층수가 5층인 건축물

② 처마높이가 12m인 건축물

③ 높이가 15m인 건축물

④ 연면적이 1,500m²인 건축물

⑤ 기둥과 기둥 사이의 거리가 8m인 건축물

해설

난도 ★

⑤ 기둥과 기둥 사이의 거리(기둥의 중심선 사이의 거리를 말하며, 기둥이 없는 경우에는 내력벽과 내력벽의 중심선 사이의 거리를 말한다)가 10m 이상인 건축물

> 「건축법 시행령」 제32조(구조 안전의 확인)
>
> ① 법 제48조 제2항에 따라 법 제11조 제1항에 따른 건축물을 건축하거나 대수선하는 경우 해당 건축물의 설계자는 국토교통부령으로 정하는 구조기준 등에 따라 그 구조의 안전을 확인하여야 한다.
>
> ② 제1항에 따라 구조 안전을 확인한 건축물 중 다음 각 호의 어느 하나에 해당하는 건축물의 건축주는 해당 건축물의 설계자로부터 구조 안전의 확인서류를 받아 법 제21조에 따른 착공신고를 하는 때에 그 확인 서류를 허가권자에게 제출하여야 한다. 다만, 표준설계도서에 따라 건축하는 건축물은 제외한다.
>
> 1. 층수가 2층[주요구조부인 기둥과 보를 설치하는 건축물로서 그 기둥과 보가 목재인 목구조 건축물(이하 "목구조 건축물"이라 한다)의 경우에는 3층] 이상인 건축물
>
> 2. 연면적이 200m²(목구조 건축물의 경우에는 500m²) 이상인 건축물. 다만, 창고, 축사, 작물 재배사는 제외한다.
>
> 3. 높이가 13m 이상인 건축물
>
> 4. 처마높이가 9m 이상인 건축물
>
> 5. 기둥과 기둥 사이의 거리가 10m 이상인 건축물
>
> 6. 건축물의 용도 및 규모를 고려한 중요도가 높은 건축물로서 국토교통부령으로 정하는 건축물
>
> 7. 국가적 문화유산으로 보존할 가치가 있는 건축물로서 국토교통부령으로 정하는 것
>
> 8. 제2조 제18호 가목 및 다목의 건축물
>
> 9. 별표 1 제1호의 단독주택 및 같은 표 제2호의 공동주택
>
> ③ 제6조 제1항 제6호 다목에 따라 기존 건축물을 건축 또는 대수선하려는 건축주는 법 제5조 제1항에 따라 적용의 완화를 요청할 때 구조 안전의 확인서류를 허가권자에게 제출하여야 한다.

답 ⑤

53 건축법령상 피난층 또는 지상으로 통하는 직통계단을 2개소 이상 설치하여야 하는 건축물은?(다만, 각 시설이 위치한 층은 피난층이 아니다)
★20회 기출 변형★

☑확인
Check!
○
△
×

① 거실의 바닥면적의 합계가 200m²인 노인복지시설이 2층에 있는 건축물
② 거실의 바닥면적의 합계가 200m²인 종교시설이 지하층에 있는 건축물
③ 거실의 바닥면적의 합계가 200m²인 입원실이 없는 치과병원이 3층에 있는 건축물
④ 거실의 바닥면적의 합계가 150m²인 학원이 3층에 있는 건축물
⑤ 거실의 바닥면적의 합계가 150m²인 지하층에 주점이 있는 건축물

해설

난도 ★★★

② 지하층으로서 그 층 거실의 바닥면적의 합계가 200m² 이상인 것은 직통계단을 2개소 이상 설치하여야 한다.

「건축법 시행령」 제34조(직통계단의 설치)

② 법 제49조 제1항에 따라 피난층 외의 층이 다음 각 호의 어느 하나에 해당하는 용도 및 규모의 건축물에는 국토교통부령으로 정하는 기준에 따라 피난층 또는 지상으로 통하는 직통계단을 2개소 이상 설치하여야 한다.

1. 제2층 근린생활시설 중 공연장·종교집회장, 문화 및 집회시설(전시장 및 동·식물원은 제외한다), 종교시설, 위락시설 중 주점영업 또는 장례시설의 용도로 쓰는 층으로서 그 층에서 해당 용도로 쓰는 바닥면적의 합계가 200m²(제2종 근린생활시설 중 공연장·종교집회장은 각각 300m²) 이상인 것

2. 단독주택 중 다중주택·다가구주택, 제1종 근린생활시설 중 정신과의원(입원실이 있는 경우로 한정한다), 제2종 근린생활시설 중 인터넷컴퓨터게임시설제공업소(해당 용도로 쓰는 바닥면적의 합계가 300m² 이상인 경우만 해당한다)·학원·독서실, 판매시설, 운수시설(여객용 시설만 해당한다), 의료시설(입원실이 없는 치과병원은 제외한다), 교육연구시설 중 학원, 노유자시설 중 아동관련시설·노인복지시설·장애인 거주시설(「장애인복지법」 제58조 제1항 제1호에 따른 장애인 거주시설 중 국토교통부령으로 정하는 시설을 말한다. 이하 같다) 및 「장애인복지법」 제58조 제1항 제4호에 따른 장애인 의료재활시설(이하 "장애인 의료재활시설"이라 한다), 수련시설 중 유스호스텔 또는 숙박시설의 용도로 쓰는 3층 이상의 층으로서 그 층의 해당 용도로 쓰는 거실의 바닥면적의 합계가 200m² 이상인 것

3. 공동주택(층당 4세대 이하인 것은 제외한다) 또는 업무시설 중 오피스텔의 용도로 쓰는 층으로서 그 층의 해당 용도로 쓰는 거실의 바닥면적의 합계가 300m² 이상인 것

4. 제1호부터 제3호까지의 용도로 쓰지 아니하는 3층 이상의 층으로서 그 층 거실의 바닥면적의 합계가 400m² 이상인 것

5. 지하층으로서 그 층 거실의 바닥면적의 합계가 200m² 이상인 것

답 ②

244 제3편 | 건축법

54 건축법령상 국토교통부장관이 고시하는 범죄예상 기준에 따라 건축하여야 하는 건축물이 <u>아닌</u> 것은?(단, 「건축법」 제3조에 따른 적용 제외는 고려하지 않음) ★26회 기출★

☑확인
Check!
○
△
×

① 수련시설
② 노유자시설
③ 제2종 근린생활시설 중 다중생활시설
④ 제1종 근린생활시설 중 일용품을 판매하는 소매점
⑤ 공동주택 중 세대수가 300세대 이상인 아파트

해설

난도 ★

⑤ 법 제53조의2 및 영 제63조의2 참조

법 제53조의2(건축물의 범죄예방)

① 국토교통부장관은 범죄를 예방하고 안전한 생활환경을 조성하기 위하여 건축물, 건축설비 및 대지에 관한 범죄예방 기준을 정하여 고시할 수 있다.

② 대통령령으로 정하는 건축물은 제1항의 범죄예방 기준에 따라 건축하여야 한다.

영 제63조의2(건축물의 범죄예방)

법 제53조의2 제2항에서 "대통령령으로 정하는 건축물"이란 다음 각 호의 어느 하나에 해당하는 건축물을 말한다.

1. 다가구주택, 아파트, 연립주택 및 다세대주택
2. 제1종 근린생활시설 중 일용품을 판매하는 소매점
3. 제2종 근린생활시설 중 다중생활시설
4. 문화 및 집회시설(동 · 식물원은 제외한다)
5. 교육연구시설(연구소 및 도서관은 제외한다)
6. 노유자시설
7. 수련시설
8. 업무시설 중 오피스텔
9. 숙박시설 중 다중생활시설

답 ⑤

55 건축법령상 건축물의 높이 제한에 관한 설명으로 옳지 않은 것은?

☑확인
Check!
○
△
×

① 건축물의 높이 제한은 주로 건축물의 안전 확보, 일조, 통풍, 채광 등 위생적이고 쾌적한 주거환경의 확보 및 도시미관 유지 등을 도모하기 위한 것이다.

② 건축법상 일조권의 확보를 위한 건축물의 높이를 제한하는 지역은 원칙적으로 전용주거지역, 일반주거지역 및 준주거지역이다.

③ 허가권자는 가로구역별 건축물의 높이를 지정하려면 지방건축위원회의 심의를 거쳐야 한다.

④ 허가권자는 같은 가로구역에서 건축물의 용도 및 형태에 따라 건축물의 높이를 다르게 정할 수 있다.

⑤ 2층 이하로서 높이가 8m 이하인 건축물에는 해당 지방자치단체의 조례로 정하는 바에 따라 일조 등의 확보를 위한 건축물의 높이 제한 규정을 적용하지 아니할 수 있다.

┌─────┐
│ 해설 │
└─────┘
난도 ★★
② (×) 「건축법」상 일조권의 확보를 위한 건축물의 높이를 제한하는 지역은 원칙적으로 전용주거지역, 일반주거지역이다.

답 ②

56 건축법령상 허가권자가 가로구역별로 건축물의 높이를 지정 · 공고할 때 고려하여야 할 사항에 해당하지 않는 것은? ★30회 기출★

☑확인
Check!
○
△
×

① 도시 · 군관리계획 등의 토지이용계획
② 해당 가로구역이 접하는 도로의 너비
③ 해당 가로구역이 상 · 하수도 등 간선시설의 수용능력
④ 도시미관 및 경관계획
⑤ 에너지이용 관리계획

┌─────┐
│ 해설 │
└─────┘
난도 ★
⑤ 에너지이용 관리계획은 고려할 사항에 해당하지 않는다(법 제60조 제1항, 영 제82조 제1항).

┌──┐
│ **가로구역별 건축물의 높이를 지정 · 공고할 때 고려할 사항** │
│ • 도시 · 군관리계획 등의 토지이용계획   │
│ • 해당 가로구역이 접하는 도로의 너비   │
│ • 해당 가로구역의 상 · 하수도 등 간선시설의 수용능력   │
│ • 도시미관 및 경관계획   │
│ • 해당 도시의 장래 발전계획   │
└──┘

답 ⑤

57 건축법령상 건축물이 있는 대지를 분할할 수 있는 면적기준으로 옳지 <u>않은</u> 것은?(단, 조례는 고려하지 않음)
★21회 기출★

① 주거지역 : 60m² 이상

② 상업지역 : 150m² 이상

③ 공업지역 : 180m² 이상

④ 녹지지역 : 200m² 이상

⑤ 계획관리지역 : 60m² 이상

해설

난도 ★

③ (×) 공업지역 : 150m² 이상

답 ③

---

58 건축법령상 건축물이 있는 대지는 일정면적에 미달되게 분할하는 것이 제한되는데 그 범위로서 옳지 <u>않은</u> 것은?(단, 조례는 고려대상에서 제외함)
★20회 기출★

① 관리지역 – 100m²

② 주거지역 – 60m²

③ 상업지역 – 150m²

④ 공업지역 – 150m²

⑤ 녹지지역 – 200m²

해설

난도 ★

① (×) 관리지역 – 60m²

> **영 제80조(건축물이 있는 대지의 분할제한)**
> 법 제57조 제1항에서 "대통령령으로 정하는 범위"란 다음 각 호의 어느 하나에 해당하는 규모 이상을 말한다.
> 1. 주거지역 : 60m²
> 2. 상업지역 : 150m²
> 3. 공업지역 : 150m²
> 4. 녹지지역 : 200m²
> 5. 제1호부터 제4호까지의 규정에 해당하지 아니하는 지역 : 60m²

답 ①

59 건축법령상 건축물의 높이 제한에 관한 설명으로 옳은 것은?(단, 「건축법」 제73조에 따른 적용 특례 및 조례는 고려하지 않음)
★26회 기출★

☑확인
Check!
○
△
×

① 허가권자는 같은 가로구역에서 건축물의 용도 및 형태에 따라 건축물의 높이를 다르게 정하여는 아니 된다.
② 가로구역별 건축물의 높이를 지정하는 경우에는 지방건축위원회의 심의를 거치지 아니한다.
③ 가로구역을 단위로 하여 건축물의 높이를 지정·공고함에 있어, 건축물의 높이는 지표면으로부터 그 건축물의 상단까지의 높이로 산정한다.
④ 가로구역별로 건축물의 높이를 지정·공고할 때에는 해당 가로구역의 상·하수도 등 간선시설의 수용능력을 고려하여야 한다.
⑤ 일반상업지역에서 하나의 대지에 두동 이상의 공동주택을 건축하는 경우에는 채광의 확보를 위하여 높이가 제한된다.

해설
난도 ★★★
① (×) 허가권자는 같은 가로구역에서 건축물의 용도 및 형태에 따라 건축물의 높이를 다르게 정할 수 있디(법 제60조 제1항 및 영 제82조 제3항).
② (×) 허가권자는 가로구역별 건축물의 높이를 지정하려면 지방건축위원회의 심의를 거쳐야 한다(영 제82조 제2항).
③ (×) 가로구역에서 건축물의 높이는 전면도로의 중심선으로부터의 높이로 산정한다(영 제119조 제1항 제5호 가목 참조).
④ (○) 영 제82조 제1항 제3호
⑤ (×) 일반상업지역과 중심상업지역에서 공동주택을 건축하는 경우는 제외된다(법 제61조 제2항 제2호 참조).

답 ④

60 건축법령상 건축물이 있는 대지를 분할하고자 할 때, 일정한 기준에 미달되게 분할할 수 없다. 이에 해당되지 않는 것은?
★19회 기출★

☑확인
Check!
○
△
×

① 대지와 도로의 관계
② 건축물의 건폐율
③ 건축물의 용적률
④ 일조 등의 확보를 위한 건축물의 높이 제한
⑤ 건축지정선

해설
난도 ★
⑤ 일정한 기준 : 대지와 도로의 관계, 건축물의 건폐율, 건축물의 용적률, 대지 안의 공지, 건축물의 높이 제한, 일조 등의 확보를 위한 건축물의 높이 제한

답 ⑤

61 건축법령상 지역 및 지구 안에서의 건축제한에 관한 설명으로 옳은 것은?(다만, 조례로 규정한 사항은 제외한다)

★25회 기출 변형★

① 하나의 건축물이 방화지구와 그 밖의 구역에 걸치는 경우에는 그 전부에 대하여 방화지구안의 건축물에 관한 이 법의 규정을 적용한다.

② 시장은 건축물의 용도 및 형태에 관계없이 동일한 가로구역(도로로 둘러싸인 일단의 지역) 안에서는 건축물의 높이를 동일하게 정해야 한다.

③ 대지가 녹지지역에 걸치는 경우에는 대통령령으로 정하는 바에 따라 그 건축물과 대지의 전부에 대하여 대지의 과반이 속하는 지역·지구 또는 구역 안의 건축물 및 대지 등에 관한 이 법의 규정을 적용한다.

④ 3층 이하로서 높이가 12m 이하인 건축물에는 일조 등의 확보를 위한 건축물의 높이 제한에 관한 규정을 적용하지 아니할 수 있다.

⑤ 정북방향으로 도로 등 건축이 금지된 공지에 접하는 대지인 경우 건축물의 높이를 정북방향의 인접 대지경계선으로부터의 거리에 따라 대통령령으로 정하는 높이 이하로 해야 한다.

해설

난도 ★★★

② (×) 허가권자는 같은 가로구역에서 건축물의 용도 및 형태에 따라 건축물의 높이를 다르게 정할 수 있다.

③ (×) 대지가 이 법이나 다른 법률에 따른 지역·지구(녹지지역과 방화지구는 제외한다. 이하 이조에서 같다) 또는 구역에 걸치는 경우에는 대통령령으로 정하는 바에 따라 그 건축물과 대지의 전부에 대하여 대지의 과반이 속하는 지역·지구 또는 구역 안의 건축물 및 대지 등에 관한 이 법의 규정을 적용한다.

④ (×) 2층 이하로서 높이가 8m 이하인 건축물에는 일조 또는 공동주택에 관한 높이 규정을 적용하지 아니할 수 있다.

⑤ (×) 정북방향으로 도로 등 건축이 금지된 공지에 접하는 대지인 경우 건축물의 높이를 정남방향의 인접 대지경계선을 적용할 수 있다.

정답 ①

62 일조 등의 확보를 위한 공동주택(기숙사 제외)의 높이 제한에 대한 설명으로 가장 적합한 것은?

★33회 기출 변형★

① 건축물의 각 부분의 높이는 그 부분으로부터 채광을 위한 창문 등이 있는 벽면에서 직각방향으로 인접 대지경계선까지의 수평거리의 2배 이하로 할 것(근린상업지역 또는 준주거지역의 건축물은 4배)

② 동일한 대지 안에 서로 마주보고 있는 2동 간 거리는 채광을 위한 창문 등이 있는 벽면으로부터 직각 방향으로 건축물 각 부분 높이의 1배 이상

③ 동일한 대지 안에 서로 마주보고 있는 2동 간 거리는 채광창이 없는 벽면과 측면이 마주보는 경우 6m 이상

④ 전용주거지역 안에서 건축물 건축 시 높이 9m 이하인 부분은 정북방향으로의 인접대지경계선으로 부터 이격거리 3m 이상

⑤ 3층 이상인 건축물에는 일조 또는 공동주택에 관한 높이 규정을 적용하지 아니할 수 있다.

해설
난도 ★★

② 건축물 각 부분 높이의 0.5배 이상

③ 8m 이상

④ 1.5m 이상

⑤ 2층 이하로서 높이가 8m 이하인 건축물에는 일조 또는 공동주택에 관한 높이 규정을 적용하지 아니할 수 있다.

답 ①

---

63 건축법을 위반한 위반건축물에 대한 조치 중 가장 옳지 않은 것은?

★24회 기출 변형★

① 허가권자는 위반건축물의 허가 또는 승인을 취소하거나 건축주에 대하여 해체 등 조치를 명할 수 있다.

② 허가권자는 시정명령을 받고 이행하지 아니한 건축물에 대하여 영업허가를 제한하도록 관계 행정기 관의 장에게 요청할 수 있다.

③ 용적률을 초과한 건축물의 이행강제금은 1m²당 시가표준액의 1/2에 증축 부분을 포함한 전체면적 을 곱한 금액 이하로 부과할 수 있다.

④ 허가권자는 최초의 시정명령이 있었던 날을 기준으로 하여 1년에 2회 이내의 범위에서 해당 지방자 치단체의 조례로 정하는 횟수만큼 그 시정명령이 이행될 때까지 반복하여 이행강제금을 부과·징수 할 수 있다.

⑤ 허가권자는 이행강제금을 부과하기 전에 이행강제금을 부과·징수한다는 뜻을 미리 문서로써 계고 하여야 한다.

③ (×) 건축물이 건폐율이나 용적률을 초과하여 건축된 경우 또는 허가를 받지 아니하거나 신고를 하지 아니하고 건축된 경우에는 「지방세법」에 따라 해당 건축물에 적용되는 1m²의 시가표준액의 100분의 50에 해당하는 금액에 위반면적을 곱한 금액 이하의 범위에서 위반 내용에 따라 대통령령으로 정하는 비율을 곱한 금액

답 ③

64 건축법령상 특별건축구역에 관한 설명으로 옳은 것은?   ★25회 기출 변형★

① 도시 및 주거환경정비법에 따른 정비구역에는 특별건축구역을 지정할 수 없다.
② 개발제한구역의 지정 및 관리에 관한 특별조치법에 따른 개발제한구역에는 특별건축구역을 지정할 수 있다.
③ 특별건축구역 지정신청이 접수된 경우 시 · 도지사는 지정신청을 받은 날부터 15일 이내에 시 · 도건축위원회의 심의를 거쳐야 한다.
④ 특별건축구역에서는 문화예술진흥법에 따른 건축물에 대한 미술장식 관련 규정을 개별건축물마다 적용하지 아니하고 특별건축구역 전부 또는 일부를 대상으로 통합하여 적용할 수 있다.
⑤ 특별건축구역을 지정하는 경우 국토의 계획 및 이용에 관한 법률에 따른 용도지역의 지정이 있는 것으로 본다.

① (×) 「도시 및 주거환경정비법」에 따른 정비구역에는 특별건축구역을 지정할 수 있다.
② (×) 개발제한구역에는 특별건축구역을 지정할 수 없다.
③ (×) 국토교통부장관 또는 특별시장 · 광역시장 · 도지사는 지정신청이 접수된 경우 지정신청을 받은 날부터 30일 이내에 국토교통부장관이 지정신청을 받은 경우에는 국토교통부장관이 두는 건축위원회(중앙건축위원회), 특별시장 · 광역시장 · 도지사가 지정신청을 받은 경우에는 각각 특별시장 · 광역시장 · 도지사가 두는 건축위원회의 심의를 거쳐야 한다(법 제71조 제4항 참조).
④ (○) 법 제74조 제1항 제1호
⑤ (×) 특별건축구역을 지정하거나 변경한 경우에는 「국토의 계획 및 이용에 관한 법률」 제30조에 따른 도시 · 군관리계획의 결정(용도지역 · 지구 · 구역의 지정 및 변경을 제외한다)이 있는 것으로 본다(법 제71조 제11항).

답 ④

65 건축법령상 특별건축구역에 관한 설명으로 옳은 것은?

① 시장·군수·구청장은 특별건축구역의 지정을 신청할 수 없다.

② 「군사기지 및 군사시설 보호법」에 따른 군사기지 및 군사시설 보호구역은 특례 적용이 필요하다고 인정하는 경우에도 특별건축구역으로 지정될 수 없다.

③ 시·도지사는 「도시개발법」에 따른 도시개발구역에 대하여 특별건축구역을 지정할 수 있다.

④ 「주택도시기금법」에 따른 주택도시보증공사가 건축하는 건축물은 특별건축구역에서 특례사항을 적용하여 건축할 수 있는 건축물에 해당된다.

⑤ 지정신청기관은 특별건축구역 지정 이후 특별건축구역의 도시·군관리계획에 관한 사항이 변경되는 경우에는 변경지정을 받지 않아도 된다.

> **해설**
> 난도 ★★★
> ① (×) 시장·군수·구청장은 특별시장·광역시장·도지사에게 각각 특별건축구역의 지정을 신청할 수 있다(법 제71조 제1항).
> ② (×) 국토교통부장관 또는 시·도지사는 특별건축구역으로 지정하고자 하는 지역이 「군사기지 및 군사시설 보호법」에 따른 군사기지 및 군사시설 보호구역에 해당하는 경우에는 국방부장관과 사전에 협의하여야 한다(법 제69조 제3항).
> ③ (○) 법 제69조 제1항 제2호 나목, 영 제105조 제2항 제4호
> ④ (×) 해당하지 않는다(법 제70조 제2호, 영 제106조).
> ⑤ (×) 지정신청기관은 특별건축구역 지정 이후 변경이 있는 경우 변경지정을 받아야 한다(법 제71조 제9항).
>
> 답 ③

66 건축법령상 건축위원회에 관한 설명으로 옳지 <u>않은</u> 것은?

① 국토교통부장관, 시·도지사 및 시장·군수·구청장은 각각 건축위원회를 두어야 한다.

② 시장·군수·구청장은 자신이 설치하는 건축위원회에 건축분쟁전문위원회를 둘 수 없다.

③ 자치구의 경우에는 해당 자치구의 조례로 건축위원회의 조직·운영, 그 밖에 필요한 사항을 정한다.

④ 전문위원회의 심의등을 거친 사항은 건축위원회 심의등을 거친 것으로 본다.

⑤ 전문위원회는 건축위원회가 정하는 사항에 대하여 심의등을 한다.

> **해설**
> 난도 ★
> ① (○) 법 제4조 제1항
> ② (○) 법 제4조 제2항
> ③ (×) 건축위원회의 조직·운영, 그 밖에 필요한 사항은 대통령령으로 정하는 바에 따라 국토교통부령이나 해당 지방자치단체의 조례(자치구의 경우에는 특별시나 광역시의 조례를 말한다)로 정한다(법 제4조 제5항).
> ④ (○) 법 제4조 제4항
> ⑤ (○) 법 제4조 제3항
>
> 답 ③

67 건축법령상 건축분쟁전문위원회에 대한 설명 중 <u>틀린</u> 것은?

① 건축관계자와 해당 건축물의 건축 등으로 인하여 피해를 입은 인근주민 간의 분쟁의 조정 및 재정은 건축분쟁전문위원회의 소관사항이다.

② 조정신청은 해당 사건의 당사자 중 1인 이상이 하며, 재정신청은 당사자 간의 합의로 한다.

③ 조정은 3인의 위원으로 구성되는 조정위원회에서 행하고, 재정은 5인의 위원으로 구성되는 재정위원회에서 행한다.

④ 당사자가 조정안을 수락하고 조정서에 기명날인하더라도 재판상의 화해가 성립한 것으로 보지 않는다.

⑤ 건축분쟁전문위원회의 위원이 공무원이 아니더라도 형법상 수뢰죄에 따른 벌칙을 적용할 때에는 공무원으로 본다.

해설

난도 ★★

④ 당사자가 조정안을 수락하고 조정서에 기명날인하면 조정서의 내용은 재판상 화해와 동일한 효력을 갖는다(법 제96조 제4항 참조).

답 ④

68 건축법령상 건축분쟁 조정에 관한 설명 중 옳은 것은?

① 건축물의 건축등과 관련한 분쟁의 조정을 원하는 자는 허가권자가 특별시장·광역시장 또는 특별자치도지사인 경우 시·도에 설치된 지방 건축분쟁전문위원회에 분쟁의 조정을 신청할 수 있다.

② 건축법은 건축분쟁 당사자 간의 합의에 의해 그 소요된 비용을 부담하는 것에 대해서는 규정하고 있지 않다.

③ 조정위원회는 조정신청을 받은 날부터 15일 이내에 이를 심사하여 조정안을 작성하여야 한다.

④ 건축분쟁전문위원회는 건축분쟁 조정에 필요한 경우 법원의 영장을 받아 그 위원 등으로 하여금 관계 사업장에 출입하여 조사하게 할 수 있다.

⑤ 관계전문기술자 상호간의 분쟁은 건축분쟁전문위원회의 조정대상이 된다.

해설

난도 ★★★

① (×) 건축물의 건축등과 관련된 분쟁의 조정 또는 재정(이하 "조정등"이라 한다)을 신청하려는 자는 분쟁위원회에 조정등의 신청서를 제출하여야 한다(법 제92조 제1항).

② (×) 분쟁의 조정 등을 위한 감정·진단·시험 등에 드는 비용은 당사자 간의 합의로 정하는 비율에 따라 당사자가 부담하여야 한다.

③ (×) 분쟁의 조정신청을 받은 조정위원회는 조정기간 내에 심사하여 조정안을 작성하여야 한다.

④ (×) 조정위원회는 조정에 필요하다고 인정하면 조정위원 또는 사무국의 소속 공무원에게 관계 서류를 열람하게 하거나 관계 사업장에 출입하여 조사하게 할 수 있다.

답 ⑤

69 건축법령상 조정 및 재정에 관한 설명으로 옳지 않은 것은? ★24회 기출★

① 재정은 문서로써 하여야 한다.
② 조정은 3명의 위원으로 구성되는 조정위원회에서 한다.
③ 건축분쟁전문위원회는 재정신청이 된 사건을 조정에 회부하는 것이 적합하다고 인정하면 직권으로 직접 조정할 수 있다.
④ 당사자가 재정에 불복하여 소송을 제기한 경우 시효의 중단과 제소기간의 산정에 있어서는 재정신청을 재판상의 청구로 본다.
⑤ 재정위원회의 회의는 구성원 과반수의 출석으로 열고 출석한 위원 과반수의 찬성으로 의결한다.

해설
난도 ★
① (○) 법 제97조 제1항
② (○) 법 제94조 제1항
③ (○) 법 제101조
④ (○) 법 제100조
⑤ (×) 조정위원회와 재정위원회의 회의는 구성원 전원의 출석으로 열고 과반수의 찬성으로 의결한다(법 제94조 제3항).

目 ⑤

PART 06
감정평가관계법규
〈하〉

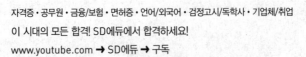

제1편

감정평가 및 감정평가사에 관한 법률

출제경향 & 수험대책

감정평가 및 감정평가사에 관한 법률은 평균적으로 3문제가 출제되고 있으며, 타 법률에 비해 비교적 쉬운 난이도로 출제되고 있다. 이중에서 감정평가사의 업무와 자격에 관련한 문제는 매년 출제되고 있으므로 반드시 암기하여야 하고 감정평가, 등록요건, 권리와 의무, 감정평가법인, 징계의 종류, 과징금, 보칙 및 벌칙에 대해서도 그 개념을 짚고 넘어가야 한다.

제1장 │ 총칙

출제포인트
- 목적
- 토지 등
- 감정평가
- 감정평가업
- 감정평가법인등

1. 목적(법 제1조)

이 법은 감정평가 및 감정평가사에 관한 제도를 확립하여 공정한 감정평가를 도모함으로써 국민의 재산권을 보호하고 국가경제 발전에 기여함을 목적으로 한다.

2. 용어 정의(법 제2조)

① **토지 등** : 토지 및 그 정착물, 동산, 그 밖에 대통령령으로 정하는 재산과 이들에 관한 소유권 외의 권리
★30회 기출★

> **영 제2조(기타 재산)**
> 「감정평가 및 감정평가사에 관한 법률」 (이하 "법"이라 한다) 제2조 제1호에서 "대통령령으로 정하는 재산"이란 다음 각 호의 재산을 말한다.
> 1. 저작권·산업재산권·어업권·양식업권·광업권 및 그 밖의 물권에 준하는 권리
> 2. 「공장 및 광업재단 저당권」에 따른 공장재단과 광업재단
> 3. 「입목에 관한 법률」에 따른 입목
> 4. 자동차·건설기계·선박·항공기 등 관계 법령에 따라 등기하거나 등록하는 재산
> 5. 유가증권

② **감정평가** : 토지 등의 경제적 가치를 판정하여 그 결과를 가액으로 표시하는 것
③ **감정평가업** : 타인의 의뢰에 따라 일정한 보수를 받고 토지 등의 감정평가를 업으로 행하는 것
④ **감정평가법인등** : 제21조에 따라 신고를 한 감정평가사와 제29조에 따라 인가를 받은 감정평가법인

제2장 | 감정평가

출제포인트
- □ 기준
- □ 직무
- □ 감정평가의 의뢰
- □ 감정평가서
- □ 감정평가서의 심사
- □ 감정평가 타당성조사
- □ 감정평가 정보체계의 구축·운용 등

1. 기준(법 제3조)

① 감정평가법인등이 토지를 감정평가하는 경우에는 그 토지와 이용가치가 비슷하다고 인정되는 「부동산 가격공시에 관한 법률」에 따른 표준지공시지가를 기준으로 하여야 한다. 다만, 적정한 실거래가가 있는 경우에는 이를 기준으로 할 수 있다.

② ①에도 불구하고 감정평가법인등이 「주식회사 등의 외부감사에 관한 법률」에 따른 재무제표 작성 등 기업의 재무제표 작성에 필요한 감정평가와 담보권의 설정·경매 등 대통령령으로 정하는 감정평가를 할 때에는 해당 토지의 임대료, 조성비용 등을 고려하여 감정평가를 할 수 있다.

> 영 제3조(토지의 감정평가)
> 법 제3조 제2항에서 「주식회사 등의 외부감사에 관한 법률」에 따른 재무제표 작성 등 기업의 재무제표 작성에 필요한 감정평가와 담보권의 설정·경매 등 대통령령으로 정하는 감정평가란 법 제10조 제3호·제4호(법원에 계속 중인 소송을 위한 감정평가 중 보상과 관련된 감정평가는 제외한다) 및 제5호에 따른 감정평가를 말한다.

③ 감정평가의 공정성과 합리성을 보장하기 위하여 감정평가법인등이 준수하여야 할 세부적인 원칙과 기준은 국토교통부령으로 정한다.

④ 국토교통부장관은 감정평가법인등이 감정평가를 할 때 필요한 세부적인 기준(이하 "실무기준"이라 한다)의 제정 등에 관한 업무를 수행하기 위하여 대통령령으로 정하는 바에 따라 전문성을 갖춘 민간법인 또는 단체(이하 "기준제정기관")를 지정할 수 있다.

⑤ 국토교통부장관은 필요하다고 인정되는 경우 제40조에 따른 감정평가관리·징계위원회의 심의를 거쳐 기준제정기관에 실무기준의 내용을 변경하도록 요구할 수 있다. 이 경우 기준제정기관은 정당한 사유가 없으면 이에 따라야 한다.

⑥ 국가는 기준제정기관의 설립 및 운영에 필요한 비용의 일부 또는 전부를 지원할 수 있다.

2. 직무(법 제4조)

① 감정평가사는 타인의 의뢰를 받아 토지등을 감정평가하는 것을 그 직무로 한다.

② 감정평가사는 공공성을 지닌 가치평가 전문직으로서 공정하고 객관적으로 그 직무를 수행한다.

3. 감정평가의 의뢰(법 제5조)

① 국가, 지방자치단체, 「공공기관의 운영에 관한 법률」에 따른 공공기관 또는 그 밖에 대통령령으로 정하는 공공단체(이하 "국가등"이라 한다)가 토지등의 관리·매입·매각·경매·재평가 등을 위하여 토지등을 감정평가하려는 경우에는 감정평가법인등에 의뢰하여야 한다.

> 영 제4조(기타 평가의뢰기관의 범위)
> ① 법 제5조 제1항에서 "대통령령으로 정하는 공공단체"란 「지방공기업법」 제49조에 따라 설립한 지방공사를 말한다.

② 금융기관·보험회사·신탁회사 또는 그 밖에 대통령령으로 정하는 기관이 대출, 자산의 매입·매각·관리 또는 「주식회사 등의 외부감사에 관한 법률」에 따른 재무제표 작성을 포함한 기업의 재무제표 작성 등과 관련하여 토지등의 감정평가를 하려는 경우에는 감정평가법인등에 의뢰하여야 한다.

> 영 제4조(기타 평가의뢰기관의 범위)
> ② 법 제5조 제2항에서 "대통령령으로 정하는 기관"이란 다음 각 호의 기관을 말한다.
> 1. 「신용협동조합법」에 따른 신용협동조합
> 2. 「새마을금고법」에 따른 새마을금고

③ ① 또는 ②에 따라 감정평가를 의뢰하려는 자는 제33조에 따른 한국감정평가사협회에 요청하여 추천받은 감정평가법인등에 감정평가를 의뢰할 수 있다.

> 영 제5조(감정평가업자의 추천)
> ① 법 제33조 제1항에 따른 한국감정평가사협회(이하 "협회"라 한다)는 법 제5조 제3항에 따라 감정평가업자 추천을 요청받은 경우에는 요청을 받은 날부터 7일 이내에 감정평가업자를 추천하여야 한다.
> ② 협회는 법 제5조 제3항에 따라 감정평가업자를 추천할 때에는 다음 각 호의 기준을 고려하여야 한다.
> 1. 감정평가 대상물건에 대한 전문성 및 업무실적
> 2. 감정평가 대상물건의 규모 등을 고려한 감정평가업자의 조직규모 및 손해배상능력
> 3. 법 제39조에 따른 징계건수
> 4. 그 밖에 협회가 추천에 필요하다고 인정하는 사항

④ ① 및 ②에 따른 의뢰의 절차와 방법 및 ③에 따른 추천의 기준 등에 필요한 사항은 대통령령으로 정한다.

4. 감정평가서(법 제6조)

① 감정평가법인등은 감정평가를 의뢰받은 때에는 지체 없이 감정평가를 실시한 후 국토교통부령으로 정하는 바에 따라 감정평가 의뢰인에게 감정평가서(「전자문서 및 전자거래기본법」 제2조에 따른 전자문서로 된 감정평가서를 포함한다)를 발급하여야 한다.

② 감정평가서에는 감정평가법인등의 사무소 또는 법인의 명칭을 적고, 감정평가를 한 감정평가사가 그 자격을 표시한 후 서명과 날인을 하여야 한다. 이 경우 감정평가법인의 경우에는 그 대표사원 또는 대표이사도 서명이나 날인을 하여야 한다.

③ 감정평가법인등은 감정평가서의 원본과 그 관련 서류를 국토교통부령으로 정하는 기간 이상 보존하여야 하며, 해산하거나 폐업하는 경우에도 대통령령으로 정하는 바에 따라 보존하여야 한다. 이 경우 감정평가법인등은 감정평가서의 원본과 그 관련 서류를 이동식 저장장치 등 전자적 기록매체에 수록하여 보존할 수 있다.

> **영 제6조(감정평가서 등의 보존)**
> ① 감정평가법인등은 해산하거나 폐업하는 경우 법 제6조 제3항에 따른 보존을 위하여 감정평가서의 원본과 그 관련 서류를 국토교통부장관에게 제출해야 한다. 이 경우 법 제6조 제3항 후단에 따라 감정평가서의 원본과 관련 서류를 전자적 기록매체에 수록하여 보존하고 있으면 감정평가서의 원본과 관련 서류의 제출을 갈음하여 그 전자적 기록매체를 제출할 수 있다.
> ② 감정평가법인등은 제1항 전단에 따른 감정평가서의 원본과 관련 서류(같은 항 후단에 따라 전자적 기록매체를 제출하는 경우에는 전자적 기록매체로 한다. 이하 이 조에서 같다)를 해산하거나 폐업한 날부터 30일 이내에 제출해야 한다.
> ③ 국토교통부장관은 제1항에 따라 제출받은 감정평가서의 원본과 관련 서류를 다음 각 호의 구분에 따른 기간 동안 보관해야 한다.
> 1. 감정평가서 원본 : 발급일부터 5년
> 2. 감정평가서 관련 서류 : 발급일부터 2년

5. 감정평가서의 심사(법 제7조)

① 감정평가법인은 제6조에 따라 감정평가서를 의뢰인에게 발급하기 전에 감정평가를 한 소속 감정평가사가 작성한 감정평가서의 적정성을 같은 법인 소속의 다른 감정평가사에게 심사하게 하고, 그 적정성을 심사한 감정평가사로 하여금 감정평가서에 그 심사사실을 표시하고 서명과 날인을 하게 하여야 한다.

② ①에 따른 심사대상, 절차 등에 필요한 사항은 대통령령으로 정한다.

6. 감정평가 타당성조사(법 제8조)

① 국토교통부장관은 제6조에 따라 감정평가서가 발급된 후 해당 감정평가가 이 법 또는 다른 법률에서 정하는 절차와 방법 등에 타당하게 이루어졌는지를 직권으로 또는 관계 기관 등의 요청에 따라 조사할 수 있다.

② ①에 따른 타당성조사를 할 경우에는 해당 감정평가법인등 및 대통령령으로 정하는 이해관계인에게 의견진술기회를 주어야 한다.

③ ① 및 ②에 따른 타당성조사의 절차 등에 필요한 사항은 대통령령으로 정한다.

④ 국토교통부장관은 감정평가 제도를 개선하기 위하여 대통령령으로 정하는 바에 따라 제6조 제1항에 따라 발급된 감정평가서에 대한 표본조사를 실시할 수 있다.

7. 감정평가 정보체계의 구축 · 운용 등(법 제9조)

① 국토교통부장관은 국가등이 의뢰하는 감정평가와 관련된 정보 및 자료를 효율적이고 체계적으로 관리하기 위하여 감정평가 정보체계(이하 "감정평가 정보체계")를 구축 · 운영할 수 있다.

②「공익사업을 위한 토지 등의 취득 및 보상에 관한 법률」에 따른 감정평가 등 국토교통부령으로 정하는 감정평가를 의뢰받은 감정평가법인등은 감정평가 결과를 감정평가 정보체계에 등록하여야 한다. 다만, 개인정보 보호 등 국토교통부장관이 정하는 정당한 사유가 있는 경우에는 그러하지 아니하다.

③ 감정평가법인등은 ②에 따른 감정평가 정보체계 등록 대상인 감정평가에 대해서는 제6조 제1항에 따른 감정평가서를 발급할 때 해당 의뢰인에게 그 등록에 대한 사실을 알려야 한다.

④ 국토교통부장관은 감정평가 정보체계의 운용을 위하여 필요한 경우 관계 기관에 자료제공을 요청할 수 있다. 이 경우 이를 요청받은 기관은 정당한 사유가 없으면 그 요청을 따라야 한다.

⑤ ①과 ②에 따른 정보 및 자료의 종류, 감정평가 정보체계의 구축 · 운영방법 등에 필요한 사항은 국토교통부령으로 정한다.

제3장 | 감정평가사

출제포인트
- 업무와 자격
- 시험
- 등록
- 권리와 의무
- 감정평가법인

제1절 업무와 자격 ★31회 기출★

1. 감정평가법인등의 업무(법 제10조) ★30, 33회 기출★

① 「부동산 가격공시에 관한 법률」에 따라 감정평가법인등이 수행하는 업무
② 「부동산 가격공시에 관한 법률」제8조 제2호에 따른 목적을 위한 토지등의 감정평가
③ 「자산재평가법」에 따른 토지등의 감정평가
④ 법원에 계속 중인 소송 또는 경매를 위한 토지등의 감정평가
⑤ 금융기관 · 보험회사 · 신탁회사 등 타인의 의뢰에 따른 토지등의 감정평가
⑥ 감정평가와 관련된 상담 및 자문
⑦ 토지등의 이용 및 개발 등에 대한 조언이나 정보 등의 제공
⑧ 다른 법령에 따라 감정평가법인등이 할 수 있는 토지등의 감정평가
⑨ 제1호부터 제8호까지의 업무에 부수되는 업무

2. 자격(법 제11조)

제14조에 따른 감정평가사시험에 합격한 사람은 감정평가사의 자격이 있다.

3. 결격사유(법 제12조)

다음 어느 하나에 해당하는 사람은 감정평가사가 될 수 없다. ★27회 기출★

① 삭제

② 파산선고를 받은 사람으로서 복권되지 아니한 사람

③ 금고 이상의 실형을 선고받고 그 집행이 종료(집행이 종료된 것으로 보는 경우를 포함한다)되거나 그 집행이 면제된 날부터 3년이 지나지 아니한 사람

④ 금고 이상의 형의 집행유예를 받고 그 유예기간이 만료된 날부터 1년이 지나지 아니한 사람

⑤ 금고 이상의 형의 선고유예를 받고 그 선고유예기간 중에 있는 사람

⑥ 제13조에 따라 감정평가사 자격이 취소된 후 3년이 지나지 아니한 사람

⑦ 제39조 제1항 제11호 및 제12호에 따라 자격이 취소된 후 5년이 지나지 아니한 사람

4. 자격의 취소(법 제13조)

① 필요적 취소 : 국토교통부장관은 감정평가사가 부정한 방법으로 감정평가사의 자격을 받은 경우에는 그 자격을 취소하여야 한다.

② 자격 취소 공고 : 국토교통부장관은 ①에 따라 감정평가사의 자격을 취소한 경우에는 국토교통부령으로 정하는 바에 따라 그 사실을 공고하여야 한다.

③ 자격증 반납 : ①에 따라 감정평가사의 자격이 취소된 사람은 자격증(제17조에 따라 등록한 경우에는 등록증을 포함한다)을 국토교통부장관에게 반납하여야 한다.

제2절　시험

1. 감정평가사시험(법 제14조)

① 시험의 구성 : 감정평가사시험(이하 "시험"이라 한다)은 국토교통부장관이 실시하며, 제1차 시험과 제2차 시험으로 이루어진다.

② 응시 자격 : 시험의 최종 합격 발표일을 기준으로 제12조에 따른 결격사유에 해당하는 사람은 시험에 응시할 수 없다.

③ 결격사유자의 합격 : 국토교통부장관은 ②에 따라 시험에 응시할 수 없음에도 불구하고 시험에 응시하여 최종 합격한 사람에 대해서는 합격결정을 취소하여야 한다.

④ 시험과목, 시험공고 등 시험의 절차 · 방법 등에 필요한 사항 : 대통령령으로 정한다.

⑤ 수수료 : 시험에 응시하려는 사람은 실비의 범위에서 대통령령으로 정하는 수수료를 내야 한다. 이 경우 수수료의 납부방법, 반환 등에 필요한 사항은 대통령령으로 정한다.

2. 시험의 일부면제(법 제15조)

① 경력자의 1차 시험 면제 : 감정평가법인 등 대통령령으로 정하는 기관에서 5년 이상 감정평가와 관련된 업무에 종사한 사람에 대해서는 시험 중 제1차 시험을 면제한다.

② 1차 합격자의 다음 회 1차 시험 면제 : 제1차 시험에 합격한 사람에 대해서는 다음 회의 시험에 한정하여 제1차 시험을 면제한다.

3. 부정행위자에 대한 제재(법 제16조)

① 국토교통부장관은 다음 어느 하나에 해당하는 사람에 대해서는 해당 시험을 정지시키거나 무효로 한다.

> 1. 부정한 방법으로 시험에 응시한 사람
> 2. 시험에서 부정한 행위를 한 사람
> 3. 제15조 제1항에 따른 시험의 일부 면제를 위한 관련 서류를 거짓 또는 부정한 방법으로 제출한 사람

② ①에 따라 처분을 받은 사람은 그 처분을 받은 날부터 5년간 시험에 응시할 수 없다.

제3절　등록

1. 등록 및 갱신등록(법 제17조)

① 제11조에 따른 감정평가사 자격이 있는 사람이 제10조에 따른 업무를 하려는 경우에는 대통령령으로 정하는 바에 따라 실무수습 또는 교육연수를 마치고 국토교통부장관에게 등록하여야 한다.

② ①에 따라 등록한 감정평가사는 대통령령으로 정하는 바에 따라 등록을 갱신하여야 한다. 이 경우 갱신기간은 3년 이상으로 한다.

③ ①에 따른 실무수습 또는 교육연수는 제33조에 따른 한국감정평가사협회가 국토교통부장관의 승인을 받아 실시·관리한다.

④ ①에 따른 실무수습·교육연수의 대상·방법·기간 등과 ①에 따른 등록 및 ②에 따른 갱신등록을 위하여 필요한 신청절차, 구비서류 및 그 밖에 필요한 사항은 대통령령으로 정한다.

2. 등록 및 갱신등록의 거부(법 제18조)

① 등록 거부 : 국토교통부장관은 제17조에 따른 등록 또는 갱신등록을 신청한 사람이 다음 어느 하나에 해당하는 경우에는 그 등록을 거부하여야 한다.

> 1. 제12조 각 호의 어느 하나에 해당하는 경우
> 2. 제17조 제1항에 따른 실무수습 또는 교육연수를 받지 아니한 경우
> 3. 제39조에 따라 등록이 취소된 후 3년이 지나지 아니한 경우
> 4. 제39조에 따라 업무가 정지된 감정평가사로서 그 업무정지 기간이 지나지 아니한 경우
> 5. 미성년자 또는 피성년후견인·피한정후견인

② 공고 : 국토교통부장관은 ①에 따라 등록 또는 갱신등록을 거부한 경우에는 그 사실을 관보에 공고하고, 정보통신망 등을 이용하여 일반인에게 알려야 한다.

③ ②에 따른 공고의 방법, 내용 및 그 밖에 필요한 사항 : 국토교통부령으로 정한다.

④ 국토교통부장관은 감정평가사가 제1항 제1호 및 제5호에 해당하는지 여부를 확인하기 위하여 관계 기관에 관련 자료를 요청할 수 있다. 이 경우 관계 기관은 특별한 사정이 없으면 그 자료를 제공하여야 한다.

3. 등록의 취소(법 제19조)

① 취소 사유 : 국토교통부장관은 제17조에 따라 등록한 감정평가사가 다음 어느 하나에 해당하는 경우에는 그 등록을 취소하여야 한다.

> 1. 제12조 각 호의 어느 하나에 해당하는 경우
> 2. 사망한 경우
> 3. 등록취소를 신청한 경우
> 4. 제39조 제2항 제2호에 해당하는 징계를 받은 경우

② 공고 : 국토교통부장관은 ①에 따라 등록을 취소한 경우에는 그 사실을 관보에 공고하고, 정보통신망 등을 이용하여 일반인에게 알려야 한다.

③ 등록증 반납 : ①에 따라 등록이 취소된 사람은 등록증을 국토교통부장관에게 반납하여야 한다.

④ ②에 따른 공고의 방법, 내용 및 그 밖에 필요한 사항 : 국토교통부령으로 정한다.

⑤ 국토교통부장관은 감정평가사가 제1항 제1호에 해당하는지 여부를 확인하기 위하여 관계 기관에 관련 자료를 요청할 수 있다. 이 경우 관계 기관은 특별한 사정이 없으면 그 자료를 제공하여야 한다.

4. 외국감정평가사(법 제20조)

① 외국의 감정평가사 자격을 가진 사람으로서 제12조에 따른 결격사유에 해당하지 아니하는 사람은 그 본국에서 대한민국정부가 부여한 감정평가사 자격을 인정하는 경우에 한정하는 국토교통부장관의 인가를 받아 제10조 각 호의 업무를 수행할 수 있다.

② 국토교통부장관은 ①에 따른 인가를 하는 경우 필요하다고 인정하는 때에는 그 업무의 일부를 제한할 수 있다.

③ ① 및 ②에 규정된 것 외에 외국감정평가사에 필요한 사항은 대통령령으로 정한다.

1. 사무소 개설신고 등(법 제21조)

① 제17조에 따라 등록을 한 감정평가사가 감정평가업을 하려는 경우에는 감정평가사사무소를 개설할 수 있다.

② 다음 어느 하나에 해당하는 사람은 ①에 따른 개설신고를 할 수 없다.

> 1. 제18조 제1항 각 호의 어느 하나에 해당하는 사람
> 2. 제32조 제1항(제1호, 제7호 및 제15호는 제외한다)에 따라 설립인가가 취소되거나 업무가 정지된 감정평가법인의 설립인가가 취소된 후 1년이 지나지 아니하였거나 업무정지 기간이 지나지 아니한 경우 그 감정평가법인의 사원 또는 이사였던 사람
> 3. 제32조 제1항(제1호 및 제7호는 제외한다)에 따라 업무가 정지된 감정평가사로서 업무정지 기간이 지나지 아니한 사람

③ **합동사무소** : 감정평가사는 그 업무를 효율적으로 수행하고 공신력을 높이기 위하여 필요한 경우에는 대통령령으로 정하는 수 이상의 감정평가사로 구성된 협동사무소를 설치할 수 있다.

> 영 제21조(합동사무소의 개설)
> ① 법 제21조 제3항에 따라 감정평가사합동사무소를 개설한 감정평가사는 감정평가사합동사무소의 규약을 국토교통부장관에게 제출해야 한다.
> ② 법 제21조 제3항 후단에서 "대통령령으로 정하는 수"란 2명을 말한다.
> ③ 제1항에 따른 규약에 정하여야 할 사항과 그 밖에 감정평가사합동사무소 관리 등에 필요한 사항은 국토교통부령으로 정한다.

④ 감정평가사는 감정평가업을 하기 위하여 1개의 사무소만을 설치할 수 있다.

⑤ **소속 감정평가사** : 감정평가사사무소에는 소속 감정평가사를 둘 수 있다. 이 경우 소속 감정평가사는 제18조 제1항 각 호의 어느 하나에 해당하는 사람이 아니어야 하며, 감정평가사사무소의 개설신고를 한 감정평가사는 소속 감정평가사가 아닌 사람에게 제10조에 따른 업무를 하게 하여서는 아니 된다.

2. 사무소의 명칭 등(법 제22조)

① 제21조에 따라 신고를 한 감정평가법인등은 그 사무소의 명칭에 "감정평가사사무소"라는 용어를 사용하여야 하며, 제29조에 따른 법인은 그 명칭은 "감정평가법인"이라는 용어를 사용하여야 한다.

② 이 법에 따른 감정평가사가 아닌 사람은 "감정평가사" 또는 이와 비슷한 명칭을 사용할 수 없으며, 이 법에 따른 감정평가법인등이 아닌 자는 "감정평가사사무소", "감정평가법인" 또는 이와 비슷한 명칭을 사용할 수 없다.

3. 수수료 등(법 제23조)

① 감정평가법인등은 의뢰인으로부터 업무수행에 따른 수수료와 그에 필요한 실비를 받을 수 있다.

② ①에 따른 수수료의 요율 및 실비의 범위는 국토교통부장관이 제40조에 따른 감정평가관리·징계위원회의 심의를 거쳐 결정한다.

> **영 제22조(수수료 등의 공고)**
> 국토교통부장관은 법 제23조 제2항에 따라 감정평가업자의 업무수행에 관한 수수료의 요율 및 실비의 범위를 결정하거나 변경했을 때에는 일간신문, 관보, 인터넷 홈페이지나 그 밖의 효과적인 방법으로 공고해야 한다.

③ 감정평가법인등은 ②에 따른 수수료의 요율 및 실비에 관한 기준을 준수하여야 한다.

4. 사무직원(법 제24조)

① 감정평가법인등은 그 직무의 수행을 보조하기 위하여 사무직원을 둘 수 있다. 다만, 다음 각 호의 어느 하나에 해당하는 사람은 사무직원이 될 수 없다.

> 1. 미성년자 또는 피성년후견인·피한정후견인
> 2. 이 법 또는 「형법」 제129조부터 제132조까지, 「특정범죄 가중처벌 등에 관한 법률」 제2조 또는 제3조, 그 밖에 대통령령으로 정하는 법률에 따라 유죄 판결을 받은 사람으로서 다음 각 목의 어느 하나에 해당하는 사람
>   가. 징역 이상의 형을 선고받고 그 집행이 끝나거나 그 집행을 받지 아니하기로 확정된 후 3년이 지나지 아니한 사람
>   나. 징역형의 집행유예를 선고받고 그 유예기간이 지난 후 1년이 지나지 아니한 사람
>   다. 징역형의 선고유예를 받고 그 유예기간 중에 있는 사람
> 3. 제13조에 따라 감정평가사 자격이 취소된 후 1년이 경과되지 아니한 사람
> 4. 제39조 제1항 제11호 및 제12호에 따라 자격이 취소된 후 3년이 경과되지 아니한 사람

② 감정평가법인등은 사무직원을 지도·감독할 책임이 있다.

③ 국토교통부장관은 사무직원이 제1항 제1호부터 제4호까지의 어느 하나에 해당하는지 여부를 확인하기 위하여 관계 기관에 관련 자료를 요청할 수 있다. 이 경우 관계 기관은 특별한 사정이 없으면 그 자료를 제공하여야 한다.

5. 성실의무 등(법 제25조) ★31회 기출★

① 감정평가법인등(감정평가법인 또는 감정평가사사무소의 소속 감정평가사를 포함한다. 이하 이 조에서 같다)은 제10조에 따른 업무를 하는 경우 품위를 유지하여야 하고, 신의와 성실로써 공정하게 하여야 하며, 고의 또는 중대한 과실로 업무를 잘못하여서는 아니 된다.

② 감정평가법인등은 자기 또는 친족 소유, 그 밖에 불공정하게 제10조에 따른 업무를 수행할 우려가 있다고 인정되는 토지등에 대해서는 그 업무를 수행하여서는 아니 된다.

③ 감정평가법인등은 토지등의 매매업을 직접 하여서는 아니 된다.

④ 감정평가법인등이나 그 사무직원은 제23조에 따른 수수료와 실비 외에는 어떠한 명목으로도 그 업무와 관련된 대가를 받아서는 아니 되며, 감정평가 수주의 대가로 금품 또는 재산상의 이익을 제공하거나 제공하기로 약속하여서는 아니 된다.

⑤ 감정평가사, 감정평가사가 아닌 사원 또는 이사 및 사무직원은 둘 이상의 감정평가법인(같은 법인의 주·분사무소를 포함한다) 또는 감정평가사사무소에 소속될 수 없으며, 소속된 감정평가법인 이외의 다른 감정평가법인의 주식을 소유할 수 없다.

⑥ 감정평가법인등이나 사무직원은 제28조의2에서 정하는 유도 또는 요구에 따라서는 아니 된다.

6. 비밀엄수(법 제26조)

감정평가법인등(감정평가법인 또는 감정평가사사무소의 소속 감정평가사를 포함한다. 이하 이 조에서 같다)이나 그 사무직원 또는 감정평가법인등이었거나 그 사무직원이었던 사람은 업무상 알게 된 비밀을 누설하여서는 아니 된다. 다만 법령에 특별한 규정이 있는 경우에는 그러하지 아니하다.

7. 명의대여 등의 금지(법 제27조)

① 감정평가사 또는 감정평가법인등은 다른 사람에게 자기의 성명 또는 상호를 사용하여 제10조에 따른 업무를 수행하게 하거나 자격증·등록증 또는 인가증을 양도·대여하거나 이를 부당하게 행사하여서는 아니 된다.

② 누구든지 ①의 행위를 알선해서는 아니 된다.

8. 손해배상책임(법 제28조)

① 감정평가법인등이 감정평가를 하면서 고의 또는 과실로 감정평가 당시의 적정가격과 현저한 차이가 있게 감정평가를 하거나 감정평가 서류에 거짓을 기록함으로써 감정평가 의뢰인이나 선의의 제3자에게 손해를 발생하게 하였을 때에는 감정평가법인등은 그 손해를 배상할 책임이 있다.

> 영 제23조(손해배상을 위한 보험 가입 등)
> ① 감정평가법인등은 법 제28조 제1항에 따른 손해배상책임을 보장하기 위하여 보증보험에 가입하거나 법 제33조 제4항에 따라 협회가 운영하는 공제사업에 가입해야 한다.
> ② 감정평가법인등은 제1항에 따라 보증보험에 가입한 경우에는 국토교통부령으로 정하는 바에 따라 국토교통부장관에게 통보해야 한다.
> ③ 감정평가법인등이 제1항에 따라 보증보험에 가입하는 경우 해당 보험의 보험 가입 금액은 감정평가사 1명당 1억원 이상으로 한다.
> ④ 감정평가법인등은 제1항에 따른 보증보험금으로 손해배상을 하였을 때에는 10일 이내에 보험계약을 다시 체결해야 한다.

② 감정평가법인등은 ①에 따른 손해배상책임을 보장하기 위하여 대통령령으로 정하는 바에 따라 보험에 가입하거나 제33조에 따른 한국감정평가사협회가 운영하는 공제사업에 가입하는 등 필요한 조치를 하여야 한다.

③ 감정평가법인등은 ①에 따라 감정평가 의뢰인이나 선의의 제3자에게 법원의 확정판결을 통한 손해배상이 결정된 경우에는 국토교통부령으로 정하는 바에 따라 그 사실을 국토교통부장관에게 알려야 한다.

④ 국토교통부장관은 감정평가 의뢰인이나 선의의 제3자를 보호하기 위하여 감정평가법인등이 갖추어야 하는 손해배상능력 등에 대한 기준을 국토교통부령으로 정할 수 있다.

제5절   감정평가법인 ★27, 31, 33회 기출★

1. 설립 등(법 제29조)

① 감정평가사는 제10조에 따른 업무를 조직적으로 수행하기 위하여 감정평가법인을 설립할 수 있다.

② 감정평가법인은 전체 사원 또는 이사의 100분의 70이 넘는 범위에서 대통령령으로 정하는 비율 이상을 감정평가사로 두어야 한다. 이 경우 감정평가사가 아닌 사원 또는 이사는 토지등에 대한 전문성 등 대통령령으로 정하는 자격을 갖춘 자로서 제18조 제1항 제1호 또는 제5호에 해당하는 사람이 아니어야 한다.

③ 감정평가법인의 대표사원 또는 대표이사는 감정평가사여야 한다.

④ 감정평가법인과 그 주사무소(主事務所) 및 분사무소(分事務所)에는 대통령령으로 정하는 수 이상의 감정평가사를 두어야 한다. 이 경우 감정평가법인의 소속 감정평가사는 제18조 제1항 각 호의 어느 하나 및 제21조 제2항 제2호에 해당하는 사람이 아니어야 한다.

⑤ 감정평가법인을 설립하려는 경우에는 사원이 될 사람 또는 감정평가사인 발기인이 공동으로 다음 각 호의 사항을 포함한 정관을 작성하여 대통령령으로 정하는 바에 따라 국토교통부장관의 인가를 받아야 하며, 정관을 변경할 때에도 또한 같다. 다만, 대통령령으로 정하는 경미한 사항의 변경은 신고할 수 있다.

> 1. 목적
> 2. 명칭
> 3. 주사무소 및 분사무소의 소재지
> 4. 사원(주식회사의 경우에는 발기인)의 성명, 주민등록번호 및 주소
> 5. 사원의 출자(주식회사의 경우에는 주식의 발행)에 관한 사항
> 6. 업무에 관한 사항

⑥ 국토교통부장관은 ⑤에 따른 인가의 신청을 받은 날부터 20일 이내에 인가 여부를 신청인에게 통지하여야 한다.

⑦ 국토교통부장관이 ⑥에 따른 기간 내에 인가 여부를 통지할 수 없을 때에는 그 기간이 끝나는 날의 다음 날부터 기산(起算)하여 20일의 범위에서 기간을 연장할 수 있다. 이 경우 국토교통부장관은 연장된 사실과 연장 사유를 신청인에게 지체 없이 문서(전자문서를 포함한다)로 통지하여야 한다.

⑧ 감정평가법인은 사원 전원의 동의 또는 주주총회의 의결이 있는 때에는 국토교통부장관의 인가를 받아 다른 감정평가법인과 합병할 수 있다.

⑨ 감정평가법인은 해당 법인의 소속 감정평가사 외의 사람에게 제10조에 따른 업무를 하게 하여서는 아니 된다.

⑩ 감정평가법인은 「주식회사 등의 외부감사에 관한 법률」 제5조에 따른 회계처리 기준에 따라 회계처리를 하여야 한다.

⑪ 감정평가법인은 「주식회사 등의 외부감사에 관한 법률」 제2조 제2호에 따른 재무제표를 작성하여 매 사업 연도가 끝난 후 3개월 이내에 국토교통부장관이 정하는 바에 따라 국토교통부장관에게 제출하여야 한다.

⑫ 국토교통부장관은 필요한 경우 ⑪에 따른 재무제표가 적정하게 작성되었는지를 검사할 수 있다.

⑬ 감정평가법인에 관하여 이 법에서 정한 사항을 제외하고는 「상법」 중 회사에 관한 규정을 준용한다.

2. 해산(법 제30조) ★33회 기출★

① 감정평가법인은 다음 어느 하나에 해당하는 경우에는 해산한다.

> 1. 정관으로 정한 해산 사유의 발생
> 2. 사원총회 또는 주주총회의 결의
> 3. 합병
> 4. 설립인가의 취소
> 5. 파산
> 6. 법원의 명령 또는 판결

② 감정평가법인이 해산한 때에는 국토교통부령으로 정하는 바에 따라 이를 국토교통부장관에게 신고하여 야 한다.

3. 자본금 등(법 제31조)

① 감정평가법인의 자본금은 2억 원 이상이어야 한다.

② 감정평가법인은 직전 사업연도 말 재무상태표의 자산총액에서 부채총액을 차감한 금액이 2억 원에 미달 하면 미달한 금액을 매 사업연도가 끝난 후 6개월 이내에 사원의 증여로 보전하거나 증자하여야 한다.

③ ②에 따라 증여받은 금액은 특별이익으로 계상한다.

4. 인가취소 등(법 제32조)

① 국토교통부장관은 감정평가법인등이 다음 각 호의 어느 하나에 해당하는 경우에는 그 설립인가를 취소(제29조에 따른 감정평가법인에 한정한다)하거나 2년 이내의 범위에서 기간을 정하여 업무의 정지를 명할 수 있다. 다만, 제2호 또는 제7호에 해당하는 경우에는 그 설립인가를 취소하여야 한다.

1. 감정평가법인이 설립인가의 취소를 신청한 경우
2. 감정평가법인등이 업무정지처분 기간 중에 제10조에 따른 업무를 한 경우
3. 감정평가법인등이 업무정지처분을 받은 소속 감정평가사에게 업무정지처분 기간 중에 제10조에 따른 업무를 하게 한 경우
4. 제3조 제1항을 위반하여 감정평가를 한 경우
5. 제3조 제3항에 따른 원칙과 기준을 위반하여 감정평가를 한 경우
6. 제6조에 따른 감정평가서의 작성ㆍ발급 등에 관한 사항을 위반한 경우
7. 감정평가법인등이 제21조 제3항이나 제29조 제4항에 따른 감정평가사의 수에 미달한 날부터 3개월 이내에 감정평가사를 보충하지 아니한 경우
8. 제21조 제4항을 위반하여 둘 이상의 감정평가사사무소를 설치한 경우
9. 제21조 제5항이나 제29조 제9항을 위반하여 해당 감정평가사 외의 사람에게 제10조에 따른 업무를 하게 한 경우
10. 제23조 제3항을 위반하여 수수료의 요율 및 실비에 관한 기준을 지키지 아니한 경우
11. 제25조, 제26조 또는 제27조를 위반한 경우. 다만, 소속 감정평가사나 그 사무직원이 제25조 제4항을 위반한 경우로서 그 위반행위를 방지하기 위하여 해당 업무에 관하여 상당한 주의와 감독을 게을리하지 아니한 경우는 제외한다.
12. 제28조 제2항을 위반하여 보험 또는 한국감정평가사협회가 운영하는 공제사업에 가입하지 아니한 경우
13. 정관을 거짓으로 작성하는 등 부정한 방법으로 제29조에 따른 인가를 받은 경우
14. 제29조 제10항에 따른 회계처리를 하지 아니하거나 같은 조 제11항에 따른 재무제표를 작성하여 제출하지 아니한 경우
15. 제31조 제2항에 따라 기간 내에 미달한 금액을 보전하거나 증자하지 아니한 경우
16. 제47조에 따른 지도와 감독 등에 관하여 다음 각 목의 어느 하나에 해당하는 경우
    가. 업무에 관한 사항의 보고 또는 자료의 제출을 하지 아니하거나 거짓으로 보고 또는 제출한 경우
    나. 장부나 서류 등의 검사를 거부, 방해 또는 기피한 경우
17. 제29조 제5항 각 호의 사항을 인가받은 정관에 따라 운영하지 아니하는 경우

영 제29조(인가취소 등의 기준)
법 제32조 제1항에 따른 감정평가업자의 설립인가 취소와 업무의 정지의 기준은 별표 3과 같다.

② 제33조에 따른 한국감정평가사협회는 감정평가법인등에게 ①의 어느 하나에 해당하는 사유가 있다고 인정하는 경우에는 그 증거서류를 첨부하여 국토교통부장관에게 그 설립인가를 취소하거나 업무정지처분을 하여 줄 것을 요청할 수 있다.

③ 국토교통부장관은 ①에 따라 설립인가를 취소하거나 업무정지를 한 경우에는 그 사실을 관보에 공고하고, 정보통신망 등을 이용하여 일반인에게 알려야 한다.

④ ①에 따른 설립인가의 취소 및 업무정지처분은 위반 사유가 발생한 날부터 5년이 지나면 할 수 없다.

⑤ ①에 따른 설립인가의 취소와 업무정지에 관한 기준은 대통령령으로 정하고, ③에 따른 공고의 방법, 내용 및 그 밖에 필요한 사항은 국토교통부령으로 정한다.

제4장 | 한국감정평가사협회

출제포인트
□ 목적 및 설립
□ 회칙
□ 회원가입 의무 등
□ 윤리규정
□ 자문 등

1. 목적 및 설립(법 제33조) ★34회 기출★

① 감정평가사의 품위 유지와 직무의 개선·발전을 도모하고, 회원의 관리 및 지도에 관한 사무를 하도록 하기 위하여 한국감정평가사협회(이하 "협회"라 한다)를 둔다.

② 협회는 법인으로 한다.

③ 협회는 국토교통부장관의 인가를 받아 주된 사무소의 소재지에서 설립등기를 함으로써 성립한다.

④ 협회는 회칙으로 정하는 바에 따라 공제사업을 운영할 수 있다.

⑤ 협회의 조직 및 그 밖에 필요한 사항은 대통령령으로 정한다.

⑥ 협회에 관하여 이 법에 규정된 것 외에는 민법 중 사단법인에 관한 규정을 준용한다.

2. 회칙(법 제34조)

① 협회는 회칙을 정하여 국토교통부장관의 인가를 받아야 한다. 회칙을 변경할 때에도 또한 같다.

② ①에 따른 회칙에는 다음 각 호의 사항이 포함되어야 한다.

1. 명칭과 사무소 소재지
2. 회원가입 및 탈퇴에 관한 사항
3. 임원 구성에 관한 사항
4. 회원의 권리 및 의무에 관한 사항
5. 회원의 지도 및 관리에 관한 사항
6. 자산과 회계에 관한 사항
7. 그 밖에 필요한 사항

3. 회원가입 의무 등(법 제35조)

① 감정평가법인등과 그 소속 감정평가사는 협회에 회원으로 가입하여야 하며, 그 밖의 감정평가사는 협회의 회원으로 가입할 수 있다.

② 협회에 회원으로 가입한 감정평가법인등과 감정평가사는 제34조에 따른 회칙을 준수하여야 한다.

> **영 제33조(회원의 경력관리)**
> ① 협회는 법 제35조에 따라 회원으로 가입한 감정평가사의 경력을 관리할 수 있다.
> ② 국토교통부장관은 제1항에 따른 경력관리의 기준에 대하여 협회에 의견을 제시할 수 있다.

4. 윤리규정(법 제36조)

① 협회는 회원이 직무를 수행할 때 지켜야 할 직업윤리에 관한 규정을 제정하여야 한다.

② 회원은 ①에 따른 직업윤리에 관한 규정을 준수하여야 한다.

5. 자문 등(법 제37조)

① 국가등은 제4조에 따른 감정평가사의 직무에 관한 사항에 대하여 협회에 업무의 자문을 요청하거나 협회의 임원·회원 또는 직원을 전문분야에 위촉하기 위하여 추천을 요청할 수 있다.

② 협회는 ①에 따라 자문 또는 추천을 요청받은 경우 그 회원으로 하여금 요청받은 업무를 수행하게 할 수 있다.

③ 협회는 국가등에 대하여 필요한 경우 감정평가의 관리·감독·의뢰 등과 관련한 업무의 개선을 건의할 수 있다.

6. 회원에 대한 교육연수 등(법 제38조)

① 협회는 다음 각 호의 사람에 대하여 교육·연수를 실시하고 회원의 자체적인 교육·연수활동을 지도·관리한다.

> 1. 회원
> 2. 제17조에 따라 등록을 하려는 감정평가사
> 3. 제24조에 따른 사무직원

② ①에 따른 교육·연수를 실시하기 위하여 협회에 연수원을 둘 수 있다.

③ ①에 따른 교육·연수 및 지도·관리에 필요한 사항은 협회가 국토교통부장관의 승인을 얻어 정한다.

제5장 | 징계

출제포인트
- 징계의 종류
- 자격의 취소
- 등록의 취소
- 2년 이하의 업무정지
- 견책
- 감정평가관리 · 징계위원회

1. 징계(법 제39조) ★28, 31회 기출★

① 국토교통부장관은 감정평가사가 다음 각 호의 어느 하나에 해당하는 경우에는 제40조에 따른 감정평가관리 · 징계위원회의 의결에 따라 제2항 각 호의 어느 하나에 해당하는 징계를 할 수 있다. 다만, 제2항 제1호에 따른 징계는 제11호, 제12호를 위반한 경우 및 제27조를 위반하여 다른 사람에게 자격증 · 등록증 또는 인가증을 양도 또는 대여한 경우에만 할 수 있다.

> 1. 제3조 제1항을 위반하여 감정평가를 한 경우
> 2. 제3조 제3항에 따른 원칙과 기준을 위반하여 감정평가를 한 경우
> 3. 제6조에 따른 감정평가서의 작성 · 발급 등에 관한 사항을 위반한 경우
> 3의2. 제7조 제2항을 위반하여 고의 또는 중대한 과실로 잘못 심사한 경우
> 4. 업무정지처분 기간에 제10조에 따른 업무를 하거나 업무정지처분을 받은 소속 감정평가사에게 업무정지처분 기간에 제10조에 따른 업무를 하게 한 경우
> 5. 제17조 제1항 또는 제2항에 따른 등록이나 갱신등록을 하지 아니하고 제10조에 따른 업무를 수행한 경우
> 6. 구비서류를 거짓으로 작성하는 등 부정한 방법으로 제17조 제1항 또는 제2항에 따른 등록이나 갱신등록을 한 경우
> 7. 제21조를 위반하여 감정평가업을 한 경우
> 8. 제23조 제3항을 위반하여 수수료의 요율 및 실비에 관한 기준을 지키지 아니한 경우
> 9. 제25조, 제26조 또는 제27조를 위반한 경우
> 10. 제47조에 따른 지도와 감독 등에 관하여 다음 각 목의 어느 하나에 해당하는 경우
>   가. 업무에 관한 사항의 보고 또는 자료의 제출을 하지 아니하거나 거짓으로 보고 또는 제출한 경우
>   나. 장부나 서류 등의 검사를 거부 또는 방해하거나 기피한 경우
> 11. 감정평가사의 직무와 관련하여 금고 이상의 형을 2회 이상 선고받아(집행유예를 선고받은 경우를 포함한다) 그 형이 확정된 경우. 다만, 과실범의 경우는 제외한다.
> 12. 이 법에 따라 업무정지 1년 이상의 징계처분을 2회 이상 받은 후 다시 제1항에 따른 징계사유가 있는 사람으로서 감정평가사의 직무를 수행하는 것이 현저히 부적당하다고 인정되는 경우

② 감정평가사에 대한 징계의 종류는 다음과 같다.

> 1. 자격의 취소
> 2. 등록의 취소
> 3. 2년 이하의 업무정지
> 4. 견책

③ 협회는 감정평가사에게 제1항 각 호의 어느 하나에 해당하는 징계사유가 있다고 인정하는 경우에는 그 증거서류를 첨부하여 국토교통부장관에게 징계를 요청할 수 있다.

④ 제1항과 제2항에 따라 자격이 취소된 사람은 자격증과 등록증을 국토교통부장관에게 반납하여야 하며, 등록이 취소되거나 업무가 정지된 사람은 등록증을 국토교통부장관에게 반납하여야 한다.

⑤ 제1항 및 제2항에 따라 업무가 정지된 자로서 등록증을 국토교통부장관에게 반납한 자 중 제17조에 따른 교육연수 대상에 해당하는 자가 등록갱신기간이 도래하기 전에 업무정지기간이 도과하여 등록증을 다시 교부받으려는 경우 제17조 제1항에 따른 교육연수를 이수하여야 한다.

⑥ 제19조 제2항·제4항은 제1항과 제2항에 따라 자격 취소 또는 등록 취소를 하는 경우에 준용한다.

⑦ 제1항에 따른 징계의결은 국토교통부장관의 요구에 따라 하며, 징계의결의 요구는 위반사유가 발생한 날 부터 5년이 지나면 할 수 없다.

2. 감정평가관리 · 징계위원회(법 제40조)

① 다음 각 호의 사항을 심의 또는 의결하기 위하여 국토교통부에 감정평가관리 · 징계위원회(이하 "위원회"라 한다)를 둔다.

> 1. 감정평가 관계 법령의 제정 · 개정에 관한 사항 중 국토교통부장관이 회의에 부치는 사항
> 1의2. 제3조 제5항에 따른 실무기준의 변경에 관한 사항
> 2. 제14조에 따른 감정평가사시험에 관한 사항
> 3. 제23조에 따른 수수료의 요율 및 실비의 범위에 관한 사항
> 4. 제39조에 따른 징계에 관한 사항
> 5. 그 밖에 감정평가와 관련하여 국토교통부장관이 회의에 부치는 사항

② 그 밖에 위원회의 구성과 운영 등에 필요한 사항은 대통령령으로 정한다.

> **영 제40조(위원장의 직무)**
> ③ 위원장이 부득이한 사유로 직무를 수행할 수 없을 때에는 부위원장이 그 직무를 대행하며, 위원장 및 부위원장이 모두 부득이한 사유로 직무를 수행할 수 없는 때에는 위원장이 지명하는 위원이 그 직무를 대행한다. 다만, 불가피한 사유로 위원장이 직무를 대행할 위원을 지명하지 못할 경우에는 국토교통부장관이 지명하는 위원이 그 직무를 대행한다.
>
> **영 제41조(당사자의 출석)**
> 당사자는 위원회에 출석하여 구술 또는 서면으로 자기에게 유리한 사실을 진술하거나 필요한 증거를 제출할 수 있다.
>
> **영 제42조(위원회의 의결)**
> 위원회의 회의는 재적위원 과반수의 출석으로 개의하고, 출석위원 과반수의 찬성으로 의결한다.

제6장 | 과징금

1. 과징금의 부과(법 제41조) ★34회 기출★

① 국토교통부장관은 감정평가법인등이 제32조 제1항 각 호의 어느 하나에 해당하게 되어 업무정지처분을 하여야 하는 경우로서 그 업무정지처분이 「부동산 가격공시에 관한 법률」 제3조에 따른 표준지공시지가의 공시 등의 업무를 정상적으로 수행하는 데에 지장을 초래하는 등 공익을 해칠 우려가 있는 경우에는 업무정지처분을 갈음하여 5천만 원(감정평가법인인 경우는 5억 원) 이하의 과징금을 부과할 수 있다. ★27회 기출★

② 국토교통부장관은 ①에 따른 과징금을 부과하는 경우에는 다음 사항을 고려하여야 한다.

1. 위반행위의 내용과 정도
2. 위반행위의 기간과 위반횟수
3. 위반행위로 취득한 이익의 규모

③ 국토교통부장관은 이 법을 위반한 감정평가법인이 합병을 하는 경우 그 감정평가법인이 행한 위반행위는 합병 후 존속하거나 합병으로 신설된 감정평가법인이 행한 행위로 보아 과징을 부과·징수할 수 있다.

④ ①부터 ③까지에 따른 과징금의 부과기준 등에 필요한 사항은 대통령령으로 정한다.

2. 이의신청(법 제42조)

① 제41조에 따른 과징금의 부과에 이의가 있는 자는 이를 통보받은 날부터 30일 이내에 사유서를 갖추어 국토교통부장관에게 이의를 신청할 수 있다.

② 국토교통부장관은 ①에 따른 이의신청에 대하여 30일 이내에 결정을 하여야 한다. 다만, 부득이한 사정으로 그 기간에 결정을 할 수 없을 때에는 30일의 범위에서 기간을 연장할 수 있다.

③ ②에 따른 결정에 이의가 있는 자는 「행정심판법」에 따라 행정심판을 청구할 수 있다.

3. 과징금 납부기한의 연장과 분할납부(법 제43조)

① 국토교통부장관은 과징금을 부과 받은 자(이하 "과징금납부의무자"라 한다)가 다음 어느 하나에 해당하는 사유로 과징금의 전액을 일시에 납부하기 어렵다고 인정될 때에는 그 납부기한을 연장하거나 분할 납부하게 할 수 있다. 이 경우 필요하다고 인정할 때에는 담보를 제공하게 할 수 있다.

② 과징금납부 의무자가 ①에 따라 과징금 납부기한을 연장받거나 분할납부를 하려면 납부기한 10일 전까지 국토교통부장관에게 신청하여야 한다. ★34회 기출★

③ 국토교통부장관은 ①에 따라 납부기한이 연장되거나 분할납부가 허용된 과징금납부의무자가 다음 어느 하나에 해당할 때에는 납부기한 연장이나 분할납부 결정을 취소하고 과징금을 일시에 징수할 수 있다.

> 1. 분할납부가 결정된 과징금을 그 납부기한 내에 납부하지 아니하였을 때
> 2. 담보의 변경이나 담보 보전에 필요한 국토교통부장관의 명령을 이행하지 아니하였을 때
> 3. 강제집행, 경매의 개시, 파산선고, 법인의 해산, 국세나 지방세의 체납처분을 받는 등 과징금의 전부나 나머지를 징수할 수 없다고 인정될 때
> 4. 그 밖에 제1호부터 제3호까지에 준하는 사유가 있을 때

④ ①부터 ③까지에 따른 과징금 납부기한의 연장, 분할납부, 담보의 제공 등에 필요한 사항은 대통령령으로 정한다.

4. 과징금의 징수와 체납처분(법 제44조) ★34회 기출★

① 국토교통부장관은 과징금납부의무자가 납부기한 내에 과징금을 납부하지 아니한 경우에는 납부기한의 다음 날부터 과징금을 납부한 날의 전날까지의 기간에 대하여 대통령령으로 정하는 가산금을 징수할 수 있다.

> **영 제45조(가산금)**
> 법 제44조 제1항에서 "대통령령으로 정하는 가산금"이란 체납된 과징금액에 연 100분의 6을 곱하여 계산한 금액을 말한다. 이 경우 가산금을 징수하는 기간은 60개월을 초과할 수 없다.

② 국토교통부장관은 과징금납부의무자가 납부기한까지 과징금을 납부하지 아니하였을 때에는 기간을 정하여 독촉을 하고, 그 지정한 기간 내에 과징금이나 ①에 따른 가산금을 납부하지 아니하였을 때에는 국세 체납처분의 예에 따라 징수할 수 있다.

> **영 제46조(독촉)**
> ① 법 제44조 제2항에 따른 독촉은 납부기한이 지난 후 15일 이내에 서면으로 하여야 한다.
> ② 제1항에 따라 독촉장을 발부하는 경우 체납된 과징금의 납부기한은 독촉장 발부일부터 10일 이내로 한다.

③ ① 및 ②에 따른 과징금의 징수, 체납처분 절차 등, 필요한 사항은 대통령령으로 정한다.

제7장 | 보칙

1. 청문(법 제45조)

국토교통부장관은 다음 어느 하나에 해당하는 처분을 하려는 경우에는 청문을 실시하여야 한다.
① 제13조 제1항에 따른 감정평가사 자격의 취소
② 제32조 제1항 따른 감정평가법인의 설립인가 취소

2. 업무의 위탁(법 제46조) ★34회 기출★

① 이 법에 따른 국토교통부장관의 업무 중 다음 각 호의 업무는 「한국부동산원법」에 따른 한국부동산원, 「한국산업인력공단법」에 따른 한국산업인력공단 또는 협회에 위탁할 수 있다. 다만, 제3호 및 제4호에 따른 업무는 협회에만 위탁할 수 있다.

> 1. 제8조에 따른 감정평가 타당성조사와 관련하여 대통령령으로 정하는 업무
> 2. 제14조에 따른 감정평가사시험의 관리
> 3. 제17조에 따른 감정평가사 등록 및 등록 갱신
> 4. 제21조의2에 따른 소속 감정평가사 또는 사무직원의 신고
> 5. 그 밖에 대통령령으로 정하는 업무

② 제1항에 따라 그 업무를 위탁할 때에는 예산의 범위에서 필요한 경비를 보조할 수 있다.

3. 지도 · 감독(법 제47조)

① 국토교통부장관은 감정평가법인등 및 협회를 감독하기 위하여 필요한 때에는 그 업무에 관한 보고 또는 자료의 제출, 그 밖에 필요한 명령을 할 수 있으며, 소속 공무원으로 하여금 그 사무소에 출입하여 장부 · 서류 등을 검사하게 할 수 있다.

② ①에 따라 출입 · 검사를 하는 공무원은 그 권한을 표시하는 증표를 지니고 이를 관계인에게 내보여야 한다.

> 영 제49조(감정평가 제도개선을 위한 표본조사)
> 국토교통부장관은 법 또는 다른 법률에 따른 감정평가의 방법 · 절차 등과 실제 감정평가서의 작성 간에 차이가 있는지 여부를 확인하여 감정평가제도를 개선하기 위해 다음 각 호의 어느 하나에 해당하는 표본조사를 할 수 있다.
> 1. 무작위추출방식의 표본조사
> 2. 우선추출방식의 표본조사

4. 벌칙 적용에서 공무원 의제(법 제48조)

다음 어느 하나에 해당하는 사람은 「형법」 제129조부터 제132조까지의 규정을 적용할 때에는 공무원으로 본다.

> 1. 제10조 제1호 및 제2호의 업무를 수행하는 감정평가사
> 2. 제40조에 따른 위원회의 위원 중 공무원이 아닌 위원
> 3. 제46조에 따른 위탁업무에 종사하는 협회의 임직원

제8장 | 벌칙

출제포인트
- □ 3년 이하의 징역 또는 3천만 원 이하의 벌금
- □ 1년 이하의 징역 또는 1천만 원 이하의 벌금
- □ 몰수 · 추징
- □ 양벌규정
- □ 과태료

1. 벌칙(법 제49조)

다음 어느 하나에 해당하는 자는 3년 이하의 징역 또는 3천만 원 이하의 벌금에 처한다.

1. 부정한 방법으로 감정평가사의 자격을 취득한 사람
2. 감정평가법인등이 아닌 자로서 감정평가업을 한 자
3. 구비서류를 거짓으로 작성하는 등 부정한 방법으로 제17조에 따른 등록이나 갱신등록을 한 사람
4. 제18조에 따라 등록 또는 갱신등록이 거부되거나 제13조, 제19조 또는 제39조에 따라 자격 또는 등록이 취소된 사람으로서 제10조의 업무를 한 사람
5. 제25조 제1항을 위반하여 고의로 업무를 잘못하거나 같은 조 제6항을 위반하여 제28조의2에서 정하는 유도 또는 요구에 따른 자
6. 제25조 제4항을 위반하여 업무와 관련된 대가를 받거나 감정평가 수주의 대가로 금품 또는 재산상의 이익을 제공하거나 제공하기로 약속한 자
6의2. 제28조의2를 위반하여 특정한 가액으로 감정평가를 유도 또는 요구하는 행위를 한 자
7. 정관을 거짓으로 작성하는 등 부정한 방법으로 제29조에 따른 인가를 받은 자

2. 벌칙(법 제50조)

다음 어느 하나에 해당하는 자는 1년 이하의 징역 또는 1천만 원 이하의 벌금에 처한다.

1. 제21조 제4항을 위반하여 둘 이상의 사무소를 설치한 사람
2. 제21조 제5항 또는 제29조 제9항을 위반하여 소속 감정평가사 외의 사람에게 제10조의 업무를 하게 한 자
3. 제25조 제3항, 제5항 또는 제26조를 위반한 자
4. 제27조 제1항을 위반하여 감정평가사의 자격증 · 등록증 또는 감정평가법인의 인가증을 다른 사람에게 양도 또는 대여한 자와 이를 양수 또는 대여받은 자
5. 제27조 제2항을 위반하여 같은 조 제1항의 행위를 알선한 자

3. 몰수 · 추징(법 제50조의2)

제49조 제6호 및 제50조 제4호의 죄를 지은 자가 받은 금품이나 그 밖의 이익은 몰수한다. 이를 몰수할 수 없을 때에는 그 가액을 추징한다.

4. 양벌규정(법 제51조)

법인의 대표자나 법인 또는 개인의 대리인, 사용인, 그 밖의 종업원이 그 법인 또는 개인의 업무에 관하여 제49조 또는 제50조의 위반행위를 하면 그 행위자를 벌하는 외에 그 법인 또는 개인에게도 해당 조문의 벌금형을 부과한다. 다만, 법인 또는 개인이 그 위반행위를 방지하기 위하여 해당 업무에 상당한 주의와 감독을 게을리하지 아니한 경우에는 그러하지 아니하다.

5. 과태료(법 제52조) ★34회 기출★

① 제24조 제1항을 위반하여 사무직원을 둔 자에게는 500만원 이하의 과태료를 부과한다.

② 다음 각 호의 어느 하나에 해당하는 자에게는 400만원 이하의 과태료를 부과한다.

> 1. 삭제
> 2. 삭제
> 3. 삭제
> 4. 삭제
> 5. 제28조 제2항을 위반하여 보험 또는 협회가 운영하는 공제사업에의 가입 등 필요한 조치를 하지 아니한 사람
> 6. 삭제
> 7. 제47조에 따른 업무에 관한 보고, 자료 제출, 명령 또는 검사를 거부 · 방해 또는 기피하거나 국토교통부장관에게 거짓으로 보고한 자

③ 다음 각 호의 어느 하나에 해당하는 자에게는 300만원 이하의 과태료를 부과한다.

> 1. 제6조 제3항을 위반하여 감정평가서의 원본과 그 관련 서류를 보존하지 아니한 자
> 2. 제22조 제1항을 위반하여 "감정평가사사무소" 또는 "감정평가법인"이라는 용어를 사용하지 아니하거나 같은 조 제2항을 위반하여 "감정평가사", "감정평가사사무소", "감정평가법인" 또는 이와 유사한 명칭을 사용한 자

④ 다음 각 호의 어느 하나에 해당하는 자에게는 150만원 이하의 과태료를 부과한다.

> 1. 제9조 제2항을 위반하여 감정평가 결과를 감정평가 정보체계에 등록하지 아니한 자
> 2. 제13조 제3항, 제19조 제3항 및 제39조 제4항을 위반하여 자격증 또는 등록증을 반납하지 아니한 사람
> 3. 제28조 제3항을 위반하여 같은 조 제1항에 따른 손해배상사실을 국토교통부장관에게 알리지 아니한 자

⑤ 제1항부터 제4항까지에 따른 과태료는 대통령령으로 정하는 바에 따라 국토교통부장관이 부과 · 징수한다.

○ × 핵심체크

01 외국의 감정평가사 자격을 가진 자로서 「감정평가 및 감정평가사에 관한 법률」에 의한 결격사유에 해당하지 아니하는 자는 그 본국에서 대한민국정부가 부여한 감정평가사 자격을 인정하지 않더라도 시·도지사의 인가를 받으면 감정평가법인등의 업무를 행할 수 있다. ☐○ ☒×

02 국유재산을 관리하는 기관에서 5년 이상 감정평가와 관련된 업무에 종사한 자로서 감정평가사 제2차시험에 합격한 자는 감정평가사의 자격이 있다. ☐○ ☒×

03 감정평가사의 자격이 있는 자는 시·도지사에게 자격등록을 하면 감정평가업을 영위할 수 있다. ☐○ ☒×

04 감정평가사는 감정평가업을 영위하기 위하여 복수의 사무소를 설치할 수 있다. ☐○ ☒×

05 국토교통부장관은 감정평가사가 그 자격증을 다른 사람에게 양도한 경우 그 자격을 취소하여야 한다. ☐○ ☒×

06 감정평가사 자격이 취소된 후 3년이 경과되지 아니한 사람은 감정평가사가 될 수 없다. ☐○ ☒×

07 감정평가사 결격 사유는 감정평가사 등록 및 갱신등록의 거부사유가 된다. ☐○ ☒×

08 감정평가사는 둘 이상의 감정평가법인 또는 감정평가사사무소에 소속될 수 없다. ☐○ ☒×

09 감정평가사 자격이 있는 사람이 국토교통부장관에게 등록하기 위해서는 1년 이상의 실무수습을 마쳐야 한다. ☐○ ☒×

정답 및 해설　**01** ×　**02** ○　**03** ×　**04** ×　**05** ×　**06** ○　**07** ○　**08** ○　**09** ×

오답분석

01 외국의 감정평가사 자격을 가진 사람으로서 제12조에 따른 결격사유에 해당하지 아니하는 사람은 그 본국에서 대한민국정부가 부여한 감정평가사 자격을 인정하는 경우에 한정하여 국토교통부장관의 인가를 받아 제10조 각 호의 업무를 수행할 수 있다.

03 감정평가사 자격이 있는 자가 감정평가 업무를 하려는 경우에는 대통령령으로 정하는 기간 이상의 실무수습을 마치고 국토교통부장관에게 등록하여야 한다.

04 감정평가사는 감정평가업을 영위하기 위하여 1개의 사무소만을 설치할 수 있다.

05 감정평가법인등은 다른 사람에게 자격증·등록증 또는 인가증을 양도 또는 대여하거나 이를 부당하게 행사하여서는 아니되며, 이를 위반할 경우 국토교통부장관은 자격을 취소할 수 있다. 또한 감정평가사의 자격증, 감정평가사의 등록증 또는 감정평가법인의 인가증을 다른 사람에게 양도 또는 대여한 자와 이를 양수 또는 대여받은 자는 1년 이하의 징역 또는 1천만원 이하의 벌금에 처한다.

09 1차 시험을 면제받고 감정평가사 자격을 취득한 사람인 경우에는 1주일 이상의 실무수습을 마치면 된다.

10 감정평가사시험에 합격한 사람은 별도의 연수과정을 마치지 않더라도 감정평가사의 자격이 있다. ☐○☐✕

11 감정평가법인에 대한 과징금부과처분의 경우 과징금최고액은 10억 원이다. ☐○☐✕

12 과징금납부의무자가 과징금을 분할납부하려면 납부기한 7일 전까지 국토교통부장관에게 신청하여야 한다. ☐○☐✕

13 감정평가법인의 주사무소 및 분사무소에 주재하는 감정평가사가 각각 3명이면 설립기준을 충족하지 못한다. ☐○☐✕

14 감정평가법인을 해산하려는 경우에는 국토교통부장관의 인가를 받아야 한다. ☐○☐✕

15 감정평가법인은 사원 전원의 동의 또는 주주총회의 의결이 있는 때에는 국토교통부장관의 인가를 받아 다른 감정평가법인과 합병할 수 있다. ☐○☐✕

16 자본금 미달은 감정평가법인의 해산 사유에 해당한다. ☐○☐✕

17 국토교통부장관은 감정평가법인등이 업무정지처분 기간 중에 법원에 계속 중인 소송 또는 경매를 위한 토지 등의 감정평가업무를 한 경우 가중하여 업무의 정지를 명할 수 있다. ☐○☐✕

정답 및 해설　**10** ○　**11** ✕　**12** ✕　**13** ✕　**14** ✕　**15** ○　**16** ✕　**17** ✕

오답분석

11 감정평가법인에 대한 과징금부과처분의 경우 과징금최고액은 5억 원이다(감정평가 및 감정평가사에 관한 법률 제41조 제1항).

12 과징금납부의무자가 과징금을 분할납부하려면 납부기한 10일 전까지 국토교통부장관에게 신청하여야 한다(법 제43조 제2항).

13 감정평가법인과 그 주사무소 및 분사무소에는 대통령령으로 정하는 수(5명) 이상의 감정평가사를 두어야 하며, 주사무소와 분사무소에 주재하는 최소 감정평가사의 수는 각각 2명이다. 그러므로, 지문의 경우 설립기준을 충족한다.

14 국토교통부장관에게 신고하여야 한다.

16 자본금 미달은 해산 사유에 해당하지 않는다. 감정평가법인은 직전 사업연도 말 재무상태표의 자산총액에서 부채총액을 차감한 금액이 2억 원에 미달하면 미달한 금액을 매 사업연도가 끝난 후 6개월 이내에 사원의 증여로 보전하거나 증자하여야 한다.

17 설립인가를 취소하여야 한다.

18 감정평가법인의 주사무소에 주재하는 최소 감정평가사의 수는 3명이다. ⬜O⬜×

19 감정평가법인의 대표이사는 감정평가사이어야 한다. ⬜O⬜×

20 감정평가법인에는 3인 이상의 감정평가사가 있어야 한다. ⬜O⬜×

21 감정평가서의 원본과 관련 서류의 보관은 국토교통부장관이 한국부동산원에 위탁한다. ⬜O⬜×

22 감정평가협회는 감정평가관리 · 징계위원회에 감정평가사에 대한 징계의결의 요구를 할 수 없다. ⬜O⬜×

23 감정평가법인등이 중과실로 잘못된 평가를 한 경우에도 고의가 없다면 징계의 대상이 되지 않는다. ⬜O⬜×

24 감정평가관리 · 징계위원회의 의사정족수는 재적위원 과반수이고 의결정족수는 출석위원 3분의 2 이상이다.
⬜O⬜×

25 감정평가사가 업무상 중대한 의무를 위반한 경우 감정평가관리 · 징계위원회의 의결에 따라 자격취소의 징계를 할 수 있다.
⬜O⬜×

정답 및 해설　**18** ×　**19** ○　**20** ×　**21** ×　**22** ×　**23** ×　**24** ×　**25** ×　**24** ×　**25** ×

오답분석

18 2명이다(법 제29조 제3항 및 영 제24조 제2항).

20 감정평가법인에는 5인 이상의 감정평가사가 있어야 한다.

21 감정평가서의 원본과 관련 서류의 보관은 국토교통부장관이 한국부동산원에 위탁한 것이 아니라 한국감정평가사협회에 위탁한 것이다(영 제47조 제2항 제1호).

22 협회는 감정평가사에게 제1항 각 호의 어느 하나에 해당하는 징계사유가 있다고 인정하는 경우에는 그 증거서류를 첨부하여 국토교통부장관에게 징계를 요청할 수 있다(법 제39조 제3항).

23 성실의무 위반으로 징계대상이다(법 제25조 제1항, 법 제39조 제1항 제9호).

24 감정평가관리 · 징계위원회의 회의는 재적위원 과반수의 출석으로 개의하고 출석위원 과반수의 찬성으로 의결한다.

25 감정평가관리 · 징계위원회의 의결에 따라 등록취소의 징계를 할 수 있다.

26 감정평가사에 대한 징계의결의 요구는 위반사유가 발생한 날부터 3년이 지난 때에는 할 수 없다. ☐○ ☐✕

27 과징금 부과처분에 대하여 이의신청을 제기한 경우 그에 대한 국토교통부장관의 결정에 불복하여 다시 행정심판을 청구할 수는 없다. ☐○ ☐✕

28 감정평가법인등이 위반행위로 취득한 이익의 규모를 고려하지 않고 과징금의 금액을 산정하여야 한다. ☐○ ☐✕

29 과징금납부의무자가 납부기한 내에 과징금을 납부하지 아니한 경우 국토교통부장관은 가산세를 징수할 수 있다. ☐○ ☐✕

30 감정평가법인등이 아닌 자로서 감정평가업을 영위한 자는 2년 이하의 징역 또는 2,000만 원 이하의 벌금에 처한다. ☐○ ☐✕

31 자기 또는 친족의 소유 토지 등 불공정한 감정평가를 할 우려가 있다고 인정되는 토지에 대한 감정평가를 한 경우 1년 이하의 징역 또는 1천만 원 이하의 벌금에 처한다. ☐○ ☐✕

32 감정평가사의 자격등록이 거부되거나 취소된 자가 토지의 감정평가를 행한 경우 1년 이하의 징역 또는 1천만 원 이하의 벌금에 처한다. ☐○ ☐✕

정답 및 해설   **26** ✕   **27** ✕   **28** ✕   **29** ✕   **30** ✕   **31** ✕   **32** ✕

오답분석

26 위반사유가 발생한 날부터 5년이 지난 때에는 할 수 없다.

27 이의신청에 대한 결정에 이의가 있는 자는 행정심판을 청구할 수 있다.

28 과징금 부과 시 고려할 사항 : 위반행위의 내용과 정도, 위반행위의 기간과 위반횟수, 위반행위로 취득한 이익의 규모(법 제41조 제2항 참조)

29 국토교통부장관은 과징금납부의무자가 납부기한까지 과징금을 납부하지 아니한 경우에는 납부기한의 다음 날부터 납부한 날의 전일까지의 기간에 대하여 대통령령이 정하는 가산금을 징수할 수 있다(법 제44조 제1항).

30 3년 이하의 징역 또는 3,000만 원 이하의 벌금(법 제49조 제2호)

31 징계사유에 해당한다(등록취소, 2년 이하 업무정지 또는 견책 대상).

32 3년 이하의 징역 또는 3천만 원 이하의 벌금에 처한다.

제1편 | 확인학습문제

01 감정평가 및 감정평가사에 관한 법령상 감정평가에 관한 설명으로 옳지 <u>않은</u> 것은? ★28회 기출★

① 감정평가법인등은 해산하거나 폐업하는 경우 감정평가서의 원본과 그 관련 서류를 국토교통부장관에게 제출하여야 한다.

② 감정평가법인등은 감정평가서의 관련 서류를 발급일로부터 5년 이상 보존하여야 한다.

③ 감정평가 의뢰인이 감정평가서를 분실하거나 훼손하여 감정평가서 재발급을 신청한 경우 감정평가법인등은 정당한 사유가 있을 때를 제외하고는 감정평가서를 재발급하여야 한다.

④ 국가가 토지 등을 경매하기 위하여 감정평가를 의뢰하려고 한국감정평가사협회에 감정평가법인등 추천을 요청한 경우 협회는 요청을 받은 날부터 7일 이내에 감정 평가업자를 추천하여야 한다.

⑤ 유가증권도 감정평가의 대상이 된다.

> **해설**
>
> 난도 ★★
>
> ① (○) 법 제6조 제3항, 영 제6조 제1항
>
> ② (×) 감정평가서 원본은 5년, 감정평가서의 관련 서류는 2년이다(영 제6조 제2항).
>
> ③ (○) 규칙 제2조 제3항
>
> ④ (○) 법 제5조 제3항, 영 제5조 제1항
>
> ⑤ (○) 법 제2조 제1호, 영 제2조 제5호

답 ②

02 감정평가 및 감정평가사에 관한 법령상 감정평가사가 될 수 있는 자는? ★28회 기출 변형★

① 미성년자

② 파산선고를 받은 사람으로서 복권되지 아니한 사람

③ 금고 이상의 실형을 선고받고 그 집행이 종료(집행이 종료된 것으로 보는 경우를 포함한다)되거나 그 집행이 면제된 날부터 3년이 지나지 아니한 사람

④ 금고 이상의 형의 집행유예를 받고 그 유예기간이 만료된 날부터 1년이 지나지 아니한 사람

⑤ 금고 이상의 형의 선고유예를 받고 그 선고유예기간 중에 있는 사람

해설
난도 ★

> 제12조(결격사유)
> ① 다음 각 호의 어느 하나에 해당하는 사람은 감정평가사가 될 수 없다.
> 1. 삭제 〈2021. 7. 20.〉
> 2. 파산선고를 받은 사람으로서 복권되지 아니한 사람
> 3. 금고 이상의 실형을 선고받고 그 집행이 종료(집행이 종료된 것으로 보는 경우를 포함한다)되거나 그 집행이 면제된 날부터 3년이 지나지 아니한 사람
> 4. 금고 이상의 형의 집행유예를 받고 그 유예기간이 만료된 날부터 1년이 지나지 아니한 사람
> 5. 금고 이상의 형의 선고유예를 받고 그 선고유예기간 중에 있는 사람
> 6. 제13조에 따라 감정평가사 자격이 취소된 후 3년이 지나지 아니한 사람
> 7. 제39조 제1항 제11호 및 제12호에 따라 자격이 취소된 후 5년이 지나지 아니한 사람

따라서 제12조 ①항 1호가 삭제되므로 미성년자는 감정평가사가 될 수 있다.

답 ①

03 감정평가 및 감정평가사에 관한 법령상 감정평가사 자격취득에 있어 결격사유가 <u>없는</u> 자는?

★29회 기출 변형★

① 피한정후견인
② 파산선고를 받고 3년이 경과한 자
③ 금고 이상의 실형을 선고받고 그 집행이 종료된 날부터 2년이 경과한 자
④ 감정평가사 자격이 취소된 후 2년이 경과한 자
⑤ 금고 이상의 형의 선고유예를 받고 그 선고유예기간 중에 있는 사람

해설
난도 ★

> 제12조(결격사유)
> ① 다음 각 호의 어느 하나에 해당하는 사람은 감정평가사가 될 수 없다.
> 1. 삭제 〈2021. 7. 20.〉
> 2. 파산선고를 받은 사람으로서 복권되지 아니한 사람
> 3. 금고 이상의 실형을 선고받고 그 집행이 종료(집행이 종료된 것으로 보는 경우를 포함한다)되거나 그 집행이 면제된 날부터 3년이 지나지 아니한 사람
> 4. 금고 이상의 형의 집행유예를 받고 그 유예기간이 만료된 날부터 1년이 지나지 아니한 사람
> 5. 금고 이상의 형의 선고유예를 받고 그 선고유예기간 중에 있는 사람
> 6. 제13조에 따라 감정평가사 자격이 취소된 후 3년이 지나지 아니한 사람
> 7. 제39조 제1항 제11호 및 제12호에 따라 자격이 취소된 후 5년이 지나지 아니한 사람

답 ①

04 감정평가 및 감정평가사에 관한 법률에 의할 때 감정평가사의 자격에 관한 다음 설명 중 옳지 않은 것은?
★29회 기출 변형★

① 미성년자는 감정평가사가 될 수 있다.
② 감정평가사 자격이 취소된 후 3년이 경과되지 아니한 사람은 감정평가사가 될 수 없다.
③ 부정한 방법으로 감정평가사의 자격을 얻은 경우에 국토교통부장관은 그 자격을 취소하여야 한다.
④ 감정평가사가 감정평가업을 영위하고자 할 때에는 특별시장 · 광역시장 · 도지사에게 감정평가사사무소의 개설신고를 하여야 한다.
⑤ 감정평가사가 감정평가업을 영위하고자 할 때에는 감정평가사사무소의 개설신고 전에 자격등록을 하여야 한다.

해설
난도 ★★★
④ (×) 등록을 한 감정평가사가 감정평가업을 영위하려는 때에는 국토교통부장관에게 감정평가사사무소의 개설신고를 하여야 한다.

답 ④

05 감정평가 및 감정평가사에 관한 법령상 감정평가사의 권리와 의무에 관한 설명으로 옳지 <u>않은</u> 것은?
★28회 기출★

① 감정평가사는 2명 이상의 감정평가사로 구성된 합동사무소를 설치할 수 있다.
② 감정평가사가 감정평가업을 하려는 경우에는 감정평가사무소 개설에 대하여 국토 교통부장관의 인가를 받아야 한다.
③ 감정평가사는 감정평가업을 하기 위하여 1개의 사무소만을 설치할 수 있다.
④ 감정평가법인등은 토지등의 매매업을 직접 하여서는 아니 된다.
⑤ 감정평가법인등이 손해배상책임을 보장하기 위하여 보증보험에 가입하는 경우 보험 가입금액은 감정평가사 1인당 1억 원 이상으로 한다.

해설
난도 ★★
① (○) 법 제21조 제3항, 영 제21조 제2항
② (×) 국토교통부장관에게 등록을 한 감정평가사가 감정평가업을 하려는 경우에는 국토교통부장관에게 감정평가사사무소의 개설신고를 하여야 한다.
③ (○) 법 제21조 제4항
④ (○) 법 제25조 제3항
⑤ (○) 법 제28조 제2항, 영 제23조 제3항

답 ②

06 감정평가 및 감정평가사에 관한 법령상 감정평가사, 감정평가법인에 관한 설명으로 옳지 않은 것은?
★28회 기출 변형★

① 감정평가사는 감정평가업을 영위하기 위하여 2개 이상의 사무소를 설치할 수 있다.

② 감정평가사는 그 업무를 효율적으로 수행하고 공신력을 높이기 위하여 2인 이상의 감정평가사로 구성된 합동사무소를 설치할 수 있다.

③ 감정평가법인은 사원 전원의 동의가 있는 경우 국토교통부장관의 인가를 받아 다른 감정평가법인과 합병할 수 있다.

④ 감정평가법인은 주주총회의 의결이 있는 경우 국토교통부장관의 인가를 받아 다른 감정평가법인과 합병할 수 있다.

⑤ 감정평가법인은 해당 법인의 소속감정평가사 외의 사람에게 하여금 감정평가법인등의 업무를 하게 하여서는 아니 된다.

> 해설
>
> 난도 ★
>
> ① (×) 감정평가사는 감정평가업을 영위하기 위하여 1개의 사무소만을 설치할 수 있다.

답 ①

07 감정평가 및 감정평가사에 관한 법령상의 내용으로 옳지 <u>않은</u> 것은?
★30회 기출 변형★

① 법원에 계속 중인 소송 또는 경매를 위한 토지등의 감정평가는 감정평가법인등의 업무에 속한다.

② 금고 이상의 형의 선고유예를 받고 그 선고유예기간 중에 있는 사람은 감정평가사가 될 수 없다.

③ 감정평가법인등은 정당한 사유 없이 그 업무상 알게 된 비밀을 누설하여서는 아니 된다.

④ 감정평가법인등은 감정평가서의 원본을 교부일부터 3년 이상, 감정평가서의 관련 서류를 교부일부터 1년 이상 보존하여야 한다.

⑤ 한국감정평가사협회는 법인으로 한다.

> 해설
>
> 난도 ★★
>
> ① (○) 법 제10조 제4호
>
> ② (○) 법 제12조 제5호
>
> ③ (○) 법 제26조
>
> ④ (×) 법 제6조 제3항 및 「감정평가 및 감정평가사에 관한 법률 시행규칙」 (이하 제2편에서 "규칙"이라 한다) 제3조
>
> > **법 제6조(감정평가서)**
> > ③ 감정평가법인등은 감정평가서의 원본과 그 관련 서류를 국토교통부령으로 정하는 기간 이상 보존하여야 하며, 해산하거나 폐업하는 경우에도 대통령령으로 정하는 바에 따라 보존하여야 한다.

> **규칙 제3조(감정평가서 등의 보존)**
>
> 법 제6조 제3항에서 "국토교통부령으로 정하는 기간"이란 다음 각 호의 구분에 따른 기간을 말한다.
>
> 1. 감정평가서의 원본 : 발급일부터 5년
>
> 2. 감정평가서의 관련 서류 : 발급일부터 2년

⑤ (○) 법 제33조 제2항

답 ④

---

08 감정평가 및 감정평가사에 관한 법령상 감정평가법인등에 관한 설명으로 옳은 것은?

★30회 기출★

① 감정평가법인등이 토지를 감정평가하는 경우에는 그 토지와 이용가치가 비슷하다고 인정되는 토지의 적정한 실거래가를 기준으로 하여야 한다.

② 감정평가법인등은 감정평가서의 원본을 발급일부터 2년 동안 보존하여야 한다.

③ 감정평가법인등은 토지의 매매업을 직접 할 수 있다.

④ 감정평가법인등의 업무수행에 따른 수수료의 요율은 국토교통부장관이 감정평가관리 · 징계위원회의 심의를 거치지 아니하고 결정할 수 있다.

⑤ 감정평가법인등이 감정평가서 관련 서류를 보관하는 기간과 국토교통부장관이 감정평가법인등의 해산이나 폐업시 제출받은 감정평가사 관련 서류를 보관하는 기간은 동일하다.

해설

난도 ★★

① (×) 감정평가법인등이 토지를 감정평가하는 경우에는 그 토지와 이용가치가 비슷하다고 인정되는 「부동산 가격공시에 관한 법률」에 따른 표준지공시지가를 기준으로 하여야 한다. 다만, 적정한 실거래가가 있는 경우에는 이를 기준으로 할 수 있다.

② (×) 원본은 5년 이상 보존하여야 하며, 관련 서류는 2년 이상 보존하여야 한다.

③ (×) 감정평가법인등은 토지등의 매매업을 직접 하여서는 아니 된다.

④ (×) 심의를 거쳐야 한다.

⑤ (○) 법 제6조 제3항, 영 제6조 제2항, 규칙 제3조

답 ⑤

09 감정평가 및 감정평가사에 관한 법령상 감정평가법인에 관한 설명으로 옳은 것을 모두 고른 것은?

★29회 기출 변형★

> ㄱ. 감정평가법인에는 5명 이상의 감정평가사를 두어야 한다.
> ㄴ. 감정평가법인의 주사무소에 주재하는 최소 감정평가사의 수는 3명이고, 분사무소에 주재하는 최소 감정평가사의 수는 2명이다.
> ㄷ. 감정평가법인이 해산하고자 할 때에는 국토교통부장관의 인가를 받아야 하다.
> ㄹ. 감정평가법인에 대해서는 「감정평가 및 감정평가사에 관한 법률」에서 정한 것을 제외하고는 「상법」 중 회사에 관한 규정을 준용한다.

① ㄱ, ㄴ
② ㄱ, ㄷ
③ ㄱ, ㄹ
④ ㄴ, ㄷ
⑤ ㄴ, ㄹ

해설

난도 ★★

ㄱ. (○) 법 제29조 제3항 및 영 제24조 제1항

ㄴ. (✕) 주사무소 및 분사무소에 주재하는 최소 감정평가사의 수는 각각 2명이다(영 제24조 제2항).

ㄷ. (✕) 감정평가법인이 해산한 때에는 국토교통부령으로 정하는 바에 따라 이를 국토교통부장관에게 신고하여야 한다.

ㄹ. (○) 법 제29조 제12항

탑 ③

10 감정평가 및 감정평가사에 관한 법령상 요구되는 최소 인원수에 관한 설명으로 옳지 <u>않은</u> 것은?(단, 감정평가사는 자격등록 및 갱신등록의 거부사유가 없는 자임을 전제로 한다)

★30회 기출 변형★

① 감정평가법인에는 5명 이상의 감정평가사를 두어야 한다.

② 감정평가법인의 주사무소에 주재하는 최소 감정평가사의 수는 2명이다.

③ 감정평가법인의 분사무소에 주재하는 최소 감정평가사의 수는 2명이다.

④ 감정평가사합동사무소에 두는 감정평가사의 수는 5인 이상으로 한다.

⑤ 국토교통부장관의 업무는 한국부동산원, 한국산업인력공단 또는 협회에 위탁할 수 있다.

해설

난도 ★

① (○) 법 제29조 제3항, 영 제24조 제1항

② (○) 영 24조 제2항 제1호

③ (○) 영 24조 제2항 제2호

④ (✕) 감정평가사합동사무소에 두는 감정평가사의 수는 2명 이상으로 한다.

⑤ (○) 법 제46조 제1항 참조

탑 ④

실패하는 길은 여럿이나 성공하는 길은 오직 하나다.

- 아리스토텔레스 -

제2편

부동산 가격공시에 관한 법률

출제경향 & 수험대책

부동산 가격공시에 관한 법률에 대해서는 평균적으로 4문제가 출제되고 있으며 지가의 공시, 표준지공시지가, 개별공시지가, 주택 가격의 공시, 비주거용 부동산가격의 공시 등에 대해서는 각각 비교해서 학습해야 한다. 또한 부동산가격공시위원회에 대해서도 확인하고 넘어가길 바란다.

제1장 | 총칙

출제포인트
□ 목적
□ 주택
□ 공동주택
□ 단독주택
□ 비주거용 부동산
□ 적정가격

1. 목적(법 제1조)

이 법은 부동산의 적정가격 공시에 관한 기본적인 사항과 부동산 시장·동향의 조사·관리에 필요한 사항을 규정함으로써 부동산의 적정한 가격 형성과 각종 조세·부담금 등의 형평성을 도모하고 국민경제의 발전에 이바지함을 목적으로 한다.

2. 용어 정의(법 제2조)

① 주택 : 「주택법」 제2조 제1호에 따른 주택

> 「주택법」 제2조 (정의)
> 1. "주택"이란 세대의 구성원이 장기간 독립된 주거생활을 할 수 있는 구조로 된 건축물의 전부 또는 일부 및 그 부속토지를 말하며, 단독주택과 공동주택으로 구분한다.

② 공동주택 : 「주택법」 제2조 제3호에 따른 공동주택
③ 단독주택 : 공동주택을 제외한 주택
④ 비주거용 부동산 : 주택을 제외한 건축물이나 건축물과 그 토지의 전부 또는 일부를 말하며 다음과 같이 구분한다.

> 가. 비주거용 집합부동산 : 「집합건물의 소유 및 관리에 관한 법률」에 따라 구분소유되는 비주거용 부동산
> 나. 비주거용 일반부동산 : 가목을 제외한 비주거용 부동산

⑤ 적정가격 : 토지, 주택 및 비주거용 부동산에 대하여 통상적인 시장에서 정상적인 거래가 이루어지는 경우 성립될 가능성이 가장 높다고 인정되는 가격

제2장 | 지가의 공시

출제포인트
- 표준지공시지가
- 표준지 적정가격의 조사 · 협조
- 표준지공시지가의 공시사항
- 표준지공시지가에 대한 이의신청
- 개별공시지가

제1절 표준지공시지가 ★28, 32회 기출★

1. 표준지공시지가의 조사 · 평가 및 공시 등(법 제3조) ★30회 기출★

① 표준지공시지가 : 국토교통부장관은 토지이용상황이나 주변 환경, 그 밖의 자연적 · 사회적 조건이 일반적으로 유사하다고 인정되는 일단의 토지 중에서 선정한 표준지에 대하여 매년 공시기준일 현재의 단위면적당 적정가격(이하 "표준지공시지가")을 조사 · 평가하고, 제24조에 따른 중앙부동산가격공시위원회의 심의를 거쳐 이를 공시하여야 한다.

② 국토교통부장관은 표준지공시지가를 공시하기 위하여 표준지의 가격을 조사 · 평가할 때에는 대통령령으로 정하는 바에 따라 해당 토지 소유자의 의견을 들어야 한다.

③ ①에 따른 표준지의 선정, 공시기준일, 공시의 시기, 조사 · 평가 기준 및 공시절차 등에 필요한 사항은 대통령령으로 정한다.

④ 국토교통부장관이 제1항에 따라 표준지공시지가를 조사 · 평가하는 경우에는 인근 유사토지의 거래가격 · 임대료 및 해당 토지와 유사한 이용가치를 지닌다고 인정되는 토지의 조성에 필요한 비용추정액, 인근지역 및 다른 지역과의 형평성 · 특수성, 표준지공시지가 변동의 예측 가능성 등 제반사항을 종합적으로 참작하여야 한다.

⑤ 국토교통부장관이 ①에 따라 표준지공시지가를 조사 · 평가할 때에는 업무실적, 신인도 등을 고려하여 둘 이상의「감정평가 및 감정평가사에 관한 법률」에 따른 감정평가법인등(이하 "감정평가법인등"이라 한다)에게 이를 의뢰하여야 한다. 다만, 지가 변동이 작은 경우 등 대통령령으로 정하는 기준에 해당하는 표준지에 대해서는 하나의 감정평가법인등에 의뢰할 수 있다.

⑥ 국토교통부장관은 ⑤에 따라 표준지공시지가 조사 · 평가를 의뢰받은 감정평가업자가 공정하고 객관적으로 해당 업무를 수행할 수 있도록 하여야 한다.

⑦ ⑤에 따른 감정평가법인등의 선정기준 및 업무범위는 대통령령으로 정한다.

⑧ 국토교통부장관은 제10조에 따른 개별공시지가의 산정을 위하여 필요하다고 인정하는 경우에는 표준지와 산정대상 개별 토지의 가격형성요인에 관한 표준적인 비교표(이하 "토지가격비준표"라 한다)를 작성하여 시장·군수 또는 구청장에게 제공하여야 한다.

2. 표준지공시지가의 조사협조(법 제4조)

국토교통부장관은 표준지의 선정 또는 표준지공시지가의 조사·평가를 위하여 필요한 경우에는 관계 행정기관에 해당 토지의 인·허가 내용, 개별법에 따른 등록사항 등 대통령령으로 정하는 관련 자료의 열람 또는 제출을 요구할 수 있다. 이 경우 관계 행정기관은 정당한 사유가 없으면 그 요구를 따라야 한다.

영 제9조(표준지 적정가격의 조사협조)
법 제4조 전단에서 "개별법에 따른 등록사항 등 대통령령으로 정하는 관련 자료"란 다음 각 호의 자료(해당 자료에 포함된 「주민등록법」 제7조의2 제1항에 따른 주민등록번호 및 「출입국관리법」 제31조 제5항에 따른 외국인등록번호는 제외한다)를 말한다.
1. 「건축법」에 따른 건축물대장(현황도면을 포함한다)
2. 「공간정보의 구축 및 관리 등에 관한 법률」에 따른 지적도, 임야도, 정사영상지도, 토지대장 및 임야대장
3. 「토지이용규제 기본법」에 따른 토지이용계획확인서(확인도면을 포함한다)
4. 「국토의 계획 및 이용에 관한 법률」에 따른 도시·군관리계획 지형도면(전자지도를 포함한다)
5. 「부동산등기법」 제2조 제1호에 따른 등기부
6. 「부동산 거래신고 등에 관한 법률」 제3조에 따라 신고한 실제 거래가격
7. 「감정평가 및 감정평가사에 관한 법률」 제9조 제2항 본문에 따라 감정평가 정보체계에 등록된 정보 및 자료
8. 「상가건물 임대차보호법」 제4조 제2항 전단에 따른 확정일자부 중 임대차계약에 관한 자료
9. 행정구역별 개발사업 인·허가 현황
10. 표준지 소유자의 성명 및 주소
11. 그 밖에 표준지의 선정 또는 표준지 적정가격의 조사·평가에 필요한 자료로서 국토교통부령으로 정하는 자료

3. 표준지공시지가의 공시사항(법 제5조) ★27, 32, 33, 34회 기출★

① 표준지의 지번
② 표준지의 단위면적당 가격
③ 표준지의 면적 및 형상
④ 표준지 및 주변토지의 이용상황
⑤ 그 밖에 대통령령으로 정하는 사항

영 제10조(표준지공시지가의 공시사항)
① 법 제5조 제2호의 단위면적은 1제곱미터로 한다.
② 법 제5조 제5호에서 "대통령령으로 정하는 사항"이란 표준지에 대한 다음 사항을 말한다.
1. 지목
2. 용도지역
3. 도로 상황
4. 그 밖에 표준지공시지가 공시에 필요한 사항

4. 표준지공시지가의 열람 등(법 제6조)

국토교통부장관은 제3조에 따라 표준지공시지가를 공시한 때에는 그 내용을 특별시장·광역시장 또는 도지사를 거쳐 시장·군수 또는 구청장(지방자치단체인 구의 구청장에 한정한다. 이하같다)에게 송부하여 일반인이 열람할 수 있게 하고, 대통령령으로 정하는 바에 따라 이를 도서·도표 등으로 작성하여 관계 행정기관 등에 공급하여야 한다.

> 영 제11조(표준지공시지가에 관한 도서 등의 작성·공급)
> ① 법 제6조에 따라 국토교통부장관이 관계 행정기관 등에 공급하는 도서·도표 등에는 법 제5조 각호의 사항이 포함되어야 한다.
> ② 국토교통부장관은 제1항에 따른 도서·도표 등을 전자기록 등 특수매체기록으로 작성·공급할 수 있다.

5. 표준지공시지가에 대한 이의신청(법 제7조) ★28회 기출★

① 표준지공시지가에 이의가 있는 자는 그 공시일부터 30일 이내에 서면(전자문서를 포함한다. 이하 같다)으로 국토교통부장관에게 이의를 신청할 수 있다.

> 영 제12조(표준지공시지가에 대한 이의신청)
> 법 제7조 제1항에 따라 표준지공시지가에 대한 이의신청을 하려는 자는 이의신청서에 이의신청사유를 증명하는 서류를 첨부하여 국토교통부장관에게 제출하여야 한다.

② 국토교통부장관은 ①에 따른 이의신청 기간이 만료된 날부터 30일 이내에 이의신청을 심사하여 그 결과를 신청인에게 서면으로 통지하여야 한다. 이 경우 국토교통부장관은 이의신청의 내용이 타당하다고 인정될 때에는 제3조에 따라 해당 표준지공시지가를 조정하여 다시 공시하여야 한다.

③ ① 및 ②에서 규정한 것 외에 이의신청 및 처리절차 등에 필요한 사항은 대통령령으로 정한다.

6. 표준지공시지가의 적용(법 제8조)

제1호 각 목의 자가 제2호 각 목의 목적을 의하여 지가를 산정할 때에는 그 토지와 이용가치가 비슷하다고 인정되는 하나 또는 둘 이상의 표준지의 공시지가를 기준으로 토지가격비준표를 사용하여 지가를 직접 산정하거나 감정평가법인등에 감정평가를 의뢰하여 산정할 수 있다. 다만, 필요하다고 인정할 때에는 산정된 지가를 제2호 각 목의 목적에 따라 가감조정하여 적용할 수 있다.

> 1. 지가 산정의 주체
>   가. 국가 또는 지방자치단체
>   나. 「공공기관의 운영에 관한 법률」에 따른 공공기관
>   다. 그 밖에 대통령령으로 정하는 공공단체
> 2. 지가 산정의 목적
>   가. 공공용지의 매수 및 토지의 수용·사용에 대한 보상
>   나. 국유지·공유지의 취득 또는 처분
>   다. 그 밖에 대통령령으로 정하는 지가의 산정

7. 표준지공시지가의 효력(법 제9조)

표준지공시지가는 토지시장에 지가정보를 제공하고 일반적인 토지거래의 지표가 되며, 국가 · 지방자치단체 등이 그 업무와 관련하여 지가를 산정하거나 감정평가법인등이 개별적으로 토지를 감정평가하는 경우에 기준이 된다.

제2절 개별공시지가 ★31, 32, 33회 기출★

1. 개별공시지가의 결정 · 공시 등(법 제10조) ★34회 기출★

① 시장 · 군수 또는 구청장은 국세 · 지방세 등 각종 세금의 부과, 그 밖의 다른 법령에서 정하는 목적을 위한 지가산정에 사용하도록 하기 위하여 제25조에 따른 시 · 군 · 구부동산가격공시위원회의 심의를 거쳐 매년 공시지가의 공시기준일 현재 관할 구역안의 개별토지의 단위면적(1제곱미터)당 가격(이하 "개별공시지가"라 한다)을 결정 · 공시하고, 이를 관계 행정기관 등에 제공하여야 한다.

② ①에도 불구하고 표준지로 선정된 토지, 조세 또는 부담금 등의 부과대상이 아닌 토지, 그 밖에 대통령령으로 정하는 토지에 대하여는 개별공시지가를 결정 · 공시하지 아니할 수 있다. 이 경우 표준지로 선정된 토지에 대하여는 해당 토지의 표준지공시지가를 개별공시지가로 본다.

> 영 제15조(개별공시지가를 공시하지 아니할 수 있는 토지)
> ① 시장 · 군수 또는 구청장은 법 제10조 제2항 전단에 따라 다음 각 호의 어느 하나에 해당하는 토지에 대해서는 법 제10조 제1항에 따른 개별공시지가(이하 "개별공시지가"라 한다)를 결정 · 공시하지 아니할 수 있다.
> 1. 표준지로 선정된 토지
> 2. 농지보전부담금 또는 개발부담금 등의 부과대상이 아닌 토지
> 3. 국세 또는 지방세 부과대상이 아닌 토지(국공유지의 경우에는 공공용 토지만 해당한다)
> ② 제1항에도 불구하고 시장 · 군수 또는 구청장은 다음 각 목의 어느 하나에 해당하는 토지에 대해서는 개별공시지가를 결정 · 공시하여야 한다.
> 1. 관계 법령에 따라 지가 산정 등에 개별공시지가를 적용하도록 규정되어 있는 토지
> 2. 시장 · 군수 또는 구청장이 관계 행정기관의 장과 협의하여 개별공시지가를 결정 · 공시하기로 한 토지

③ 시장 · 군수 또는 구청장은 공시기준일 이후에 분할 · 합병 등이 발생한 토지에 대하여는 대통령령으로 정하는 날을 기준으로 하여 개별공시지가를 결정 · 공시하여야 한다.

> 영 제16조(개별공시지가 공시기준일을 다르게 할 수 있는 토지)
> ① 법 제10조 제3항에 따라 개별공시지가 공시기준일을 다르게 할 수 있는 토지는 다음 각 호의 어느 하나에 해당하는 토지로 한다.
> 1. 「공간정보의 구축 및 관리 등에 관한 법률」에 따라 분할 또는 합병된 토지
> 2. 공유수면 매립 등으로 「공간정보의 구축 및 관리 등에 관한 법률」에 따른 신규등록이 된 토지
> 3. 토지의 형질변경 또는 용도변경으로 「공간정보의 구축 및 관리 등에 관한 법률」에 따른 지목변경이 된 토지
> 4. 국유 · 공유에서 매각 등에 따라 사유로 된 토지로서 개별공시지가가 없는 토지

④ 시장·군수 또는 구청장이 개별공시지가를 결정·공시하는 경우에는 해당 토지와 유사한 이용가치를 지닌다고 인정되는 하나 또는 둘 이상의 표준지의 공시지가를 기준으로 토지가격비준표를 사용하여 지가를 산정하되, 해당 토지의 가격과 표준지공시지가가 균형을 유지하도록 하여야 한다.

⑤ 시장·군수 또는 구청장은 개별공시지가를 결정·공시하기 위하여 개별토지의 가격을 산정할 때에는 그 타당성에 대하여 감정평가법인등의 검증을 받고 토지소유자, 그 밖의 이해관계인의 의견을 들어야 한다. 다만, 시장·군수 또는 구청장은 감정평가법인등의 검증이 필요없다고 인정되는 때에는 지가의 변동상황 등 대통령령으로 정하는 사항을 고려하여 감정평가법인등의 검증을 생략할 수 있다. ★33회 기출★

⑥ 시장·군수 또는 구청장이 ⑤에 따른 검증을 받으려는 때에는 해당 지역의 표준지의 공시지가를 조사·평가한 감정평가법인등 또는 대통령령으로 정하는 감정평가실적 등이 우수한 감정평가법인등에 의뢰하여야 한다.

⑦ 국토교통부장관은 지가공시 행정의 합리적인 발전을 도모하고 표준지공시지가와 개별공시지가와의 균형유지 등 적정한 지가형성을 위하여 필요하다고 인정하는 경우에는 개별공시지가의 결정·공시 등에 관하여 시장·군수 또는 구청장을 지도·감독할 수 있다.

⑧ ①부터 ⑦까지에서 규정한 것 외에 개별공시지가의 산정, 검증 및 결정, 공시기준일, 공시의 시기, 조사·산정의 기준, 이해관계인의 의견청취, 감정평가법인등의 지정 및 공시절차 등에 필요한 사항은 대통령령으로 정한다.

2. 개별공시지가에 대한 이의신청(법 제11조)

① 개별공시지가에 이의가 있는 자는 그 결정 · 공시일부터 30일 이내에 서면으로 시장 · 군수 또는 구청장에게 이의를 신청할 수 있다.

② 시장 · 군수 또는 구청장은 ①에 따라 이의신청 기간이 만료된 날부터 30일 이내에 이의신청을 심사하여 그 결과를 신청인에게 서면으로 통지하여야 한다. 이 경우 시장 · 군수 또는 구청장은 이의신청의 내용이 타당하다고 인정될 때에는 제10조에 따라 해당 개별공시지가를 조정하여 다시 결정 · 공시하여야 한다.

③ ① 및 ②에서 규정한 것 외에 이의신청 및 처리절차 등에 필요한 사항은 대통령령으로 정한다.

> **영 제22조(개별공시지가에 대한 이의신청)**
> ① 법 제11조 제1항에 따라 개별공시지가에 대하여 이의신청을 하려는 자는 이의신청서에 이의신청 사유를 증명하는 서류를 첨부하여 해당 시장 · 군수 또는 구청장에게 제출하여야 한다.
> ② 시장 · 군수 또는 구청장은 제1항에 따라 제출된 이의신청을 심사하기 위하여 필요할 때에는 감정평가법인등에게 검증을 의뢰할 수 있다.

3. 개별공시지가의 정정(법 제12조) ★27회 기출★

시장 · 군수 또는 구청장은 개별공시지가에 틀린 계산, 오기, 표준지 선정의 착오, 그 밖에 대통령령으로 정하는 명백한 오류가 있음을 발견한 때에는 지체 없이 이를 정정하여야 한다.

4. 타인토지에의 출입 등(법 제13조)

① 관계 공무원 또는 부동산가격공시업무를 의뢰받은 자(이하 "관계공무원등"이라 한다)는 제3조 제4항에 따른 표준지가격의 조사 · 평가 또는 제10조 제4항에 따른 토지가격의 산정을 위하여 필요한 때에는 타인의 토지에 출입할 수 있다.

② 관계공무원등이 ①에 따라 택지 또는 담장이나 울타리로 둘러싸인 타인의 토지에 출입하고자 할 때에는 시장 · 군수 또는 구청장의 허가(부동산가격공시업무를 의뢰 받은 자에 한정한다)를 받아 출입할 날의 3일 전에 그 점유자에게 일시와 장소를 통지하여야 한다. 다만, 점유자를 알 수 없거나 부득이한 사유가 있는 경우에는 그러하지 아니하다.

③ 일출 전 · 일몰 후에는 그 토지의 점유자의 승인 없이 택지 또는 담장이나 울타리로 둘러싸인 타인의 토지에 출입할 수 없다.

④ ②에 따라 출입을 하고자 하는 자는 그 권한을 표시하는 증표와 허가증을 지니고 이를 관계인에게 내보여야 한다.

⑤ ④에 따른 증표와 허가증에 필요한 사항은 국토교통부령으로 정한다.

5. 개별공시지가의 결정·공시비용의 보조(법 제14조)

제10조에 따른 개별공시지가의 결정·공시에 소요되는 비용은 대통령령으로 정하는 바에 따라 그 일부를 국고에서 보조할 수 있다.

> **영 제24조(개별공시지가의 결정·공시비용의 보조)**
> 법 제14조에 따라 국고에서 보조할 수 있는 비용은 개별공시지가의 결정·공시에 드는 비용의 50퍼센트 이내로 한다.

6. 부동산 가격정보 등의 조사(법 제15조)

① 국토교통부장관은 부동산의 적정가격 조사 등 부동산 정책의 수립 및 집행을 위하여 부동산 시장동향, 수익률 등의 가격정보 및 관련 통계 등을 조사·관리하고, 이를 관계 행정기관 등에 제공할 수 있다.

② ①에 따른 부동산 가격정보 등의 조사의 대상, 절차 등에 필요한 사항은 대통령령으로 정한다.

③ ①에 따른 조사를 위하여 관계 행정기관에 국세, 지방세, 토지, 건물 등 관련 자료의 열람 또는 제출을 요구하거나 타인의 토지 등에 출입하는 경우에는 제4조 및 제13조를 각각 준용한다.

제3장 │ 주택가격의 공시

출제포인트

□ 표준주택가격의 조사 · 산정 및 공시 등
□ 개별주택가격의 결정 · 공시 등
□ 공동주택가격의 조사 · 산정 및 공시 등
□ 공동주택가격 공시기준일을 다르게 할 수 있는 공동주택
□ 주택가격 공시의 효력

1. 표준주택가격의 조사 · 산정 및 공시 등(법 제16조) ★28회 기출★

① 국토교통부장관은 용도지역, 건물구조 등이 일반적으로 유사하다고 인정되는 일단의 단독주택 중에서 선정한 표준주택에 대하여 매년 공시기준일 현재의 적정가격(이하 "표준주택가격"이라 한다)을 조사 · 산정하고, 제24조에 따른 중앙부동산가격공시위원회의 심의를 거쳐 이를 공시하여야 한다.

② ①에 따른 공시에는 다음 각 호의 사항이 포함되어야 한다.

1. 표준주택의 지번
2. 표준주택가격
3. 표준주택의 대지면적 및 형상
4. 표준주택의 용도, 연면적, 구조 및 사용승인일(임시사용승인일을 포함한다)
5. 그 밖에 대통령령으로 정하는 사항

영 제29조(표준주택가격의 공시사항)
법 제16조 제2항 제5호에서 "대통령령으로 정하는 사항"이란 다음 각 호의 사항을 말한다.
1. 지목
2. 용도지역
3. 도로상황
4. 그 밖에 표준주택가격 공시에 필요한 사항

③ ①에 따른 표준주택의 선정, 공시기준일, 공시의 시기, 조사 · 산정 기준 및 공시절차 등에 필요한 사항은 대통령령으로 정한다.

④ 국토교통부장관은 ①에 따라 표준주택가격을 조사 · 산정하고자 할 때에는 「한국부동산원법」에 따른 한국부동산원(이하 "부동산원"이라 한다)에 의뢰한다. ★34회 기출★

⑤ 국토교통부장관이 ①에 따라 공동주택가격을 조사·산정하는 경우에는 인근 유사 공동주택의 거래가격·임대료 및 해당 공동주택과 유사한 이용가치를 지닌다고 인정되는 공동주택의 건설에 필요한 비용추정액, 인근지역 및 다른 지역과의 형평성·특수성, 공동주택가격 변동의 예측 가능성 등 제반사항을 종합적으로 참작하여야 한다.

⑥ 국토교통부장관은 제17조에 따른 개별주택가격의 산정을 위하여 필요하다고 인정하는 경우에는 표준주택과 산정대상 개별주택의 가격형성요인에 관한 표준적인 비교표(이하 "주택가격비준표"라 한다)를 작성하여 시장·군수 또는 구청장에게 제공하여야 한다.

⑦ 제3조 제2항·제4조·제6조·제7조 및 제13조는 제1항에 따른 표준주택가격의 공시에 준용한다. 이 경우 제7조 제2항 후단 중 "제3조"는 "제16조"로 본다.

2. 개별주택가격의 결정·공시 등(법 제17조) ★30, 33회 기출★

① 시장·군수 또는 구청장은 제25조에 따른 시·군·구부동산가격공시위원회의 심의를 거쳐 매년 표준주택가격의 공시기준일 현재 관할 구역 안의 개별주택의 가격(이하 "개별주택가격"이라 한다)을 결정·공시하고, 이를 관계 행정기관 등에 제공하여야 한다.

② ①에도 불구하고 표준주택으로 선정된 단독주택, 그 밖에 대통령령으로 정하는 단독 주택에 대하여는 개별주택가격을 결정·공시하지 아니할 수 있다. 이 경우 표준주택으로 선정된 주택에 대하여는 해당 주택의 표준주택가격을 개별주택가격으로 본다.

③ ①에 따른 개별주택가격의 공시에는 다음 사항이 포함되어야 한다.

> 1. 개별주택의 지번
> 2. 개별주택가격
> 3. 그 밖에 대통령령으로 정하는 사항

> 영 제33조(개별주택가격의 공시사항)
> 법 제17조 제3항 제3호에서 "대통령령으로 정하는 사항"이란 다음 각 호의 사항을 말한다.
> 1. 개별주택의 용도 및 면적
> 2. 그 밖에 개별주택가격 공시에 필요한 사항

④ 시장·군수 또는 구청장은 공시기준일 이후에 토지의 분할·합병이나 건축물의 신축 등이 발생한 경우에는 대통령령으로 정하는 날을 기준으로 하여 개별주택가격을 결정·공시하여야 한다.

⑤ 시장·군수 또는 구청장이 개별주택가격을 결정·공시하는 경우에는 해당 주택과 유사한 이용가치를 지닌다고 인정되는 표준주택가격을 기준으로 주택가격비준표를 사용하여 가격을 산정하되, 해당 주택의 가격과 표준주택가격이 균형을 유지하도록 하여야 한다.

⑥ 시장·군수 또는 구청장은 개별주택가격을 결정·공시하기 위하여 개별주택의 가격을 산정할 때에는 표준주택가격과의 균형 등 그 타당성에 대하여 대통령령으로 정하는 바에 따라 부동산원의 검증을 받고 토지소유자, 그 밖의 이해관계인의 의견을 들어야 한다. 다만, 시장·군수 또는 구청장은 부동산원의 검증이 필요없다고 인정되는 때에는 주택가격의 변동상황 등 대통령령으로 정하는 사항을 고려하여 부동산원의 검증을 생략할 수 있다.

⑦ 국토교통부장관은 공시행정의 합리적인 발전을 도모하고 표준주택가격과 개별주택가격과의 균형유지 등 적정한 가격형성을 위하여 필요하다고 인정하는 경우에는 개별주택가격의 결정·공시 등에 관하여 시장·군수 또는 구청장을 지도·감독할 수 있다.

⑧ 개별주택가격에 대한 이의신청 및 개별주택가격의 정정에 대하여는 제11조 및 제12조를 각각 준용한다. 이 경우 제11조 제2항 후단 중 "제10조"는 "제17조"로 본다.

⑨ ①부터 ⑧까지에서 규정한 것 외에 개별주택가격의 산정, 검증 및 결정, 공시기준일, 공시의 시기, 조사·산정의 기준, 이해관계인의 의견청취 및 공시절차 등에 필요한 사항은 대통령령으로 정한다.

> **영 제38조(개별주택가격의 결정 및 공시)**
> ① 시장·군수 또는 구청장은 매년 4월 30일까지 개별주택가격을 결정·공시하여야 한다. 다만, 제34조 제2항 제1호의 경우에는 그 해 9월 30일까지, 같은 항 제2호의 경우에는 다음 해 4월 30일까지 결정·공시하여야 한다.
> ② 시장·군수 또는 구청장은 제1항에 따라 개별주택가격을 공시할 때에는 다음 각 호의 사항을 해당 시·군 또는 구의 게시판 또는 인터넷 홈페이지에 게시하여야 한다.
> 1. 조사기준일 및 개별주택가격의 열람방법 등 개별주택가격의 결정에 관한 사항
> 2. 이의신청의 기간·절차 및 방법
> ③ 개별주택가격의 공시방법 및 통지에 관하여는 제4조 제2항 및 제3항을 준용한다.
>
> **영 제39조(개별주택가격 결정·공시비용의 보조)**
> 개별주택가격 결정·공시비용의 보조에 관하여는 제24조를 준용한다.

3. 공동주택가격의 조사·산정 및 공시 등(법 제18조) ★31회 기출★

① 국토교통부장관은 공동주택에 대하여 매년 공시기준일 현재의 적정가격(이하 "공동주택가격"이라 한다)을 조사·산정하여 제24조에 따른 중앙부동산가격공시위원회의 심의를 거쳐 공시하고, 이를 관계 행정기관 등에 제공하여야 한다. 다만, 대통령령으로 정하는 바에 따라 국세청장이 국토교통부장관과 협의하여 공동주택가격을 별도로 결정·고시하는 경우를 제외한다.

> **영 제43조(공동주택가격의 산정 및 공시)**
> ③ 국토교통부장관은 법 제18조 제1항 본문에 따라 공동주택가격을 공시할 때에는 다음 각 호의 사항을 관보에 공고하고, 공동주택가격을 부동산공시가격시스템에 게시하여야 한다. 이 경우 공동주택가격의 통지에 관하여는 제4조 제2항 및 제3항을 준용한다.
> 1. 제2항 각 호의 사항의 개요
> 2. 공동주택가격의 열람방법
> 3. 이의신청의 기간·절차 및 방법
> ④ 국토교통부장관은 법 제18조 제1항 본문에 따라 공동주택가격 공시사항을 제3항에 따른 공고일부터 10일 이내에 다음 각 호의 자에게 제공하여야 한다.
> 1. 행정안정부장관
> 2. 국세청장
> 3. 시장·군수 또는 구청장

② 국토교통부장관은 공동주택가격을 공시하기 위하여 그 가격을 산정할 때에는 대통령령으로 정하는 바에 따라 공동주택소유자와 그 밖의 이해관계인의 의견을 들어야 한다.

> **영 제42조(공동주택소유자 등의 의견청취)**
> 법 제18조 제2항에 따른 의견청취에 관하여는 제5조 제1항 및 제3항을 준용한다.

③ ①에 따른 공동주택의 조사대상의 선정, 공시기준일, 공시의 시기, 공시사항, 조사·산정 기준 및 공시절차 등에 필요한 사항은 대통령령으로 정한다.

④ 국토교통부장관은 공시기준일 이후에 토지의 분할·합병이나 건축물의 신축 등이 발생한 경우에는 대통령령으로 정하는 날을 기준으로 하여 공동주택가격을 결정·공시하여야 한다.

> **영 제44조(공동주택가격 공시기준일을 다르게 할 수 있는 공동주택)**
> ① 법 제18조 제4항에 따라 공동주택가격 공시기준일을 다르게 할 수 있는 공동주택은 다음 각 호의 어느 하나에 해당하는 공동주택으로 한다.
> 1. 「공간정보의 구축 및 관리 등에 관한 법률」에 따라 그 대지가 분할 또는 합병된 공동주택
> 2. 「건축법」에 따른 건축·대수선 또는 용도변경이 된 공동주택
> 3. 국유·공유에서 매각 등에 따라 사유로 된 공동주택으로서 공동주택가격이 없는 주택
> ② 법 제18조 제4항에서 "대통령령으로 정하는 날"이란 다음 각 호의 구분에 따른 날을 말한다.
> 1. 1월 1일부터 5월 31일까지의 사이에 제1항 각 호의 사유가 발생한 공동주택 : 그 해 6월 1일
> 2. 6월 1일부터 12월 31일까지의 사이에 제1항 각 호의 사유가 발생한 공동주택 : 다음 해 1월 1일

⑤ 국토교통부장관이 ①에 따라 공동주택가격을 조사·산정하는 경우에는 인근 유사 공동주택의 거래가격·임대료 및 해당 공동주택과 유사한 이용가치를 지닌다고 인정되는 공동주택의 건설에 필요한 비용 추정액, 인근지역 및 다른 지역과의 형평성·특수성, 공동주택가격 변동의 예측 가능성 등 제반사항을 종합적으로 참작하여야 한다.

⑥ 국토교통부장관이 ①에 따라 공동주택가격을 조사·산정하고자 할 때에는 부동산원에 의뢰한다.

⑦ 국토교통부장관은 ① 또는 ④에 따라 공시한 가격에 틀린 계산, 오기, 그 밖에 대통령령으로 정하는 명백한 오류가 있음을 발견한 때에는 지체 없이 이를 정정하여야 한다.

⑧ 공동주택가격의 공시에 대하여는 제4조·제6조·제7조 및 제13조를 각각 준용한다. 이 경우 제7조 제2항 후단 중 "제3조"는 "제18조"로 본다.

4. 주택가격 공시의 효력(법 제19조)

① 표준주택가격은 국가·지방자치단체 등이 그 업무와 관련하여 개별주택가격을 산정하는 경우에 그 기준이 된다.

② 개별주택가격 및 공동주택가격은 주택시장의 가격정보를 제공하고, 국가·지방자치단체 등이 과세 등의 업무와 관련하여 주택의 가격을 산정하는 경우에 그 기준으로 활용될 수 있다.

제4장 | 비주거용 부동산가격의 공시

출제포인트
□ 비주거용 표준부동산가격의 조사 · 산정 및 공시 등
□ 비주거용 개별부동산가격의 결정 · 공시 등
□ 비주거용 집합부동산가격의 조사 · 산정 및 공시 등
□ 비주거용 집합부동산가격의 정정사유
□ 비주거용 부동산가격공시의 효력

1. 비주거용 표준부동산가격의 조사 · 산정 및 공시 등(법 제20조)

① 국토교통부장관은 용도지역, 이용상황, 건물구조 등이 일반적으로 유사하다고 인정되는 일단의 비주거용 일반부동산 중에서 선정한 비주거용 표준부동산에 대하여 매년 공시기준일 현재의 적정가격(이하 "비주거용 표준부동산가격"이라 한다)을 조사 · 산정하고, 제24조에 따른 중앙부동산가격공시위원회의 심의를 거쳐 이를 공시할 수 있다.

② ①에 따른 비주거용 표준부동산가격의 공시에는 다음 사항이 포함되어야 한다.

> 1. 비주거용 표준부동산의 지번
> 2. 비주거용 표준부동산가격
> 3. 비주거용 표준부동산의 대지면적 및 형상
> 4. 비주거용 표준부동산의 용도, 연면적, 구조 및 사용승인일(임시사용승인일을 포함한다)
> 5. 그 밖에 대통령령으로 정하는 사항

> 영 제51조(비주거용 표준부동산가격의 공시사항)
> 법 제20조 제2항 제5호에서 "대통령령으로 정하는 사항"이란 다음 각 호의 사항을 말한다.
> 1. 지목
> 2. 용도지역
> 3. 도로 상황
> 4. 그 밖에 비주거용 표준부동산가격 공시에 필요한 사항

③ ①에 따른 비주거용 표준부동산의 선정, 공시기준일, 공시의 시기, 조사 · 산정 기준 및 공시절차 등에 필요한 사항은 대통령령으로 정한다.

④ 국토교통부장관은 ①에 따라 비주거용 표준부동산가격을 조사 · 산정하려는 경우 감정평가법인등 또는 대통령령으로 정하는 부동산 가격의 조사 · 산정에 관한 전문성이 있는 자에게 의뢰한다.

⑤ 국토교통부장관이 비주거용 표준부동산가격을 조사·산정하는 경우에는 인근 유사 비주거용 일반부동산의 거래가격·임대료 및 해당 비주거용 일반부동산과 유사한 이용가치를 지닌다고 인정되는 비주거용 일반부동산의 건설에 필요한 비용추정액 등을 종합적으로 참작하여야 한다.

⑥ 국토교통부장관은 제21조에 따른 비주거용 개별부동산가격의 산정을 위하여 필요하다고 인정하는 경우에는 비주거용 표준부동산과 산정대상 비주거용 개별부동산의 가격형성요인에 관한 표준적인 비교표(이하 "비주거용 부동산가격비준표"라 한다)를 작성하여 시장·군수 또는 구청장에게 제공하여야 한다.

⑦ 비주거용 표준부동산가격의 공시에 대하여는 제3조 제2항·제4조·제6조·제7조 및 제13조를 각각 준용한다. 이 경우 제7조 제2항 후단 중 "제3조"는 "제20조"로 본다.

2. 비주거용 개별부동산가격의 결정·공시 등(법 제21조)

① 시장·군수 또는 구청장은 제25조에 따른 시·군·구부동산가격공시위원회의 심의를 거쳐 매년 비주거용 표준부동산가격의 공시기준일 현재 관할 구역 안이 비주거용 개별부동산의 가격(이하 "비주거용 개별부동산가격"이라 한다)을 결정·공시할 수 있다. 다만, 대통령령으로 정하는 바에 따라 행정안전부장관 또는 국세청장이 국토교통부장관과 협의하여 비주거용 개별부동산의 가격을 별도로 결정·고시하는 경우는 제외한다.

> 영 제55조(행정안전부장관 또는 국세청장이 비주거용 개별부동산가격을 결정·고시하는 경우)
> 법 제21조 제1항 단서에 따라 행정안전부장관 또는 국세청장이 같은 항 본문에 따른 비주거용 개별부동산가격(이하 "비주거용 개별부동산가격"이라 한다)을 별도로 결정·고시하는 경우는 행정안전부장관 또는 국세청장이 그 대상·시기 등에 대하여 미리 국토교통부장관과 협의한 후 비주거용 개별부동산가격을 별도로 결정·고시하는 경우로 한다.

② ①에도 불구하고 비주거용 표준부동산으로 선정된 비주거용 일반부동산 등 대통령령으로 정하는 비주거용 일반부동산에 대하여는 비주거용 개별부동산가격을 결정·공시하지 아니할 수 있다. 이 경우 비주거용 표준부동산으로 선정된 비주거용 일반부동산에 대하여는 해당 비주거용 표준부동산가격을 비주거용 개별부동산가격으로 본다.

③ ①에 따른 비주거용 개별부동산가격의 공시에는 다음 사항이 포함되어야 한다.

> 1. 비주거용 부동산의 지번
> 2. 비주거용 부동산가격
> 3. 그 밖에 대통령령으로 정하는 사항

> 영 제57조(비주거용 개별부동산가격의 공시사항)
> 법 제21조 제3항 제3호에서 "대통령령으로 정하는 사항"이란 다음 각 호의 사항을 말한다.
> 1. 비주거용 개별부동산의 용도 및 면적
> 2. 그 밖에 비주거용 개별부동산가격 공시에 필요한 사항

④ 시장·군수 또는 구청장은 공시기준일 이후에 토지의 분할·합병이나 건축물의 신축 등이 발생한 경우에는 대통령령으로 정하는 날을 기준으로 하여 비주거용 개별부동산 가격을 결정·공시하여야 한다.

⑤ 시장 · 군수 또는 구청장이 비주거용 개별부동산가격을 결정 · 공시하는 경우에는 해당 비주거용 일반부동산과 유사한 이용가치를 지닌다고 인정되는 비주거용 표준부동산가격을 기준으로 비주거용 부동산가격비준표를 사용하여 가격을 산정하되, 해당 비주거용 일반부동산의 가격과 비주거용 표준부동산가격이 균형을 유지하도록 하여야 한다.

⑥ 시장 · 군수 또는 구청장은 비주거용 개별부동산가격을 결정 · 공시하기 위하여 비주거용 일반부동산의 가격을 산정할 때에는 비주거용 표준부동산가격과의 균형 등 그 타당성에 대하여 제20조에 따른 비주거용 표준부동산가격의 조사 · 산정을 의뢰 받은 자 등 대통령령으로 정하는 자의 검증을 받고 비주거용 일반부동산의 소유자와 그 밖의 이해관계인의 의견을 들어야 한다. 다만, 시장 · 군수 또는 구청장은 비주거용 개별부동산가격에 대한 검증이 필요 없다고 인정하는 때에는 비주거용 부동산가격의 변동상황 등 대통령령으로 정하는 사항을 고려하여 검증을 생략할 수 있다.

⑦ 국토교통부장관은 공시행정의 합리적인 발전을 도모하고 비주거용 표준부동산가격과 비주거용 개별부동산가격과의 균형유지 등 적정한 가격형성을 위하여 필요하다고 인정하는 경우에는 비주거용 개별부동산가격의 결정 · 공시 등에 관하여 시장 · 군수 또는 구청장을 지도 · 감독할 수 있다.

⑧ 비주거용 개별부동산가격에 대한 이의신청 및 정정에 대하여는 제11조 및 제12조를 각각 준용한다. 이 경우 제11조 제2항 후단 중 "제10조"는 "제21조"로 본다.

⑨ ①부터 ⑧까지에서 규정한 것 외에 비주거용 개별부동산가격이 산정, 검증 및 결정, 공시기준일, 공시의 시기, 조사 · 산정의 기준, 이해관계인의 의견청취 및 공시절차 등에 필요한 사항은 대통령령으로 정한다.

3. 비주거용 집합부동산가격의 조사 · 산정 및 공시 등(법 제22조)

① 국토교통부장관은 비주거용 집합부동산에 대하여 매년 공시기준일 현재의 적정가격(이하 "비주거용 집합부동산가격"이라 한다)을 조사 · 산정하여 제24조에 따른 중앙부동산가격공시위원회의 심의를 거쳐 공시할 수 있다. 이 경우 시장 · 군수 또는 구청장은 비주거용 집합부동산가격을 결정 · 공시한 경우에는 이를 관계 행정기관 등에 제공하여야 한다.

② ①에도 불구하고 대통령령으로 정하는 바에 따라 행정안전부장관 또는 국체청장이 국토 교통부장관과 합의하여 비주거용 집합부동산의 가격을 별도로 결정 · 고시하는 경우에는 해당 비주거용 집합부동산의 비주거용 개별부동산가격을 결정 · 공시하지 아니한다.

③ 국토교통부장관은 비주거용 집합부동산가격을 공시하기 위하여 비주거용 집합부동산의 가격을 산정할 때에는 대통령령으로 정하는 바에 따라 비주거용 집합부동산의 소유자와 그 밖의 이해관계인의 의견을 들어야 한다.

> **영 제66조(비주거용 집합부동산 소유자 등의 의견청취)**
> 법 제22조 제3항에 따른 의견청취에 관하여는 제5조 제1항 및 제3항을 준용한다.

④ ①에 따른 비주거용 집합부동산의 조사대상의 선정, 공시기준일, 공시의 시기, 공시사항, 조사 · 산정 기준 및 공시절차 등에 필요한 사항은 대통령령으로 정한다.

⑤ 국토교통부장관은 공시기준일 이후에 토지의 분할 · 합병이나 건축물의 신축 등이 발생한 경우에는 대통령령으로 정하는 날을 기준으로 하여 비주거용 집합부동산가격을 결정 · 공시하여야 한다.

> **영 제67조(비주거용 집합부동산가격 공시기준일을 다르게 할 수 있는 비주거용 집합부동산)**
> ① 법 제22조 제5항에 따라 비주거용 집합부동산가격 공시기준일을 다르게 할 수 있는 비주거용 집합부동산은 다음 각 호의 어느 하나에 해당하는 부동산으로 한다.
> 1. 「공간정보의 구축 및 관리 등에 관한 법률」에 따라 그 대지가 분할 또는 합병된 비주거용 집합부동산
> 2. 「건축법」에 따른 건축 · 대수선 또는 용도변경이 된 비주거용 집합부동산
> 3. 국유 · 공유에서 매각 등에 따라 사유로 된 비주거용 집합부동산으로서 비주거용 집합부동산 가격이 없는 비주거용 집합부동산
> ② 법 제22조 제5항에서 "대통령령으로 정하는 날"이란 다음 각 호의 구분에 따른 날을 말한다.
> 1. 1월 1일부터 5월 31일까지의 사이에 제1항 각 호의 사유가 발생한 비주거용 집합부동산 : 그 해 6월 1일
> 2. 6월 1일부터 12월 31일까지의 사이에 제1항 각 호의 사유가 발생한 비주거용 집합부동산 : 다음 해 1월 1일

⑥ 국토교통부장관이 ①에 따라 비주거용 집합부동산가격을 조사 · 산정하는 경우에는 인근 유사 비주거용 집합부동산의 거래가격 · 임대료 및 해당 비주거용 집합부동산과 유사한 이용가치를 지닌다고 인정되는 비주거용 집합부동산의 건설에 필요한 비용추정액 등을 종합적으로 참작하여야 한다.

> **영 제68조(비주거용 집합부동산가격 조사 · 산정의 기준)**
> ① 국토교통부장관은 법 제22조 제6항에 따라 비주거용 집합부동산가격을 조사 · 산정할 때 그 비주거용 집합부동산에 전세권 또는 그 밖에 비주거용 집합부동산의 사용 · 수익을 제한하는 권리가 설정되어 있는 경우에는 그 권리가 존재하지 아니하는 것으로 보고 적정가격을 산정하여야 한다.
> ② 법 제22조에 따른 비주거용 집합부동산가격 조사 및 산정의 세부기준은 중앙부동산가격공시위원회의 심의를 거쳐 국토교통부장관이 정한다.

⑦ 국토교통부장관은 ①에 따라 비주거용 집합부동산가격을 조사·산정할 때에는 부동산원 또는 대통령령으로 정하는 부동산 가격의 조사·산정에 관한 전문성이 있는 자에게 의뢰한다.

> **영 제69조(비주거용 집합부동산가격 조사·산정의 절차)**
> ① 법 제22조 제7항에서 "대통령령으로 정하는 부동산 가격의 조사·산정에 관한 전문성이 있는 자"란 감정평가법인등을 말한다.
> ② 법 제22조 제7항에 따라 비주거용 집합부동산가격 조사·산정을 의뢰받은 자(이하 "비주거용 집합부동산가격 조사·산정기관"이라 한다)는 비주거용 집합부동산가격 및 그 밖에 국토교통부령으로 정하는 사항을 조사·산정한 후 국토교통부령으로 정하는 바에 따라 비주거용 집합부동산가격 조사·산정보고서를 작성하여 국토교통부장관에게 제출하여야 한다.
> ③ 국토교통부장관은 제2항에 따라 보고서를 제출받으면 다음 각 호의 자에게 해당보고서를 제공하여야 한다.
> 1. 행정안전부장관
> 2. 국세청장
> 3. 시·도지사
> 4. 시장·군수 또는 구청장
> ④ 제3항에 따라 보고서를 제공받은 자는 국토교통부장관에게 보고서에 대한 적정성 검토를 요청할 수 있다.
> ⑤ 국토교통부장관은 제2항에 따라 제출된 보고서에 대하여 실거래신고가격 및 감정평가 정보체계 등을 활용하여 그 적정성 여부를 검토할 수 있다.
> ⑥ 국토교통부장관은 제5항에 따른 적정성 여부 검토를 위하여 필요하다고 인정하는 경우에는 해당 비주거용 집합부동산가격 조사·산정기관 외에 부동산 가격의 조사·산정에 관한 전문성이 있는 자를 별도로 지정하여 의견을 들을 수 있다.
> ⑦ 국토교통부장관은 제5항에 따른 검토 결과 부적정하다고 판단되거나 비주거용 집합부동산가격 조사·산정이 관계 법령을 위반하여 수행되었다고 인정되는 경우에는 해당 비주거용 집합부동산가격 조사·산정기관에 보고서를 시정하여 다시 제출하게 할 수 있다.

⑧ 국토교통부장관은 ① 또는 ④에 따라 공시한 가격에 틀린 계산, 오기, 그 밖에 대통령령으로 정하는 명백한 오류가 있음을 발견한 때에는 지체 없이 이를 정정하여야 한다.

> **영 제70조(비주거용 집합부동산가격의 정정사유)**
> ① 법 제22조 제8항에서 "대통령령으로 정하는 명백한 오류"란 다음 각 호의 어느 하나에 해당하는 경우를 말한다.
> 1. 법 제22조에 따른 공시절차를 완전하게 이행하지 아니한 경우
> 2. 비주거용 집합부동산가격에 영향을 미치는 동·호수 및 층의 표시 등 주요 요인의 조사를 잘못한 경우
> ② 국토교통부장관은 법 제22조 제8항에 따라 비주거용 집합부동산가격의 오류를 정정하려는 경우에는 중앙부동산가격공시위원회의 심의를 거쳐 정정사항을 결정·공시하여야 한다. 다만, 틀린 계산 또는 오기의 경우에는 중앙부동산가격공시위원회의 심의를 거치지 아니할 수 있다.

⑨ 비주거용 집합부동산가격의 공시에 대해서는 제4조·제6조·제7조 및 제13조를 각각 준용한다. 이 경우 제7조 제2항 후단 중 "제3조"는 "제22조"로 본다.

4. 비주거용 부동산가격공시의 효력(법 제23조)

① 제20조에 따른 비주거용 표준부동산가격은 국가·지방자치단체 등이 그 업무와 관련하여 비주거용 개별부동산가격을 산정하는 경우에 그 기준이 된다.

② 제21조 및 제22조에 따른 비주거용 개별부동산가격 및 비주거용 집합부동산가격은 비주거용 부동산시장에 가격정보를 제공하고, 국가·지방자치단체 등이 과세 등의 업무와 관련하여 비주거용 부동산의 가격을 산정하는 경우에 그 기준으로 활용될 수 있다.

제5장 | 부동산가격공시위원회

1. 중앙부동산가격공시위원회(법 제24조) ★27회 기출★

① 다음 각 호의 사항을 심의하기 위하여 국토교통부장관 소속으로 중앙부동산가격공시위원회(이하 이 조에서 "위원회"라 한다)를 둔다.

1. 부동산 가격공시 관계 법령의 제·개정에 관한 사항 중 국토교통부장관이 부의하는 사항
2. 제3조에 따른 표준지의 선정 및 관리지침
3. 제3조에 따라 조사·평가된 표준지공시지가
4. 제7조에 따른 표준지공시지가에 대한 이의신청에 관한 사항
5. 제16조에 따른 표준주택의 선정 및 관리지침
6. 제16조에 따라 조사·산정된 표준주택가격
7. 제16조에 따른 표준주택가격에 대한 이의신청에 관한 사항
8. 제18조에 따른 공동주택의 조사 및 산정지침
9. 제18조에 따라 조사·산정된 공동주택가격
10. 제18조에 따른 공동주택가격에 대한 이의신청에 관한 사항
11. 제20조에 따른 비주거용 표준부동산의 선정 및 관리지침
12. 제20조에 따라 조사·산정된 비주거용 표준부동산가격
13. 제20조에 따른 비주거용 표준부동산가격에 대한 이의신청에 관한 사항
14. 제22조에 따른 비주거용 집합부동산의 조사 및 산정 지침
15. 제22조에 따라 조사·산정된 비주거용 집합부동산가격
16. 제22조에 따른 비주거용 집합부동산가격에 대한 이의신청에 관한 사항
17. 제26조의2에 따른 계획 수립에 관한 사항
18. 그 밖에 부동산정책에 관한 사항 등 국토교통부장관이 부의하는 사항

② 위원회는 위원장을 포함한 20명 이내의 위원으로 구성한다.
③ 위원회의 위원장은 국토교통부 제1차관이 된다.
④ 위원회의 위원은 대통령령으로 정하는 중앙행정기관의 장이 지명하는 6명 이내의 공무원과 다음 어느 하나에 해당하는 사람 중 국토교통부장관이 위촉하는 사람이 된다.

1. 「고등교육법」에 따른 대학에서 토지·주택 등에 관한 이론을 가르치는 조교수 이상으로 재직하고 있거나 재직하였던 사람
2. 판사, 검사, 변호사 또는 감정평가사의 자격이 있는 사람
3. 부동산가격공시 또는 감정평가 관련 분야에서 10년 이상 연구 또는 실무경험이 있는 사람

영 73조(위원의 해촉 등)
① 국토교통부장관은 중앙부동산가격공시위원회의 위촉위원이 다음 각 호의 어느 하나에 해당하는 경우에는 그 위촉위원을 해촉할 수 있다.
1. 심신장애로 인하여 직무를 수행할 수 없게 된 경우
2. 직무와 관련된 비위사실이 있는 경우
3. 직무태만, 품위손상이나 그 밖의 사유로 인하여 위촉위원으로 적합하지 아니하다고 인정되는 경우
4. 위원 스스로 직무를 수행하는 것이 곤란하다고 의사를 밝히는 경우
5. 제72조 제1항 각 호의 어느 하나에 해당하는 데에도 불구하고 회피하지 아니한 경우
② 법 제24조 제4항에 따라 위원을 지명하는 자는 해당 위원이 제1항 각 호의 어느 하나에 해당하는 경우에는 그 지명을 철회할 수 있다.

⑤ 공무원이 아닌 위원의 임기는 2년으로 하되, 한차례 연임할 수 있다.
⑥ 국토교통부장관은 필요하다고 인정하면 위원회의 심의에 부치기 전에 미리 관계 전문가의 의견을 듣거나 조사·연구를 의뢰할 수 있다.
⑦ ①부터 ⑥까지의 규정한 사항 외에 위원회의 조직 및 운영에 필요한 사항은 대통령령으로 정한다.

2. 시·군·구 부동산가격공시위원회(법 제25조)

① 다음 각 호의 사항을 심의하기 위하여 시장·군수 또는 구청장 소속으로 시·군·구 부동산가격공시위원회를 둔다.

1. 제10조에 따른 개별공시지가의 결정에 관한 사항
2. 제11조에 따른 개별공시지가에 대한 이의신청에 관한 사항
3. 제17조에 따른 개별주택가격의 결정에 관한 사항
4. 제17조에 따른 개별주택가격에 대한 이의신청에 관한 사항
5. 제21조에 따른 비주거용 개별부동산가격의 결정에 관한 사항
6. 제21조에 따른 비주거용 개별부동산가격에 대한 이의신청에 관한 사항
7. 그 밖에 시장·군수 또는 구청장이 심의에 부치는 사항

② ①에 규정된 것 외에 시·군·구 부동산가격공시위원회의 조직 및 운영에 필요한 사항은 대통령령으로 정한다.

영 제74조(시·군·구부동산가격공시위원회)

① 시·군·구부동산가격공시위원회는 위원장 1명을 포함한 10명 이상 15명 이하의 위원으로 구성하며, 성별을 고려하여야 한다.

② 시·군·구부동산가격공시위원회 위원장은 부시장·부군수 또는 부구청장이 된다. 이 경우 부시장·부군수 또는 부구청장이 2명 이상이면 시장·군수 또는 구청장이 지명하는 부시장·부군수 또는 부구청장이 된다.

③ 시·군·구부동산가격공시위원회 위원은 시장·군수 또는 구청장이 지명하는 6명 이내의 공무원과 다음 각 호의 어느 하나에 해당하는 사람 중에서 시장·군수 또는 구청장이 위촉하는 사람이 된다.

1. 부동산 가격공시 또는 감정평가에 관한 학식과 경험이 풍부하고 해당 지역의 사정이 정통한 사람

2. 시민단체(「비영리민간단체 지원법」 제2조에 따른 비영리민간단체를 말한다)에서 추천한 사람

④ 시·군·구부동산가격공시위원회 위원의 제척·기피·회피 및 해촉에 관하여는 제72조 및 제73조를 준용한다.

⑤ 제1항부터 제4항까지에서 규정한 사항 외에 시·군·구부동산가격공시위원회의 구성·운영에 필요한 사항은 해당 시·군·구의 조례로 정한다.

제6장 | 보칙

1. 공시보고서의 제출(법 제26조)

정부는 표준지공시지가, 표준주택가격 및 공동주택가격의 주요사항에 관한 보고서를 매년 정기국회의 개회 전까지 국회에 제출하여야 한다.

2. 공시가격정보체계의 구축 및 관리(법 제27조)

① 국토교통부장관은 토지, 주택 및 비주거용 부동산의 공시가격과 관련된 정보를 효율적이고 체계적으로 관리하기 위하여 공시가격정보체계를 구축·운영할 수 있다.

② 국토교통부장관은 ①에 따른 공시가격정보체계를 구축하기 위하여 필요한 경우 관계기관에 자료를 요청할 수 있다. 이 경우 관계 기관은 정당한 사유가 없으면 그 요청을 따라야 한다.

③ ① 및 ②에 따른 정보 및 자료의 종류, 공시가격정보체계의 구축·운영방법 등에 필요한 사항은 대통령령으로 정한다.

3. 업무위탁(법 제28조)

① 국토교통부장관은 다음 각 호의 업무를 부동산원 또는 국토교통부장관이 정하는 기관에 위탁할 수 있다.

1. 다음 각 목의 업무 수행에 필요한 부대업무

　가. 제3조에 따른 표준지공시지가의 조사 · 평가

　나. 제16조에 따른 표준주택가격의 조사 · 산정

　다. 제18조에 따른 공동주택가격의 조사 · 산정

　라. 제20조에 따른 비주거용 표준부동산가격의 조사 · 산정

　마. 제22조에 따른 비주거용 집합부동산가격의 조사 · 산정

2. 제6조에 따른 표준지공시지가, 제16조 제7항에 따른 표준주택가격, 제18조 제8항에 따른 공동주택가격, 제20조 제7항에 따른 비주거용 표준부동산가격 및 제22조 제9항에 따른 비주거용 집합부동산가격에 관한 도서 · 도표 등 작성 · 공급

3. 제3조 제6항, 제16조 제6항 및 제20조 제6항에 따른 토지가격비준표, 주택가격 비준표 및 비주거용 부동산가격비준표의 작성 · 제공

4. 제15조에 따른 부동산 가격정보 등의 조사

5. 제27조에 따른 공시가격정보체계의 구축 및 관리

6. 제1호부터 제5호까지의 업무와 관련된 업무로서 대통령령으로 정하는 업무

영 제76조(업무의 위탁)

① 법 제28조 제1항 제6호에서 "대통령령으로 정하는 업무"란 같은 항 제1호부터 제5호까지의 업무와 관련된 교육 및 연구를 말한다.

② 국토교통부장관은 법 제28조 제1항 각 호의 업무를 부동산원에 위탁한다.

② 국토교통부장관은 ①에 따라 그 업무를 위탁할 때에는 예산의 범위에서 필요한 경비를 보조할 수 있다.

4. 수수료 등 (법 제29조)

① 부동산원 및 감정평가법인등은 이 법에 따른 표준지공시지가의 조사 · 평가, 개별공시지가의 검증, 부동산 가격정보 · 통계 등의 조사, 표준주택가격의 조사 · 산정, 개별주택가격의 검증, 공동주택가격이 조사 · 산정, 비주거용 표준부동산가격의 조사 · 산정, 비주거용 개별부동산가격의 검증 및 비주거용 집합부동산가격의 조사 · 산정 등의 업무수행을 위한 수수료와 출장 또는 사실 확인 등에 소요된 실비를 받을 수 있다.

② ①에 따른 수수료의 요율 및 실비의 범위는 국토교통부장관이 정하여 고시한다.

5. 벌칙 적용에서 공무원 의제(법 제30조)

다음 각 호의 어느 하나에 해당하는 사람은 「형법」 제129조부터 제132조까지의 규정을 적용할 때에는 공무원으로 본다.

1. 제28조 제1항에 따라 업무를 위탁받은 기관의 임직원

2. 중앙부동산가격공시위원회의 위원 중 공무원이 아닌 위원

○ × 핵심체크

01 단독주택은 공동주택을 제외한 주택을 말한다. ☐○☐×

02 표준지공시지가에 이의가 있는 자는 공시일로부터 30일 이내에 서면으로 국토교통부장관에게 이의를 신청할 수 있다. ☐○☐×

03 지가현황도면이란 해당 연도의 산정지가, 전년도의 개별공시지가 및 해당 연도의 표준지공시지가가 필지별로 기재된 도면을 말한다. ☐○☐×

04 적정가격이란 토지, 주택 및 비주거용 부동산에 대하여 통상적인 시장에서 정상적인 거래가 이루어지는 경우 성립될 가능성이 가장 높다고 인정되는 가격을 말한다. ☐○☐×

05 주택으로 쓰이는 1개 동의 연면적이 660m²이고 5개층으로 이루어진 주택은 연립주택이다. ☐○☐×

06 주택이란 세대의 구성원이 장기간 독립된 주거생활을 할 수 있는 구조로 된 건축물의 전부 또는 일부를 말하며, 이를 단독주택과 공동주택으로 구분한다. ☐○☐×

07 공동주택이란 건축물의 벽·복도·계단이나 그 밖의 설비 등의 전부 또는 일부를 공동으로 사용하는 각 세대가 하나의 건축물 안에서 각각 독립된 주거생활을 영위할 수 있는 구조로 된 주택을 말한다. ☐○☐×

08 다세대주택이라 함은 주택으로 쓰이는 1개 동의 연면적이 660㎡이하이고, 층수가 3개 층 이하인 주택을 말한다. ☐○☐×

09 개별공시지가의 단위면적은 3.3m²로 한다. ☐○☐×

정답 및 해설   **01** ○   **02** ○   **03** ○   **04** ○   **05** ×   **06** ×   **07** ○   **08** ×   **09** ×

오답분석

05 연립주택이란 주택으로 쓰는 1개 동의 바닥면적(2개 이상의 동을 지하주차장으로 연결하는 경우에는 각각의 동으로 본다) 합계가 660m2를 초과하고, 층수가 4개 층 이하인 주택을 말한다(법 제2조 제2호, 「건축법 시행령」 별표1 제2호 나목).

06 주택이란 세대의 구성원이 장기간 독립된 주거생활을 할 수 있는 구조로 된 건축물의 전부 또는 일부 및 그 부속토지를 말하며, 이를 단독주택과 공동주택으로 구분한다(법 제2조 제1호, 「주택법」 제2조 제1호).

08 다세대주택이란 주택으로 쓰는 1개 동의 바닥면적 합계가 660m2 이하이고, 층수가 4개 층 이하인 주택(2개 이상의 동을 지하주차장으로 연결하는 경우에는 각각의 동으로 본다)을 말한다(법 제2조 제2호, 「건축법 시행령」 별표1 제2호 다목).

09 개별공시지가의 단위면적은 1m²로 한다(법 제10조 제1항, 영 제14조).

10 시장·군수 또는 구청장은 농지보전부담금 부과대상인 토지에 대해서는 개별공시지가를 결정·공시하지 아니할 수 있다. ☐○ ☒×

11 개별공시지가는 토지시장에 지가정보를 제공하고 일반적인 토지거래의 지표가 되며, 감정평가법인등이 개별적으로 토지를 감정평가하는 경우에 기준이 된다. ☐○ ☒×

12 표준지에 지상권이 설정되어 있을 때에는 그 지상권이 존재하지 아니하는 것으로 보고 표준지공시지가를 평가하여야 한다. ☐○ ☒×

13 표준지에 대한 용도지역은 표준지공시지가의 공시사항에 포함되지 않는다. ☐○ ☒×

14 표준지에 건물 그 밖의 정착물이 있거나 지상권 그 밖의 토지의 사용·수익을 제한하는 권리가 설정되어 있는 때에는 이를 포함하여 적정가격을 평가하여야 한다. ☐○ ☒×

15 시장·군수 또는 구청장은 개별공시지가의 조사·산정지침을 정하여 감정평가법인등에게 통보하여야 한다. ☐○ ☒×

16 2013년의 공시기준일이 1월 1일인 경우 2013년 5월 15일 토지의 용도변경으로 지목변경이 된 토지에 대한 개별공시지가는 2013년 7월 1일을 기준일로 하여 2013년 10월 31일까지 결정·공시하여야 한다. ☐○ ☒×

17 선정기준일부터 직전 2년간 업무정지처분을 3회 받은 감정평가법인등은 개별토지가격 산정의 타당성 검증을 할 수 없다. ☐○ ☒×

18 개별공시지가를 공시하는 시장·군수 또는 구청장은 필요하다고 인정하는 때에는 개별공시지가의 결정 및 이의신청에 관한 사항을 토지소유자등에게 개별통지할 수 있다. ☐○ ☒×

정답 및 해설 **10** × **11** × **12** ○ **13** × **14** × **15** × **16** ○ **17** ○ **18** ○

오답분석

10 농지보전부담금 부과대상이 아닌 토지에 대해서는 개별공시지가를 결정·공시하지 아니할 수 있다(법 제10조 제2항, 영 제15조 제1항 제2호).

11 표준지공시지가는 토지시장에 지가정보를 제공하고 일반적인 토지거래의 지표가 되며, 국가·지방자치단체 등이 그 업무와 관련하여 지가를 산정하거나 감정평가법인등이 개별적으로 토지를 감정평가하는 경우에 기준이 된다(법 제9조).

13 표준지공시지가의 공시사항 : 표준지의 지번, 표준지의 단위면적당 가격, 표준지의 면적 및 형상, 표준지 및 주변토지의 이용상황, 지목, 용도지역, 도로 상황, 그 밖에 표준지공시지가 공시에 필요한 사항(법 제5조, 영 제10조 제2항)

14 표준지에 건물 그 밖의 정착물이 있거나 지상권 또는 그 밖의 토지의 사용·수익을 제한하는 권리가 설정되어 있는 때에는 해당 정착물 또는 권리가 존재하지 아니하는 것으로 보고 적정가격을 평가하여야 한다(나지상정 평가 : 당해 정착물 또는 권리가 존재하지 아니하는 것으로 보고 평가).

15 국토교통부장관은 개별공시지가 조사·산정의 기준을 정하여 시장·군수 또는 구청장에게 통보하여야 하며, 시장·군수 또는 구청장은 그 기준에 따라 개별공시지가를 조사·산정하여야 한다(영 제17조 제1항).

19 감정평가법인등은 개별공시지가의 결정을 위한 토지가격의 산정을 위하여 필요한 때에는 타인의 토지에 출입할 수 있다. ☐ ✕

20 국토교통부장관은 매년 공시지가의 공시기준일 현재 관할 구역 안의 개별토지의 단위면적당 가격을 결정 공시하고 이를 관계행정기관 장에 제공하여야 한다. ☐ ✕

21 대법원은 개별공시지가의 결정에 위법이 있는 경우에 이를 기초로 과세표준을 산정한 과세처분의 취소를 구하는 소송에서 개별공시지가 결정의 위법을 독립된 쟁송사유로 주장할 수 없다고 판시하였다. ☐ ✕

22 시장·군수 또는 구청장은 개별공시지가에 토지가격비준표의 적용에 오류가 있는 경우 시·군·구부동산평가위원회의 심의를 거치지 아니하고 직권으로 정정하여 결정·공시하여야 한다. ☐ ✕

23 표준지공시지가의 공시기준일은 1월 1일이며, 일부 지역을 지정하여 해당 지역에 대한 공시기준일을 따로 정할 수는 없다. ☐ ✕

24 국토교통부장관은 개별주택가격의 산정을 위하여 필요하다고 인정하는 경우에는 주택가격비준표를 작성하여 시·도지사 또는 대도시 시장에게 제공하여야 한다. ☐ ✕

25 표준주택가격은 국가, 지방자치단체 등의 기관이 관세 등의 업무와 관련하여 주택의 가격을 산정하는 경우에 그 기준으로 활용된다. ☐ ✕

정답 및 해설   19 ○   20 ✕   21 ✕   22 ✕   23 ✕   24 ✕   25 ✕

오답분석

20 시장·군수·구청장이 개별공시지가를 결정·공시한다.

21 토지초과이득세부과처분 취소소송에서 그 과세표준산정의 근거가 된 개별공시지가결정의 위법을 독립된 위법사유로 주장할 수 있는지의 여부(적극) 및 전심절차의 이행방법 : 개별공시지가의 결정에 위법이 있는 경우에는 그 자체를 행정소송의 대상이 되는 행정처분으로 보아 그 위법 여부를 다툴 수 있음은 물론 이를 기초로 과세표준을 산정한 과세처분의 취소를 구하는 조세소송에서도 그 개별공시지가결정의 위법을 독립된 쟁송사유로 주장할 수 있고, 이 경우 당해 과세처분에 대한 항고소송을 제기하는 데에는 「행정소송법」 제18조 제1항, 「국세기본법」 제55조, 제56조의 각 규정이 정하는 바에 따라 당해 과세처분에 대한 심사 및 심판청구 등의 전심절차를 거침으로써 충분하고, 그 외에 개별공시지가결정 자체에 대한 별도의 전심절차의 이행이 요구되지는 않는다.

22 심의를 거쳐야 한다(법 제12조 제1항 및 영 제23조).

23 표준지공시지가의 공시기준일은 1월 1일로 한다. 다만, 국토교통부장관은 표준지공시지가 조사·평가인력 등을 고려하여 부득이하다고 인정하는 경우에는 일부 지역을 지정하여 해당 지역에 대한 공시기준일을 따로 정할 수 있다(영 제3조)

24 국토교통부장관은 개별주택가격의 산정을 위하여 필요하다고 인정하는 경우에는 표준주택과 산정대상 개별주택의 가격형성요인에 관한 표준적인 비교표(이하 "주택가격비준표"라 한다)를 작성하여 시장·군수 또는 구청장에게 제공하여야 한다(법 제16조 제6항).

25 표준주택 가격은 개별주택가격을 산정하는 경우에 그 기준이 된다.

제2편 | 확인학습문제

01 부동산 가격공시에 관한 법령상 용어에 관한 설명으로 옳지 <u>않은</u> 것은? ★26회 기출★

① '표준지공시지가'라 함은 국토교통부장관이 표준지에 대하여 매년 공시기준일 현재의 단위 면적당 적정가격을 조사 · 평가하고, 중앙부동산가격공시위원회의 심의를 거쳐 공시한 것을 말한다.

② '토지등'에는 「입목에 관한 법률」에 의한 입목은 포함되지 아니한다.

③ '적정가격'이란 토지, 주택 및 비주거용 부동산에 대하여 통상적인 시장에서 정상적인 거래가 이루어지는 경우 성립될 가능성이 가장 높다고 인정되는 가격을 말한다.

④ '감정평가'란 토지등의 경제적 가치를 판정하여 그 결과를 가액으로 표시하는 것을 말한다.

⑤ '다세대주택'이라 함은 주택으로 쓰이는 1개 동의 연면적(지하주차장 면적을 제외한다)이 $660m^2$ 이하이고, 층수가 4개층 이하인 주택을 말한다.

해설

난도 ★★

① (○) 법 제3조 참조

② (×) 감정평가 및 감정평가사에 관한 법률 제2조, 감정평가 및 감정평가사에 관한 법률 시행령 제2조 참조

③ (○) 법 제2조 제5호

④ (○) 감정평가 및 감정평가사에 관한 법률 제2조 제2호

⑤ (○) 법 제2조 제2호, 「건축법 시행령」 별표1 제2호 다목

> **감정평가 및 감정평가사에 관한 법률 제2조(정의)**
> 1. "토지등"이란 토지 및 그 정착물, 동산, 그 밖에 대통령령으로 정하는 재산과 이들에 관한 소유권 외의 권리를 말한다.
>
> **감정평가 및 감정평가사에 관한 법률 시행령 제2조(기타 재산)**
> 「감정평가 및 감정평가사에 관한 법률」(이하 "법"이라 한다) 제2조 제1호에서 "대통령령으로 정하는 재산"이란 다음 각 호의 재산을 말한다.
> 1. 저작권 · 산업재산권 · 어업권 · 양식업권 · 광업권 및 그 밖의 물권에 준하는 권리
> 2. 「공장 및 광업재단 저당법」에 따른 공장재단과 광업재단
> 3. 「입목에 관한 법률」에 따른 입목
> 4. 자동차 · 건설기계 · 선박 · 항공기 등 관계 법령에 따라 등기하거나 등록하는 재산
> 5. 유가증권

답 ②

02 부동산 가격공시에 관한 법령에서 용어의 정의를 직접 규정하고 있지 <u>않은</u> 것은? ★21회 기출★

☑확인
Check!
○
△
✕

① 비주거용 부동산
② 단독주택
③ 다가구주택
④ 공동주택
⑤ 적정가격

해설

난도 ★

③ 다가구주택에 관한 직접적인 규정은 부동산 가격공시에 관한 법률에 없고(법 제2조 참조), 건축법 시행령 [별표 1]에 단독주택의 세부종류로 설명되어 있다.

답 ③

03 부동산 가격공시에 관한 법령상 주택으로 쓰이는 각 층의 바닥면적이 150㎡이고, 1개동의 연면적(지하주차장 면적은 제외)이 600㎡인 주택의 유형은? ★20회 기출★

☑확인
Check!
○
△
✕

① 아파트
② 연립주택
③ 다가구주택
④ 다세대주택
⑤ 다중주택

해설

난도 ★★

④ 다세대주택은 '주택으로 쓰는 1개 동의 바닥면적 합계가 660㎡ 이하이고, 층수가 4개 층 이하인 주택(2개 이상의 동을 지하주차장으로 연결하는 경우에는 각각의 동으로 본다)을 말한다(건축법 시행령 [별표 1] 참조).

답 ④

04 부동산 가격공시에 관한 법령상 각 개념이 잘못 정의된 것은?

★22회 기출★

① 아파트 – 주택으로 쓰이는 1개 동의 연면적(지하주차장 면적은 제외)이 990㎡를 초과하고, 층수가 5개층 이상인 주택

② 연립주택 – 주택으로 쓰이는 1개 동의 연면적(지하주차장 면적은 제외)이 660㎡를 초과하고, 층수가 4개층 이하인 주택

③ 다세대주택 – 주택으로 쓰이는 1개 동의 연면적(지하주차장 면적은 제외)이 660㎡ 이하이고, 층수가 4개층 이하인 주택

④ 단독주택 – 아파트 · 연립주택 · 다세대주택을 제외한 주택

⑤ 감정평가법인등 – 신고를 한 감정평가사와 인가를 받은 감정평가법인

해설
난도 ★★★

① (×) 아파트 – 주택으로 쓰는 층수가 5개 층 이상인 주택(건축법 시행령 [별표 1] 제2호 가목)

※ ②, ③, ⑤는 다음과 같이 개정되었다.

② 연립주택 : 주택으로 쓰는 1개 동의 바닥면적(2개 이상의 동을 지하주차장으로 연결하는 경우에는 각각의 동으로 본다) 합계가 660m²를 초과하고, 층수가 4개 층 이하인 주택 – 건축법 시행령 [별표 1] 제2호 나목

③ 다세대주택 : 주택으로 쓰는 1개 동의 바닥면적 합계가 660m² 이하이고, 층수가 4개 층 이하인 주택(2개 이상의 동을 지하주차장으로 연결하는 경우에는 각각의 동으로 본다) – 건축법 시행령 [별표 1] 제2호 다목

⑤ 감정평가법인등 : 신고를 한 감정평가사와 인가를 받은 감정평가법인 – 감정평가 및 감정평가사에 관한 법률 제2조 제4호

 ①

05 부동산 가격공시에 관한 법령상 표준지 적정가격의 조사 · 평가에 관한 설명으로 옳지 않은 것은?

★25회 기출★

① 국토교통부장관이 감정평가법인등에게 의뢰한 표준지의 적정가격은 감정평가법인등이 제출한 조사 · 평가액 중 가장 높은 가격을 기준으로 한다.

② 국토교통부장관이 표준지공시지가를 조사 · 평가하고자 할 때에는 둘 이상의 감정평가법인등에게 이를 의뢰하여야 한다.

③ 감정평가법인등은 조사 · 평가보고서를 작성하는 경우에는 미리 해당 표준지를 관할하는 특별시장 · 광역시장 · 특별자치시장 · 도지사 또는 특별자치도지사 및 시장 · 군수 · 구청장의 의견을 들어야 한다.

④ 표준지공시지가 조사 · 평가보고서에는 지역분석조서가 첨부되어야 한다.

⑤ 표준지의 적정가격 평가 시 표준지에 지상권이 설정되어 있는 때에는 당해 지상권이 존재하지 아니하는 것으로 보고 적정가격을 평가하여야 한다.

난도 ★★

① (×) 표준지공시지가는 제1항에 따라 제출된 보고서에 따른 조사 · 평가액의 산출평균치를 기준으로 한다(「부동산 가격공시에 관한 법률 시행령」 (이하 제3편에서 "영"이라 한다) 제8조 제4항).

② (○) 법 제3조 제5항

③ (○) 영 제8조 제2항

④ (○) 규칙 제3조 제2항

⑤ (○) 표준지에 건물 또는 그 밖의 정착물이 있거나 지상권 또는 그 밖의 토지의 사용 · 수익을 제한하는 권리가 설정되어 있을 때에는 그 정착물 또는 권리가 존재하지 아니하는 것으로 보고 표준지공시지가를 평가하여야 한다(영 제6조 제2항).

답 ①

06 부동산 가격공시에 관한 법령상 표준지공시지가에 관한 설명으로 옳지 않은 것은? ★28회 기출★

① 표준지에 정착물이 있을 때에는 그 정착물이 존재하지 아니하는 것으로 보고 표준지공시지가를 평가하여야 한다.

② 표준지공시지가에 이의가 있는 자는 그 공시일부터 30일 이내에 서면으로 국토교통부장관에게 이의를 신청할 수 있다.

③ 국토교통부장관은 이의신청 기간이 만료된 날부터 30일 이내에 이의신청을 심사하여 그 결과를 신청인에게 서면으로 통지하여야 한다.

④ 표준지에 지상권이 설정되어 있을 때에는 그 권리의 가액을 반영하여 표준지 공시지가를 평가하여야 한다.

⑤ 선정기준일부터 직전 1년간 과태료처분을 3회 이상 받은 감정평가법인등은 표준지 공시지가 조사 · 평가의 의뢰 대상에서 제외된다.

난도 ★★★

① (○) 영 제6조 제2항 참조

② (○) 법 제7조 제1항

③ (○) 법 제7조 제2항

④ (×) 표준지에 건물 또는 그 밖의 정착물이 있거나 지상권 또는 그 밖의 토지의 사용 · 수익을 제한하는 권리가 설정되어 있을 때에는 그 정착물 또는 권리가 존재하지 아니하는 것으로 보고 표준지공시지가를 평가하여야 한다(영 제6조 제2항).

⑤ (○) 영 제7조 제1항 제3호 나목

답 ④

07 부동산 가격공시에 관한 법령상 표준지에 관한 사항으로 표준지공시지가의 공시에 포함되어야 하는 것을 모두 고른 것은?

★29회 기출★

☑확인
Check!
○
△
×

ㄱ. 지목	ㄴ. 지번
ㄷ. 용도지역	ㄹ. 도로 상황
ㅁ. 주변토지의 이용상황	

① ㄱ, ㄴ, ㄷ

② ㄱ, ㄹ, ㅁ

③ ㄱ, ㄴ, ㄷ, ㄹ

④ ㄴ, ㄷ, ㄹ, ㅁ

⑤ ㄱ, ㄴ, ㄷ, ㄹ, ㅁ

해설
난도 ★★

⑤ 모두 포함되어야 한다(법 제5조, 영 제10조).

「부동산 가격공시에 관한 법률」 제5조(표준지공시지가의 공시사항)
제3조에 따른 공시에는 다음 각 호의 사항이 포함되어야 한다.
1. 표준지의 지번
2. 표준지의 단위면적당 가격
3. 표준지의 면적 및 형상
4. 표준지 및 주변토지의 이용상황
5. 그 밖에 대통령령으로 정하는 사항

「부동산 가격공시에 관한 법률 시행령」 제10조(표준지공시지가의 공시사항)
① 법 제5조 제2호의 단위면적은 1제곱미터로 한다.
② 법 제5조 제5호에서 "대통령령으로 정하는 사항"이란 표준지에 대한 다음 각 호의 사항을 말한다.
1. 지목
2. 용도지역
3. 도로 상황
4. 그 밖에 표준지공시지가 공시에 필요한 사항

답 ⑤

08 부동산가격공시에 관한 법령상 지가 및 주택가격의 공시에 관한 설명으로 옳지 <u>않은</u> 것은?

★26회 기출★

① 표준지공시지가의 공시에는 표준지 및 주변토지의 이용상황이 포함되어야 한다.
② 개별주택가격의 공시에는 표준주택의 대지면적 및 형상이 포함되어야 한다.
③ 표준지공시지가에 대하여 이의가 있는 자는 표준지공시지가의 공시일부터 30일 이내에 서면으로 국토교통부장관에게 이의를 신청할 수 있다.
④ 시장·군수 또는 구청장은 국토교통부장관이 정한 개별공시지가의 조사·산정지침에 따라 개별공시지가를 조사·산정하여야 한다.
⑤ 국토교통부장관이 따로 정하지 아니한 경우 표준주택가격의 공시기준일은 1월 1일로 한다.

> **해설**
> 난도 ★★
> ① (○) 법 제5조 및 영 제10조 제2항
> ② (×) 개별주택가격의 공시사항은 개별주택의 지번, 개별주택가격, 개별주택의 용도 및 면적 등이다(법 제17조 제3항, 영 제33조).
> ③ (○) 법 제7조 제1항
> ④ (○) 영 제17조 제1항 참조
> ⑤ (○) 영 제27조 참조

답 ②

09 부동산 가격공시에 관한 법령상 표준지공시지가의 효력에 해당하는 것을 모두 고른 것은?

★28회 기출★

> ㄱ. 토지시장에 지가정보 제공
> ㄴ. 일반적인 토지거래의 지표
> ㄷ. 국가가 그 업무에 관련하여 지가를 산정하는 경우의 기준
> ㄹ. 감정평가법인등이 개별적으로 토지를 감정평가하는 경우의 기준

① ㄱ, ㄷ
② ㄴ, ㄹ
③ ㄱ, ㄴ, ㄷ
④ ㄴ, ㄷ, ㄹ
⑤ ㄱ, ㄴ, ㄷ, ㄹ

> **해설**
> 난도 ★
> ⑤ 표준지공시지가는 토지시장에 지가정보를 제공하고 일반적인 토지거래의 지표가 되며, 국가지방자치단체 등이 그 업무와 관련하여 지가를 산정하거나 감정평가법인등이 개별적으로 토지를 감정평가하는 경우에 기준이 된다(법 제9조).

답 ⑤

10 부동산 가격공시에 관한 법령상 표준지공시지가에 대한 이의신청에 관한 설명으로 옳지 <u>않은</u> 것을 모두
고른 것은?　　　　　　　　　　　　　　　　　　　　　　　　　　　　　★24회 기출★

☑확인
Check!
○
△
×

> ㄱ. 표준지공시지가에 대한 이의신청은 구두로 할 수 있다.
> ㄴ. 표준지공시지가에 대한 이의신청은 국토교통부장관에게 한다.
> ㄷ. 이의신청에 대한 심사는 이의신청이 있는 날부터 30일 이내에 하여야 한다.
> ㄹ. 토지소유자가 아닌 자는 이의신청을 할 수 없다.
> ㅁ. 중앙부동산가격공시위원회는 표준지공시지가에 대한 이의신청에 관한 사항을 심의한다.

① ㄱ, ㄴ, ㄷ
② ㄱ, ㄷ, ㄹ
③ ㄱ, ㄹ, ㅁ
④ ㄴ, ㄷ, ㅁ
⑤ ㄴ, ㄹ, ㅁ

해설
난도 ★★

㉠ (×) 표준지공시지가에 대한 이의신청은 서면으로 할 수 있다(법 제7조 제1항 참조).

㉡ (○) 표준지공시지가에 대하여 이의가 있는 자는 표준지공시지가의 공시일부터 30일 이내에 서면으로 국토교통부장관에
　　 게 이의를 신청할 수 있다(법 제7조 제1항).

㉢ (×) 국토교통부장관은 제1항의 규정에 의한 이의신청기간이 만료된 날부터 30일 이내에 이의신청을 심사하여 그 결과를
　　 신청인에게 서면으로 통지하여야 한다(법 제7조 제2항 참조).

㉣ (×) 구 법령에 의할 경우 토지소유자, 토지의 이용자 그 밖에 법률상 이해관계를 가진 자가 이의신청을 할 수 있다.

㉤ (○) 법 제24조 제1항 제4호 참조

답 ②

11 부동산 가격공시에 관한 법령상 개별공시지가에 관한 설명으로 옳지 <u>않은</u> 것은?

★33회 기출★

① 표준지로 선정된 토지에 대하여는 개별공시지가를 결정·공시하지 아니할 수 있다.
② 개별토지 가격 산정의 타당성에 대한 감정평가법인 등의 검증을 생략하려는 경우 개발사업이 시행되는 토지는 검증 생략 대상 토지로 선정해서는 안 된다.
③ 개별토지 가격 산정의 타당성 검증을 의뢰할 감정평가법인 등을 선정할 때 선정기준일부터 직전 1년간 과태료처분을 2회 받은 감정평가법인 등은 선정에서 배제된다.
④ 개별공시지가 조사·산정의 기준에는 토지가격비준표의 사용에 관한 사항이 포함되어야 한다.
⑤ 개별공시지가에 이의가 있는 자는 그 결정·공시일부터 30일 이내에 서면으로 시장·군수 또는 구청장에게 이의를 신청할 수 있다.

해설
난도 ★★★

③ 개별토지 가격 산정의 타당성 검증을 의뢰할 감정평가법인 등을 선정할 때 선정기준일부터 직전 1년간 과태료처분을 3회 받은 감정평가법인 등은 선정에서 배제된다.

> **부동산 가격공시에 관한 법률 시행령 제7조(표준지공시지가 조사·평가의 의뢰)**
> ① 국토교통부장관은 법 제3조 제5항에 따라 다음 각 호의 요건을 모두 갖춘 감정평가법인 등 중에서 표준지공시지가 조사·평가를 의뢰할 자를 선정해야 한다.
> 1. 표준지공시지가 조사·평가 의뢰일부터 30일 이전이 되는 날(이하 "선정기준일"이라 한다)을 기준으로 하여 직전 1년간의 업무실적이 표준지 적정가격 조사·평가업무를 수행하기에 적정한 수준일 것
> 2. 회계감사절차 또는 감정평가서의 심사체계가 적정할 것
> 3. 「감정평가 및 감정평가사에 관한 법률」에 따른 업무정지처분, 과태료 또는 소속 감정평가사에 대한 징계처분 등이 다음 각 목의 기준 어느 하나에도 해당하지 아니할 것
>   가. 선정기준일부터 직전 2년간 업무정지처분을 3회 이상 받은 경우
>   나. 선정기준일부터 직전 1년간 과태료처분을 3회 이상 받은 경우
>   다. 선정기준일부터 직전 1년간 징계를 받은 소속 감정평가사의 비율이 선정기준일 현재 소속 전체 감정평가사의 10퍼센트 이상인 경우
>   라. 선정기준일 현재 업무정지기간이 만료된 날부터 1년이 지나지 아니한 경우

답 ③

제3편

국유재산법

출제경향 & 수험대책

국유재산법에 대해서는 평균적으로 약 4문제 정도가 출제되고 있으며, 국유재산법의 개념에 대해서 정리하고 총괄청, 국유재산관리기금, 행정재산, 처분의 제한, 행정재산의 관리, 사용허가 등을 정확하게 짚고 가야 한다. 또한 지식재산 관리 · 처분의 특례, 대장과 보고에 대해서도 학습을 하길 바란다. 특히 일반재산 통칙 중 대부 · 매각 · 교환 · 양여 · 개발 · 현물출자 · 정부배당에 대해서는 자주 출제되고 있으므로 꼭 숙지해야 한다.

제1장 │ 총설

출제포인트
- 총칙
- 목적
- 국유재산
- 기부채납
- 관리
- 처분
- 관리전환
- 정부출자기업체
- 사용허가
- 대부계약
- 변상금

제1절 총칙

1. 국유재산법의 목적(법 제1조)

이 법은 국유재산에 관한 기본적인 사항을 정함으로써 국유재산의 적정한 보호와 효율적인 관리·처분을 목적으로 한다.

2. 용어 정의(법 제2조)

(1) 국유재산(법 제2조 제1호) ★29, 30, 31, 32회 기출★

국가의 부담, 기부채납이나 법령 또는 조약에 따라 국가 소유로 된 제5조 제1항 각 호의 재산을 말한다.

법 제5조(국유재산의 범위)

① 국유재산의 범위는 다음 각 호와 같다.

1. 부동산의 그 종물

2. 선박, 부표, 부잔교, 부선거 및 항공기와 그들의 종물

3. 「정부기업예산법」 제2조에 따른 정부기업(이하 "정부기업")이나 정부시설에서 사용하는 기계와 기구 중 대통령령으로 정하는 것

4. 지상권, 지역권, 전세권, 광업권, 그 밖에 이에 준하는 권리

5. 「자본시장과 금융투자업에 관한 법률」 제4조에 따른 증권(이하 "증권")

6. 다음 각 목의 어느 하나에 해당하는 권리(이하 "지식재산")

　　가. 「특허법」·「실용신안법」·「디자인보호법」 및 「상표법」에 따라 등록된 특허권, 실용신안권, 디자인권 및 상표권

　　나. 「저작권법」에 따른 저작권, 저작인접권 및 데이터베이스제작자의 권리 및 그 밖에 같은 법에서 보호되는 권리로서 같은 법 제53조 및 제112조 제1항에 따라 한국저작권위원회에 등록된 권리(이하 "저작권등"이라 한다)

　　다. 「식물신품종 보호법」 제2조 제4호에 따른 품종보호권

　　라. 가목부터 다목까지의 규정에 따른 지식재산 외에 「지식재산 기본법」 제3조 제3호에 따른 지식재산권. 다만, 「저작권법」에 따라 등록되지 아니한 권리는 제외한다.

(2) 기부채납(법 제2조 제2호)

국가 외의 자가 제5조 제1항 각 호에 해당하는 재산의 소유권을 무상으로 국가에 이전하여 국가가 이를 취득하는 것을 말한다.

(3) 관리(법 제2조 제3호)

국유재산의 취득·운용과 유지·보존을 위한 모든 행위를 말한다.

(4) 처분(법 제2조 제4호)

매각, 교환, 양여, 신탁, 현무출자 등의 방법으로 국유재산의 소유권이 국가 외의 자에게 이전되는 것을 말한다.

(5) 관리전환(법 제2조 제5호)

일반회계와 특별회계·기금 간 또는 서로 다른 특별회계·기금 간에 국유재산의 관리권을 넘기는 것을 말한다.

(6) 정부출자기업체(법 제2조 제6호)

정부가 출자하였거나 출자할 기업체로서 대통령령으로 정하는 기업체를 말한다.

영 [별표 1] 정부출자기업체의 범위

1. 「금융회사부실자산 등의 효율적 처리 및 한국자산관리공사의 설립에 관한 법률」에 따른 한국자산관리공사

2. 「한국농수산식품유통공사법」에 따른 한국농수산식품유통공사

3. 「대한무역투자진흥공사법」에 따른 대한무역투자진흥공사

4. 「대한석탄공사법」에 따른 대한석탄공사

4의2. 「방송광고판매대행 등에 관한 법률」에 따른 한국방송광고진흥공사

5. 「방송법」에 따른 한국방송공사

6. 「인천국제공항공사법」에 따른 인천국제공항공사
7. 주식회사 서울신문사
8. 「한국부동산원법」에 따른 한국부동산원
9. 「중소기업은행법」에 따른 중소기업은행
10. 「한국가스공사법」에 따른 한국가스공사
11. 「한국공항공사법」에 따른 한국공항공사
12. 「한국관광공사법」에 따른 한국관광공사
13. 「한국광물자원공사법」에 따른 한국광물자원공사
14. 「한국교육방송공사법」에 따른 한국교육방송공사
15. 「한국농어촌공사 및 농지관리기금법」에 따른 한국농어촌공사
16. 「한국도로공사법」에 따른 한국도로공사
17. 삭제 〈2011.10.14〉
18. 「한국석유공사법」에 따른 한국석유공사
19. 「한국수자원공사법」에 따른 한국수자원공사
20. 「한국수출입은행법」에 따른 한국수출입은행
21. 「한국전력공사법」에 따른 한국전력공사
22. 「한국산업은행법」에 따른 한국산업은행
23. 「한국조폐공사법」에 따른 한국조폐공사
24. 「한국철도공사법」에 따른 한국철도공사
25. 「한국토지주택공사법」에 따른 한국토지주택공사
26. 「항만공사법」에 따른 항만공사
27. 「한국주택금융공사법」에 따른 한국주택금융공사
28. 「한국해양진흥공사법」에 따른 한국해양진흥공사
29. 「새만금사업 추진 및 지원에 관한 특별법」에 따른 새만금개발공사
30. 「해외건설 촉진법」에 따른 한국해외인프라 · 도시개발지원공사

(7) 사용허가(법 제2조 제7호)

행정재산을 국가 외의 자가 일정 기간 유상이나 무상을 사용 · 수익할 수 있도록 허용하는 것을 말한다.

(8) 대부계약(법 제2조 제8호)

일반재산을 국가 외의 자가 일정 기간 유상이나 무상으로 사용 · 수익할 수 있도록 체결하는 계약을 말한다.

(9) 변상금(법 제2조 제9호) ★31회 기출★

사용허가나 대부계약 없이 국유재산을 사용 · 수익하거나 점유한 자(사용허가나 대부계약 기간이 끝난 후 다시 사용허가나 대부계약 없이 국유재산을 계속 사용 · 수익하거나 점유한 자를 포함한다. 이하 "무단점유자"에게 부과하는 금액을 말한다.

(10) 총괄청(법 제2조 제10호) ★33회 기출★

기획재정부장관을 말한다.

(11) 중앙관서의 장등(법 제2조 제11호)

「국가재정법」 제6조에 따른 중앙관서의 장(이하 "중앙관서의 장"이라 한다)과 제42조 제1항에 따라 일반재산의 관리 · 처분에 관한 사무를 위임 · 위탁받은 자를 말한다.

3. 국유재산 관리 · 처분의 기본원칙(법 제3조) ★30회 기출★

국가는 국유재산을 관리 · 처분할 때에는 다음 각 호의 원칙을 지켜야 한다.

> 1. 국가전체의 이익에 부합되도록 할 것
> 2. 취득과 처분이 균형을 이룰 것
> 3. 공공가치와 활용가치를 고려할 것
> 3의2. 경제적 비용을 고려할 것
> 4. 투명하고 효율적인 절차를 따를 것

4. 다른 법률과의 관계(법 제4조)

국유재산의 관리와 처분에 관하여는 다른 법률에 특별한 규정이 있는 경우를 제외하고는 이 법에서 정하는 바에 따른다. 다만, 다른 법률의 규정이 제2장(총괄청)에 저촉되는 경우에는 이 법에서 정하는 바에 따른다.

제2절 국유재산 일반

---

1. 국유재산의 범위 등

(1) 국유재산의 범위(법 제5조)

① 국유재산의 범위는 다음 각 호와 같다.

> 1. 부동산과 그 종물
> 2. 선박, 부표, 부잔교, 부선거 및 항공기와 그들의 종물
> 3. 「정부기업예산법」 제2조에 따른 정부기업(이하 "정부기업"이라 한다) 이나 정부시설에서 사용하는 기계와 기구 중 대통령령으로 정하는 것
> 4. 지상권, 지역권, 전세권, 광업권, 그 밖에 이에 준하는 권리
> 5. 「자본시장과 금융투자업에 관한 법률」 제4조에 따른 증권(이하 "증권"이라 한다)
> 6. 다음 각 목의 어느 하나에 해당하는 권리(이하 "지식재산"이라 한다)
>   가. 「특허법」 · 「실용신안법」 · 「디자인보호법」 및 「상표법」 에 따라 등록된 특허권, 실용신안권, 디자인권 및 상표권
>   나. 「저작권법」 에 따른 저작권, 저작인접권 및 데이터베이스제작자의 권리 및 그 밖에 같은 법에서 보호되는 권리로서 같은 법 제53조 및 제112조 제1항에 따라 한국저작권위원회에 등록된 권리(이하 "저작권등"이라 한다)
>   다. 「식물신품종 보호법」 제2조 제4호에 따른 품종보호권
>   라. 가목부터 다목까지의 규정에 따른 지식재산 외에 「지식재산 기본법」 제3조 제3호에 따른 지식재산권. 다만, 「저작권법」 에 따라 등록되지 아니한 권리는 제외한다.

② ①의 제3호의 기계와 기구로서 해당 기업이나 시설의 폐지와 함께 포괄적으로 용도폐지된 것은 해당 기업이나 시설이 폐지된 후에도 국유재산으로 한다.

> **영 제3조(국유재산의 범위)**
> 법 제5조 제1항 제3호에서 "대통령령으로 정하는 것"이란 기관차·전차·객차·화차·기동차 등 궤도차량을 말한다.

(2) 국유재산의 구분과 종류(법 제6조)

① 국유재산은 그 용도에 따라 행정재산과 일반재산으로 구분한다.

② 행정재산의 종류는 다음 각 호와 같다.

> 1. 공용재산 : 국가가 직접 사무용·사업용 또는 공무원의 주거용(직무 수행을 위한 필요한 경우로서 대통령령으로 정하는 경우로 한정한다)으로 사용하거나 대통령령으로 정하는 기한까지 사용하기로 결정한 재산
> 2. 공공용재산 : 국가가 직접 공공용으로 사용하거나 대통령령으로 정하는 기한까지 사용하기로 결정한 재산
> 3. 기업용재산 : 정부기업이 직접 사무용·사업용 또는 그 기업에 종사하는 직원의 주거용(직무 수행을 위하여 필요한 경우로서 대통령령으로 정하는 경우로 한정한다)으로 사용하거나 대통령령으로 정하는 기한까지 사용하기로 결정한 재산
> 4. 보존용재산 : 법령이나 그 밖의 필요에 따라 국가가 보존하는 재산

③ "일반재산"이란 행정재산 외의 모든 국유재산을 말한다.

(3) 국유재산의 보호(법 제7조)

① 누구든지 이 법 또는 다른 법률에서 정하는 절차와 방법에 따르지 아니하고는 국유재산을 사용하거나 수익하지 못한다.

② 행정재산은 「민법」 제245조에도 불구하고 시효취득의 대상이 되지 아니한다.

2. 국유재산 사무의 총괄과 관리 등

(1) 국유재산 사무의 총괄과 관리(법 제8조) ★33회 기출★

① 총괄청은 국유재산에 관한 사무를 총괄하고 그 국유재산(③에 따라 중앙관서의 장이 관리·처분하는 국유재산은 제외)을 관리·처분한다.

② 총괄청은 일반재산을 보존용재산으로 전환하여 관리할 수 있다. ★33회 기출★

③ 중앙관서의 장은 「국가재정법」 제4조에 따라 설치된 특별회계 및 같은 법 제5조에 따라 설치된 기금에 속하는 국유재산과 제40조 제2항 각 호에 따른 재산을 관리·처분한다.

④ 중앙관서의 장은 ③ 외의 국유재산을 행정재산으로 사용하려는 경우에는 대통령령으로 정하는 바에 따라 총괄청의 승인을 받아야 한다.

> **영 제4조의2(행정재산의 사용 승인 신청)**
> 중앙관서의 장은 법 제8조 제4항에 따라 행정재산의 사용 승인을 받으려면 다음 각 호의 내용을 적은 신청서를 총괄청에 제출하여야 한다.
> 1. 재산의 표시
> 2. 사용 목적
> 3. 사용 계획
> 4. 그 밖에 총괄청이 필요하다고 인정하는 사항

⑤ 이 법에 따른 총괄청의 행정재산의 관리 · 처분에 관한 사무는 그 일부를 대통령령으로 정하는 바에 따라 중앙관서의 장에게 위임할 수 있다.

> **영 제4분의3(행정재산 관리 · 처분의 사무 위임)**
> ① 총괄청은 법 제8조 제5항에 따라 다음 각 호의 사무를 중앙관서의 장에게 위임한다.
> 1. 법 제13조 기부채납에 따른 재산의 취득에 관한 사무
> 2. 행정재산(공용재산 중 법 제5조 제1항 제1호에 따른 재산은 제외한다)의 매입 등에 따른 취득에 관한 사무
> 3. 「국방 · 군사시설사업에 관한 법률」 제2조 제1호에 따른 국방 · 군사시설의 취득에 관한 사무
> 4. 행정재산의 관리(취득에 관한 사무는 제외한다)에 관한 사무
> 5. 용도가 폐지된 행정재산(법 제5조 제1항 제1호에 따른 재산은 제외한다)의 처분에 관한 사무
> 6. 그 밖에 총괄청이 행정재산의 효율적인 관리 · 처분을 위하여 필요하다고 인정하여 지정하는 사무
> ② 중앙관서의 장이 제1항 제1호부터 제3호까지의 규정에 따라 취득하는 행정재산의 사용에 대해서는 법 제8조 제4항에 따른 승인을 받은 것으로 본다.

(2) 사용 승인 철회 등(법 제8조의2)

① 총괄청은 사용을 승인한 행정재산에 대하여 다음의 어느 하나에 해당하는 경우에는 제26조에 따른 국유재산정책심의위원회의 심의를 거쳐 그 사용 승인을 철회할 수 있다.

> 1. 다른 국가기관의 행정목적을 달성하기 위하여 우선적으로 필요한 경우
> 2. 제21조 제1항에 따른 보고나 같은 조 제3항에 따른 감사 결과 위법하거나 부당한 재산관리가 인정되는 경우
> 3. 제1호 및 제2호의 경우 외에 감사원의 감사 결과 위법하거나 부당한 재산관리가 인정되는 등 사용 승인의 철회가 불가피하다고 인정되는 경우

② 총괄청은 ①에 따라 사용 승인 철회를 하려면 미리 그 내용을 중앙관서의 장에게 알려 의견을 제출할 지회를 주어야 한다.

③ 중앙관서의 장은 사용 승인이 철회된 경우에는 해당 행정재산을 지체 없이 총괄청에 인계하여야 한다. 이 경우 인계된 재산은 제40조 제1항에 따라 용도가 폐지된 것으로 본다.

(3) 국유재산종합계획(법 제9조)

① 총괄청은 다음 연도의 국유재산의 관리 · 처분에 관한 계획의 작성을 위한 지침을 매년 4월 30일까지 중앙관서의 장에게 통보하여야 한다.

② 중앙관서의 장은 ①의 지침에 따라 국유재산의 관리 · 처분에 관한 다음 연도의 계획을 작성하여 매년 6월 30일까지 총괄청에 제출하여야 한다.

③ 총괄청은 ②에 따라 제출된 계획을 종합조정하여 수립한 국유재산종합계획을 국무회의의 심의를 거쳐 대통령의 승인을 받아 확정하고, 회계연도 개시 120일 전까지 국회에 제출하여야 한다.

④ 국유재산종합계획에는 다음 각 호의 사항이 포함되어야 한다.

> 1. 국유재산을 효율적으로 관리 · 처분하기 위한 중장기적인 국유재산 정책방향
> 2. 대통령령으로 정하는 국유재산 관리 · 처분의 총괄 계획
> 3. 국유재산 처분의 기준에 관한 사항
> 4. 「국유재산특례제한법」 제8조에 따른 국유재산특례 종합계획에 관한 사항
> 5. 제1호부터 제4호까지의 규정에 따른 사항 외에 국유재산의 관리 · 처분에 관한 중요한 사항

⑤ 국유재산종합계획을 변경하는 경우에는 ③을 준용한다.

⑥ 총괄청은 ③ 및 ⑤에 따라 국유재산종합계획을 확정하거나 변경한 경우에는 중앙관서의 장에게 알리고, ⑤에 따라 변경한 경우에는 지체없이 국회에 제출하여야 한다.

⑦ 중앙관서의 장은 ③에 따라 확정된 국유재산종합계획의 반기별 집행계획을 수립하여 해당 연도 1월 31일까지 총괄청에 제출하여야 한다.

⑧ 총괄청이 ③에 따라 국유재산종합계획을 수립하는 경우에는 「국가재정법」 제6조 제1항에 따른 독립기관의 장(이하 "독립기관의 장"이라 한다)의 의견을 최대한 존중하여야 하며, 국유재산 정책운용 등에 따라 불가피하게 조정이 필요한 때에는 해당 독립기관의 장과 미리 협의하여야 한다.

⑨ 총괄청은 ⑧에 따른 협의에도 불구하고 ②에 따른 독립기관의 계획을 조정하려는 때에는 국무회의에서 해당 독립기관의 장의 의견을 들어야 하며, 총괄청이 그 계획을 조정한 때에는 그 규모 및 이유, 조정에 대한 독립기관의 장의 의견을 국유재산종합계획과 함께 국회에 제출하여야 한다.

3. 국유재산의 취득 등

(1) 국유재산의 취득(법 제10조)

① 국가는 국유재산의 매각대금과 비축 필요성 등을 고려하여 국유재산의 취득을 위한 재원을 확보하도록 노력하여야 한다.

② 중앙관서의 장이 「국가재정법」 제4조에 따라 설치된 특별회계와 같은 법 제5조에 따라 설치된 기금의 재원으로 공용재산 용도의 토지나 건물을 매입하려는 경우에는 총괄청과 협의하여야 한다.

(2) 사권 설정의 제한(법 제11조)

① 사권이 설정된 재산은 그 사권이 소멸된 후가 아니면 국유재산으로 취득하지 못한다. 다만, 판결에 따라 취득하는 경우에는 그러하지 아니하다.

② 국유재산에는 사권을 설정하지 못한다. 다만, 일반재산에 대하여 대통령령으로 정하는 경우에는 그러하지 아니하다.

(3) 소유자 없는 부동산의 처리(법 제12조)

① 총괄청이나 중앙관서의 장은 소유자 없는 부동산을 국유재산으로 취득한다.

② 총괄청이나 중앙관서의 장은 ①에 따라 소유자 없는 부동산을 국유재산으로 취득한 경우에는 대통령령으로 정하는 바에 따라 6개월 이상의 기간을 정하여 그 기간에 정당한 권리자나 그 밖의 이해관계인이 이의를 제기할 수 있다는 뜻을 공고하여야 한다.

> 영 제7조(소유자 없는 부동산의 취득)
> ① 법 제12조 제2항에 따라 총괄청이나 중앙관서의 장이 공고할 사항은 다음 각 호와 같다.
> 1. 해당 부동산의 표시
> 2. 공고 후 6개월이 지날 때까지 해당 부동산에 대하여 정당한 권리를 주장하는 자가 신고하지 아니하면 국유재산으로 취득한다는 뜻
> ② 제1항의 공고는 관보와 일간신문에 게재하고 해당 부동산의 소재지를 관할하는 지방조달청의 인터넷 홈페이지에 14일 이상 게재하여야 한다.

③ 총괄청이나 중앙관서의 장은 소유자 없는 부동산을 취득하려면 ②에 따른 기간에 이의가 없는 경우에만 ②에 따른 공고를 하였음을 입증하는 서류를 첨부하여 「공간정보의 구축 및 관리 등에 관한 법률」에 따른 지적소관청에 소유자 등록을 신청할 수 있다.

④ ①부터 ③까지의 규정에 따라 취득한 국유재산은 그 등기일부터 10년간은 처분을 하여서는 아니 된다. 다만, 대통령령으로 정하는 특별한 사유가 있으면 그러하지 아니하다.

> 영 제7조(소유자 없는 부동산의 취득)
> ③ 법 제12조 제4항 단서에서 "대통령령으로 정하는 특별한 사유"란 다음 각 호의 어느 하나에 해당하는 사유를 말한다.
> 1. 해당 국유재산이 「공익사업을 위한 토지 등의 취득 및 보상에 관한 법률」에 따른 공익사업에 필요하게 된 경우
> 2. 해당 국유재산을 매각하여야 하는 불가피한 사유가 있는 경우로서 법 제9조 제4항 제3호에 따른 기준에서 정한 경우

(4) 기부채납(법 제13조)

① 총괄청이나 중앙관서의 장(특별회계나 기금에 속하는 국유재산으로 기부받으려는 경우만 해당한다)은 제5조 제1항 각 호의 재산을 국가에 기부하려는 자가 있으면 대통령령으로 정하는 바에 따라 받을 수 있다.

② 총괄청이나 중앙관서의 장은 ①에 따라 국가에 기부하려는 재산이 국가가 관리하기 곤란하거나 필요하지 아니한 것인 경우 또는 기부에 조건이 붙은 경우에는 받아서는 아니 된다. 다만, 다음 각 호의 어느 하나에 해당하는 경우에는 기부에 조건이 붙은 것으로 보지 아니한다.

> 1. 행정재산으로 기부하는 재산에 대하여 기부자, 그 상속인, 그 밖의 포괄승계인에게 무상으로 사용허가하여 줄 것을 조건으로 그 재산을 기부하는 경우
> 2. 행정재산의 용도를 폐지하는 경우 그 용도에 사용될 대체시설을 제공한 자, 그 상속인, 그 밖의 포괄승계인이 그 부담한 비용의 범위에서 제55조 제1항 제3호에 따라 용도폐지된 재산을 양여할 것을 조건으로 그 대체시설을 기부하는 경우

4. 국유재산의 관리

(1) 등기 · 등록 등(법 제14조)

① 총괄청이나 중앙관서의 장은 국유재산을 취득한 경우 대통령령으로 정하는 바에 따라 지체 없이 등기 · 등록, 명의개서, 그 밖의 권리보전에 필요한 조치를 하여야 한다.

② 등기 · 등록이나 명의개서가 필요한 국유재산인 경우 그 권리자의 명의는 국으로 하되 소관 중앙관서의 명칭을 함께 적어야 한다. 다만, 대통령령으로 정하는 법인에 증권을 예탁하는 경우에는 권리자의 명의를 그 법인으로 할 수 있다.

> **영 제9조(등기 · 등록 등)**
> ① 총괄청이나 중앙관서의 장은 국유재산을 취득한 후 그 소관에 속하게 된 날부터 60일 이내에 법 제14조 제1항에 따른 등기 · 등록, 명의개서, 그 밖에 권리보전에 필요한 조치를 하여야 한다.
> ② 총괄청이나 중앙관서의 장이 제1항에 따른 권리보전에 필요한 조치를 하는 경우에는 해당 재산의 소관청임을 증명하는 다음 각 호의 어느 하나에 해당하는 서류를 갖추어야 한다.
> 1. 법 제16조 제1항에 따른 협의가 성립된 경우에는 그 협의서
> 2. 법 제16조 제2항에 따라 총괄청이 결정하는 경우에는 그 결정서
> 3. 법 제24조에 따라 총괄청이 중앙관서의 장을 지정하는 경우에는 그 지정서
> ③ 법 제14조 제2항 단서에서 "대통령령으로 정하는 법인"이란 「자본시장과 금융투자업에 관한 법률」 제294조에 따라 설립된 한국예탁결제원(이하 "한국예탁결제원"이라 한다)을 말한다.

③ 중앙관서의 장등은 국유재산이 지적공부와 일치하지 아니하는 경우 「공간정보의 구축 및 관리 등에 관한 법률」에 따라 등록전환, 분할 · 합병 또는 지목변경 등 필요한 조치를 하여야 한다. 이 경우 「공간정보의 구축 및 관리 등에 관한 법률」 제106조에 따른 수수료는 면제한다.

(2) 증권의 보관 · 취급(법 제15조) ★34회 기출★

① 총괄청이나 중앙관서의 장등은 증권을 한국은행이나 대통령령으로 정하는 법인(이하 "한국은행등"이라 한다)으로 하여금 보관 · 취급하게 하여야 한다.

> **영 제10조(증권의 보관 · 취급)**
> ① 법 제15조 제1항에서 "대통령령으로 정하는 법인"이란 다음 각 호의 어느 하나에 해당하는 법인을 말한다.
> 1. 「은행법」 제2조 제1항 제2호에 따른 은행(같은 법 제5조에 따라 은행으로 보는 것과 외국은행은 제외한다)
> 2. 한국예탁결제원
> ② 「자본시장과 금융투자업에 관한 법률」 제4조 제1항에 따른 증권(이하 "증권"이라 한다)의 보관이나 취급 등에 필요한 사항은 기획재정부령으로 정한다.
> ③ 정부가 출자한 법인이 「자본시장과 금융투자업에 관한 법률」 제4조 제4항에 따른 지분증권(이하 "지분증권"이라 한다)을 신규로 발행하는 경우에는 총괄청이 그 납입금액, 납입의 방법 · 시기 및 장소를 정하여 청약한다.

② 한국은행 등은 증권의 보관 · 취급에 관한 장부를 갖추어 두고 증권의 수급을 기록하여야 한다. 이 경우 장부와 수급의 기록은 전산자료로 대신할 수 있다.

③ 한국은행 등은 증권의 수급에 관한 보고서 및 계산서를 작성하여 총괄청과 감사원에 제출하되, 감사원에 제출하는 수급계산서에는 증거서류를 붙여야 한다.

④ 한국은행 등은 증권의 수급에 관하여 감사원의 검사를 받아야 한다.

⑤ 한국은행 등은 증권의 보관 · 취급과 관련하여 국가에 손해를 끼친 경우에는 「민법」과 「상법」에 따라 그 손해를 배상할 책임을 진다.

(3) 국유재산의 관리전환(법 제16조)

① 국유재산의 관리전환은 다음의 방법에 따른다.

> 1. 일반회계와 특별회계·기금 간에 관리전환을 하려는 경우 : 총괄청과 해당 특별회계·기금의 소관 중앙관서의 장 간의 협의
> 2. 서로 다른 특별회계·기금 간에 관리전환을 하려는 경우 : 해당 특별회계·기금의 소관 중앙관서의 장 간의 협의

② ①의 협의가 성립되지 아니하는 경우 총괄청은 다음의 사항을 고려하여 소관 중앙관서의 장을 결정한다.

> 1. 해당 재산의 관리 상황 및 활용 계획
> 2. 국가의 정책목적 달성을 위한 우선 순위

> **영 제11조(관리전환)**
> 법 제16조에 따라 관리전환을 하는 경우 해당 재산을 이관하는 총괄청이나 중앙관서의 장은 그 재산을 이관받는 총괄청이나 중앙관서의 장에게 관리전환하기로 결정한 문서와 그 재산에 관한 기록을 함께 이관하여야 한다.

(4) 유상 관리전환 등(법 제17조)

국유재산을 관리전환하거나 서로 다른 회계·기금 간에 그 사용을 하도록 하는 경우에는 유상으로 하여야 한다. 다만, 다음 각 호의 어느 하나에 해당하는 경우에는 무상으로 할 수 있다.

> 1. 직접 도로, 하천, 항만, 공항, 철도, 공유수면, 그 밖의 공공용으로 사용하기 위하여 필요한 경우
> 2. 다음 각 목의 어느 하나에 해당하는 사유로 총괄청과 중앙관서의 장 또는 중앙관서의 장 간에 무상으로 관리전환하기로 합의하는 경우
>   가. 관리전환하려는 국유재산의 감정평가에 드는 비용이 해당 재산의 가액에 비하여 과다할 것으로 예상되는 경우
>   나. 상호교환의 형식으로 관리전환하는 경우로서 유상으로 관리전환하는 데에 드는 예산을 확보하기가 곤란한 경우
>   다. 제8조 제3항에 따른 특별회계 및 기금에 속하는 일반재산의 효율적인 활용을 위하여 필요한 경우로서 제26조에 따른 국유재산정책심의위원회의 심의를 거친 경우

(5) 영구시설물의 축조 금지(법 제18조)

① 국가 외의 자는 국유재산에 건물, 교량 등 구조물과 그 밖의 영구시설물을 축조하지 못한다. 다만, 다음 각 호의 어느 하나에 해당하는 경우에는 그러하지 아니하다.

> 1. 기부를 조건으로 축조하는 경우
> 2. 다른 법률에 따라 국가에 소유권이 귀속되는 공공시설을 축조하는 경우
> 2의2. 제50조 제2항에 따라 매각대금을 나누어 내고 있는 일반재산으로서 대통령령으로 정하는 경우
> 3. 지방자치단체나 「지방공기업법」에 따른 지방공기업(이하 "지방공기업"이라 한다)이 「사회기반시설에 대한 민간투자법」 제2조 제1호의 사회기반시설 중 주민생활을 위한 문화시설, 생활체육시설 등 기획재정부령으로 정하는 사회기반시설을 해당 국유재산 소관 중앙관서의 장과 협의를 거쳐 총괄청의 승인을 받아 축조하는 경우
> 4. 제59조의2에 따라 개발하는 경우
> 5. 법률 제4347호 지방교육자치에관한법률 시행 전에 설립한 초등학교·중학교·고등학교 및 특수학교에 총괄청 및 관련 중앙관서의 장과 협의를 거쳐 교육부장관의 승인을 받아 「학교시설사업 촉진법」 제2조 제1호에 따른 학교시설을 증축 또는 개축하는 경우
> 6. 그 밖에 국유재산의 사용 및 이용에 지장이 없고 국유재산의 활용가치를 높일 수 있는 경우로서 대부계약의 사용목적을 달성하기 위하여 중앙관서의 장등이 필요하다고 인정하는 경우

> 영 제13조의2(영구시설물의 축조)
>
> 법 제18조 제1항 제2호의2에서 "대통령령으로 정하는 경우"란 다음 각 호의 어느 하나에 해당하는 경우를 말한다.
>
> 1. 제55조 제2항 제1호 또는 제2호에 해당하는 재산으로서 매각대금의 2분의 1 이상을 낸 경우
> 2. 제55조 제2항 제3호에 해당하는 토지로서 그 토지에 있는 사유건물이 천재지변이나 그 밖의 재해로 파손된 경우
> 3. 제55조 제3항 제3호의2에 해당하는 재산으로서 매각대금의 5분의 1 이상을 낸 경우
> 4. 제55조 제2항 제9호에 해당하는 토지로서 매각대금의 5분의 1 이상을 낸 경우

② ①의 단서에 따라 영구시설물의 축조를 허용하는 경우에는 대통령령으로 정하는 기준 및 절차에 따라 그 영구시설물의 철거 등 원상회복에 필요한 비용의 상당액에 대하여 이행을 보증하는 조치를 하게 하여야 한다.

(6) 국유재산에 관한 법령의 협의(법 제19조)

각 중앙관서의 장은 국유재산의 관리·처분에 관련된 법령을 제정·개정하거나 폐지하려면 그 내용에 관하여 총괄청 및 감사원과 협의하여야 한다.

(7) 직원의 행위 제한(법 제20조)

① 국유재산에 관한 사무에 종사하는 직원은 그 처리하는 국유재산을 취득하거나 자기의 소유재산과 교환하지 못한다. 다만, 해당 총괄청이나 중앙관서의 장의 허가를 받은 경우에는 그러하지 아니하다.

② ①을 위반한 행위는 무효로 한다.

제3절 총괄청 ★31회 기출★

1. 총괄청의 감사 등(법 제21조)

① 총괄청은 중앙관서의 장등에 해당 국유재산의 관리상황에 관하여 보고하게 하거나 자료를 제출하게 할 수 있다.

② 중앙관서의 장은 소관 행정재산 중 대통령령으로 정하는 유휴 행정재산 현황을 매년 1월 31일까지 총괄청에 보고하여야 한다.

③ 총괄청은 중앙관서의 장등의 재산 관리상황과 유휴 행정재산 현황을 감사하거나 그 밖에 필요한 조치를 할 수 있다.

2. 총괄청의 용도폐지 요구 등(법 제22조)

① 총괄청은 중앙관서의 장에게 그 소관에 속하는 국유재산의 용도를 폐지하거나 변경할 것을 요구할 수 있으며 그 국유재산을 관리전환하게 하거나 총괄청에 인계하게 할 수 있다.

② 총괄청은 ①의 조치를 하려면 미리 그 내용을 중앙관서의 장에게 통보하여 의견을 제출할 기회를 주어야 한다.

③ 총괄청은 중앙관서의 장이 정당한 사유 없이 ①에 따른 용도폐지 등을 이행하지 아니하는 경우에는 직권

으로 용도폐지 등을 할 수 있다.

④ ③에 따라 직권으로 용도폐지된 재산은 제8조의2에 따라 행정재산의 사용 승인이 철회된 것으로 본다.

3. 용도폐지된 재산의 처리(법 제23조)

총괄청은 용도를 폐지함으로써 일반재산으로 된 국유재산에 대하여 필요하다고 인정하는 경우에는 그 처리 방법을 지정하거나 이를 인계받아 직접 처리할 수 있다.

4. 중앙관서의 장의 지정(법 제24조)

총괄청은 국유재산의 관리ㆍ처분에 관한 소관 중앙관서의 장이 없거나 분명하지 아니한 국유재산에 대하여 그 소관 중앙관서의 장을 지정한다.

5. 총괄사무의 위임 및 위탁(법 제25조)

총괄청은 대통령령으로 정하는 바에 따라 이 법에서 규정하는 총괄에 관한 사무의 일부를 조달청장 또는 지방자치단체의 장에게 위임하거나 정부출자기업체 또는 특별법에 따라 설립된 법인으로서 대통령령으로 정하는 자에게 위탁할 수 있다.

6. 국유재산정책심의위원회(법 제26조)

① 국유재산의 관리ㆍ처분에 관한 다음의 사항을 심의하기 위하여 총괄청에 국유재산정책심의위원회(이하 "위원회")를 둔다.

> 1. 국유재산의 중요 정책방향에 관한 사항
> 2. 국유재산과 관련한 법령 및 제도의 개폐에 관한 중요 사항
> 2의2. 제8조의2에 따른 행정재산의 사용 승인 철회에 관한 사항
> 3. 제9조에 따른 국유재산종합계획의 수립 및 변경에 관한 중요 사항
> 4. 제16조 제2항에 따른 소관 중앙관서의 장의 지정 및 제22조 제3항에 따른 직권 용도폐지에 관한 사항
> 4의2. 제17조 제2호 다목에 따른 무상 관리전환에 관한 사항
> 4의3. 제26조의2에 따른 국유재산관리기금의 관리ㆍ운용에 관한 사항
> 5. 제57조에 따른 일반재산의 개발에 관한 사항
> 6. 제60조에 따른 현물출자에 관한 중요사항
> 6의2. 「국유재산특례제한법」 제6조에 따른 국유재산특례의 신설등 및 같은 법 제7조에 따른 국유재산특례의 점검ㆍ평가에 관한 사항
> 7. 그 밖에 국유재산의 관리ㆍ처분 업무와 관련하여 총괄청이 중요하다고 인정한 사항

② 위원회는 위원장을 포함한 20명 이내의 위원으로 구성한다.

③ 위원회의 위원장은 기획재정부장관이 되고, 위원은 관계 중앙행정기관의 소속 공무원과 국유재산 분야에 학식과 경험이 풍부한 사람 중에서 기획재정부장관이 임명 또는 위촉한다. 이 경우 공무원이 아닌 위원의 정수는 전체 위원 정수의 과반수가 되어야 한다.

④ 위원회를 효율적으로 운영하기 위하여 위원회에 분야별 분과위원회를 둘 수 있다. 이 경우 분과위원회의 심의는 위원회의 심의로 본다.

⑤ ①부터 ④까지에서 규정한 사항 외에 위원회 및 분과위원회의 조직과 운영 등에 필요한 사항은 대통령령으로 정한다.

제4절 국유재산관리기금 ★27, 28, 30, 31회 기출★

1. 국유재산관리기금의 설치(법 제26조의2)

국유재산의 원활한 수급과 개발 등을 통한 국유재산의 효용을 높이기 위하여 국유재산관리기금을 설치한다.

2. 국유재산관리기금의 조성(법 제26조의3)

국유재산관리기금은 다음의 재원으로 조성한다.

> 1. 정부의 출연금 또는 출연재산
> 2. 다른 회계 또는 다른 기금으로부터의 전입금
> 3. 제26조의4에 따른 차입금
> 4. 다음 각 목의 어느 하나에 해당하는 총괄청 소관 일반재산(증권은 제외한다)과 관련된 수입금
>   가. 대부료, 변상금 등 재산관리에 따른 수입금
>   나. 매각, 교환 등 처분에 따른 수입금
> 5. 총괄청 소관 일반재산에 대한 제57조의 개발에 따른 관리·처분 수입금
> 6. 제1호부터 제5호까지의 규정에 따른 제원 외에 국유재산관리기금의 관리·운용에 따른 수입금

3. 자금의 차입(법 제26조의4)

① 총괄청은 국유재산관리기금의 관리·운용을 위하여 필요한 경우에는 위원회의 심의를 거쳐 국유재산관리기금의 부담으로 금융회사 등이나 다른 회계 또는 다른 기금으로부터 자금을 차입할 수 있다.

② 총괄청은 국유재산관리기금의 운용을 위하여 필요할 때에는 국유재산관리기금의 부담으로 자금을 일시 차입할 수 있다.

③ ②에 따른 일시차입금은 해당 회계연도 내에 상환하여야 한다.

4. 국유재산관리기금의 용도(법 제26조의5)

① 국유재산관리기금은 다음 각 호의 어느 하나에 해당하는 용도에 사용한다.

1. 국유재산의 취득에 필요한 비용의 지출
2. 총괄청 소관 일반재산의 관리·처분에 필요한 비용의 지출
3. 제26조의4에 따른 차입금의 원리금 상환
4. 제26조의6에 따른 국유재산관리기금의 관리·운용에 필요한 위탁료 등의 지출
5. 제42조 제1항에 따른 총괄청 소관 일반재산 중 부동산의 관리·처분에 관한 사무의 위임·위탁에 필요한 귀속금 또는 위탁료 등의 지출
6. 제57조에 따른 개발에 필요한 비용의 지출
7. 「국가재정법」 제13조에 따른 다른 회계 또는 다른 기금으로의 전출금
8. 제1호부터 제7호까지의 규정에 따른 용도 외에 국유재산관리기금의 관리·운용에 필요한 비용의 지출

② 국유재산관리기금에서 취득한 재산은 일반회계 소속으로 한다.

5. 국유재산관리기금의 관리·운용(법 제26조의6)

① 국유재산관리기금은 총괄청이 관리·운용한다.
② 총괄청은 국유재산관리기금의 관리·운용에 관한 사무의 일부를 대통령령으로 정하는 바에 따라 「한국자산관리공사의 설립 등에 관한 법률」에 따른 한국자산관리공사(이하 "한국자산관리공사"라 한다)에 위탁할 수 있다.

영 제18조의2(국유재산관리기금 관리·운용 사무의 위탁)
① 총괄청은 법 제26조의6 제2항에 따라 다음 각 호의 사무를 한국자산관리공사에 위탁한다.
1. 법 제26조의2에 따른 국유재산관리기금(이하 이장에서 "국유재산관리기금"이라 한다)의 관리·운용에 관한 회계 사무
2. 국유재산관리기금의 결산보고서 작성에 관한 사무
3. 법 제57조 제1항에 따라 국유재산관리기금의 재원으로 개발하는 사업에 관한 사무
4. 국유재산관리기금의 여유자금 운용에 관한 사무정하는 사무
5. 그 밖에 총괄청이 국유재산관리기금의 관리·운용에 관하여 필요하다고 인정하는 사무
② 한국자산관리공사가 제1항에 따라 위탁받은 사무를 처리하는 데에 드는 비용은 국유재산관리기금의 부담으로 한다.

6. 국유재산관리기금의 회계기관(법 제26조의7)

① 총괄청은 소속 공무원 중에서 국유재산관리기금의 수입과 지출에 관한 업무를 수행할 기금수입징수관, 기금재무관, 기금지출관 및 기금출납공무원을 임명하여야 한다.
② 총괄청이 제26조의6 제2항에 따라 국유재산관리기금의 관리·운용에 관한 사무의 일부를 한국자산관리공사에 위탁한 경우에는 국유재산관리기금의 출납업무 수행을 위하여 한국자산관리공사의 임원 중에서 기금수입 담당임원과 기금지출원인행위 담당임원을, 한국자산관리공사의 직원 중에서 기금지출원과 기금출납원을 각각 임명하여야 한다. 이 경우 기금수입 담당임원은 기금수입징수관의 직무를, 기금지출원인행위 담당임원은 기금재무관의 직무를, 기금지출원은 기금지출관의 직무를, 기금출납원은 기금출납공무원의 직무를 수행한다.

제2장 | 행정재산

제1절 처분의 제한(법 제27조)

행정재산은 처분하지 못한다. 다만, 다음 각 호의 어느 하나에 해당하는 경우에는 교환하거나 양여할 수 있다.

> 1. 공유 또는 사유재산과 교환하여 그 교환받은 재산을 행정재산으로 관리하려는 경우
> 2. 대통령령으로 정하는 행정재산을 직접 공용이나 공공용으로 사용하려는 지방자치단체에 양여하는 경우
> ② ①의 제1호에 따라 교환하는 경우에는 제54조 제2항부터 제4항까지를 준용하고, ①의 제2호에 따라 양여하는 경우에는 제55조 제2항·제3항을 준용한다. 이 경우 "일반재산"은 "행정재산"으로 본다.
> ③ ①의 제1호에 따른 교환에 관한 교환목적·가격 등의 확인사항, ①의 제2호에 따라 양여하는 경우 제55조 제3항의 준용에 따라 총괄청과 협의하여야 하는 사항, 그 밖에 필요한 사항은 대통령령으로 정한다.

> 영 제19조(행정재산의 교환·양여)
> ① 법 제27조 제1항 제1호에 따른 교환에 관하여는 제57조를 준용하고, 법 제27조 제1항 제2호에 따른 양여에 관하여는 제59조를 준용한다.
> ② 법 제27조 제1항 제2호에서 "대통령령으로 정하는 행정재산"이란 제58조 제1항 각 호의 어느 하나에 해당하는 재산을 말한다.

영 제57조(교환)

① 법 제54조 제1항에 따라 교환하는 재산은 다음 각 호의 어느 하나에 해당하는 경우 외에는 서로 유사한 재산이어야 한다.

1. 공유재산과 교환하는 경우

2. 새로운 관사를 취득하기 위하여 노후화된 기존 관사와 교환하는 경우

② 제1항에서 서로 유사한 재산의 교환은 다음 각 호의 어느 하나에 해당하는 경우로 한다.

1. 토지를 토지와 교환하는 경우

2. 건물을 건물과 교환하는 경우

3. 양쪽 또는 어느 한 쪽의 재산에 건물(공작물을 포함한다)이 있는 토지인 경우에 주된 재산(그 재산의 가액이 전체 재산가액의 2분의 1 이상인 재산을 말한다)이 서로 일치하는 경우

4. 동산을 동산과 교환하는 경우

③ 중앙관서의 장등은 일반재산이 다음 각 호의 어느 하나에 해당하는 경우에는 교환해서는 아니 된다.

1. 「국토의 계획 및 이용에 관한 법률」, 그 밖의 법률에 따라 그 처분이 제한되는 경우

2. 장래에 도로 · 항만 · 공항 등 공공용 시설로 활용할 수 있는 재산으로서 보존 · 관리할 필요가 있는 경우

3. 교환으로 취득하는 재산에 대한 구체적인 사용계획 없이 교환하려는 경우

4. 한쪽 재산의 가격이 다른 쪽 재산 가격의 4분의 3(법 제54조 제1항 제2호에 따른 교환인 경우에는 2분의 1을 말한다) 미만인 경우, 다만, 교환 대상 재산이 공유재산인 경우는 제외한다.

5. 교환한 후 남는 국유재산의 효용이 뚜렷하게 감소되는 경우

6. 교환 상대방에게 건물을 신축하게 하고 그 건물을 교환으로 취득하려는 경우

7. 그 밖에 법 제9조 제4항 제3호에 따른 처분기준에서 정한 교환제한대상에 해당하는 경우

④ 중앙관서의 장등은 일반재산을 교환하려는 경우에는 기획재정부령으로 정하는 바에 따라 교환목적, 교환대상자, 교환재산의 가격 및 교환자금의 결제방법 등을 명백히 하여야 한다.

⑤ 공유재산과 교환하려는 경우에는 제42조 제1항에도 불구하고 중앙관서의 장등과 지방자치단체가 협의하여 개별공시지가로 산출된 금액이나 하나 이상의 감정평가법인의 평가액을 기준으로 하여 교환할 수 있다.

⑥ 중앙관서의 장등은 동산과 동산을 교환하려는 경우에는 미리 총괄청과 협의하여야 한다.

⑦ 법 제42조 제1항에 따라 일반재산의 관리 · 처분에 관한 사무를 위임 · 위탁받은 자는 해당 일반재산을 교환하려는 경우에는 미리 총괄청의 승인을 받아야 한다.

영 제58조(양여)

① 법 제55조 제1항 제1호에서 "대통령령으로 정하는 일반재산"이란 다음 각 호의 어느 하나에 해당하는 재산을 말한다.

1. 국가 사무에 사용하던 재산을 그 사무를 이관받은 지방자치단체가 계속하여 그 사무에 사용하는 일반재산

2. 지방자치단체가 청사 부지로 사용하는 일반재산. 이 경우 종전 내무부 소관의 토지로서 1961년부터 1965년까지의 기간에 그 지방자치단체로 양여할 조건을 갖추었으나 양여하지 못한 재산을 계속하여 청사 부지로 사용하는 일반재산에 한정한다.

3. 「국토의 계획 및 이용에 관한 법률」 제86조에 따라 지방자치단체(특별시 · 광역시 · 경기도와 그 관할구역의 지방자치단체는 제외한다)의 장이 시행하는 도로시설(1992년 이전에 결정된 도시 · 군관리계획에 따른 도시 · 군계획시설을 말한다)사업 부지에 포함되어 있는 총괄청 소관의 일반재산

4. 「도로법」 제14조부터 제18조까지의 규정에 따른 도로(2004년 12월 31일 이전에 그 도로에 포함된 경우로 한정한다)에 포함되어 있는 총괄청 소관의 일반재산

5. 「5 · 18민주화운동 등에 관한 특별법」 제5조에 따른 기념사업을 추진하는 데에 필요한 일반재산

영 제59조(양여 시의 특약등기)

법 제55조 제1항 제1호에 따라 양여하는 경우에는 법 제55조 제2항의 사유가 발생하면 그 양여계약을 해제한다는 내용의 특약등기를 하여야 한다.

1. 국유재산책임관의 임명 등(법 제27조의2)

① 중앙관서의 장은 소관 국유재산의 관리·처분 업무를 효율적으로 수행하기 위하여 그 관서의 고위공무원으로서 기획 업무를 총괄하는 직위에 있는 자를 국유재산책임관으로 임명하여야 한다.

② 국유재산책임관의 업무는 다음 각 호와 같다.

> 1. 제9조 제2항에 따른 소관 국유재산의 관리·처분에 관한 계획과 같은 조 제7항에 따른 집행계획에 관한 업무
> 2. 제69조에 따른 국유재산관리운용보고에 관한 업무
> 3. 제1호 및 제2호에 따른 업무 외에 국유재산 관리·처분 업무와 관련하여 대통령령으로 정하는 업무

③ 국유재산책임관의 임명은 중앙관서의 장이 소속 관서에 설치된 직위를 지정하는 것으로 갈음할 수 있다.

2. 관리사무의 위임(법 제28조)

① 중앙관서의 장은 대통령령으로 정하는 바에 따라 소속 공무원에게 그 소관에 속하는 행정재산의 관리에 관한 사무를 위임할 수 있다.

② 중앙관서의 장은 ①에 따라 위임을 받은 공무원의 사무의 일부를 분장하는 공무원을 둘 수 있다.

③ 중앙관서의 장은 대통령령으로 정하는 바에 따라 다른 중앙관서의 장의 소속 공무원에게 그 소관에 속하는 행정재산의 관리에 관한 사무를 위임할 수 있다.

④ 중앙관서의 장은 그 소관에 속하는 행정재산의 관리에 관한 사무의 일부를 대통령령으로 정하는 바에 따라 지방자치단체의 장이나 그 소속 공무원에게 위임할 수 있다.

⑤ ①부터 ④까지의 규정에 따른 사무의 위임은 중앙관서의 장이 해당 기관에 설치된 직위를 지정함으로써 갈음할 수 있다.

3. 관리위탁(법 제29조) ★33회 기출★

① 중앙관서의 장은 행정재산을 효율적으로 관리하기 위하여 필요하면 국가기관 외의 자에게 그 재산의 관리를 위탁(이하 "관리위탁"이라 한다)할 수 있다.

② ①에 따라 관리위탁을 받은 자는 미리 해당 중앙관서의 장의 승인을 받아 위탁받은 재산의 일부를 사용·수익하거나 다른 사람에게 사용·수익하게 할 수 있다.

③ 관리위탁을 받을 수 있는 자의 자격, 관리위탁 기간, 관리위탁을 받은 재산의 사용료, 관리현황에 대한 보고, 그 밖에 관리위탁에 필요한 사항은 대통령령으로 정한다.

> 영 제21조(관리위탁을 받을 자의 자격)
> 법 제29조에 따라 행정재산의 관리를 위탁(이하 "관리위탁")할 때에는 해당 재산의 규모, 용도 등을 고려하여 재산의 관리를 위하여 특별한 기술과 능력이 필요한 경우에는 그 기술과 능력을 갖춘 자 등 해당 재산을 관리하기에 적합한 자에게 관리위탁하여야 한다.

영 제22조(관리위탁 기간 등)

① 관리위탁의 기간은 5년 이내로 하되, 다음 각 호의 어느 하나에 해당하는 경우를 제외하고는 5년을 초과하지 아니하는 범위에서 종전의 관리위탁을 갱신할 수 있다.

1. 관리위탁한 재산을 국가나 지방자치단체가 직접 공용이나 공공용으로 사용하기 위하여 필요한 경우
2. 법 제29조에 따라 관리위탁을 받은 자(이하 "관리수탁자"라 한다)가 제21조에 따른 관리위탁을 받을 자격을 갖추지 못하게 된 경우
3. 관리수탁자가 관리위탁 조건을 위반한 경우
4. 관리위탁이 필요하지 아니하게 된 경우

② 관리수탁자가 법 제29조 제2항에 따라 위탁받은 재산의 일부를 사용·수익하거나 다른 사람에게 사용·수익하게 하려는 경우에는 관리위탁 기간 내에서 하여야 한다.

영 제23조(관리위탁 재산의 관리)

① 관리수탁자는 선량한 관리자로서의 주의의무를 다하여 공익목적에 맞게 위탁받은 재산을 관리하여야 하며, 그 재산에 손해가 발생한 경우에는 지체 없이 소관 중앙관서의 장에 보고하여야 한다.

② 관리수탁자는 위탁받은 재산의 원형이 변경되는 대규모의 수리 또는 보수를 하려면 소관 중앙관서의 장의 승인을 받아야 한다. 다만, 긴급한 경우에는 필요한 최소한의 조치를 한 후 지체 없이 그 내용을 중앙관서의 장에게 보고하여야 한다.

영 제24조(관리위탁 재산의 사용료 등)

① 법 제29조에 따라 위탁받은 재산을 사용·수익하는 자에게서 받는 사용료는 제29조 및 제67조의8의 사용료율과 산출방법에 따라 산출된 금액을 기준으로 하되, 예상수익을 고려하여 중앙관서의 장이 결정한다.

② 중앙관서의 장은 1년을 단위로 관리수탁자에게 지급할 총지출이 관리수탁자로부터 받을 총수입을 초과하는 경우에는 그 차액을 관리수탁자에게 지급하여야 하며, 총수입이 총지출을 초과하는 경우에는 그 차액을 국고에 납입하게 하여야 한다. 이 경우 지출 및 수입의 범위는 기획재정부령으로 정한다.

영 제25조(관리현황에 대한 보고 등)

① 관리수탁자는 위탁받은 재산의 연간 관리현황을 다음 연도 1월 31일까지 중앙관서의 장에게 보고하여야 한다.

② 중앙관서의 장은 필요한 경우 관리위탁 재산의 관리현황을 확인·조사하거나 관리수탁자가 보고하도록 할 수 있다.

제3절 사용허가 등 ★32회 기출★

1. 사용허가(법 제30조)

① 중앙관서의 장은 다음 각 호의 범위에서만 행정재산의 사용허가를 할 수 있다.

> 1. 공용·공공용·기업용 재산 : 그 용도나 목적에 장애가 되지 아니하는 범위
> 2. 보존용재산 : 보존목적의 수행에 필요한 범위

② ①에 따라 사용허가를 받은 자는 그 재산을 다른 사람에게 사용·수익하게 하여서는 아니 된다. 다만, 다음의 어느 하나에 해당하는 경우에는 중앙관서의 장의 승인을 받아 다른 사람에게 사용·수익하게 할 수 있다.

③ 중앙관서의 장은 ②의 단서에 따른 사용·수익이 그 용도나 목적에 장애가 되거나 원상회복이 어렵다고 인정되면 승인하여서는 아니 된다.

2. 사용허가의 방법(법 제31조)

① 행정재산을 사용허가하려는 경우에는 그 뜻을 공고하여 일반경쟁에 부쳐야 한다. 다만, 사용허가의 목적·성질·규모 등을 고려하여 필요하다고 인정되면 대통령령으로 정하는 바에 따라 참가자의 가격을 제한하거나 참가자를 지명하여 경쟁에 부치거나 수의의 방법으로 할 수 있다.

② ①에 따라 경쟁에 부치는 경우에는 총괄청이 지정·고시하는 정보처리장치를 이용하여 입찰공고·개찰·낙찰선언을 한다. 이 경우 중앙관서의 장은 필요하다고 인정하면 일간신문 등에 게재하는 방법을 병행할 수 있으며, 같은 재산에 대하여 수 회의 입찰에 관한 사항을 일괄하여 공고할 수 있다.

③ 행정재산의 사용허가에 관하여는 이 법에서 정한 것을 제외하고는 「국가를 당사자로 하는 계약에 관한 법률」의 규정을 준용한다.

3. 사용료(법 제32조) ★27, 31회 기출★

① 행정재산을 사용허가한 때에는 대통령령으로 정하는 요율과 산출방법에 따라 매년 사용료를 징수한다. 다만, 연간 사용료가 대통령령으로 정하는 금액 이하인 경우에는 사용허가기간의 사용료를 일시에 통합 징수할 수 있다.

② ①의 사용료는 대통령령으로 정하는 바에 따라 나누어 내게 할 수 있다. 이 경우 연간 사용료가 대통령령으로 정하는 금액 이상인 경우에는 사용허가(허가를 갱신하는 경우를 포함한다)할 때에 그 허가를 받는 자에게 대통령령으로 정하는 금액의 범위에서 보증금을 예치하게 하거나 이행보증조치를 하도록 하여야 한다.

③ 중앙관서의 장이 제30조에 따른 사용허가에 관한 업무를 지방자치단체의 장에게 위임한 경우에는 제42조 제6항을 준용한다.

④ 제1항 단서에 따라 사용료를 일시에 통합 징수하는 경우에 사용허가기간 중의 사용료가 증가 또는 감소되더라도 사용료를 추가로 징수하거나 반환하지 아니한다.

4. 사용료의 조정(법 제33조)

① 중앙관서의 장은 동일인(상속인이나 그 밖의 포괄승계인은 피승계인과 동일인으로 본다)이 같은 행정재산을 사용허가기간 내에서 1년을 초과하여 계속 사용·수익하는 경우로서 대통령령으로 정하는 경우에는 사용료를 조정할 수 있다.

② ①에 따라 조정하는 해당 연도 사용료의 산출방법은 대통령령으로 정한다.

③ 다른 법률에 따른 사용료나 점용료의 납부 대상인 행정재산이 이 법에 따른 사용료 납부 대상으로 된 경우 그 사용료의 산출에 관하여는 ① 및 ②를 준용한다.

> 영 제31조(사용료의 조정)
> 법 제33조 제1항에서 "대통령령으로 정하는 경우"란 해당 연도의 사용료가 전년도 사용료보다 다음 각 호의 구분과 같이 증가한 경우를 말하며, 이 경우 조정되는 해당 연도 사용료의 산출방법은 다음 각 호의 구분과 같다.
> 1. 제29조 제1항 제1호, 제1호의2 및 제2호의 사용료가 5퍼센트 이상 증가한 경우(사용허가를 갱신하는 경우를 포함한다) : 전년도 사용료보다 5퍼센트 증가된 금액
> 2. 제1호 외의 경우 : 다음 각 목의 구분에 따른 경우
>   가. 「상가건물 임대차보호법」 제2조 제1항에 따른 상가건물로서 사용료가 5퍼센트 이상 증가한 경우(사용허가를 갱신하는 최초 연도의 경우는 제외한다) : 전년도 사용료보다 5퍼센트 증가된 금액
>   나. 가목 외의 사용료가 9퍼센트 이상 증가한 경우(사용허가를 갱신하는 최초 연도의 경우는 제외한다) : 전년도 사용료보다 9퍼센트 증가된 금액

5. 사용료의 감면(법 제34조)

① 중앙관서의 장은 다음 각 호의 어느 하나에 해당하면 대통령령으로 정하는 바에 따라 그 사용료를 면제할 수 있다.

> 1. 행정재산으로 할 목적으로 기부를 받은 재산에 대하여 기부자나 그 상속인, 그 밖의 포괄승계인에게 사용허가하는 경우
> 1의2. 건물 등을 신축하여 기부채납을 하려는 자가 신축기간에 그 부지를 사용하는 경우
> 2. 행정재산을 직접 공용·공공용 또는 비영리 공익사업용으로 사용하려는 지방자치단체에 사용허가하는 경우
> 3. 행정재산을 직접 비영리 공익 사업용으로 사용하려는 대통령령으로 정하는 공공단체에 사용허가하는 경우

② 사용허가를 받은 행정재산을 천재지변이나 「재난 및 안전관리 기본법」 제3조 제1호의 재난으로 사용하지 못하게 되면 그 사용하지 못한 기간에 대한 사용료를 면제할 수 있다.

③ 중앙관서의 장은 행정재산의 행정·규모·내용연수 등을 고려하여 활용성이 낮거나 보수가 필요한 재산 등 대통령령으로 정하는 행정재산을 사용허가하는 경우에는 대통령령으로 정하는 바에 따라 사용료를 감면할 수 있다.

6. 사용허가기간(법 제35조)

① 행정재산의 사용허가기간은 5년 이내로 한다. 다만, 제34조 제1항 제1호의 경우에는 사용료의 총액이 기부를 받은 재산의 가액에 이르는 기간 이내로 한다.

② ①의 허가기간이 끝난 재산에 대하여 대통령령으로 정하는 경우를 제외하고는 5년을 초과하지 아니하는 범위에서 종전의 사용허가를 갱신할 수 있다. 다만, 수의의 방법으로 사용허가를 할 수 있는 경우가 아니면 1회만 갱신할 수 있다.

③ ②에 따라 갱신 받으려는 자는 허가기간이 끝나기 1개월 전에 중앙관서의 장에게 신청하여야 한다.

7. 사용허가의 취소와 철회(법 제36조) ★28회 기출★

① 중앙관서의 장은 행정재산의 사용허가를 받은 자가 다음 각 호의 어느 하나에 해당하면 그 허가를 취소하거나 철회할 수 있다.

> 1. 거짓 진술을 하거나 부실한 증명서류를 제시하거나 그 밖에 부정한 방법으로 사용허가를 받은 경우
> 2. 사용허가 받은 재산을 제30조 제2항을 위반하여 다른 사람에게 사용·수익하게 한 경우
> 3. 해당 재산의 보존을 게을리하였거나 그 사용목적을 위배한 경우
> 4. 납부기한까지 사용료를 납부하지 아니하거나 제32조 제2항 후단에 따른 보증금 예치나 이행보증조치를 하지 아니한 경우
> 5. 중앙관서의 장의 승인 없이 사용허가를 받은 재산의 원래 상태를 변경한 경우

② 중앙관서의 장은 사용허가한 행정재산을 국가나 지바자치단체가 직접 공용이나 공공용으로 사용하기 위하여 필요하게 된 경우에는 그 허가를 철회할 수 있다.

③ ②의 경우에 그 철회로 인하여 해당 사용허가를 받은 자에게 손실이 발생하면 그 재산을 사용할 기관은 대통령령으로 정하는 바에 따라 보상한다.

④ 중앙관서의 장은 ①이나 ②에 따라 사용허가를 취소하거나 철회한 경우에 그 재산이 기부를 받은 재산으로서 제30조 제2항 단서에 따라 사용·수익하고 있는 자가 있으면 그 사용·수익자에게 취소 또는 철회 사실을 알려야 한다.

> **영 제35조(사용허가 철회로 인한 손실보상)**
> 법 제36조 제3항에 따른 보상액은 다음 각 호와 같다.
> 1. 사용허가 철회 당시를 기준으로 아직 남은 허가기간에 해당하는 시설비 또는 시설의 이전(수목의 옮겨심기를 포함한다. 이하 이 조에서 같다)에 필요한 경비
> 2. 사용허가 철회에 따라 시설을 이전하거나 새로운 시설을 설치하게 되는 경우 그 기간 동안 영업을 할 수 없게 됨으로써 발생하는 손실에 대한 평가액

8. 청문(법 제37조)

중앙관서의 장은 제36조에 따라 행정재산의 사용허가를 취소하거나 철회하려는 경우에는 청문을 하여야 한다.

9. 원상회복(법 제38조)

사용허가를 받은 자는 허가기간이 끝나거나 제36조에 따라 사용허가가 취소 또는 철회된 경우에는 그 재산을 원래 상태대로 반환하여야 한다. 다만, 중앙관서의 장이 미리 상태의 변경을 승인한 경우에는 변경된 상태로 반환할 수 있다.

10. 관리 소홀에 대한 제재(법 제39조)

행정재산의 사용허가를 받은 자가 그 행정재산의 관리를 소홀히 하여 재산상의 손해를 발생하게 한 경우에는 사용료 외에 대통령령으로 정하는 바에 따라 그 사용료를 넘지 아니하는 범위에서 가산금을 징수할 수 있다.

> **영 제36조(가산금)**
> ① 법 제39조에 따른 가산금은 사용허가할 때에 정하여야 한다.
> ② 제1항의 가산금은 해당 중앙관서의 장 또는 법 제28조에 따라 위임을 받은 자가 징수한다.
> ③ 제1항의 가산금을 징수할 때에는 그 금액, 납부기한, 납부장소와 가산금의 산출 근거를 명시하여 문서로 고지하여야 한다.
> ④ 제3항의 납부기한은 고지한 날부터 60일 이내로 한다.

11. 용도폐지(법 제40조)

① 중앙관서의 장은 행정재산이 다음 각 호의 어느 하나에 해당하는 경우에는 지체 없이 그 용도를 폐지하여야 한다.

> 1. 행정목적으로 사용되지 아니하게 된 경우
> 2. 행정재산으로 사용하기로 결정한 날부터 5년이 지난 날까지 행정재산으로 사용되지 아니한 경우
> 3. 제57조에 따라 개발하기 위하여 필요한 경우

② 중앙관서의 장은 ①에 따라 용도폐지를 한 때에는 그 재산을 지체 없이 총괄청에 인계하여야 한다. 다만, 다음 각 호의 어느 하나에 해당하는 재산은 그러하지 아니하다.

> 1. 관리전환, 교환 또는 양여의 목적으로 용도를 폐지한 재산
> 2. 제5조 제1항 제2호의 재산
> 3. 공항 · 항만 또는 산업단지에 있는 재산으로서 그 시설운영에 필요한 재산
> 4. 총괄청이 그 중앙관서의 장에게 관리 · 처분하도록 하거나 다른 중앙관서의 장에게 인계하도록 지정한 재산

> **영 제37조(용도폐지)**
> ② 중앙관서의 장은 법 제40조 제1항에 따라 용도폐지한 행정재산으로서 철거 또는 폐기할 필요가 있는 건물, 시설물, 기계 및 기구가 있으면 이를 지체 없이 철거 또는 폐기하고 총괄청에 인계하여야 한다.

제3장 | 일반재산

출제포인트
- 개척·매립·간척·조림을 위한 예약
- 대부
- 매각
- 교환
- 양여
- 개발
- 현물출자
- 정부배당

제1절 통칙 ★32회 기출★

1. 처분 등(법 제41조)

① 일반재산은 대부 또는 처분할 수 있다.

② 중앙관서의 장등은 국가의 활용계획이 없는 건물이나 그 밖의 시설물이 다음의 어느 하나에 해당하는 경우에는 철거할 수 있다.

> 1. 구조상 공중의 안전에 미치는 위험이 중대한 경우
> 2. 재산가액에 비하여 유지·보수비용이 과다한 경우
> 3. 위치, 형태, 용도, 노후화 등의 사유로 철거가 불가피하다고 중앙관서의 장등이 인정하는 경우

2. 관리·처분 사무의 위임·위탁(법 제42조)

① 총괄청은 대통령령으로 정하는 바에 따라 소관 일반재산의 관리·처분에 관한 사무의 일부를 총괄청 소속 공무원, 중앙관서의 장 또는 그 소속 공무원, 지방자치단체의 장 또는 그 소속 공무원에게 위임하거나 정부출자기업체, 금융기관, 투자매매업자·투자중개업자 또는 특별법에 따라 설립된 법인으로서 대통령령으로 정하는 자에게 위탁할 수 있다.

② 총괄청은 제8조 제3항의 일반재산의 관리 · 처분에 관한 사무의 일부를 위탁받을 수 있으며, 필요한 경우 위탁하는 중앙관서의 장과 협의를 거쳐 특별법에 따라 설립된 법인으로서 대통령령으로 정하는 자에게 위탁받은 사무를 재위탁할 수 있다.

③ 중앙관서의 장이 소관 특별회계나 기금에 속하는 일반재산을 제59조에 따라 개발하려는 경우에는 ①을 준용하여 위탁할 수 있다.

④ 중앙관서의 장과 ①에 따라 위임받은 기관이 일반재산을 관리 · 처분하는 경우에는 제28조 및 제29조를 준용한다.

⑤ ① 및 ④에 따라 일반재산의 관리 · 처분에 관한 사무를 위임이나 위탁한 총괄청이나 중앙관서의 장은 위임이나 위탁을 받은 자가 해당 사무를 부적절하게 집행하고 있다고 인정되거나 일반재산의 집중적 관리 등을 위하여 필요한 경우에는 그 위임이나 위탁을 철회할 수 있다.

⑥ ① 및 ④에 따라 위임이나 위탁을 받아 관리 · 처분한 일반재산 중 대통령령으로 정하는 재산의 대부료, 매각대금, 개발수입 또는 변상금은 「국가재정법」 제17조와 「국고금관리법」 제7조에도 불구하고 대통령령으로 정하는 바에 따라 위임이나 위탁을 받은 자에게 귀속시킬 수 있다.

3. 계약의 방법(법 제43조)

① 일반재산을 처분하는 계약을 체결할 경우에는 그 뜻을 공고하여 일반경쟁에 부쳐야 한다. 다만, 계약의 목적 · 성질 · 규모 등을 고려하여 필요하다고 인정되면 대통령령으로 정하는 바에 따라 참가자의 자격을 제한하거나 참가자를 지명하여 경쟁에 부치거나 수의계약으로 할 수 있으며, 증권인 경우에는 대통령령으로 정하는 방법에 따를 수 있다.

② ①에 따라 경쟁에 부치는 경우 공고와 절차에 관하여는 제31조 제2항을 준용한다.

4. 처분재산의 가격결정(법 제44조) ★28, 33, 34회 기출★

일반재산의 처분가격은 대통령령으로 정하는 바에 따라 시가를 고려하여 결정한다.

5. 물납 증권의 처분 제한(법 제44조의2)

① 「상속세 및 증여세법」 제73조에 따라 물납된 증권의 경우 물납한 본인 및 대통령령으로 정하는 자에게는 수납가액보다 적은 금액으로 처분할 수 없다. 다만, 「자본시장과 금융투자업에 관한 법률」 제8조의2 제4항 제1호에 따른 증권시장에서 거래되는 증권을 그 증권시장에서 매각하는 경우에는 그러하지 아니하다.

② 총괄청은 ①의 본문에 따른 처분 제한 대상자의 해당 여부를 확인하기 위하여 관계 행정기관의 장, 「공공기관의 운영에 관한 법률」에 따른 공공기관의 장에게 필요한 자료의 제출을 요청할 수 있다. 이 경우 자료 제출을 요청받은 관계 행정기관의 장 등은 특별한 사유가 없으면 이에 따라야 한다.

③ ②에 따른 자료 요청의 범위와 절차 등 필요한 사항은 대통령령으로 정한다.

6. 개척 · 매립 · 간척 · 조림을 위한 예약(법 제45조)

① 일반재산은 개척 · 매립 · 간척 또는 조림 사업을 시행하기 위하여 그 사업의 완성을 조건으로 대통령령으로 정하는 바에 따라 대부 · 매각 또는 양여를 예약할 수 있다.

영 제48조(개척 · 조림 등을 위한 예약)

① 법 제45조 제1항에 따른 계약기간은 계약일부터 10년 이내로 정하여야 한다. 다만, 해당 중앙관서의 장은 천재지변이나 그 밖의 부득이한 사유가 있는 경우에만 총괄청과 협의하여 5년의 범위에서 예약기간을 연장할 수 있다.

② 법 제45조 제1항에 따라 예약을 한 자는 계약일부터 1년 이내에 그 사업을 시작하여야 한다.

② ①의 경우에 예약 상대방은 그 사업기간 중 예약된 재산 또는 사업의 기성부분을 무상으로 사용하거나 수익할 수 있다.

③ ①의 예약 상대방이 지정된 기한까지 사업을 시작하지 아니하거나 그 사업을 완성할 수 없다고 인정되면 그 예약을 해제하거나 해지할 수 있다.

④ ③에 따라 예약을 해제하거나 해지하는 경우에 사업의 일부가 이미 완성된 때에는 공익상 지장이 없다고 인정되는 경우에만 그 기성부분의 전부 또는 일부를 예약 상대방에게 대부 · 매각 또는 잉여할 수 있다.

영 제49조(예약에 따른 잉여)

① 법 제45조 제4항에 따라 잉여하는 일반재산의 가액은 해당 사업에 투자된 금액을 초과하지 못한다.

② 제1항의 일반재산의 가액은 해당 사업의 전부가 완성된 경우에는 해당 공사의 준공 당시의 가격을 기준으로 하고, 일부가 완성된 경우에는 예약의 해제 또는 해지 당시의 가격을 기준으로 한다.

⑤ 중앙관서의 장등이 ①에 따라 그 재산의 매각이나 양여를 예약하려는 경우에는 총괄청과 협의하여야 한다.

1. 대부기간(법 제46조) ★33, 34회 기출★

① 일반재산의 대부기간은 다음 각 호의 기간 이내로 한다. 다만, 제18조 제1항 단서에 따라 영구시설물을 축조하는 경우에는 10년 이내로 한다.

> 1. 조림을 목적으로 하는 토지와 그 정착물 : 20년 ★33회 기출★
> 2. 대부 받은 자의 비용으로 시설을 보수하는 건물(대통령령으로 정하는 경우에 한정한다) : 10년
> 3. 제1호 및 제2호 외의 토지와 그 정착물 : 5년
> 4. 그 밖의 재산 : 1년

② ①의 대부기간이 끝난 재산에 대하여 대통령령으로 정하는 경우를 제외하고는 그 대부기간을 초과하지 아니하는 범위에서 종전의 대부계약을 갱신할 수 있다. 다만, 수의계약의 방법으로 대부할 수 있는 경우가 아니면 1회만 갱신할 수 있다.

> 영 제50조(대부)
> ① 법 제46조 제1항 제2호에서 "대통령령으로 정하는 경우"란 다음 각 호의 어느 하나에 해당하는 경우를 말한다.
> 1. 준공 후 20년이 지난 건물로서 원활한 사용을 위하여 보수가 필요한 경우
> 2. 「시설물의 안전 및 유지관리에 관한 특별법 시행령」 제12조에 따른 시설물의 안전등급 기준이 같은 영 별표 8에 따른 C등급 이하인 건물로서 안전관리를 위하여 보수가 필요한 경우
> 3. 천재지변이나 그 밖의 재해 등으로 인하여 파손된 건물로서 별도의 보수가 필요한 경우
> ② 법 제46조 제2항 본문에서 "대통령령으로 정하는 경우"란 다음 각 호의 어느 하나에 해당하는 경우를 말한다.
> 1. 대부재산을 국가나 지방자치단체가 법 제6조 제2항 각 호의 용도로 사용하기 위하여 필요한 경우
> 2. 법 제36조 제1항 각 호의 어느 하나에 해당하는 경우
> 3. 대부계약 조건을 위반한 경우
> ③ 법 제42조 제1항에 따라 일반재산의 관리·처분에 관한 사무를 위임·위탁받은 자가 해당 일반재산의 대부료를 면제하려는 경우에는 미리 총괄청의 승인을 받아야 한다.

③ ②에 따라 갱신을 받으려는 자는 대부기간이 끝나기 1개월 전에 중앙관서의 장등에게 신청하여야 한다.

④ ①에도 불구하고 제58조 및 제59조의2에 따라 개발된 일반재산의 대부기간은 30년 이내로 할 수 있으며, 20년의 범위에서 한 차례만 연장할 수 있다.

2. 대부료, 계약의 해제 등(법 제47조)

① 일반재산의 대부의 제한, 대부료, 대부료의 감면 및 대부계약의 해제나 해지 등에 관하여는 제30조 제2항, 제31조 제1항·제2항, 제32조, 제33조, 제34조 1항 제2호·제3호, 같은 조 제2항·제3항, 제36조 및 제38조를 준용한다.

② ①에도 불구하고 대부료에 관하여는 대통령령으로 정하는 바에 따라 연간 대부료의 전부 또는 일부를 대부보증금으로 환산하여 받을 수 있다.

③ 중앙관서의 장등은 대부기간이 만료되거나 대부계약이 해제 또는 해지된 경우에는 ②에 따른 대부보증금을 반환하여야 한다. 이 경우 대부받은 자가 내지 아니한 대부료, 공과금 등이 있으면 이를 제외하고 반환하여야 한다.

3. 대부료의 감면(법 제47조의2)

중앙관서의 장은 국가가 타인의 재산을 점유하는 동시에 해당 재산 소유자는 일반재산을 점유(이하 "상호점유"라 한다)하는 경우 대통령령으로 정하는 바에 따라 해당 재산 소유자에게 점유 중인 일반재산의 대부료를 감면할 수 있다.

제3절　매각

---

1. 매각(법 제48조)

① 일반재산은 다음 각 호의 어느 하나에 해당하는 경우 외에는 매각할 수 있다.

> 1. 중앙관서의 장이 행정목적으로 사용하기 위하여 그 재산에 대하여 제8조 제4항에 따른 행정재산의 사용 승인이나 관리전환을 신청한 경우
> 2. 「국토의 계획 및 이용에 관한 법률」 등 다른 법률에 따라 그 처분이 제한되는 경우
> 3. 장래 행정목적의 필요성 등을 고려하여 제9조 제4항 제3호의 처분기준에서 정한 처분제한 대상에 해당하는 경우
> 4. 제1호부터 제3호까지의 규정에 따른 경우 외에 대통령령으로 정하는 바에 따라 국가가 관리할 필요가 있다고 총괄청이나 중앙관서의 장이 지정하는 경우

② 중앙관서의 장이 소관 특별회계나 기금에 속하는 일반재산 중 대통령령으로 정하는 일반재산을 매각하려는 경우에는 총괄청과 협의하여야 한다.

2. 용도를 지정한 매각(법 제49조)

일반재산을 매각하는 경우에는 대통령령으로 정하는 바에 따라 매수자에게 그 재산의 용도와 그 용도에 사용하여야 할 기간을 정하여 매각할 수 있다.

> **영 제53조(용도를 지정한 매각)**
> ① 법 제49조에 따라 용도를 지정하여 매각하는 경우에는 그 재산의 매각일부터 10년 이상 지정된 용도로 활용하여야 한다.
> ② 총괄청은 필요하다고 인정하는 경우에는 용도를 지정하여 매각한 재산의 관리상황에 관하여 보고를 받거나 자료의 제출을 요구할 수 있고, 소속 공무원에게 그 관리상황을 감사하게 하거나 그 밖에 필요한 조치를 할 수 있다.
> ③ 법 제49조에 따라 용도를 지정하여 매각하는 경우에는 법 제52조 제3호의 사유가 발생하면 해당 매매계약을 해제한다는 내용의 특약등기를 하여야 한다.

3. 매각대금의 납부(법 제50조)

① 일반재산의 매각대금은 대통령령으로 정하는 바에 따라 납부하여야 한다. 다만, 대통령령으로 정하는 경우에는 납부기간을 연장할 수 있다.

② 일반재산의 매각대금을 한꺼번에 납부하도록 하는 것이 곤란하다고 인정되어 대통령령으로 정하는 경우에는 1년 만기 정기예금 금리수준을 고려하여 대통령령으로 정하는 이자를 붙여 20년 이내에 걸쳐 나누어 내게 할 수 있다.

4. 소유권의 이전 등(법 제51조)

① 일반재산을 매각하는 경우 해당 매각재산의 소유권 이전은 매각대금이 완납된 후에 하여야 한다.

② ①에도 불구하고 제50조 제2항에 따라 매각대금을 나누어 내게 하는 경우로서 공익사업의 원활한 시행 등을 위하여 소유권의 이전이 불가피하여 대통령령으로 정하는 경우에는 매각대금이 완납되기 전에 소유권을 이전할 수 있다. 이 경우 저당권 설정 등 채권의 확보를 위하여 필요한 조치를 취하여야 한다.

> 영 제56조(소유권의 이전 등)
> 법 제51조 제2항 전단에서 "대통령령으로 정하는 경우"란 제55조 제2항 제1호·제2호 및 제4호부터 제7호까지, 같은 조 제3항 제3호·제5호, 같은 조 제4항 제1호에 따라 매각대금을 나누어 내는 경우를 말한다.

5. 매각계약의 해제(법 제52조)

일반재산을 매각한 경우에 다음 각 호의 어느 하나에 해당하는 사유가 있으면 그 계약을 해제할 수 있다.

> 1. 매수자가 매각대금을 체납한 경우
> 2. 매수자가 거짓 진술을 하거나 부실한 증명서류를 제시하거나 그 밖의 부정한 방법으로 매수한 경우
> 3. 제49조에 따라 용도를 지정하여 매각한 경우에 매수자가 지정된 날짜가 지나도 그 용도에 사용하지 아니하거나 지정된 용도에 제공한 후 지정된 기간에 그 용도를 폐지한 경우

6. 건물 등의 매수(법 제53조)

일반재산의 매각계약이 해제된 경우 그 재산에 설치된 건물이나 그 밖의 물건을 중앙관서의 장이 제44조에 따라 결정한 가격으로 매수할 것을 알린 경우 그 소유자는 정당한 사유 없이 그 매수를 거절하지 못한다.

제4절   교환(법 제54조)

① 다음 각 호의 어느 하나에 해당하는 경우에는 일반재산인 토지·건물, 그 밖의 토지의 정착물, 동산과 공유 또는 사유재산인 토지·건물, 그 밖의 토지의 정착물, 동산을 교환할 수 있다.
1. 국가가 직접 행정재산으로 사용하기 위하여 필요한 경우
2. 소규모 일반재산을 한 곳에 모아 관리함으로써 재산의 효용성을 높이기 위하여 필요한 경우
3. 일반재산의 가치와 이용도를 높이기 위하여 필요한 경우로서 매각 등 다른 방법으로 해당 재산의 처분이 곤란한 경우
4. 상호 점유를 하고 있고 해당 재산 소유자가 사유토지만으로는 진입·출입이 곤란한 경우 등 대통령령으로 정하는 불가피한 사유로 인하여 점유 중인 일반재산과 교환을 요청한 경우
② ①에 따라 교환하는 재산의 종류와 가격 등은 대통령령으로 정하는 바에 따라 제한할 수 있다.
③ ①에 따라 교환할 때 쌍방의 가격이 같지 않으면 그 차액을 금전으로 대신 납부하여야 한다.
④ 중앙관서의 장등은 일반재산을 교환하려면 그 내용을 감사원에 보고하여야 한다.

제5절   양여(법 제55조)

① 일반재산은 다음 각 호의 어느 하나에 해당하는 경우에는 양여할 수 있다.
1. 대통령령으로 정하는 일반재산을 직접 공용이나 공공용으로 사용하려는 지방자치단체에 양여하는 경우
2. 지방자치단체나 대통령령으로 정하는 공공단체가 유지·보존비용을 부담한 공공용재산이 용도폐지됨으로써 일반재산이 되는 경우에 해당 재산을 그 부담한 비용의 범위에서 해당 지방자치단체나 공공단체에 양여하는 경우
3. 대통령령으로 정하는 행정재산을 용도폐지하는 경우 그 용도에 사용될 대체시설을 제공한 자 또는 그 상속인, 그 밖의 포괄승계인에게 그 부담한 비용의 범위에서 용도폐지된 재산을 양여하는 경우
4. 국가가 보존·활용할 필요가 없고 대부·매각이나 교환이 곤란하여 대통령령으로 정하는 재산을 양여하는 경우
② ①의 제1호에 따라 양여한 재산이 10년 내에 양여 목적과 달리 사용된 때에는 그 양여를 취소할 수 있다.
③ 중앙관서의 장등은 ①에 따라 일반재산을 양여하려면 총괄청과 협의하여야 한다. 다만, 대통령령으로 정하는 가액 이하의 일반재산을 ①의 제3호에 따라 양여하는 경우에는 그러하지 아니하다.

1. 개발(법 제57조)

① 일반재산은 국유재산관리기금의 운용계획에 따라 국유재산관리기금의 재원으로 개발하거나 제58조 · 제 59조 및 제59조의2에 따라 개발하여 대부 · 분양할 수 있다.

② ①의 개발이란 다음 각 호의 행위를 말한다.

> 1. 「건축법」 제2조에 따른 건축, 대수선, 리모델링 등의 행위
> 2. 「공공주택 특별법」, 「국토의 계획 및 이용에 관한 법률」, 「도시개발법」, 「도시 및 주거환경정비법」, 「산업입지 및 개발에 관한 법률」, 「주택법」, 「택지개발촉진법」 및 그 밖에 대통령령으로 정하는 법률에 따라 토지를 조성하는 행위

③ ②의 제2호에 따른 개발은 제59조에 따라 위탁 개발하는 경우에 한정한다.

④ ①에 따라 일반재산을 개발하는 경우에는 다음 각 호의 사항을 고려하여야 한다.

> 1. 재정수입의 증대 등 재정관리의 건전성
> 2. 공공시설의 확보 등 공공의 편익성
> 3. 주변환경의 개선 등 지역발전의 기여도
> 4. 제1호부터 제3호까지의 규정에 따른 사항 외에 국가 행정목적 달성을 위한 필요성

2. 신탁 개발(법 제58조)

① 일반재산은 대통령령으로 정하는 바에 따라 부동산신탁을 취급하는 신탁업자에게 신탁하여 개발할 수 있다.

② 중앙관서의 장이 소관 특별회계나 기금에 속하는 일반재산을 제1항에 따라 개발하려는 경우에는 신탁업 자의 선정, 신탁기간, 신탁보수, 자금차입의 한도, 시설물의 용도 등에 대하여 대통령령으로 정하는 바에 따라 총괄청과 협의하여야 한다. 협의된 사항 중 대통령령으로 정하는 중요 사항을 변경하려는 경우에도 또한 같다.

③ 제42조 제1항에 따라 관리 · 처분에 관한 사무를 위임 · 위탁받은 자가 ①에 따라 개발하려는 경우에는 신탁업자의 선정, 신탁기간, 신탁보수, 자금차입의 한도, 시설물의 용도 등에 대하여 대통령령으로 정하 는 바에 따라 총괄청의 승인을 받아야 한다. 승인받은 사항 중 대통령령으로 정하는 중요 사항을 변경하 려는 경우에도 또한 같다.

④ ①에 따른 신탁으로 발생한 수익의 국가귀속방법, 그 밖에 필요한 사항은 대통령령으로 정한다.

> 영 제61조(신탁계약)
> ① 중앙관서의 장등이 법 제58조에 따라 신탁 개발하려는 경우에는 기획재정부령으로 정하는 바에 따라 신탁계약을 체결 하여야 한다.
> ② 중앙관서의 장등은 제1항에 따른 신탁계약을 체결하기 전에 신탁계약의 내용을 명백히 하여 법 제58조 제2항이나 제 3항에 따라 총괄청과 협의하거나 총괄청의 승인을 받아야 한다.

③ 법 제58조 제2항 후단에서 "대통령령으로 정하는 중요 사항" 및 같은 조 제3항 후단에서 "대통령령으로 정하는 중요 사항"이란 다음 각 호의 어느 하나에 해당하는 사항을 말한다.

1. 신탁업자의 선정
2. 신탁기간
3. 신탁보수
4. 자금차입의 한도
5. 시설물의 용도
6. 개발의 종류

영 제62조(신탁개발 수익의 국가귀속 방법 등)
① 일반재산을 신탁받은 신탁업자는 신탁기간 중 매년 말일을 기준으로 신탁사무의 계산을 하고, 발생된 수익을 다음 연도 2월 말일까지 중앙관서의 장등에 내야 한다.
② 신탁기간이 끝나거나 신탁계약이 해지된 경우 신탁업자는 신탁사무의 최종 계산을 하여 중앙관서의 장등의 승인을 받고, 해당 신탁재산을 다음 각 호의 방법으로 국가에 이전하여야 한다.
1. 토지와 그 정착물은 신탁등기를 말소하고 국가로 소유권이전등기를 한다. 다만, 등기하기 곤란한 정착물은 현 상태대로 이전한다.
2. 그 밖에 신탁으로 발생한 재산은 금전으로 중앙관서의 장등에 낸다.

3. 위탁 개발(법 제59조)

① 제42조 제1항과 제3항에 따라 관리·처분에 관한 사무를 위탁받은 자(이하 이 조에서 "수탁자"라 한다)는 위탁받은 일반재산을 개발할 수 있다.
② 수탁자가 ①에 따라 개발하려는 경우에는 위탁기간, 위탁보수, 자금차입의 한도, 시설물의 용도 등에 대하여 대통령령으로 정하는 바에 따라 총괄청이나 중앙관서의 장의 승인을 받아야 한다. 승인받은 사항 중 대통령령으로 정하는 중요 사항을 변경하려는 경우에도 또한 같다.
③ 중앙관서의 장이 ②에 따라 개발을 승인하려는 경우에는 대통령령으로 정하는 바에 따라 총괄청과 협의하여야 한다. 협의된 사항 중 대통령령으로 정하는 중요 사항을 변경하려는 경우에도 또한 같다.
④ ①에 따른 위탁 개발로 발생한 수익의 국가귀속방법, 그 밖에 필요한 사항은 대통령령으로 정한다.
⑤ ①에 따라 개발한 재산의 대부·분양·관리의 방법은 제43조·제44조·제46조 및 제47조에도 불구하고 수탁자가 총괄청이나 중앙관서의 장과 협의하여 정할 수 있다.

4. 민간참여 개발(법 제59조의2) ★34회 기출★

① 총괄청은 다음 각 호의 어느 하나에 해당하는 일반재산을 대통령령으로 정하는 민간사업자와 공동으로 개발할 수 있다.

1. 5년 이상 활용되지 아니한 재산
2. 국유재산정책심의위원회의 심의를 거쳐 개발이 필요하다고 인정되는 재산

> 영 제64의2(민간사업자)
> 법 제59조의2 제1항 각 호 외의 부분에서 "대통령령으로 정하는 민간사업자"란 다음 각 호에 해당하는 자를 제외한 법인
> (외국법인을 포함한다)을 말한다.
> 1. 국가, 지방자치단체 및 공공기관
> 2. 특별법에 따라 설립된 공사 또는 공단

② 총괄청은 ①의 개발을 위하여 설립하는 국유지개발목적회사(국유지를 개발하기 위하여 민간사업자와 공동으로 설립하는 「법인세법」 제51조의2 제1항 제9호에 따른 투자회사를 말한다. 이하 같다)와 자산관리회사(자산 관리·운용 및 처분에 관한 업무의 수행을 국유지개발목적회사로부터 위탁받은 자사관리회사로서 대통령령으로 정하는 회사를 말한다. 이하 같다)에 국유재산관리기금운용계획에 따라 출자할 수 있다. 이 경우 국유지개발목적회사에 대한 국가의 출자규모는 자본금의 100분의 30을 초과할 수 없다.

> 영 제64조의4(특수관계자)
> 법 제59조의2 제3항 각 호 외의 부분에서 "대통령령으로 정하는 특수관계에 있는 자"란 다음 각 호의 어느 하나에 해당하는 자를 말한다.
> 1. 법 제59조의2 제3항 각 호의 어느 하나에 해당하는 자가 소유한 지분이 100분의 30을 넘는 법인
> 2. 법 제59조의2 제3항 각 호의 어느 하나에 해당하는 자가 최대 주식 소유자로서 경영에 참여하고 있는 법인

③ 국유지개발목적회사와 자산관리회사에 관하여 이 법에서 정하는 사항 외에는 「상법」에서 정하는 바에 따른다.

④ 총괄청은 ②의 국유재산관리기금운용계획에서 정한 범위 외에 국가에 부담이 되는 계약을 체결하려는 경우에는 미리 국회의 의결을 얻어야 한다.

⑤ 총괄청은 ①에 따른 개발이 완료되고 출자목적이 달성된 경우 기획재정부장관이 정하는 바에 따라 ②에 따라 출자한 지분을 회수하여야 한다.

5. 민간참여 개발의 절차(법 제59조의3)

① 총괄청이 제59조의2에 따른 개발을 하려면 다음 각 호의 사항을 포함하는 민간참여 개발사업에 관한 기본계획(이하 "민간참여개발기본계획"이라 한다)을 수립하여야 한다.

> 1. 개발대상 재산 및 시설물의 용도에 관한 사항
> 2. 개발사업의 추정 투자금액·건설기간 및 규모에 관한 사항
> 3. 사전사업타당성 조사 결과에 관한 사항(「국가재정법」 제38조에 따른 예비타당성조사를 포함한다)
> 4. 민간사업자 모집에 관한 사항
> 5. 협상대상자 선정 기준 및 방법에 관한 사항
> 6. 그 밖에 개발과 관련된 중요 사항

② 총괄청은 민간참여개발기본계획에 대하여 제26조 제4항에 따른 분과위원회를 거쳐 위원회의 심의를 받아야 한다.

③ 총괄청은 ②에 따른 위원회의 전문적인 심의를 위하여 기획재정부장관이 정하는 바에 따라 수익성 분석 및 기술 분야의 전문가로 민간참여개발자문단을 구성·운영하여야 한다. 이 경우 민간참여개발자문단은 민간참여개발기본계획에 대한 자문의견서를 위원회에 제출하여야 한다.

④ 총괄청은 협상대상자 선정 기준 및 방법 등 대통령령으로 정하는 민간참여개발기본계획의 중요 사항을 변경하려는 경우 ②를 준용한다.

> 영 제64조의5(민간참여개발기본계획)
> 법 제59조의3 제4항에서 "협상대상자 선정 기준 및 방법 등 대통령령으로 정하는 민간참여개발기본계획의 중요사항을 변경하려는 경우"란 다음 각 호의 어느 하나에 해당하는 경우를 말한다.
> 1. 공용재산 부분에 대한 시설물의 용도를 변경하려는 경우
> 2. 개발사업의 추정 투자금액 또는 시설물의 규모를 100분의 10 이상 변경하려는 경우
> 3. 협상대상자 선정 기준 및 방법에 관한 사항을 변경하려는 경우
> 4. 그 밖에 총괄청이 민간참여 개발사업의 원활한 추진을 위하여 위원회 및 분과위원회의 심의를 받을 필요가 있다고 인정하는 중요사항을 변경하려는 경우

⑤ 총괄청은 ①의 민간사업자를 공개적으로 모집하고 선정하여야 한다. 이 경우 협상대상자 선정 기준 및 방법 등 모집에 관한 사항을 공고(인터넷에 게재하는 방식에 따른 경우를 포함한다)하여야 한다.

⑥ 민간사업자가 ⑤에 따라 공고된 민간참여 개발사업에 참여하려는 경우에는 타당성 조사내용, 수익배분 기준 등 대통령령으로 정하는 사항을 포함하는 민간참여개발사업계획제안서(이하 "사업제안서"라 한다)를 작성하여 총괄청에 제출하여야 한다.

⑦ 총괄청은 ⑥에 따라 제출된 사업제안서에 대하여 민간전문가가 과반수로 구성된 민간참여개발사업평가단의 평가와 위원회의 심의를 거쳐 협상대상자를 지정하여야 한다.

⑧ 총괄청은 ⑦에 따라 지정한 협상대상자와의 협의에 따라 개발사업의 추진을 위한 사업협약을 체결한다. 이 경우 제59조의2 제3항에 따른 사업비 조달 제한 및 위반 시 책임에 관한 사항이 포함되어야 한다.

⑨ ⑦에 따른 민간참여개발사업평가단의 구성·운영에 관한 사항은 대통령령으로 정한다.

6. 민간참여 개발사업의 평가(법 제59조의4)

① 총괄청은 매년 민간참여 개발사업의 추진현황 및 실적을 평가하여 위원회에 보고하여야 한다.

② 총괄청은 제1항에 따른 평가결과 제59조의2 제3항을 위반하거나 사업부실 등으로 개발목적을 달성할 수 없다고 판단하는 경우에는 위원회의 심의를 거쳐 출자지분의 회수 등 필요한 조치를 하여야 한다.

7. 손해배상책임(법 제59조의5)

제59조의3 제7항에 따라 협상대상자로 지정받은 자가 사업제안서를 거짓으로 작성하여 국가에 손해를 발생하게 한 때에는 국가에 손해를 배상할 책임을 진다.

제7절   현물출자

1. 현물출자(법 제60조)

정부는 다음 각 호의 어느 하나에 해당하는 경우에는 일반재산을 현물출자할 수 있다.

> 1. 정부출자기업체를 새로 설립하려는 경우
> 2. 정부출자기업체의 고유목적사업을 원활히 수행하기 위해 자본의 확충이 필요한 경우
> 3. 정부출자기업체의 운영체제와 경영구조의 개편을 위하여 필요한 경우

2. 현물출자 절차(법 제61조)

① 정부출자기업체는 제60조에 따라 현물출자를 받으려는 때에는 다음 각 호의 서류를 붙여 관계 법령에 따라 해당 정부출자기업체의 업무를 관장하는 행정기관의 장(이하 "주무기관의 장"이라 한다)에 신청하여야 한다.

> 1. 현물출자의 필요성
> 2. 출자재산의 규모와 명세
> 3. 출자재산의 가격평가서
> 4. 재무제표 및 경영현황
> 5. 사업계획서

② 주무기관의 장이 ①에 따라 출자신청을 받은 때에는 현물출자의 적정성 여부를 검토한 후 ①의 각 호의 서류와 현물출자의견서를 붙여 총괄청에 현물출자를 요청하여야 한다.
③ 총괄청은 ②에 따라 현물출자를 요청받은 경우에는 현물출자계획서를 작성하여 국무회의의 심의를 거쳐 대통령의 승인을 받아야 한다.

3. 출자가액 산정(법 제62조)

제60조에 따라 현물출자하는 경우에는 일반재산의 출자가액은 제44조에 따라 산정한다. 다만, 지분증권의 산정가액이 액면가에 미달하는 경우에는 그 지분증권의 액면가에 따른다.

> 영 제65조(현물출자 평가기준일)
> 법 제62조에 따라 출자가액을 산정하는 경우 재산의 평가기준일은 기획재정부장관이 정한다.

4. 출자재산 등의 수정(법 제63조)

총괄청은 평가기준일부터 출자일까지의 기간에 현물출자 대상재산이 멸실·훼손 등으로 변동된 경우에는 출자재산이나 출자가액을 수정할 수 있다. 이 경우 해당 주무기관의 장은 현물출자 대상재산의 변동 사실을 지체 없이 총괄청에 알려야 한다.

5. 현물출자에 따른 지분증권의 취득가액(법 제64조)

정부가 현물출자로 취득하는 지분증권의 취득가액은 기획재정부령으로 정하는 자산가치 이하로 한다. 다만, 지분증권의 자산가치가 액면가에 미달하는 경우로서 대통령령으로 정하는 경우에는 액면가로 할 수 있다.

> 영 제66조(현물출자에 따른 지분증권의 취득)
> 법 제64조 단서에서 "대통령령으로 정하는 경우"란 다음 각 호의 어느 하나에 해당하는 경우를 말한다.
> 1. 정부가 자본금의 전액을 출자한 기업체에 현물출자하는 경우
> 2. 정부가 출자한 현물을 회수하기 위하여 현물출자한 재산과 그 대가로 취득한 지분증권을 상호반환하는 것을 조건으로 하여 현물출자 하는 경우
> 3. 「금융산업의 구조개선에 관한 법률」 제12조에 따라 금융위원회로부터 자본감소의 명령을 받은 금융기관에 대하여 금융위원회의 요청에 따라 현물출자하는 경우
>
> 영 제67조(현물출자 재산의 반환)
> ① 제66조 제2호에 따라 출자한 현물을 반환받는 경우에 현물출자한 재산과 그 대가로 취득한 지분증권은 반환시점의 시가에도 불구하고 현물출자 당시와 동일하게 상호반환하는 것을 조건으로 하여야 한다.
> ② 제1항에 따른 반환의 시기와 그 밖에 필요한 사항은 총괄청과 기업체 간의 계약으로 정한다.

6. 「상법」의 적용 제외(법 제65조)

정부출자기업체가 제60조에 따라 현물출자를 받는 경우에는 「상법」 제295조 제2항, 제299조 제1항, 제299조의2와 제422조를 적용하지 아니한다.

1. 정부배당대상기업 및 출자재산의 적용범위(법 제65조의2)

이 절은 국유재산으로 관리되고 있는 출자재산으로서 국가가 일반회계, 특별회계 및 기금으로 지분을 가지고 있는 법인 중 대통령령으로 정하는 기업(「상속세 및 증여세법」에 따라 정부가 현물로 납입받은 지분을 가지고 있는 기업은 제외한다. 이하 이 절에서 "정부배당대상기업"이라 한다)으로부터 정부가 받는 배당(이하 이 절에서 "정부배당"이라 한다)에 대하여 적용한다.

> **영 제67조의2(정부배당대상기업의 범위)**
> 법 제65조의2에서 "대통령령으로 정하는 기업"이란 별표 2에 따른 기업을 말한다.

2. 정부배당결정의 원칙(법 제65조의3)

제8조에 따른 총괄청과 중앙관서의 장은 「상법」 또는 관계 법령에 따라 산정된 배당가능이익이 발생한 해당 정부배당대상기업에 대하여는 다음 각 호의 사항을 고려하여 적정하게 정부배당이 이루어지도록 하여야 한다.

> 1. 배당대상이 되는 이익의 규모
> 2. 정부출자수입 예산 규모의 적정성 및 정부의 재정여건
> 3. 각 정부배당대상기업의 배당률 및 배당성향
> 4. 같거나 유사한 업종의 민간부문 배당률 및 배당성향
> 5. 해당 정부배당대상기업의 자본금 규모, 내부자금 적립 규모, 부채비율, 국제결제은행의 기준에 따른 자기자본비율, 과거 배당실적, 투자재원 소요의 적정성 등 경영여건
> 6. 그 밖에 대통령령으로 정하는 배당결정 기준

> **영 제67조의3(배당결정 기준)**
> 법 제65조의3 제6호에서 "대통령령으로 정하는 배당결정 기준"이란 다음 각 호의 사항을 말한다.
> 1. 법 제65조의2에 따른 정부배당대상기업(이하 "정부배당대상기업"이라 한다)에 대한 정부의 재정지원 여부 및 규모
> 2. 정부배당대상기업의 공공성 정도
> 3. 그 밖에 총괄청이 법 제65조의2에 따른 정부배당을 적정하게 하기 위하여 필요하다고 인정하는 사항

3. 정부배당수입의 예산안 계상 등(법 제65조의4)

① 정부배당대상기업은 대통령령으로 정하는 바에 따라 정부배당수입을 추정할 수 있는 자료를 총괄청이나 중앙관서의 장에게 제출하여야 한다.
② 총괄청이나 중앙관서의 장은 ①에 따라 제출받은 자료를 기초로 다음 연도의 정부배당수입을 추정하여 소관 예산안의 세입예산 또는 기금운용계획안의 수입계획에 계상하여야 한다.

4. 정부배당의 결정(법 제65조의5)

① 정부배당대상기업은 대통령령으로 정하는 바에 따라 정부배당결정과 관련한 자료를 총괄청과 중앙관서의 장에게 각각 제출하여야 한다.

② 정부배당대상기업은 정부배당을 결정함에 있어 이사회 · 주주총회 등 정부배당결정 관련 절차를 거치지 전에 총괄청과 중앙관서의 장과 각각 미리 협의하여야 한다.

5. 국회 보고 등(법 제65조의6)

총괄청과 중앙관서의 장은 정부배당대상기업이 배당이 완료된 때에는 정부배당대상기업의 배당내역을 국회 소관 상임위원회와 예산결산특별위원회에 보고하고 공표하여야 한다.

제4장 │ 지식재산 관리 · 처분의 특례

출제포인트
- □ 지식재산의 사용허가 등
- □ 지식재산의 사용허가 등의 방법
- □ 지식재산의 사용료 등
- □ 지식재산 사용료 또는 대부료의 감면
- □ 지식재산의 사용허가 등 기간
- □ 저작권의 귀속 등

1. 지식재산의 사용허가 등(법 제65조의7)

① 지식재산의 사용허가 또는 대부(이하 "사용허가등"이라 한다)를 받은 자는 제30조 제2항 본문 및 제47조 제1항에도 불구하고 해당 중앙관서의 장등의 승인을 받아 그 지식재산을 다른 사람에게 사용 · 수익하게 할 수 있다.

② 저작권등의 사용허가등을 받은 자는 해당 지식재산을 관리하는 중앙관서의 장등의 승인을 받아 그 저작물의 변형, 변경 또는 개작을 할 수 있다.

2. 지식재산의 사용허가 등의 방법(법 제65조의8)

① 중앙관서의 장등은 지식재산의 사용허가등을 하려는 경우에는 제31조 제1항 본문 및 제47조 제1항에도 불구하고 수의의 방법으로 하되, 다수에게 일시에 또는 여러 차례에 걸쳐 할 수 있다.

② ①에 따라 사용허가등을 받은 자는 다른 사람의 이용을 방해하여서는 아니 된다.

③ 중앙관서의 장등은 ②를 위반하여 다른 사람의 이용을 방해한 자에 대하여 사용허가 등을 철회할 수 있다.

④ 중앙관서의 장등은 ①에도 불구하고 제65조의11 제1항에 따른 사용허가등의 기간 동안 신청자 외에 사용허가등을 받으려는 자가 없거나 지식재산의 효율적인 관리를 위하여 특히 필요하다고 인정하는 경우에는 특정인에 대하여만 사용허가등을 할 수 있다. 이 경우 사용허가등의 방법은 제31조 제1항 본문 및 제2항 또는 제47조 제1항에 따른다.

> 영 제67조의7(지식재산의 사용허가등의 방법)
> 중앙관서의 장등은 법 제65조의8 제4항 후단에 따라 지식재산을 일반경쟁입찰에 부치는 경우 일반경쟁입찰을 두 번 실시하여도 낙찰자가 없는 재산에 대해서는 법 제65조의8 제1항에 따라 수의의 방법으로 사용허가등을 할 수 있다.

3. 지식재산의 사용료 등(법 제65조의9)

① 지식재산의 사용허가등을 한 때에는 제32조 제1항 및 제47조 제1항에도 불구하고 해당 지식재산으로부터의 매출액 등을 고려하여 대통령령으로 정하는 사용료 또는 대부료를 징수한다.

② 동일인(상속인이나 그 밖의 포괄승계인은 피승계인과 동일인으로 본다)이 같은 지식재산을 계속 사용·수익하는 경우에는 제33조 및 제47조 제1항은 적용하지 아니한다.

4. 지식재산 사용료 또는 대부료의 감면(법 제65조의10)

중앙관서의 장등은 제34조 제1항 및 제47조 제1항에서 정한 사항 외에 다음 각 호의 어느 하나에 해당하는 경우에는 대통령령으로 정하는 바에 따라 그 사용료 또는 대부료를 감면할 수 있다.

> 1. 「농업·농촌 및 식품산업 기본법」 제3조 제2호에 따른 농업인과 「수산업·어업 발전기본법」 제3조 제3호에 따른 어업인의 소득 증대, 「중소기업기본법」 제2조에 따른 중소기업의 수출 증진, 「중소기업창업 지원법」 제2조 제2호 및 제2호의2에 따른 창업자·재창업자에 대한 지원 및 「벤처기업육성에 관한 특별조치법」 제2조 제1항에 따른 벤처기업의 창업 촉진, 그 밖에 이에 준하는 국가시책을 추진하기 위하여 중앙관서의 장등이 필요하다고 인정하는 경우 : 면제
> 2. 그 밖에 지식재산을 공익적 목적으로 활용하기 위하여 중앙관서의 장등이 필요하다고 인정하는 경우 : 감면

> **영 제67조의9(지식재산 사용료등의 감면)**
> ① 중앙관서의 장등은 법 제65조의10에 따라 사용료등을 감면하려는 경우 사용허가서 또는 대부계약서에 그 이용 방법 및 조건의 범위를 명시하여야 한다.
> ② 법 제65조의10 제2호의 경우 그 사용료등의 감면비율은 다음과 같다.
> 1. 지방자치단체에 사용허가등을 하는 경우 : 면제
> 2. 그 밖의 경우 : 사용료등의 100분의 50

5. 지식재산의 사용허가등 기간(법 제65조의11) ★33회 기출★

① 제35조 또는 제46조에도 불구하고 지식재산의 사용허가기간 또는 대부기간은 5년 이내에서 대통령령으로 정한다.

② ①에 따른 사용허가기간 또는 대부기간이 끝난 지식재산(제35조 제2항 본문 및 제46조 제2항에 따라 대통령령으로 정하는 지식재산의 경우는 제외한다)에 대하여는 ①의 사용허가기간 또는 대부기간을 초과하지 아니하는 범위에서 종전의 사용허가등을 갱신할 수 있다. 다만, 제65조의8 제4항에 따른 사용허가등의 경우에는 이를 한 번만 갱신할 수 있다.

6. 저작권의 귀속 등(법 제65조의12)

① 중앙관서의 장등은 국가 외의 자와 저작물 제작을 위한 계약을 체결하는 경우 그 결과물에 대한 저작권 귀속에 관한 사항을 계약내용에 포함하여야 한다.

② 중앙관서의 장등이 국가 외의 자와 공동으로 창작하기 위한 계약을 체결하는 경우 그 결과물에 대한 저작권은 제11조 제1항 본문에도 불구하고 공동으로 소유하며, 별도의 정함이 없으면 그 지분은 균등한 것으로 한다. 다만, 그 결과물에 대한 기여도 및 국가안전보장, 국방, 외교관계 등 계약목적물의 특수성을 고려하여 협의를 통하여 저작권의 귀속주체 또는 지분율 등을 달리 정할 수 있다.

③ 중앙관서의 장등은 ① 및 ②에 따른 계약을 체결하는 경우 그 결과물에 대한 저작권의 전부를 국가 외의 자에게 귀속시키는 내용의 계약을 체결하여서는 아니 된다.

제5장 | 대장과 보고

출제포인트
- 대장과 실태조사
- 다른 사람의 토지 등의 출입
- 가격평가 등, 국유재산관리운용보고서
- 멸실 등의 보고

1. 대장과 실태조사(법 제66조)

① 중앙관서의 장등은 제6조에 따른 구분과 종류에 따라 그 소관에 속하는 국유재산의 대장·등기사항증명서와 도면을 갖추어 두어야 한다. 이 경우 국유재산의 대장은 전산자료로 대신할 수 있다.

② 중앙관서의 장등은 매년 그 소관에 속하는 국유재산의 실태를 조사하여 ①의 대장을 정비하여야 한다.

③ ①의 대장과 ②의 실태조사에 필요한 사항은 대통령령으로 정한다.

④ 총괄청은 중앙관서별로 국유재산에 관한 총괄부를 갖추어 두어 그 상황을 명백히 하여야 한다. 이 경우 총괄부는 전산자료로 대신할 수 있다.

⑤ 총괄청, 중앙관서의 장 또는 제28조, 제29조, 제42조 제1항·제3항에 따라 관리사무를 위임받은 공무원이나 위탁받은 자가 국유재산의 관리·처분을 위하여 필요하면 등기소, 그 밖의 관계 행정기관의 장에게 무료로 필요한 서류의 열람과 등사 또는 그 등본, 초본 또는 등기사항증명서의 교부를 청구할 수 있다.

2. 다른 사람의 토지 등의 출입(법 제67조)

① 중앙관서의 장등 또는 제25조에 따라 총괄사무를 위임·위탁받은 자의 직원은 그 위임·위탁 사무의 수행이나 제66조 제2항에 따른 실태조사를 위하여 필요한 경우 다른 사람의 토지 등에 출입할 수 있다.

② ①에 따라 다른 사람의 토지 등에 출입하려는 사람은 소유자·점유자 또는 관리인(이하 이 조에서 "이해관계인"이라 한다)에게 미리 알려야 한다. 다만, 이해관계인을 알 수 없는 때에는 그러하지 아니하다.

③ 이해관계인은 정당한 사유 없이 제1항에 따른 출입을 거부하거나 방해하지 못한다.

④ ①에 따라 다른 사람의 토지 등에 출입하려는 사람은 신분을 표시하는 증표를 지니고 이를 이해관계인에게 내보여야 한다.

3. 가격평가 등(법 제68조)

국유재산의 가격평가 등 회계처리는 「국가회계법」 제11조에 따른 국가회계기준에서 정하는 바에 따른다.

4. 국유재산관리운용보고서(법 제69조)

① 중앙관서의 장은 그 소관에 속하는 국유재산에 관하여 국유재산관리운용보고서를 작성하여 다음 연도 2월 말일까지 총괄청에 제출하여야 한다. 이 경우 국유재산관리운용보고서에 포함되어야 할 사항은 대통령령으로 정한다.

② 총괄청은 ①의 국유재산관리운용보고서를 통합하여 국유재산관리운용총보고서를 작성하여야 한다.

③ 총괄청은 ②의 국유재산관리운용총보고서를 다음 연도 4월 10일까지 감사원에 제출하여 검사를 받아야 한다.

④ 총괄청은 ③에 따라 감사원의 검사를 받은 국유재산관리운용총보고서와 감사원의 검사보고서를 다음 연도 5월 31일까지 국회에 제출하여야 한다.

> **영 제70조(국유재산관리운용보고서)**
> 법 제69조 제1항에 따른 국유재산관리운용보고서에 포함되어야 할 사항은 다음과 같다.
> 1. 국유재산종합계획에 대한 집행 실적 및 평가 결과
> 2. 연도 말 국유재산의 증감 및 보유 현황
> 2의2. 「국유재산특례제한법」 제9조에 따른 운용실적
> 3. 그 밖에 국유재산의 관리·처분업무와 관련하여 중앙관서의 장이 중요하다고 인정하는 사항

5. 멸실 등의 보고(법 제70조)

중앙관서의 장등은 그 소관에 속하는 국유재산이 멸실되거나 철거된 경우에는 지체 없이 그 사실을 총괄청과 감사원에 보고하여야 한다.

6. 적용 제외(법 제71조)

국방부장관이 관리하는 제5조 제1항 제2호의 재산과 그 밖에 중앙관서의 장이 총괄청과 협의하여 정하는 재산은 제68조부터 제70조까지의 규정을 적용하지 아니한다.

제6장 | 보칙 및 벌칙

출제포인트
- 변상금의 징수
- 연체료 등의 징수
- 도시관리계획의 협의 등
- 소멸시효
- 불법시설물의 철거
- 과오납금 반환 가산금
- 정보공개
- 은닉재산 등의 신고, 변상책임
- 고유식별정보의 처리
- 2년 이하의 징역 또는 1천만 원 이하의 벌금

1. 변상금의 징수(법 제72조)

① 중앙관서의 장등은 무단점유자에 대하여 대통령령으로 정하는 바에 따라 그 재산에 대한 사용료나 대부료의 100분의 120에 상당하는 변상금을 징수한다. 다만, 다음 각 호의 어느 하나에 해당하는 경우에는 변상금을 징수하지 아니한다. ★31회 기출★

> 1. 등기사항증명서나 그 밖의 공부상의 명의인을 정당한 소유자로 믿고 적절한 대가를 지급하고 권리를 취득한 자(취득자의 상속인이나 승계인을 포함한다)의 재산이 취득 후에 국유재산으로 밝혀져 국가에 귀속된 경우
> 2. 국가나 지방자치단체가 재해대책 등 불가피한 사유로 일정 기간 국유재산을 점유하게 하거나 사용·수익하게 한 경우

② ①의 변상금은 무단점유를 하게 된 경우, 무단점유지의 용도 및 해당 무단점유자의 경제적 사정 등을 고려하여 대통령령으로 정하는 바에 따라 5년의 범위에서 징수를 미루거나 나누어 내게 할 수 있다. ★31회 기출★

③ ①에 따라 변상금을 징수하는 경우에는 제33조에 따른 사용료와 제47조에 따른 대부료의 조정을 하지 아니한다.

2. 연체료 등의 징수(법 제73조)

① 중앙관서의 장등은 국유재산의 사용료, 관리소홀에 따른 가산금, 대부료, 매각대금, 교환자금 및 변상금 (징수를 미루거나 나누어 내는 경우 이자는 제외한다)이 납부기한까지 납부되지 아니한 경우 대통령령으로 정하는 바에 따라 연체료를 징수할 수 있다. 이 경우 연체료 부과대상이 되는 연체기간은 납기일부터 60개월을 초과할 수 없다.

② 중앙관서의 장등은 국유재산의 사용료, 관리소홀에 따른 가산금, 대부료, 변상금 및 제1항에 따른 연체료가 납부기한까지 납부되지 아니한 경우에는 다음 각 호의 방법에 따라 「국세징수법」 제10조와 같은 법의 체납처분에 관한 규정을 준용하여 징수할 수 있다.

> 1. 중앙관서의 장(일반재산의 경우 제42조 제1항에 따라 관리·처분에 관한 사무를 위임받은 자를 포함한다. 이하 이 호에서 같다)은 직접 또는 관할 세무서장이나 지방자치단체의 장(이하 "세무서장등"이라 한다)에게 위임하여 징수할 수 있다. 이 경우 관할 세무서장등은 그 사무를 집행할 때 위임한 중앙관서의 장의 감독을 받는다.
> 2. 제42조 제1항에 따라 관리·처분에 관한 사무를 위탁받은 자는 관할 세무서장등에게 징수하게 할 수 있다.

3. 도시관리계획의 협의 등(법 제73조의2)

① 중앙관서의 장이나 지방자치단체의 장은 국유재산에 대하여 「국토의 계획 및 이용에 관한 법률」에 따라 도시관리계획을 결정·변경하거나 다른 법률에 따라 이용 및 보전에 관한 제한을 하는 경우 대통령령으로 정하는 바에 따라 미리 해당 국유재산을 소관하는 총괄청이나 중앙관서의 장과 협의하여야 한다.

② 중앙관서의 장등(다른 법령에 따라 국유재산의 관리·처분에 관한 사무를 위임 또는 위탁받은 자를 포함한다)은 「국토의 계획 및 이용에 관한 법률」 제65조 제3항 또는 그 밖의 법률에 따라 국유재산인 공공시설의 귀속에 관한 사항이 포함된 개발행위에 관한 인·허가 등을 하려는 자에게 의견을 제출하려는 경우에는 대통령령으로 정하는 바에 따라 총괄청과 미리 협의하여야 한다.

③ 총괄청이나 중앙관서의 장등은 국유재산을 효율적으로 관리하고 그 활용도를 높이기 위하여 필요하다고 인정하는 경우 「국토의 계획 및 이용에 관한 법률」에 따른 도서관리계획의 입안권자에게 해당 도시관리계획의 변경을 요청할 수 있다.

> 영 제72조의2(도시·군관리계획의 협의)
> ① 중앙관서의 장 또는 지방자치단체의 장이 법 제73조의2 제1항에 따라 협의하려는 경우에는 다음 각 호의 구분에 따른 자와 협의하여야 한다.
> 1. 총괄청 소관 일반재산인 경우 : 총괄청
> 2. 제1호 외의 국유재산인 경우 : 해당 국유재산을 소관하는 중앙관서의 장
> ② 중앙관서의 장등이 법 제73조의2 제2항에 따라 총괄청과 협의하려는 경우에는 사전검토 의견과 함께 기획재정부령으로 정하는 서류를 첨부하여야 한다.

4. 소멸시효(법 제73조의3)

① 이 법에 따라 금전의 급부를 목적으로 하는 국가의 권리는 5년간 행사하지 아니하면 시효의 완성으로 소멸한다.

② 제73조 제2항의 권리의 소멸시효는 다음 사유로 인하여 중단된다.

> 1. 납부고지
> 2. 독촉
> 3. 교부청구
> 4. 압류

③ ②에 따라 중단된 소멸시효는 다음 어느 하나의 기간이 지난 때부터 새로 진행한다.

> 1. 납부고지나 독촉에 따른 납입기간
> 2. 교부청구 중의 기간
> 3. 압류해제까지의 기간

④ ①에 따른 소멸시효는 다음 어느 하나에 해당하는 기간에는 진행되지 아니한다.

> 1. 이 법에 따른 분납기간, 징수유예기간
> 2. 「국세징수법」에 따른 압류·매각의 유예기간
> 3. 「국세징수법」 제25조에 따른 사해행위 취소소송이나 「민법」 제404조에 따른 채권자대위 소송을 제기하여 그 소송이 진행 중인 기간(소송이 각하·기각 또는 취소된 경우에는 시효정지의 효력이 없다)

⑤ 이 법에 따라 금전의 급부를 목적으로 하는 국가의 권리의 소멸시효에 관하여 이 법에 특별한 규정이 있는 것을 제외하고는 「민법」과 「국가재정법」에 따른다.

5. 불법시설물의 철거(법 제74조)

정당한 사유없이 국유재산을 점유하거나 이에 시설물을 설치한 경우에는 중앙관서의 장등은 「행정대집행법」을 준용하여 철거하거나 그 밖에 필요한 조치를 할 수 있다.

6. 과오납금 반환 가산금(법 제75조)

국가는 과오납된 국유재산의 사용료, 대부료, 매각대금 또는 변상금을 반환하는 경우에는 과오납된 날의 다음 날부터 반환하는 날까지의 기간에 대하여 대통령령으로 정하는 이자를 가산하여 반환한다.

> 영 제73조(과오납금 반환가산금)
> 법 제75조에서 "대통령령으로 정하는 이자"란 고시이자율을 적용하여 산출한 이자를 말한다.

7. 정보공개(법 제76조)

① 총괄청은 국유재산의 효율적인 관리와 처분을 위하여 보유·관리하고 있는 정보를 정보통신망을 활용한 정보공개시스템을 통하여 공표하여야 한다.

② ①에 따른 공표 대상 정보의 범위 및 공표 절차 등에 필요한 사항은 대통령령으로 정한다.

8. 은닉재산 등의 신고(법 제77조)

① 은닉된 국유재산인 소유자 없는 부동산을 발견하여 정부에 신고한 자에게는 대통령령으로 정하는 바에 따라 보상금을 지급할 수 있다.

② 지방자치단체가 은닉된 국유재산이나 소유자 없는 부동산을 발견하여 신고한 경우에는 대통령령으로 정하는 바에 따라 그 재산가격의 2분의 1의 범위에서 그 지방자치단체에 국유재산을 양여하거나 보상금을 지급할 수 있다.

9. 은닉재산의 자진반환자 등에 관한 특례(법 제78조)

은닉된 국유재산을 선의로 취득한 후 그 재산을 다음 각 호의 어느 하나에 해당하는 원인으로 국가에 반환한 자에게 같은 재산을 매각하는 경우에는 제50조에도 불구하고 대통령령으로 정하는 바에 따라 반환의 원인별로 차등을 두어 그 매각대금을 이자 없이 12년 이하에 걸쳐 나누어 내게 하거나 매각 가격에서 8할 이하의 금액을 뺀 잔액을 그 매각대금으로 하여 전액을 한꺼번에 내게 할 수 있다.

10. 변상책임(법 제79조)

① 제28조에 따라 국유재산의 관리에 관한 사무를 위임받은 자가 고의나 중대한 과실로 그 임무를 위반한 행위를 함으로써 그 재산에 대하여 손해를 끼친 경우에는 변상의 책임이 있다.

② ①의 변상책임에 관하여는 「회계관계직원 등의 책임에 관한 법률」 제4조 제3항·제4항 및 제6조부터 제8조까지의 규정을 준용한다.

11. 벌칙 적용에서의 공무원 의제(법 제79조의2)

위원회, 제59조의3 제3항에 따른 민간참여개발자문단 및 같은 조 제7항에 따른 민간참여개발사업평가단의 위원 중 공무원이 아닌 위원은 「형법」 제129조부터 제132조까지의 규정을 적용할 때에는 공무원으로 본다.

12. 청산절차의 특례(법 제80조)

국가가 지분증권의 2분의 1 이상을 보유하는 회사 중 대통령령으로 정하는 회사의 청산에 관하여는 「상법」 중 주주총회나 사원총회의 권한과 소집·결의 방법 등에 관한 규정에도 불구하고 대통령령으로 정하는 바에 따른다.

13. 군사분계선 이북지역에 있는 회사의 청산절차(법 제81조)

① 제80조에 따른 회사 중 그 본점이나 주사무소가 군사분계선 이북지역에 있는 회사의 청산에 관하여는 「상법」과 제80조를 준용한다. 다만, 「상법」 중 다음 각 호의 사항에 해당하는 규정은 그러하지 아니하다.

> 1. 회사의 해산등기
> 2. 청산인의 신고 및 등기
> 3. 「상법」 제533조에 따른 재산목록 및 대차대조표의 제출
> 4. 청산종결의 등기

② ①에 따라 청산절차가 진행 중인 회사가 소유하고 있는 부동산의 소유권이 「민법」 제245조에 따라 그 부동산을 무단점유하고 있는 자에게 이전될 우려가 있으면 청산절차의 종결 전에도 총괄청이 그 부동산을 국가로 귀속시킬 수 있다. 이 경우 청산종결 후 남은 재산의 분배에서 주주나 그 밖의 지분권자의 권리는 영향을 받지 아니한다. ★31회 기출★

③ ①에 따라 회사를 청산하려면 대통령령으로 정하는 바에 따라 필요한 사항을 공고하여야 한다.

④ ②나 청산절차종결에 의하여 남은 재산의 분배에 따라 국가가 해당 회사의 부동산에 대한 소유권이전등기를 촉탁하는 경우의 등기절차는 「부동산등기법」의 규정에도 불구하고 대통령령으로 정하는 바에 따른다.

> 영 제81조(군사분계선 이북지역에 있는 회사의 청산절차)
> ① 법 제81조 제1항에 따라 회사를 청산하려면 같은 조 제3항에 따라 다음 각 호의 사항을 관보에 공고하고, 전국을 보급지역으로 하여 발행되는 일간신문이나 인터넷 홈페이지, 방송 등을 통해서도 이를 공고해야 한다.
> 1. 해당 회사의 회사명 및 재산명세
> 2. 공고 후 6개월이 지날 때까지 신고를 하지 아니하는 주주, 채권자, 그 밖의 권리자는 청산에서 제외된다는 뜻
> ② 법 제81조 제2항 후단 또는 청산절차 종결에 의한 잔여재산의 분배에 따라 국가가 해당 회사의 부동산에 대한 소유권이전등기를 촉탁하는 경우에는 법 제81조 제4항에 따라 「부동산등기법」 제36조 제1항에 따른 등기의무자의 승낙서를 첨부하지 아니하며, 같은 법 제40조 제1항 제2호에 따른 등기원인을 증명하는 서면은 총괄청이 관계기관, 법인의 청산업무에 관한 학식과 경험이 풍부한 사람 등의 의견을 들어 정한 서면으로 갈음한다.

14. 보험 가입(영 제82조)

① 중앙관서의 장은 국유재산 중 연면적이 1천제곱미터 이상인 건물, 선박·항공기 및 그 종물과 법 제5조 제1항 제3호의 기계와 기구 중 중요한 것에 대해서는 손해보험에 가입하여야 한다.

② ①의 건물, 선박·항공기 및 기계·기구를 사용허가하거나 대부하는 경우에는 유상·무상 여부와 관계없이 해당 사용허가 또는 대부를 받는 자에게 미리 손해보험에 가입하게 하거나 중앙관서의 장이 부담한 보험료를 내게 할 수 있다.

15. 국유재산관리공무원에 대한 예산성과금의 지급(영 제83조)

① 총괄청 및 중앙관서의 장은 법 제28조 및 제42조에 따라 국유재산의 관리에 관한 사무를 위임받거나 그 사무의 일부를 분장하고 있는 공무원이 제도의 개선 등으로 인하여 수입을 늘리거나 지출을 절약하는 데 기여하였을 때에는 「국가재정법」 제49조에 따라 예산성과금을 지급할 수 있다.

② 총괄청은 국유재산 관리에 관한 사무를 성실히 수행하거나 우수한 업무성과를 낸 공무원 또는 기관에 포상금을 지급할 수 있다.

16. 고유식별정보의 처리(영 제84조)

총괄청 또는 중앙관서의 장등은 다음의 사무를 수행하기 위하여 불가피한 경우 「개인정보보호법 시행령」 제19조 제1호에 따른 주민등록번호가 포함된 자료를 처리할 수 있다.

1. 법 제12조에 따른 소유자 없는 부동산의 공고에 따른 이의신청 관련 사무
2. 법 제13조에 따른 기부채납 사무
3. 법 제18조에 따른 영구시설물 축조 관련 사무
4. 법 제30조(법 제47조 제1항에서 준용하는 경우를 포함한다)에 따른 사용허가 또는 대부 관련 사무
5. 법 제48조, 제54조 및 제55조에 따른 매각, 교환 및 양여 관련 사무
6. 법 제66조 및 제67조에 따른 실태조사 및 이와 관련된 토지 등의 출입
7. 법 제72조 및 제73조에 따른 변상금 또는 연체료 등의 징수
8. 법 제74조에 따른 불법시설물의 철거
9. 법 제75조에 따른 과오납금 반환
10. 법 제77조에 따른 은닉한 국유재산 또는 소유자 없는 부동산 신고 관련 사무

17. 벌칙(법 제82조)

제7조 제1항을 위반하여 행정재산을 사용하거나 수익한 자는 2년 이하의 징역 또는 2천만 원 이하의 벌금에 처한다.

○× 핵심체크

01 중앙관서의 장은 행정재산을 효율적으로 관리하기 위하여 필요하면 국가기관 외의 자에게 그 재산의 관리를 위탁할 수 있다. ○×

02 행정재산을 사용허가하려는 경우 수의의 방법으로는 사용허가를 받을 자를 결정할 수 없다. ○×

03 행정재산의 관리위탁을 받은 자는 미리 해당 중앙관서의 장의 승인을 받아 위탁받은 재산의 일부를 다른 사람에게 사용·수익하게 할 수 있다. ○×

04 중앙관서의 장은 건물 등을 신축하여 기부채납을 하려는 자가 신축기간에 그 부지를 사용하는 경우 그 사용료를 면제할 수 있다. ○×

05 중앙관서의 장은 행정재산의 사용허가를 철회하려는 경우에는 청문을 하여야 한다. ○×

06 중앙관서의 장은 「국유재산법」에 따라 용도폐지한 행정재산으로서 철거 또는 폐기할 필요가 있는 건물, 시설물, 기계 및 기구가 있으면 이를 지체 없이 철거 또는 폐기하고 총괄청에 인계하여야 한다. ○×

07 행정재산은 처분하지 못하므로, 사유재산과 교환하여 그 교환받은 재산을 행정재산으로 관리하려는 경우에도 교환할 수 없다. ○×

08 행정재산의 관리수탁자는 위탁받은 재산의 연간 관리현황을 감사원에 보고하여야 한다.

09 행정재산을 사용허가하려는 경우 수의의 방법을 우선적으로 사용하여야 한다. ○×

정답 및 해설 **01** ○ **02** × **03** ○ **04** ○ **05** ○ **06** ○ **07** × **08** × **09** ×

오답분석

02 주거용으로 사용허가를 하는 경우 등, 일정한 경우에는 수의의 방법으로 사용허가를 받을 자를 결정할 수 있다(법 제31조 제1항 단서, 영 제27조 제3항 참조).

07 행정재산은 처분하지 못하지만, 공유 또는 사유재산과 교환하여 그 교환받은 재산을 행정재산으로 관리하는 것은 가능하다(법 제27조 제1항 제1호).

08 관리수탁자는 위탁받은 재산의 연간 관리현황을 다음 연도 1월 31일까지 해당 중앙관서의 장에게 보고하여야 한다(법 제29조 제3항 및 영 제25조 제1항).

09 행정재산을 사용허가하려는 경우에는 그 뜻을 공고하여 일반경쟁에 부쳐야 한다. 다만, 사용허가의 목적·성질·규모 등을 고려하여 필요하다고 인정되면 대통령령으로 정하는 바에 따라 참가자의 자격을 제한하거나 참가자를 지명하여 경쟁에 부치거나 수의의 방법으로 할 수 있다(법 제31조 제1항).

10 중앙관서의 장은 행정재산에 대하여 일반경쟁입찰을 두 번 실시하여도 낙찰자가 없는 재산에 대하여는 세 번째 입찰부터 최초 사용료 예정가격의 100분의 10을 최저한도로 하여 매회 100분의 5의 금액만큼 그 예정가격을 낮추는 방법으로 조정할 수 있다. ☐O ☐X

11 중앙관서의 장은 그 소속 공무원에게 행정재산 관리에 관한 사무를 위임하거나 분장하게한 경우에는 그 뜻을 국토교통부장관에게 통지하여야 한다. ☐O ☐X

12 대통령 관저는 공용재산이다. ☐O ☐X

13 기업용재산은 행정재산이 아니고 일반재산이다. ☐O ☐X

14 정부기업이 직접 사업용으로 사용하는 재산은 보존용 재산이다. ☐O ☐X

15 총괄청은 일반재산을 공용재산으로 전환하여 관리할 수 있다. ☐O ☐X

16 행정재산은 시효취득의 대상이 된다. ☐O ☐X

17 총괄청은 행정재산의 용도를 폐지하는 경우 그 용도에 사용될 대체시설 제공자가 그 부담비용의 범위 안에서 당해 용도폐지 재산의 양여를 조건으로 그 대체시설을 기부하는 경우에는 이를 채납해서는 안 된다. ☐O ☐X

18 등기가 필요한 국유재산의 경우 그 권리자의 명의는 총괄청의 명칭으로 한다. ☐O ☐X

정답 및 해설 **10** × **11** × **12** ○ **13** × **14** × **15** × **16** × **17** × **18** ×

오답분석
10 중앙관서의 장은 행정재산에 대하여 일반경쟁입찰을 두 번 실시하여도 낙찰자가 없는 재산에 대하여는 세 번째 입찰부터 최초 사용료 예정가격의 100분의 20을 최저한도로 하여 매회 100분의 10의 금액만큼 그 예정가격을 낮추는 방법으로 조정할 수 있다(법 제31조 제1항 및 영 제27조 제5항).
11 중앙관서의 장은 그 소속 공무원에게 행정재산 관리에 관한 사무를 위임하거나 분장하게 한 경우에는 그 뜻을 감사원에 통지하여야 한다(영 제20조 제1항).
13 공용재산, 공공용재산, 기업용재산, 보존용재산은 행정재산이다(법 제6조 제2항).
14 기업용재산이다(법 제6조 제2항 제3호).
15 총괄청은 일반재산을 보존용재산으로 전환하여 관리할 수 있다(법 제8조 제2항).
16 행정재산은 「민법」 제245조에도 불구하고 시효취득의 대상이 되지 아니한다(법 제7조 제2항).
17 행정재산의 용도를 폐지하는 경우 그 용도에 사용될 대체시설을 제공한 자, 그 상속인, 그 밖의 포괄승계인이 그 부담한 비용의 범위에서 용도폐지된 재산을 양여할 것을 조건으로 그 대체시설을 기부하는 경우에는 조건이 붙은 것으로 보지 않기 때문에 기부채납이 가능하다(법 제13조 제2항 제2호 참조).
18 등기·등록이나 명의개서가 필요한 국유재산인 경우 그 권리자의 명의는 국으로 하되 소관 중앙관서의 명칭을 함께 적어야 한다. 다만, 대통령령으로 정하는 법인에 증권을 예탁하는 경우에는 권리자의 명의를 그 법인으로 할 수 있다(법 제14조 제2항).

19 총괄청 및 중앙관서의 장은 국유재산의 범위에 속하는 재산의 기부에 조건이 수반된 것인 경우에도 이를 채납할 수 있다. ⃞O ⃞X

20 취득한 국유재산은 당해 국유재산이 공익사업을 위한 토지 등의 취득 및 보상에 관한 법률에 의한 공익사업에 필요하게 된 경우 그 취득일부터 10년 간은 이를 매각할 수 없다. ⃞O ⃞X

21 사유공물도 공용폐지되지 아니하는 한 시효취득의 대상이 되지 아니한다. ⃞O ⃞X

22 국유재산에 관한 사무에 종사하는 직원은 그 처리하는 국유재산을 취득하거나 자기의 소유재산과 교환하지 못한다. 다만, 해당 총괄청이나 중앙관서의 장에게 신고를 한 때에는 그러하지 아니하다. ⃞O ⃞X

23 중앙관서의 장이 행정재산의 사용허가를 취소하거나 철회하려는 경우에 청문의 실시여부는 중앙관서의 장의 재량사항이다. ⃞O ⃞X

24 일반재산의 최대 대부기간은 5년이다. ⃞O ⃞X

25 일반재산의 대부료 등에 대하여는 행정재산의 사용허가 관련 조항이 준용된다. ⃞O ⃞X

정답 및 해설   **19** ×   **20** ×   **21** ×   **22** ×   **23** ×   **24** ×   **25** ○

오답분석

19 총괄청이나 중앙관서의 장은 국가에 기부하려는 재산이 국가가 관리하기 곤란하거나 필요하지 아니한 것인 경우 또는 기부에 조건이 붙은 경우에는 받아서는 아니 된다(법 제13조 제2항).

20 취득한 국유재산은 해당 국유재산이 「공익사업을 위한 토지 등의 취득 및 보상에 관한 법률」에 의한 공익사업에 필요하게 된 경우를 제외하고는 그 등기일부터 10년 간은 처분을 하여서는 아니된다(법 제12조 제4항, 영 제7조 제3항 제1호).

21 사유공물이란 공적목적에 제공되고 있는 물건(공물) 중 그 소유권이 국가외의 자에게 있는 물건이다. 원칙적으로 사유재산은 시효취득의 대상이 된다.

22 국유재산에 관한 사무에 종사하는 직원은 그 처리하는 국유재산을 취득하거나 자기의 소유재산과 교환하지 못한다. 다만, 해당 총괄청이나 중앙관서의 장의 허가를 받은 경우에는 그러하지 아니하다(법 제20조).

23 중앙관서의 장은 행정재산의 사용허가를 취소하거나 철회하려는 경우에는 청문을 하여야 한다.

24 20년이다(법 제46조 제1항 제1호 참조).

제3편 | 확인학습문제

01 국유재산법령상 국유재산의 구분과 종류에 관한 설명으로 옳은 것은? ★25회 기출★

① 국유재산은 그 형상에 따라 행정재산과 공공재산 및 일반재산으로 구분한다.
② 대통령 관저는 공용재산이 아니다.
③ 국가가 비상근무에 종사하는 공무원에게 제공하는, 해당 근무지의 구내 또는 이와 인접한 장소에 설치된 주거용 시설은 공공용재산이다.
④ 정부기업이 인사명령에 의하여 지역을 순환하여 근무하는 소속 직원의 주거용으로 사용하는 재산은 기업용재산이다.
⑤ 국가가 보존할 필요가 있다고 국토교통부장관이 결정한 재산은 보존용재산이다.

해설
난도 ★

① (×) 국유재산은 그 용도에 따라 행정재산과 일반재산으로 구분한다『「국유재산법」(이하 제4편에서 "법"이라 한다) 제6조 제1항}.
② (×) 공용재산이다『「국유재산법 시행령」(이하 제4편에서 "영"이라 한다) 제4조 제2항 제1호 참조}.
③ (×) 기업용재산이다(법 제6조 제2항 제3호 및 영 제4조 제3항 참조).
④ (○) 법 제6조 제2항 제3호 및 영 제4조 제3항 참조
⑤ (×) 보존용재산은 법령이나 그 밖의 필요에 따라 국가가 보존하는 재산이다(법 제6조 제2항 제4호).

답 ④

02 국유재산업법령상 행정재산에 해당하지 <u>않는</u> 것은? ★22회 기출★

① 국가가 매수하여 공무원의 주거용으로 사용하는 건물
② 국가가 기부채납 받아 직접 사업용으로 사용하는 토지
③ 정부기업이 그 기업에 종사하는 직원의 주거용으로 사용하는 국가소유의 건물
④ 국가가 임차하여 직접 사무용으로 사용하는 건물
⑤ 국가가 보존할 필요가 있다고 총괄청이 결정한 국가소유의 건물

해설

난도 ★★

④ 행정재산은 국유재산의 일부이다. 따라서 국가가 임차한 재산이 행정재산이 될 수는 없다.

> **법 제6조(국유재산의 구분과 종류)**
> ① 국유재산은 그 용도에 따라 행정재산과 일반재산으로 구분한다.
> ② 행정재산의 종류는 다음 각 호와 같다.
> 1. 공용재산 : 국가가 직접 사무용·사업용 또는 공무원의 주거용(직무 수행을 위하여 필요한 경우로서 대통령령으로 정하는 경우로 한정한다)으로 사용하거나 대통령령으로 정하는 기한까지 사용하기로 결정한 재산
> 2. 공공용재산 : 국가가 직접 공공용으로 사용하거나 대통령령으로 정하는 기한까지 사용하기로 결정한 재산
> 3. 기업용재산 : 정부기업이 직접 사무용·사업용 또는 그 기업에 종사하는 직원의 주거용(직무 수행을 위하여 필요한 경우로서 대통령령으로 정하는 경우로 한정한다)으로 사용하거나 대통령령으로 정하는 기한까지 사용하기로 결정한 재산
> 4. 보존용재산 : 법령이나 그 밖의 필요에 따라 국가가 보존하는 재산
> ③ "일반재산"이란 행정재산 외의 모든 국유재산을 말한다.

답 ④

---

03 국유재산법령상 국유재산에 관한 설명으로 옳지 <u>않은</u> 것은?　　　　★30회 기출★

① 사권이 설정된 재산을 판결에 따라 취득하는 경우 그 사권이 소멸된 후가 아니면 국유재산으로 취득하지 못한다.
② 국유재산의 범위에는 선박, 지상권, 광업권, 특허권, 저작권이 포함된다.
③ 총괄청은 다음 연도의 국유재산의 관리·처분에 관한 계획의 작성을 위한 지침을 매년 4월 30일까지 중앙관서의 장에게 통보하여야 한다.
④ 총괄청은 일반재산을 보존용재산으로 전환하여 관리할 수 있다.
⑤ 확정판결에 따라 일반재산에 사권을 설정할 수 있다.

해설

난도 ★★★

① (×) 사권이 설정된 재산은 그 사권이 소멸된 후가 아니면 국유재산으로 취득하지 못한다. 다만, 판결에 따라 취득하는 경우에는 그러하지 아니하다(법 제11조 제1항).
② (○) 법 제5조 제1항
③ (○) 법 제9조 제1항
④ (○) 법 제8조 제2항
⑤ (○) 법 제11조 제2항, 영 제6조 제1호

답 ①

04 국유재산법령상 국유재산으로 기부채납을 받을 수 있는 경우는?

★22회 기출★

① 국가에 기부하려는 재산이 재산가액 대비 유지·보수 비용이 지나치게 많은 경우
② 기부자의 상속인에게 무상으로 사용허가하여 줄 것을 조건으로 하여 국가에 행정재산으로 기부하는 경우
③ 기부하려는 재산이 국가에 이익이 없는 것으로 인정되는 경우
④ 기부자의 사망 후 상속인에게 반환하여 줄 것을 조건으로 국가에 재산을 기부하는 경우
⑤ 특정한 행정재산의 용도를 변경하여 줄 것을 조건으로 국가에 재산을 기부하는 경우

해설

난도 ★★

② 법 제13조 참조

> **법 제13조(기부채납)**
> ① 총괄청이나 중앙관서의 장(특별회계나 기금에 속하는 국유재산으로 기부받으려는 경우만 해당한다)은 제5조 제1항 각 호의 재산을 국가에 기부하려는 자가 있으면 대통령령으로 정하는 바에 따라 받을 수 있다.
> ② 총괄청이나 중앙관서의 장은 제1항에 따라 국가에 기부하려는 재산이 국가가 관리하기 곤란하거나 필요하지 아니한 것인 경우 또는 기부에 조건이 붙은 경우에는 받아서는 아니 된다. 다만, 다음 각 호의 어느 하나에 해당하는 경우에는 기부에 조건이 붙은 것으로 보지 아니한다.
> 1. 행정재산으로 기부하는 재산에 대하여 기부자, 그 상속인, 그 밖의 포괄승계인에게 무상으로 사용허가하여 줄 것을 조건으로 그 재산을 기부하는 경우
> 2. 행정재산의 용도를 폐지하는 경우 그 용도에 사용될 대체시설을 제공한 자, 그 상속인, 그 밖의 포괄승계인이 그 부담한 비용의 범위에서 제55조 제1항 제3호에 따라 용도폐지된 재산을 양여할 것을 조건으로 그 대체시설을 기부하는 경우

답 ②

05 국유재산의 구분과 종류에 관한 설명으로 옳지 <u>않은</u> 것은?

① 공용재산 – 국가가 직접 그 사무용·사업용 또는 공무원의 주거용으로 사용하거나 사용하기로 결정한 재산

② 공공용재산 – 국가가 직접 그 공공용으로 사용하거나 사용하기로 결정한 재산

③ 기업용재산 – 정부기업이 직접 그 사무용·사업용(당해 기업에 종사하는 직원의 주거용은 제외)으로 사용하거나 사용하기로 결정한 재산

④ 보존용재산 – 법령이나 그 밖의 필요에 따라 국가가 보존하는 재산

⑤ 일반재산 – 행정재산 이외의 모든 국유재산

해설
난도 ★

③ (×) 기업용재산 : 정부기업이 직접 사무용·사업용 또는 그 기업에 종사하는 직원의 주거용(직무 수행을 위하여 필요한 경우로서 대통령령으로 정하는 경우로 한정한다)으로 사용하거나 대통령령으로 정하는 기한까지 사용하기로 결정한 재산(법 제6조 제2항 제3호)

답 ③

---

06 국유재산법령상 국유재산의 관리에 관한 설명으로 옳지 <u>않은</u> 것은?

① 기획재정부장관은 일반재산을 보존용재산으로 전환하여 관리할 수 있다.

② 행정재산이라도 판결에 따라 사권을 설정하는 것은 허용된다.

③ 판결에 따라 취득하는 경우에는 사권이 설정된 재산이라도 국유재산으로 취득할 수 있다.

④ 국가는 행정재산에 건물, 교량 등 구조물과 그 밖의 영구시설물을 축조할 수 있다.

⑤ 총괄청이나 중앙관서의 장은 소유자 없는 부동산을 국유재산으로 취득한다.

해설
난도 ★★

② (×) 국유재산에는 사권을 설정하지 못한다. 다만, 일반재산에 대하여 대통령령으로 정하는 경우에는 그러하지 아니하다(법 제11조 제2항).

답 ②

07 국유재산법령상 총괄청의 권한에 해당하지 <u>않는</u> 것은?

☑확인
Check!
○
△
×

① 중앙관서의 장에게 해당 국유재산의 관리상황에 관한 보고의 요구
② 중앙관서의 장에게 그 소관 국유재산 용도폐지의 요구
③ 국유재산의 관리 · 처분에 관한 소관 중앙관서의 장이 분명하지 아니한 국유재산에 대한 그 소관 중앙관서 장의 지정
④ 중앙관서 소관 국유재산의 관리 · 처분 업무를 효율적으로 수행하기 위한 국유재산 책임관의 임명
⑤ 국유재산관리기금의 관리 · 운용을 위하여 필요한 자금의 차입

해설
난도 ★
① 법 제21조 제1항
② 법 제22조 제1항
③ 법 제24조
④ 중앙관서의 장은 소관 국유재산의 관리 · 처분 업무를 효율적으로 수행하기 위하여 그 관서의 고위공무원으로서 기획 업무를 총괄하는 직위에 있는 자를 국유재산책임관으로 임명하여야 한다(법 제27조의2 제1항).
⑤ 법 제26조의4 제1항

답 ④

08 국유재산법령상 시효취득에 관한 설명으로 옳은 것은?(다툼이 있으면 판례에 의함)

☑확인
Check!
○
△
×

① 보존용재산은 「민법」상 시효취득의 대상이 된다.

② 일반재산은 취득시효기간 동안 계속하여 일반재산이어야만 취득시효가 완성된다.

③ 행정재산이 기능을 상실하여 본래의 용도에 제공되지 않는 상태에 있었다면 공용폐지 없어도 시효취득의 대상이 된다.

④ 토지의 지목이 도로이고 국유재산대장에 등재되어 있다면 그 사실만으로 당해 토지는 시효취득의 대상이 되지 않는다.

⑤ 국유 하천부지는 공용개시행위가 있어야만 시효취득의 대상이 되지 않는다.

해설
난도 ★★

① (×) 행정재산이나 보존재산은 공용폐지가 되지 아니하는 한 사법상 거래의 대상이 될 수 없으므로 시효취득의 대상이 되지 않는다.

② (○) 「국유재산법」 제7조 제2항은 "행정재산은 「민법」 제245조에도 불구하고 시효취득의 대상이 되지 아니한다"라고 규정하고 있으므로, 국유재산에 대한 취득시효가 완성되기 위해서는 그 국유재산이 취득시효기간 동안 계속하여 행정재산이 아닌 시효취득의 대상이 될 수 있는 일반재산이어야 한다.

③ (×) 행정재산이 기능을 상실하여 본래의 용도에 제공되지 않는 상태에 있다 하더라도 관계 법령에 의하여 용도폐지가 되지 아니한 이상 당연히 취득시효의 대상이 되는 일반재산이 되는 것은 아니고, 공용폐지의 의사표시는 묵시적인 방법으로도 가능하나 행정재산이 본래의 용도에 제공되지 않는 상태에 있다는 사정만으로는 묵시적인 공용폐지의 의사표시가 있다고 볼 수도 없다.

④ (×) 토지의 지목이 도로이고 국유재산대장에 등재되어 있다는 사정만으로 바로 그 토지가 도로로서 행정재산에 해당하는지 여부(소극) : 「국유재산법」 상의 행정재산이란 국가가 소유하는 재산으로서 직접 공용, 공공용, 또는 기업용으로 사용하거나 사용하기로 결정한 재산을 말하는 것이고(「국유재산법」 제6조 참조), 그 중 도로와 같은 인공적 공공용 재산은 법령에 의하여 지정되거나 행정처분으로써 공공용으로 사용하기로 결정한 경우, 또는 행정재산으로 실제로 사용하는 경우의 어느 하나에 해당하여야 비로소 행정재산이 되는 것인데, 특히 도로는 도로로서의 형태를 갖추고, 도로법에 따른 노선의 지정 또는 인정의 공고 및 도로구역 결정·고시를 한 때 또는 도시계획법 또는 도시재개발법 소정의 절차를 거쳐 도로를 설치하였을 때에는 공공용물로서 공용개시행위가 있다고 할 것이므로, 토지의 지목이 도로이고 국유재산대장에 등재되어 있다는 사정만으로 바로 그 토지가 도로로서 행정재산에 해당한다고 할 수는 없다(대판 2009다41533).

⑤ (×) 국유 하천부지는 자연의 상태 그대로 공공용에 제공될 수 있는 실체를 갖추고 있는 이른바 자연공물로서 별도의 공용개시행위가 없더라도 행정재산이 되고 그 후 본래의 용도에 공여되지 않는 상태에 놓여 있더라도 국유재산법령에 의한 용도폐지를 하지 않은 이상 당연히 잡종재산으로 된다고는 할 수 없으며, 농로나 구거와 같은 이른바 인공적 공공용 재산은 법령에 의하여 지정되거나 행정처분으로 공공용으로 사용하기로 결정한 경우, 또는 행정재산으로 실제 사용하는 경우의 어느 하나에 해당하면 행정재산이 된다(대판 2005도7523).

답 ②

09 국유재산의 보호와 관련한 다음의 설명 중 옳지 <u>않은</u> 것은?

① 국유재산 중 기업용 재산에는 사권의 설정이 가능하다.
② 국유재산 중 일반재산은 시효취득의 대상이 된다.
③ 사권이 설정된 재산이라도 사권을 소멸시키면 국유재산으로 취득할 수 있다.
④ 각 부처의 장이 국유재산의 관리에 관한 법령을 입안하고자 하는 때에는 그 내용에 대해서 총괄청 및 감사원과 협의하여야 한다.
⑤ 국유재산에 관한 사무에 종사하는 직원이 중앙관서의 장의 허가 없이 국유재산을 취득하는 경우 당해 취득은 무효이다.

> 해설
> 난도 ★★
> ① (×) 사권의 설정은 일반재산에 대해서, 예외적으로 가능하다.

답 ①

10 국유재산법령상 국유재산관리기금에 관한 설명으로 옳지 <u>않은</u> 것은?

① 국유재산관리기금은 국유재산의 취득에 필요한 비용의 지출에 사용할 수 있다.
② 국유재산관리기금은 총괄청 소관 일반재산의 관리·처분에 필요한 비용의 지출에 사용할 수 있다.
③ 금융회사 등으로부터의 차입금은 국유재산관리기금의 재원에 해당한다.
④ 총괄청은 국유재산관리기금의 결산보고서 작성에 관한 사무를 한국자산관리공사에 위탁한다.
⑤ 국유재산관리기금에서 취득한 재산은 특별회계 소속으로 한다.

> 해설
> 난도 ★
> ① (○) 법 제26조의5 제1항 제1호 참조
> ② (○) 법 제26조의5 제1항 제2호 참조
> ③ (○) 법 제26조의3 제3호 및 법 제26조의4 제1항 참조
> ④ (○) 법 제26조의6 및 영 제18조의2 제1항 제2호 참조
> ⑤ (×) 국유재산관리기금에서 취득한 재산은 일반회계 소속으로 한다(법 제26조의5 제2항).

답 ⑤

제4편

공간정보의 구축 및 관리 등에 관한 법률

출제경향 & 수험대책

공간정보의 구축 및 관리 등에 관한 법률에 대해서는 평균적으로 4문제가 출제되고 있으며, 사람의 뿌리는 호적제도(가족관계등록부)이고, 땅의 뿌리는 지적제도라고 생각하면 쉽게 접근할 수 있다. 측량 및 수로조사, 지적측량, 측량기술자 및 수로기술자, 측량업 및 수로사업, 지적의 3요소, 특히 토지의 등록(소재, 지번, 지목, 면적, 경계 또는 좌표), 지적공부 중 지적공부의 등록사항은 매년 출제되고 있다. 또한 토지의 이동 신청 및 지적정리 등도 학습해야 한다.

제1장 | 총칙

출제포인트

□ 측량
□ 지적측량
□ 지적확정측량
□ 지적소관청
□ 지적공부
□ 축척변경

1. 목적(법 제1조)

이 법은 측량의 기준 및 절차와 지적공부·부동산종합공부의 작성 및 관리 등에 관한 사항을 규정함으로써 국토의 효율적 관리 및 국민의 소유권 보호에 기여함을 목적으로 한다.

2. 정의(법 제2조) ★28, 32, 33, 34회 기출★

1. "측량"이란 공간상에 존재하는 일정한 점들의 위치를 측정하고 그 특성을 조사하여 도면 및 수치로 표현하거나 도면상의 위치를 현지에 재현하는 것을 말하며, 측량용 사진의 촬영, 지도의 제작 및 각종 건설사업에서 요구하는 도면작성 등을 포함한다.

2. "기본측량"이란 모든 측량의 기초가 되는 공간정보를 제공하기 위하여 국토교통부장관이 실시하는 측량을 말한다.

3. "공공측량"이란 다음 각 목의 측량을 말한다.

    가. 국가, 지방자치단체, 그 밖에 대통령령으로 정하는 기관이 관계 법령에 따른 사업 등을 시행하기 위하여 기본측량을 기초로 실시하는 측량

    나. 가목 외의 자가 시행하는 측량 중 공공의 이해 또는 안전과 밀접한 관련이 있는 측량으로서 대통령령으로 정하는 측량

4. "지적측량"이란 토지를 지적공부에 등록하거나 지적공부에 등록된 경계점을 지상에 복원하기 위하여 제21조에 따른 필지의 경계 또는 좌표와 면적을 정하는 측량을 말하며, 지적확정측량 및 지적재조사측량을 포함한다.

4의2. "지적확정측량"이란 제86조 제1항에 따른 사업이 끝나 토지의 표시를 새로 정하기 위하여 실시하는 지적측량을 말한다.

4의3. "지적재조사측량"이란 「지적재조사에 관한 특별법」에 따른 지적재조사사업에 따라 토지의 표시를 새로 정하기 위하여 실시하는 지적측량을 말한다.

6. "일반측량"이란 기본측량, 공공측량, 지적측량 및 수로측량 외의 측량을 말한다.

7. "측량기준점"이란 측량의 정확도를 확보하고 효율성을 높이기 위하여 특정 지점을 제6조에 따른 측량기준에 따라 측정하고 좌표 등으로 표시하여 측량 시에 기준으로 사용되는 점을 말한다.

8. "측량성과"란 측량을 통하여 얻은 최종 결과를 말한다.

9. "측량기록"이란 측량성과를 얻을 때까지의 측량에 관한 작업의 기록을 말한다.

10. "지도"란 측량 결과에 따라 공간상의 위치와 지형 및 지명 등 여러 공간정보를 일정한 축척에 따라 기호나 문자 등으로 표시한 것을 말하며, 정보처리시스템을 이용하여 분석, 편집 및 입력·출력할 수 있도록 제작된 수치지형도(항공기나 인공위성 등을 통하여 얻은 영상정보를 이용하여 제작하는 정사영상지도를 포함한다)와 이를 이용하여 특정한 주제에 관하여 제작된 지하시설물도·토지이용현황도 등 대통령령으로 정하는 수치주제도를 포함한다.

18. "지적소관청"이란 지적공부를 관리하는 특별자치시장, 시장(「제주특별자치도 설치 및 국제자유도시 조성을 위한 특별법」 제10조 제2항에 따른 행정시의 시장을 포함하며, 「지방자치법」 제3조 제3항에 따라 자치구가 아닌 구를 두는 시의 시장은 제외한다)·군수 또는 구청장(자치구가 아닌 구의 구청장을 포함한다)을 말한다.

19. "지적공부"란 토지대장, 임야대장, 공유지연명부, 대지권등록부, 지적도, 임야도 및 경계점좌표등록부 등 지적측량 등을 통하여 조사된 토지의 표시와 해당 토지의 소유자 등을 기록한 대장 및 도면(정보처리시스템을 통하여 기록·저장된 것을 포함한다)을 말한다.

19의2. "연속지적도"란 지적측량을 하지 아니하고 전산화된 지적도 및 임야도 파일을 이용하여, 도면상 경계점들을 연결하여 작성한 도면으로서 측량에 활용할 수 없는 도면을 말한다.

19의3. "부동산종합공부"란 토지의 표시와 소유자에 관한 사항, 건축물의 표시와 소유자에 관한 사항, 토지의 이용 및 규제에 관한 사항, 부동산의 가격에 관한 사항 등 부동산에 관한 종합정보를 정보관리체계를 통하여 기록·저장한 것을 말한다.

20. "토지의 토지"란 지적공부에 토지의 소재·지번·지목·면적·경계 또는 좌표를 등록한 것을 말한다.

21. "필지"란 대통령령으로 정하는 바에 따라 구획되는 토지의 등록단위를 말한다.

22. "지번"이란 필지에 부여하여 지적공부에 등록한 번호를 말한다.

23. "지번부여지역"이란 지번을 부여하는 단위지역으로서 동·리 또는 이에 준하는 지역을 말한다.

24. "지목"이란 토지의 주된 용도에 따라 토지의 종류를 구분하여 지적공부에 등록한 것을 말한다.

25. "경계점"이란 필지를 구획하는 선의 굴곡점으로서 지적도나 임야도에 도해 형태로 등록하거나 경계점좌표등록부에 좌표 형태로 등록하는 점을 말한다.

26. "경계"란 필지별로 경계점들을 직선으로 연결하여 지적공부에 등록한 선을 말한다.

27. "면적"이란 지적공부에 등록한 필지의 수평면상 넓이를 말한다.

28. "토지의 이동"이란 토지의 표시를 새로 정하거나 변경 또는 말소하는 것을 말한다. ★33회 기출★

29. "신규등록"이란 새로 조성된 토지와 지적공부에 등록되어 있지 아니한 토지를 지적공부에 등록하는 것을 말한다.

30. "등록전환"이란 임야대장 및 임야도에 등록된 토지를 토지대장 및 지적도에 옮겨 등록하는 것을 말한다.

31. "분할"이란 지적공부에 등록된 1필지를 2필지 이상으로 나누어 등록하는 것을 말한다.

32. "합병"이란 지적공부에 등록된 2필지 이상을 1필지로 합하여 등록하는 것을 말한다.

33. "지목변경"이란 지적공부에 등록된 지목을 다른 지목으로 바꿔 등록하는 것을 말한다.

34. "축척변경"이란 지적도에 등록된 경계점의 정밀도를 높이기 위하여 작은 축척을 큰 축척으로 변경하여 등록하는 것을 말한다.

3. 다른 법률과의 관계(법 제3조)

측량과 지적공부·부동산종합공부의 작성 및 관리에 관하여 다른 법률에 특별한 규정이 있는 경우를 제외하고는 이 법에 따른다.

4. 적용 범위(법 제4조)

다음 각 호의 어느 하나에 해당하는 측량으로서 국토교통부장관이 고시하는 측량 및 「해양조사와 해양정보 활용에 관한 법률」 제2조 제3호에 따른 수로측량에 대하여는 이 법을 적용하지 아니한다.

> 1. 국지적 측량(지적측량은 제외한다)
> 2. 고도의 정확도가 필요하지 아니한 측량
> 3. 순수 학술 연구나 군사 활동을 위한 측량

제2장 | 측량

출제포인트
- 지적현황측량
- 지적측량수행자
- 지적위원회
- 지적측량의 적부심사 등
- 측량업

제1절 지적측량

1. 지적측량의 실시 등(법 제23조)

① 다음 각 호의 어느 하나에 해당하는 경우에는 지적측량을 하여야 한다.

1. 제7조 제1항 제3호에 따른 지적기준점을 정하는 경우
2. 제25조에 따라 지적측량성과를 검사하는 경우
3. 다음 각 목의 어느 하나에 해당하는 경우로서 측량을 할 필요가 있는 경우
    가. 제74조에 따라 지적공부를 복구하는 경우
    나. 제77조에 따라 토지를 신규등록하는 경우
    다. 제78조에 따라 토지를 등록전환하는 경우
    라. 제79조에 따라 토지를 분할하는 경우
    마. 제82조에 따라 바다가 된 토지의 등록을 말소하는 경우
    바. 제83조에 따라 축척을 변경하는 경우
    사. 제84조에 따라 지적공부의 등록사항을 정정하는 경우
    아. 제86조에 따른 도시개발사업 등의 시행지역에서 토지의 이동이 있는 경우
    자. 「지적재조사에 관한 특별법」에 따른 지적재조사사업에 따라 토지의 이동이 있는 경우
4. 경계점을 지상에 복원하는 경우
5. 그 밖에 대통령령으로 정하는 경우

영 제18조(지적현황측량)
법 제23조 제1항 제5호에서 "대통령령으로 정하는 경우"란 지상건축물 등의 현황을 지적도 및 임야도에 등록된 경계와 대비하여 표시하는 데에 필요한 경우를 말한다.

② 지적측량의 방법 및 절차 등에 필요한 사항은 국토교통부령으로 정한다.

2. 지적측량 의뢰 등(법 제24조)

① 토지소유자 등 이해관계인은 제23조 제1항 제1호 및 제3호(자목은 제외한다)부터 제5호까지의 사유로 지적측량을 할 필요가 있는 경우에는 다음 각 호의 어느 하나에 해당하는 자(이하 "지적측량수행자"라 한다)에게 지적측량을 의뢰하여야 한다.

> 1. 제44조 제1항 제2호의 지적측량업의 등록을 한 자
> 2. 「국가공간정보 기본법」 제12조에 따라 설립된 한국국토정보공사(이하 "한국국토정보공사"라 한다)

② 지적측량수행자는 ①에 따른 지적측량 의뢰를 받으면 지적측량을 하여 그 측량성과를 결정하여야 한다.

③ ① 및 ②에 따른 지적측량 의뢰 및 측량성과 결정 등에 필요한 사항은 국토교통부령으로 정한다.

3. 지적측량성과의 검사(법 제25조)

① 지적측량수행자가 제23조에 따라 지적측량을 하였으면 시·도지사, 대도시 시장(「지방자치법」 제175조에 따라 서울특별시·광역시 및 특별자치시를 제외한 인구 50만 이상의 시의 시장을 말한다. 이하 같다) 또는 지적소관청으로부터 측량성과에 대한 검사를 받아야 한다. 다만, 지적공부를 정리하지 아니하는 측량으로서 국토교통부령으로 정하는 측량의 경우에는 그러하지 아니하다.

② ①에 따른 지적측량성과의 검사방법 및 검사절차 등에 필요한 사항은 국토교통부령으로 정한다.

4. 토지의 이동에 따른 면적 등의 결정방법(법 제26조)

① 합병에 따른 경계·좌표 또는 면적은 따로 지적측량을 하지 아니하고 다음 각 호의 구분에 따라 결정한다.

> 1. 합병 후 필지의 경계 또는 좌표 : 합병 전 각 필지의 경계 또는 좌표 중 합병으로 필요 없게 된 부분을 말소하여 결정
> 2. 합병 후 필지의 면적 : 합병 전 각 필지의 면적을 합산하여 결정

② 등록전환이나 분할에 따른 면적을 정할 때 오차가 발생하는 경우 그 오차의 허용 범위 및 처리방법 등에 필요한 사항은 대통령령으로 정한다.

5. 지적기준점성과의 보관 및 열람 등(법 제27조)

① 시·도지사나 지적소관청은 지적기준점성과(지적기준점에 의한 측량성과를 말한다. 이하 같다)와 그 측량기록을 보관하고 일반인이 열람할 수 있도록 하여야 한다.

② 지적기준점성과의 등본이나 그 측량기록의 사본을 발급받으려는 자는 국토교통부령으로 정하는 바에 따라 시·도지사나 지적소관청에 그 발급을 신청하여야 한다.

6. 지적위원회(법 제28조)

① 다음 각 호의 사항을 심의 · 의결하기 위하여 국토교통부에 중앙지적위원회를 둔다.

1. 지적 관련 정책 개발 및 업무 개선 등에 관한 사항
2. 지적측량기술의 연구 · 개발 및 보급에 관한 사항
3. 제29조 제6항에 따른 지적측량 적부심사에 대한 재심사
4. 제39조에 따른 측량기술자 중 지적분야 측량기술자(이하 "지적기술자"라 한다)의 양성에 관한 사항
5. 제42조에 따른 지적기술자의 업무정지 처분 및 징계요구에 관한 사항

영 제20조(중앙지적위원회의 구성 등)
① 법 제28조 제1항에 따른 중앙지적위원회(이하 "중앙지적위원회"라 한다)는 위원장 1명과 부위원장 1명을 포함하여 5명 이상 10명 이하의 위원으로 구성한다.
② 위원장은 국토교통부의 지적업무 담당 국장이, 부위원장은 국토교통부의 지적업무 담당 과장이 된다.
③ 위원은 지적에 관한 학식과 경험이 풍부한 사람 중에서 국토교통부장관이 임명하거나 위촉한다.
④ 위원장 및 부위원장을 제외한 위원의 임기는 2년으로 한다.
⑤ 중앙지적위원회의 간사는 국토교통부의 지적업무 담당 공무원 중에서 국토교통부장관이 임명하며, 회의 준비, 회의록 작성 및 회의 결과에 따른 업무 등 중앙지적위원회의 서무를 담당한다.
⑥ 중앙지적위원회의 위원에게는 예산의 범위에서 출석수당과 여비, 그 밖의 실비를 지급할 수 있다. 다만, 공무원인 위원이 그 소관 업무와 직접적으로 관련되어 출석하는 경우에는 그러하지 아니하다.

영 제20조의2(위원의 제척 · 기피 · 회피)
① 중앙지적위원회의 위원이 다음 각 호의 어느 하나에 해당하는 경우에는 중앙지적위원회의 심의 · 의결에서 제척된다.
1. 위원 또는 그 배우자나 배우자이었던 사람이 해당 안건의 당사자가 되거나 그 안건의 당사자와 공동권리자 또는 공동의무자인 경우
2. 위원이 해당 안건의 당사자와 친족이거나 친족이었던 경우
3. 위원이 해당 안건에 대하여 증언, 진술 또는 감정을 한 경우
4. 위원이나 위원이 속한 법인 · 단체 등이 해당 안건의 당사자의 대리인이거나 대리인이었던 경우
5. 위원이 해당 안건의 원인이 된 처분 또는 부작위에 관여한 경우
② 해당 안건의 당사자는 위원에게 공정한 심의 · 의결을 기대하기 어려운 사정이 있는 경우에는 중앙지적위원회에 기피 신청을 할 수 있고, 중앙지적위원회는 의결로 이를 결정한다. 이 경우 기피 신청의 대상인 위원은 그 의결에 참여하지 못한다.
③ 위원이 제1항 각 호에 따른 제척 사유에 해당하는 경우에는 스스로 해당 안건의 심의 · 의결에서 회피하여야 한다.

영 제20조의3(위원의 해임 · 해촉)
국토교통부장관은 중앙지적위원회의 위원이 다음 각호의 어느 하나에 해당하는 경우에는 해당 위원을 해임하거나 해촉할 수 있다.
1. 심신장애로 인하여 직무를 수행할 수 없게 된 경우
2. 직무태만, 품위손상이나 그 밖의 사유로 인하여 위원으로 적합하지 아니하다고 인정되는 경우
3. 제20조의2 제1항 각 호의 어느 하나에 해당하는 데에도 불구하고 회피하지 아니한 경우

영 제21조(중앙지적위원회의 회의 등)
① 중앙지적위원회 위원장은 회의를 소집하고 그 의장이 된다.
② 위원장이 부득이한 사유로 직무를 수행할 수 없을 때에는 부위원장이 그 직무를 대행하고, 위원장 및 부위원장이 모두 부득이한 사유로 직무를 수행할 수 없을 때에는 위원장이 미리 지명한 위원이 그 직무를 대행한다.
③ 중앙지적위원회의 회의는 재적위원 과반수의 출석으로 개의하고, 출석위원 과반수의 찬성으로 의결한다.
④ 중앙지적위원회는 관계인을 출석하게 하여 의견을 들을 수 있으며, 필요하면 현지조사를 할 수 있다.

⑤ 위원장이 중앙지적위원회의 회의를 소집할 때에는 회의 일시 · 장소 및 심의안건을 회의 5일전까지 각 위원에게 서면으로 통지하여야 한다.

⑥ 위원이 법 제29조 제6항에 따른 재심사 시 그 측량 사안에 관하여 관련이 있는 경우에는 그 안건의 심의 또는 의결에 참석할 수 없다.

영 제22조(현지조사자의 지정)
제21조 제4항에 따라 중앙지적위원회가 현지조사를 하려는 경우에는 관계 공무원을 지정하여 지적측량 및 자료조사 등 현지조사를 하고 그 결과를 보고하게 할 수 있으며, 필요할 때에는 법 제24조 제1항 각 호의 어느 하나에 해당하는 자(이하 "지적측량수행자"라 한다)에게 그 소속 측량기술자 중 지적분야 측량기술자(이하 "지적기술자"라 한다)를 참여시키도록 요청할 수 있다.

영 제23조(지방지적위원회의 구성 등)
법 제28조 제2항에 따른 지방지적위원회의 구성 및 회의 등에 관하여는 제20조, 제20조의2, 제20조의3, 제21조 및 제22조를 준용한다. 이 경우 제20조, 제20조의2, 제20조의3, 제21조 및 제22조 중 "중앙지적위원회"는 "지방지적위원회"로, "국토교통부"는 "시 · 도"로, "국토교통부장관"은 "특별시장 · 광역시장 · 특별자치시장 · 도지사 또는 특별자치도지사"로, "법 제29조 제6항에 따른 재심사"는 "법 제29조 제1항에 따른 지적측량 적부심사"로 본다.

② 제29조에 따른 지적측량에 대한 적부심사 청구사항을 심의 · 의결하기 위하여 특별시 · 광역시 · 특별자치시 · 도 또는 특별자치도(이하 "시 · 도"라 한다)에 지방지적위원회를 둔다.

③ 중앙지적위원회와 지방지적위원회의 위원 구성 및 운영에 필요한 사항은 대통령령으로 정한다.

④ 중앙지적위원회와 지방지적위원회의 위원 중 공무원이 아닌 사람은 「형법」제127조 및 제129조부터 제132조까지의 규정을 적용할 때에는 공무원으로 본다.

7. 지적측량의 적부심사 등(법 제29조)

① 토지소유자, 이해관계인 또는 지적측량수행자는 지적측량성과에 대하여 다툼이 있는 경우에는 대통령령으로 정하는 바에 따라 관할 시 · 도지사를 거쳐 지방지적위원회에 지적측량 적부심사를 청구할 수 있다.

② ①에 따른 지적측량 적부심사청구를 받은 시 · 도지사는 30일 이내에 다음 각 호의 사항을 조사하여 지방지적위원회에 회부하여야 한다.

1. 다툼이 되는 지적측량의 경위 및 그 성과
2. 해당 토지에 대한 토지이동 및 소유권 변동 연혁
3. 해당 토지 주변의 측량기준점, 경계, 주요 구조물 등 현황 실측도

③ ②에 따라 지적측량 적부심사청구를 회부받은 지방지적위원회는 그 심사청구를 회부받은 날부터 60일 이내에 심의 · 의결하여야 한다. 다만, 부득이한 경우에는 그 심의기간을 해당 지적위원회의 의결을 거쳐 30일 이내에서 한 번만 연장할 수 있다.

④ 지방지적위원회는 지적측량 적부심사를 의결하였으면 대통령령으로 정하는 바에 따라 의결서를 작성하여 시 · 도지사에게 송부하여야 한다.

⑤ 시 · 도지사는 ④에 따라 의결서를 받은 날부터 7일 이내에 지적측량 적부심사 청구인 및 이해관계인에게 그 의결서를 통지하여야 한다.

⑥ ⑤에 따라 의결서를 받은 자가 지방지적위원회의 의결에 불복하는 경우에는 그 의결서를 받은 날부터 90일 이내에 국토교통부장관을 거쳐 중앙지적위원회에 재심사를 청구할 수 있다.

⑦ ⑥에 따른 재심사청구에 관하여는 ②부터 ⑤까지의 규정을 준용한다. 이 경우 "시 · 도지사"는 "국토교통부장관"으로, "지방지적위원회"는 "중앙지적위원회"로 본다.

⑧ ⑦에 따라 중앙지적위원회로부터 의결서를 받은 국토교통부장관은 그 의결서를 관할 시 · 도지사에게 송부하여야 한다.

⑨ 시 · 도지사는 ④에 따라 지방지적위원회의 의결서를 받은 후 해당 지적측량 적부심사 청구인 및 이해관계인이 ⑥에 따른 기간에 재심사를 청구하지 아니하면 그 의결서 사본을 지적소관청에 보내야 하며, ⑧에 따라 중앙지적위원회의 의결서를 받은 경우에는 그 의결서 사본에 ④에 따라 받은 지방지적위원회의 의결서 사본을 첨부하여 지적소관청에 보내야 한다.

⑩ ⑨에 따라 지방지적위원회 또는 중앙지적위원회의 의결서 사본을 받은 지적소관청은 그 내용에 따라 지적공부의 등록사항을 정정하거나 측량성과를 수정하여야 한다.

⑪ ⑨ 및 ⑩에도 불구하고 특별자치시장은 ④에 따라 지방지적위원회의 의결서를 받은 후 해당 지적측량 적부심사 청구인 및 이해관계인이 ⑥에 따른 기간에 재심사를 청구하지 아니하거나 ⑧에 따라 중앙지적위원회의 의결서를 받은 경우에는 직접 그 내용에 따라 지적공부의 등록사항을 정정하거나 측량성과를 수정하여야 한다.

⑫ 지방지적위원회의 의결이 있은 후 ⑥에 따른 기간에 재심사를 청구하지 아니하거나 중앙지적위원회의 의결이 있는 경우에는 해당 지적측량성과에 대하여 다시 지적측량적부심사청구를 할 수 없다.

제2절   측량기술자

1. 측량기술자(법 제39조)

① 이 법에서 정하는 측량은 측량기술자가 아니면 할 수 없다.

② 측량기술자는 다음 각 호의 어느 하나에 해당하는 자로서 대통령령으로 정하는 자격기준에 해당하는 자이어야 하며, 대통령령으로 정하는 바에 따라 그 등급을 나눌 수 있다.

> 1. 「국가기술자격법」에 따른 측량 및 지형공간정보, 지적, 측량, 지도 제작, 도화 또는 항공사진 분야의 기술자격 취득자
> 2. 측량, 지형공간정보, 지적, 지도 제작, 도화 또는 항공사진 분야의 일정한 학력 또는 경력을 가진 자

③ 측량기술자는 전문분야를 측량분야와 지적분야로 구분한다.

2. 측량기술자의 신고 등(법 제40조)

① 측량업무에 종사하는 측량기술자(「건설기술 진흥법」 제2조 제8호에 따른 건설기술인인 측량기술자와 「기술자법」 제2조에 따른 기술사는 제외한다. 이하 이 조에서 같다)는 국토교통부령으로 정하는 바에 따라 근무처 · 경력 · 학력 및 자격 등(이하 "근무처 및 경력등"이라 한다)을 관리하는 데에 필요한 사항을 국토교통부장관에게 신고할 수 있다. 신고사항의 변경이 있는 경우에도 같다.

② 국토교통부장관은 ①에 따른 신고를 받았으면 측량기술자의 근무처 및 경력등에 관한 기록을 유지 · 관리하여야 한다.

③ 국토교통부장관은 측량기술자가 신청하면 근무처 및 경력등에 관한 증명서(이하 "측량기술경력증"이라한다)를 발급할 수 있다.

④ 국토교통부장관은 ①에 따라 신고를 받은 내용을 확인하기 위하여 필요한 경우에는 중앙행정기관, 지방자치단체, 「초·중등교육법」 제2조 및 「고등교육법」 제2조의 학교, 신고를 한 측량기술자가 소속된 측량관련 업체 등 관련 기관의 장에게 관련자료를 제출하도록 요청할 수 있다. 이 경우 그 요청을 받은 기관의 장은 특별한 사유가 없으면 요청에 따라야 한다.

⑤ 이 법이나 그 밖의 관계 법률에 따른 인가·허가·등록·면허 등을 하려는 행정기관의 장은 측량기술자의 근무처 및 경력등을 확인할 필요가 있는 경우에는 국토교통부장관 또는 해양수산부장관의 확인을 받아야 한다.

⑥ ①에 따른 신고가 신고서의 기재사항 및 구비서류에 흠이 없고, 관계 법령 등에 규정된 형식상의 요건을 충족하는 경우에는 신고서가 접수기관에 도달된 때에 신고된 것으로 본다.

⑦ ①부터 ⑥까지에서 규정한 사항 외에 측량기술자의 신고, 기록의 유지·관리, 측량기술경력증의 발급 등에 필요한 사항은 국토교통부령으로 정한다.

3. 측량기술자의 의무(법 제41조)

① 측량기술자는 신의와 성실로써 공정하게 측량을 하여야 하며, 정당한 사유 없이 측량을 거부하여서는 아니 된다.

② 측량기술자는 정당한 사유 없이 그 업무상 알게 된 비밀을 누설하여서는 아니 된다.

③ 측량기술자는 둘 이상의 측량업자에게 소속될 수 없다.

④ 측량기술자는 다른 사람에게 측량기술경력증을 빌려 주거나 자기의 성명을 사용하여 측량업무를 수행하게 하여서는 아니 된다.

4. 측량기술자의 업무정지 등(법 제42조)

① 국토교통부장관은 측량기술자(「건설기술 진흥법」 제2조 제8호에 따른 건설기술인인 측량기술자는 제외한다)가 다음 각 호의 어느 하나에 해당하는 경우에는 1년(지적기술자의 경우에는 2년) 이내의 기간을 정하여 측량업무의 수행을 정지시킬 수 있다. 이 경우 지적기술자에 대하여는 대통령령으로 정하는 바에 따라 중앙지적위원회의 심의·의결을 거쳐야 한다.

> 1. 제40조 제1항에 따른 근무처 및 경력등의 신고 또는 변경신고를 거짓으로 한 경우
> 2. 제41조 제4항을 위반하여 다른 사람에게 측량기술경력증을 빌려 주거나 자기의 성명을 사용하여 측량업무를 수행하게 한 경우
> 3. 지적기술자가 제50조 제1항을 위반하여 신의와 성실로써 공정하게 지적측량을 하지 아니하거나 고의 또는 중대한 과실로 지적측량을 잘못하여 다른 사람에게 손해를 입힌 경우
> 4. 지적기술자가 제50조 제1항을 위반하여 정당한 사유 없이 지적측량 신청을 거부한 경우

② 국토교통부장관은 지적기술자가 ①의 각 호의 어느 하나에 해당하는 경우 위반행위의 횟수, 정도, 동기 및 결과 등을 고려하여 지적기술자가 소속된 한국국토정보공사 또는 지적측량업자에게 해임 등 적절한 징계를 할 것을 요청할 수 있다.

③ ①에 따른 업무정지의 기준과 그 밖에 필요한 사항은 국토교통부령으로 정한다.

제3절 측량업

1. 측량업의 등록(법 제44조)

① 측량업은 다음 각 호의 업종으로 구분한다.

> 1. 측지측량업
> 2. 지적측량업
> 3. 그 밖에 항공촬영, 지도제작 등 대통령령으로 정하는 업종

② 측량업을 하려는 자는 업종별로 대통령령으로 정하는 기술인력 · 장비 등의 등록기준을 갖추어 국토교통 부장관, 시 · 도지사 또는 대도시 시장에게 등록하여야 한다. 다만, 한국국토정보공사는 측량업의 등록을 하지 아니하고 ①의 제2호의 지적측량업을 할 수 있다.

③ 국토교통부장관, 시 · 도지사 또는 대도시 시장은 ②에 따른 측량업의 등록을 한 자(이하 "측량업자"라 한다)에게 측량업등록증 및 측량업등록수첩을 발급하여야 한다.

④ 측량업자는 등록사항이 변경된 경우에는 국토교통부장관, 시 · 도지사 또는 대도시 시장에게 신고하여야 한다.

2. 지적측량업자의 업무 범위(법 제45조)

제44조 제1항 제2호에 따른 지적측량업의 등록을 한 자(이하 "지적측량업자"라 한다)는 제23조 제1항 제1 호 및 제3호부터 제5호까지의 규정에 해당하는 사유로 하는 지적측량 중 다음 각 호의 지적측량과 지적전산 자료를 활용한 정보화사업을 할 수 있다.

> 1. 제73조에 따른 경계점좌표등록부가 있는 지역에서의 지적측량
> 2. 「지적재조사에 관한 특별법」에 따른 지적재조사지구에서 실시하는 지적재조사측량
> 3. 제86조에 따른 도시개발사업 등이 끝남에 따라 하는 지적확정측량

3. 측량업자의 지위 승계(법 제46조)

① 측량업자가 그 사업을 양도하거나 사망한 경우 또는 법인인 측량업자의 합병이 있는 경우에는 그 사업의 양수인 · 상속인 또는 합병 후 존속하는 법인이나 합병에 따라 설립된 법인은 종전의 측량업자의 지위를 승계한다.

② 제1항에 따라 측량업자의 지위를 승계한 자는 그 승계 사유가 발생한 날부터 30일 이내에 대통령령으로 정하는 바에 따라 국토교통부장관, 시·도지사 또는 대도시 시장에게 신고하여야 한다.

4. 측량업등록의 결격사유(법 제47조)

다음 각 호의 어느 하나에 해당하는 자는 측량업의 등록을 할 수 없다.

> 1. 피성년후견인 또는 피한정후견인
> 2. 이 법이나 「국가보안법」 또는 「형법」 제87조부터 제104조까지의 규정을 위반하여 금고 이상의 실형을 선고받고 그 집행이 끝나거나(집행이 끝난 것으로 보는 경우를 포함한다) 집행이 면제된 날부터 2년이 지나지 아니한 자
> 3. 이 법이나 「국가보안법」 또는 「형법」 제87조부터 제104조까지의 규정을 위반하여 금고 이상의 형의 집행유예를 선고받고 그 집행유예기간 중에 있는 자
> 4. 제52조에 따라 측량업의 등록이 취소(제47조 제1호에 해당하는 등록이 취소된 경우는 제외한다)된 후 2년이 지나지 아니한 자
> 5. 임원 중에 제1호부터 제4호까지의 어느 하나에 해당하는 자가 있는 법인

5. 측량업의 휴업·폐업 등 신고(법 제48조)

다음 각 호의 어느 하나에 해당하는 자는 국토교통부령으로 정하는 바에 따라 국토교통부장관, 시·도지사 또는 대도시 시장에게 해당 각 호의 사실이 발생한 날부터 30일 이내에 그 사실을 신고하여야 한다.

> 1. 측량업자인 법인이 파산 또는 합병 외의 사유로 해산한 경우 : 해당 법인의 청산인
> 2. 측량업자가 폐업한 경우 : 폐업한 측량업자
> 3. 측량업자가 30일 넘는 기간 동안 휴업하거나, 휴업 후 업무를 재개한 경우 : 해당 측량업자

6. 측량업등록증의 대여 금지 등(법 제49조)

① 측량업자는 다른 사람에게 자기의 측량업등록증 또는 측량업등록수첩을 빌려 주거나 자기의 성명 또는 상호를 사용하여 측량업무를 하게 하여서는 아니 된다.
② 누구든지 다른 사람의 등록증 또는 등록수첩을 빌려서 사용하거나 다른 사람의 성명 또는 상호를 사용하여 측량업무를 하여서는 아니 된다.

7. 지적측량수행자의 성실의무 등(법 제50조)

① 지적측량수행자(소속 지적기술자를 포함한다. 이하 이 조에서 같다)는 신의와 성실로써 공정하게 지적측량을 하여야 하며, 정당한 사유 없이 지적측량 신청을 거부하여서는 아니 된다.
② 지적측량수행자는 본인, 배우자 또는 직계 존속·비속이 소유한 토지에 대한 지적측량을 하여서는 아니 된다.
③ 지적측량수행자는 제106조 제2항에 따른 지적측량수수료 외에는 어떠한 명목으로도 그 업무와 관련된 대가를 받으면 아니 된다.

8. 손해배상책임의 보장(법 제51조)

① 지적측량수행자가 타인의 의뢰에 의하여 지적측량을 하는 경우 고의 또는 과실로 지적측량을 부실하게 함으로써 지적측량의뢰인이나 제3자에게 재산상의 손해를 발생하게 한 때에는 지적측량수행자는 그 손해를 배상할 책임이 있다.

② 지적측량수행자는 제1항에 따른 손해배상책임을 보장하기 위하여 대통령령으로 정하는 바에 따라 보험가입 등 필요한 조치를 하여야 한다.

9. 측량업의 등록취소 등(법 제52조)

① 국토교통부장관, 시·도지사 또는 대도시 시장은 측량업자가 다음 각 호의 어느 하나에 해당하는 경우에는 측량업의 등록을 취소하거나 1년 이내의 기간을 정하여 영업의 정지를 명할 수 있다. 다만, 제2호·제4호·제7호·제8호·제11호 또는 제15호에 해당하는 경우에는 측량업의 등록을 취소하여야 한다.

1. 고의 또는 과실로 측량을 부정확하게 한 경우
2. 거짓이나 그 밖의 부정한 방법으로 측량업의 등록을 한 경우
3. 정당한 사유 없이 측량업의 등록을 한 날부터 1년 이내에 영업을 시작하지 아니하거나 계속하여 1년 이상 휴업한 경우
4. 제44조 제2항에 따른 등록기준에 미달하게 된 경우. 다만, 일시적으로 등록기준에 미달되는 등 대통령령으로 정하는 경우는 제외한다.
5. 제44조 제4항을 위반하여 측량업 등록사항의 변경신고를 하지 아니한 경우
6. 지적측량업자가 제45조에 따른 업무 범위를 위반하여 지적측량을 한 경우
7. 제47조 각 호의 어느 하나에 해당하게 된 경우. 다만, 측량업자가 같은 조 제5호에 해당하게 된 경우로서 그 사유가 발생한 날부터 3개월 이내에 그 사유를 없앤 경우는 제외한다.
8. 제49조 제1항을 위반하여 다른 사람에게 자기의 측량업등록증 또는 측량업등록수첩을 빌려 주거나 자기의 성명 또는 상호를 사용하여 측량업무를 하게 한 경우
9. 지적측량업자가 제50조를 위반한 경우
10. 제51조를 위반하여 보험가입 등 필요한 조치를 하지 아니한 경우
11. 영업정지기간 중에 계속하여 영업을 한 경우
12. 제52조 제3항에 따른 임원의 직무정지 명령을 이행하지 아니한 경우
13. 지적측량업자가 제106조 제2항에 따른 지적측량수수료를 같은 조 제3항에 따라 고시한 금액보다 과다 또는 과소하게 받은 경우
14. 다른 행정기관이 관계 법령에 따라 등록취소 또는 영업정지를 요구한 경우
15. 「국가기술자격법」 제15조 제2항을 위반하여 측량업자가 측량기술자의 국가기술자격증을 대여 받은 사실이 확인된 경우

영 제44조(일시적인 등록기준 미달)
법 제52조 제1항 제4호 단서에서 "일시적으로 등록기준에 미달되는 등 대통령령으로 정하는 경우"란 별표 8에 따른 기술인력에 해당하는 사람의 사망·실종 또는 퇴직으로 인하여 등록기준에 미달되는 기간이 90일 이내인 경우를 말한다.

② 측량업자의 지위를 승계한 상속인이 제47조에 따른 측량업등록의 결격사유에 해당하는 경우에는 그 결격사유에 해당하게 된 날부터 6개월이 지난날까지는 제1항 제7호를 적용하지 아니한다.

③ 국토교통부장관, 시·도지사 또는 대도시 시장은 측량업자가 제47조 제5호에 해당하게 된 경우에는 같은 조 제1호부터 제4호까지의 어느 하나에 해당하는 임원의 직무를 정지하도록 해당 측량업자에게 명할 수 있다.

④ 국토교통부장관, 시·도지사 또는 대도시 시장은 제1항에 따라 측량업등록을 취소하거나 영업정지의 처분을 하였으면 그 사실을 공고하여야 한다.

⑤ 측량업등록의 취소 및 영업정지 처분에 관한 세부기준은 국토교통부령으로 정한다.

10. 측량업자의 행정처분 효과의 승계 등(법 제52조의2)

① 제48조에 따라 폐업신고한 측량업자가 폐업신고 당시와 동일한 측량업을 다시 등록한 때에는 폐업신고 전의 측량업자의 지위를 승계한다.

② ①의 경우 폐업신고 전의 측량업자에 대하여 제52조 제1항 및 제111조 제1항 각 호의 위반행위로 인한 행정처분의 효과는 그 폐업일부터 6개월 이내에 다시 측량업의 등록을 한 자(이하 이 조에서 "재등록 측량업자"라 한다)에게 승계된다.

③ ①의 경우 재등록 측량업자에 대하여 폐업신고 전의 제52조 제1항 각 호의 위반행위에 대한 행정처분을 할 수 있다. 다만, 다음 각 호의 어느 하나에 해당하는 경우는 제외한다.

> 1. 폐업신고를 한 날부터 다시 측량업의 등록을 한 날까지의 기간(이하 이 조에서 "폐업기간"이라 한다)이 2년을 초과한 경우
> 2. 폐업신고 전의 위반행위에 대한 행정처분이 영업정지에 해당하는 경우로서 폐업기간이 1년을 초과한 경우

④ ③에 따라 행정처분을 할 때에는 폐업기간과 폐업의 사유를 고려하여야 한다.

11. 등록취소 등의 처분 후 측량업자의 업무 수행 등(법 제53조)

① 등록취소 또는 영업정지 처분을 받거나 제48조에 따라 폐업신고를 한 측량업자 및 그 포괄승계인은 그 처분 및 폐업신고 전에 체결한 계약에 따른 측량업무를 계속 수행할 수 있다. 다만, 등록취소 또는 영업정지 처분을 받은 지적측량업자나 그 포괄승계인의 경우에는 그러하지 아니한다.

② ①에 따른 측량업자 또는 포괄승계인은 등록취소 또는 영업정지 처분을 받은 사실을 지체 없이 해당 측량의 발주자에게 알려야 한다.

③ ①에 따라 측량업무를 계속하는 자는 그 측량이 끝날 때까지 측량업자로 본다.

④ 측량의 발주자는 특별한 사유가 있는 경우를 제외하고는 그 측량업자로부터 ②에 따른 통지를 받거나 등록취소 또는 영업정지의 처분이 있은 사실을 안 날부터 30일 이내에만 그 측량에 관한 계약을 해지할 수 있다.

제3장 │ 지적

출제포인트
□ 지번
□ 지목
□ 면적
□ 경계
□ 토지이동

제1절   토지의 등록 ★28회 기출★

1. 토지의 조사 · 등록 등(법 제64조)

① 국토교통부장관은 모든 토지에 대하여 필지별로 소재 · 지번 · 지목 · 면적 · 경계 또는 좌표 등을 조사 · 측량하여 지적공부에 등록하여야 한다.

② 지적공부에 등록하는 지번 · 지목 · 면적 · 경계 또는 좌표는 토지의 이동이 있을 때 토지소유자(법인이 아닌 사단이나 재단의 경우에는 그 대표자나 관리인을 말한다. 이하 같다)의 신청을 받아 지적소관청이 결정한다. 다만, 신청이 없으면 지적소관청이 직권으로 조사 · 측량하여 결정할 수 있다.

③ 제2항 단서에 따른 조사 · 측량의 절차 등에 필요한 사항은 국토교통부령으로 정한다.

2. 지상경계의 구분 등(법 제65조)

① 토지의 지상경계는 둑, 담장이나 그 밖에 구획의 목표가 될 만한 구조물 및 경계점표지 등으로 구분한다.
★27회 기출★

> 영 제55조(지상 경계의 결정기준 등)
> ① 법 제65조 제1항에 따른 지상 경계의 결정기준은 다음 각 호의 구분에 따른다.
> 1. 연접되는 토지 간에 높낮이 차이가 없는 경우 : 그 구조물 등의 중앙
> 2. 연접되는 토지 간에 높낮이 차이가 있는 경우 : 그 구조물 등의 하단부
> 3. 도로 · 구거 등의 토지에 절토된 부분이 있는 경우 : 그 경사면의 상단부
> 4. 토지가 해면 또는 수면에 접하는 경우 : 최대만조위 또는 최대만수위가 되는 선
> 5. 공유수면매립지의 토지 중 제방 등을 토지에 편입하여 등록하는 경우 : 바깥쪽 어깨부분

② 지상 경계의 구획을 형성하는 구조물 등의 소유자가 다른 경우에는 제1항 제1호부터 제3호까지의 규정에도 불구하고 그 소유권에 따라 지상 경계를 결정한다.

③ 다음 각 호의 어느 하나에 해당하는 경우에는 지상 경계점에 법 제65조 제1항에 따른 경계점표지를 설치하여 측량할 수 있다.

1. 법 제86조 제1항에 따른 도시개발사업 등의 사업시행자가 사업지구의 경계를 결정하기 위하여 토지를 분할하려는 경우

2. 법 제87조 제1호 및 제2호에 따른 사업시행자와 행정기관의 장 또는 지방자치단체의 장이 토지를 취득하기 위하여 분할하려는 경우

3. 「국토의 계획 및 이용에 관한 법률」 제30조 제6항에 따른 도시·군관리계획 결정고시와 같은 법 제32조 제4항에 따른 지형도면 고시가 된 지역의 도시·군관리계획선에 따라 토지를 분할하려는 경우

4. 제65조 제1항에 따라 토지를 분할하려는 경우

5. 관계 법령에 따라 인가·허가 등을 받아 토지를 분할하려는 경우

④ 분할에 따른 지상 경계는 지상건축물을 걸리게 결정해서는 아니 된다. 다만, 다음 각 호의 어느 하나에 해당하는 경우에는 그러하지 아니하다.

1. 법원의 확정판결이 있는 경우

2. 법 제87조 제1호에 해당하는 토지를 분할하는 경우

3. 제3항 제1호 또는 제3호에 따라 토지를 분할하는 경우

⑤ 지적확정측량의 경계는 공사가 완료된 현황대로 결정하되, 공사가 완료된 현황이 사업계획도와 다를 때에는 미리 사업시행자에게 그 사실을 통지하여야 한다.

② 지적소관청은 토지의 이동에 따라 지상경계를 새로 정한 경우에는 다음 각 호의 사항을 등록한 지상경계점등록부를 작성·관리하여야 한다. ★31회 기출★

1. 토지의 소재

2. 지번

3. 경계점 좌표(경계점좌표등록부 시행지역에 한정한다)

4. 경계점 위치 설명도

5. 그 밖에 국토교통부령으로 정하는 사항

규칙 제60조(지상 경계점 등록부 작성 등)
① 법 제65조 제2항 제4호에 따른 경계점 위치 설명도의 작성 등에 관하여 필요한 사항은 국토교통부장관이 정한다.

② 법 제65조 제2항 제5호에서 "그 밖에 국토교통부령으로 정하는 사항"이란 다음 각 호의 사항을 말한다.

1. 공부상 지목과 실제 토지이용 지목

2. 경계점의 사진 파일

3. 경계점표지의 종류 및 경계점 위치

③ 법 제65조 제2항에 따른 지상경계점등록부는 별지 제58호 서식과 같다.

④ 법 제65조 제3항에 따른 경계점표지의 규격과 재질은 별표 6과 같다.

③ ①에 따른 지상경계의 결정 기준 등 지상경계의 결정에 필요한 사항은 대통령령으로 정하고, 경계점표지의 규격과 재질 등에 필요한 사항은 국토교통부령으로 정한다.

3. 지번의 부여 등(법 제66조) ★27, 30회 기출★

① 지번은 지적소관청이 지번부여지역별로 차례대로 부여한다.

② 지적소관청은 지적공부에 등록된 지번을 변경할 필요가 있다고 인정하면 시·도지사나 대도시 시장의 승인을 받아 지번부여지역의 전부 또는 일부에 대하여 지번을 새로 부여할 수 있다.

③ ①과 ②에 따른 지번의 부여방법 및 부여절차 등에 필요한 사항은 대통령령으로 정한다.

영 제56조(지번의 구성 및 부여방법 등)

① 지번은 아라비아숫자로 표기하되, 임야대장 및 임야도에 등록하는 토지의 지번은 숫자 앞에 "산"자를 붙인다.

② 지번은 본번과 부번으로 구성하되, 본번과 부번 사이에 "-"표시로 연결한다. 이 경우 "-"표시는 "의"라고 읽는다.

③ 법 제66조에 따른 지번의 부여방법은 다음 각 호와 같다.

1. 지번은 북서에서 남동으로 순차적으로 부여할 것

2. 신규등록 및 등록전환의 경우에는 그 지번부여지역에서 인접토지의 본번에 부번을 붙여서 지번을 부여할 것. 다만, 다음 각 목의 어느 하나에 해당하는 경우에는 그 지번부여지역의 최종 본번의 다음 순번부터 본번으로 하여 순차적으로 지번을 부여할 수 있다.

   가. 대상토지가 그 지번부여지역의 최종 지번의 토지에 인접하여 있는 경우

   나. 대상토지가 이미 등록된 토지와 멀리 떨어져 있어서 등록된 토지의 본번에 부번을 부여하는 것이 불합리한 경우

   다. 대상토지가 여러 필지로 되어 있는 경우

3. 분할의 경우에는 분할 후의 필지 중 1필지의 지번은 분할 전의 지번으로 하고, 나머지 필지의 지번은 본번의 최종 부번 다음 순번으로 부번을 부여할 것. 이 경우 주거·사무실 등의 건축물이 있는 필지에 대해서는 분할 전의 지번을 우선하여 부여하여야 한다.

4. 합병의 경우에는 합병 대상 지번 중 선순위의 지번을 그 지번으로 하되, 본번으로 된 지번이 있을 때에는 본번 중 선순위의 지번을 합병 후의 지번으로 할 것. 이 경우 토지소유자가 합병 전의 필지에 주거·사무실 등의 건축물이 있어서 그 건축물이 위치한 지번을 합병 후의 지번으로 신청할 때에는 그 지번을 합병 후의 지번으로 부여하여야 한다.

5. 지적확정측량을 실시한 지역의 각 필지에 지번을 새로 부여하는 경우에는 다음 각 목의 지번을 제외한 본번으로 부여할 것. 다만, 부여할 수 있는 종전 지번의 수가 새로 부여할 지번의 수보다 적을 때에는 블록 단위로 하나의 본번을 부여한 후 필지별로 부번을 부여하거나, 그 지번부여지역의 최종 본번 다음 순번부터 본번으로 하여 차례로 지번을 부여할 수 있다.

   가. 지적확정측량을 실시한 지역의 종전의 지번과 지적확정측량을 실시한 지역 밖에 있는 본번이 같은 지번이 있을 때에는 그 지번

   나. 지적확정측량을 실시한 지역의 경계에 걸쳐 있는 지번

6. 다음 각 목의 어느 하나에 해당할 때에는 제5호를 준용하여 지번을 부여할 것

   가. 법 제66조 제2항에 따라 지번부여지역의 지번을 변경할 때

   나. 법 제85조 제2항에 따른 행정구역 개편에 따라 새로 지번을 부여할 때

   다. 제72조 제1항에 따라 축척변경 시행지역의 필지에 지번을 부여할 때

④ 법 제86조에 따른 도시개발사업 등이 준공되기 전에 사업시행자가 지번부여 신청을 하면 국토교통부령으로 정하는 바에 따라 지번을 부여할 수 있다.

규칙 제61조(도시개발사업 등 준공 전 지번부여)

지적소관청은 영 제56조 제4항에 따라 도시개발사업 등이 준공되기 전에 지번을 부여하는 때에는 제95조 제1항 제3호의 사업계획도에 따르되, 영 제56조 제3항 제5호에 따라 부여하여야 한다.

영 제57조(지번변경 승인신청 등)

① 지적소관청은 법 제66조 제2항에 따라 지번을 변경하려면 지번변경 사유를 적은 승인신청서에 지번변경 대상지역의 지번·지목·면적·소유자에 대한 상세한 내용(이하 "지번등 명세"라 한다)을 기재하여 시·도지사 또는 대도시 시장에게 제출하여야 한다. 이 경우 시·도지사 또는 대도시 시장은 「전자정부법」 제36조 제1항에 따른 행정정보의 공동이용을 통하여 지번변경 대상지역의 지적도 및 임야도를 확인하여야 한다.

② 제1항에 따라 신청을 받은 시·도지사 또는 대도시 시장은 지번변경 사유 등을 심사한 후 그 결과를 지적소관청에 통지하여야 한다.

4. 지목의 종류(법 제67조) ★27, 28, 30, 31, 33회 기출★

① 지목은 전 · 답 · 과수원 · 목장용지 · 임야 · 광천지 · 염전 · 대 · 공장용지 · 학교용지 · 주차장 · 주유소용지 · 창고용지 · 도로 · 철도용지 · 제방 · 하천 · 구거 · 유지 · 양어장 · 수도용지 · 공원 · 체육용지 · 유원지 · 종교용지 · 사적지 · 묘지 · 잡종지로 구분하여 정한다.

② ①에 따른 지목의 구분 및 설정방법 등에 필요한 사항은 대통령령으로 정한다.

10. 학교용지 ★33회 기출★

학교의 교사와 이에 접속된 체육장 등 부속시설물의 부지

11. 주차장

자동차 등의 주차에 필요한 독립적인 시설을 갖춘 부지와 주차전용 건축물 및 이에 접속된 부속시설물의 부지. 다만, 다음 각목의 어느 하나에 해당하는 시설의 부지는 제외한다.

가. 「주차장법」 제2조 제1호 가목 및 다목에 따른 노상주차장 및 부설주차장(「주차장법」 제19조 제4항에 따라 시설물의 부지 인근에 설치된 부설주차장은 제외한다)

나. 자동차 등의 판매 목적으로 설치된 물류장 및 야외전시장

12. 주유소용지

다음 각 목의 토지. 다만, 자동차 · 선박 · 기차 등의 제작 또는 정비공장 안에 설치된 급유 · 송유시설 등의 부지는 제외한다.

가. 석유 · 석유제품 또는 액화석유가스, 전기 또는 수소 등의 판매를 위하여 일정한 설비를 갖춘 시설물의 부지

나. 저유소 및 원유저장소의 부지와 이에 접속된 부속시설물의 부지

13. 창고용지

물건 등을 보관하거나 저장하기 위하여 독립적으로 설치된 보관시설물의 부지와 이에 접속된 부속시설물의 부지

14. 도로 ★34회 기출★

다음 각 목의 토지. 다만, 아파트 · 공장 등 단일 용도의 일정한 단지 안에 설치된 통로 등은 제외한다.

가. 일반 공중의 교통 운수를 위하여 보행이나 차량운행에 필요한 일정한 설비 또는 형태를 갖추어 이용되는 토지

나. 「도로법」 등 관계 법령에 따라 도로로 개설된 토지

다. 고속도로의 휴게소 부지

라. 2필지 이상에 진입하는 통로로 이용되는 토지

15. 철도용지

교통운수를 위하여 일정한 궤도 등의 설비와 형태를 갖추어 이용되는 토지와 이에 접속된 역사 · 차고 · 발전시설 및 공작창 등 부속시설물의 부지

16. 제방

조수 · 자연유수 · 모래 · 바람 등을 막기 위하여 설치된 방조제 · 방수제 · 방사제 · 방파제 등의 부지

17. 하천

자연의 유수가 있거나 있을 것으로 예상되는 토지

18. 구거

용수 또는 배수를 위하여 일정한 형태를 갖춘 인공적인 수로 · 둑 및 그 부속시설물의 부지와 자연의 유수가 있거나 있을 것으로 예상되는 소규모 수로부지

19. 유지

물이 고이거나 상시적으로 물을 저장하고 있는 댐 · 저수지 · 소류지 · 호수 · 연못 등의 토지와 연 · 왕골 등이 자생하는 배수가 잘 되지 아니하는 토지

20. 양어장

육상에 인공으로 조성된 수산생물의 번식 또는 양식을 위한 시설을 갖춘 부지와 이에 접속된 부속시설물의 부지

21. 수도용지

물을 정수하여 공급하기 위한 취수 · 저수 · 도수 · 정수 · 송수 및 배수 시설의 부지 및 이에 접속된 부속시설물의 부지

22. 공원

일반 공중의 보건 · 휴양 및 정서생활에 이용하기 위한 시설을 갖춘 토지로서 「국토의 계획 및 이용에 관한 법률」에 따라 공원 또는 녹지로 결정 · 고시된 토지

23. 체육용지

국민의 건강증진 등을 위한 체육활동에 적합한 시설과 형태를 갖춘 종합운동장 · 실내체육관 · 야구장 · 골프장 · 스키장 · 승마장 · 경륜장 등 체육시설의 토지와 이에 접속된 부속시설물의 부지. 다만, 체육시설로서의 영속성과 독립성이 미흡한 정구장 · 골프연습장 · 실내수영장 및 체육도장, 유수를 이용한 요트장 및 카누장 등의 토지는 제외한다.

24. 유원지

일반 공중의 위락·휴양 등에 적합한 시설물을 종합적으로 갖춘 수영장·유선장·낚시터·어린이놀이터·동물원·식물원·민속촌·경마장, 야영장 등의 토지와 이에 접속된 부속시설물의 부지. 다만, 이들 시설과의 거리 등으로 보아 독립적인 것으로 인정되는 숙식시설 및 유기장의 부지와 하천·구거 또는 유지[공유인 것으로 한정한다]로 분류되는 것은 제외한다.

25. 종교용지

일반 공중의 종교의식을 위하여 예배·법요·설교·제사 등을 하기 위한 교회·사찰·향교 등 건축물의 부지와 이에 접속된 부속시설물의 부지

26. 사적지

문화재로 지정된 역사적인 유적·고적·기념물 등을 보존하기 위하여 구획된 토지. 다만, 학교용지·공원·종교용지 등 다른 지목으로 된 토지에 있는 유적·고적·기념물 등을 보호하기 위하여 구획된 토지는 제외한다.

27. 묘지

사람의 시체나 유골이 매장된 토지, 「도시공원 및 녹지 등에 관한 법률」에 따른 묘지공원으로 결정·고시된 토지 및 「장사 등에 관한 법률」 제2조 제9호에 따른 봉안시설과 이에 접속된 부속시설물의 부지. 다만, 묘지의 관리를 위한 건축물의 부지는 "대"로 한다.

28. 잡종지

다음 각 목의 토지. 다만, 원상회복을 조건으로 돌을 캐내는 곳 또는 흙을 파내는 곳으로 허가된 토지는 제외한다.

가. 갈대밭, 실외에 물건을 쌓아두는 곳, 돌을 캐내는 곳, 흙을 파내는 곳, 야외시장, 비행장, 공동우물

나. 변전소, 송신소, 수신소, 송유시설, 등의 부지

다. 여객자동차터미널, 자동차운전학원 및 폐차장 등 자동차와 관련된 독립적인 시설물을 갖춘 부지

라. 공항시설 및 항만시설 부지

마. 도축장, 쓰레기처리장 및 오물처리장 등의 부지

바. 그 밖에 다른 지목에 속하지 않는 토지

영 제59조(지목의 설정방법 등)

① 법 제67조 제1항에 따른 지목의 설정은 다음 각 호의 방법에 따른다.

1. 필지마다 하나의 지목을 설정할 것

2. 1필지가 둘 이상의 용도로 활용되는 경우에는 주된 용도에 따라 지목을 설정할 것

② 토지가 일시적 또는 임시적인 용도로 사용될 때에는 지목을 변경하지 아니한다.

규칙 제64조(지목의 표기방법)

지목을 지적도 및 임야도(이하 "지적도면"이라 한다)에 등록하는 때에는 다음의 부호로 표기하여야 한다.

지목	부호	지목	부호
전	전	철도용지	철
답	답	제방	제
과수원	과	하천	천
목장용지	목	구거	구
임야	임	유지	유
광천지	광	양어장	양
염전	염	수도용지	수
대	대	공원	공
공장용지	장	체육용지	체
학교용지	학	유원지	원
주차장	차	종교용지	종
주유소용지	주	사적지	사
창고용지	창	묘지	묘
도로	도	잡종지	잡

5. 면적의 단위 등(법 제68조)

① 면적의 단위는 제곱미터로 한다.

② 면적의 결정방법 등에 필요한 사항은 대통령령으로 정한다.

> 영 제60조(면적의 결정 및 측량계산의 끝수처리)
> ① 면적의 결정은 다음 각 호의 방법에 따른다.
> 1. 토지의 면적에 1제곱미터 미만의 끝수가 있는 경우 0.5제곱미터 미만일 때에는 버리고 0.5제곱미터를 초과하는 때에는 올리며, 0.5제곱미터일 때에는 구하려는 끝자리의 숫자가 0 또는 짝수이면 버리고 홀수이면 올린다. 다만, 1필지의 면적이 1제곱미터 미만일 때에는 1제곱미터로 한다.
> 2. 지적도의 축척이 600분의 1인 지역과 경계점좌표등록부에 등록하는 지역의 토지 면적은 제1호에도 불구하고 제곱미터 이하 한 자리 단위로 하되, 0.1제곱미터 미만의 끝수가 있는 경우 0.05제곱미터 미만일 때에는 버리고 0.05제곱미터를 초과할 때에는 올리며, 0.05제곱미터일 때에는 구하려는 끝자리의 숫자가 0 또는 짝수이면 버리고 홀수이면 올린다. 다만, 1필지의 면적이 0.1제곱미터 미만일 때에는 0.1제곱미터로 한다.
> ② 방위각의 각치, 종횡선의 수치 또는 거리를 계산하는 경우 구하려는 끝자리의 다음 숫자가 5 미만일 때에는 버리고 5를 초과할 때에는 올리며, 5일 때에는 구하려는 끝자리의 숫자가 0 또는 짝수이면 버리고 홀수이면 올린다. 다만, 전자계산조직을 이용하여 연산할 때에는 최종수치에만 이를 적용한다.

제2절 지적공부 ★30, 31회 기출★

1. 지적공부의 보존 등(법 제69조)

① 지적소관청은 해당 청사에 지적서고를 설치하고 그 곳에 지적공부(정보처리시스템을 통하여 기록·저장한 경우는 제외한다. 이하 이 항에서 같다)를 영구히 보존하여야 하며, 다음 각 호의 어느 하나에 해당하는 경우 외에는 해당 청사 밖으로 지적공부를 반출할 수 없다.

> 1. 천재지변이나 그 밖에 이에 준하는 재난을 피하기 위하여 필요한 경우
> 2. 관할 시·도지사 또는 대도시 시장의 승인을 받은 경우

② 지적공부를 정보처리시스템을 통하여 기록·저장한 경우 관할 시·도지사, 시장·군수 또는 구청장은 그 지적공부를 지적정보관리체계에 영구히 보존하여야 한다.

③ 국토교통부장관은 제2항에 따라 보존하여야 하는 지적공부가 멸실되거나 훼손될 경우를 대비하여 지적공부를 복제하여 관리하는 정보관리체계를 구축하여야 한다.

④ 지적서고의 설치기준, 지적공부의 보관방법 및 반출승인 절차 등에 필요한 사항은 국토교통부령으로 정한다.

2. 지적정보 전담 관리기구의 설치(법 제70조)

① 국토교통부장관은 지적공부의 효율적인 관리 및 활용을 위하여 지적정보 전담 관리기구를 설치·운영한다.

② 국토교통부장관은 지적공부를 과세나 부동산정책자료 등으로 활용하기 위하여 주민등록전산자료, 가족관계등록전산자료, 부동산등기전산자료 또는 공시지가전산자료 등을 관리하는 기관에 그 자료를 요청할 수 있으며 요청을 받은 관리기관의 장은 특별한 사정이 없으면 그 요청을 따라야 한다.

③ ①에 따른 지적정보 전담 관리기구의 설치·운영에 관한 세부사항은 대통령령으로 정한다.

3. 토지대장 등의 등록사항(법 제71조) ★33회 기출★

① 토지대장과 임야대장에는 다음 각 호의 사항을 등록하여야 한다.

> 1. 토지의 소재
> 2. 지번
> 3. 지목
> 4. 면적
> 5. 소유자의 성명 또는 명칭, 주소 및 주민등록번호(국가, 지방자치단체, 법인, 법인 아닌 사단이나 재단 및 외국인의 경우에는 「부동산등기법」 제49조에 따라 부여된 등록번호를 말한다. 이하 같다)
> 6. 그 밖에 국토교통부령으로 정하는 사항

② ①의 제5호의 소유자가 둘 이상이면 공유지연명부에 다음의 사항을 등록하여야 한다. ★30, 33회 기출★

> 1. 토지의 소재
> 2. 지번
> 3. 소유권 지분
> 4. 소유자의 성명 또는 명칭, 주소 및 주민등록번호
> 5. 그 밖에 국토교통부령으로 정하는 사항

③ 토지대장이나 임야대장에 등록하는 토지가 「부동산등기법」에 따라 대지권 등기가 되어 있는 경우에는 대지권등록부에 다음 각 호의 사항을 등록하여야 한다.

> 1. 토지의 소재
> 2. 지번
> 3. 대지권 비율
> 4. 소유자의 성명 또는 명칭, 주소 및 주민등록번호
> 5. 그 밖에 국토교통부령으로 정하는 사항

4. 지적도 등의 등록사항(법 제72조) ★31회 기출★

지적도 및 임야도에는 다음 각 호의 사항을 등록하여야 한다.

> 1. 토지의 소재
> 2. 지번
> 3. 지목
> 4. 경계
> 5. 그 밖에 국토교통부령으로 정하는 사항

5. 경계점좌표등록부의 등록사항(법 제73조)

지적소관청은 제86조에 따른 도시개발사업 등에 따라 새로이 지적공부에 등록하는 토지에 대하여는 다음의 사항을 등록한 경계점좌표등록부를 작성하고 갖춰 두어야 한다.

> 1. 토지의 소재
> 2. 지번
> 3. 좌표
> 4. 그 밖에 국토교통부령으로 정하는 사항

6. 지적공부의 복구(법 제74조)

지적소관청(제69조 제2항에 따른 지적공부의 경우에는 시·도지사, 시장·군수 또는 구청장)은 지적공부의 전부 또는 일부가 멸실되거나 훼손된 경우에는 대통령령으로 정하는 바에 따라 지체 없이 이를 복구하여야 한다.

7. 지적공부의 열람 및 등본 발급(법 제75조) ★31회 기출★

① 지적공부를 열람하거나 그 등본을 발급받으려는 자는 해당 지적소관청에 그 열람 또는 발급을 신청하여야 한다. 다만, 정보처리시스템을 통하여 기록·저장된 지적공부(지적도 및 임야도는 제외한다)를 열람하거나 그 등본을 발급받으려는 경우에는 특별자치시장, 시장·군수 또는 구청장이나 읍·면·동의 장에게 신청할 수 있다.

② ①에 따른 지적공부의 열람 및 등본 발급의 절차 등에 필요한 사항은 국토교통부령으로 정한다.

8. 지적전산자료의 이용 등(법 제76조)

① 지적공부에 관한 전산자료(연속지적도를 포함하며, 이하 "지적전산자료"라 한다)를 이용하거나 활용하려는 자는 다음 각 호의 구분에 따라 국토교통부장관, 시·도지사 또는 지적소관청에 지적전산자료를 신청하여야 한다.

> 1. 전국 단위의 지적전산자료 · 국토교통부장관, 시·도지사 또는 지적소관청
> 2. 시·도 단위의 지적전산자료 시·도지사 또는 지적소관청
> 3. 시·군·구(자치구가 아닌 구를 포함한다) 단위의 지적전산자료 : 지적소관청

> 영 제62조(지적전산자료의 이용 등)
> ① 법 제76조 제1항에 따라 지적공부에 관한 전산자료(이하 "지적전산자료"라 한다)를 이용하거나 활용하려는 자는 같은 조 제2항에 따라 다음 각 호의 사항을 적은 신청서를 관계 중앙행정기관의 장에게 제출하여 심사를 신청하여야 한다.
> 1. 자료의 이용 또는 활용 목적 및 근거
> 2. 자료의 범위 및 내용
> 3. 자료의 제공 방식, 보관 기관 및 안전관리대책 등

② 제1항에 따른 심사 신청을 받은 관계 중앙행정기관의 장은 다음 각 호의 사항을 심사한 후 그 결과를 신청인에게 통지하여야 한다.

1. 신청 내용의 타당성, 적합성 및 공익성
2. 개인의 사생활 침해 여부
3. 자료의 목적 외 사용 방지 및 안전관리대책

③ 법 제76조 제1항에 따라 지적전산자료의 이용 또는 활용에 관한 승인을 받으려는 자는 승인신청을 할 때에 제2항에 따른 심사 결과를 제출하여야 한다. 다만, 중앙행정기관의 장이 승인을 신청하는 경우에는 제2항에 따른 심사 결과를 제출하지 아니할 수 있다.

④ 제3항에 따른 승인신청을 받은 국토교통부장관, 시·도지사 또는 지적소관청은 다음 각 호의 사항을 심사하여야 한다.

1. 제2항 각 호의 사항
2. 신청한 사항의 처리가 전산정보처리조직으로 가능한지 여부
3. 신청한 사항의 처리가 지적업무수행에 지장을 주지 않는지 여부

⑤ 국토교통부장관, 시·도지사 또는 지적소관청은 제4항에 따른 심사를 거쳐 지적전산자료의 이용 또는 활용을 승인하였을 때에는 지적전산자료 이용·활용 승인대장에 그 내용을 기록·관리하고 승인한 자료를 제공하여야 한다.

⑥ 제5항에 따라 지적전산자료의 이용 또는 활용에 관한 승인을 받은 자는 국토교통부령으로 정하는 사용료를 내야 한다. 다만, 국가나 지방자치단체에 대해서는 사용료를 면제한다.

② ①에 따라 지적전산자료를 신청하려는 자는 대통령령으로 정하는 바에 따라 지적전산자료의 이용 또는 활용 목적 등에 관하여 미리 관계 중앙행정기관의 심사를 받아야 한다. 다만, 중앙행정기관의 장, 그 소속 기관의 장 또는 지방자치단체의 장이 신청하는 경우에는 그러하지 아니하다.

③ ②에도 불구하고 다음 어느 하나에 해당하는 경우에는 관계 중앙행정기관의 심사를 받지 아니할 수 있다.

1. 토지소유자가 자기 토지에 대한 지적전산자료를 신청하는 경우
2. 토지소유자가 사망하여 그 상속인이 피상속인의 토지에 대한 지적전산자료를 신청하는 경우
3. 「개인정보 보호법」 제2조 제1호에 따른 개인정보를 제외한 지적전산자료를 신청하는 경우

④ ① 및 ③에 따른 지적전산자료의 이용 또는 활용에 필요한 사항은 대통령령으로 정한다.

9. 부동산종합공부의 관리 및 운영(법 제76조의2)

① 지적소관청은 부동산의 효율적 이용과 부동산과 관련된 정보의 종합적 관리·운영을 위하여 부동산종합공부를 관리·운영한다.

② 지적소관청은 부동산종합공부를 영구히 보존하여야 하며, 부동산종합공부의 멸실 또는 훼손에 대비하여 이를 별도로 복제하여 관리하는 정보관리체계를 구축하여야 한다.

③ 제76조의3 각 호의 등록사항을 관리하는 기관의 장은 지적소관청에 상시적으로 관련정보를 제공하여야 한다.

④ 지적소관청은 부동산종합공부의 정확한 등록 및 관리를 위하여 필요한 경우에는 제76조의3 각 호의 등록사항을 관리하는 기관의 장에게 관련 자료의 제출을 요구할 수 있다. 이 경우 자료의 제출을 요구받은 기관의 장은 특별한 사유가 없으면 자료를 제공하여야 한다.

10. 부동산종합공부의 등록사항 등(법 제76조의3)

지적소관청은 부동산종합공부에 다음 각 호의 사항을 등록하여야 한다.

> 1. 토지의 표시와 소유자에 관한 사항 : 이 법에 따른 지적공부의 내용
> 2. 건축물의 표시와 소유자에 관한 사항(토지에 건축물이 있는 경우만 해당한다) : 「건축법」 제38조에 따른 건축물대장의 내용
> 3. 토지의 이용 및 규제에 관한 사항 : 「토지이용규제 기본법」 제10조에 따른 토지이용계획확인서의 내용
> 4. 부동산의 가격에 관한 사항 : 「부동산 가격공시에 관한 법률」 제10조에 따른 개별공시지가, 같은 법 제16조, 제17조 및 제18조에 따른 개별주택가격 및 공동주택가격 공시내용
> 5. 그 밖에 부동산의 효율적 이용과 부동산과 관련된 정보의 종합적 관리 · 운영을 위하여 필요한 사항으로서 대통령령으로 정하는 사항

11. 부동산종합공부의 열람 및 증명서 발급(법 제76조의4)

① 부동산종합공부를 열람하거나 부동산종합공부 기록사항의 전부 또는 일부에 관한 증명서(이하 "부동산종합증명서"라 한다)를 발급받으려는 자는 지적소관청이나 읍 · 면 · 동의 장에게 신청할 수 있다.
② ①에 따른 부동산종합공부의 열람 및 부동산종합증명서 발급의 절차 등에 관하여 필요한 사항은 국토교통부령으로 정한다.

12. 준용(법 제76조의5)

부동산종합공부의 등록사항 정정에 관여하는 제84조를 준용한다.

> **영 제62조의3(부동산종합공부의 등록사항 정정 등)**
> ① 지적소관청은 법 제76조의5에 따라 준용하는 법 제84조에 따른 부동산종합공부의 등록사항 정정을 위하여 법 제76조의3 각 호의 등록사항 상호 간에 일치하지 아니하는 사항(이하 이 조에서 "불일치 등록사항"이라 한다)을 확인 및 관리하여야 한다.
> ② 지적소관청은 제1항에 따른 불일치 등록사항에 대해서는 법 제76조의3 각 호의 등록사항을 관리하는 기관의 장에게 그 내용을 통지하여 등록사항 정정을 요청할 수 있다.
> ③ 제1항 및 제2항에 따른 부동산종합공부의 등록사항 정정 절차 등에 관하여 필요한 사항은 국토교통부장관이 따로 정한다.

제3절　토지의 이동 신청 및 지적정리 등 ★28회 기출★

1. 신규등록 신청(법 제77조) ★34회 기출★

토지소유자는 신규등록할 토지가 있으면 대통령령으로 정하는 바에 따라 그 사유가 발생한 날부터 60일 이내에 지적소관청에 신규등록을 신청하여야 한다.

2. 등록전환 신청(법 제78조)

토지소유자는 등록전환 할 토지가 있으면 대통령령으로 정하는 바에 따라 그 사유가 발생한 날부터 60일 이
내에 지적소관청에 등록전환을 신청하여야 한다.

3. 분할 신청(법 제79조)

① 토지소유자는 토지를 분할하려면 대통령령으로 정하는 바에 따라 지적소관청에 분할을 신청하여야 한다.

② 토지소유자는 지적공부에 등록된 1필지의 일부가 형질변경 등으로 용도가 변경된 경우에는 대통령령으
로 정하는 바에 따라 용도가 변경된 날부터 60일 이내에 지적소관청에 토지의 분할을 신청하여야 한다.

4. 합병신청(법 제80조) ★33회 기출★

① 토지소유자는 토지를 합병하려면 대통령령으로 정하는 바에 따라 지적소관청에 합병을 신청하여야 한다.

② 토지소유자는 「주택법」에 따른 공동주택의 부지, 도로, 제방, 하천, 구거, 유지, 그 밖에 대통령령으로 정
하는 토지로서 합병하여야 할 토지가 있으면 그 사유가 발생한 날부터 60일 이내에 지적소관청에 합병을
신청하여야 한다.

③ 다음 각 호의 어느 하나에 해당하는 경우에는 합병 신청을 할 수 없다. ★33회 기출★

> 1. 합병하려는 토지의 지번부여지역, 지목 또는 소유자가 서로 다른 경우
> 2. 합병하려는 토지에 다음 각 목의 등기 외의 등기가 있는 경우
>   가. 소유권·지상권·전세권 또는 임차권의 등기
>   나. 승역지에 대한 지역권의 등기
>   다. 합병하려는 토지 전부에 대한 등기원인 및 그 연월일과 접수번호가 같은 저당권의 등기
>   라. 합병하려는 토지 전부에 대한 「부동산등기법」 제81조 제1항 각 호의 등기사항이 동일한 신탁등기
> 3. 그 밖에 합병하려는 토지의 지적도 및 임야도의 축척이 서로 다른 경우 등 대통령령으로 정하는 경우

5. 지목변경 신청(법 제81조) ★32회 기출★

토지소유자는 지목변경을 할 토지가 있으면 대통령령으로 정하는 바에 따라 그 사유가 발생한 날부터 60일
이내에 지적소관청에 지목변경을 신청하여야 한다.

6. 바다로 된 토지의 등록말소 신청(법 제82조)

① 지적소관청은 지적공부에 등록된 토지가 지형의 변화 등으로 바다로 된 경우로서 원상으로 회복될 수 없거나 다른 지목의 토지로 될 가능성이 없는 경우에는 지적공부에 등록된 토지소유자에게 지적공부의 등록말소 신청을 하도록 통지하여야 한다.

② 지적소관청은 ①에 따른 토지소유자가 통지를 받은 날부터 90일 이내에 등록말소신청을 하지 아니하면 대통령령으로 정하는 바에 따라 등록을 말소한다.

③ 지적소관청은 ②에 따라 말소한 토지가 지형의 변화 등으로 다시 토지가 된 경우에는 대통령령으로 정하는 바에 따라 토지로 회복등록을 할 수 있다.

7. 축척변경(법 제83조) ★32, 34회 기출★

① 축척변경에 관한 사항을 심의·의결하기 위하여 지적소관청에 축척변경위원회를 둔다.

② 지적소관청은 지적도가 다음 각 호의 어느 하나에 해당하는 경우에는 토지소유자의 신청 또는 지적소관청의 직권으로 일정한 지역을 정하여 그 지역의 축척을 변경할 수 있다.

> 1. 잦은 토지의 이동으로 1필지의 규모가 작아서 소축척으로는 지적측량성과의 결정이나 토지의 이동에 따른 정리를 하기가 곤란한 경우
> 2. 하나의 지번부여지역에 서로 다른 축척의 지적도가 있는 경우
> 3. 그 밖에 지적공부를 관리하기 위하여 필요하다고 인정되는 경우

③ 지적소관청은 ②에 따라 축척변경을 하려면 축척변경 시행지역의 토지소유자 3분의 2 이상의 동의를 받아 ①에 따른 축척변경위원회의 의결을 거친 후 시·도지사 또는 대도시 시장의 승인을 받아야 한다. 다만, 다음 각 호의 어느 하나에 해당하는 경우에는 축척변경위원회의 의결 및 시·도지사 또는 대도시 시장의 승인 없이 축척변경을 할 수 있다.

> 1. 합병하려는 토지가 축척이 다른 지적도에 각각 등록되어 있어 축척변경을 하는 경우
> 2. 제86조에 따른 도시개발사업 등의 시행지역에 있는 토지로서 그 사업 시행에서 제외된 토지의 축척변경을 하는 경우

④ 축척변경의 절차, 축척변경으로 인한 면적 증감의 처리, 축척변경 결과에 대한 이의신청 및 축척변경위원회의 구성·운영 등에 필요한 사항은 대통령령으로 정한다.

> 영 제69조(축척변경 신청)
> 법 제83조 제2항에 따라 축척변경을 신청하는 토지소유자는 축척변경 사유를 적은 신청서에 국토교통부령으로 정하는 서류를 첨부하여 지적소관청에 제출하여야 한다.
>
> 영 제70조(축척변경 승인신청)
> ① 지적소관청은 법 제83조 제2항에 따라 축척변경을 할 때에는 축척변경 사유를 적은 승인신청서에 다음 각 호의 서류를 첨부하여 시·도지사 또는 대도시 시장에게 제출하여야 한다. 이 경우 시·도지사 또는 대도시 시장은 「전자정부법」 제36조 제1항에 따른 행정정보의 공동이용을 통하여 축척변경 대상지역의 지적도를 확인하여야 한다.
> 1. 축척변경의 사유
> 3. 지번등 명세
> 4. 법 제83조 제3항에 따른 토지소유자의 동의서
> 5. 법 제83조 제1항에 따른 축척변경위원회(이하 "축척변경위원회"라 한다)의 의결서 사본
> 6. 그 밖에 축척변경 승인을 위하여 시·도지사 또는 대도시 시장이 필요하다고 인정하는 서류

② 제1항에 따른 신청을 받은 시·도지사 또는 대도시 시장은 축척변경 사유 등을 심사한 후 그 승인 여부를 지적소관청에 통지하여야 한다.

영 제71조(축척변경 시행공고 등)
① 지적소관청은 법 제83조 제3항에 따라 시·도지사 또는 대도시 시장으로부터 축척변경 승인을 받았을 때에는 지체 없이 다음 각 호의 사항을 20일 이상 공고하여야 한다.
1. 축척변경의 목적, 시행지역 및 시행기간
2. 축척변경의 시행에 관한 세부계획
3. 축척변경의 시행에 따른 청산방법
4. 축척변경의 시행에 따른 토지소유자 등의 협조에 관한 사항
② 제1항에 따른 시행공고는 시·군·구(자치구가 아닌 구가 포함한다) 및 축척변경 시행지역 동·리의 게시판에 주민이 볼 수 있도록 게시하여야 한다.
③ 축척변경 시행지역의 토지소유자 또는 점유자는 시행공고가 된 날(이하 "시행공고일"이라 한다)부터 30일 이내에 시행공고일 현재 점유하고 있는 경계에 국토교통부령으로 정하는 경계점표지를 설치하여야 한다.

영 제72조(토지의 표시 등)
① 지적소관청은 축척변경 시행지역의 각 필지별 지번·지목·면적·경계 또는 좌표를 새로 정하여야 한다.
② 지적소관청이 축척변경을 위한 측량을 할 때에는 제71조 제3항에 따라 토지소유자 또는 점유자가 설치한 경계점표지를 기준으로 새로운 축척에 따라 면적·경계 또는 좌표를 정하여야 한다.
③ 법 제83조 제3항 단서에 따라 축척을 변경할 때에는 제1항에도 불구하고 각 필지별 지번·지목 및 경계는 종전의 지적공부에 따르고 면적만 새로 정하여야 한다.
④ 제3항에 따른 축척변경절차 및 면적결정방법 등에 관하여 필요한 사항은 국토교통부령으로 정한다.

영 제73조(축척변경 지번별 조서의 작성)
지적소관청은 제72조 제2항에 따라 축척변경에 관한 측량을 완료하였을 때에는 시행공고일 현재의 지적공부상의 면적과 측량 후의 면적을 비교하여 그 변동사항을 표시한 축척변경 지번별 조서를 작성하여야 한다.

영 제74조(지적공부정리 등의 정지)
지적소관청은 축척변경 시행기간 중에는 축척변경 시행지역의 지적공부정리와 경계복원측량(제71조 제3항에 따른 경계점표지의 설치를 위한 경계복원측량은 제외한다)을 제78조에 따른 축척변경 확정공고일까지 정지하여야 한다. 다만, 축척변경위원회의 의결이 있는 경우에는 그러하지 아니하다.

영 제75조(청산금의 산정)
① 지적소관청은 축척변경에 관한 측량을 한 결과 측량 전에 비하여 면적의 증감이 있는 경우에는 그 증감면적에 대하여 청산을 하여야 한다. 다만, 다음 각 호의 어느 하나에 해당하는 경우에는 그러하지 아니하다.
1. 필지별 증감면적이 제19조 제1항 제2호 가목에 따른 허용범위 이내인 경우. 다만, 축척변경위원회의 의결이 있는 경우는 제외한다.
2. 토지소유자 전원이 청산하지 아니하기로 합의하여 서면으로 제출한 경우
② 제1항 본문에 따라 청산을 할 때에는 축척변경위원회의 의결을 거쳐 지번별로 제곱미터당 금액(이하 "지번별 제곱미터당 금액"이라 한다)을 정하여야 한다. 이 경우 지적소관청은 시행공고일 현재를 기준으로 그 축척변경 시행지역의 토지에 대하여 지번별 제곱미터당 금액을 미리 조사하여 축척변경위원회에 제출하여야 한다.
③ 청산금은 제73조에 따라 작성된 축척변경 지번별 조서의 필지별 증감면적에 제2항에 따라 결정된 지번별 제곱미터당 금액을 곱하여 산정한다.
④ 지적소관청은 청산금을 산정하였을 때에는 청산금 조서(축척변경 지번별 조서에 필지별 청산금 명세를 적은 것을 말한다)를 작성하고, 청산금이 결정되었다는 뜻을 제71조 제2항의 방법에 따라 15일 이상 공고하여 일반인이 열람할 수 있게 하여야 한다.
⑤ 제3항에 따라 청산금을 산정한 결과 증가된 면적에 대한 청산금의 합계와 감소된 면적에 대한 청산금의 합계에 차액이 생긴 경우 초과액은 그 지방자치단체(「제주특별자치도 설치 및 국제자유도시조성을 위한 특별법」 제10조

제2항에 따른 행정시의 경우에는 해당 행정시가 속한 특별자치도를 말하고, 「지방자치법」 제3조 제3항에 따른 자치구가 아닌 구의 경우에는 해당 구가 속한 시를 말한다. 이하 이 항에서 같다)의 수입으로 하고, 부족액은 그 지방자치단체가 부담한다.

영 76조(청산금의 납부고지 등)

① 지적소관청은 제75조 제4항에 따라 청산금의 결정을 공고한 날부터 20일 이내에 토지소유자에게 청산금의 납부고지 또는 수령통지를 하여야 한다.

② 제1항에 따른 납부고지를 받은 자는 그 고지를 받은 날부터 6개월 이내에 청산금을 지적소관청에 내야 한다.

③ 지적소관청은 제1항에 따른 수령통지를 한 날부터 6개월 이내에 청산금을 지급하여야 한다.

④ 지적소관청은 청산금을 지급받을 자가 행방불명 등으로 받을 수 없거나 받기를 거부할 때에는 그 청산금을 공탁할 수 있다.

⑤ 지적소관청은 청산금을 내야 하는 자가 제77조 제1항에 따른 기간 내에 청산금에 관한 이의신청을 하지 아니하고 제2항에 따른 기간 내에 청산금을 내지 아니하면 지방세 체납처분의 예에 따라 징수할 수 있다.

영 제77조(청산금에 관한 이의신청)

① 제76조 제1항에 따라 납부고지되거나 수령통지된 청산금에 관하여 이의가 있는 자는 납부고지 또는 수령통지를 받은 날부터 1개월 이내에 지적소관청에 이의신청을 할 수 있다.

② 제1항에 따른 이의신청을 받은 지적소관청은 1개월 이내에 축척변경위원회의 심의·의결을 거쳐 그 인용 여부를 결정한 후 지체 없이 그 내용을 이의신청인에게 통지하여야 한다.

영 제78조(축척변경의 확정공고)

① 청산금의 납부 및 지급이 완료되었을 때에는 지적소관청은 지체 없이 축척변경의 확정공고를 하여야 한다.

② 지적소관청은 제1항에 따른 확정공고를 하였을 때에는 지체 없이 축척변경에 따라 확정된 사항을 지적공부에 등록하여야 한다.

③ 축척변경 시행지역의 토지는 제1항에 따른 확정공고일에 토지의 이동이 있는 것으로 본다.

영 제79조(축척변경위원회의 구성 등)

① 축척변경위원회는 5명 이상 10명 이하의 위원으로 구성하되, 위원의 2분의 1 이상을 토지소유자로 하여야 한다. 이 경우 그 축척변경 시행지역의 토지소유자가 5명 이하일 때에는 토지소유자 전원을 위원으로 위촉하여야 한다.

② 위원장은 위원 중에서 지적소관청이 지명한다.

③ 위원은 다음 각 호의 사람 중에서 지적소관청이 위촉한다.

1. 해당 축척변경 시행지역의 토지소유자로서 지역 사정에 정통한 사람

2. 지적에 관하여 전문지식을 가진 사람

④ 축척변경위원회의 위원에게는 예산의 범위에서 출석수당과 여비, 그 밖의 실비를 지급할 수 있다. 다만, 공무원인 위원이 그 소관 업무와 직접적으로 관련되어 출석하는 경우에는 그러하지 아니하다.

영 제80조(축척변경위원회의 기능)

축척변경위원회는 지적소관청이 회부하는 다음 각 호의 사항을 심의·의결한다.

1. 축척변경 시행계획에 관한 사항

2. 지번별 제곱미터당 금액의 결정과 청산금의 산정에 관한 사항

3. 청산금의 이의신청에 관한 사항

4. 그 밖에 축척변경과 관련하여 지적소관청이 회의에 부치는 사항

영 제81조(축척변경위원회의 회의)

① 축척변경위원회의 회의는 지적소관청이 제80조 각 호의 어느 하나에 해당하는 사항을 축척변경 위원회에 회부하거나 위원장이 필요하다고 인정할 때에 위원장이 소집한다.

② 축척변경위원회의 회의는 위원장을 포함한 재적위원 과반수의 출석으로 개의하고, 출석위원 과반수의 찬성으로 의결한다.

③ 위원장은 축척변경위원회의 회의를 소집할 때에는 회의일시·장소 및 심의안건을 회의 개최 5일 전까지 각 위원에게 서면으로 통지하여야 한다.

8. 등록사항의 정정(법 제84조) ★32회 기출★

① 토지소유자는 지적공부의 등록사항에 잘못이 있음을 발견하면 지적소관청에 그 정정을 신청할 수 있다.

② 지적소관청은 지적공부의 등록사항에 잘못이 있음을 발견하면 대통령령으로 정하는 바에 따라 직권으로 조사·측량하여 정정할 수 있다.

③ ①에 따른 정정으로 인접 토지의 경계가 변경되는 경우에는 다음 각 호의 어느 하나에 해당하는 서류를 지적소관청에 제출하여야 한다.

1. 인접 토지소유자의 승낙서
2. 인접 토지소유자가 승낙하지 아니하는 경우에는 이에 대항할 수 있는 확정판결서 정본

④ 지적소관청이 ① 또는 ②에 따라 등록사항을 정정할 때 그 정정사항이 토지소유자에 관한 사항인 경우에는 등기필증, 등기완료통지서, 등기사항증명서 또는 등기관서에서 제공한 등기전산정보자료에 따라 정정하여야 한다. 다만, ①에 따라 미등기토지에 대하여 토지소유자의 성명 또는 명칭, 주민등록번호, 주소 등에 관한 사항의 정정을 신청한 경우로서 그 등록사항이 명백히 잘못된 경우에는 가족관계 기록사항에 관한 증명서에 따라 정정하여야 한다.

9. 행정구역의 명칭변경 등(법 제85조)

① 행정구역의 명칭이 변경되었으면 지적공부에 등록된 토지의 소재는 새로운 행정구역의 명칭으로 변경된 것으로 본다.

② 지번부여지역의 일부가 행정구역의 개편으로 다른 지번부여지역에 속하게 되었으면 지적소관청은 새로 속하게 된 지번부여지역의 지번을 부여하여야 한다.

10. 도시개발사업 등 시행지역의 토지이동 신청에 관한 특례(법 제86조)

① 「도시개발법」에 따른 도시개발사업, 「농어촌정비법」에 따른 농어촌정비사업, 그 밖에 대통령령으로 정하는 토지개발사업의 시행자는 대통령령으로 정하는 바에 따라 그 사업의 착수·변경 및 완료 사실을 지적소관청에 신고하여야 한다.

② ①에 따른 사업과 관련하여 토지의 이동이 필요한 경우에는 해당 사업의 시행자가 지적소관청에 토지의 이동을 신청하여야 한다.

③ ②에 따른 토지의 이동은 토지의 형질변경 등의 공사가 준공된 때에 이루어진 것으로 본다.

④ ①에 따라 사업의 착수 또는 변경의 신고가 된 토지의 소유자가 해당 토지의 이동을 원하는 경우에는 해당 사업의 시행자에게 그 토지의 이동을 신청하도록 요청하여야 하며, 요청을 받은 시행자는 해당 사업에 지장이 없다고 판단되면 지적소관청에 그 이동을 신청하여야 한다.

11. 신청의 대위(법 제87조) ★31회 기출★

다음 각 호의 어느 하나에 해당하는 자는 이 법에 따라 토지소유자가 하여야 하는 신청을 대신할 수 있다. 다만, 제84조에 따른 등록사항 정정 대상토지는 제외한다.

> 1. 공공사업 등에 따라 학교용지·도로·철도용지·제방·하천·구거·유지·수도용지 등의 지목으로 되는 토지인 경우
>   : 해당사업의 시행자
> 2. 국가나 지방자치단체가 취득하는 토지인 경우 : 해당 토지를 관리하는 행정기관의 장 또는 지방자치단체의 장
> 3. 「주택법」에 따른 공동주택의 부지인 경우 : 「집합건물의 소유 및 관리에 관한 법률」에 따른 관리인(관리인이 없는 경우에는 공유자가 선임한 대표자) 또는 해당 사업의 시행자
> 4. 「민법」 제404조에 따른 채권자

12. 토지소유자의 정리(법 제88조)

① 지적공부에 등록된 토지소유자의 변경사항은 등기관서에서 등기한 것을 증명하는 등기필증, 등기완료통지서, 등기사항증명서 또는 등기관서에서 제공한 등기전산정보자료에 따라 정리한다. 다만, 신규 등록하는 토지의 소유자는 지적소관청이 직접 조사하여 등록한다.

② 「국유재산법」 제2조 제10호에 따른 총괄청이나 같은 조 제11호에 따른 중앙관서의 장이 같은 법 제12조 제3항에 따라 소유자 없는 부동산에 대한 소유자 등록을 신청하는 경우 지적소관청은 지적공부에 해당 토지의 소유자가 등록되지 아니한 경우에만 등록할 수 있다.

③ 등기부에 적혀 있는 토지의 표시가 지적공부와 일치하지 아니하면 제1항에 따라 토지소유자를 정리할 수 없다. 이 경우 토지의 토지와 지적공부가 일치하지 아니하다는 사실을 관할 등기관서에 통지하여야 한다.

④ 지적소관청은 필요하다고 인정하는 경우에는 관할 등기관서의 등기부를 열람하여 지적공부와 부동산등기부가 일치하는지 여부를 조사·확인하여야 하며, 일치하지 아니하는 사항을 발견하면 등기사항증명서 또는 등기관서에서 제공한 등기전산정보자료에 따라 지적공부를 직권으로 정리하거나, 토지소유자나 그 밖의 이해관계인에게 그 지적공부와 부동산등기부가 일치하게 하는 데에 필요한 신청 등을 하도록 요구할 수 있다.

⑤ 지적소관청 소속 공무원이 지적공부와 부동산등기부의 부합 여부를 확인하기 위하여 등기부를 열람하거나, 등기사항증명서의 발급을 신청하거나, 등기전산정보자료의 제공을 요청하는 경우 그 수수료는 무료로 한다.

13. 등기촉탁(법 제89조) ★27회 기출★

① 지적소관청은 제64조 제2항(신규 등록은 제외한다), 제66조 제2항, 제82조, 제83조 제2항, 제84조 제2항 또는 제85조 제2항에 따른 사유로 토지의 표시 변경에 관한 등기를 할 필요가 있는 경우에는 지체 없이 관할 등기관서에 그 등기를 촉탁하여야 한다. 이 경우 등기촉탁은 국가가 국가를 위하여 하는 등기로 본다.

② 제1항에 따른 등기촉탁에 필요한 사항은 국토교통부령으로 정한다.

14. 지적정리 등의 통지(법 제90조)

제64조 제2항 단서, 제66조 제2항, 제74조, 제82조 제2항, 제84조 제2항, 제85조 제2항, 제86조 제2항, 제87조 또는 제89조에 따라 지적소관청이 지적공부에 등록하거나 지적공부를 복구 또는 말소하거나 등기촉탁을 하였으면 대통령령으로 정하는 바에 따라 해당 토지소유자에게 통지하여야 한다. 다만, 통지받을 자의 주소나 거소를 알 수 없는 경우에는 국토교통부령으로 정하는 바에 따라 일간신문, 해당 시·군·구의 공보 또는 인터넷 홈페이지에 공고하여야 한다.

제4장 | 보칙과 벌칙

출제포인트
- 토지등에의 출입 등
- 토지등의 출입 등에 따른 손실보상
- 토지의 수용 또는 사용
- 업무의 수탁
- 권한의 위임·위탁 등
- 수수료

제1절 보칙

1. 토지 등에의 출입 등(법 제101조)

① 이 법에 따라 측량을 하거나, 측량기준점을 설치하거나, 토지의 이동을 조사하는 자는 그 측량 또는 조사 등에 필요한 경우에는 타인의 토지·건물·공유수면 등(이하 "토지 등"이라 한다)에 출입하거나 일시 사용할 수 있으며, 특히 필요한 경우에는 나무, 흙, 돌, 그 밖의 장애물(이하 "장애물"이라 한다)을 변경하거나 제거할 수 있다.

② ①에 따라 타인의 토지 등에 출입하려는 자는 관할 특별자치시장, 특별자치도지사, 시장·군수 또는 구청장의 허가를 받아야 하며, 출입하려는 날의 3일 전까지 해당 토지등의 소유자·점유자 또는 관리인에게 그 일시와 장소를 통지하여야 한다. 다만, 행정청인 자는 허가를 받지 아니하고 타인의 토지등에 출입할 수 있다.

③ ①에 따라 타인의 토지 등을 일시 사용하거나 장애물을 변경 또는 제거하려는 자는 그 소유자·점유자 또는 관리인의 동의를 받아야 한다. 다만, 소유자·점유자 또는 관리인의 동의를 받을 수 없는 경우 행정청인 자는 관할 특별자치시장, 특별자치도지사, 시장·군수 또는 구청장에게 그 사실을 통지하여야 하며, 행정청이 아닌 자는 미리 관할 특별자치시장, 특별자치도지사, 시장·군수 또는 구청장의 허가를 받아야 한다.

④ 특별자치시장, 특별자치도지사, 시장·군수 또는 구청장은 ③의 단서에 따라 허가를 하려면 미리 그 소유자·점유자 또는 관리인의 의견을 들어야 한다.

⑤ ③에 따라 토지등을 일시 사용하거나 장애물을 변경 또는 제거하려는 자는 토지 등을 사용하려는 날이나 장애물을 변경 또는 제거하려는 날의 3일 전까지 그 소유자 · 점유자 또는 관리인에게 통지하여야 한다. 다만, 토지 등의 소유자 · 점유자 또는 관리인이 현장에 없거나 주소 또는 거소가 분명하지 아니할 때에는 관할 특별자치시장, 특별자치도지사, 시장 · 군수 또는 구청장에게 통지하여야 한다.

⑥ 해 뜨기 전이나 해가 진후에는 그 토지 등의 점유자의 승낙 없이 택지나 담장 또는 울타리로 둘러싸인 타인의 토지에 출입할 수 없다.

⑦ 토지 등의 점유자는 정당한 사유 없이 ①에 따른 행위를 방해하거나 거부하지 못한다.

⑧ ①에 따른 행위를 하려는 자는 그 권한을 표시하는 허가증을 지니고 관계인에게 이를 내보여야 한다.

⑨ ⑧에 따른 허가증에 관하여 필요한 사항은 국토교통부령으로 정한다.

2. 토지 등의 출입 등에 따른 손실보상(법 제102조)

① 제101조 제1항에 따른 행위로 손실을 받은 자가 있으면 그 행위를 한 자는 그 손실을 보상하여야 한다.

② ①에 따른 손실보상에 관하여는 손실을 보상할 자와 손실을 받은 자가 협의하여야 한다.

③ 손실을 보상할 자 또는 손실을 받은 자는 ②에 따른 협의가 성립되지 아니하거나 협의를 할 수 없는 경우에는 관할 토지수용위원회에 재결을 신청할 수 있다.

④ 관할 토지수용위원회의 재결에 관하여는 「공익사업을 위한 토지 등의 취득 및 보상에 관한 법률」 제84조부터 제88조까지의 규정을 준용한다.

3. 토지의 수용 또는 사용(법 제103조)

① 국토교통부장관은 기본측량을 실시하기 위하여 필요하다고 인정하는 경우에는 토지, 건물, 나무, 그 밖의 공작물을 수용하거나 사용할 수 있다.

② 제1항에 따른 수용 또는 사용 및 이에 따른 손실보상에 관하여는 「공익사업을 위한 토지 등의 취득 및 보상에 관한 법률」을 적용한다.

4. 업무의 수탁(법 제104조)

국토교통부장관은 그 업무 수행에 지장이 없는 범위에서 공익을 위하여 필요하다고 인정되면 국토교통부령으로 정하는 바에 따라 측량 업무를 위탁받아 수행할 수 있다.

5. 권한의 위임 · 위탁 등(법 제105조)

① 이 법에 따른 국토교통부장관의 권한은 그 일부를 대통령령으로 정하는 바에 따라 소속 기관의 장, 시 · 도지사 또는 지적소관청에 위임할 수 있다.

② 이 법에 따른 국토교통부장관, 시 · 도지사 및 지적소관청의 권한 중 다음 각 호의 업무에 관한 권한은 대통령령으로 정하는 바에 따라 한국국토정보공사, 「공간정보산업 진흥법」 제24조에 따른 공간정보산업협회, 「민법」 제32조에 따라 국토교통부장관의 허가를 받아 설립된 비영리법인으로서 대통령령으로 정하는 측량 관련 인력과 장비를 갖춘 법인에 위탁할 수 있다.

1의2. 제10조의2에 따른 측량업정보 종합관리체계의 구축 · 운영

1의3. 제10조의3에 따른 측량업자의 측량용역사업에 대한 사업수행능력 공시 및 실적 등의 접수 및 내용의 확인

2. 제15조 제3항에 따른 지도등의 간행에 관한 심사

3. 제18조 제3항에 따른 공공측량성과의 심사

9. 제40조에 따른 측량기술자의 신고 접수, 기록의 유지 · 관리, 측량기술경력증의 발급, 신고받은 내용의 확인을 위한 관련 자료 제출 요청 및 제출 자료의 접수, 측량기술자의 근무처 및 경력등의 확인

11. 제98조에 따른 지적기술자의 교육훈련

12. 제8조 제1항에 따른 측량기준점(지적기준점을 한정한다)의 관리

13. 제8조 제5항에 따른 측량기준점(지적기준점에 한정한다)표지의 현황 조사 보고의 접수

③ ②에 따라 국토교통부장관, 시 · 도지사 및 지적소관청으로부터 위탁받은 업무에 종사하는 한국국토정보공사, 「공간정보산업 진흥법」 제24조에 따른 공간정보산업협회 또는 비영리법인의 임직원은 「형법」 제127조 및 제129조부터 제132조까지의 규정을 적용할 때에는 공무원으로 본다.

6. 수수료 등(법 제106조)

① 다음 각 호의 어느 하나에 해당하는 신청 등을 하는 자는 국토교통부령으로 정하는 바에 따라 수수료를 내야 한다.

1. 제14조 제2항 및 제19조 제2항에 따른 측량성과 등의 복제 또는 사본의 발급 신청

2. 제15조에 따른 기본측량성과 · 기본측량기록 또는 같은 조 제1항에 따라 간행한 지도 등의 활용 신청

3. 제15조 제3항에 따른 지도 등 간행의 심사 신청

4. 제16조 또는 제21조에 따른 측량성과의 국회 반출 허가 신청

5. 제18조에 따른 공공측량성과의 심사 요청

6. 제27조에 따른 지적기준점성과의 열람 또는 그 등본의 발급 신청

9. 제44조 제2항에 따른 측량업의 등록신청

10. 제44조 제3항에 따른 측량업등록증 및 측량업등록수첩의 재발급 신청

13. 제75조에 따른 지적공부의 열람 및 등본 발급 신청

14. 제76조에 따른 지적전산자료의 이용 또는 활용 신청

14의2. 제76조의4에 따른 부동산종합공부의 열람 및 부동산종합증명서 발급 신청

15. 제77조에 따른 신규 등록 신청, 제78조에 따른 등록전환 신청, 제79조에 따른 분할신청, 제80조에 따른 합병신청, 제81조에 따른 지목변경 신청, 제82조에 따른 바다로 된 토지의 등록말소 신청, 제83조에 따른 축척변경 신청, 제84조에 따른 등록사항의 정정 신청 또는 제86조에 따른 도시개발사업 등 시행지역의 토지이동 신청

16. 제92조 제1항에 따른 측량기기의 성능검사 신청

17. 제93조 제1항에 따른 성능검사대행자의 등록 신청

18. 제93조 제2항에 따른 성능검사대행자 등록증의 재발급 신청

② 제24조 제1항에 따라 지적측량을 의뢰하는 자는 국토교통부령으로 정하는 바에 따라 지적측량수행자에게 지적측량수수료를 내야 한다.

③ 제2항에 따른 지적측량수수료는 국토교통부장관이 매년 12월 31일까지 고시하여야 한다.

④ 지적소관청이 제64조 제2항 단서에 따라 직권으로 조사·측량하여 지적공부를 정리한 경우에는 그 조사·측량에 들어간 비용을 제2항에 준하여 토지소유자로부터 징수한다. 다만, 제82조에 따라 지적공부를 등록 말소한 경우에는 그러하지 아니하다.

⑤ 제1항에도 불구하고 다음 각 호의 경우에는 수수료를 면제할 수 있다.

> 1. 제1항 제1호 또는 제2호의 신청자가 공공측량시행자인 경우
> 4. 제1항 제13호의 신청자가 국가, 지방자치단체 또는 지적측량수행자인 경우
> 5. 제1항 제14호의2 및 제15호의 신청자가 국가 또는 지방자치단체인 경우

⑥ 제1항 및 제4항에 따른 수수료를 국토교통부령으로 정하는 기간 내에 내지 아니하면 국세 또는 지방세 체납처분의 예에 따라 징수한다.

제2절 벌칙

1. 벌칙(법 제107조)

측량업자로서 속임수, 위력, 그 밖의 방법으로 측량업과 관련된 입찰의 공정성을 해친 자는 3년 이하의 징역 또는 3천만 원 이하의 벌금에 처한다.

2. 벌칙(법 제108조)

다음 각 호의 어느 하나에 해당하는 자는 자는 2년 이하의 징역 또는 2천만 원 이하의 벌금에 처한다.

> 1. 제9조 제1항을 위반하여 측량기준점표지를 이전 또는 파손하거나 그 효용을 해치는 행위를 한 자
> 2. 고의로 측량성과를 사실과 다르게 한 자
> 3. 제16조 또는 제21조를 위반하여 측량성과를 국외로 반출한 자
> 4. 제44조를 위반하여 측량업의 등록을 하지 아니하거나 거짓이나 그 밖의 부정한 방법으로 측량업의 등록을 하고 측량업을 한 자
> 6. 제92조 제1항에 따른 성능검사를 부정하게 한 성능검사대행자
> 7. 제93조 제1항을 위반하여 성능검사대행자의 등록을 하지 아니하거나 거짓이나 그 밖의 부정한 방법으로 성능검사대행자의 등록을 하고 성능검사업무를 한 자

3. 벌칙(법 제109조)

다음 각 호의 어느 하나에 해당하는 자는 1년 이하의 징역 또는 1천만 원 이하의 벌금에 처한다.

1. 제14조 제2항 또는 제19조 제2항을 위반하여 무단으로 측량성과 또는 측량기록을 복제한 자
2. 제15조 제3항에 따른 심사를 받지 아니하고 지도등을 간행하여 판매하거나 배포한 자
4. 제39조 제1항을 위반하여 측량기술자가 아님에도 불구하고 측량을 한 자
5. 제41조 제2항을 위반하여 업무상 알게 된 비밀을 누설한 측량기술자
6. 제41조 제3항을 위반하여 둘 이상의 측량업자에게 소속된 측량기술자
7. 제49조 제1항을 위반하여 다른 사람에게 측량업등록증 또는 측량업등록수첩을 빌려주거나 자기의 성명 또는 상호를 사용하여 측량업무를 하게 한 자
8. 제49조 제2항을 위반하여 다른 사람의 측량업등록증 또는 측량업등록수첩을 빌려서 사용하거나 다른 사람의 성명 또는 상호를 사용하여 측량업무를 한 자
9. 제50조 제3항을 위반하여 제106조 제2항에 따른 지적측량수수료 외의 대가를 받은 지적측량기술자
10. 거짓으로 다음 각 목의 신청을 한 자
    가. 제77조에 따른 신규등록 신청
    나. 제78조에 따른 등록전환 신청
    다. 제79조에 따른 분할 신청
    라. 제80조에 따른 합병 신청
    마. 제81조에 따른 지목변경 신청
    바. 제82조에 따른 바다로 된 토지의 등록말소 신청
    사. 제83조에 따른 축척변경 신청
    아. 제84조에 따른 등록사항의 정정 신청
    자. 제86조에 따른 도시개발사업 등 시행지역의 토지이동 신청
11. 제95조 제1항을 위반하여 다른 사람에게 자기의 성능검사대행자 등록증을 빌려 주거나 자기의 성명 또는 상호를 사용하여 성능검사대행업무를 수행하게 한 자
12. 제95조 제2항을 위반하여 다른 사람의 성능검사대행자 등록증을 빌려서 사용하거나 다른 사람의 성명 또는 상호를 사용하여 성능검사대행업무를 수행한 자

4. 양벌규정(법 제110조)

법인의 대표자나 법인 또는 개인의 대리인, 사용인, 그 밖의 종업인이 그 법인 또는 개인의 업무에 관하여 제107조부터 제109조까지의 어느 하나에 해당하는 위반행위를 하면 그 행위자를 벌하는 외에 그 법인 또는 개인에게도 해당 조문의 벌금형을 과한다. 다만, 법인 또는 개인이 그 위반행위를 방지하기 위하여 해당 업무에 관하여 상당한 주의와 감독을 게을리하지 아니한 경우에는 그러하지 아니하다.

5. 과태료(법 제111조)

① 다음 각 호의 어느 하나에 해당하는 자에게는 300만 원 이하의 과태료를 부과한다.

> 1. 정당한 사유 없이 측량을 방해한 자
> 2. 제13조 제4항을 위반하여 고시된 측량성과에 어긋나는 측량성과를 사용한 자
> 7. 제40조 제1항을 위반하여 거짓으로 측량기술자의 신고를 한 자
> 8. 제44조 제4항을 위반하여 측량업 등록사항의 변경신고를 하지 아니한 자
> 9. 제46조 제2항(제54조 제6항에 따라 준용되는 경우를 포함한다)을 위반하여 측량업자 또는 수로사업자의 지위 승계 신고를 하지 아니한 자
> 10. 제48조를 위반하여 측량업의 휴업 · 폐업 등의 신고를 하지 아니하거나 거짓으로 신고한 자
> 11. 제50조 제2항을 위반하여 본인, 배우자 또는 직계 존속 · 비속이 소유한 토지에 대한 지적측량을 한 자
> 13. 제92조 제1항을 위반하여 측량기기에 대한 성능검사를 받지 아니하거나 부정한 방법으로 성능검사를 받은 자
> 14. 제93조 제1항을 위반하여 성능검사대행자의 등록사항 변경을 신고하지 아니한 자
> 15. 제93조 제3항을 위반하여 성능검사대행업무의 폐업신고를 하지 아니한 자
> 16. 정당한 사유 없이 제99조 제1항에 따른 보고를 하지 아니하거나 거짓으로 보고를 한 자
> 17. 정당한 사유 없이 제99조 제1항에 따른 조사를 거부 · 방해 또는 기피한 자
> 18. 정당한 사유 없이 제101조 제7항을 위반하여 토지등에의 출입 등을 방해하거나 거부한 자

② 정당한 사유 없이 제98조 제2항에 따른 교육을 받지 아니한 자에게는 100만 원 이하의 과태료를 부과한다.

③ 제1항 및 제2항에 따른 과태료는 대통령령으로 정하는 바에 따라 국토교통부장관, 시 · 도지사, 대도시 시장 또는 지적소관청이 부과 · 징수한다.

○×핵심체크

01 지적측량은 지적확정측량 및 지적재조사측량을 포함한다. ○ ×

02 필지를 구획하는 선의 굴곡점으로서 지적도에 도해 형태로 등록하는 점은 경계점에 해당한다. ○ ×

03 지적공부는 지적측량 등을 통하여 조사된 토지의 표시와 해당 토지의 소유자 등을 기록한 대장 및 도면을 말한다. ○ ×

04 축척변경은 지적도에 등록된 경계점의 정밀도를 높이기 위하여 작은 축척을 큰 축척으로 변경하여 등록하는 것을 말한다. ○ ×

05 등록전환은 토지대장 및 지적도에 등록된 임야를 임야대장 및 임야도에 옮겨 등록하는 것을 말한다. ○ ×

06 지적소관청이라 함은 지적공부를 관리하는 지방자치단체인 시·군·구를 말한다. ○ ×

07 지목이라 함은 토지의 주된 형상에 따라 토지의 종류를 구분하여 지적공부에 등록한 것을 말한다. ○ ×

08 토지의 표시라 함은 지적공부에 토지의 소재, 지번, 소유자, 지목, 면적, 경계 또는 좌표를 등록한 것을 말한다. ○ ×

09 경계점이라 함은 지적측량기준점 또는 경계점의 위치를 경위도좌표로 표시한 것을 말한다. ○ ×

정답 및 해설 **01** ○ **02** ○ **03** ○ **04** ○ **05** × **06** × **07** × **08** × **09** ×

오답분석

05 "등록전환"이란 임야대장 및 임야도에 등록된 토지를 토지대장 및 지적도에 옮겨 등록하는 것을 말한다(법 제2조 제30호).

06 "지적소관청"이란 지적공부를 관리하는 특별자치시장, 시장(「제주특별자치도 설치 및 국제자유도시 조성을 위한 특별법」 제10조 제2항에 따른 행정시의 시장을 포함하며, 「지방자치법」 제3조 제3항에 따라 자치구가 아닌 구를 두는 시의 시장은 제외한다)·군수 또는 구청장(자치구가 아닌 구의 구청장을 포함한다)을 말한다.

07 "지목"이란 토지의 주된 용도에 따라 토지의 종류를 구분하여 지적공부에 등록한 것을 말한다.

08 "토지의 표시"란 지적공부에 토지의 소재·지번·지목·면적·경계 또는 좌표를 등록한 것을 말한다.

09 "경계점"이란 필지를 구획하는 선의 굴곡점으로서 지적도나 임야도에 도해 형태로 등록하거나 경계점좌표등록부에 좌표 형태로 등록하는 점을 말한다.

10 지적소관청이 지적공부에 등록된 지번을 변경하려면 국토교통부장관의 승인을 받아야 한다. ○ ×

11 지번은 아라비아 숫자로 표기하되, 임야대장 및 임야도에 등록하는 토지의 지번은 숫자 앞에 '임'자를 붙인다. ○ ×

12 지번은 지적소관청이 지번부여지역별로 남동에서 북서로 순차적으로 부여한다. ○ ×

13 합병의 경우에는 합병대상 지번 중 선순위의 지번을 그 지번으로 하되, 본번으로 된 지번이 있는 때에는 본번 중 최종순위의 지번을 합병 후의 지번으로 하는 것을 원칙으로 한다. ○ ×

14 지적소관청은 도시개발사업 시행 등의 사유로 지번에 결번이 생긴 때에는 지체 없이 그 사유를 지번대장에 기재하여 영구히 보존하여야 한다. ○ ×

15 도시개발사업 등의 사업시행자가 사업지구의 경계를 결정하기 위하여 토지를 분할하는 경우, 지상 경계는 지상건축물이 걸리게 결정해서는 아니 된다. ○ ×

16 지적공부에 등록하는 지번·지목·면적·경계 또는 좌표는 토지의 이동이 있을 때 토지소유자의 신청을 받아 국토교통부장관이 결정한다. ○ ×

17 지적소관청이 직권으로 토지표시의 이동현황을 조사하여 지목 등을 결정할 때에는 토지계획을 수립한다. ○ ×

정답 및 해설　**10** ×　**11** ×　**12** ×　**13** ×　**14** ×　**15** ×　**16** ×　**17** ×

오답분석

10　지적소관청은 지적공부에 등록된 지번을 변경할 필요가 있다고 인정하면 시·도지사나 대도시 시장의 승인을 받아 지번부여지역의 전부 또는 일부에 대하여 지번을 대하여 지번을 새로 부여할 수 있다(「공간정보의 구축 및 관리 등에 관한 법률」 제66조 제2항).

11　임야대장 및 임야도에 등록하는 토지의 지번은 숫자 앞에 '산'자를 붙인다.

12　지번은 지적소관청이 지번부여지역별로 북서에서 남동으로 순차적으로 부여한다.

13　본번으로 된 지번이 있는 때에는 본번 중 선순위의 지번을 합병 후의 지번으로 한다.

14　지번에 결번이 생긴 때에는 지체 없이 그 사유를 결번대장에 기재하여 영구히 보존하여야 한다.

15　분할에 따른 지상 경계는 지상건축물을 걸리게 결정해서는 아니 된다. 다만, 도시개발사업 등의 사업시행자가 사업지구의 경계를 결정하기 위하여 토지를 분할하려는 경우에는 그러하지 아니한다(영 제55조 제4항 제3호 참조).

16　토지소유자의 신청을 받아 지적소관청이 결정한다.

17　지적소관청은 토지의 이동현황을 직권으로 조사·측량하여 토지의 지번·지목·면적·경계 또는 좌표를 결정하려는 때에는 토지이동현황 조사계획을 수립하여야 한다.

18 지방자치단체장이 지적전산자료를 신청하는 경우에는 지적전산자료의 이용에 관하여 미리 관계 중앙행정기관의 심사를 받아야 한다. ○ ✕

19 부동산종합공부의 등록사항에 잘못이 있는 경우에는 지적소관청의 직권정정만 허용된다. ○ ✕

20 토지소유자의 신청에 의하여 신규등록을 한 경우 소관청은 토지의 표시에 관한 사항을 지체 없이 등기관서에 그 등기를 촉탁하여야 한다. ○ ✕

21 1필지의 일부가 형질변경 등으로 용도가 변경되어 분할을 신청할 때에는 지목변경 신청서를 제출하지 아니한다. ○ ✕

22 지목변경 신청에 따른 첨부서류를 해당 지적소관청이 관리하는 경우에는 시·도지사의 확인으로 그 서류의 제출을 갈음할 수 있다. ○ ✕

23 청산금의 납부고지 또는 수령통지 된 청산금에 관하여 이의가 있는 자는 납부고지 또는 수령통지를 받은 날부터 60일 이내에 지적소관청에 이의신청을 할 수 있다. ○ ✕

정답 및 해설 **18** ✕ **19** ✕ **20** ✕ **21** ✕ **22** ✕ **23** ✕

오답분석

18 지적전산자료를 신청하려는 자는 대통령령으로 정하는 바에 따라 지적전산자료의 이용 또는 활용 목적 등에 관하여 미리 관계 중앙행정기관의 심사를 받아야 한다. 다만, 중앙행정기관의 장, 그 소속 기관의 장 또는 지방자치단체의 장이 신청하는 경우에는 그러하지 아니하다(법 제76조 제2항).

19 토지소유자의 신청 또는 지적소관청의 직권에 의하여 정정할 수 있다(법 제76조의5 및 제84조 참조).

20 신규 등록의 경우는 등기촉탁사유에 해당하지 않는다.

21 지목변경 신청서를 제출하여야 한다.

22 지목변경 신청에 따른 첨부서류를 해당 지적소관청이 관리하는 경우에는 지적소관청의 확인으로 그 서류의 제출을 갈음할 수 있다.

23 청산금에 관하여 이의가 있는 자는 1개월 이내에 지적소관청에 이의신청을 할 수 있다.

24 축척변경위원회는 위원의 3분의 1 이상을 토지소유자로 하여야 한다. ☐O☐X

25 지적소관청은 토지소유자의 변동 등에 따라 지적공부를 정리하려는 경우에는 토지이동정리 결의서를 작성하여야 한다. ☐O☐X

26 지적측량수행자가 경계복원측량을 실시한 때에는 시ㆍ도지사, 대도시 시장 또는 지적소관청으로부터 측량성과에 대한 검사를 받아야 한다. ☐O☐X

27 지적측량 적부심사청구를 회부받은 지방지적위원회는 그 심사청구를 회부받은 날부터 30일 이내에 심의ㆍ의결하여야 한다. ☐O☐X

오답분석

24 축척변경위원회는 5명 이상 10명 이하의 위원으로 구성하되, 위원의 1/2 이상을 토지소유자로 하여야 한다.

25 지적소관청은 토지의 이동이 있는 경우에는 토지이동정리 결의서를 작성하여야 하고, 토지소유자의 변동 등에 따라 지적공부를 정리하려는 경우에는 소유자정리 결의서를 작성하여야 한다.

26 지적측량수행자가 지적측량을 하였으면, 시ㆍ도지사, 대도시 시장(「지방자치법」 제175조에 따라 서울특별시ㆍ광역시 및 특별자치시를 제외한 인구 50만 이상의 시의 시장을 말한다. 이하 같다) 또는 지적소관청으로부터 측량성과에 대한 검사를 받아야 한다. 다만, 지적공부를 정리하지 아니하는 측량으로서 국토교통부령으로 정하는 측량(경계복원측량 및 지적현황측량)의 경우에는 그러하지 아니하다.

27 지적측량 적부심사청구를 회부 받은 지방지적위원회는 그 심사청구를 회부 받은 날부터 60일 이내에 심의ㆍ의결하여야 한다.

제4편 | 확인학습문제

01 공간정보의 구축 및 관리 등에 관한 법률에서 규정하고 있는 내용에 관한 설명 중 **틀린** 것은?

★27회 기출 변형★

① 측량의 기준 및 절차

② 지적공부의 작성 및 관리

③ 국토의 효율적 관리

④ 국토계획 및 도시환경의 개선에 관한 사항

⑤ 국민의 소유권 보호

> **해설**
> 난도 ★
> 「공간정보의 구축 및 관리 등에 관한 법률」 제1조 참조

답 ④

02 공간정보의 구축 및 관리 등에 관한 법령상 토지대장의 등록사항 중 이를 변경하는 것이 토지의 이동(異動)에 해당하지 **않는** 것은?

★33회 기출★

① 지번   ② 지목

③ 면적   ④ 토지의 소재

⑤ 소유자의 주소

> **해설**
> 난도 ★
> ⑤ 소유자의 주소는 토지이동사유가 아니다.
>
> > 제2조(정의) 이 법에서 사용하는 용어의 뜻은 다음과 같다.
> > 20. "토지의 표시"란 지적공부에 토지의 소재·지번(地番)·지목(地目)·면적·경계 또는 좌표를 등록한 것을 말한다.
> > 28. "토지의 이동(異動)"이란 토지의 표시를 새로 정하거나 변경 또는 말소하는 것을 말한다.

답 ⑤

03 지적제도와 등기제도의 특성을 비교한 것 중 옳지 <u>않은</u> 것은 어느 것인가? ★29회 기출 변형★

① 지적은 토지에 대한 사실관계를 공시하고, 등기는 권리관계를 공시한다.

② 등록객체는 지적과 등기 모두 토지만을 담당한다.

③ 등록방법으로 지적은 직권등록주의, 단독신청주의를 취하는데, 등기는 당사자신청주의와 공동신청주의를 원칙으로 한다.

④ 심사방법으로 지적은 실질적 심사주의를 취하는데, 등기는 형식적 심사주의를 취한다.

⑤ 지적의 담당기관은 행정부인데, 등기는 사법부이다.

해설
난도 ★★
② (×) 지적제도의 등록객체는 토지이지만, 등기법은 부동산을 대상으로 한다.

정답 ②

---

04 공간정보의 구축 및 관리 등에 관한 법령상 양입지(주된 지목의 토지에 편입되어 1필지로 획정되는 종된 토지)의 요건을 갖춘 토지는 어느 것인가? ★19회 기출★

확인
Check!
○
△
×

① 4,500㎡인 과수원 안의 300㎡의 대

② 10,000㎡의 학교용지에 접속되어 원예실습장으로 사용되는 400㎡의 밭

③ 1,800㎡의 논 안의 210㎡의 유지

④ 3,000㎡의 양어장에 접속되어 양어장의 편의를 위한 250㎡의 구거

⑤ 5,000㎡의 창고용지에 접속하여 있는 350㎡의 도로

해설
난도 ★★
④ 일단 지목이 대면 1필지로 할 수 없다. 그다음 종된 토지의 면적이 330㎡를 초과하면 안 된다. 마지막으로 주된 토지 면적의 10%를 초과하면 안 된다.

> 「공간정보의 구축 및 관리 등에 관한 법률 시행령」(이하 제4편에서 "영"이라 한다) 제5조(1필지로 정할 수 있는 기준)
> ① 법 제2조 제21호에 따라 지번부여지역의 토지로서 소유자와 용도가 같고 지반이 연속된 토지는 1필지로 할 수 있다.
> ② 제1항에도 불구하고 다음 각 호의 어느 하나에 해당하는 토지는 주된 용도의 토지에 편입하여 1필지로 할 수 있다. 다만, 종된 용도의 토지의 지목이 "대"인 경우와 종된 용도의 토지 면적이 주된 용도의 토지 면적의 10퍼센트를 초과하거나 330제곱미터를 초과하는 경우에는 그러하지 아니하다.
> 1. 주된 용도의 토지의 편의를 위하여 설치된 도로·구거(구거 : 도랑) 등의 부지
> 2. 주된 용도의 토지에 접속되거나 주된 용도의 토지로 둘러싸인 토지로서 다른 용도로 사용되고 있는 토지

정답 ④

05 공간정보의 구축 및 관리 등에 관한 법령상 동일한 지번부여지역 내에서 지번이 77인 토지를 3필지로 분할하고자 하는 경우 분할되는 필지의 지번으로 옳은 것은?(단, 최종지번이 100이며, 77의 최종부번은 30이다)
★20회 기출★

① 77, 78, 79
② 77, 77-1, 77-2
③ 77, 77-4, 77-5
④ 77-1, 77-2, 77-3
⑤ 77-4, 77-5, 77-6

해설
난도 ★★★
③ 원칙적으로 분할 후의 필지 중 1필지의 지번은 분할 전의 지번으로 하고, 나머지는 본번의 최종 부번의 다음 순번으로 부번을 부여한다.

답 ③

---

06 공간정보의 구축 및 관리 등에 관한 법령상 지번의 구성과 부여방법에 관한 설명으로 옳지 <u>않은</u> 것은?
★27회 기출★

① 지번은 북서에서 남동으로 순차적으로 부여하여야 한다.
② 토지소유자가 합병 전의 필지에 주거 · 사무실 등의 건축물이 있어서 그 건축물이 위치한 지번을 합병 후의 지번으로 신청한 경우에도 합병 대상 지번 중 선순위의 지번으로 부여하여야 한다.
③ 분할의 경우에는 분할 후의 필지 중 주거 · 사무실 등의 건축물이 있는 필지에 대해서는 분할 전의 지번을 우선하여 부여하여야 한다.
④ 지번은 아라비아숫자로 표기하되, 임야대장 및 임야도에 등록하는 토지의 지번은 숫자 앞에 "산"자를 붙인다.
⑤ 신규 등록 및 등록전환의 경우에 대상토지가 여러 필지로 되어 있는 경우에는 그 지번부여지역의 최종 본번의 다음 순번부터 본번으로 하여 순차적으로 지번을 부여할 수 있다.

해설
난도 ★★
① (○) 영 제56조 제3항 제1호
② (×) 신청한 지번을 합병 후의 지번으로 부여한다(영 제56조 제3항 제4호).

> **영 제56조(지번의 구성 및 부여방법 등)**
> ③ 법 제66조에 따른 지번의 부여방법은 다음 각 호와 같다.
> 4. 합병의 경우에는 합병 대상 지번 중 선순위의 지번을 그 지번으로 하되, 본번으로 된 지번이 있을 때에는 본번 중 선순위의 지번을 합병 후의 지번으로 할 것. 이 경우 토지소유자가 합병 전의 필지에 주거 · 사무실 등의 건축물이 있어서 그 건축물이 위치한 지번을 합병 후의 지번으로 신청할 때에는 그 지번을 합병 후의 지번으로 부여하여야 한다.

③ (○) 영 제56조 제3항 제3호

④ (○) 영 제56조 제1항

⑤ (○) 영 제56조 제3항 제2호 다목

답 ②

---

07 공간정보의 구축 및 관리 등에 관한 법령상 다음의 설명에 해당하는 지목은?　　★27회 기출★

☑확인
Check!
○
△
×

> 용수 또는 배수를 위하여 일정한 형태를 갖춘 인공적인 수로·둑 및 그 부속시설물의 부지와 자연의 유수가 있거나 있을 것으로 예상되는 소규모 수로부지

① 제방　　　　　　　　　　　　② 유지

③ 하천　　　　　　　　　　　　④ 광천지

⑤ 구거

해설
난도 ★

⑤ 구거에 해당한다(영 제58조 제18호).

답 ⑤

---

08 공간정보의 구축 및 관리 등에 관한 법령상 지목에 관한 설명으로 옳지 <u>않은</u> 것은?　★20회 기출★

☑확인
Check!
○
△
×

① 지목은 법정지목인 철도용지를 포함하여 모두 28개 종류로 구분한다.

② 지적도에 등록된 사항 중 "원"으로 표기된 부호는 "과수원"이라는 법정지목을 의미하는 것이다.

③ 토지가 일시적 또는 임시적인 용도로 사용되는 때에는 지목변경을 하지 않는다.

④ 지적소관청은 토지의 이동현황을 직권 조사하여 지목을 결정할 때 토지이동현황조사계획을 수립하여야 한다.

⑤ 임야도에 등록된 토지가 사실상 형질 변경되었으나 지목변경을 할 수 없는 경우에는 지목의 변경 없이 등록전환을 신청할 수 있다.

해설
난도 ★★

② (×) 지적도에 등록된 사항 중 "원"으로 표기된 부호는 "유원지"를 의미한다.

답 ②

09 공간정보의 구축 및 관리 등에 관한 법령상 토지와 지목이 옳게 연결된 것은?

① 묘지의 관리를 위한 건축물의 부지 – 묘지

② 원상회복을 조건으로 흙을 파는 곳으로 허가된 토지 – 잡종지

③ 학교의 교사(校舍)와 이에 접속된 체육장 등 부속시설물의 부지 – 학교용지

④ 자동차 판매 목적으로 설치된 야외전시장의 부지 – 주차장

⑤ 자연의 유수가 있을 것으로 예상되는 소규모 수로부지 – 하천

해설

난도 ★

③ 학교의 교사(校舍)와 이에 접속된 체육장 등 부속시설물의 부지 – 학교용지

답 ③

10 공간정보의 구축 및 관리 등에 관한 법령상 토지소유자가 지적소관청에 토지의 합병을 신청할 수 없는 경우를 모두 고른 것은?

ㄱ. 합병하려는 토지의 지목이 서로 다른 경우

ㄴ. 합병하려는 토지의 소유자별 공유지분이 다른 경우

ㄷ. 합병하려는 토지가 구획정리를 시행하고 있는 지역의 토지와 그 지역 밖의 토지인 경우

① ㄱ
② ㄷ
③ ㄱ, ㄴ
④ ㄴ, ㄷ
⑤ ㄱ, ㄴ, ㄷ

해설

난도 ★★

⑤ ㄱ, ㄴ, ㄷ 모두 합병할 수 없다.

> **공간정보의 구축 및 관리 등에 관한 법률 제80조(합병 신청)**
> ① 토지소유자는 토지를 합병하려면 대통령령으로 정하는 바에 따라 지적소관청에 합병을 신청하여야 한다.
> ② 토지소유자는 「주택법」에 따른 공동주택의 부지, 도로, 제방, 하천, 구거, 유지, 그 밖에 대통령령으로 정하는 토지로서 합병하여야 할 토지가 있으면 그 사유가 발생한 날부터 60일 이내에 지적소관청에 합병을 신청하여야 한다.
> ③ 다음 각 호의 어느 하나에 해당하는 경우에는 합병 신청을 할 수 없다.
> 1. 합병하려는 토지의 지번부여지역, 지목 또는 소유자가 서로 다른 경우
> 2. 합병하려는 토지에 다음 각 목의 등기 외의 등기가 있는 경우
>   가. 소유권 · 지상권 · 전세권 또는 임차권의 등기
>   나. 승역지(承役地)에 대한 지역권의 등기
>   다. 합병하려는 토지 전부에 대한 등기원인(登記原因) 및 그 연월일과 접수번호가 같은 저당권의 등기
>   라. 합병하려는 토지 전부에 대한 「부동산등기법」 제81조 제1항 각 호의 등기사항이 동일한 신탁등기

3. 그 밖에 합병하려는 토지의 지적도 및 임야도의 축척이 서로 다른 경우 등 대통령령으로 정하는 경우

> 공간정보의 구축 및 관리 등에 관한 법률 시행령 제66조(합병 신청)
>
> ③ 법 제80조 제3항 제3호에서 "합병하려는 토지의 지적도 및 임야도의 축척이 서로 다른 경우 등 대통령령으로 정하는 경우"란 다음 각 호의 경우를 말한다.
>
> 5. 합병하려는 토지의 소유자별 공유지분이 다르거나 소유자의 주소가 서로 다른 경우
>
> 6. 합병하려는 토지가 구획정리, 경지정리 또는 축척변경을 시행하고 있는 지역의 토지와 그 지역 밖의 토지인 경우

답 ⑤

---

11 공간정보의 구축 및 관리 등에 관한 법령상 토지대장에 등록하는 토지의 소유자가 둘 이상인 경우 공유지연명부에 등록하여야 하는 사항이 <u>아닌</u> 것은? ★33회 기출★

① 소유권 지분
② 토지의 고유번호
③ 지적도면의 번호
④ 필지별 공유지연명부의 장번호
⑤ 토지소유자가 변경된 날과 그 원인

해설
난도 ★★
③ 지적도면의 번호는 등록사항이 아니다.

> **공간정보의 구축 및 관리 등에 관한 법률 제71조(토지대장 등의 등록사항)**
>
> ③ 토지대장이나 임야대장에 등록하는 토지가 「부동산등기법」에 따라 대지권 등기가 되어 있는 경우에는 대지권등록부에 다음 각 호의 사항을 등록하여야 한다.
>
> 1. 토지의 소재
> 2. 지번
> 3. 대지권 비율
> 4. 소유자의 성명 또는 명칭, 주소 및 주민등록번호
> 5. 그 밖에 국토교통부령으로 정하는 사항

답 ③

제5편

부동산등기법

출제경향 & 수험대책

부동산등기법은 평균적으로 4문제가 출제되고 있으며, 이 파트는 민법 중 물권법에 대해 선행학습을 하면 조금 더 쉽게 접근할 수 있다. 등기소와 등기관 · 등기부 등, 등기부 및 부속서류, 등기에 관한 장부, 등기사항의 열람과 증명, 중복등기기록의 정리, 등기절차총칙, 표시에 관한 등기 등에 대해서는 확인학습을 하고, 특히 등기부의 양식과 등기의 종류, 권리에 관한 등기에 대해서는 꼭 짚고 넘어가길 바란다.

제1장 | 총설

출제포인트

□ 등기부
□ 등기부부본자료
□ 등기기록
□ 등기필정보
□ 등기 순위

1. 목적(법 제1조)

이 법은 부동산등기에 관한 사항을 규정함을 목적으로 한다.

2. 정의(법 제2조)

이 법에서 사용하는 용어의 뜻은 다음과 같다.

1. "등기부"란 전산정보처리조직에 의하여 입력·처리된 등기정보자료를 대법원규칙으로 정하는 바에 따라 편성한 것을 말한다.
2. "등기부부본자료"란 등기부와 동일한 내용으로 보조기억장치에 기록된 자료를 말한다.
3. "등기기록"이란 1필의 토지 또는 1개의 건물에 관한 등기정보자료를 말한다.
4. "등기필정보"란 등기부에 새로운 권리자가 기록되는 경우에 그 권리자를 확인하기 위하여 제11조 제1항에 따른 등기관이 작성한 정보를 말한다.

3. 등기할 수 있는 권리 등(법 제3조) ★31회 기출★

등기는 부동산의 표시와 다음 각 호의 어느 하나에 해당하는 권리의 보존, 이전, 설정, 변경, 처분의 제한 또는 소멸에 대하여 한다.

1. 소유권
2. 지상권
3. 지역권
4. 전세권
5. 저당권
6. 권리질권
7. 채권담보권
8. 임차권

4. 등기 순위

(1) 권리의 순위(법 제4조) ★28회 기출★

① 같은 부동산에 관하여 등기한 권리의 순위는 법률에 다른 규정이 없으면 등기한 순서에 따른다.

② 등기의 순서는 등기기록 중 같은 구에서 한 등기 상호간에는 순위번호에 따르고, 다른 구에서 한 등기 상호간에는 접수번호에 따른다.

(2) 부기등기의 순위(법 제5조)

부기등기의 순위는 주등기의 순위에 따른다. 다만, 같은 주등기에 관한 부기등기 상호간의 순위는 그 등기 순서에 따른다.

5. 등기신청의 접수시기 및 등기의 효력발생시기(법 제6조) ★33회 기출★

① 등기신청은 대법원규칙으로 정하는 등기신청정보가 전산정보처리조직에 저장된 때 접수된 것으로 본다.

② 제11조 제1항에 따른 등기관이 등기를 마친 경우 그 등기는 접수한 때부터 효력을 발생한다.

규칙 제3조(등기신청의 접수시기)
① 법 제6조 제1항에서 "대법원규칙으로 정하는 등기신청정보"란 해당 부동산이 다른 부동산과 구별될 수 있게 하는 정보를 말한다.
② 같은 토지 위에 있는 여러 개의 구분건물에 대한 등기를 동시에 신청하는 경우에는 그 건물의 소재 및 지번에 관한 정보가 전산정보처리조직에 저장된 때 등기신청이 접수된 것으로 본다.

규칙 제4조(등기관이 등기를 마친 시기)
법 제6조 제2항에서 "등기관이 등기를 마친 경우"란 법 제11조 제4항에 따라 등기사무를 처리한 등기관이 누구인지 알 수 있는 조치를 하였을 때를 말한다.

제2장 | 등기소와 등기관

1. 관할 등기소(법 제7조)

① 등기사무는 부동산의 소재지를 관할하는 지방법원, 그 지원 또는 등기소(이하 "등기소")에서 담당한다.

② 부동산이 여러 등기소의 관할구역에 걸쳐 있을 때에는 대법원규칙으로 정하는 바에 따라 각 등기소를 관할하는 상급법원의 장이 관할 등기소를 지정한다.

2. 관할의 위임(법 제8조)

대법원장은 어느 등기소의 관할에 속하는 사무를 다른 등기소에 위임하게 할 수 있다.

3. 관할의 변경(법 제9조)

어느 부동산의 소재지가 다른 등기소의 관할로 바뀌었을 때에는 종전의 관할 등기소는 전산정보처리조직을 이용하여 그 부동산에 관한 등기기록의 처리권한을 다른 등기소로 넘겨주는 조치를 하여야 한다.

4. 등기사무

(1) 등기사무의 정지(법 제10조)

대법원장은 등기소에서 등기사무를 정지하여야 하는 사유가 발생하면 기간을 정하여 등기사무의 정지를 명령할 수 있다.

(2) 등기사무의 처리(법 제11조)

① 등기사무는 등기소에 근무하는 법원서기관·등기사무관·등기주사 또는 등기주사보(법원사무관·법원주사 또는 법원주사보 중 2001년 12월 31일 이전에 시행한 채용시험에 합격하여 임용된 사람을 포함) 중에서 지방법원장(등기소의 사무를 지원장이 관장하는 경우에는 지원장을 말한다. 이하 같다)이 지정하는 자(이하 "등기관"이라 한다)가 처리한다.

② 등기관은 등기사무를 전산정보처리조직을 이용하여 등기부에 등기사항을 기록하는 방식으로 처리하여야 한다.

③ 등기관은 접수번호의 순서에 따라 등기사무를 처리하여야 한다.

④ 등기관이 등기사무를 처리한 때에는 등기사무를 처리한 등기관이 누구인지 알 수 있는 조치를 하여야 한다.

(3) 등기관의 업무처리의 제한(법 제12조)

① 등기관은 자기, 배우자 또는 4촌 이내의 친족(이하 "배우자등"이라 한다)이 등기신청인인 때에는 그 등기소에서 소유권등기를 한 성년자로서 등기관의 배우자등이 아닌 자 2명 이상의 참여가 없으면 등기를 할 수 없다. 배우자등의 관계가 끝난 후에도 같다.

② 등기관은 ①의 경우에 조서를 작성하여 참여인과 같이 기명날인 또는 서명을 해야 한다.

(4) 재정보증(법 제13조)

법원행정처장은 등기관의 재정보증에 관한 사항을 정하여 운용할 수 있다.

제3장 | 등기부 등

출제포인트
□ 물적 편성주의
□ 표제부
□ 갑구
□ 을구
□ 중복등기

제1절 등기부 및 부속서류

1. 등기부의 종류 등(법 제14조)

① 등기부는 토지등기부와 건물등기부로 구분한다.

② 등기부는 영구히 보존하여야 한다.

③ 등기부는 대법원규칙으로 정하는 장소에 보관·관리하여야 하며, 전쟁·천재지변이나 그 밖에 이에 준하는 사태를 피하기 위한 경우 외에는 그 장소 밖으로 옮기지 못한다.

④ 등기부의 부속서류는 전쟁·천재지변이나 그 밖에 이에 준하는 사태를 피하기 위한 경우 외에는 등기소 밖으로 옮기지 못한다. 다만, 신청서나 그 밖의 부속서류에 대하여는 법원의 명령 또는 촉탁(囑託)이 있거나 법관이 발부한 영장에 의하여 압수하는 경우에는 그러하지 아니하다.

2. 물적 편성주의(법 제15조)

① 등기부를 편성할 때에는 1필의 토지 또는 1개의 건물에 대하여 1개의 등기기록을 둔다. 다만, 1동의 건물을 구분한 건물에 있어서는 1동의 건물에 속하는 전부에 대하여 1개의 등기기록을 사용한다.

② 등기기록에는 부동산의 표시에 관한 사항을 기록하는 표제부와 소유권에 관한 사항을 기록하는 갑구 및 소유권 외의 권리에 관한 사항을 기록하는 을구를 둔다.

3. 등기부부본자료의 작성(법 제16조)

등기관이 등기를 마쳤을 때에는 등기부부본자료를 작성하여야 한다.

제2절   등기에 관한 장부

1. 장부의 비치(규칙 제21조)

① 등기소에는 다음 각 호의 장부를 갖추어 두어야 한다.

> 1. 부동산등기신청서 접수장
> 2. 기타 문서 접수장
> 3. 결정원본 편철장
> 4. 이의신청서류 편철장
> 5. 사용자등록신청서류 등 편철장
> 6. 신청서 기타 부속서류 편철장
> 7. 신청서 기타 부속서류 송부부
> 8. 각종 통지부
> 9. 열람신청서류 편철장
> 10. 제증명신청서류 편철장
> 11. 그 밖에 대법원예규로 정하는 장부

② ①의 장부는 매년 별책으로 하여야 한다. 다만, 필요에 따라 분책할 수 있다.

③ ①의 장부는 전자적으로 작성할 수 있다.

2. 접수장(규칙 제22조)

① 부동산등기신청서 접수장에는 다음 각 호의 사항을 적어야 한다.

> 1. 접수연월일과 접수번호
> 2. 등기의 목적
> 3. 신청인의 성명 또는 명칭
> 4. 부동산의 개수
> 5. 등기신청수수료
> 6. 취득세 또는 등록면허세와 국민주택채권매입금액

② ①의 제1호의 접수번호는 1년마다 새로 부여하여야 한다.

③ 등기권리자 또는 등기의무자가 여러 명인 경우 부동산등기신청서 접수장에 신청인의 성명 또는 명칭을 적을 때에는 신청인 중 1명의 성명 또는 명칭과 나머지 인원을 적는 방법으로 할 수 있다.

④ 등기신청 외의 등기사무에 관한 문서를 접수할 때에는 기타문서 접수장에 등재한다.

3. 신청서 기타 부속서류 편철장(규칙 제23조)

신청서, 촉탁서, 통지서, 허가서, 참여조서, 확인조서, 취하서 그 밖의 부속서류는 접수번호의 순서에 따라 신청서 기타 부속서류 편철장에 편철하여야 한다.

4. 각종 통지부(규칙 제24조)

각종 통지부에는 법 및 이 규칙에서 정하고 있는 통지사항, 통지를 받을 자 및 통지서를 발송하는 연월일을 적어야 한다.

5. 장부의 보존기간(규칙 제25조) ★27회 기출★

① 등기소에 갖추어 두어야 할 장부의 보존기간은 다음 각 호와 같다.

> 1. 부동산등기신청서 접수장 : 5년
> 2. 기타 문서 접수장 : 10년
> 3. 결정원본 편철장 : 10년
> 4. 이의신청서류 편철장 : 10년
> 5. 사용자등록신청서류 등 편철장 : 10년
> 6. 신청서 기타 부속서류 편철장 : 5년
> 7. 신청서 기타 부속서류 송부부 : 신청서 그 밖의 부속서류가 반환된 날부터 5년
> 8. 각종 통지부 : 1년
> 9. 열람신청서류 편철장 : 1년
> 10. 제증명신청서류 편철장 : 1년

② 장부의 보존기간은 해당 연도의 다음해부터 기산한다.
③ 보존기간이 만료된 장부 또는 서류는 지방법원장의 인가를 받아 보존기간이 만료되는 해의 다음해 3월말까지 폐기한다.

6. 등기부의 손상과 복구(법 제17조)

① 등기부의 전부 또는 일부가 손상되거나 손상될 염려가 있을 때에는 대법원장은 대법원규칙으로 정하는 바에 따라 등기부의 복구·손상방지 등 필요한 처분을 명령할 수 있다.
② 대법원장은 대법원규칙으로 정하는 바에 따라 ①의 처분명령에 관한 권한을 법원행정처장 또는 지방법원장에게 위임할 수 있다.

7. 부속서류의 손상 등 방지처분(법 제18조)

① 등기부의 부속서류가 손상·멸실의 염려가 있을 때에는 대법원장은 그 방지를 위하여 필요한 처분을 명령할 수 있다.
② ①에 따른 처분명령에는 제17조 제2항을 준용한다.

제3절   등기사항의 열람과 증명(법 제19조)

① 누구든지 수수료를 내고 대법원규칙으로 정하는 바에 따라 등기기록에 기록되어 있는 사항의 전부 또는 일부의 열람과 이를 증명하는 등기사항증명서의 발급을 청구할 수 있다. 다만, 등기기록의 부속서류에 대하여는 이해관계 있는 부분만 열람을 청구할 수 있다.
② ①에 따른 등기기록의 열람 및 등기사항증명서의 발급 청구는 관할 등기소가 아닌 등기소에 대하여도 할 수 있다.
③ ①에 따른 수수료의 금액과 면제의 범위는 대법원규칙으로 정한다.

제4절   중복등기기록의 정리

1. 등기기록의 폐쇄(법 제20조)

① 등기관이 등기기록에 등기된 사항을 새로운 등기기록에 옮겨 기록한 때에는 종전 등기기록을 폐쇄하여야 한다.
② 폐쇄한 등기기록은 영구히 보존하여야 한다.
③ 폐쇄한 등기기록에 관하여는 제19조를 준용한다.

2. 중복등기기록의 정리(법 제21조)

① 등기관이 같은 토지에 관하여 중복하여 마쳐진 등기기록을 발견한 경우에는 대법원규칙으로 정하는 바에 따라 중복등기기록 중 어느 하나의 등기기록을 폐쇄하여야 한다.
② ①에 따라 폐쇄된 등기기록의 소유권의 등기명의인 또는 등기상 이해관계인은 대법원규칙으로 정하는 바에 따라 그 토지가 폐쇄된 등기기록의 소유권의 등기명의인의 소유임을 증명하여 폐쇄된 등기기록의 부활을 신청할 수 있다.

제4장 | 등기절차

제1절 총칙

1. 통칙

(1) 신청주의(법 제22조)

① 등기는 당사자의 신청 또는 관공서의 촉탁에 따라 한다. 다만, 법률에 다른 규정이 있는 경우에는 그러하지 아니하다.

② 촉탁에 따른 등기절차는 법률에 다른 규정이 없는 경우에는 신청에 따른 등기에 관한 규정을 준용한다.

③ 등기를 하려고 하는 자는 대법원규칙으로 정하는 바에 따라 수수료를 내야 한다.

(2) 등기신청인(법 제23조)

① 등기는 법률에 다른 규정이 없는 경우에는 등기권리자와 등기의무자가 공동으로 신청한다.

② 소유권보존등기 또는 소유권보존등기의 말소등기는 등기명의인으로 될 자 또는 등기명의인이 단독으로 신청한다.

③ 상속, 법인의 합병, 그 밖에 대법원규칙으로 정하는 포괄승계에 따른 등기는 등기권리자가 단독으로 신청한다.

④ 등기절차의 이행 또는 인수를 명하는 판결에 의한 등기는 승소한 등기권리자 또는 등기의무자가 단독으로 신청하고, 공유물을 분할하는 판결에 의한 등기는 등기권리자 또는 등기의무자가 단독으로 신청한다.

⑤ 부동산표시의 변경이나 경정의 등기는 소유권의 등기명의인이 단독으로 신청한다.

⑥ 등기명의인표시의 변경이나 경정의 등기는 해당 권리의 등기명의인 단독으로 신청한다.

⑦ 신탁재산에 속하는 부동산의 신탁등기는 수탁자가 단독으로 신청한다.

⑧ 수탁자가 「신탁법」 제3조 제5항에 따라 타인에게 신탁재산에 대하여 신탁을 설정하는 경우 해당 신탁재산에 속하는 부동산에 관한 권리이전등기에 대하여는 새로운 신탁의 수탁자를 등기권리자로 하고 원래 신탁의 수탁자를 등기의무자로 한다. 이 경우 해당 신탁재산에 속하는 부동산의 신탁등기는 제7항에 따라 새로운 신탁의 수탁자가 단독으로 신청한다.

(3) 등기신청의 방법(법 제24조) ★32회 기출★

① 등기는 다음 각 호의 어느 하나에 해당하는 방법으로 신청한다.

> 1. 신청인 또는 그 대리인이 등기소에 출석하여 신청정보 및 첨부정보를 적은 서면을 제출하는 방법. 다만, 대리인이 변호사[법무법인, 법무법인(유한) 및 법무조합을 포함한다. 이와 같다]인 경우에는 대법원규칙으로 정하는 사무원을 등기소에 출석하게 하여 그 서면을 제출할 수 있다.
> 2. 대법원규칙으로 정하는 바에 따라 전산정보처리조직을 이용하여 신청정보 및 첨부정보를 보내는 방법(법원행정처장이 지정하는 등기유형으로 한정한다)

② 신청인이 제공하여야 하는 신청정보 및 첨부정보는 대법원규칙으로 정한다.

(4) 신청정보의 제공방법(법 제25조)

등기의 신청은 1건당 1개의 부동산에 관한 신청정보를 제공하는 방법으로 하여야 한다. 다만, 등기목적과 등기원인이 동일하거나 그 밖에 대법원규칙으로 정하는 경우에는 같은 등기소의 관할 내에 있는 여러 개의 부동산에 관한 신청정보를 일괄하여 제공하는 방법으로 할 수 있다.

(5) 법인 아닌 사단 등의 등기신청(법 제26조)

① 종중, 문중, 그 밖에 대표자나 관리인이 있는 법인 아닌 사단이나 재단에 속하는 부동산의 등기에 관하여는 그 사단이나 재단을 등기권리자 또는 등기의무자로 한다.

② ①의 등기는 그 사단이나 재단의 명의로 그 대표자나 관리인이 신청한다.

(6) 포괄승계인에 의한 등기신청(법 제27조)

등기원인이 발생한 후에 등기권리자 또는 등기의무자에 대하여 상속이나 그 밖의 포괄승계가 있는 경우에는 상속인이나 그 밖의 포괄승계인이 그 등기를 신청할 수 있다.

(7) 채권자대위권에 의한 등기신청(법 제28조)

① 채권자는 「민법」 제404조에 따라 채무자를 대위하여 등기를 신청할 수 있다.

② 등기관이 제1항 또는 다른 법령에 따른 대위신청에 의하여 등기를 할 때에는 대위자의 성명 또는 명칭, 주소 또는 사무소 소재지 및 대위원인을 기록하여야 한다.

(8) 신청의 각하(법 제29조)

등기관은 다음 각 호의 어느 하나에 해당하는 경우에만 이유를 적은 결정으로 신청을 각하하여야 한다. 다만, 신청의 잘못된 부분이 보정될 수 있는 경우로서 신청인이 등기관이 보정을 명한 날의 다음 날까지 그 잘못된 부분을 보정하였을 때에는 그러하지 아니하다.

1. 사건이 그 등기소의 관할이 아닌 경우
2. 사건이 등기할 것이 아닌 경우
3. 신청할 권한이 없는 자가 신청한 경우
4. 제24조 제1항 제1호에 따라 등기를 신청할 때에 당사자나 그 대리인이 출석하지 아니한 경우
5. 신청정보의 제공이 대법원규칙으로 정한 방식에 맞지 아니한 경우
6. 신청정보의 부동산 또는 등기의 목적인 권리의 표시가 등기기록과 일치하지 아니한 경우
7. 신청정보의 등기의무자의 표시가 등기기록과 일치하지 아니한 경우. 다만, 제27조에 따라 포괄승계인이 등기신청을 하는 경우는 제외한다.
8. 신청정보와 등기원인을 증명하는 정보가 일치하지 아니한 경우
9. 등기에 필요한 첨부정보를 제공하지 아니한 경우
10. 취득세(「지방세법」 제20조의2에 따라 분할납부하는 경우에는 등기하기 이전에 분할납부하여야 할 금액을 말한다), 등록면허세(등록에 대한 등록면허세만 해당한다) 또는 수수료를 내지 아니하거나 등기신청과 관련하여 다른 법률에 따라 부과된 의무를 이행하지 아니한 경우
11. 신청정보 또는 등기기록의 부동산의 표시가 토지대장 · 임야대장 또는 건축물대장과 일치하지 아니한 경우

규칙 제51조(등기신청의 취하)
① 등기신청의 취하는 등기관이 등기를 마치기 전까지 할 수 있다.
② 제1항의 취하는 다음 각 호의 구분에 따른 방법으로 하여야 한다.
1. 법 제24조 제1항 제1호에 따른 등기신청(이하 "방문신청"이라 한다) : 신청인 또는 그 대리인이 등기소에 출석하여 취하서를 제출하는 방법
2. 법 제24조 제1항 제2호에 따른 등기신청(이하 "전자신청"이라 한다) : 전산정보처리조직을 이용하여 취하정보를 전자문서로 등기소에 송신하는 방법

규칙 제52조(사건이 등기할 것이 아닌 경우)
법 제29조 제2호에서 "사건이 등기할 것이 아닌 경우"란 다음 각 호의 어느 하나에 해당하는 경우를 말한다.
1. 등기능력 없는 물건 또는 권리에 대한 등기를 신청한 경우
2. 법령에 근거가 없는 특약사항의 등기를 신청한 경우
3. 구분건물의 전유부분과 대지사용권의 분리처분 금지에 위반한 등기를 신청한 경우
4. 농지를 전세권설정의 목적으로 하는 등기를 신청한 경우
5. 저당권을 피담보채권과 분리하여 양도하거나, 피담보채권과 분리하여 다른 채권의 담보로 하는 등기를 신청한 경우
6. 일부지분에 대한 소유권보존등기를 신청한 경우
7. 공동상속인 중 일부가 자신의 상속지분만에 대한 상속등기를 신청한 경우
8. 관공서 또는 법원의 촉탁으로 실행되어야 할 등기를 신청한 경우
9. 이미 보존등기된 부동산에 대하여 다시 보존등기를 신청한 경우
10. 그 밖에 신청취지 자체에 의하여 법률상 허용될 수 없음이 명백한 등기를 신청한 경우

(9) 등기완료의 통지(법 제30조)

등기관이 등기를 마쳤을 때에는 대법원규칙으로 정하는 바에 따라 신청인 등에게 그 사실을 알려야 한다.

(10) 행정구역의 변경(법 제31조)

행정구역 또는 그 명칭이 변경되었을 때에는 등기기록에 기록된 행정구역 또는 그 명칭에 대하여 변경등기가 있는 것으로 본다.

(11) 등기의 경정(법 제32조)

① 등기관이 등기를 마친 후 그 등기에 착오나 빠진 부분이 있음을 발견하였을 때에는 지체 없이 그 사실을 등기권리자와 등기의무자에게 알려야 하고, 등기권리자와 등기의무자가 없는 경우에는 등기명의인에게 알려야 한다. 다만, 등기권리자, 등기의무자 또는 등기명의인이 각 2인 이상인 경우에는 그 중 1인에게 통지하면 된다.

② 등기관이 등기의 착오나 빠진 부분이 등기관의 잘못으로 인한 것임을 발견한 경우에는 지체 없이 그 등기를 직권으로 경정하여야 한다. 다만, 등기상 이해관계 있는 제3자가 있는 경우에는 제3자의 승낙이 있어야 한다.

③ 등기관이 ②에 따라 경정등기를 하였을 때에는 그 사실을 등기권리자, 등기의무자 또는 등기명의인에게 알려야 한다. 이 경우 ①의 단서를 준용한다.

④ 채권자대위권에 의하여 등기가 마쳐진 때에는 ① 및 ③의 통지를 그 채권자에게도 하여야 한다. 이 경우 ①의 단서를 준용한다.

(12) 새 등기기록에의 이기(법 제33조)

등기기록에 기록된 사항이 많아 취급하기에 불편하게 되는 등 합리적 사유로 등기기록을 옮겨 기록할 필요가 있는 경우에 등기관은 현재 효력이 있는 등기만을 새로운 등기기록에 옮겨 기록할 수 있다.

2. 방문신청

(1) 방문신청의 방법(규칙 제56조)

① 방문신청을 하는 경우에는 등기신청서에 제43조 및 그 밖의 법령에 따라 신청정보의 내용으로 등기소에 제공하여야 하는 정보를 적고 신청인 또는 그 대리인이 기명날인하거나 서명하여야 한다.

② 신청서가 여러 장일 때에는 신청인 또는 그 대리인 간인을 하여야 하고, 등기권리자 또는 등기의무자가 여러 명일 때에는 그 중 1명이 간인하는 방법으로 한다. 다만, 신청서에 서명을 하였을 때에는 각 장마다 연결되는 서명을 함으로써 간인을 대신한다.

③ ①의 경우에는 그 등기신청서에 제46조 및 그 밖의 법령에 따라 첨부정보로서 등기소에 제공하여야 하는 정보를 담고 있는 서면을 첨부하여야 한다.

(2) 신청서 등의 문자(규칙 제57조)

① 신청서나 그 밖의 등기에 관한 서면을 작성할 때에는 자획을 분명히 하여야 한다.

② ①의 서면에 적은 문자의 정정, 삽입 또는 삭제를 한 경우에는 그 글자 수를 난외에 적으며 문자의 앞뒤에 괄호를 붙이고 이에 날인 또는 서명하여야 한다. 이 경우 삭제한 문자는 해독할 수 있게 글자체를 남겨두어야 한다.

(3) 등기소에 출석하여 등기신청서를 제출할 수 있는 자격자대리인의 사무원(규칙 제58조)

① 법 제24조 제1항 제1호 단서에 등기소에 출석하여 등기신청서를 제출할 수 있는 변호사나 법무사[법무법인 · 법무법인(유한) · 법무조합 또는 법무사법인 · 법무사법인(유한)을 포함한다. 이하 "자격자대리인"이라 한다]의 사무원은 자격자대리인의 사무소 소재지를 관할하는 지방법원장이 허가하는 1명으로 한다. 다만, 법무법인 · 법무법인(유한) · 법무조합 또는 법무사법인 · 법무사법인(유한)의 경우에는 그 구성원 및 구성원이 아닌 변호사나 법무사 수만큼의 사무원을 허가할 수 있다.

② 자격자대리인이 ①의 허가를 받으려면 지방법원장에게 허가신청서를 제출하여야 한다.

③ 지방법원장이 ①의 허가를 하였을 때에는 해당 자격자대리인에게 등기소 출입증을 발급하여야 한다.

④ 지방법원장은 상당하다고 인정되는 경우 ①의 허가를 취소할 수 있다.

(4) 첨부서면의 원본 환부의 청구(규칙 제59조)

신청서에 첨부한 서류의 원본의 환부를 청구하는 경우에 신청인은 그 원본과 같다는 뜻을 적은 사본을 첨부하여야 하고, 등기관이 서류의 원본을 환부할 때에는 그 사본에 원본 환부의 뜻을 적고 기명날인하여야 한다. 다만, 다음 각 호의 서류에 대하여는 환부를 청구할 수 없다.

> 1. 등기신청위임장, 제111조 제2항의 확인정보를 담고 있는 서면 등 해당 등기신청만을 위하여 작성한 서류
> 2. 인감증명, 법인등기사항증명서, 주민등록표등본·초본, 가족관계등록사항별증명서 및 건축물대장·토지대장·임야대장 등본 등 별도의 방법으로 다시 취득할 수 있는 서류

(5) 인감증명의 제출(규칙 제60조)

① 방문신청을 하는 경우에는 다음 각 호의 인감증명을 제출하여야 한다. 이 경우 해당 신청서(위임에 의한 대리인이 신청하는 경우에는 위임장을 말한다)나 첨부서면에는 그 인감을 날인하여야 한다.

> 1. 소유권의 등기명의인이 등기의무자로서 등기를 신청하는 경우 등기의무자의 인감증명
> 2. 소유권에 관한 가등기명의인이 가등기의 말소등기를 신청하는 경우 가등기명의인의 인감증명
> 3. 소유권 외의 권리의 등기명의인이 등기의무자로서 법 제51조에 따라 등기를 신청하는 경우 등기의무자의 인감증명
> 4. 제81조 제1항에 따라 토지소유자들의 확인서를 첨부하여 토지합필등기를 신청하는 경우 그 토지소유자들의 인감증명
> 5. 제74조에 따라 권리자의 확인서를 첨부하여 토지분필등기를 신청하는 경우 그 권리자의 인감증명
> 6. 협의분할에 의한 상속등기를 신청하는 경우 상속인 전원의 인감증명
> 7. 등기신청서에 제3자의 동의 또는 승낙을 증명하는 서면을 첨부하는 경우 그 제3자의 인감증명
> 8. 법인 아닌 사단이나 재단의 등기신청에서 대법원예규로 정한 경우

② ①의 제1호부터 제3호까지 및 제6호에 따라 인감증명을 제출하여야 하는 자가 다른 사람에게 권리의 처분권한을 수여한 경우에는 그 대리인의 인감증명을 함께 제출하여야 한다.

③ ①에 따라 인감증명을 제출하여야 하는 자가 국가 또는 지방자치단체인 경우에는 인감증명을 제출할 필요가 없다.

④ ①의 제4호부터 제7호까지의 규정에 해당하는 서면이 공정증서이거나 당사자가 서명 또는 날인하였다는 뜻의 공증인의 인증을 받은 서면인 경우에는 인감증명을 제출할 필요가 없다.

(6) 법인 등의 인감증명의 제출(규칙 제61조)

① 제60조에 따라 인감증명을 제출하여야 하는 자가 법인 또는 국내에 영업소나 사무소의 설치등기를 한 외국법인인 경우에는 등기소의 증명을 얻은 그 대표자의 인감증명을, 법인 아닌 사단이나 재단인 경우에는 그 대표자나 관리인의 인감증명을 제출하여야 한다.

② 법정대리인이 제60조 제1항 제1호부터 제3호까지의 규정에 해당하는 등기신청을 하거나, 제4호부터 제7호까지의 서류를 작성하는 경우에는 법정대리인의 인감증명을 제출하여야 한다.

③ 제60조에 따라 인감증명을 제출하여야 하는 자가 재외국민인 경우에는 위임장이나 첨부서면에 본인이 서명 또는 날인하였다는 뜻의「재외공관 공증법」에 따른 인증을 받음으로써 인감증명의 제출을 갈음할 수 있다.

④ 제60조에 따라 인감증명을 제출하여야 하는 자가 외국인인 경우에는「인감증명법」에 따른 인감증명 또는 본국의 관공서가 발행한 인감증명을 제출하여야 한다. 다만, 본국에 인감증명제도가 없고 또한「인감증명법」에 따른 인감증명을 받을 수 없는 자는 신청서나 위임장 또는 첨부서면에 본인이 서명 또는 날인하였다는 뜻의 본국 관공서의 증명이나 본국 또는 대한민국 공증인의 인증(「재외공관 공증법」에 따른 인증을 포함한다)을 받음으로써 인감증명의 제출을 갈음할 수 있다.

(7) 인감증명 등의 유효기간(규칙 제62조)

등기신청서에 첨부하는 인감증명, 법인등기사항증명서, 주민등록표등본 · 초본, 가족관계 등록사항별증명서 및 건축물대장 · 토지대장 · 임야대장 등본은 발행일부터 3개월 이내의 것이어야 한다.

(8) 도면의 제출방법(규칙 제63조)

방문신청을 하는 경우라도 등기소에 제공하여야 하는 도면은 전자문서로 작성하여야 하며, 그 제공은 전산정보처리조직을 이용하여 등기소에 송신하는 방법으로 하여야 한다. 다만, 다음 각 호의 어느 하나에 해당하는 경우에는 그 도면을 서면으로 작성하여 등기소에 제출할 수 있다.

1. 자연인 또는 법인 아닌 사단이나 재단이 직접 등기신청을 하는 경우
2. 자연인 또는 법인 아닌 사단이나 재단이 자격자대리인이 아닌 사람에게 위임하여 등기신청을 하는 경우

(9) 전자표준양식에 의한 신청(규칙 제64조)

방문신청을 하고자 하는 신청인은 신청서를 등기소에 제출하기 전에 전산정보처리조직에 신청정보를 입력하고, 그 입력한 신청정보를 서면으로 출력하여 등기소에 제출하는 방법으로 할 수 있다.

(10) 등기신청서의 접수(규칙 제65조)

① 등기신청서를 받은 등기관은 전산정보처리조직에 접수연월일, 접수번호, 등기의 목적, 신청인의 성명 또는 명칭, 부동산의 표시, 등기신청수수료, 취득세 또는 등록면허세, 국민주택채권매입금액 및 그 밖에 대법원예규로 정하는 사항을 입력한 후 신청서에 접수번호표를 붙여야 한다.

② 같은 부동산에 관하여 동시에 여러 개의 등기신청이 있는 경우에는 같은 접수번호를 부여하여야 한다.

③ 등기관이 신청서를 접수하였을 때에는 신청인의 청구에 따라 그 신청서의 접수증을 발급하여야 한다.

(11) 등기원인증서의 반환(규칙 제66조)

① 신청서에 첨부된 제46조 제1항 제1호의 정보를 담고 있는 서면이 법률행위의 성립을 증명하는 서면이거나 그 밖에 대법원예규로 정하는 서면일 때에는 등기관이 등기를 마친 후에 이를 신청인에게 돌려주어야 한다.

② 신청인이 제1항의 서면을 등기를 마친 때부터 3개월 이내에 수령하지 아니할 경우에는 이를 폐기할 수 있다.

3. 전자신청

(1) 전자신청의 방법(규칙 제67조)

① 전자신청은 당사자가 직접 하거나 자격자대리인이 당사자를 대리하여 한다. 다만, 법인 아닌 사단이나 재단은 전자신청을 할 수 없으며, 외국인의 경우에는 다음 각 호의 어느 하나에 해당하는 요건을 갖추어야 한다.

> 1. 「출입국관리법」 제31조에 따른 외국인등록
> 2. 「재외동포의 출입국과 법적 지위에 관한 법률」 제6조, 제7조에 따른 국내거소신고

② ①에 따라 전자신청을 하는 경우에는 제43조 및 그 밖의 법령에 따라 신청정보의 내용으로 등기소에 제공하여야 하는 정보를 전자문서로 등기소에 송신하여야 한다. 이 경우 사용자등록번호도 함께 송신하여야 한다.

③ ②의 경우에는 제46조 및 그 밖의 법령에 따라 첨부정보로서 등기소에 제공하여야 하는 정보를 전자문서로 등기소에 송신하거나 대법원예규로 정하는 바에 따라 등기소에 제공하여야 한다.

④ ②와 ③에 따라 전자문서를 송신할 때에는 다음 각 호의 구분에 따른 신청인 또는 문서작성자의 전자서명정보(이하 "인증서등"이라 한다)를 함께 송신하여야 한다.

> 1. 개인 : 「전자서명법」 제2조 제6호에 따른 인증서(서명자의 실지명의를 확인할 수 있는 것을 말한다)
> 2. 법인 : 「상업등기법」 의 전자증명서
> 3. 관공서 : 대법원예규로 정하는 전자인증서

(2) 사용자등록(규칙 제68조)

① 전자신청을 하기 위해서는 그 등기신청을 하는 당사자 또는 등기신청을 대리할 수 있는 자격자대리인이 최초의 등기신청 전에 사용자등록을 하여야 한다.

② 사용자등록을 신청하는 당사자 또는 자격자대리인은 등기소에 출석하여 대법원예규로 정하는 사항을 적은 신청서를 제출하여야 한다.

③ ②의 사용자등록 신청서에는 「인감증명법」 에 따라 신고한 인감을 날인하고, 그 인감증명과 함께 주소를 증명하는 서면을 첨부하여야 한다.

④ 신청인이 자격자대리인인 경우에는 ③의 서면 외에 그 자격을 증명하는 서면의 사본도 첨부하여야 한다.

⑤ 법인이 「상업등기규칙」 제46조에 따라 전자증명서의 이용등록을 한 경우에는 사용자등록을 한 것으로 본다.

(3) 사용자등록의 유효기간(규칙 제69조)

① 사용자등록의 유효기간은 3년으로 한다.

② ①의 유효기간이 지난 경우에는 사용자등록을 다시 하여야 한다.

③ 사용자등록의 유효기간 만료일 3개월 전부터 만료일까지는 그 유효기간의 연장을 신청할 수 있으며, 그 연장기간은 3년으로 한다.

④ ③의 유효기간 연장은 전자문서로 신청할 수 있다.

(4) 사용자등록의 효력정지 등(규칙 제70조)

① 사용자등록을 한 사람은 사용자등록의 효력정지, 효력회복 또는 해지를 신청할 수 있다.

② ①에 따른 사용자등록의 효력정지 및 해지의 신청은 전자문서로 할 수 있다.

③ 등기소를 방문하여 ①에 따른 사용자등록의 효력정지, 효력회복 또는 해지를 신청하는 경우에는 신청서에 기명날인 또는 서명을 하여야 한다.

(5) 사용자등록정보 변경 등(규칙 제71조)

① 사용자등록 후 사용자등록정보가 변경된 경우에는 대법원예규로 정하는 바에 따라 그 변경된 사항을 등록하여야 한다.

② 사용자등록번호를 분실하였을 때에는 제68조에 따라 사용자등록을 다시 하여야 한다.

제2절 표시에 관한 등기

1. 토지의 표시에 관한 등기

(1) 등기사항(법 제34조) ★33, 34회 기출★

등기관은 토지 등기기록의 표제부에 다음 각 호의 사항을 기록하여야 한다.

> 1. 표시번호
> 2. 접수연월일
> 3. 소재와 지번
> 4. 지목
> 5. 면적
> 6. 등기원인

(2) 변경등기의 신청(법 제35조) ★32회 기출★

토지의 분할, 합병이 있는 경우와 제34조의 등기사항에 변경이 있는 경우에는 그 토지 소유권의 등기명의인은 그 사실이 있는 때부터 1개월 이내에 그 등기를 신청하여야 한다.

(3) 직권에 의한 표시변경등기(법 제36조)

① 등기관이 지적소관청으로부터 「공간정보의 구축 및 관리 등에 관한 법률」 제88조 제3항의 통지를 받은 경우에 제35조의 기간 이내에 등기명의인으로부터 등기신청이 없을 때에는 그 통지서의 기재내용에 따른 변경의 등기를 직권으로 하여야 한다.

② ①의 등기를 하였을 때에는 등기관은 지체 없이 그 사실을 지적소관청과 소유권의 등기명의인에게 알려야 한다. 다만, 등기명의인이 2인 이상인 경우에는 그 중 1인에게 통지하면 된다.

(4) 합필 제한(법 제37조)

① 합필하려는 토지에 다음의 등기 외의 권리에 관한 등기가 있는 경우에는 합필의 등기를 할 수 없다.

> 1. 소유권 · 지상권 · 전세권 · 임차권 및 승역지(편익제공지)에 하는 지역권의 등기
> 2. 합필하려는 모든 토지에 있는 등기원인 및 그 연월일과 접수번호가 동일한 저당권에 관한 등기
> 3. 합필하려는 모든 토지에 있는 제81조 제1항 각 호의 등기사항이 동일한 신탁등기

② 등기관이 ①을 위반한 등기의 신청을 각하하면 지체 없이 그 사유를 지적소관청에 알려야 한다.

(5) 합필의 특례(법 제38조)

① 「공간정보의 구축 및 관리 등에 관한 법률」에 따른 토지합병절차를 마친 후 합필등기를 하기 전에 합병된 토지 중 어느 토지에 관하여 소유권이전등기가 된 경우라 하더라도 이해관계인의 승낙이 있으면 해당 토지의 소유권의 등기명의인들은 합필 후의 토지를 공유로 하는 합필등기를 신청할 수 있다.

② 「공간정보의 구축 및 관리 등에 관한 법률」에 따른 토지합병절차를 마친 후 합필등기를 하기 전에 합병된 토지 중 어느 토지에 관하여 제37조 제1항에서 정한 합필등기의 제한 사유에 해당하는 권리에 관한 등기가 된 경우라 하더라도 이해관계인의 승낙이 있으면 해당 토지의 소유권의 등기명의인은 그 권리의 목적물을 합필 후의 토지에 관한 지분으로 하는 합필등기를 신청할 수 있다. 다만, 요역지에 하는 지역권의 등기가 있는 경우에는 합필 후의 토지 전체를 위한 지역권으로 하는 합필등기를 신청하여야 한다.

(6) 멸실등기의 신청(법 제39조)

토지가 멸실된 경우에는 그 토지 소유권의 등기명의인은 그 사실이 있는 때부터 1개월 이내에 그 등기를 신청하여야 한다.

2. 건물의 표시에 관한 등기 ★30회 기출★

(1) 등기사항(법 제40조)

① 등기관은 건물 등기기록의 표제부에 다음 각 호의 사항을 기록하여야 한다.

> 1. 표시번호
> 2. 접수연월일
> 3. 소재, 지번 및 건물번호. 다만, 같은 지번 위에 1개의 건물만 있는 경우에는 건물번호는 기록하지 아니한다.
> 4. 건물의 종류, 구조와 면적. 부속건물이 있는 경우에는 부속건물의 종류, 구조와 면적도 함께 기록한다.
> 5. 등기원인
> 6. 도면의 번호[같은 지번 위에 여러 개의 건물이 있는 경우와 「집합건물의 소유 및 관리에 관한 법률」 제2조 제1호의 구분소유권의 목적이 되는 건물(이하 "구분건물"이라 한다)인 경우로 한정한다.]

② 등기할 건물이 구분건물인 경우에 등기관은 ①의 제3호의 소재, 지번 및 건물번호 대신 1동 건물의 등기기록의 표제부에는 소재와 지번, 건물명칭 및 번호를 기록하고 전유부분의 등기기록의 표제부에는 건물번호를 기록하여야 한다.

③ 구분건물에 「집합건물의 소유 및 관리에 관한 법률」 제2조 제6호의 대지사용권으로서 건물과 분리하여 처분할 수 없는 것(이하 "대지권")이 있는 경우에는 등기관은 ②에 따라 기록하여야 할 사항 외에 1동 건물의 등기기록의 표제부에 대지권의 목적인 토지의 표시에 관한 사항을 기록하고 전유부분의 등기기록의 표제부에는 대지권의 표시에 관한 사항을 기록하여야 한다.

(2) 변경등기의 신청(법 제41조) ★32회 기출★

① 건물의 분할, 구분, 합병이 있는 경우와 제40조의 등기사항에 변경이 있는 경우에는 그 건물 소유권의 등기명의인은 그 사실이 있는 때부터 1개월 이내에 그 등기를 신청하여야 한다.

② 구분건물로서 표시등기만 있는 건물에 관하여는 제65조 각 호의 어느 하나에 해당하는 자가 ①의 등기를 신청하여야 한다.

③ 구분건물로서 그 대지권의 변경이나 소멸이 있는 경우에는 구분건물의 소유권의 등기명의인은 1동의 건물에 속하는 다른 구분건물의 소유권의 등기명의인을 대위하여 그 등기를 신청할 수 있다.

④ 건물이 구분건물인 경우에 그 건물의 등기기록 중 1동 표제부에 기록하는 등기사항에 관한 변경등기는 그 구분건물과 같은 1동의 건물에 속하는 다른 구분건물에 대하여도 변경등기로서의 효력이 있다.

(3) 합병 제한(법 제42조)

① 합병하려는 건물에 다음의 등기 외의 권리에 관한 등기가 있는 경우에는 합병의 등기를 할 수 없다.

> 1. 소유권 · 전세권 및 임차권의 등기
> 2. 합병하려는 모든 건물에 있는 등기원인 및 그 연월일과 접수번호가 동일한 저당권에 관한 등기
> 3. 합병하려는 모든 건물에 있는 제81조 제1항 각 호의 등기사항이 동일한 신탁등기

② 등기관이 ①을 위반한 등기의 신청을 각하하면 지체 없이 그 사유를 건축물대장 소관청에 알려야 한다.

(4) 멸실등기의 신청(법 제43조)

① 건물이 멸실된 경우에는 그 건물 소유권의 등기명의인은 그 사실이 있는 때부터 1개월 이내에 그 등기를 신청하여야 한다. 이 경우 제41조 제2항을 준용한다.

② ①의 경우 그 소유권의 등기명의인이 1개월 이내에 멸실등기를 신청하지 아니하면 그 건물대지의 소유자가 건물 소유권의 등기명의인을 대위하여 그 등기를 신청할 수 있다.

③ 구분건물로서 그 건물이 속하는 1동 전부가 멸실된 경우에는 그 구분건물의 소유권의 등기명의인은 1동의 건물에 속하는 다른 구분건물의 소유권의 등기명의인을 대위하여 1동 전부에 대한 멸실등기를 신청할 수 있다.

(5) 건물의 부존재(법 제44조)

① 존재하지 아니하는 건물에 대한 등기가 있을 때에는 그 소유권의 등기명의인은 지체 없이 그 건물의 멸실등기를 신청하여야 한다.

② 그 건물 소유권의 등기명의인이 ①에 따라 등기를 신청하지 아니하는 경우에는 제43조 제2항을 준용한다.

③ 존재하지 아니하는 건물이 구분건물인 경우에는 제43조 제3항을 준용한다.

(6) 등기상 이해관계인이 있는 건물의 멸실(법 제45조)

① 소유권 외의 권리가 등기되어 있는 건물에 대한 멸실등기의 신청이 있는 경우에 등기관은 그 권리의 등기명의인에게 1개월 이내의 기간을 정하여 그 기간까지 이의를 진술하지 아니하면 멸실등기를 한다는 뜻을 알려야 한다. 다만, 건축물대장에 건물멸실의 뜻이 기록되어 있거나 소유권 외의 권리의 등기명의인이 멸실등기에 동의한 경우에는 그러하지 아니하다.

② ①의 본문의 경우에는 제58조 제2항부터 제4항까지는 준용한다.

(7) 구분건물의 표시에 관한 등기(법 제46조)

① 1동의 건물에 속하는 구분건물 중 일부만에 관하여 소유권보존등기를 신청하는 경우에는 나머지 구분건물의 표시에 관한 등기를 동시에 신청하여야 한다.

② 제1항의 경우에 구분건물의 소유자는 1동에 속하는 다른 구분건물의 소유자를 대위하여 그 건물의 표시에 관한 등기를 신청할 수 있다.

③ 구분건물이 아닌 건물로 등기된 건물에 접속하여 구분건물을 신축한 경우에 그 신축건물의 소유권보존등기를 신청할 때에는 구분건물이 아닌 건물을 구분건물로 변경하는 건물의 표시변경등기를 동시에 신청하여야 한다. 이 경우 ②를 준용한다.

(8) 규약상 공용부분의 등기와 규약폐지에 따른 등기(법 제47조)

① 「집합건물의 소유 및 관리에 관한 법률」 제3조 제4항에 따른 공용부분이라는 뜻의 등기는 소유권의 등기명의인이 신청하여야 한다. 이 경우 공용부분인 건물에 소유권 외의 권리에 관한 등기가 있을 때에는 그 권리의 등기명의인의 승낙이 있어야 한다.

② 공용부분이라는 뜻을 정한 규약을 폐지한 경우에 공용부분의 취득자는 지체 없이 소유권보존등기를 신청하여야 한다.

제3절 권리에 관한 등기 ★31회 기출★

1. 통칙

(1) 등기사항(법 제48조)

① 등기관이 갑구 또는 을구에 권리에 관한 등기를 할 때에는 다음 각 호의 사항을 기록하여야 한다.

> 1. 순위번호
> 2. 등기목적
> 3. 접수연월일 및 접수번호
> 4. 등기원인 및 그 연월일
> 5. 권리자

② ①의 제5호의 권리자에 관한 사항을 기록할 때에는 권리자의 성명 또는 명칭 외에 주민등록번호 또는 부동산등기용등록번호와 주소 또는 사무소 소재지를 함께 기록해야 한다.

③ 제26조에 따라 법인 아닌 사단이나 재단 명의의 등기를 할 때에는 그 대표자나 관리인의 성명, 주소 및 주민등록번호를 함께 기록하여야 한다.

④ ①의 5호의 권리자가 2인 이상인 경우에는 권리자별 지분을 기록하여야 하고 등기할 권리가 합유인 때에는 그 뜻을 기록하여야 한다.

> **규칙 제105조(등기할 권리자가 2인 이상인 경우)**
> ① 등기할 권리자가 2인 이상일 때에는 그 지분을 신청정보의 내용으로 등기소에 제공하여야 한다.
> ② 제1항의 경우에 등기할 권리가 합유일 때에는 합유라는 뜻을 신청정보의 내용으로 등기소에 제공하여야 한다.

(2) 등록번호의 부여절차(법 제49조) ★34회 기출★

① 제48조 제2항에 따른 부동산등기용등록번호(이하 "등록번호"라 한다)는 다음 각 호의 방법에 따라 부여한다.

> 1. 국가·지방자치단체·국제기관 및 외국정부의 등록번호는 국토교통부장관이 지정·고시한다.
> 2. 주민등록번호가 없는 재외국민의 등록번호는 대법원 소재지 관할 등기소의 등기관이 부여하고, 법인의 등록번호는 주된 사무소(회사의 경우에는 본점, 외국법인의 경우에는 국내에 최초로 설치 등기를 한 영업소나 사무소를 말한다) 소재지 관할 등기소의 등기관이 부여한다.
> 3. 법인 아닌 사단이나 재단 및 국내에 영업소나 사무소의 설치 등기를 하지 아니한 외국법인의 등록번호는 시장(「제주특별자치도 설치 및 국제자유도시 조성을 위한 특별법」 제10조 제2항에 따른 행정시의 시장을 포함하며, 「지방자치법」 제3조 제3항에 따라 자치구가 아닌 구를 두는 시의 시장은 제외한다), 군수 또는 구청장(자치구가 아닌 구의 구청장을 포함한다)이 부여한다.
> 4. 외국인의 등록번호는 체류지(국내에 체류지가 없는 경우에는 대법원 소재지에 체류지가 있는 것으로 본다)를 관할하는 지방출입국·외국인관서의장이 부여한다.

② ①의 제2호에 따른 등록번호의 부여절차는 대법원규칙으로 정하고, ①의 제3호와 제4호에 따른 등록번호의 부여절차는 대통령령으로 정한다.

(3) 등기필정보(법 제50조)

① 등기관이 새로운 권리에 관한 등기를 마쳤을 때에는 등기필정보를 작성하여 등기권리자에게 통지하여야 한다. 다만, 다음 각 호의 어느 하나에 해당하는 경우에는 그러하지 아니하다.

> 1. 등기권리자가 등기필정보의 통지를 원하지 아니하는 경우
> 2. 국가 또는 지방자치단체가 등기권리자인 경우
> 3. 제1호 및 제2호에서 규정한 경우 외에 대법원규칙으로 정하는 경우

② 등기권리자와 등기의무자가 공동으로 권리에 관한 등기를 신청하는 경우에 신청인은 그 신청정보와 함께 ①에 따라 통지받은 등기의무자의 등기필정보를 등기소에 제공하여야 한다. 승소한 등기의무자가 단독으로 권리에 관한 등기를 신청하는 경우에도 또한 같다.

(4) 등기필정보가 없는 경우(법 제51조)

제50조 제2항의 경우에 등기의무자의 등기필정보가 없을 때에는 등기의무자 또는 그 법정대리인(이하 "등기의무자등"이라 한다)이 등기소에 출석하여 등기관으로부터 등기의무자등임을 확인받아야 한다. 다만, 등기신청인의 대리인(변호사나 법무사만을 말한다)이 등기의무자등으로부터 위임받았음을 확인한 경우 또는 신청서(위임에 의한 대리인이 신청하는 경우에는 그 권한을 증명하는 서면을 말한다) 중 등기의무자등의 작성부분에 관하여 공증을 받은 경우에는 그러하지 아니하다.

(5) 부기로 하는 등기(법 제52조) ★32, 33회 기출★

등기관이 다음 각 호의 등기를 할 때에는 부기로 하여야 한다. 다만, 제5호의 등기는 등기상 이해관계 있는 제3자의 승낙이 없는 경우에는 그러하지 아니하다.

> 1. 등기명의인표시의 변경이나 경정의 등기
> 2. 소유권 외의 권리의 이전등기
> 3. 소유권 외의 권리를 목적으로 하는 권리에 관한 등기
> 4. 소유권 외의 권리에 대한 처분제한 등기
> 5. 권리의 변경이나 경정의 등기
> 6. 제53조의 환매특약등기
> 7. 제54조의 권리소멸약정등기
> 8. 제67조 제1항 후단의 공유물 분할금지의 약정등기
> 9. 그 밖에 대법원규칙으로 정하는 등기

(6) 환매특약의 등기(법 제53조)

등기관이 환매특약의 등기를 할 때에는 다음 각 호의 사항을 기록하여야 한다. 다만, 제3호는 등기원인에 그 사항이 정하여져 있는 경우에만 기록한다.

> 1. 매수인이 지급한 대금
> 2. 매매비용
> 3. 환매기간

(7) 권리소멸약정의 등기(법 제54조)

등기원인에 권리의 소멸에 관한 약정이 있을 경우 신청인은 그 약정에 관한 등기를 신청할 수 있다.

(8) 사망 등으로 인한 권리의 소멸과 말소등기(법 제55조)

등기명의인인 사람의 사망 또는 법인의 해산으로 권리가 소멸한다는 약정이 등기되어 있는 경우에 사람의 사망 또는 법인의 해산으로 그 권리가 소멸하였을 때에는, 등기권리자는 그 사실을 증명하여 단독으로 해당 등기의 말소를 신청할 수 있다.

(9) 등기의무자의 소재불명과 말소등기(법 제56조)

① 등기권리자가 등기의무자의 소재불명으로 인하여 공동으로 등기의 말소를 신청할 수 없을 때에는 「민사소송법」에 따라 공시최고를 신청할 수 있다.

② ①의 경우에 제권판결이 있으면 등기권리자가 그 사실을 증명하여 단독으로 등기의 말소를 신청할 수 있다.

(10) 이해관계 있는 제3자가 있는 등기의 말소(법 제57조)

① 등기의 말소를 신청하는 경우에 그 말소에 대하여 등기상 이해관계 있는 제3자가 있을 때에는 제3자의 승낙이 있어야 한다.

② ①에 따라 등기를 말소할 때에는 등기상 이해관계 있는 제3자 명의의 등기는 등기관이 직권으로 말소한다.

(11) 직권에 의한 등기의 말소(법 제58조)

① 등기관이 등기를 마친 후 그 등기가 제29조 제1호 또는 제2호에 해당된 것임을 발견하였을 때에는 등기권리자, 등기의무자와 등기상 이해관계 있는 제3자에게 1개월 이내의 기간을 정하여 그 기간에 이의를 진술하지 아니하면 등기를 말소한다는 뜻을 통지하여야 한다.

② ①의 경우 통지를 받을 자의 주소 또는 거소를 알 수 없으면 ①의 통지를 갈음하여 ①의 기간 동안 등기소 게시장에 이를 게시하거나 대법원규칙으로 정하는 바에 따라 공고하여야 한다.

③ 등기관은 ①의 말소에 관하여 이의를 진술한 자가 있으면 그 이의에 대한 결정을 하여야 한다.

④ 등기관은 ①의 기간 이내에 이의를 진술한 자가 없거나 이의를 각하한 경우에는 ①의 등기를 직권으로 말소하여야 한다.

(12) 말소등기의 회복(법 제59조)

말소된 등기의 회복을 신청하는 경우에 등기상 이해관계 있는 제3자가 있을 때에는 그 제3자의 승낙이 있어야 한다.

(13) 대지사용권의 취득(법 제60조)

① 구분건물을 신축한 자가 「집합건물의 소유 및 관리에 관한 법률」 제2조 제6호의 대지사용권을 가지고 있는 경우에 대지권에 관한 등기를 하지 아니하고 구분건물에 관하여만 소유권이전등기를 마쳤을 때에는 현재의 구분건물의 소유명의인과 공동으로 대지사용권에 관한 이전등기를 신청할 수 있다.

② 구분건물을 신축하여 양도한 자가 그 건물의 대지사용권을 나중에 취득하여 이전하기로 약정한 경우에는 ①을 준용한다.

③ ① 및 ②에 따른 등기는 대지권에 관한 등기와 동시에 신청하여야 한다.

(14) 구분건물의 등기기록에 대지권등기가 되어 있는 경우(법 제61조)

① 대지권을 등기한 후에 한 건물의 권리에 관한 등기는 대지권에 대하여 동일한 등기로서 효력이 있다. 다만, 그 등기에 건물만에 관한 것이라는 뜻의 부기가 되어 있을 때에는 그러하지 아니하다.

② ①에 따라 대지권에 대한 등기로서의 효력이 있는 등기와 대지권의 목적인 토지의 등기기록 중 해당 구에 한 등기의 순서는 접수번호에 따른다.

③ 대지권이 등기된 구분건물의 등기기록에는 건물만에 관한 소유권이전등기 또는 저당권설정등기, 그 밖에 이와 관련이 있는 등기를 할 수 없다.

④ 토지의 소유권이 대지권인 경우에 대지권이라는 뜻의 등기가 되어 있는 토지의 등기기록에는 소유권이전등기, 저당권설정등기, 그 밖에 이와 관련이 있는 등기를 할 수 없다.

⑤ 지상권, 전세권 또는 임차권이 대지권인 경우에는 ④를 준용한다.

> **규칙 제119조(대지권이 있는 건물에 관한 등기)**
> ① 대지권을 등기한 건물에 관하여 등기를 신청하는 경우에는 대지권의 표시에 관한 사항을 신청정보의 내용으로 등기소에 제공하여야 한다. 다만, 건물만에 관한 등기를 신청하는 경우에는 그러하지 아니하다.
> ② 제1항 단서에 따라 건물만에 관한 등기를 할 때에는 그 등기에 건물만에 관한 것이라는 뜻을 기록하여야 한다.

(15) 소유권변경 사실의 통지(법 제62조)

등기관이 다음 각 호의 등기를 하였을 때에는 지체 없이 그 사실을 토지의 경우에는 지적소관청에, 건물의 경우에는 건축물대장 소관청에 각각 알려야 한다.

> 1. 소유권의 보존 또는 이전
> 2. 소유권의 등기명의인표시의 변경 또는 경정
> 3. 소유권의 변경 또는 경정
> 4. 소유권의 말소 또는 말소회복

> **규칙 제120조(소유권변경사실 통지 및 과세자료의 제공)**
> 법 제62조의 소유권변경사실의 통지나 법 제63조의 과세자료의 제공은 전산정보처리조직을 이용하여 할 수 있다.

(16) 과세자료의 제공(법 제63조)

등기관이 소유권의 보존 또는 이전의 등기(가등기를 포함한다)를 하였을 때에는 대법원규칙으로 정하는 바에 따라 지체 없이 그 사실을 부동산 소재지 관할 세무서장에게 통지하여야 한다.

2. 소유권에 관한 등기 ★27회 기출★

(1) 소유권보존등기의 등기사항(법 제64조)

등기관이 소유권보존등기를 할 때에는 제48조 제1항 제4호에도 불구하고 등기원인과 그 연월일을 기록하지 아니한다.

(2) 소유권보존등기의 신청인(법 제65조)

미등기의 토지 또는 건물에 관한 소유권보존등기는 다음 각 호의 어느 하나에 해당하는 자가 신청할 수 있다.

> 1. 토지대장, 임야대장 또는 건축물대장에 최초의 소유자로 등록되어 있는 자 또는 그 상속인, 그 밖의 포괄승계인
> 2. 확정판결에 의하여 자기의 소유권을 증명하는 자
> 3. 수용으로 인하여 소유권을 취득하였음을 증명하는 자
> 4. 특별자치도지사, 시장, 군수 또는 구청장(자치구의 구청장을 말한다)의 확인에 의하여 자기의 소유권을 증명하는 자(건물의 경우로 한정한다)

(3) 미등기부동산의 처분제한의 등기와 직권보존(법 제66조)

① 등기관이 미등기부동산에 대하여 법원의 촉탁에 따라 소유권의 처분제한의 등기를 할 때에는 직권으로 소유권보존등기를 하고, 처분제한의 등기를 명하는 법원의 재판에 따라 소유권의 등기를 한다는 뜻을 기록하여야 한다.

② 등기관이 ①에 따라 건물에 대한 소유권보존등기를 하는 경우에는 제65조를 적용하지 아니한다. 다만, 그 건물이 「건축법」상 사용승인을 받아야 할 건물임에도 사용승인을 받지 아니하였다면 그 사실을 표제부에 기록하여야 한다.

③ ②의 단서에 따라 등기된 건물에 대하여 「건축법」상 사용승인이 이루어진 경우에는 그 건물 소유권의 등기명의인은 1개월 이내에 ②의 단서의 기록에 대한 말소등기를 신청하여야 한다.

(4) 소유권의 일부이전(법 제67조)

① 등기관이 소유권의 일부에 관한 이전등기를 할 때에는 이전되는 지분을 기록하여야 한다. 이 경우 등기원인에 「민법」 제268조 제1항 단서의 약정이 있을 때에는 그 약정에 관한 사항도 기록하여야 한다.

② ①의 후단의 약정의 변경등기는 공유자 전원이 공동으로 신청하여야 한다.

> **규칙 제123조(소유권의 일부이전등기 신청)**
> 소유권의 일부에 대한 이전등기를 신청하는 경우에는 이전되는 지분을 신청정보의 내용으로 등기소에 제공하여야 한다. 이 경우 등기원인에 「민법」 제268조 제1항 단서의 약정이 있을 때에는 그 약정에 관한 사항도 신청정보의 내용으로 등기소에 제공하여야 한다.

(5) 거래가액의 등기(법 제68조)

등기관이 「부동산 거래신고 등에 관한 법률」 제3조 제1항에서 정하는 계약을 등기원인으로 한 소유권이전등기를 하는 경우에는 대법원규칙으로 정하는 바에 따라 거래가액을 기록한다.

3. 용익권에 관한 등기 ★28, 33회 기출★

(1) 지상권의 등기사항(법 제69조)

등기관이 지상권설정의 등기를 할 때에는 제48조에서 규정한 사항 외에 다음 각 호의 사항을 기록하여야 한다. 다만, 제3호부터 제5호까지는 등기원인에 그 약정이 있는 경우에만 기록한다.

> 1. 지상권설정의 목적
> 2. 범위
> 3. 존속기간
> 4. 지료와 지급시기
> 5. 「민법」 제289조의2 제1항 후단의 약정
> 6. 지상권설정의 범위가 토지의 일부인 경우에는 그 부분을 표시한 도면의 번호

(2) 지역권의 등기사항(법 제70조) ★33회 기출★

등기관이 승역지의 등기기록에 지역권설정의 등기를 할 때에는 제48조 제1항 제1호부터 제4호까지 규정한 사항 외에 다음 각 호의 사항을 기록하여야 한다. 다만, 제4호는 등기원인에 그 약정이 있는 경우에만 기록한다.

> 1. 지역권설정의 목적
> 2. 범위
> 3. 요역지
> 4. 「민법」 제292조 제1항 단서, 제297조 제1항 단서 또는 제298조의 약정
> 5. 승역지의 일부에 지역권설정의 등기를 할 때에는 그 부분을 표시한 도면의 번호

(3) 요역지지역권의 등기사항(법 제71조)

① 등기관이 승역지에 지역권설정의 등기를 하였을 때에는 직권으로 요역지의 등기기록에 다음 각 호의 사항을 기록하여야 한다.

> 1. 순위번호
> 2. 등기목적
> 3. 승역지
> 4. 지역권설정의 목적
> 5. 범위
> 6. 등기연월일

② 등기관은 요역지가 다른 등기소의 관할에 속하는 때에는 지체 없이 그 등기소에 승역지, 요역지, 지역권설정의 목적과 범위, 신청서의 접수연월일을 통지하여야 한다.

③ ②의 통지를 받은 등기소의 등기관은 지체 없이 요역지인 부동산의 등기기록에 ①의 제1호부터 제5호까지의 사항, 그 통지의 접수연월일 및 그 접수번호를 기록하여야 한다.

④ 등기관이 지역권의 변경등기 또는 말소등기를 할 때에는 ② 및 ③을 준용한다.

(4) 전세권 등의 등기사항(법 제72조)

① 등기관이 전세권설정이나 전전세의 등기를 할 때에는 제48조에서 규정한 사항 외에 다음 각 호의 사항을 기록하여야 한다. 다만, 제3호부터 제5호까지는 등기원인에 그 약정이 있는 경우에만 기록한다.

> 1. 전세금 또는 전전세금
> 2. 범위
> 3. 존속기간
> 4. 위약금 또는 배상금
> 5. 「민법」 제306조 단서의 약정
> 6. 전세권설정이나 전전세의 범위가 부동산의 일부인 경우에는 그 부분을 표시한 도면의 번호

② 여러 개의 부동산에 관한 권리를 목적으로 하는 전세권설정의 등기를 하는 경우에는 제78조를 준용한다.

(5) 전세금반환채권의 일부양도에 따른 전세권 일부이전등기(법 제73조)

① 등기관이 전세금반환채권의 일부 양도를 원인으로 한 전세권 일부이전등기를 할 때에는 양도액을 기록한다.

② ①의 전세권 일부이전등기의 신청은 전세권의 존속기간의 만료 전에는 할 수 없다. 다만, 존속기간 만료 전이라도 해당 전세권이 소멸하였음을 증명하여 신청하는 경우에는 그러하지 아니하다.

> 규칙 제129조(전세금반환채권의 일부 양도에 따른 등기신청)
> ① 전세금반환채권의 일부양도를 원인으로 한 전세권의 일부이전등기를 신청하는 경우에는 양도액을 신청정보의 내용으로 등기소에 제공하여야 한다.
> ② 전세권의 존속기간 만료 전에 제1항의 등기를 신청하는 경우에는 전세권이 소멸하였음을 증명하는 정보를 첨부정보로서 등기소에 제공하여야 한다.

(6) 임차권 등의 등기사항(법 제74조) ★31회 기출★

등기관이 임차권 설정 또는 임차물 전대의 등기를 할 때에는 제48조에서 규정한 사항 외에 다음 각 호의 사항을 기록하여야 한다. 다만, 제3호부터 제6호까지는 등기원인에 그 사항이 있는 경우에만 기록한다.

> 1. 차임(借賃)
> 2. 범위
> 3. 차임지급시기
> 4. 존속기간. 다만, 처분능력 또는 처분권한 없는 임대인에 의한 「민법」 제619조의 단기임대차인 경우에는 그 뜻도 기록한다.
> 5. 임차보증금
> 6. 임차권의 양도 또는 임차물의 전대에 대한 임대인의 동의
> 7. 임차권설정 또는 임차물전대의 범위가 부동산의 일부인 때에는 그 부분을 표시한 도면의 번호

4. 담보권에 관한 등기 ★28회 기출★

(1) 저당권의 등기사항(법 제75조)

① 등기관이 저당권설정의 등기를 할 때에는 제48조에서 규정한 사항 외에 다음 각 호의 사항을 기록하여야 한다. 다만, 제3호부터 제8호까지는 등기원인에 그 약정이 있는 경우에만 기록한다.

> 1. 채권액
> 2. 채무자의 성명 또는 명칭과 주소 또는 사무소 소재지
> 3. 변제기
> 4. 이자 및 그 발생기 · 지급시기
> 5. 원본 또는 이자의 지급장소
> 6. 채무불이행으로 인한 손해배상에 관한 약정
> 7. 「민법」 제358조 단서의 약정
> 8. 채권의 조건

② 등기관은 제1항의 저당권의 내용이 근저당권인 경우에는 제48조에서 규정한 사항 외에 다음 각 호의 사항을 기록하여야 한다. 다만, 제3호 및 제4호는 등기원인에 그 약정이 있는 경우에만 기록한다.

> 1. 채권의 최고액
> 2. 채무자의 성명 또는 명칭과 주소 또는 사무소 소재지
> 3. 「민법」 제358조 단서의 약정
> 4. 존속기간

> **규칙 제131조(저당권설정등기의 신청)**
> ① 저당권 또는 근저당권(이하 "저당권"이라 한다) 설정의 등기를 신청하는 경우에는 법 제75조의 등기사항을 신청정보의 내용으로 등기소에 제공하여야 한다.
> ② 저당권설정의 등기를 신청하는 경우에 그 권리의 목적이 소유권 외의 권리일 때에는 그 권리의 표시에 관한 사항을 신청정보의 내용으로 등기소에 제공하여야 한다.
> ③ 일정한 금액을 목적으로 하지 않는 채권을 담보하기 위한 저당권설정등기를 신청하는 경우에는 그 채권의 평가액을 신청정보의 내용으로 등기소에 제공하여야 한다.

(2) 저당권부채권에 대한 질권 등의 등기사항(법 제76조)

① 등기관이 「민법」 제348조에 따라 저당권부채권에 대한 질권의 등기를 할 때에는 제48조에서 규정한 사항 외에 다음 각 호의 사항을 기록하여야 한다.

> 1. 채권액 또는 채권최고액
> 2. 채무자의 성명 또는 명칭과 주소 또는 사무소 소재지
> 3. 변제기와 이자의 약정이 있는 경우에는 그 내용

② 등기관이 「동산·채권 등의 담보에 관한 법률」 제37조에서 준용하는 「민법」 제348조에 따른 채권담보권의 등기를 할 때에는 제48조에서 정한 사항 외에 다음 각 호의 사항을 기록하여야 한다.

> 1. 채권액 또는 채권최고액
> 2. 채무자의 성명 또는 명칭과 주소 또는 사무소 소재지
> 3. 변제기와 이자의 약정이 있는 경우에는 그 내용

(3) 피담보채권이 금액을 목적으로 하지 아니하는 경우(법 제77조)

등기관이 일정한 금액을 목적으로 하지 아니하는 채권을 담보하기 위한 저당권설정의 등기를 할 때에는 그 채권의 평가액을 기록하여야 한다.

(4) 공동저당의 등기(법 제78조) ★34회 기출★

① 등기관이 동일한 채권에 관하여 여러 개의 부동산에 관한 권리를 목적으로 하는 저당권설정의 등기를 할 때에는 각 부동산의 등기기록에 그 부동산에 관한 권리가 다른 부동산에 관한 권리와 함께 저당권의 목적으로 제공된 뜻을 기록하여야 한다.

② 등기관은 ①의 경우에 부동산이 5개 이상일 때에는 공동담보목록을 작성하여야 한다.

③ ②의 공동담보목록은 등기기록의 일부로 본다.

④ 등기관이 1개 또는 여러 개의 부동산에 관한 권리를 목적으로 하는 저당권설정의 등기를 한 후 동일한 채권에 대하여 다른 1개 또는 여러 개의 부동산에 관한 권리를 목적으로 하는 저당권설정의 등기를 할 때에는 그 등기와 종전의 등기에 각 부동산에 관한 권리가 함께 저당권의 목적으로 제공된 뜻을 기록하여야 한다. 이 경우 ② 및 ③을 준용한다.

⑤ ④의 경우 종전에 등기한 부동산이 다른 등기소의 관할에 속할 때에는 제71조 제2항 및 제3항을 준용한다.

(5) 채권일부의 양도 또는 대위변제로 인한 저당권 일부이전등기의 등기사항(법 제79조)

등기관이 채권의 일부에 대한 양도 또는 대위변제로 인한 저당권 일부이전등기를 할 때에는 제48조에서 규정한 사항 외에 양도액 또는 변제액을 기록하여야 한다.

> 규칙 제137조(저당권 이전등기의 신청)
> ① 저당권의 이전등기를 신청하는 경우에는 저당권이 채권과 같이 이전한다는 뜻을 신청정보의 내용으로 등기소에 제공하여야 한다.
> ② 채권일부의 양도나 대위변제로 인한 저당권의 이전등기를 신청하는 경우에는 양도나 대위변제의 목적인 채권액을 신청정보의 내용으로 등기소에 제공하여야 한다.

(6) 공동저당의 대위등기(법 제80조)

① 등기관이 「민법」 제368조 제2항 후단의 대위등기를 할 때에는 제48조에서 규정한 사항 외에 다음 각 호의 사항을 기록하여야 한다.

> 1. 매각 부동산(소유권 외의 권리가 저당권의 목적일 때에는 그 권리를 말한다)
> 2. 매각대금
> 3. 선순위 저당권자가 변제받은 금액

② ①의 등기에는 제75조를 준용한다.

> 규칙 제138조(공동저당 대위등기의 신청)
> 공동저당 대위등기를 신청하는 경우에는 법 제80조의 등기사항을 신청정보의 내용으로 등기소에 제공하고, 배당표 정보를 첨부정보로서 등기소에 제공하여야 한다.

5. 신탁에 관한 등기 ★32회 기출★

(1) 신탁등기의 등기사항(법 제81조)

① 등기관이 신탁등기를 할 때에는 다음 각 호의 사항을 기록한 신탁원부를 작성하고, 등기기록에는 제48조에서 규정한 사항 외에 그 신탁원부의 번호를 기록하여야 한다.

> 1. 위탁자, 수탁자 및 수익자의 성명 및 주소(법인인 경우에는 그 명칭 및 사무소 소재지를 말한다)
> 2. 수익자를 지정하거나 변경할 수 있는 권한을 갖는 자를 정한 경우에는 그 자의 성명 및 주소(법인인 경우에는 그 명칭 및 사무소 소재지를 말한다)
> 3. 수익자를 지정하거나 변경할 방법을 정한 경우에는 그 방법
> 4. 수익권의 발생 또는 소멸에 관한 조건이 있는 경우에는 그 조건
> 5. 신탁관리인이 선임된 경우에는 신탁관리인의 성명 및 주소(법인인경우에는 그 명칭 및 사무소 소재지를 말한다)
> 6. 수익자가 없는 특정의 목적을 위한 신탁인 경우에는 그 뜻
> 7. 「신탁법」 제3조 제5항에 따라 수탁자가 타인에게 신탁을 설정하는 경우에는 그 뜻
> 8. 「신탁법」 제59조 제1항에 따른 유언대용신탁인 경우에는 그 뜻
> 9. 「신탁법」 제60조에 따른 수익자연속신탁인 경우에는 그 뜻
> 10. 「신탁법」 제78조에 따른 수익증권발행신탁인 경우에는 그 뜻
> 11. 「공익신탁법」에 따른 공익신탁인 경우에는 그 뜻
> 12. 「신탁법」 제114조 제1항에 따른 유한책임신탁인 경우에는 그 뜻
> 13. 신탁의 목적
> 14. 신탁재산의 관리, 처분, 운용, 개발, 그 밖에 신탁 목적의 달성을 위하여 필요한 방법
> 15. 신탁종료의 사유
> 16. 그 밖의 신탁 조항

② ①의 제5호, 제6호, 제10호 및 제11호의 사항에 관하여 등기를 할 때에는 수익자의 성명 및 주소를 기재하지 아니할 수 있다.

③ ①의 신탁원부는 등기기록의 일부로 본다.

(2) 신탁등기의 신청방법(법 제82조)

① 신탁등기의 신청은 해당 부동산에 관한 권리의 설정등기, 보존등기, 이전등기 또는 변경등기의 신청과 동시에 하여야 한다.

② 수익자나 위탁자는 수탁자를 대위하여 신탁등기를 신청할 수 있다. 이 경우 ①은 적용하지 아니한다.

③ ②에 따른 대위등기의 신청에 관하여는 제28조 제2항을 준용한다.

(3) 신탁의 합병·분할 등에 따른 신탁등기의 신청(법 제82조의2)

① 신탁의 합병 또는 분할로 인하여 하나의 신탁재산에 속하는 부동산에 관한 권리가 다른 신탁의 신탁재산에 귀속되는 경우 신탁등기의 말소등기 및 새로운 신탁등기의 신청은 신탁의 합병 또는 분할로 인한 권리변경등기의 신청과 동시에 하여야 한다.

②「신탁법」제34조 제1항 제3호 및 같은 조 제2항에 따라 여러 개의 신탁을 인수한 수탁자가 하나의 신탁재산에 속하는 부동산에 관한 권리를 다른 신탁의 신탁재산에 귀속시키는 경우 신탁등기의 신청방법에 관하여는 ①을 준용한다.

(4) 수탁자의 임무 종료에 의한 등기(법 제83조)

다음 각 호의 어느 하나에 해당하여 수탁자의 임무가 종료된 경우 신수탁자는 단독으로 신탁재산에 속하는 부동산에 관한 권리이전등기를 신청할 수 있다.

> 1.「신탁법」제12조 제1항 각 호의 어느 하나에 해당하여 수탁자 임무가 종료된 경우
> 2.「신탁법」제16조 제1항에 따라 수탁자를 해임한 경우
> 3.「신탁법」제16조 제3항에 따라 법원이 수탁자를 해임한 경우
> 4.「공익신탁법」제27조에 따라 법무부장관이 직권으로 공익신탁의 수탁자를 해임한 경우

(5) 수탁자가 여러 명인 경우(법 제84조)

① 수탁자가 여러 명인 경우 등기관은 신탁재산이 합유인 뜻을 기록하여야 한다.

② 여러 명의 수탁자 중 1인이 제83조 각 호의 어느 하나의 사유로 그 임무가 종료된 경우 다른 수탁자는 단독으로 권리변경등기를 신청할 수 있다. 이 경우 다른 수탁자가 여러 명일 때에는 그 전원이 공동으로 신청하여야 한다.

(6) 신탁재산에 관한 등기신청의 특례(법 제84조의2)

다음 각 호의 어느 하나에 해당하는 경우 수탁자는 단독으로 해당 신탁재산에 속하는 부동산에 관한 권리변경등기를 신청할 수 있다.

> 1.「신탁법」제3조 제1항 제3호에 따라 신탁을 설정하는 경우
> 2.「신탁법」제34조 제2항 각 호의 어느 하나에 해당하여 다음 각 목의 어느 하나의 행위를 하는 것이 허용된 경우
> 가. 수탁자가 신탁재산에 속하는 부동산에 관한 권리를 고유재산에 귀속시키는 행위
> 나. 수탁자가 고유재산에 속하는 부동산에 관한 권리를 신탁재산에 귀속시키는 행위
> 다. 여러 개의 신탁을 인수한 수탁자가 하나의 신탁재산에 속하는 부동산에 관한 권리를 다른 신탁의 신탁재산에 귀속시키는 행위
> 3.「신탁법」제90조 또는 제94조에 따라 수탁자가 신탁을 합병, 분할 또는 분할합병하는 경우

(7) 촉탁에 의한 신탁변경등기(법 제85조)

① 법원은 다음 각 호의 어느 하나에 해당하는 재판을 한 경우 지체 없이 신탁원부 기록의 변경등기를 등기소에 촉탁하여야 한다.

> 1. 수탁자 해임의 재판
> 2. 신탁관리인의 선임 또는 해임의 재판
> 3. 신탁 변경의 재판

② 법무부장관은 다음 각 호의 어느 하나에 해당하는 경우 지체 없이 신탁원부 기록의 변경등기를 등기소에 촉탁하여야 한다.

> 1. 수탁자를 직권으로 해임한 경우
> 2. 신탁관리인을 직권으로 선임하거나 해임한 경우
> 3. 신탁내용의 변경을 명한 경우

③ 등기관이 ①의 제1호 및 ②의 제1호에 따라 법원 또는 주무관청의 촉탁에 의하여 수탁자 해임에 관한 신탁원부 기록의 변경등기를 하였을 때에는 직권으로 등기기록에 수탁자 해임의 뜻을 부기하여야 한다.

(8) 직권에 의한 신탁변경등기(법 제85조의2)

등기관이 신탁재산에 속하는 부동산에 관한 권리에 대하여 다음 각 호의 어느 하나에 해당하는 등기를 할 경우 직권으로 그 부동산에 관한 신탁원부 기록의 변경등기를 하여야 한다.

> 1. 수탁자의 변경으로 인한 이전등기
> 2. 여러 명의 수탁자 중 1인의 임무 종료로 인한 변경등기
> 3. 수탁자인 등기명의인의 성명 및 주소(법인인 경우에는 그 명칭 및 사무소 소재지를 말한다)에 관한 변경등기 또는 경정등기

(9) 신탁변경등기의 신청(법 제86조)

수탁자는 제85조 및 제85조의2에 해당하는 경우를 제외하고 제81조 제1항 각 호의 사항이 변경되었을 때에는 지체 없이 신탁원부 기록의 변경등기를 신청하여야 한다.

(10) 신탁등기의 말소(법 제87조)

① 신탁재산에 속한 권리가 이전, 변경 또는 소멸됨에 따라 신탁재산에 속하지 아니하게 된 경우 신탁등기의 말소신청은 신탁된 권리의 이전등기, 변경등기 또는 말소등기의 신청과 동시에 하여야 한다.

② 신탁종료로 인하여 신탁재산에 속한 권리가 이전 또는 소멸된 경우에는 ①을 준용한다.

③ 신탁등기의 말소등기는 수탁자가 단독으로 신청할 수 있다.

④ 신탁등기의 말소등기의 신청에 관하여는 제82조 제2항 및 제3항을 준용한다.

(11) 담보권신탁에 관한 특례(법 제87조의 2)

① 위탁자가 자기 또는 제3자 소유의 부동산에 채권자가 아닌 수탁자를 저당권자로 하여 설정한 저당권을 신탁재산으로 하고 채권자를 수익자로 지정한 신탁의 경우 등기관은 그 저당권에 의하여 담보되는 피담보채권이 여럿이고 각 피담보채권별로 제75조에 따른 등기사항이 다를 때에는 제75조에 따른 등기사항을 각 채권별로 구분하여 기록하여야 한다.

② ①에 따른 신탁의 신탁재산에 속하는 저당권에 의하여 담보되는 피담보채권이 이전되는 경우 수탁자는 신탁원부 기록의 변경등기를 신청하여야 한다.

③ ①에 따른 신탁의 신탁재산에 속하는 저당권의 이전등기를 하는 경우에는 제79조를 적용하지 아니한다.

> 규칙 제144조의2(담보권신탁의 등기)
> 법 제87조의2에 따라 담보권신탁의 등기를 신청하는 경우에 그 저당권에 의하여 담보되는 피담보채권이 여럿이고 피담보채권별로 등기사항이 다를 때에는 법 제75조에 따른 등기사항을 채권별로 구분하여 신청정보의 내용으로 등기소에 제공하여야 한다.

(12) 신탁재산관리인이 선임된 신탁의 등기(법 제87조의3)

「신탁법」제17조 제1항 또는 제18조 제1항에 따라 신탁재산관리인이 선임된 신탁의 경우 제23조 제7항·제8항, 제81조, 제82조, 제82조의2, 제84조 제1항, 제84조의2, 제85조 제1항·제2항, 제85조의2 제3호, 제86조, 제87조 및 제 87조의2를 적용할 때에는 "수탁자"는 "신탁재산관리인"으로 본다.

6. 가등기 ★32회 기출★

(1) 가등기의 대상(법 제88조)

가등기는 제3조 각 호의 어느 하나에 해당하는 권리의 설정, 이전, 변경 또는 소멸의 청구권을 보전하려는 때에 한다. 그 청구권이 시기부 또는 정지조건부일 경우나 그 밖에 장래에 확정될 것인 경우에도 같다.

(2) 가등기의 신청방법(법 제89조)

가등기권리자는 제23조 제1항에도 불구하고 가등기의무자의 승낙이 있거나 가등기를 명하는 법원의 가처분명령이 있을 때에는 단독으로 가등기를 신청할 수 있다.

> 규칙 제145조(가등기의 신청)
> ① 가등기를 신청하는 경우에는 그 가등기로 보전하려고 하는 권리를 신청정보의 내용으로 등기소에 제공하여야 한다.
> ② 법 제89조에 따라 가등기권리자가 단독으로 가등기를 신청하는 경우에는 가등기의무자의 승낙이나 가처분명령이 있음을 증명하는 정보를 첨부정보로서 등기소에 제공하여야 한다.

(3) 가등기를 명하는 가처분명령(법 제90조)

① 제89조의 가등기를 명하는 가처분명령은 부동산의 소재지를 관할하는 지방법원이 가등기권리자의 신청으로 가등기 원인사실의 소명이 있는 경우에 할 수 있다.

② ①의 신청을 각하한 결정에 대하여는 즉시항고를 할 수 있다.

③ ②의 즉시항고에 관하여는 「비송사건절차법」을 준용한다.

(4) 가등기에 의한 본등기의 순위(법 제91조)

가등기에 의한 본등기를 한 경우 본등기의 순위는 가등기의 순위에 따른다.

> **규칙 제146조(가등기에 의한 본등기)**
> 가등기를 한 후 본등기의 신청이 있을 때에는 가등기의 순위번호를 본등기를 하여야 한다.

(5) 가등기에 의하여 보전하는 권리를 침해하는 가등기 이후 등기의 직권말소(법 제92조)

① 등기관은 가등기에 의한 본등기를 하였을 때에는 대법원규칙으로 정하는 바에 따라 가등기 이후에 된 등기로서 가등기에 의하여 보전되는 권리를 침해하는 등기를 직권으로 말소하여야 한다.

② 등기관이 ①에 따라 가등기 이후의 등기를 말소하였을 때에는 지체 없이 그 사실을 말소된 권리의 등기명의인에게 통지하여야 한다.

(6) 가등기의 말소(법 제93조)

① 가등기명의인은 제23조 제1항에도 불구하고 단독으로 가등기의 말소를 신청할 수 있다.

② 가등기의무자 또는 가등기에 관하여 등기상 이해관계 있는 자는 제23조 제1항에도 불구하고 가등기명의인의 승낙을 받아 단독으로 가등기의 말소를 신청할 수 있다.

> **규칙 제150조(가등기의 말소등기신청)**
> 법 제93조 제2항에 따라 가등기의무자 또는 등기상 이해관계인이 단독으로 가등기의 말소등기를 신청하는 경우에는 가등기명의인의 승낙이나 이에 대항할 수 있는 재판이 있음을 증명하는 정보를 첨부정보로서 등기소에 제공하여야 한다.

7. 가처분에 관한 등기

> **규칙 제151조(가처분등기)**
> ① 등기관이 가처분등기를 할 때에는 가처분의 피보전권리와 금지사항을 기록하여야 한다.
> ② 가처분의 피보전권리가 소유권 이외의 권리설정등기청구권으로서 소유명의인을 가처분채무자로 하는 경우에는 그 가처분등기를 등기기록 중 갑구에 한다.

(1) 가처분등기 이후의 등기의 말소(법 제94조)

① 「민사집행법」 제305조 제3항에 따라 권리의 이전, 말소 또는 설정등기청구권을 보전하기 위한 처분금지가처분등기가 된 후 가처분채권자가 가처분채무자를 등기의무자로 하여 권리의 이전, 말소 또는 설정의 등기를 신청하는 경우에는, 대법원규칙으로 정하는 바에 따라 그 가처분등기 이후에 된 등기로서 가처분채권자의 권리를 침해하는 등기의 말소를 단독으로 신청할 수 있다.

② 등기관이 ①의 신청에 따라 가처분등기 이후의 등기를 말소할 때에는 직권으로 그 가처분등기도 말소하여야 한다. 가처분등기 이후의 등기가 없는 경우로서 가처분채무자를 등기의무자로 하는 권리의 이전, 말소 또는 설정의 등기만을 할 때에도 또한 같다.

③ 등기관이 ①의 신청에 따라 가처분등기 이후의 등기를 말소하였을 때에는 지체 없이 그 사실을 말소된 권리의 등기명의인에게 통지하여야 한다.

(2) 가처분에 따른 소유권 외의 권리 설정등기(법 제95조)

등기관이 제94조 제1항에 따라 가처분채권자 명의의 소유권 외의 권리 설정등기를 할 때에는 그 등기가 가처분에 기초한 것이라는 뜻을 기록하여야 한다.

8. 관공서가 촉탁하는 등기 등

(1) 관공서가 등기명의인 등을 갈음하여 촉탁할 수 있는 등기(법 제96조)

관공서가 체납처분으로 인한 압류등기를 촉탁하는 경우에는 등기명의인 또는 상속인, 그 밖의 포괄승계인을 갈음하여 부동산의 표시, 등기명의인의 표시의 변경, 경정 또는 상속, 그 밖의 포괄승계로 인한 권리이전의 등기를 함께 촉탁할 수 있다.

> 규칙 제155조(등기촉탁서 제출방법)
> ① 관공서가 촉탁정보 및 첨부정보를 적은 서면을 제출하는 방법으로 등기촉탁을 하는 경우에는 우편으로 그 촉탁서를 제출할 수 있다.
> ② 관공서가 등기촉탁을 하는 경우로서 소속 공무원이 직접 등기소에 출석하여 촉탁서를 제출할 때에는 그 소속 공무원임을 확인할 수 있는 신분증명서를 제시하여야 한다.

(2) 공매처분으로 인한 등기의 촉탁(법 제97조)

관공서가 공매처분을 한 경우에 등기권리자의 청구를 받으면 지체 없이 다음 각 호의 등기를 등기소에 촉탁하여야 한다.

> 1. 공매처분으로 인한 권리이전의 등기
> 2. 공매처분으로 인하여 소멸한 권리등기의 말소
> 3. 체납처분에 관한 압류등기 및 공매공고등기의 말소

(3) 관공서의 촉탁에 따른 등기(법 제98조)

① 국가 또는 지방자치단체가 등기권리자인 경우에는 국가 또는 지방자치단체는 등기의무자의 승낙을 받아 해당 등기를 지체 없이 등기소에 촉탁하여야 한다.

② 국가 또는 지방자치단체가 등기의무자인 경우에는 국가 또는 지방자치단체는 등기권리자의 청구에 따라 지체 없이 해당 등기를 등기소에 촉탁하여야 한다.

(4) 수용으로 인한 등기(법 제99조) *★31회 기출★*

① 수용으로 인한 소유권이전등기는 제23조 제1항에도 불구하고 등기권리자가 단독으로 신청할 수 있다.

② 등기권리자는 ①의 신청을 하는 경우에 등기명의인이나 상속인, 그 밖의 포괄승계인을 갈음하여 부동산의 표시 또는 등기명의인의 표시의 변경, 경정 또는 상속, 그 밖의 포괄승계로 인한 소유권이전의 등기를 신청할 수 있다.

③ 국가 또는 지방자치단체가 ①의 등기권리자인 경우에는 국가 또는 지방자치단체는 지체 없이 ①과 ②의 등기를 등기소에 촉탁하여야 한다.

④ 등기관이 ①과 ③에 따라 수용으로 인한 소유권이전등기를 하는 경우 그 부동산의 등기기록 중 소유권, 소유권 외의 권리, 그 밖의 처분제한에 관한 등기가 있으면 그 등기를 직권으로 말소하여야 한다. 다만, 그 부동산을 위하여 존재하는 지역권의 등기 또는 토지수용위원회의 재결로써 존속이 인정된 권리의 등기는 그러하지 아니하다.

⑤ 부동산에 관한 소유권 외의 권리의 수용으로 인한 권리이전등기에 관하여는 ①부터 ④까지의 규정을 준용한다.

제5장 | 이의

1. 이의신청과 그 관할(법 제100조)

등기관의 결정 또는 처분에 이의가 있는 자는 관할 지방법원에 이의신청을 할 수 있다.

2. 이의절차(법 제101조)

이의의 신청은 대법원규칙으로 정하는 바에 따라 등기소에 이의신청서를 제출하는 방법으로 한다.

3. 새로운 사실에 의한 이의 금지(법 제102조) ★34회 기출★

새로운 사실이나 새로운 증거방법을 근거로 이의신청을 할 수는 없다.

4. 등기관의 조치(법 제103조) ★34회 기출★

① 등기관은 이의가 이유 있다고 인정하면 그에 해당하는 처분을 하여야 한다.
② 등기관은 이의가 이유 없다고 인정하면 이의신청일부터 3일 이내에 의견을 붙여 이의신청서를 관할 지방법원에 보내야 한다.
③ 등기를 마친 후에 이의신청이 있는 경우에는 3일 이내에 의견을 붙여 이의신청서를 관할 지방법원에 보내고 등기상 이해관계 있는 자에게 이의신청 사실을 알려야 한다.

5. 집행 부정지(법 제104조)

이의에는 집행정지의 효력이 없다.

6. 이의에 대한 결정과 항고(법 제105조)

① 관할 지방법원은 이의에 대하여 이유를 붙여 결정을 하여야 한다. 이 경우 이의가 이유 있다고 인정하면 등기관에게 그에 해당하는 처분을 명령하고 그 뜻을 이의신청인과 등기상 이해관계 있는 자에게 알려야 한다.

> **규칙 제160조(등본에 의한 통지)**
> 법 제105조 제1항의 통지는 결정서 등본에 의하여 한다.

② ①의 결정에 대하여는 「비송사건절차법」에 따라 항고할 수 있다.

7. 처분 전의 가등기 및 부기등기의 명령(법 제106조)

관할 지방법원은 이의신청에 대하여 결정하기 전에 등기관에게 가등기 또는 이의가 있다는 뜻의 부기등기를 명령할 수 있다.

> **규칙 제162조(가등기 또는 부기등기의 말소)**
> 법 제106조에 따른 가등기 또는 부기등기는 등기관이 관할 지방법원으로부터 이의신청에 대한 기각결정(각하, 취하를 포함한다)의 통지를 받았을 때에 말소한다.

8. 관할 법원의 명령에 따른 등기(법 제107조)

등기관이 관할 지방법원의 명령에 따라 등기를 할 때에는 명령을 한 지방법원, 명령의 연월일 및 명령에 따라 등기를 한다는 뜻을 기록하여야 한다.

9. 송달(법 제108조)

송달에 대하여는 「민사소송법」을 준용하고, 이의의 비용에 대하여는 「비송사건절차법」을 준용한다.

제6장 | 보칙

1. 등기사무의 처리에 필요한 전산정보자료의 제공 요청(법 제109조)

법원행정처장은 「전자정부법」 제2조 제2호에 따른 행정기관 및 같은 조 제3호에 따른 공공기관(이하 "행정기관등"이라 한다)의 장에게 등기사무의 처리에 필요한 전산정보자료의 제공을 요청할 수 있다.

2. 등기정보자료의 제공 등(제109조의2)

① 행정기관등의 장은 소관 업무의 처리를 위하여 필요한 경우에 관계 중앙행정기관의 장의 심사를 거치고 법원행정처장의 승인을 받아 등기정보자료의 제공을 요청할 수 있다. 다만, 중앙행정기관의 장은 법원행정처장과 협의를 하여 협의가 성립되는 때에 등기정보자료의 제공을 요청할 수 있다.

② 행정기관등의 장이 아닌 자는 수수료를 내고 대법원규칙으로 정하는 바에 따라 등기정보자료를 제공받을 수 있다. 다만, 등기명의인별로 작성되어 있거나 그 밖에 등기명의인을 알아볼 수 있는 사항을 담고 있는 등기정보자료는 다른 법률에 특별한 규정이 있는 경우를 제외하고는 해당 등기명의인이나 그 포괄승계인만이 제공받을 수 있다.

③ ① 및 ②에 따른 등기정보자료의 제공 절차, ②에 따른 수수료의 금액 및 그 면제 범위는 대법원규칙으로 정한다.

3. 등기필정보의 안전확보(법 제110조)

① 등기관은 취급하는 등기필정보의 누설·멸실 또는 훼손의 방지와 그 밖에 등기필정보의 안전관리를 위하여 필요하고도 적절한 조치를 마련하여야 한다.

② 등기관과 그 밖에 등기소에서 부동산등기사무에 종사하는 사람이나 그 직에 있었던 사람은 그 직무로 인하여 알게 된 등기필정보의 작성이나 관리에 관한 비밀을 누설하여서는 아니 된다.

③ 누구든지 부실등기를 하도록 등기의 신청이나 촉탁에 제공할 목적으로 등기필정보를 취득하거나 그 사정을 알면서 등기필정보를 제공하여서는 아니 된다.

3. 벌칙(법 제111조)

다음 각 호의 어느 하나에 해당하는 사람은 2년 이하의 징역 또는 1천만 원 이하의 벌금에 처한다.

> 1. 제110조 제2항을 위반하여 등기필정보의 작성이나 관리에 관한 비밀을 누설한 사람
> 2. 제110조 제3항을 위반하여 등기필정보를 취득한 사람 또는 그 사정을 알면서 등기필정보를 제공한 사람
> 3. 부정하게 취득한 등기필정보를 제2호의 목적으로 보관한 사람

4. 대법원규칙에의 위임(법 제113조)

이 법 시행에 필요한 사항은 대법원규칙으로 정한다.

> 규칙 제166조(대법원예규에의 위임)
> 부동산등기 절차와 관련하여 필요한 사항 중 이 규칙에서 정하고 있지 아니한 사항은 대법원예규로 정할 수 있다.

○× 핵심체크

01 하천법상의 하천으로 편입된 토지에 대해서는 소유권이전등기나 저당권설정등기를 할 수 없다. ☐○☐×

02 공작물대장에 등재된 해상관광용 호텔선박은 건물등기부에 등기할 수 있다. ☐○☐×

03 1필의 토지의 일부를 목적으로 하는 저당권이나 지상권은 등기할 수 있으나, '아파트 분양약관상의 일정기간 전매금지특약'은 등기할 수 없다. ☐○☐×

04 어떤 등기가 행하여진 후 등기된 사항에 후발적 변경이 있어서 이를 바로잡기 위한 등기는 경정등기이다. ☐○☐×

05 유치권은 부동산물권이므로 등기를 할 수 있다. ☐○☐×

06 판례에 따르면, 계약을 해제한 경우 이전등기를 말소하지 않더라도 소유권은 매도인에게 당연히 복귀한다고 한다. ☐○☐×

07 공유물의 분할을 제한하는 약정은 등기 없이도 지분의 양수인에게 대항할 수 있다. ☐○☐×

08 상속이나 포괄적 유증의 경우 등기하여야 물권변동의 효력이 생긴다. ☐○☐×

09 판례에 따르면, 이행판결의 경우 판결의 확정으로 권리의 변동이 일어난다고 한다. ☐○☐×

10 공익사업을 위한 토지 등의 취득 및 보상에 관한 법률에 의한 수용의 경우 등기하여야 물권변동의 효력이 생긴다. ☐○☐×

정답 및 해설　**01** ×　**02** ×　**03** ×　**04** ×　**05** ×　**06** ○　**07** ×　**08** ×　**09** ×　**10** ×

오답분석

01　「하천법」상의 하천으로 편입된 토지에 대해서는 소유권이전등기나 저당권설정등기를 할 수 있다.

02　공작물대장에 등재된 해상관광용 호텔선박은 건물등기부에 등기할 수 없다.

03　1필의 토지의 일부를 목적으로 하는 저당권은 등기할 수 없다.

04　기존 등기의 일부가 후발적으로 불일치하는 경우 이를 일치시키는 등기는 변경등기이다.

05　유치권은 점유를 본질로 하는 권리이므로, 등기할 수 없다.

07　등기해야 대항할 수 있다(임의적 기재사항).

08　상속이나 포괄적 유증은 별도의 등기를 경료하지 않아도 권리가 변동한다(「민법」 제187조).

09　판결의 확정으로 권리의 변동이 일어나는 판결은 형성판결을 의미한다.

10　수용의 경우 등기 없이 물권변동의 효력이 발생한다(「민법」 제187조).

11 같은 주등기에 관한 부기등기 상호간의 순위는 후 부기등기가 선 부기등기에 우선한다. ☐○☐×

12 건물멸실로 무효인 소유권보존등기라도 이해관계 있는 제3자가 있기 전 신축건물에 유용하기로 합의한 경우에는 유효하다. ☐○☐×

13 甲소유 미등기부동산을 乙이 매수하여 乙명의로 한 소유권보존등기는 무효이다. ☐○☐×

14 부동산을 증여하였으나 등기원인을 매매로 기록한 소유권이전등기는 무효이다. ☐○☐×

15 토지거래허가구역 내의 토지에 관하여 중간생략등기의 합의 하에 최초 매도인과 최종매수인을 당사자로 하는 토지거래허가를 받아 최초 매도인으로부터 최종 매수인 앞으로 한 소유권이전등기는 유효하다. ☐○☐×

16 누구든지 수수료를 내고 등기기록에 기록되어 있는 사항의 전부 또는 일부의 열람과 이를 증명하는 등기사항증명서의 발급을 청구할 수 있으며, 등기기록의 부속서류의 열람 및 교부를 청구할 수 있다. ☐○☐×

17 등기부는 토지등기부, 건물등기부, 집합건물등기부로 구분한다. ☐○☐×

18 등기의 순서는 같은 구에서 한 등기는 접수번호에 따르고 다른 구에서 한 등기는 순위번호에 의한다. ☐○☐×

19 판결에 의한 등기의 경우 승소한 등기권리자는 단독으로 신청할 수 있으나 등기의무자는 단독으로 신청할 수 없다. ☐○☐×

20 신탁재산에 속하는 부동산의 신탁등기는 위탁자가 단독으로 신청한다. ☐○☐×

정답 및 해설 11 × 12 × 13 × 14 × 15 × 16 × 17 × 18 × 19 × 20 ×

오답분석
11 같은 주등기에 관한 부기등기 상호간의 순위는 그 등기 순서에 따른다(법 제5조 참조).
12 표제부의 유용은 허용되지 않는다.
13 모두생략등기도 실체관계에 부합하는 한 그 등기는 유효하다.
14 다른 원인에 의한 등기이지만 실체관계에 부합하므로 유효로 한다.
15 토지거래허가지역에서의 중간생략등기는 무효이다.
16 등기기록의 부속서류에 대하여는, 이해관계 있는 부분만 열람을 청구할 수 있다(법 제19조 제1항 단서).
17 등기부는 토지등기부와 건물등기부로 구분한다(법 제14조 제1항).
18 등기의 순서는 등기기록 중 같은 구에서 한 등기 상호간에는 순위번호에 따르고, 다른 구에서 한 등기 상호간에는 접수번호에 따른다(법 제14조 제2항).
19 판결에 의한 등기는 승소한 등기권리자 또는 등기의무자가 단독으로 신청한다.
20 신탁재산에 속하는 부동산의 신탁등기는 수탁자가 단독으로 신청한다(법 제23조 제7항).

21 대표자나 관리인이 있는 법인 아닌 사단이나 재단에 속하는 부동산의 등기에 관하여는 그 대표자나 관리인을 등기권리자 또는 등기의무자로 한다. ☐O☐X

22 근저당권이전의 부기등기는 부등기인 근저당권설정등기가 말소되는 경우에도 별도의 말소신청에 의하여 말소하여야 한다. ☐O☐X

23 부동산표시의 변경등기는 소유권의 등기명의인이 단독으로 신청한다. ☐O☐X

24 같은 채권의 담보를 위하여 소유자가 다른 여러 개의 부동산(같은 등기소의 관할 내에 소재함)에 대한 저당권설정등기를 신청하는 경우에는 1건당 1개의 부동산에 관한 신청정보를 제공하는 방법으로 등기를 신청하여야 한다. ☐O☐X

25 등기관은 등기권리자, 등기의무자 또는 등기명의인이 각 2인 이상인 경우에는 직권으로 경정등기를 한 사실을 그 모두에게 알려야 한다. ☐O☐X

26 유증을 원인으로 하는 소유권이전등기를 신청할 경우, 등기필정보를 요하지 않는다. ☐O☐X

27 말소등기의 말소등기도 허용된다. ☐O☐X

28 등기된 건물이 화재로 없어진 경우, 말소등기를 한다. ☐O☐X

정답 및 해설 **21** × **22** × **23** ○ **24** × **25** × **26** × **27** × **28** ×

오답분석

21 종중, 문중, 그 밖에 대표자나 관리인이 있는 법인 아닌 사단이나 재단에 속하는 부동산의 등기에 관하여는 그 사단이나 재단을 등기권리자 또는 등기의무자로 한다(「부동산등기법」 제26조 제1항).

22 근저당권이전의 부기등기는 주등기인 근저당권설정등기가 말소되는 경우에는 별도의 말소신청 없이 직권으로 말소하여야 한다. 근저당권이 이전된 후 근저당권을 말소하는 경우에는 근저당권이 이전된 부기등기의 말소등기를 신청하는 것이 아니라 주등기인 근저당권설정등기의 말소등기를 신청하여야 하는 것이며, 부기등기는 직권에 의하여 말소된다.

24 1건의 신청정보로 일괄하여 신청할 수 있다(법 제25조 단서 및 규칙 제47조 제1항 참조).

25 등기권리자, 등기의무자 또는 등기명의인이 각 2인 이상인 경우에는 그 중 1인에게 통지하면 된다(법 제32조 제1항 단서 및 제3항).

26 유증을 원인으로 하는 소유권이전등기는 공동신청에 의한 등기이므로, 등기의무자인 유증자의 등기필정보를 제출하여야 한다(유증의 경우 유증을 할 때, 유언집행자를 선임하는 데 유언집행자와 수증자가 공동으로 신청하는 등기이다).

27 말소등기의 말소등기는 허용되지 않으며, 불법말소인 경우에 말소회복등기는 가능하다.

28 멸실등기를 한다.

29 말소된 등기의 회복을 신청하는 경우엔 등기상 이해관계 있는 제3자의 승낙이 필요없다.   ☐○ ☐×

30 환매에 의한 권리취득의 등기를 하였을 때에는 환매특약의 등기를 직권으로 말소할 수 없다.   ☐○ ☐×

31 등기관이 소유권보존등기를 할 때에는 등기원인과 그 연월일을 기록하지 아니한다.   ☐○ ☐×

32 토지대장에 최초의 소유자로 등록되어 있는 자의 상속인은 소유권보존등기를 신청할 수 없다.   ☐○ ☐×

33 등기관이 직권으로 소유권보존등기를 할 수 있는 경우는 없다.   ☐○ ☐×

34 소유권의 일부이전등기를 할 때 이전되는 지분을 표시하지 않아도 된다.   ☐○ ☐×

35 소유권의 이전에 관한 사항은 등기기록의 을구에 기록한다.   ☐○ ☐×

36 등기관이 지상권설정의 등기를 할 때 지상권의 범위는 등기원인에 그 약정이 있는 경우에만 기록한다.   ☐○ ☐×

37 등기관이 근저당권설정의 등기를 할 때 채권의 최고액은 등기원인에 그 약정이 있는 경우에만 기록한다.
☐○ ☐×

.

정답 및 해설   29 ×   30 ×   31 ○   32 ×   33 ×   34 ×   35 ×   36 ×   37 ×

오답분석
29 말소된 등기의 회복을 신청하는 경우에 등기상 이해관계 있는 제3자가 있을 때에는 그 제3자의 승낙이 있어야 한다.
30 환매에 의한 권리취득의 등기를 하였을 때에는 환매특약의 등기를 직권으로 말소하여야 한다.
32 신청할 수 있다(법 제65조).
33 직권으로 소유권보존등기를 하는 경우가 있다(법 제66조 제1항).
34 등기관이 소유권의 일부에 관한 이전등기를 할 때에는 이전되는 지분을 기록하여야 한다.
35 갑구에 기록한다.
36 약정여부와 관계없이 반드시 기록해야 한다(법 제69조).
37 약정여부와 관계없이 반드시 기록해야 한다(법 제75조 제2항).

38 등기관이 전세권설정의 등기를 할 때 위약금 또는 배상금은 등기원인에 그 약정이 있는 경우에만 기록한다. ☐O☐X

39 등기관이 전세금반환채권의 일부 양도를 원인으로 한 전세권 일부이전등기를 할 때 양도액은 기록하지 않는다
. ☐O☐X

40 등기관이 동일한 채권에 관하여 여러 개의 부동산에 관한 권리를 목적으로 하는 저당권설정의 등기를 할 경우, 부동산이 3개 이상일 때에는 공동담보목록을 작성하여야 한다. ☐O☐X

41 물권적 청구권을 보전하기 위한 가등기를 할 수 있다. ☐O☐X

42 신탁원부는 등기부의 일부로 인정되지 않는다. ☐O☐X

43 구분건물로 될 수 있는 객관적 요건을 갖춘 경우에는 건물소유자는 구분건물로 등기하여야 한다. ☐O☐X

44 등기관의 처분 후의 새로운 사실을 이의신청의 이유로 삼을 수 있다. ☐O☐X

정답 및 해설   **38** O   **39** ×   **40** ×   **41** ×   **42** ×   **43** ×   **44** ×

오답분석

39 등기관이 전세금반환채권의 일부 양도를 원인으로 한 전세권 일부이전등기를 할 때에는 양도액을 기록한다(법 제73조 제1항).

40 부동산이 5개 이상일 때에는 공동담보목록을 작성하여야 한다(법 제78조 제1항 및 제2항).

41 물권적 청구권을 보전하기 위한 가등기는 허용되지 않는다.

42 신탁원부는 등기기록의 일부로 본다.

43 구분건물이 되기 위하여 객관적 요건(구조상·이용상 독립성)과 구분소유의사가 있어야 한다. 따라서 할 수 있다.

44 등기관의 처분 후의 새로운 사실은 이의신청의 이유로 삼을 수 없다.

제5편 | 확인학습문제

01 다음 중 등기대상이 될 수 <u>없는</u> 것은?

★22회 기출★

☑확인
Check!
○
△
×

① 구분건물의 전유부분
② 집합건물의 공용부분 중 구분건물 또는 독립건물로서의 구조를 가지는 부분
③ 구분건물의 규약상 공용부분
④ 구분건물의 부속건물
⑤ 구분건물의 구조상 공용부분

해설
난도 ★

등기능력 있는 것	등기능력 없는 것
• 유류저장탱크, 사일로, 비각 • 농업용 고정식 온실, 방조제(제방) • 경량철골조 경량패널지붕 건축물 • 「하천법」상 하천, 「도로법」상 도로 • 조적조 및 컨테이너구조 슬레이트지붕 주택 등 • 아파트 관리사무소, 노인정 등(공용부분인 취지의 등기) • 농지개량시설의 공작물(방수문, 잠관 등) • 방조제 부대시설물(배수갑문, 권양기, 양수기 등), 일시 사용을 위한 가설건축물	• 건물의 부대설비(승강기, 발전시설, 보일러시설, 냉난방시설, 배전시설 등) • 지하상가의 통로, 컨테이너, 비닐하우스 • 주유소 캐노피, 양어장, 옥외 풀장 • 공유수면, 굴착한 토굴 • 경량철골조 혹은 조립식 패널 구조의 건축물 등 • 집합건물의 공용부분 중 구조적, 물리적으로 공용부분인 것(복도, 계단 등)

답 ⑤

02 등기능력이 있는 것은?

☑확인
Check!
○
△
×

① 조립식 패널구조의 건축물
② 조적조 및 컨테이너구조 슬레이트지붕 주택
③ 호텔로 수선되고, 해안가 해저면에 있는 암반에 앵커로 고정된 폐유조선
④ 주유소 캐노피
⑤ 옥외풀장

해설
난도 ★★
② 조적조 및 컨테이너구조 슬레이트지붕 주택은 토지에 정착되고 지붕의 외관을 갖추고 있으므로 건물로 등기할 수 있다.

답 ②

03 부동산등기법령상 등기할 수 있는 권리에 해당하지 <u>않는</u> 것은?

☑확인
Check!
○
△
×

① 소유권
② 지역권
③ 권리질권
④ 유치권
⑤ 채권담보권

해설
난도 ★
④ 유치권은 점유를 본질로 하는 권리이므로 등기할 수 없다.

답 ④

04 특례법에 의해 일정한 요건을 갖춘 경우 부동산등기의 대상이 될 수 있는 것은?

☑확인
Check!
○
△
×

① 방조제의 부대시설물인 배수갑문
② 컨테이너
③ 옥외풀장
④ 주유소의 닫집(캐노피)
⑤ 개방형 축사

해설
난도 ★
⑤ 「축사의 부동산등기에 관한 특례법」에서 개방형 축사(소의 질병을 예방하고 등기성을 확보할 수 있도록 둘레에 벽을 갖추지 않고 소를 사육하는 용도로 사용할 수 있는 건축물)도 등기할 수 있도록 규정하고 있다.

답 ⑤

05 부동산등기법령상 부기로 하여야 하는 등기가 <u>아닌</u> 것은?

★33회 기출★

① 소유권 외의 권리의 이전등기

② 소유권 외의 권리에 대한 처분제한 등기

③ 소유권 외의 권리를 목적으로 하는 권리에 관한 등기

④ 전체가 말소된 등기에 대한 회복등기

⑤ 등기명의인표시의 변경이나 경정의 등기

해설

난도 ★★

④ 전체가 말소된 등기에 대한 회복등기는 주등기에 의하고, 일부말소회복등기는 부기등기에 의한다.

답 ④

---

06 부동산등기법령 및 판례에 의할 때 등기의 유효요건에 관한 설명으로 옳은 것은?

★20회 기출★

① 등기가 불법 말소된 후 제3자 명의의 등기가 행하여진 경우에는 말소회복등기를 할 수 없다.

② 동일 부동산에 관하여 동일한 명의로 중복하여 보존등기가 행하여진 경우에는 먼저 이루어진 등기가 원인무효가 아닌 한 나중에 이루어진 등기를 무효로 한다.

③ 중간생략등기는 부동산등기특별조치법에 반하는 것으로 사법상의 효력이 인정되지 않는다.

④ 소유권이전등기 원인이 증여인데도 이를 매매로 기재한 경우에는 그 등기는 무효가 된다.

⑤ 등기부의 전부 또는 일부가 멸실한 경우에는 등기부상의 권리가 모두 소멸한다.

해설

난도 ★★★

① (×) 불법으로 말소된 등기는 실체관계에 부합하지 않는 것이어서 무효이고, 따라서 말소된 물권은 소멸하지 않고 말소된 등기의 회복등기가 있을 때에 그 회복등기는 말소된 종전의 등기와 같은 순위가 된다(대판 1997.9.30, 95다39526 참고).

> 부적법하게 말소된 가등기의 회복등기절차에서 「부동산등기법」 제75조 소정의 승낙을 할 의무가 있는 등기상 이해관계 있는 제3자의 범위 : 가등기가 가등기권리자의 의사에 의하지 아니하고 말소되어 그 말소등기가 원인 무효인 경우에는 등기상 이해관계 있는 제3자는 그의 선의, 악의를 묻지 아니하고 가등기권리자의 회복등기절차에 필요한 승낙을 할 의무가 있으므로, 가등기가 부적법하게 말소된 후 가처분등기, 근저당권 설정등기, 소유권이전등기를 마친 제3자는 가등기의 회복등기절차에서 등기상 이해관계 있는 제3자로서 승낙의무가 있다(대판 1997.9.30, 95다39526).

② (○) 동일인 명의의 중복등기 중 후등기부가 폐쇄되고 그 중 타인명의의 이전등기만이 이기된 경우 실체관계를 가릴 것인지 여부(소극) : 동일부동산에 관하여 동일인 명의로 중복보존등기가 경료된 경우 「부동산등기법」이 1물 1용지주의를 채택하고 있는 이상 뒤에 경료된 등기는 무효이고 이 무효인 등기에 터잡아 타인명의로 소유권이전등기가 경료되었다고 하더라도 실체관계에 부합하는 여부를 가릴 것 없이 이 등기 역시 무효이므로 그 후 등기카드화 작업으로 후등기부가 폐쇄되고 타인명의의 소유권이전등기 부분만이 새로운 등기부에 이기되었더라도 이러한 사실만으로 무효인 등기가 유효인 등기로 전환될 수 없다.

③ (×) 미등기전매행위에 대하여 형사처벌을 규정한 「부동산등기 특별조치법」 제2조 제2항 및 제8조 제1호가 중간생략등기
합의의 사법상 효력을 무효로 하는 취지인지 여부(소극) : 「부동산등기 특별조치법」상 조세포탈과 부동산투기 등을 방지하
기 위하여 위 법률 제2조 제2항 및 제8조 제1호에서 등기하지 아니하고 제3자에게 전매하는 행위를 일정 목적범위 내에서
형사처벌하도록 되어 있으나 이로써 순차매도한 당사자 사이의 중간생략등기합의에 관한 사법상 효력까지 무효로 한다는
취지는 아니다.

④ (×) 실체와 다른 등기원인이 등기부에 기재되었다 하더라도 실체적 권리관계와 부합하는 한 그 등기는 유효하다. 예컨대
실질적으로는 증여인데, 매매를 원인으로 소유권이전등기신청을 하여 그 등기를 하는 경우, 이러한 등기도 당사자 사이의
실체관계에는 부합하기 때문에 이를 무효로 할 것은 아니다. 다만, 「부동산등기 특별조치법」에서는 소유권이전등기신청시
에 허위의 등기원인을 기록하거나 또는 소유권이전등기가 아닌 다른 등기를 신청하는 것을 금하고, 이에 위반한 때에는 3
년 이하의 징역이나 1억 원 이하의 벌금에 처하고 있다(「부동산등기 특별조치법」 제6조, 제8조 참조).

⑤ (×) 등기는 효력발생요건이고 효력 존속요건은 아니다. 따라서 등기부가 전부 또는 일부가 멸실되었다고 하여 등기부상
권리가 소멸하는 것은 아니다.

답 ②

07 등기의 효력에 관한 설명 중 틀린 것은?(다툼이 있으면 판례에 의함)

★23회 기출 변형★

① 등기는 물권의 존속요건이므로 등기가 원인 없이 말소되면 물권은 상실된다.
② 등기가 형식적으로 존재하는 사실 자체로 그 등기에 표시된 실체적 권리관계가 존재하는 것으로 추
정된다.
③ 말소회복등기는 말소된 종전등기와 동일한 효력을 가진다.
④ 등기절차나 과정에 하자가 있으나 그 등기가 실체적 권리관계에 부합하는 한 유효한 등기로 본다.
⑤ 등기에는 추정력이 있으므로 무효를 주장하는 측에서 그 사유를 입증하여야 한다.

해설
난도 ★★
① (×) 등기는 권리의 효력발생요건이지 존속요건이 아니므로 권리가 불법말소된 경우에는 권리는 존속한다.

답 ①

08 등기에 관한 설명으로 옳지 않은 것은?(다툼이 있으면 판례에 의함)

① 1필의 토지 전부에 대하여, 이미 소멸한 전세권의 설정등기가 존재하는 경우 다른 전세권의 설정등기신청을 수리하지 못한다.

② 등기의 추정력은 권리의 등기에 인정되며, 표제부의 등기에는 인정되지 않는다.

③ 소유권이전등기가 경료된 경우, 그 등기명의인은 직전 소유자에 대하여 적법한 등기원인에 의하여 소유권을 취득한 것으로 추정된다.

④ 동일한 건물에 대하여 동일인 명의의 보존등기가 중복된 경우, 후등기를 기초로 하여 제3자 명의의 등기가 경료된 때에는 후등기가 유효하다.

⑤ 무효인 매매계약을 원인으로 이전등기가 된 경우, 그 등기의 말소등기를 하지 않고 매도인 명의로의 소유권이전등기를 할 수 있다.

해설

난도 ★★

④ (×) 소유권보존등기명의인이 동일인인 경우 1부동산 1등기기록의 원칙상 먼저 행해지는 것이 유효하고 뒤에 경료된 보존등기는 무효라고 본다.

답 ④

09 부동산등기법령상 등기의 순위와 접수 등에 관한 설명으로 옳지 않은 것은?

① 같은 부동산에 관하여 등기한 권리의 순위는 법률에 다른 규정이 없으면 등기한 순서에 따른다.

② 등기의 순서는 등기기록 중 같은 구에서 한 등기 상호간에는 순위번호에 따른다.

③ 같은 주등기에 관한 부기등기 상호간의 순위는 그 등기 순서에 따른다.

④ 등기신청은 대법원규칙으로 정하는 등기신청정보가 전산정보처리조직에 저장된 때 접수된 것으로 본다.

⑤ 등기관이 등기를 마쳤을 때에는 신청인에게 그 사실을 알려야 하며, 신청인이 등기완료의 통지를 받은 때부터 그 등기의 효력이 발생한다.

해설

난도 ★★

① (○) 법 제4조 제1항

② (○) 법 제4조 제2항 참조

③ (○) 법 제5조 단서

④ (○) 법 제6조 제1항

⑤ (×) 등기관이 등기를 마친 경우 그 등기는 접수한 때부터 효력을 발생한다(법 제6조 제2항).

답 ⑤

10 부동산등기법령상 A(용익권 또는 담보권)와 B(등기원인에 그 약정이 있는 경우에만 기록하여야 하는 사항)의 연결로 옳지 <u>않은</u> 것은? ★33회 기출★

확인
Check!
○
△
×

① A : 지역권, B : 범위

② A : 전세권, B : 존속기간

③ A : 저당권, B : 변제기

④ A : 근저당권, B : 존속기간

⑤ A : 지상권, B : 지료와 지급시기

해설
난도 ★★★

① A : 지역권, B : 범위는 필요적 기록사항이다.

② A : 전세권, B : 존속기간

③ A : 저당권, B : 변제기

④ A : 근저당권, B : 존속기간

⑤ A : 지상권, B : 지료와 지급시기는 약정이 있으면 기록하여야 한다.

답 ①

11 등기의 유효요건 및 효력에 관한 설명 중 옳은 것은? ★26회 기출 변형★

확인
Check!
○
△
×

① 甲의 A부동산에 가등기가 있으면 그 부동산을 처분할 수 없다.

② 甲의 물권에 관한 등기가 원인 없이 말소되었다면 등기는 효력발생요건이자 존속요건이므로 그 물권의 효력도 소멸한다.

③ 甲의 미등기 부동산을 乙이 매수하여 직접 보존등기를 한 경우 그 등기가 실체관계에 부합하더라도 무효이다.

④ 甲의 A부동산을 乙이 매수하여 丙에게 전매한 경우 甲이 동의하지 않더라도 丙은 甲에게 소유권이전등기를 청구할 수 있다.

⑤ 乙의 토지에 甲명의의 소유권이전등기 청구권보전을 위한 가등기가 있더라도 甲은 소유권이전등기를 청구할 정당한 법률관계가 있다고 추정되지 않는다.

해설
난도 ★★★

① (×) 가등기에는 처분을 제한하는 효력이 없다.

② (×) 등기는 효력발생요건이지 존속요건은 아니다.

③ (×) 모두생략등기라도 실체관계에 부합하는 경우 유효성을 인정한다.

④ (×) 중간생략등기는 삼자합의가 있는 경우 또는 순차적 합의가 있는 경우 유효성을 인정할 수 있는데, 이 경우는 삼자합의가 없으므로 丙이 甲에게 소유권이전등기를 청구할 수는 없다.

⑤ (○) 등기의 추정력은 종국등기에 미치므로 예비등기인 가등기는 등기의 추정력이 미치지 아니한다.

답 ⑤

12 부동산등기법령상 등기부의 乙구란에 기록하여 공시하는 등기는?

① 소유권보존등기
② 저당권의 설정등기
③ 소유권의 이전등기청구권보전의 가등기
④ 소유권의 말소등기
⑤ 소유권의 변경등기

해설
난도 ★★
② 저당권의 설정등기는 乙구에 하는 등기이고 나머지는 甲구에 하는 등기이다.

답 ②

13 부동산등기법령상 등기관이 건물 등기기록의 표제부에 기록하여야 하는 사항 중 같은 지번 위에 여러 개의 건물이 있는 경우와 구분건물의 경우에 한정하여 기록하여야 하는 것은?

① 건물의 종류
② 건물의 구조
③ 건물의 면적
④ 표시번호
⑤ 도면의 번호

해설
난도 ★★
⑤ 도면의 번호를 기록한다.

> 부동산등기법 40조(등기사항)
> ① 등기관은 건물 등기기록의 표제부에 다음 각 호의 사항을 기록하여야 한다.
> 1. 표시번호
> 2. 접수연월일
> 3. 소재, 지번 및 건물번호. 다만, 같은 지번 위에 1개의 건물만 있는 경우에는 건물번호는 기록하지 아니한다.
> 4. 건물의 종류, 구조와 면적. 부속건물이 있는 경우에는 부속건물의 종류, 구조와 면적도 함께 기록한다.
> 5. 등기원인
> 6. 도면의 번호[같은 지번 위에 여러 개의 건물이 있는 경우와 「집합건물의 소유 및 관리에 관한 법률」 제2조 제1호의 구분소유권(區分所有權)의 목적이 되는 건물(이하 "구분건물"이라 한다)인 경우로 한정한다]

답 ⑤

부동산등기법령상 등기신청 및 등기의 효력발생시기에 관한 설명으로 옳은 것을 모두 고른 것은?

★33회 기출★

ㄱ. 소유권보존등기 또는 소유권보존등기의 말소등기는 등기명의인으로 될 자 또는 등기명의인이 단독으로 신청한다.
ㄴ. 대표자가 있는 법인 아닌 사단에 속하는 부동산의 등기 신청에 관하여는 그 사단의 대표자를 등기권리자 또는 등기의무자로 한다.
ㄷ. 등기신청은 해당 부동산이 다른 부동산과 구별될 수 있게 하는 정보가 전산정보처리조직에 저장된 때 접수된 것으로 본다.
ㄹ. 등기관이 등기를 마친 경우 그 등기는 등기완료의 통지를 한 때부터 효력을 발생한다.

① ㄱ, ㄴ
② ㄱ, ㄷ
③ ㄷ, ㄹ
④ ㄴ, ㄷ, ㄹ
⑤ ㄱ, ㄴ, ㄷ, ㄹ

해설
난도 ★★
ㄱ. [○] 소유권보존등기 또는 소유권보존등기의 말소등기는 등기명의인으로 될 자 또는 등기명의인이 단독으로 신청한다.
ㄴ. [×] 대표자가 있는 법인 아닌 사단에 속하는 부동산의 등기 신청에 관하여는 그 사단의 대표자는 단지 등기신청인에 불과하다.
ㄷ. [○] 등기신청은 해당 부동산이 다른 부동산과 구별될 수 있게 하는 정보가 전산정보처리조직에 저장된 때 접수된 것으로 본다.
ㄹ. [×] 등기관이 등기를 마친 경우 그 등기는 접수 한 때부터 효력을 발생한다.

답 ②

제6편

동산·채권 등의 담보에 관한 법률

출제경향 & 수험대책

동산·채권 등의 담보에 관한 법률은 1문제가 출제되고 있고, 학습요령은 부동산 등기법이 전제가 되어야 한다. 총설, 동산담보권, 채권담보권, 담보등기, 지식재산권의 담보에 관한 특례 등에 대해서 확인하고 넘어가길 바란다.

제1장 | 총설

출제포인트
□ 담보약정
□ 동산담보권
□ 채권담보권
□ 지식재산담보권
□ 담보권설정자
□ 담보등기

1. 제정 취지

① 현형법상 동산과 채권의 경우 공시방법이 불완전하고,

② 지적재산권의 경우 「민법」상 질권의 방법으로만 담보로 제공할 수 있어 이들을 담보로 이용하는 데 한계가 있으므로,

③ 동산·채권·지적재산권을 목적으로 하는 담보제도를 창설하고 이를 공시할 수 있도록 함으로써,

④ 거래의 안전을 도모하면서도 자산유동화의 활성화를 통하여,

⑤ 중소기업과 자영업자의 자금조달에 편의를 제공하고,

⑥ 국민경제의 건전한 발전에 이바지하려는 것임.

2. 목적(법 제1조)

이 법은 동산·채권·지식재산권을 목적으로 하는 담보권과 그 등기 또는 등록에 관한 사항을 규정하여 자금조달을 원활하게 하고 거래의 안전을 도모하며 국민경제의 건전한 발전에 이바지함을 목적으로 한다(「동산·채권 등의 담보에 관한 법률」 제1조, 이하 제6편에서 "법").

3. 용어정의(법 제2조)

① 담보약정 : 양도담보 등 명목을 묻지 아니하고 이 법에 따라 동산·채권·지식재산권을 담보로 제공하기로 하는 약정을 말한다.

② 동산담보권 : 담보약정에 따라 동산(여러 개의 동산 또는 장래에 취득할 동산을 포함한다)을 목적으로 등기한 담보권을 말한다.

③ **채권담보권** : 담보약정에 따라 금전의 지급을 목적으로 지명채권(여러 개의 채권 또는 장래에 발생할 채권을 포함한다)을 목적으로 등기한 담보권을 말한다.

④ **지식재산권담보권** : 담보약정에 따른 특허권, 실용신안권, 디자인권, 상표권, 저작권, 반도체집적회로의 배치설계권 등 지식재산권(법률에 따라 질권을 설정할 수 있는 경우로 한정한다. 이하 같다)을 목적으로 그 지식재산권을 규율하는 개별 법률에 따라 등록한 담보권을 말한다.

⑤ **담보권설정자** : 이 법에 따라 동산 · 채권 · 지식재산권에 담보권을 설정한 자를 말한다. 다만, 동산 · 채권을 담보로 제공하는 경우에는 법인(상사법인, 민법법인, 특별법에 따른 법인, 외국법인을 말한다. 이하 같다) 또는 「상업등기법」에 따라 상호등기를 한 사람으로 한정한다.

⑥ **담보권자** : 이 법에 따라 동산 · 채권 · 지식재산권을 목적으로 하는 담보권을 취득한 자를 말한다.

⑦ **담보등기** : 이 법에 따라 동산 · 채권을 담보로 제공하기 위하여 이루어진 등기를 말한다.

⑧ **담보등기부** : 전산정보처리조직에 의하여 입력 · 처리된 등기사항에 관한 전산정보자료를 담보권설정자별로 저장한 보조기억장치(자기디스크, 자기테이프, 그 밖에 이와 유사한 방법으로 일정한 등기사항을 기록 · 보존할 수 있는 전자적 정보저장매체를 포함한다. 이하 같다)를 말하고, 동산담보등기부와 채권담보등기부로 구분한다.

⑨ **채무자 등** : 채무자, 담보목적물의 물상보증인, 담보목적물의 제3취득자를 말한다.

⑩ **이해관계인** : 채무자 등과 담보목적물에 대한 권리자로서 담보등기부에 기록되어 있거나 그 권리를 증명한 자, 압류 및 가압류 채권자, 집행력 있는 정본에 의하여 배당을 요구한 채권자를 말한다.

⑪ **등기필정보** : 담보등기부에 새로운 권리자가 기록되는 경우 그 권리자를 확인하기 위하여 지방법원, 그 지원 또는 등기소에 근무하는 법원서기관, 등기사무관, 등기주사 또는 등기주사보 중에서 지방법원장(등기소의 사무를 지원장이 관장하는 경우에는 지원장을 말한다)이 지정하는 사람(이하 "등기관"이라 한다)이 작성한 정보를 말한다.

제2장 | 동산담보권

출제포인트
- ☐ 동산담보권의 성립
- ☐ 동산담보권의 효력
- ☐ 부종성
- ☐ 담보설정자
- ☐ 근담보권

제1절　동산담보권의 성립 ★31회 기출★

1. 동산담보권의 목적물(법 제3조)

① 법인 또는 「상업등기법」에 따라 상호등기를 한 사람(이하 "법인 등"이라 한다)이 담보약정에 따라 동산을 담보로 제공하는 경우에는 담보등기를 할 수 있다.

② 여러 개의 동산(장래에 취득할 동산을 포함한다)이더라도 목적물의 종류, 보관장소, 수량을 정하거나 그 밖에 이와 유사한 방법으로 특정할 수 있는 경우에는 이를 목적으로 담보등기를 할 수 있다.

③ ① 및 ②에도 불구하고 다음 각 호의 어느 하나에 해당하는 경우에는 이를 목적으로 하여 담보등기를 할 수 없다.

> 1. 「선박등기법」에 따라 등기된 선박, 「자동차 등 특정동산 저당법」에 따라 등록된 건설기계 · 자동차 · 항공기 · 소형선박, 「공장 및 광업재단 저당법」에 따라 등기된 기업재산, 그 밖에 다른 법률에 따라 등기되거나 등록된 동산
> 2. 화물상환증, 선하증권, 창고증권이 작성된 동산
> 3. 무기명채권증서 등 대통령령으로 정하는 증권

> 영 제2조(동산담보권의 목적물에서 제외되는 증권)
> 「동산 · 채권 등의 담보에 관한 법률」(이하 "법"이라 한다) 제3조 제3항 제3호에서 "무기명채권증서 등 대통령령으로 정하는 증권"이란 다음 각 호와 같다.
> 1. 무기명채권증서
> 2. 「자산유동화에 관한 법률」 제2조 제4호에 따른 유동화증권
> 3. 「자본시장과 금융투자업에 관한 법률」 제4조에 따른 증권

2. 동산담보권을 설정하려는 자의 명시의무(법 제6조)

동산담보권을 설정하려는 자는 담보약정을 할 때 다음 사항을 상대방에게 명시해야 한다.

> 1. 담보목적물의 소유 여부
> 2. 담보목적물에 관한 다른 권리의 존재 유무

3. 담보약정과 담보등기

① 담보약정 : 동산담보권이 성립하기 위하여 채권자와 목적동산의 소유자인 채무자 또는 제3자(물상보증인 등) 사이의 담보약정이 있어야 한다(법 제2조 제1호 참조).

② 담보등기 : 약정에 따른 동산담보권의 득실변경은 담보등기부에 등기를 하여야 그 효력이 생긴다(법 제7조 제1항).

제2절 동산담보권의 효력

---

1. 동산담보권의 성질

(1) 동산담보권의 내용(법 제8조)

담보권자는 채무자 또는 제3자가 제공한 담보목적물에 대하여 다른 채권자보다 자기채권을 우선변제 받을 권리가 있다.

(2) 동산담보권의 불가분성(법 제9조)

담보권자는 채권 전부를 변제받을 때까지 담보목적물 전부에 대하여 그 권리를 행사할 수 있다.

(3) 동산담보권의 양도(법 제13조) – 수반성

동산담보권은 피담보채권과 분리하여 타인에게 양도할 수 없다.

(4) 물상대위(법 제14조)

동산담보권은 담보목적물의 매각, 임대, 멸실, 훼손 또는 공용징수 등으로 인하여 담보권 설정자가 받을 금전이나 그 밖의 물건에 대하여도 행사할 수 있다. 이 경우 그 지급 또는 인도 전에 압류하여야 한다.

(5) 부종성(법 제33조, 민법 제369조)

저당권으로 담보한 채권이 시효의 완성 기타 사유로 인하여 소멸한 때에는 저당권도 소멸한다(민법 제369조).

2. 동산담보권자의 지위

(1) 담보목적물에 대한 현황조사 및 담보목적물의 보충(법 제17조)

① 담보권설정자는 정당한 사유 없이 담보권자의 담보목적물에 대한 현황조사 요구를 거부할 수 없다. 이 경우 담보목적물의 현황을 조사하기 위하여 약정에 따라 전자적으로 식별할 수 있는 표지를 부착하는 등 필요한 조치를 할 수 있다.

② 담보권설정자에게 책임이 있는 사유로 담보목적물의 가액이 현저히 감소된 경우에는 담보권자는 담보권설정자에게 그 원상회복 또는 적당한 담보의 제공을 청구할 수 있다.

(2) 담보목적물 반환청구권(법 제19조)

① 담보권자는 담보목적물을 점유한 자에 대하여 담보권설정자에게 반환할 것을 청구할 수 있다.

② 담보권자가 담보목적물을 점유할 권원이 있거나 담보권설정자가 담보목적물을 반환받을 수 없는 사정이 있는 경우에 담보권자는 담보목적물을 점유한 자에 대하여 자신에게 담보목적물을 반환할 것을 청구할 수 있다.

③ ① 및 ②에도 불구하고 점유자가 그 물건을 점유할 권리가 있는 경우에는 반환을 거부할 수 있다.

(3) 담보목적물의 방해제거청구권 및 방해예방청구권(법 제20조)

담보권자는 동산담보권을 방해하는 자에게 방해의 제거를 청구할 수 있고, 동산담보권을 방해할 우려가 있는 행위를 하는 자에게 방해의 예방이나 손해배상의 담보를 청구할 수 있다.

(4) 담보목적물의 점유(법 제25조)

① 담보권자가 담보목적물을 점유한 경우에는 피담보채권을 전부 변제받을 때까지 담보목적물을 유치할 수 있다. 다만, 선순위권리자에게 대항하지 못한다.

② 담보권자가 담보권을 실행하기 위하여 필요한 경우에는 채무자 등에게 담보목적물의 인도를 청구할 수 있다.

③ 담보권자가 담보목적물을 점유하는 경우에 담보권자는 선량한 관리자의 주의로 담보목적물을 관리하여야 한다.

④ ③의 경우에 담보권자는 담보목적물의 과실을 수취하여 다른 채권자보다 먼저 그 채권의 변제에 충당할 수 있다. 다만, 과실이 금전이 아닌 경우 그 과실을 경매하거나 그 과실로써 직접 변제에 충당하거나 그 과실을 매각하여 그 대금으로 변제에 충당할 수 있다.

(5) 담보권설정자의 상호등기 말소와 동산담보권의 효력(법 제4조)

담보권설정자의 상호등기가 말소된 경우에도 이미 설정된 동산담보권의 효력에는 영향을 미치지 아니한다.

3. 동산담보권의 효력이 미치는 피담보채권의 범위 ★33회 기출★

(1) 피담보채권의 범위(법 제12조)

동산담보권은 원본, 이자, 위약금, 담보권실행의 비용, 담보목적물의 보존비용 및 채무불이행 또는 담보목적물의 흠으로 인한 손해배상의 채권을 담보한다. 다만, 설정행위에 다른 약정이 있는 경우에는 그 약정에 따른다.

(2) 근담보권(법 제5조) ★33회 기출★

① 동산담보권은 그 담보할 채무의 최고액만을 정하고 채무의 확정을 장래에 보류하여 설정할 수 있다. 이 경우 그 채무가 확정될 때까지 채무의 소멸 또는 이전은 이미 설정된 동산담보권에 영향을 미치지 아니한다.
② ①의 경우 채무의 이자는 최고액 중에 포함된 것으로 본다.

4. 동산담보권의 효력이 미치는 목적물의 범위

(1) 동산담보권 효력의 범위(법 제10조)

동산담보권의 효력은 담보목적물에 부합된 물건과 종물에 미친다. 다만, 법률에 다른 규정이 있거나 설정행위에 다른 약정이 있으면 그러하지 아니한다.

(2) 과실에 대한 효력(법 제11조) ★34회 기출★

동산담보권의 효력은 담보목적물에 대한 압류 또는 담보권 실행을 위한 인도 청구가 있은 후에 담보권설정자가 그 담보목적물로부터 수취한 과실 또는 수취할 수 있는 과실에 미친다.

(3) 물상대위(법 제14조)

동산담보권은 담보목적물의 매각, 임대, 멸실, 훼손 또는 공용징수 등으로 인하여 담보권 설정자가 받을 금전이나 그 밖의 물건에 대하여도 행사할 수 있다. 이 경우 그 지급 또는 인도 전에 압류하여야 한다.

5. 담보등기의 효력(법 제7조) – 우선변제적 효력

(1) 약정에 따른 동산담보권의 득실변경은 담보등기부에 등기를 하여야 그 효력이 생긴다.

(2) 동일한 동산에 설정된 동산담보권의 순위는 등기의 순서에 따른다.

(3) 동일한 동산에 관하여 담보등기부의 등기와 인도(『민법』에 규정된 간이인도, 점유개정, 목적물반환 청구권의 양도를 포함한다)가 행하여진 경우에 그에 따른 권리 사이의 순위는 법률에 다른 규정이 없으면 그 선후에 따른다.

제3절　동산담보권의 실행

1. 개설

(1) 동산담보권의 실행방법(법 제21조 제1항)

담보권자는 자기의 채권을 변제받기 위하여 담보목적물의 경매를 청구할 수 있다.

(2) 담보권 실행을 위한 경매절차(법 제22조)

① 제21조 제1항에 따른 경매절차는 「민사집행법」 제264조, 제271조 및 제272조를 준용한다.

② 담보설정자가 담보목적물을 점유하는 경우에 경매절차는 압류에 의하여 개시한다.

(3) 동산담보권 실행에 관한 약정(법 제31조)

① 담보권자와 담보권설정자는 이 법에서 정한 실행절차와 다른 내용의 약정을 할 수 있다. 다만, 제23조 제1항에 따른 통지가 없거나 통지 후 1개월이 지나지 아니한 경우에도 통지 없이 담보권자가 담보목적물을 처분하거나 직접 변제에 충당하기로 하는 약정은 효력이 없다.

② ①의 본문의 약정에 의하여 이해관계인의 권리를 침해하지 못한다.

(4) 담보목적물이 아닌 재산으로부터의 변제(법 제15조)

① 담보권자는 담보목적물로부터 변제를 받지 못한 채권이 있는 경우에만 채무자의 다른 재산으로부터 변제를 받을 수 있다.

② ①은 담보목적물보다 먼저 다른 재산을 대상으로 하여 배당이 실시되는 경우에는 적용하지 아니한다. 다만, 다른 채권자는 담보권자에게 그 배당금액의 공탁을 청구할 수 있다.

(5) 이해관계인의 가처분신청 등(법 제30조)

① 이해관계인은 담보권자가 위법하게 동산담보권을 실행하는 경우에 담보권설정자의 법인등기 또는 상호등기를 관할하는 법원에 제21조 제2항에 따른 동산담보권 실행의 중지 등 필요한 조치를 명하는 가처분을 신청할 수 있다.

② 법원은 ①의 신청에 대한 결정을 하기 전에 이해관계인에게 담보를 제공하게 하거나 제공하지 아니하고 집행을 일시 정지하도록 명하거나 담보권자에게 담보를 제공하고 그 집행을 계속하도록 명하는 등 잠정처분을 할 수 있다.

③ 담보권 실행을 위한 경매에 대하여 이해관계인은 「민사집행법」에 따라 이의신청을 할 수 있다.

2. 사적실행

(1) 동산담보권의 실행방법(법 제21조 제2항)

정당한 이유가 있는 경우 담보권자는 담보목적물로써 직접 변제에 충당하거나 담보목적물을 매각하여 그 대금을 변제에 충당할 수 있다. 다만, 선순위권리자(담보등기부에 등기되어 있거나 담보권자가 알고 있는 경우로 한정한다)가 있는 경우에는 그의 동의를 받아야 한다.

(2) 담보목적물의 직접 변제충당 등의 절차(법 제23조)

① 제21조 제2항에 따라 담보권자가 담보목적물로써 직접 변제에 충당하거나 담보목적물을 매각하기 위하여는 그 채권의 변제기 후에 동산담보권 실행의 방법을 채무자 등과 담보권자가 알고 있는 이해관계인에게 통지하고, 그 통지가 채무자 등과 담보권자가 알고 있는 이해관계인에게 도달한 날부터 1개월이 지나야 한다. 다만, 담보목적물이 멸실 또는 훼손될 염려가 있거나 가치가 급속하게 감소될 우려가 있는 경우에는 그러하지 아니하다.

② ①의 통지에는 피담보채권의 금액, 담보목적물의 평가액 또는 예상매각대금, 담보목적물로써 직접 변제에 충당하거나 담보목적물을 매각하려는 이유를 명시하여야 한다.

③ 담보권자는 담보목적물의 평가액 또는 매각대금(이하 "매각대금 등"이라 한다)에서 그 채권액을 뺀 금액(이하 "청산금"이라 한다)을 채무자 등에게 지급하여야 한다 이 경우 담보목적물에 선순위의 동산담보권 등이 있을 때에는 그 채권액을 계산할 때 선순위의 동산담보권 등에 의하여 담보된 채권액을 포함한다.

④ 담보권자가 담보목적물로써 직접 변제에 충당하는 경우 청산금을 채무자 등에게 지급한 때에 담보목적물의 소유권을 취득한다.

⑤ 다음 각 호의 구분에 따라 정한 기간 내에 담보목적물에 대하여 경매가 개시된 경우에는 담보권자는 직접 변제충당 등의 절차를 중지하여야 한다.

> 1. 담보목적물을 직접 변제에 충당하는 경우 : 청산금을 지급하기 전 또는 청산금이 없는 경우 ①의 기간이 지나기 전
> 2. 담보목적물을 매각하여 그 대금을 변제에 충당하는 경우 : 담보권자가 제3자와 매매계약을 체결하기 전

⑥ ① 및 ②에 따른 통지의 내용과 방식에 관하여는 대통령령으로 정한다.

> 영 제3조(담보목적물의 직접 변제충당 등의 통지)
> ① 담보권자는 법 제23조 제1항 및 제2항에 따른 통지를 할 때 담보목적물의 평가액 또는 예상매각 대금에서 그 채권액을 뺀 금액이 없다고 인정되는 경우에는 그 뜻을 밝혀야 한다.
> ② 담보권자는 법 제23조 제1항 및 제2항에 따른 통지를 할 때 담보목적물이 여러 개인 경우에는 각 담보목적물의 평가액 또는 예상매각대금에 비례하여 소멸시키려는 채권과 그 비용을 밝혀야 한다.
> ③ 법 제23조 제1항 및 제2항에 따른 통지는 우편이나 그 밖의 적당한 방식으로 할 수 있다.
> ④ 담보목적물에 대한 권리자로서 담보등기부에 기록되어 있는 이해관계인에 대한 법 제23조 제1항 및 제2항에 따른 통지는 받을 자의 등기부상의 주소로 할 수 있다.
> ⑤ 담보권자가 과실 없이 채무자 등과 담보권자가 알고 있는 이해관계인의 소재를 알지 못하여 제3항에 따른 방식으로 통지할 수 없는 경우에는 「민사소송법」의 공시송달에 관한 규정에 따라 통지할 수 있다.

(3) 담보목적물의 점유(법 제25조 제2항)

담보권자가 담보권을 실행하기 위하여 필요한 경우에는 채무자 등에게 담보목적물의 인도를 청구할 수 있다.

(4) 담보목적물 취득자 등의 지위(법 제24조)

제21조 제2항에 따른 동산담보권의 실행으로 담보권자나 매수인이 담보목적물의 소유권을 취득하면 그 담보권자의 권리와 그에 대항할 수 없는 권리는 소멸한다.

(5) 후순위권리자의 권리행사(법 제26조)

① 후순위권리자는 제23조 제3항에 따라 채무자 등이 받을 청산금에 대하여 그 순위에 따라 청산금이 지급될 때까지 그 권리를 행사할 수 있고, 담보권자는 후순위권리자가 요구하는 경우에는 청산금을 지급하여야 한다.

② 제21조 제2항에 따른 동산담보권 실행의 경우에 후순위권리자는 제23조 제5항 각 호의 구분에 따라 정한 기간 전까지 담보목적물의 경매를 청구할 수 있다. 다만, 그 피담보채권의 변제기가 되기 전에는 제23조 제1항의 기간에만 경매를 청구할 수 있다.

③ 후순위권리자는 ①의 권리를 행사할 때에는 그 피담보채권의 범위에서 그 채권의 명세와 증서를 담보권자에게 건네주어야 한다.

④ 담보권자가 ③의 채권 명세와 증서를 받고 후순위권리자에게 청산금을 지급한 때에는 그 범위에서 채무자 등에 대한 청산금 지급채무가 소멸한다.

⑤ ①의 권리행사를 막으려는 자는 청산금을 압류하거나 가압류하여야 한다.

(6) 매각대금 등의 공탁(법 제27조)

① 담보목적물의 매각대금 등이 압류되거나 가압류된 경우 또는 담보목적물의 매각대금 등에 관하여 권리를 주장하는 자가 있는 경우에 담보권자는 그 전부 또는 일부를 담보권설정자의 법인등기 또는 상호등기를 관할하는 법원에 공탁할 수 있다. 이 경우 담보권자는 공탁사실을 즉시 담보권자가 알고 있는 이해관계인과 담보목적물의 매각 대금 등을 압류 또는 가압류하거나 그에 관하여 권리를 주장하는 자에게 통지하여야 한다.

② 담보목적물의 매각대금 등에 대한 압류 또는 가압류가 있은 후에 ①에 따라 담보목적물의 매각대금 등을 공탁한 경우에는 채무자 등의 공탁금출급청구권이 압류되거나 가압류된 것으로 본다.

③ 담보권자는 공탁금의 회수를 청구할 수 없다.

(7) 변제와 실행 중단(법 제28조)

① 동산담보권의 실행의 경우에 채무자 등은 제23조 제5항 각 호의 구분에 따라 정한 기간까지 피담보채무액을 담보권자에게 지급하고 담보등기의 말소를 청구할 수 있다. 이 경우 담보권자는 동산담보권의 실행을 즉시 중지하여야 한다.

② ①에 따라 동산담보권의 실행을 중지함으로써 담보권자에게 손해가 발생하는 경우에 채무자 등은 그 손해를 배상하여야 한다.

3. 공동담보와 배당, 후순위자의 대위(법 제29조)

① 동일한 채권의 담보로 여러 개의 담보목적물에 동산담보권을 설정한 경우에 그 담보목적물의 매각대금을 동시에 배당할 때에는 각 담보목적물의 매각대금에 비례하여 그 채권의 분담을 정한다.

② ①의 담보목적물 중 일부의 매각대금을 먼저 배당하는 경우에는 그 대가에서 그 채권전부를 변제받을 수 있다. 이 경우 경매된 동산의 후순위담보권자는 선순위담보권자가 다른 담보목적물의 동산담보권 실행으로 변제받을 수 있는 금액의 한도에서 선순위담보권자를 대위하여 담보권을 행사할 수 있다.

③ 담보권자가 제21조 제2항에 따라 동산담보권을 실행하는 경우에는 ①과 ②를 준용한다. 다만, ①에 따라 각 담보목적물의 매각대금을 정할 수 없는 경우에는 제23조 제2항에 따른 통지에 명시된 각 담보목적물의 평가액 또는 예상매각대금에 비례하여 그 채권의 분담을 정한다.

4. 물상보증인 또는 제3취득자

(1) 물상보증인의 구상권(법 제16조)

타인의 채무를 담보하기 위한 담보권설정자가 그 채무를 변제하거나 동산담보권의 실행으로 인하여 담보목적물의 소유권을 잃은 경우에는 「민법」의 보증채무에 관한 규정에 따라 채무자에 대한 구상권이 있다.

(2) 제3취득자의 비용상환청구권(법 제18조)

담보목적물의 제3취득자가 그 담보목적물의 보존·개량을 위하여 필요비 또는 유익비를 지출한 경우에는 「민법」 제203조 제1항 또는 제2항에 따라 담보권자가 담보목적물을 실행하고 취득한 대가에서 우선하여 상환받을 수 있다.

제4절 동산담보권의 소멸

---

1. 담보목적물의 선의취득(법 제32조)

이 법에 따라 동산담보권이 설정된 담보목적물의 소유권·질권을 취득하는 경우에는 「민법」 제249조부터 제251조까지의 규정을 준용한다.

2. 담보권의 존속기간 및 연장등기(법 제49조)

① 이 법에 따른 담보권의 존속기간은 5년을 초과할 수 없다. 단, 5년을 초과하지 않는 기간으로 이를 갱신할 수 있다.
② 담보권설정자와 담보권자는 ①의 존속기간을 갱신하려면 그 만료 전에 연장등기를 신청하여야 한다.
③ ②의 연장등기를 위하여 담보등기부에 다음 사항을 기록하여야 한다.

> 1. 존속기간을 연장하는 취지
> 2. 연장 후의 존속기간
> 3. 접수번호
> 4. 접수연월일

제3장 | 채권담보권

1. 채권담보권의 성립

(1) 채권담보권(법 제2조 제3호)

채권담보권은 담보약정에 따라 금전의 지급을 목적으로 하는지명채권(여러 개의 채권 또는 장래에 발생할 채권을 포함한다)을 목적으로 등기한 담보권을 말한다.

(2) 채권담보권의 목적(법 제34조)

① 법인 등이 담보약정에 따라 금전의 지급을 목적으로 하는 지명채권을 담보로 제공하는 경우에는 담보등기를 할 수 있다.

② 여러 개의 채권(채무자가 특정되었는지 여부를 묻지 아니하고 장래에 발생할 채권을 포함한다)이더라도 채권의 종류, 발생 원인, 발생 연월일을 정하거나 그 밖에 이와 유사한 방법으로 특정할 수 있는 경우에는 이를 목적으로 하여 담보등기를 할 수 있다.

(3) 담보약정과 담보등기(법 제35조 제1항)

약정에 따른 채권담보권의 득실변경은 담보등기부에 등기한 때에 지명채권의 채무자(이하 "제3채무자"라 한다) 외의 제3자에게 대항할 수 있다.

2. 채권담보의 효력

(1) 채권담보권의 성질 및 효력 등(법 제37조)

채권담보권에 관하여는 그 성질에 반하지 아니하는 범위에서 동산담보권에 관한 제2장과 「민법」 제348조 및 제352조를 준용한다.

(2) 담보등기의 효력(법 제35조)

① 약정에 따른 채권담보권의 득실변경은 담보등기부에 등기한 때에 지명채권의 채무자(이하 "제3채무자"라 한다) 외의 제3자에게 대항할 수 있다.

② 담보권자 또는 담보권설정자(채권담보권 양도의 경우에는 그 양도인 또는 양수인을 말한다)는 제3채무자에게 제52조의 등기사항증명서를 건네주는 방법으로 그 사실을 통지하거나 제3채무자가 이를 승낙하지 아니하면 제3채무자에게 대항하지 못한다.

③ 동일한 채권에 관하여 담보등기부의 등기와 「민법」 제349조 또는 제450조 제2항에 따른 통지 또는 승낙이 있는 경우에 담보권자 또는 담보의 목적인 채권의 양수인은 법률에 다른 규정이 없으면 제3채무자 외의 제3자에게 등기와 그 통지의 도달 또는 승낙의 선후에 따라 그 권리를 주장할 수 있다.

④ ②의 통지, 승낙에 관하여는 「민법」 제451조 및 제452조를 준용한다.

(3) 채권담보권의 실행(법 제36조)

① 담보권자는 피담보채권의 한도에서 채권담보권의 목적이 된 채권을 직접 청구할 수 있다.

② 채권담보권의 목적이 된 채권이 피담보채권보다 먼저 변제기에 이른 경우에는 담보권자는 제3채무자에게 그 변제금액의 공탁을 청구할 수 있다. 이 경우 제3채무자가 변제금액을 공탁한 후에는 채권담보권은 그 공탁금에 존재한다.

③ 담보권자는 ① 및 ②에 따른 채권담보권의 실행방법 외에 「민사집행법」에서 정한 집행방법으로 채권담보권을 실행할 수 있다.

제4장 | 담보등기

출제포인트
- 담보등기의 신청
- 신청수수료
- 등기신청의 접수
- 신청의 각하
- 담보등기의 작성 등

1. 담보등기 서설

(1) 등기할 수 있는 권리(법 제38조)

담보등기는 동산담보권이나 채권담보권의 설정, 이전, 변경, 말소, 연장에 대하여 한다.

(2) 관할 등기소(법 제39조)

① 제38조의 등기에 관한 사무(이하 "등기사무"라 한다)는 대법원장이 지정·고시하는 지방법원, 그 지원 또는 등기소에서 취급한다.

② 등기사무에 관하여는 ①에 따라 대법원장이 지정·고시한 지방법원, 그 지원 또는 등기소 중 다음 각 호의 구분에 따른 소재지를 관할하는 지방법원, 그 지원 또는 등기소를 관할 등기소로 한다.

> 1. 담보권설정자가 법인인 경우 : 본점 또는 주된 사무소 소재지
> 2. 담보권설정자가 「상업등기법」 제30조에 따라 상호등기를 한 사람인 경우 : 영업소 소재지

③ 대법원장은 어느 등기소의 관할에 속하는 사무를 다른 등기소에 위임할 수 있다.

(3) 준용규정(법 제57조)

담보등기에 관하여는 이 법에 특별한 규정이 있는 경우를 제외하고는 그 성질에 반하지 아니하는 범위에서 「부동산등기법」을 준용한다.

2. 담보등기의 신청 ★30회 기출★

(1) 등기신청인(법 제41조)

① 담보등기는 법률에 다른 규정이 없으면 등기권리자와 등기의무자가 공동으로 신청한다.

② 등기명의인 표시의 변경 또는 경정의 등기는 등기명의인 단독으로 신청할 수 있다.

③ 판결에 의한 등기는 승소한 등기권리자 또는 등기의무자 단독으로 신청할 수 있고, 상속이나 그 밖의 포괄승계로 인한 등기는 등기권리자 단독으로 신청할 수 있다.

(2) 등기신청의 방법 (법 제42조)

담보등기는 다음 각 호의 어느 하나에 해당하는 방법으로 신청한다.

> 1. 방문신청 : 신청인 또는 그 대리인이 등기소에 출석하여 서면으로 신청. 다만, 대리인이 변호사 또는 법무사(법무법인, 법무법인(유한), 법무조합, 법무사법인 또는 법무사법인(유한)을 포함한다)인 경우에는 대법원규칙으로 정하는 사무원을 등기소에 출석하게 하여 등기를 신청할 수 있다.
> 2. 전자신청 : 대법원규칙으로 정하는 바에 따라 전산정보처리조직을 이용하여 신청

(3) 등기신청에 필요한 서면 또는 전자문서 및 신청서의 기재사항 및 방식(법 제43조)

① 담보등기를 신청할 때에는 다음 각 호의 서면 또는 전자문서(이하 "서면 등"이라 한다)를 제출 또는 송신하여야 한다.

> 1. 대법원규칙으로 정하는 방식에 따른 신청서
> 2. 등기원인을 증명하는 서면 등
> 3. 등기원인에 대하여 제3자의 허가, 동의 또는 승낙이 필요할 때에는 이를 증명하는 서면 등
> 4. 대리인이 등기를 신청할 때에는 그 권한을 증명하는 서면 등
> 5. 그 밖에 당사자의 특정 등을 위하여 대법원규칙으로 정하는 서면 등

② ①의 제1호에 따른 신청서에는 다음 각 호의 사항을 기록하고 신청인이 기명날인하거나 서명 또는 「전자서명법」 제2조 제2호에 따른 전자서명을 하여야 한다.

> 1. 제47조 제2항 제1호부터 제9호까지의 규정에서 정한 사항
> 2. 대리인이 등기를 신청할 경우 대리인의 성명[대리인이 법무법인, 법무법인(유한), 법무조합, 법무사법인 또는 법무사법인(유한)인 경우에는 그 명칭을 말한다], 주소(법인이나 조합인 경우는 본점 또는 주된 사무소를 말한다)
> 3. 등기권리자와 등기의무자가 공동으로 신청하는 경우 및 승소한 등기의무자가 단독으로 등기를 신청하는 경우에 등기의무자의 등기필정보. 다만, 최초 담보권설정등기의 경우에는 기록하지 아니한다.
> 4. 등기소의 표시
> 5. 연월일

(4) 신청수수료(법 제44조)

담보등기부에 등기를 하려는 자는 대법원규칙으로 정하는 바에 따라 수수료를 내야 한다.

(5) 등기신청의 접수(법 제45조)

① 등기신청은 등기의 목적, 신청인의 성명 또는 명칭, 그 밖에 대법원규칙으로 정하는 등기신청정보가 전산정보처리조직에 전자적으로 기록된 때에 접수된 것으로 본다.
② 등기관이 등기를 마친 경우 그 등기는 접수한 때부터 효력을 발생한다.

(6) 신청의 각하(법 제46조)

등기관은 다음 각 호의 어느 하나에 해당하는 경우에만 이유를 적은 결정으로써 신청을 각하하여야 한다. 다만, 신청의 잘못된 부분이 보정될 수 있는 경우에 신청인이 당일 이를 보정하였을 때에는 그러하지 아니하다.

> 1. 사건이 그 등기소의 관할이 아닌 경우
> 2. 사건이 등기할 것이 아닌 경우
> 3. 권한이 없는 자가 신청한 경우
> 4. 방문신청의 경우 당사자나 그 대리인이 출석하지 아니한 경우
> 5. 신청서가 대법원규칙으로 정하는 방식에 맞지 아니한 경우
> 6. 신청서에 기록된 사항이 첨부서면과 들어맞지 아니한 경우
> 7. 신청서에 필요한 서면 등을 첨부하지 아니한 경우
> 8. 신청의 내용이 이미 담보등기부에 기록되어 있던 사항과 일치하지 아니한 경우
> 9. 제44조에 따른 신청수수료를 내지 아니하거나 등기신청과 관련하여 다른 법률에 따라 부과된 의무를 이행하지 아니한 경우

3. 담보등기의 작성 등

(1) 등기부의 작성 및 기록사항(법 제47조)

① 담보등기부는 담보목적물인 동산 또는 채권의 등기사항에 관한 전산정보자료를 전산정보처리조직에 의하여 담보권설정자별로 구분하여 작성한다.

② 담보등기부에 기록할 사항은 다음 각 호와 같다.

> 1. 담보권설정자의 상호 또는 명칭 및 다음 각 목의 구분에 따른 사항
>   가. 담보권설정자가 법인인 경우 : 본점 또는 주된 사무소 및 법인 등록번호
>   나. 담보권설정자가 「상업등기법」 제30조에 따라 상호를 등기한 사람인 경우 : 성명, 주소, 주민등록번호 및 영업소
> 2. 채무자의 성명과 주소(법인인 경우에는 상호 또는 명칭 및 본점 또는 주된 사무소를 말한다)
> 3. 담보권자의 성명, 주소 및 주민등록번호(법인인 경우에는 상호 또는 명칭, 본점 또는 주된 사무소 및 법인등록번호를 말한다)
> 4. 담보권설정자나 채무자 또는 담보권자가 외국법인인 경우 국내의 영업소 또는 사무소. 다만, 국내에 영업소 또는 사무소가 없는 경우에는 대법원규칙으로 정하는 사항
> 5. 담보등기의 등기원인 및 그 연월일
> 6. 담보등기의 목적물인 동산, 채권을 특정하는 데 필요한 사항으로서 대법원규칙으로 정한 사항
> 7. 피담보채권액 또는 그 최고액
> 8. 제10조 단서 또는 제12조 단서의 약정이 있는 경우 그 약정
> 9. 담보권의 존속기간
> 10. 접수번호
> 11. 접수연월일

(2) 등기필정보의 통지(법 제48조)

등기관이 담보권의 설정 또는 이전등기를 마쳤을 때에는 등기필정보를 등기권리자에게 통지하여야 한다. 다만, 최초 담보권설정등기의 경우에는 담보권설정자에게도 등기필정보를 통지하여야 한다.

(3) 담보등기부의 열람 및 증명서의 발급(법 제52조)

① 누구든지 수수료를 내고 등기사항을 열람하거나 그 전부 또는 일부를 증명하는 서면의 발급을 청구할 수 있다.

② ①에 따른 등기부의 열람 또는 발급의 범위 및 방식, 수수료에 관하여는 대법원규칙으로 정한다.

4. 담보등기

(1) 담보권의 존속기간 및 연장등기(법 제49조)

① 이 법에 따른 담보권의 존속기간은 5년을 초과할 수 없다. 다만, 5년을 초과하지 않는 기간으로 이를 갱신할 수 있다.

② 담보권설정자와 담보권자는 ①의 존속기간을 갱신하려면 그 만료 전에 연장등기를 신청하여야 한다.

③ ②의 연장등기를 위하여 담보등기부에 다음 사항을 기록하여야 한다.

> 1. 존속기간을 연장하는 취지
> 2. 연장 후의 존속기간
> 3. 접수번호
> 4. 접수연월일

(2) 말소등기(법 제50조)

① 담보권설정자와 담보권자는 다음 각 호의 어느 하나에 해당하는 경우에 말소등기를 신청할 수 있다.

> 1. 담보약정의 취소, 해제 또는 그 밖의 원인으로 효력이 발생하지 아니하거나 효력을 상실한 경우
> 2. 담보목적물인 동산이 멸실되거나 채권이 소멸한 경우
> 3. 그 밖에 담보권이 소멸한 경우

② ①의 말소등기를 하기 위하여 담보등기부에 다음 각 호의 사항을 기록하여야 한다.

> 1. 담보등기를 말소하는 취지. 다만, 담보등기의 일부를 말소하는 경우에는 그 취지와 말소등기의 대상
> 2. 말소등기의 등기원인 및 그 연월일
> 3. 접수번호
> 4. 접수연월일

(3) 등기의 경정 등(법 제51조)

① 담보등기부에 기록된 사항에 오기나 누락이 있는 경우 담보권설정자 또는 담보권자는 경정등기를 신청할 수 있다. 다만, 오기나 누락이 등기관의 잘못으로 인한 경우에는 등기관이 직권으로 경정할 수 있다.

② 담보등기부에 기록된 담보권설정자의 법인등기부나 상호등기부상 상호, 명칭, 본점 또는 주된 사무소나 영업소(이하 "상호 등"이라 한다)가 변경된 경우 담보등기를 담당하는 등기관은 담보등기부의 해당 사항을 직권으로 변경할 수 있다.

③ ②의 직권변경을 위하여 담보권설정자의 법인등기나 상호등기를 담당하는 등기관은 담보권설정자의 상호 등에 대한 변경등기를 마친 후 지체 없이 담보등기를 담당하는 등기관에게 이를 통지하여야 한다.

5. 이의신청 ★32회 기출★

(1) 이의신청 등(법 제53조)

① 등기관의 결정 또는 처분에 이의가 있는 자는 관할 지방법원에 이의신청을 할 수 있다.

② ①에 따른 이의신청서는 등기소에 제출한다.

③ ①의 이의신청은 집행정지의 효력이 없다.

(2) 이의신청 사유의 제한(법 제54조)

새로운 사실이나 새로운 증거방법을 근거로 제53조에 따른 이의신청을 할 수 없다.

(3) 등기관의 조치(법 제55조)

① 등기관은 이의가 이유 있다고 인정하면 그에 해당하는 처분을 하여야 한다.

② 등기관은 이의가 이유 없다고 인정하면 3일 이내에 의견서를 붙여 사건을 관할 지방법원에 송부하여야 한다.

③ 등기를 완료한 후에 이의신청이 있는 경우 등기관은 다음 각 호의 구분에 따른 당사자에게 이의신청 사실을 통지하고, ②의 조치를 하여야 한다.

> 1. 제3자가 이의신청한 경우 : 담보권설정자 및 담보권자
> 2. 담보권설정자 또는 담보권자가 이의신청한 경우 : 그 상대방

(4) 이의에 대한 결정과 항고(법 제56조)

① 관할 지방법원은 이의에 대하여 이유를 붙인 결정을 하여야 한다. 이 경우 이의가 이유 있다고 인정하면 등기관에게 그에 해당하는 처분을 명하고 그 뜻을 이의신청인 및 제55조 제3항의 당사자에게 통지하여야 한다.

② ①의 결정에 대하여는 「비송사건절차법」에 따라 항고할 수 있다.

제5장 │ 지식재산권의 담보에 관한 특례

> **출제포인트**
> □ 등록부
> □ 등록의 효력
> □ 질권
> □ 지식재산권담보권자의 권리행사
> □ 질권설정자의 권리처분제한

(1) 지식재산권담보권 등록(법 제58조)

① 지식재산권자가 약정에 따라 동일한 채권을 담보하기 위하여 2개 이상의 지식재산권을 담보로 제공하는 경우에는 특허원부, 저작권등록부 등 그 지식재산권을 등록하는 공적 장부(이하 "등록부"라 한다)에 이 법에 따른 담보권을 등록할 수 있다.

② ①의 경우에 담보의 목적이 되는 지식재산권은 그 등록부를 관장하는 기관이 동일하여야 하고, 지식재산권의 종류와 대상을 정하거나 그 밖에 이와 유사한 방법으로 특정할 수 있어야 한다.

(2) 등록의 효력(법 제59조)

① 약정에 따른 지식재산권담보권의 득실변경은 그 등록을 한 때에 그 지식재산권에 대한 질권의 득실변경을 등록한 것과 동일한 효력이 생긴다.

② 동일한 지식재산권에 관하여 이 법에 따른 담보권 등록과 그 지식재산권을 규율하는 개별 법률에 따른 질권 등록이 이루어진 경우에 그 순위는 법률에 다른 규정이 없으면 그 선후에 따른다.

(3) 지식재산권담보권자의 권리행사(법 제60조)

담보권자는 지식재산권을 규율하는 개별 법률에 따라 담보권을 행사할 수 있다.

(4) 준용규정(법 제61조)

지식재산권담보권에 관하여는 그 성질에 반하지 아니하는 범위에서 동산담보권에 관한 제2장과 「민법」 제352조를 준용한다. 다만, 제21조 제2항과 지식재산권에 관하여 규율하는 개별법률에서 다르게 정한 경우에는 그러하지 아니하다.

> **「민법」 제352조(질권설정자의 권리처분제한)**
> 질권설정자는 질권자의 동의없이 질권의 목적된 권리를 소멸하게 하거나 질권자의 이익을 해하는 변경을 할 수 없다.

제6장 | 보칙 및 벌칙

출제포인트

□ 등기필정보의 안전 확보
□ 등기필정보
□ 2년 이하의 징역 또는 1천만 원 이하의 벌금
□ 등기필정보의 작성
□ 등기필정보의 제공

1. 보칙

(1) 등기필정보의 안전 확보(법 제62조)

① 등기관은 취급하는 등기필정보의 누설, 멸실 또는 훼손의 방지와 그 밖에 등기필정보의 안전관리에 필요한 적절한 조치를 마련하여야 한다.

② 등기관과 그 밖에 등기소에서 등기사무에 종사하는 사람이나 그 직에 있었던 사람은 그 직무로 인하여 알게 된 등기필정보의 작성이나 관리에 관한 비밀을 누설하여서는 아니 된다.

③ 누구든지 등기를 신청하거나 촉탁하여 담보등기부에 불실등기를 하도록 할 목적으로 등기필정보를 취득하거나 그 사정을 알면서 등기필정보를 제공하여서는 아니 된다.

(2) 대법원규칙(법 제63조)

이 법에서 규정한 사항 외에 이 법의 시행에 필요한 사항은 대법원규칙으로 정한다.

2. 벌칙(법 제64조)

다음 각 호의 어느 하나에 해당하는 사람은 2년 이하의 징역 또는 1천만 원 이하의 벌금에 처한다.

1. 제62조 제2항을 위반하여 등기필정보의 작성이나 관리에 관한 비밀을 누설한 사람
2. 제62조 제3항을 위반하여 담보등기부에 불실등기를 하도록 할 목적으로 등기필정보를 취득한 사람 또는 그 사정을 알면서 등기필정보를 제공한 사람
3. 부정하게 취득한 등기필정보를 제2호의 목적으로 보관한 사람

○ × 핵심체크

01 "동산담보권"은 담보약정에 따라 동산(여러 개의 동산 또는 장래에 취득할 동산을 제외한다)을 목적으로 등기한 담보권을 말한다. ☐○ ☐×

02 동산담보권은 피담보채권과 분리하여 타인에게 양도할 수 있다. ☐○ ☐×

03 창고증권이 작성된 동산은 담보등기의 목적물이 될 수 없다. ☐○ ☐×

04 담보권설정자의 상호등기가 말소된 경우에도 이미 설정된 동산담보권의 효력에는 영향을 미치지 아니한다. ☐○ ☐×

05 동산담보권은 피담보채권과 분리하여 타인에게 양도할 수 없다. ☐○ ☐×

06 담보권자는 채권의 일부를 변제받을 경우에도 담보목적물 전부에 대하여 그 권리를 행사할 수 있다. ☐○ ☐×

07 동산담보권의 효력은 법률에 다른 규정이 없거나 설정행위에 다른 약정이 없다면 담보목적물의 종물에 미치지 않는다. ☐○ ☐×

08 담보권자가 담보목적물을 점유한 경우에는 피담보채권을 전부 변제받을 때까지 담보목적물을 유치할 수 있으며, 선순위권리자에게 유치권자로서 대항할 수 있다. ☐○ ☐×

09 동산담보권은 담보목적물의 멸실로 인하여 담보권설정자가 받을 금전이나 그 밖의 물건에 대하여도 행사할 수 있으며, 이 경우 그 지급 또는 인도 후에 압류하여야 한다. ☐○ ☐×

정답 및 해설 **01** × **02** × **03** ○ **04** ○ **05** ○ **06** ○ **07** × **08** × **09** ×

오답분석
01 "동산담보권"은 담보약정에 따라 동산(여러 개의 동산 또는 장래에 취득할 동산을 포함한다)을 목적으로 등기한 담보권을 말한다(법 제2조 제2호).
02 동산담보권은 피담보채권과 분리하여 타인에게 양도할 수 없다(법 제13조).
07 동산담보권의 효력은 담보목적물에 부합된 물건과 종물에 미친다. 다만, 법률에 다른 규정이 있거나 설정행위에 다른 약정이 있으면 그러하지 아니하다(법 제10조).
08 담보권자가 담보목적물을 점유한 경우에는 피담보채권을 전부 변제받을 때까지 담보목적물을 유치할 수 있다. 다만, 선순위권리자에게 대항하지 못한다(법 제25조 제1항).
09 동산담보권은 담보목적물의 매각, 임대, 멸실, 훼손 또는 공용징수 등으로 인하여 담보권설정자가 받을 금전이나 그 밖의 물건에 대하여도 행사할 수 있다. 이 경우 그 지급 또는 인도 전에 압류하여야 한다(법 제14조).

10 담보권설정자의 상호등기가 말소된 경우에는 이미 설정된 동산담보권의 효력에 영향을 미친다. ☐O ☒X

11 이해관계인은 담보권자가 위법하게 동산담보권을 실행하는 경우에 담보권자의 법인등기 또는 상호등기를 관할하는 법원에 동산담보권 사적실행의 중지 등 필요한 조치를 명하는 가처분을 신청할 수 있다. ☐O ☒X

12 동일한 채권의 담보로 여러 개의 담보목적물에 동산담보권을 설정한 경우에 그 담보목적물의 매각대금을 동시에 배당할 때에는 각 담보목적물의 평가액에 비례하여 그 채권의 분담을 정한다. ☐O ☒X

13 매각대금의 전부 또는 일부를 공탁한 담보권자는 공탁금의 회수를 청구할 수 있다. ☐O ☒X

14 타인의 채무를 담보하기 위한 담보권설정자가 동산담보권의 실행으로 인하여 담보목적물의 소유권을 잃은 경우에는 「민법」의 보증채무에 관한 규정에도 불구하고 채무자에게 구상권을 행사할 수 없다. ☐O ☒X

15 「동산·채권 등의 담보에 관한 법률」에 따라 동산담보권이 설정된 담보목적물의 질권을 취득하는 경우에는 「민법」의 선의취득 규정을 준용할 수 없다. ☐O ☒X

16 담보권자는 담보목적물을 점유한 자에 대하여 자신에게 반환할 것을 청구할 수 있다. ☐O ☒X

정답 및 해설 **10** × **11** × **12** × **13** × **14** × **15** × **16** ×

오답분석

10 담보권설정자의 상호등기가 말소된 경우에도 이미 설정된 동산담보권의 효력에는 영향을 미치지 아니한다(법 제4조).

11 이해관계인은 담보권자가 위법하게 동산담보권을 실행하는 경우에 담보권설정자의 법인등기 또는 상호등기를 관할하는 법원에 제21조 제2항(사적실행)에 따른 동산담보권 실행의 중지 등 필요한 조치를 명하는 가처분을 신청할 수 있다(법 제30조 제1항).

12 동일한 채권의 담보로 여러 개의 담보목적물에 동산담보권을 설정한 경우에 그 담보목적물의 매각대금을 동시에 배당할 때에는 각 담보목적물의 매각대금에 비례하여 그 채권의 분담을 정한다(법 제29조 제1항).

13 담보권자는 공탁금의 회수를 청구할 수 없다(법 제27조 제3항).

14 타인의 채무를 담보하기 위한 담보권설정자가 그 채무를 변제하거나 동산담보권의 실행으로 인하여 담보목적물의 소유권을 잃은 경우에는 「민법」의 보증채무에 관한 규정에 따라 채무자에 대한 구상권이 있다(법 제16조).

15 「동산·채권 등의 담보에 관한 법률」에 따라 동산담보권이 설정된 담보목적물의 소유권·질권을 취득하는 경우에는 「민법」 제249조부터 제251조까지의 규정을 준용한다.

16 담보권자는 담보목적물을 점유한 자에 대하여 담보권설정자에게 반환할 것을 청구할 수 있다(법 제19조 제1항).

17 채권담보권의 목적이 된 채권이 피담보채권보다 먼저 변제기에 이른 경우에는 담보권자는 제3채무자에게 그 변제 금액의 공탁을 청구할 수 없다. ☐○ ☒×

18 법인 등이 담보약정에 따라 금전의 지급을 목적으로 하는 지명채권을 담보로 제공하는 경우에는 담보등기를 할 수 있다. ☐○ ☒×

19 채무자가 특정되지 아니한 여러 개의 채권이더라도 채권의 종류, 발생 원인, 발생 연월일을 정하는 등의 방법으로 특정할 수 있는 경우에는 이를 목적으로 하여 담보등기를 할 수 있다. ☐○ ☒×

20 담보권자는 「민사집행법」에서 정한 집행방법으로는 채권담보권을 실행할 수 없다. ☐○ ☒×

21 담보권자는 피담보채권의 한도에서 채권담보권의 목적이 된 채권을 직접 청구할 수 있다. ☐○ ☒×

22 등기관의 결정 또는 처분에 이의가 있는 자는 새로운 사실이나 새로운 증거방법을 근거로 관할 지방법원에 이의신 청을 할 수 있다. ☐○ ☒×

23 이해관계인만 수수료를 내고 등기사항을 열람하거나 그 전부 또는 일부를 증명하는 서면의 발급을 청구할 수 있다. ☐○ ☒×

정답 및 해설 **17** × **18** ○ **19** ○ **20** × **21** ○ **22** × **23** ×

오답분석

17 채권담보권의 목적이 된 채권이 피담보채권보다 먼저 변제기에 이른 경우에는 담보권자는 제3채무자에게 그 변제금액의 공탁을 청구할 수 있다.

20 담보권자는 「민사집행법」에서 정한 집행방법으로 채권담보권을 실행할 수 있다(법 제36조 제3항).

22 새로운 사실이나 새로운 증거방법을 근거로 이의신청을 할 수 없다(법 제54조).

23 누구든지 수수료를 내고 등기사항을 열람하거나 그 전부 또는 일부를 증명하는 서면의 발급을 청구할 수 있다(법 제52조 제 1항).

제6편 | 확인학습문제

01 동산 · 채권 등의 담보에 관한 법령상 용어에 관한 다음 설명 중 옳지 <u>않은</u> 것은?

★28회 기출 변형★

☑확인
Check!
○
△
✕

① "채권담보권"은 담보약정에 따라 금전의 지급을 목적으로 하는 지명채권을 목적으로 등기한 담보권을 말한다.

② "채무자 등"은 채무자, 담보목적물의 물상보증인, 담보목적물의 제3취득자를 말한다.

③ "담보권설정자"는 이 법에 따라 동산 · 채권 · 지식재산권을 목적으로 하는 담보권을 취득한 자를 말한다.

④ "담보약정"은 양도담보 등 명목을 묻지 아니하고 이 법에 따라 동산 · 채권 · 지식재산권을 담보로 제공하기로 하는 약정을 말한다.

⑤ "이해관계인"은 채무자 등과 담보목적물에 대한 권리자로서 담보등기부에 기록되어 있거나 그 권리를 증명한 자, 압류 및 가압류 채권자, 집행력 있는 정본에 의하여 배당을 요구한 채권자를 말한다.

> [해설]
> 난도 ★★
> ③ (✕) "담보권설정자"는 이 법에 따라 동산 · 채권 · 지식재산권에 담보권을 설정한 자를 말한다. 다만, 동산 · 채권을 담보로 제공하는 경우에는 법인(상사법인, 민법법인, 특별법에 따른 법인, 외국법인을 말한다. 이하 같다) 또는 「상업등기법」에 따라 상호등기를 한 사람으로 한정한다(「동산 · 채권 등의 담보에 관한 법률」 제2조 제5호).
>
> 답 ③

02 동산 · 채권 등의 담보에 관한 법령과 관련한 다음의 설명 중 옳지 <u>않은</u> 것은? ★26회 기출 변형★

① 「동산 · 채권 등의 담보에 관한 법률」은 동산 · 채권 · 지식재산권을 목적으로 하는 담보권과 그 등기 또는 등록에 관한 사항을 규정하여 자금조달을 원활하게 하고 거래의 안전을 도모하며 국민경제의 건전한 발전에 이바지함을 목적으로 한다.

② 특허권과 같은 지적재산권은 「민법」상 질권의 방법 외에는 담보로 제공할 수 없는 한계가 있고, 「동산 · 채권 등의 담보에 관한 법률」은 이를 극복하는 데 그 제정취지가 있다.

③ 담보약정이란 양도담보 등 명목을 묻지 아니하고 이 법에 따라 동산 · 채권 · 지식재산권을 담보로 제공하기로 하는 약정을 말한다.

④ 채권담보권이란 담보약정에 따라 금전의 지급을 목적으로 하는 지명채권(여러 개의 채권 또는 장래에 발생할 채권을 포함한다)을 목적으로 등기한 담보권을 말한다.

⑤ 「동산 · 채권 등의 담보에 관한 법률」에서 규정한 "이해관계인"에는 담보목적물의 물상보증인과 담보목적물의 제3취득자는 포함되지 않는다.

> 해설

난도 ★★

⑤ (×) 「동산 · 채권 등의 담보에 관한 법률」에서 "채무자 등"은 채무자, 담보목적물의 물상보증인, 담보목적물의 제3취득자를 말하며(법 제2조 제9호), "이해관계인"은 채무자 등과 담보목적물에 대한 권리자로서 담보등기부에 기록되어 있거나 그 권리를 증명한 자, 압류 및 가압류 채권자, 집행력 있는 정본에 의하여 배당을 요구한 채권자를 말하므로(법 제2조 제10호), 담보목적물의 물상보증인과 담보목적물의 제3취득자도 이해관계인에 포함된다.

정답 ⑤

---

03 다음 보기 중 동산 · 채권 등의 담보에 관한 법령상 동산담보권의 목적이 될 수 <u>없는</u> 것은 모두 몇 개인가? ★27회 기출 변형★

> ㉠ 「선박등기법」에 따라 등기된 선박
> ㉡ 「자동차 등 특정동산 저당법」에 따라 등록된 소형선박
> ㉢ 창고증권이 작성된 동산
> ㉣ 무기명채권증서
> ㉤ 「자산유동화에 관한 법률」에 따른 유동화증권

① 1개
② 2개
③ 3개
④ 4개
⑤ 5개

난도 ★

⑤ 법 제3조 제3항 및 「동산ㆍ채권 등의 담보에 관한 법률 시행령」(이하 "영") 제2조

> 법 제3조(동산담보권의 목적물)
> ① 법인 또는 「상업등기법」에 따라 상호등기를 한 사람(이하 "법인 등"이라 한다)이 담보약정에 따라 동산을 담보로 제공하는 경우에는 담보등기를 할 수 있다.
> ② 여러 개의 동산(장래에 취득할 동산을 포함한다)이더라도 목적물의 종류, 보관장소, 수량을 정하거나 그 밖에 이와 유사한 방법으로 특정할 수 있는 경우에는 이를 목적으로 담보등기를 할 수 있다.
> ③ 제1항 및 제2항에도 불구하고 다음 각 호의 어느 하나에 해당하는 경우에는 이를 목적으로 하여 담보등기를 할 수 없다
> 1. 「선박등기법」에 따라 등기된 선박, 「자동차 등 특정동산 저당법」에 따라 등록된 건설기계ㆍ자동차ㆍ항공기ㆍ소형선박, 「공장 및 광업재단 저당법」에 따라 등기된 기업재산, 그 밖에 다른 법률에 따라 등기되거나 등록된 동산
> 2. 화물상환증, 선하증권, 창고증권이 작성된 동산
> 3. 무기명채권증서 등 대통령령으로 정하는 증권
>
> 영 제2조(동산담보권의 목적물에서 제외되는 증권)
> 「동산ㆍ채권 등의 담보에 관한 법률」(이하 "법"이라 한다) 제3조 제3항 제3호에서 "무기명채권증서 등 대통령령으로 정하는 증권"이란 다음 각 호와 같다.
> 1. 무기명채권증서
> 2. 「자산유동화에 관한 법률」 제2조 제4호에 따른 유동화 증권
> 3. 「자본시장과 금융투자업에 관한 법률」 제4조에 따른 증권

답 ⑤

★29회 기출★

04 동산ㆍ채권 등의 담보에 관한 법령상 동산담보권의 효력에 관한 설명 중 옳지 않은 것은?

① 담보권설정자에게 책임이 있는 사유로 담보목적물의 가액이 현저히 감소된 경우에는 담보권자는 담보권설정자에게 그 원상회복 또는 적당한 담보의 제공을 청구할 수 있다.

② 담보권자가 담보목적물을 점유하는 경우에 담보권자는 선량한 관리자의 주의로 담보목적물을 관리하여야 하므로, 담보권자는 담보목적물의 과실을 수취하여 다른 채권자보다 먼저 그 채권의 변제에 충당하여서는 아니된다.

③ 담보권자가 담보목적물을 점유할 권원이 있거나 담보권설정자가 담보목적물을 반환받을 수 없는 사정이 있는 경우에 담보권자는 담보목적물을 점유한 자에 대하여 자신에게 담보목적물을 반환할 것을 청구할 수 있다.

④ 동산담보권은 그 담보할 채무의 최고액만을 정하고 채무의 확정을 장래에 보류하여 설정할 수 있다.

⑤ 동산담보권의 효력은 담보목적물에 대한 압류 또는 담보권 실행을 위한 인도 청구가 있은 후에 담보권설정자가 그 담보목적물로부터 수취한 과실 또는 수취할 수 있는 과실에 미친다.

난도 ★★★

② (×) 담보권자가 담보목적물을 점유하는 경우에 담보권자는 선량한 관리자의 주의로 담보목적물을 관리하여야 한다. 이 경우에 담보권자는 담보목적물의 과실을 수취하여 다른 채권자보다 먼저 그 채권의 변제에 충당할 수 있다. 다만, 과실이 금전이 아닌 경우에는 그 과실을 경매하거나 그 과실로써 직접 변제에 충당하거나 그 과실을 매각하여 그 대금으로 변제에 충당할 수 있다(법 제25조 제3항 및 제4항).

답 ②

05 다음 중 동산·채권 등의 담보에 관한 법령상의 내용으로 옳지 <u>않은</u> 것은? ★25회 기출★

① 동산담보권이 성립하기 위하여 채권자와 목적동산의 소유자인 채무자 또는 물상보증인 등 사이의 담보약정이 있어야 한다.

② 근담보권의 경우 그 채무가 확정될 때까지 채무의 소멸 또는 이전은 이미 설정된 동산담보권에 영향을 미치지 아니한다.

③ 담보권자는 동산담보권을 방해할 우려가 있는 행위를 하는 자에게 방해의 예방을 청구할 수 있지만, 손해배상의 담보를 청구할 수는 없다.

④ 동산담보권은 원본, 이자, 위약금, 담보권실행의 비용, 담보목적물의 보존비용 및 채무불이행 또는 담보목적물의 흠으로 인한 손해배상의 채권을 담보한다.

⑤ 담보권자가 담보권을 실행하기 위하여 필요한 경우에는 채무자 등에게 담보목적물의 인도를 청구할 수 있다.

난도 ★★

③ (×) 담보권자는 동산담보권을 방해하는 자에게 방해의 제거를 청구할 수 있고, 동산담보권을 방해할 우려가 있는 행위를 하는 자에게 방해의 예방이나 손해배상의 담보를 청구할 수 있다(법 제20조).

답 ③

06 동산·채권 등의 담보에 관한 법령상 동산담보권의 실행에 관한 내용으로 옳지 <u>않은</u> 것은? ★24회 기출 변형★

① 유체동산을 목적으로 하는 담보권 실행을 위한 경매는 채권자가 그 목적물을 제출하거나, 그 목적물의 점유자가 압류를 승낙한 때에 개시한다.

② 담보권자는 자기의 채권을 변제받기 위하여 담보목적물의 경매를 청구할 수 있다.

③ 담보권설정자가 담보목적물을 점유하는 경우에 경매절차는 압류에 의하여 개시한다.

④ 담보권자는 담보목적물로부터 변제를 받지 못한 채권이 있는 경우에만 채무자의 다른 재산으로부터 변제를 받을 수 있다.

⑤ 담보권자와 담보권설정자는 이해관계인의 권리를 침해하지 못하므로 「동산·채권 등의 담보에 관한 법률」에서 정한 실행절차와 다른 내용의 약정을 할 수 없다.

> 해설
> 난도 ★★★
> ⑤ (×) 담보권자와 담보권설정자는 이 법에서 정한 실행절차와 다른 내용의 약정을 할 수 있다(법 제31조 제1항). 다만, 그 약정에 의하여 이해관계인의 권리를 침해하지 못한다(동조 제2항).
>
> 답 ⑤

07 동산·채권 등의 담보에 관한 법령상 채권담보권의 설명으로 옳지 <u>않은</u> 것은? ★26회 기출 변형★

① 법인 등이 담보약정에 따라 금전의 지급을 목적으로 하는 지명채권을 담보로 제공하는 경우에는 담보등기를 할 수 있다.

② 약정에 따른 채권담보권의 득실변경은 담보등기부에 등기한 때에 지명채권의 채무자 외의 제3자에게 대항할 수 있다.

③ 채권담보권은 담보약정에 따라 금전의 지급을 목적으로 하는 지명채권(여러 개의 채권 또는 장래에 발생한 채권을 포함한다)을 목적으로 등기한 담보권이다.

④ 여러 개의 채권(채무자가 특정된 경우만 해당한다)이더라도 채권의 종류, 발생 원인, 발생연월일을 정하거나 그 밖에 이와 유사한 방법으로 특정할 수 있는 경우에는 이를 목적으로 하여 담보등기를 할 수 있다.

⑤ 담보권자는 피담보채권의 한도에서 채권담보권의 목적이 된 채권을 직접 청구할 수 있다.

> 해설
> 난도 ★★
> ④ (×) 여러 개의 채권(채무자가 특정되었는지 여부를 묻지 아니하고 장래에 발생할 채권을 포함한다)이더라도 채권의 종류, 발생원인, 발생 연월일을 정하거나 그 밖에 이와 유사한 방법으로 특정할 수 있는 경우에는 이를 목적으로 하여 담보등기를 할 수 있다(법 제34조 제2항).
>
> 답 ④

08 다음 중 동산·채권 등의 담보에 관한 법령상 채권담보권의 내용으로 옳지 <u>않은</u> 것은? ★28회 기출 변형★

☑확인
Check!
○
△
✕

① 약정에 따른 채권담보권의 득실변경은 담보등기부에 등기한 때에 제3채무자 외의 제3자에게 대항할 수 있다.

② 담보권자는「민사집행법」에서 정한 집행방법으로 채권담보권을 실행할 수는 없다.

③ 담보권자는 피담보채권의 한도에서 채권담보권의 목적이 된 채권을 직접 청구할 수 있다.

④ 채권담보권의 목적이 된 채권이 피담보채권보다 먼저 변제기에 이른 경우에는 담보권자는 제3채무자에게 그 변제금액의 공탁을 청구할 수 있으며, 제3채무자가 변제금액을 공탁한 후에는 채권담보권은 그 공탁금에 존재한다.

⑤ 담보권자 또는 담보권설정자(채권담보권 양도의 경우에는 그 양도인 또는 양수인을 말한다)는 제3채무자에게 제52조의 등기사항증명서를 건네주는 방법으로 그 사실을 통지하거나 제3채무자가 이를 승낙하지 아니하면 제3채무자에게 대항하지 못한다.

해설
난도 ★★

② (✕) 법 제36조 참조

법 제36조(채권담보권의 실행)

① 담보권자는 피담보채권의 한도에서 채권담보권의 목적이 된 채권을 직접 청구할 수 있다.

② 채권담보권의 목적이 된 채권이 피담보채권보다 먼저 변제기에 이른 경우에는 담보권자는 제3채무자에게 그 변제금액의 공탁을 청구할 수 있다. 이 경우 제3채무자가 변제금액을 공탁한 후에는 채권담보권은 그 공탁금에 존재한다.

③ 담보권자는 제1항 및 제2항에 따른 채권담보권의 실행방법 외에「민사집행법」에서 정한 집행방법으로 채권담보권을 실행할 수 있다.

답 ②

09 동산 · 채권 등의 담보에 관한 법령상의 내용으로 옳지 <u>않은</u> 것은?

① 담보등기에 관한 사무는 대법원장이 지정 · 고시하는 지방법원, 그 지원 또는 등기소에서 취급한다.
② 담보권설정자가 법인인 경우, 등기사무는 대법원장이 지정 · 고시하는 지방법원, 그 지원 또는 등기소 중 상호등기를 한 사람의 영업소 소재지를 관할하는 지방법원, 그 지원 또는 등기소를 관할등기소로 한다.
③ 담보등기는 법률에 다른 규정이 없으면 등기권리자가 단독으로 신청한다.
④ 담보등기는 법률에 다른 규정이 없으면 등기권리자가 단독으로 신청한다.
⑤ 등기관은 접수번호의 순서에 따라 전산정보처리조직에 의하여 담보등기부에 등기사항을 기록하는 방식으로 등기사무를 처리하여야 한다.

해설
난도 ★★
④ (×) 담보등기는 법률에 다른 규정이 없으면 등기권리자와 등기의무자가 공동으로 신청한다(법 제41조 제1항).

답 ④

10 다음 중 동산 · 채권 등의 담보에 관한 법령상 담보등기의 내용으로 옳지 <u>않은</u> 것은?

① 등기는 등기관이 등기를 마친 때부터 효력이 발생된다.
② 담보등기는 동산담보권이나 채권담보권의 설정, 이전, 변경, 말소, 연장에 대하여 한다.
③ 담보등기는 방문신청 또는 전자신청의 방법의 방법으로 등기신청한다.
④ 등기관은 사건이 그 등기소의 관할이 아닌 경우에는 이유를 적은 결정으로써 신청을 각하하여야 한다.
⑤ 담보등기부는 담보목적물인 동산 또는 채권의 등기사항에 관한 전산정보자료를 전산정보처리조직에 의하여 담보권설정자별로 구분하여 작성한다.

해설
난도 ★
① (×) 등기관이 등기를 마친 경우 그 등기는 접수한 때부터 효력을 발생한다(법 제45조 제2항).

답 ①

2024년 제35회 감정평가사 1차 기출문제

제1교시	민법 / 경제학원론 / 부동산학원론
제2교시	감정평가관계법규 / 회계학

제1교시

기출문제

제1과목	민법
제2과목	경제학원론
제3과목	부동산학원론

제1과목 │ 민법

01 ①②③

민법의 법원(法源)에 관한 설명으로 옳지 않은 것은? (다툼이 있으면 판례에 따름)

① 민사에 관한 헌법재판소의 결정은 민법의 법원이 될 수 있다.
② 사적자치가 인정되는 분야의 제정법이 주로 임의규정인 경우, 사실인 관습은 법률행위 해석기준이 될 수 있다.
③ 법원(法院)은 판례변경을 통해 기존 관습법의 효력을 부정할 수 있다.
④ 관습법은 사회 구성원의 법적 확신으로 성립된 것이므로 제정법과 배치되는 경우에는 관습법이 우선한다.
⑤ 법원(法院)은 관습법에 관한 당사자의 주장이 없더라도 직권으로 그 존재를 확정할 수 있다.

02 ①②③

신의성실의 원칙에 관한 설명으로 옳지 않은 것은? (다툼이 있으면 판례에 따름)

① 숙박계약상 숙박업자는 투숙객의 안전을 배려하여야 할 신의칙상 보호의무를 부담한다.
② 입원계약상 병원은 입원환자에 대하여 휴대품 도난 방지를 위하여 필요한 적절한 조치를 할 신의칙상 보호의무가 있다.
③ 기획여행계약상 여행업자는 여행객의 신체나 재산의 안전을 배려할 신의칙상 보호의무를 부담한다.
④ 계약성립의 기초가 되지 않은 사정의 변경으로 일방당사자가 계약 당시 의도한 계약 목적을 달성할 수 없게 되어 손해를 입은 경우, 그 계약의 효력을 그대로 유지하는 것은 특별한 사정이 없는 한 신의칙에 반한다.
⑤ 토지거래허가구역 내의 토지에 관해 허가를 받지 않고 매매계약을 체결한 자가 허가가 없음을 이유로 그 계약의 무효를 주장하는 것은 특별한 사정이 없는 한 신의칙에 반하지 않는다.

03 1 2 3

의사무능력자 甲은 乙은행으로부터 5천만 원을 차용하는 대출거래약정을 체결하면서 그 담보로 자신의 X부동산에 근저당권을 설정하고 乙 명의로 그 설정등기를 마쳐주었다. 이에 관한 설명으로 옳은 것을 모두 고른 것은? (다툼이 있으면 판례에 따름)

> ㄱ. 甲과 乙이 체결한 대출거래약정 및 근저당권설정계약은 무효이다.
> ㄴ. 甲은 그 선의·악의를 묻지 않고 乙에 대하여 현존이익을 반환할 책임이 있다.
> ㄷ. 만약 甲이 乙로부터 대출받은 금원을 곧바로 丙에게 다시 대여하였다면, 乙은 甲에게 丙에 대한 부당이득 반환채권의 양도를 구할 수 있다.

① ㄱ ② ㄴ
③ ㄷ ④ ㄱ, ㄴ
⑤ ㄱ, ㄴ, ㄷ

04 1 2 3

제한능력자에 관한 설명으로 옳은 것은?

① 미성년자가 법정대리인으로부터 허락을 얻은 특정한 영업에 관해서는 법정대리인의 대리권이 소멸한다.
② 제한능력을 이유로 하는 취소는 특별한 사정이 없는 한 선의의 제3자에게 대항할 수 없다.
③ 제한능력자의 단독행위는 유효한 추인이 있은 후에도 상대방이 거절할 수 있다.
④ 가정법원은 취소할 수 없는 피성년후견인의 법률행위의 범위를 정할 수 없다.
⑤ 가정법원은 정신적 제약으로 특정한 사무에 관해 후원이 필요한 사람에 대해서는 본인의 의사에 반하더라도 특정후견 심판을 할 수 있다.

05 1 2 3

비법인사단 A의 유일한 대표자 甲은 乙에게 대표자로서의 모든 권한을 포괄적으로 위임하고 자신은 이사의 직무를 집행하지 않았다. 이에 관한 설명으로 옳은 것을 모두 고른 것은? (다툼이 있으면 판례에 따름)

> ㄱ. 甲의 행위는 이사의 직무상 선량한 관리자의 주의의무를 위반한 행위이다.
> ㄴ. 乙이 A의 사실상 대표자로서 丙과 금전소비대차계약을 체결한 경우, 그 계약의 효력은 원칙적으로 A에게 미친다.
> ㄷ. 乙이 A의 사실상 대표자로서 사무를 집행하면서 그 직무에 관한 불법행위로 丁에게 손해를 입힌 경우, A는 丁에 대하여 법인의 불법행위로 인한 손해배상책임을 부담한다.

① ㄱ ② ㄴ
③ ㄱ, ㄷ ④ ㄴ, ㄷ
⑤ ㄱ, ㄴ, ㄷ

06 ☐1 ☐2 ☐3

사단법인 A의 대표이사 甲이 A를 대표하여 乙과 금전소비대차계약을 체결하였다. 이에 관한 설명으로 옳지 <u>않은</u> 것은? (다툼이 있으면 판례에 따름)

① 甲이 A를 위하여 적법한 대표권 범위 내에서 계약을 체결한 경우, 그 계약의 효력은 A에게 미친다.

② 甲이 자신의 사익을 도모할 목적으로 대표권 범위 내에서 계약을 체결한 경우, 乙이 이 사실에 대해 알았다면 계약은 A에 대하여 효력이 없다.

③ A의 정관에 甲이 금전소비대차계약을 체결할 수 없다는 규정이 있었지만 이를 등기하지 않은 경우, 乙이 이 사실에 대해 알았다면 A는 그 정관 규정으로 乙에게 대항할 수 있다.

④ A의 乙에 대한 계약상 채무불이행책임 여부를 판단하는 경우, 원칙적으로 A의 고의·과실은 甲을 기준으로 결정한다.

⑤ 만약 계약의 체결이 甲과 A의 이해가 상반하는 사항인 경우, 甲은 계약체결에 대해 대표권이 없다.

07 ☐1 ☐2 ☐3

민법상 사단법인에 관한 설명으로 옳지 <u>않은</u> 것은? (다툼이 있으면 판례에 따름)

① 설립자가 법인의 해산사유를 정하는 경우에는 정관에 그 사유를 기재하여야 한다.

② 사원총회 결의에 의한 정관의 해석은 정관의 규범적 의미와 다르더라도 법인의 구성원을 구속하는 효력이 있다.

③ 사원의 지위는 정관에 달리 정함이 없으면 양도할 수 없다.

④ 정관에 이사의 해임사유에 관한 규정이 있는 경우, 법인은 특별한 사정이 없는 한 정관에서 정하지 않은 사유로 이사를 해임할 수 없다.

⑤ 법원의 직무집행정지 가처분결정에 의해 권한이 정지된 대표이사가 그 정지기간 중 체결한 계약은 그 후 가처분신청이 취하되었더라도 무효이다.

08 ☐1 ☐2 ☐3

권리의 객체에 관한 설명으로 옳지 <u>않은</u> 것은? (다툼이 있으면 판례에 따름)

① 토지의 개수는 「공간정보의 구축 및 관리 등에 관한 법률」에 의한 지적공부상 토지의 필수(筆數)를 표준으로 결정된다.

② 1필의 토지의 일부가 「공간정보의 구축 및 관리 등에 관한 법률」상 분할절차 없이 분필등기가 된 경우, 그 분필등기가 표상하는 부분에 대한 등기부취득시효가 인정될 수 있다.

③ 주물에 대한 점유취득시효의 효력은 점유하지 않은 종물에 미치지 않는다.

④ 주물의 상용에 제공된 X동산이 타인 소유이더라도 주물에 대한 경매의 매수인이 선의취득 요건을 구비하는 경우, 그 매수인은 X의 소유권을 취득할 수 있다.

⑤ 명인방법을 갖춘 미분리과실은 독립한 물건으로서 거래의 객체가 될 수 있다.

09 ☐1 ☐2 ☐3

불공정한 법률행위에 관한 설명으로 옳지 <u>않은</u> 것은? (다툼이 있으면 판례에 따름)

① 불공정한 법률행위에 해당하는지는 원칙적으로 법률행위 시를 기준으로 판단한다.

② 대리인에 의한 법률행위의 경우, 궁박 상태의 여부는 본인을 기준으로 판단한다.

③ 경매에는 불공정한 법률행위에 관한 민법 제104조가 적용되지 않는다.

④ 불공정한 법률행위는 추인으로 유효로 될 수 없지만 법정추인은 인정된다.

⑤ 불공정한 법률행위는 이를 기초로 새로운 이해관계를 맺은 선의의 제3자에 대해서도 무효이다.

10 ☐1 ☐2 ☐3

의사표시에 관한 설명으로 옳지 <u>않은</u> 것은? (다툼이 있으면 판례에 따름)

① 의사표시자가 통지를 발송한 후 사망하더라도 그 의사표시의 효력에 영향을 미치지 않는다.

② 통정허위표시의 경우, 통정의 동기나 목적은 허위표시의 성립에 영향이 없다.

③ 통정허위표시로 무효인 경우, 당사자는 가장행위의 채무불이행이 있더라도 이를 이유로 하는 손해배상을 청구할 수 없다.

④ 착오로 인하여 표의자가 경제적 불이익을 입지 않는 경우에는 특별한 사정이 없는 한 중요부분의 착오라고 할 수 없다.

⑤ 상대방이 표의자의 착오를 알고 이용하였더라도 착오가 표의자의 중대한 과실로 인한 경우에는 표의자는 착오를 이유로 그 의사표시를 취소할 수 없다.

11 ☐1 ☐2 ☐3

사기·강박에 의한 의사표시에 관한 설명으로 옳은 것은? (다툼이 있으면 판례에 따름)

① 피기망자에게 손해를 가할 의사는 사기에 의한 의사표시의 성립요건이다.

② 상대방이 불법으로 어떤 해악을 고지하였다면, 표의자가 이로 말미암아 공포심을 느끼지 않았더라도 강박에 의한 의사표시에 해당한다.

③ 상대방의 대리인이 한 사기는 제3자의 사기에 해당한다.

④ 단순히 상대방의 피용자에 지나지 않는 사람이 한 강박은 제3자의 강박에 해당하지 않는다.

⑤ 매도인을 기망하여 부동산을 매수한 자로부터 그 부동산을 다시 매수한 제3자는 특별한 사정이 없는 한 선의로 추정된다.

12 ☐1 ☐2 ☐3

甲은 乙의 임의대리인이다. 이에 관한 설명으로 옳은 것은? (다툼이 있으면 판례에 따름)

① 甲이 乙로부터 매매계약체결의 대리권을 수여받아 매매계약을 체결하였더라도 특별한 사정이 없는 한 甲은 그 계약에서 정한 중도금과 잔금을 수령할 권한은 없다.

② 甲이 乙로부터 금전소비대차 계약을 체결할 대리권을 수여받은 경우, 특별한 사정이 없는 한 甲은 그 계약을 해제할 권한도 가진다.

③ 乙이 사망하더라도 특별한 사정이 없는 한 甲의 대리권은 소멸하지 않는다.

④ 미성년자인 甲이 乙로부터 매매계약체결의 대리권을 수여받아 매매계약을 체결한 경우, 乙은 甲이 체결한 매매계약을 甲이 미성년자임을 이유로 취소할 수 없다.

⑤ 甲이 부득이한 사유로 丙을 복대리인으로 선임한 경우, 丙은 甲의 대리인이다.

13 ☐1☐2☐3

표현대리에 관한 설명으로 옳지 <u>않은</u> 것은? (다툼이 있으면 판례에 따름)

① 표현대리행위가 성립하는 경우, 상대방에게 과실이 있더라도 과실상계의 법리를 유추적용하여 본인의 책임을 경감할 수 없다.

② 상대방의 유권대리 주장에는 표현대리의 주장이 포함되는 것은 아니므로 이 경우 법원은 표현대리의 성립여부까지 판단해야 하는 것은 아니다.

③ 민법 제126조의 권한을 넘은 표현대리 규정은 법정대리에도 적용된다.

④ 복대리인의 대리행위에 대해서는 표현대리가 성립할 수 없다.

⑤ 수권행위가 무효인 경우, 민법 제129조의 대리권 소멸 후의 표현대리가 적용되지 않는다.

14 ☐1☐2☐3

乙은 대리권 없이 甲을 위하여 甲 소유의 X토지를 丙에게 매도하였다. 이에 관한 설명으로 옳지 <u>않은</u> 것은? (다툼이 있으면 판례에 따름)

① 乙이 丙으로부터 받은 매매대금을 甲이 수령한 경우, 특별한 사정이 없는 한 甲은 위 매매계약을 추인한 것으로 본다.

② 甲이 乙을 상대로 위 매매계약의 추인을 한 경우, 그 사실을 丙이 안 때에는 甲은 丙에게 추인의 효력을 주장할 수 있다.

③ 甲을 단독상속한 乙이 자신의 매매행위가 무효임을 주장하는 것은 신의칙에 반하여 허용되지 않는다.

④ 丙이 甲에게 기간을 정하여 그 추인 여부의 확답을 최고하였으나 甲이 기간 내에 확답을 발송하지 않으면 추인은 거절한 것으로 본다.

⑤ 甲이 추인을 하더라도 丙은 乙을 상대로 무권대리인의 책임에 따른 손해배상을 청구할 수 있다.

15 ☐1☐2☐3

甲은 토지거래허가구역 내에 있는 자신의 X토지에 대해 허가를 받을 것을 전제로 乙에게 매도하는 계약을 체결하였으나 아직 허가는 받지 않은 상태이다. 이에 관한 설명으로 옳지 <u>않은</u> 것은? (다툼이 있으면 판례에 따름)

① 乙은 甲에게 계약의 이행을 청구할 수 없다.

② 甲이 토지거래허가신청절차에 협력하지 않는 경우, 乙은 이를 이유로 계약을 해제할 수 있다.

③ 토지거래허가구역 지정이 해제된 경우, 특별한 사정이 없는 한 위 매매계약은 확정적으로 유효하다.

④ 甲과 乙이 토지거래허가를 받으면 위 매매계약은 소급해서 유효로 되므로 허가 후에 새로 매매계약을 체결할 필요는 없다.

⑤ 甲의 사기에 의하여 위 매매계약이 체결된 경우, 乙은 토지거래허가를 신청하기 전이라도 甲의 사기를 이유로 매매계약을 취소할 수 있다.

16 ☐1☐2☐3

취소에 관한 설명으로 옳지 <u>않은</u> 것은? (다툼이 있으면 판례에 따름)

① 매도인에 의해 매매계약이 적법하게 해제된 후에는 매수인은 그 매매계약을 착오를 이유로 취소할 수 없다.

② 법률행위의 취소를 전제로 한 이행거절 가운데는 특별한 사정이 없는 한 취소의 의사표시가 포함된 것으로 볼 수 있다.

③ 취소할 수 있는 법률행위가 일단 취소된 후에는 취소할 수 있는 법률행위의 추인에 의하여 이를 다시 확정적으로 유효하게 할 수는 없다.

④ 취소권은 추인할 수 있는 날로부터 3년내에 법률행위를 한 날로부터 10년내에 행사하여야 한다.

⑤ 취소할 수 있는 법률행위의 취소권의 행사기간은 제척기간이다.

17 ①②③

조건과 기한에 관한 설명으로 옳지 <u>않은</u> 것은?

① 기성조건이 정지조건이면 조건 없는 법률행위가 된다.

② 불능조건이 해제조건이면 조건 없는 법률행위가 된다.

③ 불법조건은 그 조건만이 무효가 되고 그 법률행위는 조건 없는 법률행위로 된다.

④ 기한은 당사자의 특약에 의해서도 소급효를 인정할 수 없다.

⑤ 기한은 원칙적으로 채무자의 이익을 위한 것으로 추정한다.

18 ①②③

소멸시효의 기산점이 잘못 연결된 것은? (다툼이 있으면 판례에 따름)

① 불확정기한부 채권 ― 기한이 객관적으로 도래한 때

② 부당이득반환청구권 ― 기한의 도래를 안 때

③ 정지조건부 권리 ― 조건이 성취된 때

④ 부작위를 목적으로 하는 채권 ― 위반행위를 한 때

⑤ 선택채권 ― 선택권을 행사할 수 있을 때

19 ①②③

소멸시효의 중단에 관한 설명으로 옳지 <u>않은</u> 것은? (다툼이 있으면 판례에 따름)

① 응소행위로 인한 시효중단의 효력은 원고가 소를 제기한 때에 발생한다.

② 물상보증인이 제기한 저당권설정등기 말소등기청구의 소에 응소한 채권자 겸 저당권자의 행위는 시효중단사유가 아니다.

③ 재판상의 청구로 중단된 시효는 재판이 확정된 때부터 새로이 진행한다.

④ 가압류에 의한 시효중단의 효력은 가압류신청을 한 때에 소급한다.

⑤ 채권의 양수인이 채권양도의 대항요건을 갖추지 못한 상태에서 채무자를 상대로 재판상의 청구를 하는 것은 소멸시효 중단사유에 해당한다.

20 ①②③

통정허위표시의 무효를 이유로 대항할 수 없는 '제3자'에 해당하지 <u>않는</u> 자는? (다툼이 있으면 판례에 따름)

① 가장소비대차의 계약상의 지위를 이전 받은 자

② 가장매매의 목적물에 대하여 저당권을 취득한 자

③ 가장의 금전소비대차에 기한 대여금채권을 가압류한 자

④ 가장매매에 의한 매수인으로부터 목적 부동산을 매수하여 소유권이전등기를 마친 자

⑤ 가장의 전세권설정계약에 기하여 등기가 마쳐진 전세권에 관하여 저당권을 취득한 자

21 ①②③

물권에 관한 설명으로 옳지 <u>않은</u> 것은? (다툼이 있으면 판례에 따름)

① 적법한 분할절차를 거치지 않은 채 토지 중 일부만에 관하여 소유권보존등기를 할 수 없다.
② 온천에 관한 권리는 관습법상의 물권이 아니다.
③ 1필 토지의 일부도 점유취득시효의 대상이 될 수 있다.
④ 부속건물로 등기된 창고건물은 분할등기 없이 원채인 주택과 분리하여 경매로 매각될 수 있다.
⑤ 지상권은 저당권의 객체가 될 수 있다.

22 ①②③

甲이 乙 소유 X토지에 권원없이 Y건물을 신축하여 소유하고 있다. 이에 관한 설명으로 옳은 것은? (다툼이 있으면 판례에 따름)

① 乙은 Y를 관리하는 甲의 직원 A에게 X의 반환청구를 할 수 있다.
② 甲이 법인인 경우 乙은 甲의 대표이사 B 개인에게 X의 반환청구를 할 수 있다.
③ 乙이 甲에게 X의 반환청구를 하여 승소한 경우, 乙은 甲에게 Y에서 퇴거할 것을 청구할 수 있다.
④ 미등기인 Y를 丙이 매수하여 인도받았다면 乙은 丙을 상대로 건물철거 청구를 할 수 있다.
⑤ 乙은 甲에 대한 X의 반환청구권을 유보하고 X의 소유권을 丁에게 양도할 수 있다.

23 ①②③

등기에 의하여 추정되지 <u>않는</u> 것은? (다툼이 있으면 판례에 따름)

① 환매특약등기 — 특약의 진정성립
② 대리인에 의한 소유권이전등기 — 적법한 대리행위의 존재
③ 저당권등기 — 피담보채권의 존재
④ 부적법하게 말소된 등기 — 말소된 등기상 권리의 존재
⑤ 토지등기부의 표제부 — 등기부상 면적의 존재

24 ①②③

甲이 乙 소유 X도자기에 관해 무단으로 丙에게 질권을 설정해 주었고, 丙은 질권의 선의취득을 주장하고 있다. 이에 관한 설명으로 옳지 <u>않은</u> 것은? (다툼이 있으면 판례에 따름)

① 丙은 평온 · 공연하게 X의 점유를 취득하였어야 한다.
② 丙은 甲이 소유자가 아니라는 사실에 대하여 그 자신이 선의이고 무과실이라는 사실을 증명하여야 한다.
③ 丙이 甲과 질권설정계약을 체결할 당시 선의였다면 질물의 인도를 받을 때 악의라도 丙의 선의취득은 인정된다.
④ 丙이 X에 대하여 甲이 직접점유를 취득하는 형태로 점유를 취득한 경우, 丙의 선의취득은 인정되지 아니한다.
⑤ 만약 甲이 미성년자임을 이유로 丙과의 질권설정계약을 취소하면 丙은 선의취득을 할 수 없다.

25 ①②③

점유자와 회복자의 관계에 관한 설명으로 옳은 것은? (다툼이 있으면 판례에 따름)

① 지상권자는 선의점유자라도 자주점유자가 아니므로 과실수취권이 인정되지 아니한다.
② 타주점유자가 점유물을 반환하는 경우, 점유자는 특별한 사정이 없는 한 회복자에 대하여 점유물을 보존하기 위하여 지출한 금액의 상환을 청구할 수 있다.
③ 악의의 점유자는 과실(過失)없이 과실(果實)을 수취하지 못한 경우에도 그 대가를 보상하여야 한다.
④ 점유물이 점유자의 책임있는 사유로 멸실된 경우, 선의의 타주점유자는 이익이 현존하는 한도에서 배상하여야 한다.
⑤ 점유자가 점유물에 유익비를 지출한 경우, 특별한 사정이 없는 한 점유자는 회복자에 대하여 그 가액의 증가가 현존한 경우에 한하여 점유자의 선택에 좇아 그 지출금액이나 증가액의 상환을 청구할 수 있다.

26 ①②③

상린관계에 관한 설명으로 옳지 않은 것은?

① 경계에 설치된 담이 공유인 경우, 공유자는 그 분할을 청구할 수 있다.
② 인접하여 토지를 소유한 자는 다른 관습이 없으면 공동비용으로 통상의 경계표나 담을 설치할 수 있다.
③ 경계표 설치를 위한 측량비용은 다른 관습이 없으면 토지의 면적에 비례하여 부담한다.
④ 인접지의 수목뿌리가 경계를 넘은 경우, 토지소유자는 임의로 그 뿌리를 제거할 수 있다.
⑤ 건물을 축조함에는 특별한 관습 또는 약정이 없으면 경계로부터 반미터 이상의 거리를 두어야 한다.

27 ①②③

시효취득의 대상이 아닌 것은? (다툼이 있으면 판례에 따름)

① 지상권
② 저당권
③ 소유권
④ 계속되고 표현된 지역권
⑤ 동산질권

28 ①②③

부합에 관한 설명으로 옳지 않은 것은? (다툼이 있으면 판례에 따름)

① 부동산에 부합되어 동산의 소유권이 소멸한 때에는 그 동산을 목적으로 한 다른 권리도 소멸한다.
② 부합한 동산 간의 주종을 구별할 수 없는 때에는 특약이 없는 한 동산의 소유자는 부합당시 가액의 비율로 합성물을 공유한다.
③ X토지 소유자의 승낙없이 토지임차인의 승낙만 받아 제3자가 X에 수목을 심은 경우, 그 수목은 X에 부합하지 않으므로 제3자가 식재한 수목임을 알지 못하는 X의 양수인은 그 수목을 벌채할 수 없다.
④ 타인의 권원에 기하여 부동산에 부합된 물건이 부동산의 구성부분이 된 경우, 부동산의 소유자는 방해배제청구권에 기하여 부합물의 철거를 청구할 수 없다.
⑤ 건물의 증축부분이 축조 당시 독립한 권리의 객체성을 상실하여 본건물에 부합된 후 구조의 변경 등으로 독립한 권리의 객체성을 취득하게 된 때에는 본건물과 독립하여 거래의 대상이 될 수 있다.

29 ☐1☐2☐3

물권의 소멸에 관한 설명으로 옳지 <u>않은</u> 것은? (다툼이 있으면 판례에 따름)

① X토지에 甲이 1번 저당권, 乙이 2번 저당권을 취득하고, 丙이 X토지를 가압류한 후 乙이 X토지를 매수하여 소유권을 취득한 경우 乙의 저당권은 혼동으로 소멸하지 않는다.

② 유치권자가 유치권 성립 후에 이를 포기하는 의사표시를 한 경우에도 점유를 반환하여야 유치권은 소멸한다.

③ 점유권과 소유권은 혼동으로 소멸하지 아니한다.

④ 지역권은 20년간 행사하지 않으면 시효로 소멸한다.

⑤ 후순위 저당권이 존재하는 주택을 대항력을 갖춘 임차인이 경매절차에서 매수한 경우, 임차권은 혼동으로 소멸한다.

30 ☐1☐2☐3

甲은 그 소유 X토지에 대한 배타적 사용·수익권을 포기하고 타인(사인, 국가 등 일반 공중)의 통행을 위한 용도로 제공하였다. 이에 관한 설명으로 옳지 <u>않은</u> 것은? (다툼이 있으면 판례에 따름)

① 甲은 그 타인에 대하여 X의 인도청구를 할 수 없다.

② 甲이 X에 대한 소유권을 보유한 채 사용·수익권을 대세적·영구적으로 포기하는 것은 허용되지 않는다.

③ 甲은 일반 공중의 통행을 방해하지 않는 범위에서 X를 처분할 수 있다.

④ 甲의 상속인의 X에 대한 배타적 사용·수익권도 제한된다.

⑤ 만약 甲이 X를 일반 공중의 통행목적이 아니라 지상건물의 소유자만을 위하여 배타적 사용·수익권을 포기한 경우, 특별한 사정이 없는 한 X의 매수인의 배타적 사용·수익권 행사는 제한된다.

31 ☐1☐2☐3

X토지를 3분의 1씩 공유하는 甲, 乙, 丙의 법률관계에 관한 설명으로 옳은 것은? (다툼이 있으면 판례에 따름)

① 甲이 乙과 丙의 동의 없이 X토지 중 3분의 1을 배타적으로 사용하는 경우, 乙은 방해배제를 청구할 수 없다.

② 甲과 乙이 협의하여 X토지를 매도하면 그 효력은 丙의 지분에도 미친다.

③ 丁이 X토지의 점유를 무단으로 침해하고 있는 경우, 甲은 X토지 중 자신의 지분에 한하여 반환을 청구할 수 있다.

④ 甲이 자신의 지분을 포기하더라도 乙과 丙이 이전등기를 하여야 甲의 지분을 취득한다.

⑤ 丙이 1년 이상 X토지의 관리비용을 부담하지 않은 경우, 甲과 乙은 丙의 지분을 무상으로 취득할 수 있다.

32 ☐1☐2☐3

X토지를 3분의 1씩 공유하는 甲, 乙, 丙의 공유물분할에 관한 설명으로 옳지 <u>않은</u> 것은? (다툼이 있으면 판례에 따름)

① 甲은 乙과 丙의 동의를 얻지 않고서 공유물의 분할을 청구할 수 있다.

② 甲, 乙, 丙이 3년간 공유물을 분할하지 않기로 합의한 것은 유효하다.

③ 공유물분할의 소에서 법원은 X를 甲의 단독소유로 하고 乙과 丙에게 지분에 대한 합리적인 가액을 지급하도록 할 수 있다.

④ 甲의 지분 위에 설정된 근저당권은 공유물분할이 되어도 특단의 합의가 없는 한 X 전부에 관하여 종전의 지분대로 존속한다.

⑤ 甲, 乙, 丙 사이에 공유물분할에 관한 협의가 성립하였으나 분할협의에 따른 지분이전 등기에 협조하지 않으면 공유물분할의 소를 제기할 수 있다.

33 ①②③

지상권에 관한 설명으로 옳지 <u>않은</u> 것은? (다툼이 있으면 판례에 따름)

① 저당물의 담보가치를 유지하기 위해 설정된 지상권은 피담보채권이 소멸하면 함께 소멸한다.

② 기존 건물의 사용을 목적으로 설정된 지상권은 그 존속기간을 30년 미만으로 정할 수 있다.

③ 수목의 소유를 목적으로 하는 지상권이 존속기간의 만료로 소멸한 경우, 특약이 없는 한 지상권자가 존속기간 중 심은 수목의 소유권은 지상권설정자에게 귀속된다.

④ 양도가 금지된 지상권의 양수인은 양수한 지상권으로 지상권설정자에게 대항할 수 있다.

⑤ 토지양수인이 지상권자의 지료 지급이 2년 이상 연체되었음을 이유로 지상권소멸청구를 하는 경우, 종전 토지소유자에 대한 연체기간의 합산을 주장할 수 없다.

34 ①②③

토지전세권에 관한 설명으로 옳은 것을 모두 고른 것은? (다툼이 있으면 판례에 따름)

> ㄱ. 전세권의 존속기간이 만료하면 전세권의 용익물권적 권능은 전세권설정등기의 말소 없이도 당연히 소멸한다.
> ㄴ. 전세금의 지급은 전세권의 성립요소가 되는 것이므로 기존의 채권으로 전세금 지급을 대신할 수 없다.
> ㄷ. 전세권 존속기간이 시작되기 전에 마친 전세권설정등기도 특별한 사정이 없는 한 유효한 것으로 추정된다.
> ㄹ. 당사자가 채권담보의 목적으로 전세권을 설정하였으나 설정과 동시에 목적물을 인도하지 않았다면, 장차 전세권자가 목적물을 사용·수익하기로 하였더라도 그 전세권은 무효이다.

① ㄱ, ㄴ   ② ㄱ, ㄷ

③ ㄱ, ㄹ   ④ ㄴ, ㄹ

⑤ ㄷ, ㄹ

35 ①②③

유치권에 관한 설명으로 옳은 것은? (다툼이 있으면 판례에 따름)

① 피담보채권이 존재한다면 타인의 물건에 대한 점유가 불법행위로 인한 것인 때에도 유치권이 성립한다.

② 유치권자가 유치물 소유자의 승낙 없이 유치물을 임대한 경우, 특별한 사정이 없는 한 유치물의 소유자는 유치권의 소멸을 청구할 수 없다.

③ 목적물에 대한 점유를 상실한 경우, 유치권자가 점유회수의 소를 제기하여 점유를 회복할 수 있다는 것만으로는 유치권이 인정되지 않는다.

④ 채무자를 직접점유자로 하여 채권자가 간접점유를 하였더라도 채권자는 유효하게 유치권을 취득할 수 있다.

⑤ 저당물의 제3취득자가 저당물의 개량을 위하여 유익비를 지출한 때에는 민법 제367조에 의한 비용상환청구권을 피담보채권으로 삼아 유치권을 행사할 수 있다.

36 ①②③

유치권이 유효하게 성립할 수 있는 경우는? (다툼이 있으면 판례에 따름)

① 주택수선공사를 한 수급인이 공사대금채권을 담보하기 위하여 주택을 점유한 경우

② 임대인이 지급하기로 약정한 권리금의 반환청구권을 담보하기 위하여 임차인이 상가건물을 점유한 경우

③ 매도인이 매수인에 대한 매매대금채권을 담보하기 위하여 매매목적물을 점유한 경우

④ 주택신축을 위하여 수급인에게 공급한 건축자재에 대한 대금채권을 담보하기 위하여 그 공급자가 주택을 점유한 경우

⑤ 임차인이 임차보증금반환채권을 담보하기 위하여 임차목적물을 점유한 경우

37 ☐1☐2☐3

질권에 관한 설명으로 옳지 <u>않은</u> 것은?

① 질물보다 다른 재산이 먼저 경매된 경우, 질권자는 그 매각대금으로부터 배당을 받을 수 없다.

② 질권자가 채권 일부를 변제받았더라도 질물 전부에 대하여 그 권리를 행사할 수 있다.

③ 질물이 멸실된 경우에도 그로 인하여 질권설정자가 받을 금전을 압류하면 질권의 효력이 그 금전에 미친다.

④ 정당한 이유 있는 때에는 질권자는 채무자 및 질권설정자에게 통지하고 감정자의 평가에 의하여 질물로 직접 변제에 충당할 것을 법원에 청구할 수 있다.

⑤ 질권자는 그 권리의 범위 내에서 자기의 책임으로 질물을 전질할 수 있다.

38 ☐1☐2☐3

저당권의 효력이 미치는 범위에 관한 설명으로 옳지 <u>않은</u> 것은? (다툼이 있으면 판례에 따름)

① 담보권 실행을 위하여 저당부동산을 압류한 경우, 저당부동산의 압류 이후 발생한 차임채권에는 저당권의 효력이 미친다.

② 주물 그 자체의 효용과는 직접 관계없지만 주물 소유자의 상용에 공여되고 있는 물건이 경매목적물로 평가되었다면 경매의 매수인이 소유권을 취득한다.

③ 구분건물의 전유부분에 대한 저당권의 효력은 특별한 사정이 없는 한 대지사용권에도 미친다.

④ 기존건물에 부합된 증축부분이 기존건물에 대한 경매절차에서 경매목적물로 평가되지 아니하였더라도 경매의 매수인이 증축부분의 소유권을 취득한다.

⑤ 특약이 없는 한 건물에 대한 저당권의 효력은 건물의 소유를 목적으로 하는 지상권에도 미친다.

39 ☐1☐2☐3

법정지상권이 성립하는 경우를 모두 고른 것은? (특별한 사정은 없고, 다툼이 있으면 판례에 따름)

> ㄱ. X토지에 저당권을 설정한 甲이 저당권자 乙의 동의를 얻어 Y건물을 신축하였으나 저당권 실행 경매에서 丙이 X토지의 소유권을 취득한 경우
>
> ㄴ. 甲 소유의 X토지와 그 지상건물에 공동저당권이 설정된 후 지상건물을 철거하고 Y건물을 신축하였고 저당권의 실행으로 X토지의 소유자가 달라진 경우
>
> ㄷ. X토지를 소유하는 甲이 乙과 함께 그 지상에 Y건물을 신축·공유하던 중 X토지에 저당권을 설정하였고 저당권 실행 경매에서 丙이 X토지의 소유권을 취득한 경우

① ㄱ   ② ㄷ

③ ㄱ, ㄴ   ④ ㄴ, ㄷ

⑤ ㄱ, ㄴ, ㄷ

40 ☐1☐2☐3

甲은 乙에 대한 3억 원의 채권을 담보하기 위하여 乙 소유 X토지와 丙 소유 Y토지에 대하여 각각 1번 공동저당권을 취득하였고, 丁은 X에 대하여 피담보채권액 2억 원의 2번 저당권을 취득하였다. 그 후, 甲이 Y에 대한 경매를 신청하여 매각대금 2억 원을 배당받은 후 X에 대한 경매를 신청하여 X가 3억 원에 매각된 경우, 丁이 X의 매각대금에서 배당받을 수 있는 금액은? (경매비용·이자 등은 고려하지 않으며, 다툼이 있으면 판례에 따름)

① 0원

② 5천만 원

③ 1억 원

④ 1억 5천만 원

⑤ 2억 원

제2과목 | 경제학원론

01 ①②③

( )에 들어갈 내용으로 옳은 것은?

아래 그림과 같이 두 재화 X, Y에 대한 갑의 예산선이 AC에서 BC로 변했을 때, Y재 가격이 변하지 않았다면, X재 가격은 (ㄱ)하고, 소득은 (ㄴ)한 것이다.

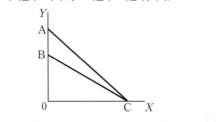

① ㄱ: 하락, ㄴ: 감소
② ㄱ: 하락, ㄴ: 증가
③ ㄱ: 불변, ㄴ: 감소
④ ㄱ: 상승, ㄴ: 증가
⑤ ㄱ: 상승, ㄴ: 불변

02 ①②③

재화의 특성에 관한 설명으로 옳은 것은?

① 사치재는 수요의 가격탄력성이 1보다 큰 재화를 말한다.
② 열등재는 가격이 오르면 수요가 감소하는 재화를 말한다.
③ 절댓값으로 볼 때, 가격효과가 소득효과보다 큰 열등재를 기펜재(Giffen goods)라고 한다.
④ 두 상품이 완전 대체재이면 무차별 곡선은 원점에 대하여 볼록한 모양이다.
⑤ 수요가 가격 탄력적인 상품을 판매하는 기업이 가격을 내리면 판매수입은 증가한다.

03 ①②③

두 재화 X, Y에 대한 갑의 효용함수가 $U = X + Y + \min\{X, Y\}$일 때, 갑의 무차별 곡선으로 적절한 것은?

①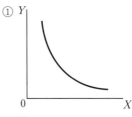

②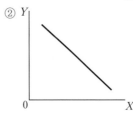

③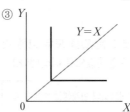

④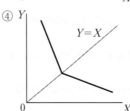

⑤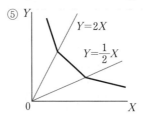

04 ☐1 ☐2 ☐3

두 재화 X, Y에 대해 효용을 극대화하는 갑의 효용 함수가 $U(X, Y) = (X+2)(Y+1)$이다. 한계대체율이 4이고, X재 선택은 14일 때, Y재의 선택은? (단, 한계대체율은 $\left| \dfrac{dY}{dX} \right|$ 이다.)

① 10
② 18
③ 32
④ 63
⑤ 68

05 ☐1 ☐2 ☐3

등량곡선에 관한 설명으로 옳은 것을 모두 고른 것은? (단, 한계기술대체율은 절댓값으로 나타낸다.)

> ㄱ. 한계기술대체율은 두 생산요소의 한계생산 비율과 같다.
> ㄴ. 두 생산요소 사이에 완전 대체가 가능하다면 등량곡선은 직선이다.
> ㄷ. 등량곡선이 원점에 대해 볼록한 모양이면 한계기술대체율체감의 법칙이 성립한다.
> ㄹ. 콥－더글러스(Cobb－Douglas) 생산함수의 한계기술대체율은 0이다.

① ㄱ, ㄴ
② ㄴ, ㄷ
③ ㄷ, ㄹ
④ ㄱ, ㄴ, ㄷ
⑤ ㄱ, ㄴ, ㄷ, ㄹ

06 ☐1 ☐2 ☐3

완전경쟁시장에서 모든 기업이 이윤을 극대화하고 있는 산업 A는 비용곡선이 $C(Q) = 2 + \dfrac{Q^2}{2}$인 100개의 기업과 $C(Q) = \dfrac{Q^2}{10}$인 60개의 기업으로 구성되어 있다. 신규 기업의 진입이 없을 때, 가격이 2보다 큰 경우 산업 A의 공급곡선은? (단, Q는 생산량이다.)

① $Q = 200P$
② $Q = 300P$
③ $Q = 400P$
④ $Q = 415P$
⑤ $Q = 435P$

07 ☐1 ☐2 ☐3

완전경쟁시장에서 기업 A가 생산하는 휴대폰의 가격이 100이고, 총비용함수가 $TC = 4Q^2 + 4Q + 100$일 때, 이윤을 극대화하는 (ㄱ)생산량과 극대화된 (ㄴ)이윤은? (단, Q는 생산량이다.)

① ㄱ: 10, ㄴ: 476
② ㄱ: 10, ㄴ: 566
③ ㄱ: 10, ㄴ: 1000
④ ㄱ: 12, ㄴ: 476
⑤ ㄱ: 12, ㄴ: 566

08 ☐1 ☐2 ☐3

시장실패를 발생시키는 요인으로 옳지 않은 것은?

① 역선택
② 규모에 대한 수익체감 기술
③ 긍정적 외부성
④ 불완전한 정보
⑤ 소비의 비경합성과 배제불가능성

09 ☐1☐2☐3

두 재화 X, Y에 대해 양(+)의 소득 M을 가지고 효용을 극대화하는 갑의 효용함수는 $U(X, Y) = X + Y$이다. Y재 가격은 6이며, X재 가격은 5에서 8로 상승하였다. 이에 관한 설명으로 옳은 것은?

① X재 수요량 변화는 대체효과에 기인한다.
② X재 수요량 변화는 소득효과에 기인한다.
③ Y재 수요량 변화는 없다.
④ 수요량 변화의 1/3은 대체효과에 기인한다.
⑤ 수요량 변화의 2/3는 소득효과에 기인한다.

10 ☐1☐2☐3

독점기업의 독점력과 가격규제 정책에 관한 설명으로 옳지 <u>않은</u> 것은?

① 러너의 독점력지수(Lerner index of monopoly power)는 수요곡선 상의 이윤극대화점에서 측정한 수요의 가격탄력성의 역수와 같은 값이다.
② 한계비용가격설정은 자연독점 기업에게 손실을 초래한다.
③ 평균비용가격설정은 기업이 손실을 보지 않으면서 가능한 많은 상품을 낮은 가격에 공급하도록 유도할 수 있다.
④ 이중가격설정(two-tier pricing)은 한계비용가격설정의 장점을 살리면서도 독점기업의 손실을 줄일 수 있도록 하는 정책이다.
⑤ 이중가격설정은, 낮은 가격은 한계비용과 한계수입이 일치하는 가격으로, 높은 가격은 한계비용곡선과 수요곡선이 교차하는 지점의 가격으로 판매하도록 하는 정책이다.

11 ☐1☐2☐3

수요와 공급의 가격탄력성에 관한 설명으로 옳은 것을 모두 고른 것은?

ㄱ. 수요곡선이 수직선인 경우, 수요의 가격탄력성은 수요곡선 상의 모든 점에서 동일하다.
ㄴ. 수요곡선이 직각쌍곡선 형태인 경우, 수요의 가격탄력성은 수요곡선 상의 모든 점에서 동일하다.
ㄷ. 공급곡선이 원점을 지나는 직선인 경우, 공급의 가격탄력성은 기울기와 관계없이 동일하다.
ㄹ. 수요곡선이 우하향하는 직선인 경우, 수요의 가격탄력성은 수요곡선 상의 모든 점에서 동일하다.

① ㄱ
② ㄱ, ㄴ
③ ㄱ, ㄴ, ㄷ
④ ㄴ, ㄷ, ㄹ
⑤ ㄱ, ㄴ, ㄷ, ㄹ

12 ☐1☐2☐3

정부의 실효성 있는 가격규제의 효과에 관한 설명으로 옳은 것은? (단, 수요곡선은 우하향, 공급곡선은 우상향한다.)

① 가격상한제가 실시되면, 시장에서의 실제 거래량은 실시 이전보다 증가할 것이다.
② 가격하한제가 실시되면, 시장에서의 실제 거래량은 실시 이전보다 증가할 것이다.
③ 최저임금제는 가격상한제에 해당하는 가격규제이다.
④ 가격하한제가 실시되면, 초과수요가 발생하여 암시장이 형성된다.
⑤ 가격상한제와 가격하한제 모두 자중손실(deadweight loss)이 발생한다.

13 ①②③

비용곡선에 관한 설명으로 옳은 것을 모두 고른 것은?

> ㄱ. 기술진보는 평균비용곡선을 아래쪽으로 이동시킨다.
> ㄴ. 규모에 대한 수익이 체증하는 경우 장기평균비용곡선은 우하향한다.
> ㄷ. 단기에서 기업의 평균비용곡선은 한계비용곡선의 최저점에서 교차한다.
> ㄹ. 규모의 경제가 있으면 평균비용곡선은 수평이다.

① ㄱ, ㄴ
② ㄱ, ㄷ
③ ㄴ, ㄷ
④ ㄴ, ㄹ
⑤ ㄷ, ㄹ

14 ①②③

완전경쟁시장에서 비용을 극소화하는 기업 A의 생산함수는 $Q(L, K) = L^{0.5}K^{0.5}$이고, 생산요소 L, K의 가격이 각각 12, 24일 때, 두 생산요소의 투입관계는? (단, Q는 생산량이다.)

① $L = K$
② $L = 0.5K$
③ $L = 2K$
④ $L = 12K$
⑤ $L = 24K$

15 ①②③

사회후생함수에 관한 설명으로 옳지 않은 것은?

① 평등주의 경향이 강할수록 사회무차별 곡선은 원점에 대해 더 오목한 모양을 갖는다.
② 평등주의적 사회후생함수는 개인들의 효용수준의 차이를 반영해야 한다는 평등주의적 가치판단을 근거로 한다.
③ 공리주의자의 사회후생함수는 사회구성원의 효용수준에 동일한 가중치를 부여한다.
④ 롤즈(J. Rawls)의 가치판단을 반영한 사회무차별곡선은 L자 모양이다.
⑤ 롤즈의 최소극대화 원칙(maxmin principle)은 한 사회에서 가장 가난한 사람의 생활수준을 가능한 한 크게 개선시키는 것이 재분배정책의 최우선 과제라는 주장이다.

16 ①②③

독점 기업 A의 비용 함수는 $C(Q) = 750 + 5Q$이고, 역수요함수는 $P = 140 - Q$이다. 이 기업이 '독점을 규제하는 법률'에 따라 한계비용과 동일하게 가격을 설정한다면, 이에 관한 설명으로 옳은 것은? (단, Q는 수량, P는 가격이다.)

① 양(+)의 이윤을 얻는다.
② 이윤은 0이다.
③ 손실이 375이다.
④ 손실이 450이다.
⑤ 손실이 750이다.

17 ☐1☐2☐3

기업 A의 고정비용은 400이고, 단기생산함수는 $Q=4L^{0.5}$이다. 가변생산요소의 가격이 400일 때, 단기 총비용곡선은? (단, Q는 생산량, L은 가변생산요소이다.)

① $\dfrac{400}{Q}+400$

② $800Q$

③ $400Q+400$

④ $0.25Q^2+400$

⑤ $25Q^2+400$

18 ☐1☐2☐3

사회후생 관점에서 자원의 효율적 활용에 관한 설명으로 옳지 <u>않은</u> 것은?

① 계약곡선 상의 점들은 생산의 효율성을 보장하는 점들의 집합이다.

② 효용가능곡선은 주어진 상품을 두 사람에게 배분할 때, 두 사람이 얻을 수 있는 최대한의 효용수준의 조합이다.

③ 효용가능경계란 한 경제에 존재하는 경제적 자원을 가장 효율적으로 배분했을 때 얻을 수 있는 효용수준의 조합이다.

④ 종합적 효율성(overall efficiency)이란 생산의 효율성과 교환의 효율성이 동시에 달성된 상태를 말한다.

⑤ 생산가능곡선은 한 나라의 경제가 주어진 생산요소와 생산기술을 사용하여 최대한 생산할 수 있는 산출물들의 조합이다.

19 ☐1☐2☐3

완전경쟁시장에서 이윤 극대화를 추구하는 기업 A의 공급곡선은 $Q_A(P)=\dfrac{P}{2}$이다. 이 기업의 생산량이 5일 때, 가변비용은? (단, Q_A는 공급량, P는 가격이다.)

① 23

② 25

③ 37.5

④ 46

⑤ 50

20 ☐1☐2☐3

기업 A가 직면하는 노동공급곡선은 $w=60+0.08L$이다. 현재 기업 A가 1000의 노동량을 고용할 때, 노동의 한계요소비용은? (단, w는 임금률, L은 노동량이다.)

① 임금률보다 80 크다.

② 임금률보다 160 크다.

③ 임금률과 같다.

④ 임금률보다 80 작다.

⑤ 임금률보다 160 작다.

21 ☐1☐2☐3

두 재화 X, Y만을 생산하는 A국의 2022년과 2023년의 생산량과 가격이 아래와 같다. 2023년의 전년 대비 (ㄱ)경제성장률(실질GDP증가율)과 평균적인 가계의 소비조합이 X재 2단위, Y재 1단위일 때 (ㄴ) 소비자물가상승률은? (단, 기준연도는 2022년이다.)

연도	X		Y	
	수량	가격	수량	가격
2022년	100	10	80	50
2023년	100	15	100	40

① ㄱ: 10%, ㄴ: 0%

② ㄱ: 10%, ㄴ: 10%

③ ㄱ: 20%, ㄴ: −10%

④ ㄱ: 20%, ㄴ: 0%

⑤ ㄱ: 25%, ㄴ: 10%

22 ☐1☐2☐3

2023년에 기업 A는 한국에서 생산한 부품 100억 달러를 베트남 현지 공장에 수출하였다. 같은 해에 베트남 현지 공장에서 그 부품을 조립하여 소비재 완제품 200억 달러를 만들어 그 중 50억 달러는 한국에 수출하고, 140억 달러는 미국에 수출하였으며 10억 달러는 재고로 남았다. 이월된 재고 10억 달러는 2024년 베트남 국내에서 모두 판매되었다. 이에 관한 설명으로 옳은 것은?

① 2023년 한국의 GDP는 50억 달러이다.

② 2023년 베트남의 GDP는 200억 달러이다.

③ 2023년 베트남의 투자는 10억 달러이다.

④ 2023년 베트남의 순수출은 190억 달러이다.

⑤ 2024년 베트남의 소비와 GDP는 각각 10억 달러이다.

23 ☐1☐2☐3

A국 국민소득계정의 구성항목에서 민간투자가 50, 정부소비와 정부투자가 각각 40과 60, 조세가 50이고, 수출과 수입이 동일할 때, 민간저축은?

① 40

② 50

③ 80

④ 100

⑤ 120

24 ☐1☐2☐3

필립스곡선이 단기에는 우하향하고 장기에는 수직인 경제에서 중앙은행은 테일러 준칙(Taylor's rule)에 의해 통화정책을 시행한다. 중앙은행이 높은 인플레이션율을 낮추기 위해 인플레이션 감축정책(디스인플레이션 정책)을 시행할 때, 이에 관한 설명으로 옳은 것을 모두 고른 것은?

ㄱ. 기대인플레이션이 빨리 조정될수록 장기균형에 빨리 도달한다.
ㄴ. 단기에는 실질이자율이 하락한다.
ㄷ. 단기에는 총생산이 감소하여 경기침체가 나타난다.

① ㄱ

② ㄴ

③ ㄱ, ㄷ

④ ㄴ, ㄷ

⑤ ㄱ, ㄴ, ㄷ

25 ☐1 ☐2 ☐3

중앙은행이 아래와 같은 손실함수를 최소화하도록 인플레이션율을 결정하려고 한다.

$$L(\pi_t) = -0.5(\pi_t - \pi_t^e) + 0.5(\pi_t)^2$$

중앙은행의 정책결정 이전에 민간의 기대인플레이션율이 0으로 고정되어 있을 때, 중앙은행이 결정하는 인플레이션율은? (단, $L(\pi_t)$, π_t, π_t^e는 각각 손실함수, 인플레이션율, 민간의 기대인플레이션율이다.)

① 0

② 0.5

③ 1

④ 1.5

⑤ 2

26 ☐1 ☐2 ☐3

통화정책에 관한 설명으로 옳지 <u>않은</u> 것은?

① 공개시장 매입은 본원통화를 증가시켜 이자율을 하락시킨다.

② 재할인율 인상은 재할인대출을 감소시켜 이자율을 상승시킨다.

③ 자산가격경로는 이자율이 하락할 경우 자산가격이 상승하여 부(富)의 효과로 소비가 증가하는 경로이다.

④ 신용경로는 중앙은행이 화폐공급을 축소할 경우 은행대출이 감소되어 기업투자와 가계소비가 위축되는 경로이다.

⑤ 환율경로는 이자율이 상승할 경우 자국통화가치가 하락하여 순수출이 증가하는 경로이다.

27 ☐1 ☐2 ☐3

아래와 같은 고전학파 모형에서 정부지출이 150에서 200으로 증가할 경우 실질이자율과 민간투자의 변화에 관한 설명으로 옳은 것은? (단, S, $\overline{Y}$, $\overline{T}$, $\overline{G}$, I, r, $s(r)$은 각각 총저축, 총생산, 조세, 정부지출, 투자, 실질이자율(%), 민간저축률이며, 민간저축률은 실질이자율의 함수이다.)

- $S = s(r)(\overline{Y} - \overline{T}) + (\overline{T} - \overline{G})$
- $I = 200 - 10r$
- $\overline{Y} = 1000$, $\overline{T} = 200$, $\overline{G} = 150$
- $s(r) = 0.05r$

① 실질이자율은 1%포인트 상승하고 민간투자는 10 감소한다.

② 실질이자율은 3%포인트 상승하고 민간투자는 30 감소한다.

③ 실질이자율은 5%포인트 상승하고 민간투자는 50 감소한다.

④ 실질이자율과 민간투자는 변화가 없다.

⑤ 실질이자율은 1%포인트 하락하고 민간투자는 10 증가한다.

28 ☐1 ☐2 ☐3

소비이론에 관한 설명 중 옳은 것은?

① 케인즈(Keynes)의 소비이론에 따르면 이자율이 소비의 주요 결정요인이다.

② 생애주기가설에 따르면 은퇴연령의 변화 없이 기대수명이 증가하면 소비가 감소한다.

③ 리카도 등가(Ricardian equivalence)정리는 케인즈의 소비함수에 기초한 이론이다.

④ 케인즈의 소비이론은 소비자들의 소비평탄화(consumption smoothing)를 강조한다.

⑤ 소비에 대한 임의보행(random walk)가설은 유동성제약에 직면한 소비자의 소비 선택을 설명한다.

29 ① ② ③

아래와 같은 거시경제모형의 초기 균형에서 정부지출을 1만큼 증가시킬 때, 균형국민소득의 증가분은? (단, Y, C, I, G, T는 각각 국민소득, 소비, 투자, 정부지출, 조세이다.)

- $Y = C + I + G$
- $C = 1 + 0.5(Y - T)$
- $I = 2$
- $G = 10$
- $T = 2 + 0.2Y$

① 1.2

② $\dfrac{4}{3}$

③ $\dfrac{5}{3}$

④ 2

⑤ 2.5

30 ① ② ③

아래의 거시경제모형에서 균형이자율은? (단, Y, C, I, G, T, r은 각각 국민소득, 소비, 투자, 정부지출, 조세, 이자율이다.)

- $Y = C + I + G$
- $Y = 20$
- $G = T = 10$
- $C = 2 + 0.8(Y - T)$
- $I = 2 - 10r$

① 0.1

② 0.2

③ 0.25

④ 0.4

⑤ 0.5

31 ① ② ③

갑국의 생산함수는 $Y = AK^{0.5}L^{0.5}$이다. 자본량과 노동량의 증가율은 각각 4%와 −2%이고 총생산량 증가율이 5%라면, 솔로우 잔차(Solow residual)는? (단, Y는 총생산량, K는 자본량, L은 노동량, $A > 0$이다.)

① 1%

② 2%

③ 3%

④ 4%

⑤ 5%

32 ① ② ③

한국과 미국의 인플레이션율이 각각 3%와 5%이다. 구매력평가설과 이자율평가설(interest parity theory)이 성립할 때, 미국의 명목이자율이 5%라면, 한국의 명목이자율은? (단, 기대인플레이션율은 인플레이션율과 동일하다.)

① 1%

② 2%

③ 3%

④ 4%

⑤ 5%

33 ⊡①②③

1인당 생산함수가 $y = 0.5k^{0.2}$, 자본의 감가상각률이 0.1, 저축률이 0.2인 솔로우(Solow) 경제성장모형에 관한 설명으로 옳은 것을 모두 고른 것은? (단, y는 1인당 생산량, k는 1인당 자본량이고, 인구증가와 기술진보는 없다.)

> ㄱ. 현재 1인당 자본량이 2일 때, 1인당 투자는 증가한다.
> ㄴ. 현재 1인당 자본량이 2일 때, 1인당 자본의 감가상각은 1인당 저축보다 작다.
> ㄷ. 균제상태(steady state)에서 벗어나 있는 경우, 현재 1인당 자본량에 관계없이, 1인당 생산량의 변화율은 0으로 수렴한다.
> ㄹ. 균제상태의 1인당 자본량은 황금률(Golden Rule) 수준과 같다.

① ㄱ, ㄴ
② ㄱ, ㄷ
③ ㄴ, ㄷ
④ ㄴ, ㄹ
⑤ ㄷ, ㄹ

34 ①②③

고정환율제를 채택하고 있는 정부가 시장균형환율보다 높은 수준의 환율을 설정했다고 할 때, 즉 자국통화가치를 균형수준보다 낮게 설정한 경우, 옳은 것을 모두 고른 것은?

> ㄱ. 투기적 공격이 발생하면 국내 통화공급이 감소한다.
> ㄴ. 투기적 공격이 발생하면 외환보유고가 감소한다.
> ㄷ. 자본이동이 완전히 자유로운 경우, 중앙은행은 독립적으로 통화공급을 결정할 수 없다.
> ㄹ. 투자자들이 국내통화의 평가절상을 기대하게 되면, 국내통화로 계산된 외국채권의 기대수익률이 하락한다.

① ㄱ, ㄴ
② ㄱ, ㄹ
③ ㄴ, ㄷ
④ ㄷ, ㄹ
⑤ ㄴ, ㄷ, ㄹ

35 ①②③

폐쇄경제 IS－LM모형에 관한 설명으로 옳은 것은?

① 화폐수요의 이자율 탄력성이 0이면 경제는 유동성함정(liquidity trap) 상태에 직면한다.
② LM곡선이 수직선이고 IS곡선이 우하향하면, 완전한 구축효과(crowding－out effect)가 나타난다.
③ IS곡선이 수평선이고 LM곡선이 우상향하면, 통화정책은 국민소득에 영향을 미치지 않는다.
④ 소비가 이자율에 영향을 받을 때, 피구효과(Pigou effect)가 발생한다.
⑤ IS곡선이 우하향할 때, IS곡선의 위쪽에 있는 점은 생산물시장이 초과수요 상태이다.

36 ①②③

아래의 폐쇄경제 IS－LM 모형에서 중앙은행은 균형이자율을 현재보다 5만큼 높이는 긴축적 통화정책을 실시하여 균형국민소득을 감소시키고자 한다. 현재 명목화폐공급량(M)이 40일 때, 이를 달성하기 위한 명목화폐공급량의 감소분은? (단, r은 이자율, Y는 국민소득, M^d는 명목화폐수요량, P는 물가수준이고 1로 고정되어 있다.)

> • IS 곡선: $r = 120 - 5Y$
> • 실질화폐수요함수: $\dfrac{M^d}{P} = 3Y - r$

① 5
② 8
③ 10
④ 15
⑤ 20

37 □1□2□3

현재 한국과 미국의 햄버거 가격이 각각 5,000원, 5달러인 경우, 이에 관한 설명으로 옳은 것을 모두 고른 것은? (단, 햄버거를 대표상품으로 한다.)

> ㄱ. 현재 구매력평가 환율은 1,000(원/달러)이다.
> ㄴ. 변동환율제도하에서 현재 환율이 1,100(원/달러)이다. 장기적으로 구매력 평가설이 성립하고 미국의 햄버거 가격과 환율이 변하지 않는다면, 장기적으로 한국의 햄버거 가격은 상승한다.
> ㄷ. 변동환율제도하에서 현재 환율이 1,100(원/달러)이다. 장기적으로 구매력 평가설이 성립하고 한국과 미국의 햄버거 가격이 변하지 않는다면, 장기적으로 환율은 상승한다.

① ㄱ
② ㄷ
③ ㄱ, ㄴ
④ ㄴ, ㄷ
⑤ ㄱ, ㄴ, ㄷ

38 □1□2□3

거시경제이론과 관련된 경제학파에 대한 설명으로 옳은 것은?

① 새케인즈학파(New Keynesian)는 단기 필립스곡선이 수직이라고 주장한다.
② 새케인즈학파는 가격 신축성에 근거하여 경기변동을 설명한다.
③ 새케인즈학파는 단기에서 화폐중립성이 성립한다고 주장한다.
④ 실물경기변동이론에 따르면 경기변동국면에서 소비의 최적화가 달성된다.
⑤ 새고전학파는 메뉴비용의 존재가 경기변동에 중요한 역할을 한다고 주장한다.

39 □1□2□3

t시점의 실업률은 10%, 경제활동참가율은 50%이다. t시점과 $t+1$시점 사이에 아래와 같은 변화가 발생할 때, $t+1$시점의 실업률은? (단, 취업자와 비경제활동인구 사이의 이동은 없고, 소수점 둘째자리에서 반올림하여 소수점 첫째자리까지 구한다.)

> • 실업자 중에서
>   – 취업에 성공하는 비율(구직률): 20%
>   – 구직을 단념하여 비경제활동인구로 편입되는 비율: 10%
> • 취업자 중에서 실직하여 구직활동을 하는 비율(실직률): 1%
> • 비경제활동인구 중에서 구직활동을 시작하는 비율: 1%

① 8.9%
② 9.5%
③ 9.9%
④ 10.0%
⑤ 10.5%

40 □1□2□3

모든 사람들이 화폐(M2)를 현금 25%, 요구불예금 25%, 저축성예금 50%로 나누어 보유하고, 은행의 지급준비율은 요구불예금과 저축성예금에 대하여 동일하게 10%라고 할 때, M2 통화승수는? (단, 소수점 둘째자리에서 반올림하여 소수점 첫째자리까지 구한다.)

① 2.5
② 2.8
③ 3.1
④ 3.6
⑤ 4.5

제3과목 | 부동산학원론

01 [1][2][3]

토지의 일부로 간주되는 정착물에 해당하는 것을 모두 고른 것은?

> ㄱ. 가식 중에 있는 수목
> ㄴ. 매년 경작의 노력을 요하지 않는 다년생 식물
> ㄷ. 건물
> ㄹ. 소유권보존등기된 입목
> ㅁ. 구거
> ㅂ. 경작수확물

① ㄱ, ㅂ
② ㄴ, ㅁ
③ ㄷ, ㄹ
④ ㄹ, ㅁ
⑤ ㅁ, ㅂ

02 [1][2][3]

공인중개사법령상 개업공인중개사에 관한 내용으로 옳지 <u>않은</u> 것은?

① 개업공인중개사는 그 사무소의 명칭에 "공인중개사사무소" 또는 "부동산중개"라는 문자를 사용하여야 한다.

② 개업공인중개사가 아닌 자는 중개대상물에 대한 표시 · 광고를 하여서는 아니 된다.

③ 개업공인중개사는 「민사집행법」에 의한 경매 및 「국세징수법」 그 밖의 법령에 의한 공매대상 부동산에 대한 권리분석 및 취득의 알선과 매수신청 또는 입찰신청의 대리를 할 수 있다.

④ 개업공인중개사는 대통령령으로 정하는 기준과 절차에 따라 등록관청의 허가를 받아 그 관할 구역 외의 지역에 분사무소를 둘 수 있다.

⑤ 개업공인중개사는 다른 사람에게 자기의 성명 또는 상호를 사용하여 중개업무를 하게 하거나 자기의 중개사무소등록증을 양도 또는 대여하는 행위를 하여서는 아니된다.

03 ☐①②③

주택법령상 주택의 정의에 관한 설명으로 옳은 것은?

① 민영주택은 임대주택을 제외한 주택을 말한다.

② 세대구분형 공동주택은 공동주택의 주택 내부 공간의 일부를 세대별로 구분하여 생활이 가능한 구조로 하되, 그 구분된 공간의 일부를 구분소유 할 수 있는 주택으로서 대통령령으로 정하는 건설기준, 설치기준, 면적기준 등에 적합한 주택을 말한다.

③ 도시형 생활주택은 300세대 미만의 국민주택 규모에 해당하는 주택으로서 대통령령으로 정하는 주택을 말한다.

④ 에너지절약형 친환경주택은 저에너지 건물 조성기술 등 대통령령으로 정하는 기술을 이용하여 에너지 사용량을 절감하거나 이산화탄소 배출량을 증대할 수 있도록 건설된 주택을 말한다.

⑤ 장수명 주택은 구조적으로 오랫동안 유지·관리될 수 있는 내구성을 갖추고 있어 내부 구조를 쉽게 변경할 수 없는 주택을 말한다.

04 ☐①②③

지방세법령상 토지에 관한 재산세 과세대상 중 별도합산과세대상인 것은?

① 공장용지·전·답·과수원 및 목장용지로서 대통령령으로 정하는 토지

② 국가 및 지방자치단체 지원을 위한 특정목적 사업용 토지로서 대통령령으로 정하는 토지

③ 국토의 효율적 이용을 위한 개발사업용 토지로서 대통령령으로 정하는 토지

④ 산림의 보호육성을 위하여 필요한 임야 및 종중 소유 임야로서 대통령령으로 정하는 임야

⑤ 철거·멸실된 건축물 또는 주택의 부속토지로서 대통령령으로 정하는 부속토지

05 ☐①②③

건축원자재 가격의 하락에 따른 영향을 디파스퀠리－위튼(DiPasquale & Wheaton)의 사분면 모형을 통해 설명한 것으로 옳지 않은 것은? (단, 주어진 조건에 한함)

① 건축원자재 가격의 하락으로 인해 부동산개발 부문에서 신규건설비용이 하락한다.

② 주어진 부동산자산가격 수준에서 부동산개발의 수익성이 높아지므로 신규건설량이 증가한다.

③ 새로운 장기균형에서 균형공간재고는 감소한다.

④ 새로운 장기균형에서 부동산공간시장의 균형 임대료는 하락한다.

⑤ 새로운 장기균형에서 부동산자산시장의 균형 가격은 하락한다.

06 ☐①②③

토지의 분류 및 용어에 관한 설명으로 옳은 것을 모두 고른 것은?

> ㄱ. 획지(劃地)는 인위적, 자연적, 행정적 조건에 따라 다른 토지와 구별되는 가격수준이 비슷한 일단의 토지를 말한다.
> ㄴ. 후보지(候補地)는 용도적 지역의 분류 중 세분된 지역 내에서 용도에 따라 전환되는 토지를 말한다.
> ㄷ. 공지(空地)는 관련법령이 정하는 바에 따라 안전이나 양호한 생활환경을 확보하기 위해 건축하면서 남겨놓은 일정 면적의 토지를 말한다.
> ㄹ. 갱지(更地)는 택지 등 다른 용도로 조성되기 이전 상태의 토지를 말한다.

① ㄱ

② ㄹ

③ ㄱ, ㄷ

④ ㄴ, ㄹ

⑤ ㄱ, ㄷ, ㄹ

07 ☐1☐2☐3

부동산 중개계약에 관한 설명으로 ( )에 들어갈 것으로 옳은 것은?

> (ㄱ): 중개의뢰인이 특정한 개업공인중개사를 정하여 그 개업공인중개사에게 한정하여 해당 중개대상물을 중개하도록 하는 중개계약
>
> (ㄴ): 중개의뢰인이 해당 중개대상물의 중개를 불특정 다수의 개업공인중개사에게 의뢰하고 먼저 거래를 성사시킨 개업공인중개사에게 보수를 지급하는 중개계약

① ㄱ: 일반중개계약, ㄴ: 전속중개계약
② ㄱ: 일반중개계약, ㄴ: 공동중개계약
③ ㄱ: 전속중개계약, ㄴ: 공동중개계약
④ ㄱ: 공동중개계약, ㄴ: 일반중개계약
⑤ ㄱ: 전속중개계약, ㄴ: 일반중개계약

08 ☐1☐2☐3

지방세기본법상 부동산 관련 조세 중 시·군세(광역시의 군세 포함)에 해당하는 것으로 옳게 묶인 것은?

① 취득세, 지방소득세
② 재산세, 지방소비세
③ 재산세, 지방소득세
④ 취득세, 등록면허세
⑤ 등록면허세, 지방소비세

09 ☐1☐2☐3

외부효과에 관한 내용으로 ( )에 들어갈 것으로 옳은 것은?

> • 부동산의 특성 중에서 (ㄱ)은 외부효과를 발생시킨다.
> • 부동산시장 참여자가 자신들의 행동이 초래하는 외부효과를 의사결정에서 감안하도록 만드는 과정을 외부효과의 (ㄴ)라 한다.

① ㄱ: 부동성, ㄴ: 유동화
② ㄱ: 부동성, ㄴ: 내부화
③ ㄱ: 인접성, ㄴ: 유동화
④ ㄱ: 개별성, ㄴ: 내부화
⑤ ㄱ: 개별성, ㄴ: 유동화

10 ☐1☐2☐3

빈집 및 소규모주택 정비에 관한 특례법상 소규모주택정비사업에 해당하지 <u>않는</u> 것은?

① 빈집정비사업
② 자율주택정비사업
③ 가로주택정비사업
④ 소규모재건축사업
⑤ 소규모재개발사업

11 ☐1☐2☐3

감정평가에 관한 규칙에 관한 내용으로 옳지 <u>않은</u> 것은?

① 대상물건에 대한 감정평가액은 시장가치를 기준으로 결정한다.

② 감정평가는 기준시점에서의 대상물건의 이용상황(불법적이거나 일시적인 이용은 제외한다) 및 공법상 제한을 받는 상태를 기준으로 한다.

③ 감정평가는 대상물건마다 개별로 하여야 한다.

④ 감정평가법인등이 토지를 감정평가할 때에는 수익환원법을 적용해야 한다.

⑤ 하나의 대상물건이라도 가치를 달리하는 부분은 이를 구분하여 감정평가할 수 있다.

12 ☐1☐2☐3

다음 자료를 활용하여 원가법으로 평가한 대상건물의 가액은? (단, 주어진 조건에 한함)

- 대상건물: 철근콘크리트구조, 다가구주택, 연면적 350m²
- 기준시점: 2024.04.05.
- 사용승인시점: 2013.06.16.
- 사용승인시점의 적정한 신축공사비: 1,000,000원/m²
- 건축비지수
  - 기준시점: 115
  - 사용승인시점: 100
- 경제적 내용연수: 50년
- 감가수정방법: 정액법(만년감가기준)
- 내용연수 만료시 잔존가치 없음

① 313,000,000원

② 322,000,000원

③ 342,000,000원

④ 350,000,000원

⑤ 352,000,000원

13 ☐1☐2☐3

원가방식에 관한 설명으로 옳은 것을 모두 고른 것은?

> ㄱ. 원가법과 적산법은 원가방식에 해당한다.
>
> ㄴ. 재조달원가는 실제로 생산 또는 건설된 방법 여하에 불구하고 도급방식을 기준으로 산정한다.
>
> ㄷ. 대상부동산이 가지는 물리적 특성인 지리적 위치의 고정성에 의해서 경제적 감가요인이 발생한다.
>
> ㄹ. 정액법, 정률법, 상환기금법은 대상부동산의 내용연수를 기준으로 하는 감가수정방법에 해당한다.

① ㄱ, ㄴ

② ㄷ, ㄹ

③ ㄱ, ㄴ, ㄹ

④ ㄱ, ㄷ, ㄹ

⑤ ㄱ, ㄴ, ㄷ, ㄹ

14 ☐1☐2☐3

감정평가 실무기준상 수익방식에 관한 내용으로 옳은 것은?

① 직접환원법은 복수기간의 순수익을 적절한 환원율로 환원하여 대상물건의 가액을 산정하는 방법을 말한다.

② 수익가액이란 수익분석법에 따라 산정된 가액을 말한다.

③ 순수익은 대상물건에 귀속하는 적절한 수익으로서 가능총수익에서 운영경비를 공제하여 산정한다.

④ 직접환원법에서 사용할 환원율은 투자결합법으로 구하는 것을 원칙으로 한다.

⑤ 할인현금흐름분석법의 적용에 따른 복귀가액은 보유기간 경과 후 초년도의 순수익을 추정하여 최종환원율로 환원한 후 매도비용을 공제하여 산정한다.

15 □1□2□3

부동산 가격의 제원칙에 관한 내용으로 옳지 <u>않은</u> 것은?

① 부동산의 가격이 대체·경쟁관계에 있는 유사한 부동산의 영향을 받아 형성되는 것은 대체의 원칙에 해당된다.

② 부동산의 가격이 경쟁을 통해 초과이윤이 없어지고 적합한 가격이 형성되는 것은 경쟁의 원칙에 해당된다.

③ 부동산의 가격이 부동산을 구성하고 있는 각 요소가 기여하는 정도에 영향을 받아 형성되는 것은 기여의 원칙에 해당된다.

④ 부동산의 가격이 내부적인 요인에 의하여 긍정적 또는 부정적 영향을 받아 형성되는 것은 적합의 원칙에 해당된다.

⑤ 부동산 가격의 제원칙은 최유효이용의 원칙을 상위원칙으로 하나의 체계를 형성하고 있다.

16 □1□2□3

감정평가에 관한 규칙상 주된 평가방법으로 수익환원법을 적용해야 하는 것은 모두 몇 개인가?

· 광업재단	· 상표권
· 영업권	· 특허권
· 전용측선이용권	· 과수원

① 2개
② 3개
③ 4개
④ 5개
⑤ 6개

17 □1□2□3

감정평가의 지역분석에 관한 내용으로 옳은 것은?

① 인근지역이란 감정평가의 대상이 된 부동산이 속한 지역으로서 부동산의 이용이 동질적이고 가치형성요인 중 지역요인을 공유하는 지역을 말한다.

② 유사지역이란 대상부동산이 속한 지역으로서 인근지역과 유사한 특성을 갖는 지역을 말한다.

③ 동일수급권이란 대상부동산과 수요·공급 관계가 성립하고 가치 형성에 서로 영향을 미치지 않는 관계에 있는 다른 부동산이 존재하는 권역을 말한다.

④ 지역분석은 대상지역 내 토지의 최유효이용 및 대상부동산의 가격을 판정하는 것이다.

⑤ 지역분석은 개별분석 이후에 실시하는 것이 일반적이다.

18 □1□2□3

토지와 건물로 구성된 대상건물의 연간 감가율(자본회수율)은? (단, 주어진 조건에 한함)

· 거래가격: 20억원
· 순영업소득: 연 1억 8천만원
· 가격구성비: 토지 80%, 건물 20%
· 토지환원율, 건물상각후환원율: 각 연 8%

① 4%
② 5%
③ 6%
④ 7%
⑤ 8%

19 ①②③

토지의 특성과 감정평가에 관한 내용이다. ( )에 들어갈 것으로 옳은 것은?

- (ㄱ)은 장래편익의 현재가치로 평가하게 한다.
- (ㄴ)은 원가방식의 평가를 어렵게 한다.
- (ㄷ)은 개별요인의 분석과 사정보정을 필요하게 한다.

① ㄱ: 영속성, ㄴ: 부증성, ㄷ: 개별성
② ㄱ: 개별성, ㄴ: 영속성, ㄷ: 부동성
③ ㄱ: 영속성, ㄴ: 개별성, ㄷ: 부증성
④ ㄱ: 부증성, ㄴ: 영속성, ㄷ: 개별성
⑤ ㄱ: 영속성, ㄴ: 개별성, ㄷ: 부동성

20 ①②③

대상물건에 관한 감정평가방법으로 옳지 <u>않은</u> 것은? (단, 주어진 조건에 한함)

① 주택으로 쓰는 층수가 4개 층으로 1개 동의 바닥면적의 합계가 700제곱미터인 건물에서 구분소유 부동산의 감정평가액은 합리적인 배분 기준에 따라 토지가액과 건물가액으로 구분하여 표시할 수 있다.
② 주택으로 쓰는 층수가 3개 층으로 15세대가 거주할 수 있고 주택으로 쓰이는 바닥면적의 합계가 600제곱미터인 1개 동이며 구분소유가 아닌 건물의 감정평가는 토지와 건물을 일괄평가하는 것을 원칙으로 한다.
③ 주택으로 쓰는 층수가 6개 층인 건물에서 구분소유 부동산의 감정평가는 거래사례비교법으로 하는 것을 원칙으로 한다.
④ 주택으로 쓰는 층수가 4개 층으로 1개 동의 바닥면적의 합계가 500제곱미터인 건물에서 구분소유 부동산의 감정평가는 토지와 건물을 일괄평가하는 것을 원칙으로 한다.
⑤ 구분소유 부동산을 감정평가할 때에는 층별·위치별 효용요인을 반영하여야 한다.

21 ①②③

X 노선 신역사가 들어선다는 정보가 있다. 만약 부동산 시장이 할당효율적이라면 투자자가 최대한 지불할 수 있는 정보비용의 현재가치는? (단, 제시된 가격은 개발정보의 실현 여부에 의해 발생하는 가격 차이만을 반영하고, 주어진 조건에 한함)

- X 노선 신역사 예정지 인근에 일단의 A 토지가 있다.
- 1년 후 도심에 X 노선 신역사가 들어설 확률이 60%로 알려져 있다.
- 1년 후 도심에 X 노선 신역사가 들어서면 A 토지의 가격은 5억 5,000만원, 신역사가 들어서지 않으면 2억 7,500만원으로 예상된다.
- 투자자의 요구수익률(할인율)은 연 10%이다.

① 5천만원
② 1억원
③ 1억 5천만원
④ 2억원
⑤ 2억 5천만원

22 ①②③

부동산의 수요와 공급에 관한 설명으로 옳지 <u>않은</u> 것은? (단, 우하향하는 수요곡선과 우상향하는 공급곡선을 가정하며, 다른 조건은 동일함)

① 단기적으로 가격이 상승해도 부동산의 공급량이 크게 증가할 수 없기 때문에 공급이 비탄력적이다.
② 부동산의 공급량은 주어진 가격 수준에서 일정 기간에 판매하고자 하는 최대수량이다.
③ 용도전환 및 개발이 가능한 장기에는 공급의 탄력성이 커진다.
④ 부동산의 수요량은 구매능력을 갖춘 수요자들이 구매하려는 수량이므로 유효수요를 의미한다.
⑤ 공급의 가격탄력성이 작을수록 수요변화시 균형가격의 변동폭은 작지만 균형거래량의 변동폭은 크다.

23 ☐1☐2☐3

다음 중 유량(flow)의 경제변수가 <u>아닌</u> 것은?

① 소득
② 수출
③ 재산
④ 소비
⑤ 투자

24 ☐1☐2☐3

부동산 증권에 관한 설명으로 옳은 것을 모두 고른 것은?

> ㄱ. MPTS(Mortgage Pass－Through Securities)는 채권을 표시하는 증권으로 원리금수취권과 주택저당에 대한 채권을 모두 투자자에게 이전하는 증권이다.
>
> ㄴ. MBB(Mortgage－Backed Bond)는 모기지 풀(Pool)에서 발생하는 현금흐름으로 채권의 원리금이 지급되고, 모기지 풀의 현금흐름으로 채권의 원리금 지급이 안 될 경우 발행자가 초과부담을 제공하는 채권이다.
>
> ㄷ. CMO(Collateralized Mortgage Obligation)는 원금과 조기상환대금을 받아갈 순서를 정한 증권으로 증권별로 만기가 일치하도록 만든 자동이체형 증권이다.
>
> ㄹ. MPTB(Mortgage Pay－Through Bond)는 채권으로 발행자의 대차대조표에 부채로 표시된다.
>
> ㅁ. 금융기관은 MBS(Mortgage－Backed Securities)를 통해 자기자본비율(BIS)을 높일 수 있다.

① ㄱ, ㄴ, ㄷ
② ㄱ, ㄴ, ㄹ
③ ㄱ, ㄷ, ㅁ
④ ㄴ, ㄹ, ㅁ
⑤ ㄷ, ㄹ, ㅁ

25 ☐1☐2☐3

프로젝트 파이낸싱(PF)에 관한 설명으로 옳지 <u>않은</u> 것은?

① 사업주의 대차대조표에 부채로 표시되어 사업주의 부채비율에 영향을 미친다.
② 프로젝트 자체의 수익성과 향후 현금흐름을 기초로 개발에 필요한 자금을 조달한다.
③ 대출기관은 시행사에게 원리금상환을 요구하고, 시행사가 원리금을 상환하지 못하면 책임준공의 의무가 있는 시공사에게 채무상환을 요구할 수 있다.
④ 금융기관은 부동산개발사업의 사업주와 자금공여 계약을 체결한다.
⑤ 프로젝트 파이낸싱의 구조는 비소구금융이 원칙이나, 제한적 소구금융의 경우도 있다.

26 ☐1☐2☐3

다음의 조건을 가진 오피스텔의 대부비율(LTV)은? (단, 연간 기준이며, 주어진 조건에 한함)

• 순영업소득: 4천만원	• 매매가격: 4억원
• 부채감당률: 2	• 저당상수: 0.1

① 20%
② 30%
③ 40%
④ 50%
⑤ 60%

27 ①②③

아파트시장의 균형가격과 균형거래량에 관한 설명으로 옳지 <u>않은</u> 것은? (단, 완전탄력적과 완전비탄력적 조건이 없는 경우는 수요와 공급의 법칙에 따르며, 다른 조건은 동일함)

① 수요의 증가폭이 공급의 증가폭보다 클 경우, 균형가격은 하락하고 균형거래량은 증가한다.
② 균형상태인 아파트시장에서 건축원자재의 가격이 상승하면 균형가격은 상승하고 균형거래량은 감소한다.
③ 공급이 가격에 대해 완전탄력적인 경우, 수요가 증가하면 균형가격은 변하지 않고 균형거래량만 증가한다.
④ 공급이 가격에 대해 완전비탄력적인 경우, 수요가 증가하면 균형가격은 상승하고 균형거래량은 변하지 않는다.
⑤ 공급의 감소폭이 수요의 감소폭보다 클 경우, 균형가격은 상승하고 균형거래량은 감소한다.

28 ①②③

부동산투자회사법령상 부동산투자회사에 관한 내용으로 옳지 <u>않은</u> 것은?

① 영업인가를 받거나 등록을 한 날부터 최저자본금준비기간이 지난 자기관리 부동산투자회사의 최저자본금은 70억원 이상이 되어야 한다.
② 최저자본금준비기간이 끝난 후에는 매 분기 말 현재 총자산의 100분의 80 이상을 부동산, 부동산 관련 증권 및 현금으로 구성하여야 한다. 이 경우 총자산의 100분의 70 이상은 부동산(건축 중인 건축물을 포함한다)이어야 한다.
③ 부동산투자회사는 부동산 등 자산의 운용에 관하여 회계처리를 할 때에는 금융감독원이 정하는 회계처리기준에 따라야 한다.
④ 부동산투자회사의 상근 임원은 다른 회사의 상근 임직원이 되거나 다른 사업을 하여서는 아니 된다.
⑤ 위탁관리 부동산투자회사란 자산의 투자·운용을 자산관리회사에 위탁하는 부동산투자회사를 말한다.

29 ①②③

아파트시장에서 아파트의 수요곡선을 우측(우상향)으로 이동시킬 수 있는 요인은 모두 몇 개인가? (단, 다른 조건은 동일함)

- 아파트 가격의 하락
- 대체 주택 가격의 상승
- 총부채원리금상환비율(DSR) 규제 완화
- 가구수 증가
- 모기지 대출(mortgage loan) 금리의 상승
- 수요자의 실질 소득 감소
- 부채감당률(DCR) 규제 강화

① 2개
② 3개
③ 4개
④ 5개
⑤ 6개

30 ① ② ③

부동산금융에 관한 설명으로 옳은 것은? (단, 주어진 조건에 한함)

① 콜옵션(call option)은 저당대출 대출자에게 주어진 조기상환권이다.
② 금융기관은 위험을 줄이기 위해 부채감당률이 1보다 작은 대출안의 작은 순서대로 대출을 실행한다.
③ 대출수수료와 조기상환수수료를 차입자가 부담하는 경우, 차입자의 실효이자율은 조기상환시점이 앞당겨질수록 하락한다.
④ 대출조건이 동일할 경우 대출채권의 듀레이션(평균회수기간)은 원리금균등분할상환방식이 원금균등분할상환방식보다 더 길다.
⑤ 고정금리방식의 대출에서 총상환액은 원리금균등분할상환방식이 원금균등분할상환방식보다 더 작다.

31 ① ② ③

부동산투자의 수익과 위험에 관한 설명으로 옳지 <u>않은</u> 것은?

① 다양한 자산들로 분산된 포트폴리오는 체계적 위험을 감소시킨다.
② 위험회피형 투자자는 위험 증가에 따른 보상으로 높은 기대수익률을 요구한다.
③ 동일한 자산들로 구성된 포트폴리오라도 자산들의 구성비중에 따라 포트폴리오의 수익과 위험이 달라진다.
④ 시장상황에 대한 자산가격의 민감도가 높을수록 수익률의 표준편차는 커진다.
⑤ 지분투자수익률은 지분투자자의 투자성과를 나타낸다.

32 ① ② ③

다음에서 설명하는 민간투자 사업방식은?

- 시설의 소유권은 시설의 준공과 함께 정부 등에 귀속
- 사업시행자는 일정기간의 시설관리 운영권을 획득
- 사업시행자는 시설의 최종수요자로부터 이용료를 징수하여 투자비를 회수
- SOC시설 소유권을 민간에 넘기는 것이 부적절한 경우에 주로 사용

① BOT(build−operate−transfer)방식
② BTO(build−transfer−operate)방식
③ BLT(build−lease−transfer)방식
④ LBO(lease−build−operate)방식
⑤ BOO(build−own−operate)방식

33 ① ② ③

다음과 같은 조건에서 대상부동산의 수익가액 산정 시 적용할 환원이율(capitalization rate)은? (단, 주어진 조건에 한함)

- 가능총소득(PGI): 연 85,000,000원
- 공실상당액: 가능총소득의 5%
- 재산관리수수료: 가능총소득의 2%
- 유틸리티비용: 가능총소득의 2%
- 관리직원인건비: 가능총소득의 3%
- 부채서비스액: 연 20,000,000원
- 대부비율: 25%
- 대출조건: 이자율 연 4%로 28년간 매년 원리금균등분할상환(고정금리)
- 저당상수(이자율 연 4%, 기간 28년): 0.06

① 5.61%
② 5.66%
③ 5.71%
④ 5.76%
⑤ 5.81%

34 ①②③

부동산투자에 관한 설명으로 옳지 <u>않은</u> 것은? (단, 주어진 조건에 한함)

① 영업비용비율(OER)은 운영경비(OE)를 유효총소득(EGI)으로 나눈 비율이다.

② 총부채상환비율(DTI)이 높을수록 차입자의 부채상환가능성이 낮아진다.

③ 채무불이행률(DR)은 유효총소득(EGI)으로 운영경비(OE)와 부채서비스(DS)를 감당할 수 있는 정도를 나타낸다.

④ 총투자수익률(ROI)은 총투자액을 순영업소득(NOI)으로 나눈 비율이다.

⑤ 지분투자수익률(ROE)은 세후현금흐름(ATCF)을 지분투자액으로 나눈 비율이다.

35 ①②③

부동산 마케팅활동에 관한 설명으로 옳지 <u>않은</u> 것은?

① 시장세분화란 부동산시장에서 마케팅활동을 수행하기 위하여 구매자의 집단을 세분화하는 것이다.

② 세분시장은 그 규모와 구매력 등의 특성이 측정될 수 있어야 한다.

③ 세분시장은 개념적으로 구분될 수 있으며 마케팅 믹스 요소에 대해 동일하게 반응한다.

④ 표적시장이란 세분화된 시장 중 가장 효과적인 성과가 기대되어 마케팅활동의 수행대상이 되는 시장을 말한다.

⑤ 포지셔닝은 표적시장에서 고객의 욕구를 파악하여 경쟁제품과 차별화된 자사제품의 개념을 정해 이를 소비자의 지각 속에 적절히 위치시키는 것이다.

36 ①②③

부동산투자분석에 관한 내용으로 옳지 <u>않은</u> 것은?

① 동일한 현금흐름을 가지는 투자안이라도 투자자의 요구수익률에 따라 순현재가치는 달라질 수 있다.

② 서로 다른 내부수익률을 가지는 두 자산에 동시에 투자하는 투자안의 내부수익률은 각 자산의 내부수익률을 더한 것과 같다.

③ 동일한 투자안에 대해 내부수익률이 복수로 존재할 수 있다.

④ 내부수익률법에서는 내부수익률과 요구수익률을 비교하여 투자의사결정을 한다.

⑤ 투자규모에 차이가 나는 상호배타적인 투자안을 검토할 때, 순현재가치법과 수익성지수법을 통한 의사결정이 달라질 수 있다.

37 ①②③

부동산관리의 위탁관리방식에 관한 설명으로 옳지 <u>않은</u> 것은?

① 신뢰도가 높은 업체를 선정하는 것이 중요하다.

② 관리업무의 전문성과 효율성을 제고할 수 있다.

③ 오피스빌딩과 같은 대형건물의 관리에 유용하다.

④ 관리환경 변화에 대한 예측과 적응에 유리하다.

⑤ 자기관리방식보다 기밀유지 측면에서 유리하다.

38 ☐1 ☐2 ☐3

부동산투자에서 (ㄱ)타인자본을 활용하지 않은 경우와 (ㄴ)타인자본을 40% 활용하는 경우, 각각의 1년간 자기자본수익률(%)은? (단, 주어진 조건에 한함)

- 부동산 매입가격: 10,000만원
- 1년 후 부동산 처분
- 순영업소득(NOI): 연 500만원(기간 말 발생)
- 보유기간 동안 부동산가격 상승률: 연 2%
- 대출조건: 이자율 연 4%, 대출기간 1년, 원리금은 만기 일시상환

① ㄱ: 7.0, ㄴ: 7.0
② ㄱ: 7.0, ㄴ: 8.0
③ ㄱ: 7.0, ㄴ: 9.0
④ ㄱ: 7.5, ㄴ: 8.0
⑤ ㄱ: 7.5, ㄴ: 9.0

39 ☐1 ☐2 ☐3

다음은 매장의 매출액이 손익분기점 매출액 이하이면 기본임대료만 지급하고, 손익분기점 매출액 초과이면 초과매출액에 대하여 일정 임대료율을 적용한 추가임대료를 기본임대료에 가산하여 임대료를 지급하는 비율임대차(percentage lease) 방식의 임대차계약의 조건이다. 이 임대차계약에서 계약기간 동안 지급할 것으로 예상되는 임대료의 합계는? (단, 주어진 조건에 한함)

- 계약기간: 1년(1월~12월)
- 매장 임대면적: 200m²
- 임대면적당 기본임대료: 월 5만원/m²
- 손익분기점 매출액: 월 2,000만원
- 각 월별 예상매출액
  - 1월~7월: 8만원/m²
  - 8월~12월: 20만원/m²
- 손익분기점 초과시 초과매출액에 대한 임대료율: 10%

① 11,000만원
② 11,500만원
③ 12,000만원
④ 12,500만원
⑤ 13,000만원

40 [1][2][3]

부동산개발방식에 관한 설명으로 옳은 것을 모두 고른 것은?

> ㄱ: 토지소유자와의 약정에 의해 수익증권을 발행하고 수익증권의 소유자에게 수익을 배당하는 방식
> ㄴ: 원래의 토지소유자에게 사업 후 사업에 소요된 비용 등을 제외하고 면적비율에 따라 돌려주는 방식
> ㄷ: 공익성이 강하고 대량공급이 가능한 택지개발사업에서 주로 수행하는 방식

① ㄱ: 신탁방식, ㄴ: 환지방식, ㄷ: 공영개발방식
② ㄱ: 신탁방식, ㄴ: 수용방식, ㄷ: 공영개발방식
③ ㄱ: 사업위탁방식, ㄴ: 환지방식, ㄷ: 민간개발방식
④ ㄱ: 사업위탁방식, ㄴ: 수용방식, ㄷ: 민간개발방식
⑤ ㄱ: 컨소시엄방식, ㄴ: 수용방식, ㄷ: 민관협력개발방식

제2교시

기출문제

제4과목	감정평가관계법규
제5과목	회계학

제4과목 | 감정평가관계법규

01 ☐①②③

국토의 계획 및 이용에 관한 법령상 기반시설과 그 해당 시설의 연결로 옳지 **않은** 것은?

① 공간시설 — 녹지
② 유통 · 공급시설 — 공동구
③ 공공 · 문화체육시설 — 공공청사
④ 환경기초시설 — 도축장
⑤ 방재시설 — 유수지

02 ☐①②③

국토의 계획 및 이용에 관한 법령상 광역도시계획에 관한 설명으로 옳은 것은?

① 군수는 도지사에게 광역계획권의 지정을 요청할 수 없다.
② 도지사가 광역계획권을 변경하려면 중앙도시계획위원회의 심의를 거쳐 관계 중앙행정기관의 장의 승인을 받아야 한다.
③ 국토교통부장관은 광역계획권을 변경하면 지체 없이 관계 중앙행정기관의 장에게 그 사실을 통보하여야 한다.
④ 광역계획권을 지정한 날부터 2년이 지날 때까지 시장 · 군수의 광역도시계획 승인 신청이 없는 경우에는 관할 도지사가 광역도시계획을 수립한다.
⑤ 국토교통부장관은 기초조사정보체계를 구축한 경우 등록된 정보의 현황을 5년마다 확인하고 변동사항을 반영하여야 한다.

03 ☐①②③

국토의 계획 및 이용에 관한 법령상 도시 · 군관리계획에 관한 설명으로 옳지 **않은** 것은?

① 국토교통부장관은 국가계획과 관련된 경우에는 직접 도시 · 군관리계획을 입안할 수 있다.
② 도시 · 군관리계획은 광역도시계획과 도시 · 군기본계획에 부합되어야 한다.
③ 주민은 지구단위계획의 수립에 관한 사항에 대하여 도시 · 군관리계획의 입안을 제안할 수 있다.
④ 도시 · 군관리계획의 입안을 제안받은 자는 제안된 도시 · 군관리계획의 입안 및 결정에 필요한 비용의 전부를 제안자에게 부담시킬 수는 없다.
⑤ 주거지역에 도시 · 군관리계획을 입안하는 경우 토지적성평가를 실시하지 아니할 수 있다.

04 ⓵⓶⓷

국토의 계획 및 이용에 관한 법령상 용도지역·용도지구의 내용으로 옳지 <u>않은</u> 것은?

① 제2종일반주거지역: 중고층주택을 중심으로 편리한 주거환경을 조성하기 위하여 필요한 지역

② 일반상업지역: 일반적인 상업기능 및 업무기능을 담당하게 하기 위하여 필요한 지역

③ 생산녹지지역: 주로 농업적 생산을 위하여 개발을 유보할 필요가 있는 지역

④ 시가지방재지구: 건축물·인구가 밀집되어 있는 지역으로서 시설 개선 등을 통하여 재해 예방이 필요한 지구

⑤ 집단취락지구: 개발제한구역안의 취락을 정비하기 위하여 필요한 지구

05 ⓵⓶⓷

국토의 계획 및 이용에 관한 법령상 공동구에 관한 설명으로 옳은 것은?

① 「도시개발법」에 따른 100만제곱미터 규모의 도시개발구역에서 개발사업을 시행하는 자는 공동구를 설치하여야 한다.

② 통신선로는 공동구협의회의 심의를 거쳐야 수용할 수 있다.

③ 공동구의 설치비용은 「국토의 계획 및 이용에 관한 법률」 또는 다른 법률에 특별한 규정이 있는 경우를 제외하고는 공동구 점용예정자와 사업시행자가 부담한다.

④ 부담금의 납부통지를 받은 공동구 점용예정자는 공동구설치공사가 착수되기 전에 부담액의 3분의 2 이상을 납부하여야 한다.

⑤ 공동구관리자는 1년에 2회 이상 공동구의 안전점검을 실시하여야 한다.

06 ⓵⓶⓷

국토의 계획 및 이용에 관한 법령상 개발행위허가 시 개발행위 규모의 제한을 받는 경우 용도지역별로 허용되는 토지형질변경면적으로 옳은 것은?

① 자연환경보전지역: 5천제곱미터 미만

② 자연녹지지역: 3만제곱미터 미만

③ 공업지역: 1만제곱미터 미만

④ 생산녹지지역: 5천제곱미터 미만

⑤ 주거지역: 3만제곱미터 미만

07 ⓵⓶⓷

국토의 계획 및 이용에 관한 법령상 용도지역별 건폐율의 최대한도가 큰 순서대로 나열된 것은? (단, 조례 및 기타 강화·완화조건은 고려하지 않음)

ㄱ. 제2종전용주거지역	ㄴ. 유통상업지역
ㄷ. 일반공업지역	ㄹ. 농림지역

① ㄴ - ㄱ - ㄷ - ㄹ

② ㄴ - ㄷ - ㄱ - ㄹ

③ ㄷ - ㄴ - ㄹ - ㄱ

④ ㄷ - ㄹ - ㄱ - ㄴ

⑤ ㄹ - ㄷ - ㄴ - ㄱ

08 ☐1☐2☐3

국토의 계획 및 이용에 관한 법령상 개발행위허가를 받은 자가 행정청인 경우 개발행위에 따른 공공시설의 귀속에 관한 설명으로 옳지 <u>않은</u> 것은?

① 개발행위허가를 받은 자가 새로 설치한 공공시설은 그 시설을 관리할 관리청에 무상으로 귀속된다.

② 개발행위허가를 받은 자가 기존의 공공시설에 대체되는 공공시설을 설치한 경우 종래의 공공시설은 개발행위허가를 받은 자에게 무상으로 귀속된다.

③ 새로 설치된 공공시설의 귀속시점은 준공검사를 받은 날이다.

④ 개발행위허가를 받은 자는 개발행위가 끝나 준공검사를 마친 때에는 해당 시설의 관리청에 공공시설의 종류와 토지의 세목을 통지하여야 한다.

⑤ 개발행위허가를 받은 자는 그에게 귀속된 공공시설의 처분으로 인한 수익금을 도시·군계획사업 외의 목적에 사용하여서는 아니 된다.

09 ☐1☐2☐3

국토의 계획 및 이용에 관한 법령상 개발밀도관리구역에 관한 설명으로 옳지 <u>않은</u> 것은?

① 공업지역에서의 개발행위로 기반시설의 수용능력이 부족할 것이 예상되는 지역 중 기반시설의 설치가 곤란한 지역을 개발밀도관리구역으로 지정할 수 있다.

② 개발밀도관리구역에서는 해당 용도지역에 적용되는 용적률 최대한도의 30퍼센트 범위에서 용적률을 강화하여 적용한다.

③ 개발밀도관리구역을 변경하려면 해당 지방자치단체에 설치된 지방도시계획위원회의 심의를 거쳐야 한다.

④ 지정권자는 개발밀도관리구역을 지정한 경우 그 사실을 당해 지방자치단체의 공보에 게재하는 방법으로 고시하여야 한다.

⑤ 개발밀도관리구역의 지정기준을 정할 때 고려되는 기반시설에 수도공급설비도 포함된다.

10 ☐1☐2☐3

국토의 계획 및 이용에 관한 법률상 성장관리계획에 관한 조문의 일부이다. (　)에 들어갈 숫자로 옳은 것은?

> 성장관리계획구역에서는 다음 각 호의 구분에 따른 범위에서 성장관리계획으로 정하는 바에 따라 특별시·광역시·특별자치시·특별자치도·시 또는 군의 조례로 정하는 비율까지 건폐율을 완화하여 적용할 수 있다.
> 1. 계획관리지역: (ㄱ)퍼센트 이하
> 2. 생산관리지역·농림지역 및 대통령령으로 정하는 녹지지역: (ㄴ)퍼센트 이하

① ㄱ: 30, ㄴ: 20

② ㄱ: 30, ㄴ: 30

③ ㄱ: 50, ㄴ: 30

④ ㄱ: 50, ㄴ: 50

⑤ ㄱ: 60, ㄴ: 50

11 ①②③

국토의 계획 및 이용에 관한 법령상 용도지역에 관한 설명으로 옳은 것은?

① 용도지역을 세분하는 지정은 도시·군기본계획으로도 할 수 있다.

② 하나의 시·도 안에서 둘 이상의 시·군에 걸쳐 지정되는 용도지역에 대해서는 국토교통부장관이 직접 도시·군관리계획을 입안할 수 있다.

③ 하천의 매립목적이 그 매립구역과 이웃하고 있는 용도지역의 내용과 같으면 도시·군관리계획의 입안 및 결정 절차 없이 그 매립준공구역은 이웃하고 있는 용도지역으로 지정된 것으로 본다.

④ 「산업입지 및 개발에 관한 법률」에 따라 국가산업단지로 지정된 지역은 「국토의 계획 및 이용에 관한 법률」에 따른 도시지역으로 결정·고시된 것으로 본다.

⑤ 「택지개발촉진법」에 따른 택지개발지구가 개발사업의 완료로 해제되는 경우 그 지역은 택지개발지구를 지정하기 이전의 용도지역으로 환원된 것으로 본다.

12 ①②③

국토의 계획 및 이용에 관한 법령상 시가화조정구역에 관한 설명으로 옳지 않은 것은?

① 시가화를 유보할 수 있는 기간은 5년 이상 20년 이내이다.

② 시가화조정구역의 지정에 관한 도시·군관리계획 결정이 있는 경우 결정 당시 이미 허가를 받아 공사에 착수한 자는 관할 관청에 신고하고 그 공사를 계속할 수 있다.

③ 시가화조정구역에서 해제되는 구역 중 계획적인 개발 또는 관리가 필요한 지역에 대하여는 지구단위계획구역을 지정할 수 있다.

④ 시가화조정구역에서 입목의 조림 또는 육림은 관할 관청에 신고하고 그 행위를 할 수 있다.

⑤ 시가화조정구역의 지정에 관한 도시·군관리계획의 결정은 시가화 유보기간이 끝난 날의 다음날부터 그 효력을 잃는다.

13 ①②③

국토의 계획 및 이용에 관한 법령상 입지규제최소구역에 대하여 적용하지 않을 수 있는 법률 규정에 해당하지 않는 것은?

① 「건축법」 제43조에 따른 공개 공지 등의 확보

② 「주택법」 제35조에 따른 부대시설의 설치기준

③ 「주차장법」 제19조에 따른 부설주차장의 설치

④ 「문화예술진흥법」 제9조에 따른 건축물에 대한 미술작품의 설치

⑤ 「도시공원 및 녹지 등에 관한 법률」 제14조에 따른 녹지 확보기준

14 ☐1 ☐2 ☐3

부동산 가격공시에 관한 법령상 표준주택가격의 조사·산정보고서에 포함되는 사항을 모두 고른 것은?

> ㄱ. 주택 대지의 용도지역
> ㄴ. 주건물 구조 및 층수
> ㄷ. 「건축법」에 따른 사용승인연도
> ㄹ. 도로접면

① ㄱ, ㄴ
② ㄷ, ㄹ
③ ㄱ, ㄴ, ㄷ
④ ㄴ, ㄷ, ㄹ
⑤ ㄱ, ㄴ, ㄷ, ㄹ

15 ☐1 ☐2 ☐3

부동산 가격공시에 관한 법령상 비주거용 부동산가격의 공시에 관한 설명으로 옳지 <u>않은</u> 것은?

① 공시기준일 이후에 「건축법」에 따른 대수선이 된 비주거용 일반부동산은 해당 비주거용 개별부동산가격의 공시기준일을 다르게 할 수 있다.
② 비주거용 표준부동산의 임시사용승인일은 비주거용 표준부동산가격의 공시사항에 포함되지 않는다.
③ 비주거용 표준부동산가격은 국가 등이 그 업무와 관련하여 비주거용 개별부동산가격을 산정하는 경우에 그 기준이 된다.
④ 국토교통부장관은 비주거용 집합부동산가격을 공시하기 위하여 그 가격을 산정할 때에는 비주거용 집합부동산의 소유자와 그 밖의 이해관계인의 의견을 들어야 한다.
⑤ 국토교통부장관은 공시한 비주거용 집합부동산가격의 오기를 정정하려는 경우에는 중앙부동산가격공시위원회의 심의를 거치지 아니할 수 있다.

16 ☐1 ☐2 ☐3

부동산 가격공시에 관한 법령상 지가의 공시에 관한 설명으로 옳은 것은?

① 개별공시지가에 이의가 있는 자는 그 결정·공시일부터 60일 이내에 서면으로 관할 관청에 이의를 신청할 수 있다.
② 표준지공시지가의 단위면적은 3.3제곱미터로 한다.
③ 개발부담금의 부과대상이 아닌 토지에 대하여는 개별공시지가를 결정·공시하여야 한다.
④ 표준지공시지가의 공시에는 표준지에 대한 지목 및 용도지역이 포함되어야 한다.
⑤ 개별공시지가의 결정·공시에 드는 비용은 30퍼센트 이내에서 국고에서 보조한다.

17 ☐1 ☐2 ☐3

감정평가 및 감정평가사에 관한 법령상 감정평가사에 대한 징계의 종류가 <u>아닌</u> 것은?

① 견책
② 자격의 취소
③ 2년 이하의 업무정지
④ 등록의 취소
⑤ 6개월 이하의 자격의 정지

18 ☐1 ☐2 ☐3

감정평가 및 감정평가사에 관한 법령상 감정평가법인에 관한 설명으로 옳지 <u>않은</u> 것은?

① 감정평가법인은 전체 사원 또는 이사의 100분의 90 이상을 감정평가사로 두어야 한다.

② 국토교통부장관은 감정평가법인등이 장부 등의 검사를 거부 또는 방해한 경우에는 그 설립인가를 취소할 수 있다.

③ 감정평가법인등은 토지등의 매매업을 직접 하여서는 아니 된다.

④ 감정평가법인의 자본금은 2억원 이상이어야 한다.

⑤ 감정평가법인의 대표사원 또는 대표이사는 감정평가사여야 한다.

19 ☐1 ☐2 ☐3

감정평가 및 감정평가사에 관한 법령상 감정평가사에 관한 설명으로 옳지 <u>않은</u> 것은?

① 감정평가사는 감정평가업을 하기 위하여 1개의 사무소만을 설치할 수 있다.

② 견책을 받은 감정평가사는 감정평가사 교육연수의 대상자에 포함된다.

③ 국유재산을 관리하는 기관에서 5년 이상 감정평가와 관련된 업무에 종사한 사람에 대해서는 감정평가사시험 중 제1차 시험을 면제한다.

④ 국토교통부장관은 등록한 감정평가사가 파산선고를 받고 복권되지 아니한 경우에는 그 등록을 취소하여야 한다.

⑤ 등록한 감정평가사는 5년마다 그 등록을 갱신하여야 한다.

20 ☐1 ☐2 ☐3

국유재산법상 용어의 정의이다. ( )에 들어갈 내용으로 옳은 것은?

> • (ㄱ)(이)란 국가 외의 자가 제5조 제1항 각 호에 해당하는 재산의 소유권을 무상으로 국가에 이전하여 국가가 이를 취득하는 것을 말한다.
> • (ㄴ)이란 사용허가나 대부계약 없이 국유재산을 사용·수익하거나 점유한 자에게 부과하는 금액을 말한다.
> • 총괄청이란 (ㄷ)을 말한다.

① ㄱ: 기부채납, ㄴ: 부담금, ㄷ: 중앙관서의 장

② ㄱ: 무상양도, ㄴ: 변상금, ㄷ: 기획재정부장관

③ ㄱ: 기부채납, ㄴ: 변상금, ㄷ: 기획재정부장관

④ ㄱ: 무상양도, ㄴ: 변상금, ㄷ: 중앙관서의 장

⑤ ㄱ: 기부채납, ㄴ: 부담금, ㄷ: 기획재정부장관

21 ☐1 ☐2 ☐3

국유재산법령상 국유재산에 관한 설명으로 옳지 <u>않</u>은 것은?

① 정부시설에서 사용하는 궤도차량으로서 해당 시설의 폐지와 함께 포괄적으로 용도폐지된 것은 해당 시설이 폐지된 후에는 국유재산으로 하지 아니한다.

② 총괄청은 일반재산을 보존용재산으로 전환하여 관리할 수 있다.

③ 등기가 필요한 국유재산이 부동산인 경우 그 권리자의 명의는 국(國)으로 하되 소관 중앙관서의 명칭을 함께 적어야 한다.

④ 총괄청이나 중앙관서의 장은 소유자 없는 부동산을 국유재산으로 취득한다.

⑤ 지상권, 전세권, 광업권은 국유재산의 범위에 속한다.

22 ☐1☐2☐3

국유재산법령상 행정재산의 사용허가에 관한 설명으로 옳은 것은?

① 사용허가를 받은 자는 허가기간이 끝난 경우에는 중앙관서의 장이 미리 상태의 변경을 승인하였더라도 그 재산을 원래 상태대로 반환하여야 한다.

② 경작용으로 실경작자에게 사용허가를 하는 경우에는 수의의 방법으로 사용허가를 받을 자를 결정할 수 없다.

③ 중앙관서의 장은 사용허가를 받은 자가 해당 재산의 보존을 게을리한 경우 그 허가를 철회할 수 있다.

④ 사용허가에 관하여는 「국유재산법」에서 정한 것을 제외하고는 「민법」의 규정을 준용한다.

⑤ 사용허가를 받은 자가 그 재산에 대하여 유지·보수 외의 시설을 설치하려는 때에는 총괄청의 허가를 받아야 한다.

23 ☐1☐2☐3

국유재산법령상 일반재산에 관한 설명으로 옳지 않은 것은?

① 국가가 매각한 일반재산을 일정기간 계속하여 점유·사용하는 경우에는 매각대금이 완납되기 전에 매각재산의 소유권을 이전할 수 있다.

② 일반재산을 매각한 경우에 매수자가 매각대금을 체납하면 그 매각계약을 해제할 수 있다.

③ 일반재산의 매각대금이 3천만원을 초과하는 경우 매각대금을 5년 이내의 기간에 걸쳐 나누어 내게 할 수 있다.

④ 일반재산을 용도를 지정하여 매각하는 경우에는 매수자는 매각일부터 10년 이상 지정된 용도로 활용하여야 한다.

⑤ 부동산신탁을 취급하는 신탁업자에게 신탁하여 개발된 일반재산의 대부기간은 30년 이내로 할 수 있으며, 20년의 범위에서 한 차례만 연장할 수 있다.

24 ☐1☐2☐3

건축법령상 용어의 정의에 관한 설명으로 옳지 않은 것은?

① 기존 건축물의 전부를 해체하고 그 대지에 종전과 같은 규모의 범위에서 건축물을 다시 축조하는 것은 "개축"에 해당한다.

② "재축"에 해당하려면 연면적 합계는 종전 규모 이하로 하여야 한다.

③ "이전"이란 건축물의 주요구조부를 해체하지 아니하고 같은 대지의 다른 위치로 옮기는 것을 말한다.

④ 16층 이상인 건축물은 그 용도에 관계없이 "다중이용 건축물"이다.

⑤ 기둥과 기둥 사이의 거리가 15미터 이상인 건축물은 "특수구조 건축물"이다.

25 ☐1☐2☐3

건축법령상 시설군과 그에 속하는 건축물의 용도의 연결로 옳지 않은 것은?

① 영업시설군 - 운동시설

② 주거업무시설군 - 교정시설

③ 문화집회시설군 - 장례시설

④ 교육 및 복지시설군 - 의료시설

⑤ 그 밖의 시설군 - 동물 및 식물 관련 시설

26 ☐1 ☐2 ☐3

건축법령상 특별가로구역에 관한 조문의 내용이다. ( )에 들어갈 내용으로 옳은 것은?

국토교통부장관 및 허가권자는 「건축법」 및 관계 법령에 따라 일부 규정을 적용하지 아니하거나 완화하여 적용할 수 있도록 (ㄱ)에서 (ㄴ)에 접한 대지의 일정 구역을 특별가로구역으로 지정할 수 있다.

① ㄱ: 개발진흥지구,
　 ㄴ: 허가권자가 리모델링 활성화가 필요하다고 인정하여 지정·공고한 지역 안의 도로
② ㄱ: 경관지구,
　 ㄴ: 「지역문화진흥법」에 따른 문화지구 안의 도로
③ ㄱ: 개발진흥지구,
　 ㄴ: 보행자전용도로로서 도시미관 개선을 위하여 허가권자가 건축조례로 정하는 도로
④ ㄱ: 경관지구,
　 ㄴ: 「도시 및 주거환경정비법」에 따른 정비구역 안의 도로
⑤ ㄱ: 개발진흥지구,
　 ㄴ: 건축선을 후퇴한 대지에 접한 도로로서 허가권자가 건축조례로 정하는 도로

27 ☐1 ☐2 ☐3

건축법령상 소음 방지를 위한 일정한 기준에 따라 층간바닥(화장실의 바닥은 제외)을 설치해야 하는 건축물이 아닌 것은? (단, 건축법령상의 특례는 고려하지 않음)

① 업무시설 중 오피스텔
② 단독주택 중 다가구주택
③ 교육연구시설 중 도서관
④ 숙박시설 중 다중생활시설
⑤ 제2종 근린생활시설 중 다중생활시설

28 ☐1 ☐2 ☐3

공간정보의 구축 및 관리 등에 관한 법령상 지목과 그를 지적도 및 임야도에 등록하는 때 표기하는 부호의 연결로 옳지 않은 것은?

① 주차장 － 차
② 양어장 － 양
③ 유원지 － 원
④ 공장용지 － 장
⑤ 주유소용지 － 유

29 ☐1 ☐2 ☐3

공간정보의 구축 및 관리 등에 관한 법령상 등록전환을 신청할 수 있는 경우가 아닌 것은?

① 「건축법」에 따른 건축신고를 한 경우
② 도시·군관리계획선에 따라 토지를 분할하는 경우
③ 「산지관리법」에 따른 산지일시사용허가를 받은 경우
④ 지적도에 등록된 토지가 사실상 형질변경되었으나 지목변경을 할 수 없는 경우
⑤ 대부분의 토지가 등록전환되어 나머지 토지를 임야도에 계속 존치하는 것이 불합리한 경우

30 ①②③

공간정보의 구축 및 관리 등에 관한 법령상 지목에 관한 설명으로 옳은 것을 모두 고른 것은?

> ㄱ. 지목의 설정은 필지마다 하나의 지목을 설정하는 방법으로 한다.
> ㄴ. 송유시설의 부지는 지목을 잡종지로 한다.
> ㄷ. 건축물의 용도가 변경된 경우는 지목변경을 신청할 수 없다.
> ㄹ. 지적소관청은 지목변경을 하려면 시·도지사의 승인을 받아야 한다.

① ㄱ, ㄴ
② ㄱ, ㄷ
③ ㄷ, ㄹ
④ ㄱ, ㄴ, ㄹ
⑤ ㄴ, ㄷ, ㄹ

31 ①②③

공간정보의 구축 및 관리 등에 관한 법령상 토지소유자에 관한 설명으로 옳은 것은?

① 토지대장에 토지소유자의 주민등록번호는 등록하지 않는다.
② 공유지연명부의 등록사항에 토지소유자의 변경 원인은 포함되지 않는다.
③ 토지의 이동(異動)이 있는 경우에도 토지소유자의 신청이 없으면 지적소관청은 지적공부에 등록하는 지목 또는 경계를 직권으로 결정할 수 없다.
④ 지적공부에 등록된 토지가 바다로 된 경우 토지소유자는 지적공부의 등록말소 신청을 할 수 없다.
⑤ 공공사업에 따라 지목이 도로가 되는 토지를 합병하려는 경우 토지소유자가 하여야 할 합병신청을 해당 사업의 시행자가 대신할 수 있다.

32 ①②③

부동산등기법령상 대표자나 관리인이 있는 법인 아닌 사단(이하 '비법인사단')에 속하는 부동산의 등기에 관한 설명으로 옳은 것은?

① 등기에 관하여는 비법인사단의 대표자나 관리인을 등기권리자 또는 등기의무자로 한다.
② 비법인사단의 부동산등기용등록번호는 소재지 관할 등기소의 등기관이 부여한다.
③ 권리에 관한 등기를 비법인사단의 명의로 할 때에는 그 대표자나 관리인의 성명, 주소를 등기사항으로 기록하지 않아도 된다.
④ 비법인사단은 사용자등록을 하고 등기에 관하여 전자신청을 할 수 있다.
⑤ 비법인사단의 대표자나 관리인이 등기를 신청한 경우 등기관은 등기를 마치면 그 대표자나 관리인에게 등기필정보를 통지한다.

33 ①②③

부동산등기법령상 권리에 관한 등기에 관한 설명으로 옳은 것은?

① 임차권을 정지조건부로 설정하는 청구권을 보전하려는 경우에도 가등기를 할 수 있다.
② 등기관이 등기를 마친 후 그 등기가 신청할 권한이 없는 자가 신청한 것임을 발견한 때에는 등기를 직권말소한다는 뜻을 통지하여야 한다.
③ 환매특약등기는 이해관계 있는 제3자의 승낙이 없는 경우 부기로 할 수 없다.
④ 미등기의 토지에 대해 매매계약서에 의하여 소유권을 증명하는 자는 그 토지에 관한 소유권보존등기를 신청할 수 있다.
⑤ 등기관이 직권으로 등기를 말소한 처분에 대하여 관할 법원에 이의를 신청하면 등기말소처분은 효력이 정지된다.

34 ☐1 ☐2 ☐3

부동산등기법령상 등기사무에 관한 설명으로 옳지 않은 것은?

① 등기관은 접수번호의 순서에 따라 등기사무를 처리하여야 한다.

② 등기관은 등기사무를 처리한 때에는 등기사무를 처리한 등기관이 누구인지 알 수 없도록 조치하여야 한다.

③ 토지등기부와 건물등기부는 영구히 보존하여야 한다.

④ 등기부를 편성할 때 1동의 건물을 구분한 건물에 있어서는 1동의 건물에 속하는 전부에 대하여 1개의 등기기록을 사용한다.

⑤ 폐쇄한 등기기록의 열람 청구는 관할 등기소가 아닌 등기소에 대하여도 할 수 있다.

35 ☐1 ☐2 ☐3

부동산등기법령상 구분건물에 대한 등기에 관한 설명으로 옳지 않은 것은?

① 등기관은 구분건물인 경우 건물 등기기록의 표제부에 도면의 번호를 기록하여야 한다.

② 구분건물이 속하는 1동 전부가 멸실된 경우에는 그 구분건물의 소유권의 등기명의인은 1동의 건물에 속하는 다른 구분건물의 소유권의 등기명의인을 대위하여 1동 전부에 대한 멸실등기를 신청할 수 있다.

③ 1동의 건물에 속하는 구분건물 중 일부만에 관하여 소유권보존등기를 신청하는 경우에는 나머지 구분건물의 표시에 관한 등기를 동시에 신청하여야 한다.

④ 대지권이 등기된 구분건물의 등기기록에는 건물만에 관한 저당권설정등기를 할 수 있다.

⑤ 구분건물에 대하여는 전유부분마다 부동산고유번호를 부여한다.

36 ☐1 ☐2 ☐3

동산 · 채권 등의 담보에 관한 법령상 담보등기에 관한 설명으로 옳은 것은?

① 장래에 취득할 동산은 특정할 수 있는 경우에도 이를 목적으로 담보등기를 할 수 없다.

② 등기명의인 표시의 변경의 등기는 등기명의인 단독으로 신청할 수 있다.

③ 담보권자가 담보권의 존속기간을 갱신하려면 그 존속기간 만료 전후 1개월 내에 연장등기를 신청하여야 한다.

④ 포괄승계로 인한 등기는 등기권리자 또는 등기의무자 단독으로 신청할 수 있다.

⑤ 담보목적물인 동산이 멸실된 경우 그 말소등기의 신청은 담보권설정자가 하여야 한다.

37 ☐1 ☐2 ☐3

도시 및 주거환경정비법령상 정비사업에 관한 설명으로 옳은 것은?

① 재개발사업이란 정비기반시설은 양호하나 노후 · 불량건축물에 해당하는 공동주택이 밀집한 지역에서 주거환경을 개선하기 위한 사업을 말한다.

② 재건축사업의 경우 정비구역의 지정권자는 하나의 정비구역을 둘 이상의 정비구역으로 분할하여 지정할 수 없다.

③ 재건축사업은 관리처분계획에 따라 건축물을 공급하거나 환지로 공급하는 방법으로 한다.

④ 재개발사업의 시행자가 작성하는 사업시행계획서에는 임시거주시설을 포함한 주민이주대책이 포함되어야 한다.

⑤ 토지등소유자가 20인 미만인 경우에는 토지등소유자가 직접 재개발사업을 시행할 수 없다.

38 [1][2][3]

도시 및 주거환경정비법령상 주택재개발조합이 조합설립인가를 받은 사항 중 시장·군수등에게 신고하고 변경할 수 있는 사항을 모두 고른 것은? (단, 정관 및 조례는 고려하지 않음)

ㄱ. 착오임이 명백한 사항
ㄴ. 토지의 매매로 조합원의 권리가 이전된 경우의 조합원의 교체
ㄷ. 정비구역의 면적이 15퍼센트 변경됨에 따라 변경되어야 하는 사항
ㄹ. 조합의 명칭

① ㄱ, ㄴ
② ㄴ, ㄷ
③ ㄷ, ㄹ
④ ㄱ, ㄴ, ㄹ
⑤ ㄱ, ㄷ, ㄹ

39 [1][2][3]

도시 및 주거환경정비법령상 정비구역에 관한 설명으로 옳은 것은?

① 광역시의 군수가 정비계획을 입안한 경우에는 직접 정비구역을 지정할 수 있다.
② 정비구역에서 건축물의 용도만을 변경하는 경우에는 따로 시장·군수등의 허가를 받지 않아도 된다.
③ 재개발사업을 시행하는 지정개발자가 사업시행자 지정일부터 3년이 되는 날까지 사업시행계획인가를 신청하지 않은 경우 해당 정비구역을 해제하여야 한다.
④ 토지등소유자는 공공재개발사업을 추진하려는 경우 정비계획의 입안권자에게 정비계획의 입안을 제안할 수 있다.
⑤ 정비구역이 해제된 경우에도 정비계획으로 변경된 용도지역, 정비기반시설 등은 정비구역 지정 이후의 상태로 존속한다.

40 [1][2][3]

도시 및 주거환경정비법령상 재건축사업의 관리처분계획에 관한 설명으로 옳은 것은?

① 관리처분계획에 포함될 분양대상자별 분양예정인 건축물의 추산액을 평가하기 위하여 시장·군수등이 선정·계약한 감정평가법인등을 변경하는 경우에는 조합총회의 의결을 거치지 않아도 된다.
② 토지등소유자에 대한 사업시행자의 매도청구에 대한 판결에 따라 관리처분계획을 변경하는 경우에는 시장·군수등의 변경인가를 받아야 한다.
③ 사업시행자는 관리처분계획이 인가·고시된 날부터 90일 이내에 분양신청을 하지 않은 자와 손실보상에 관한 협의를 하여야 한다.
④ 관리처분계획에 포함되는 세입자별 손실보상을 위한 권리명세 및 그 평가액은 시장·군수등이 선정한 2인 이상의 감정평가법인등이 평가한 금액을 산술평균하여 산정한다.
⑤ 시장·군수등이 직접 관리처분계획을 수립하는 경우에는 토지등소유자의 공람 및 의견청취 절차를 생략할 수 있다.

제5과목 | 회계학

※ 아래의 문제들에서 특별한 언급이 없는 한 기업의 보고기간(회계기간)은 매년 1월 1일부터 12월 31일까지이다. 또한, 기업은 주권상장법인으로 계속해서 한국채택국제회계기준(K-IFRS)을 적용해오고 있다고 가정한다. 단, 자료에서 제시한 모든 항목과 금액은 중요하며, 자료에서 제시한 것 이외의 사항은 고려하지 않고 답한다. 예를 들어, 법인세에 대한 언급이 없으면 법인세 효과는 고려하지 않는다.

01 ☐1☐2☐3

재무보고를 위한 개념체계에 관한 설명으로 옳지 않은 것은?

① 경제적효익의 유입가능성이나 유출가능성이 낮더라도 자산이나 부채가 존재할 수 있다.

② 부채가 발생하거나 인수할 때의 역사적 원가는 발생시키거나 인수하면서 수취한 대가에서 거래원가를 가산한 가치이다.

③ 매각이나 소비되는 자산의 원가에 대한 정보와 수취한 대가에 대한 정보는 예측가치를 가질 수 있다.

④ 가격 변동이 유의적일 경우, 현행원가를 기반으로 한 이익은 역사적 원가를 기반으로 한 이익보다 미래 이익을 예측하는데 더 유용할 수 있다.

⑤ 합리적인 추정의 사용은 재무정보 작성의 필수적인 부분이며 추정치를 명확하고 정확하게 기술하고 설명한다면 정보의 유용성을 훼손하지 않는다.

02 ☐1☐2☐3

재무제표 표시에 관한 설명으로 옳은 것은?

① 기업이 재무상태표에 유동자산과 비유동자산, 그리고 유동부채와 비유동부채로 구분하여 표시하는 경우, 이연법인세자산은 유동자산으로 분류한다.

② 한국채택국제회계기준을 준수하여 작성된 재무제표는 국제회계기준을 준수하여 작성된 재무제표임을 주석으로 공시할 수 있다.

③ 환경 요인이 유의적인 산업에 속해 있는 경우나 종업원이 재무제표이용자인 경우 재무제표 이외에 환경보고서나 부가가치보고서도 한국채택국제회계기준을 적용하여 작성한다.

④ 부적절한 회계정책은 이에 대하여 공시나 주석 또는 보충자료를 통해 설명하여 정당화될 수 있다.

⑤ 당기손익과 기타포괄손익은 별개의 손익계산서가 아닌 단일의 포괄손익계산서로 작성되어야 한다.

03 　1 2 3

(주)감평의 20×1년 기말재고자산에 대한 자료가 다음과 같다.

항목	원가	확정판매 계약가격	일반판매 가격	현행대체 원가
제품 A	₩1,000	₩900	₩950	–
제품 B	1,200	–	1,250	–
원재료 A	1,100	–	–	₩1,000
원재료 B	1,000	–	–	900

- 제품 A는 모두 확정판매계약을 이행하기 위하여 보유하고 있으며, 제품 A와 제품 B는 판매시 계약가격 또는 일반판매가격의 10%에 해당하는 판매비용이 소요될 것으로 예상된다.
- 원재료 A를 이용하여 생산하는 제품은 원가 이상으로 판매될 것으로 예상된다.
- 원재료 B를 이용하여 생산하는 제품의 원가는 순실현가능가치를 초과할 것으로 예상된다.

모든 재고자산에 대해 항목별기준을 적용할 때 20×1년도에 인식할 재고자산평가손실은? (단, 재고자산감모는 발생하지 않았으며, 기초재고자산평가충당금은 없다.)

① ₩300
② ₩335
③ ₩350
④ ₩365
⑤ ₩380

04 　1 2 3

(주)감평은 재고자산을 원가기준 선입선출소매재고법으로 측정한다. 20×1년 재고자산 자료가 다음과 같을 때, 매출원가는? (단, 평가손실과 감모손실은 발생하지 않았다.)

항목	원가	판매가
기초재고액	₩1,000	₩1,500
당기매입액	9,000	11,500
인상액	–	1,400
인상취소액	–	800
인하액	–	700
인하취소액	–	600
당기매출액	–	9,500

① ₩6,800
② ₩7,000
③ ₩7,160
④ ₩7,315
⑤ ₩7,375

05 　1 2 3

(주)감평은 20×1년 초 종업원 100명에게 각각 현금결제형 주가차액보상권 10개씩을 3년의 용역조건으로 부여하였다. 20×1년에 실제로 5명이 퇴사하였으며, 20×2년에 8명, 20×3년에 12명이 각각 추가로 퇴사할 것으로 추정하였다. 20×2년에는 실제로 7명이 퇴사하였고, 20×3년에 추가로 15명이 퇴사할 것으로 추정하였으며, 20×3년 말 최종가득자는 75명, 권리행사자는 40명이다. 주가차액보상권의 공정가치가 각각 20×1년 말 ₩14, 20×2년 말 ₩15, 20×3년 말 ₩17이고, 20×3년 말 내재가치는 ₩16일 때, 동 주가차액보상권과 관련하여 20×3년 인식할 보상비용(순액)은?

① ₩5,050
② ₩5,450
③ ₩5,950
④ ₩6,400
⑤ ₩6,800

06 ☐1☐2☐3

(주)감평의 20×1년도 재무제표 및 자본 관련 자료가 다음과 같을 때 총자산이익률은? (단, 총자산이익률 계산시 평균자산을 이용한다.)

• 기초자산	₩10,000	• 기말자산	₩11,000
• 기초부채	9,000	• 기말부채	9,500
• 무상증자 실시	₩250	• 주식배당 결의	₩100
• 자기주식 취득	150	• 현금배당 결의	165
• 당기순이익 발생	?	• 기타포괄이익 발생	80

① 7%

② 9%

③ 11%

④ 13%

⑤ 15%

07 ☐1☐2☐3

20×1년 초 설립된 (주)감평의 20×1년 주식과 관련된 자료가 다음과 같다.

- 20×1년 초 유통보통주식수: 3,000주
- 4월 초 모든 주식에 대하여 10% 무상증자 실시
- 7월 초 전환사채의 보통주 전환: 900주
- 10월 초 주주우선배정 방식으로 보통주 1,000주 유상증자 실시(발행금액: 주당 ₩2,000, 증자 직전 주식의 공정가치: 주당 ₩2,500)

무상신주는 원구주에 따르고, 유상증자대금은 10월 초 전액 납입완료되었을 때, 20×1년 가중평균유통보통주식수는? (단, 유통보통주식수는 월할계산한다.)

① 3,796주

② 3,875주

③ 4,000주

④ 4,082주

⑤ 4,108주

08 ☐1☐2☐3

(주)감평은 20×1년부터 20×3년까지 매년 말 다음과 같이 기말재고자산을 과소 또는 과대계상하였으며 오류수정 전 20×2년도와 20×3년도의 당기순이익은 각각 ₩200과 ₩250이다. 20×3년도 장부가 마감되기 전 오류를 발견하고 해당 오류가 중요하다고 판단하였을 경우, 오류수정 후 20×3년도 당기순이익은?

20×1년도	20×2년도	20×3년도
₩30 과소계상	₩10 과소계상	₩20 과대계상

① ₩190

② ₩220

③ ₩230

④ ₩240

⑤ ₩250

09 ☐1☐2☐3

20×1년 초 설립된 (주)감평의 자본계정은 다음과 같으며, 설립 후 20×3년 초까지 자본금 변동은 없었다. 우선주에 대해서는 20×1년도에 배당가능이익이 부족하여 배당금을 지급하지 못한 (주)감평이 20×3년 초 ₩500의 현금배당을 결의하였을 때, 우선주에 배분될 배당금은?

- 보통주 자본금: 액면금액 ₩20, 발행주식수 200주(배당률 4%)
- 우선주 자본금: 액면금액 ₩20, 발행주식수 50주(누적적, 완전참가적, 배당률 5%)

① ₩100

② ₩108

③ ₩140

④ ₩148

⑤ ₩160

10 ①②③

20×1년 초 설립된 (주)감평은 커피머신 1대를 이전(₩300)하면서 2년간 일정량의 원두를 공급(₩100)하기로 하는 계약을 체결하여 약속을 이행하고 현금 ₩400을 수령하였다. 이 계약이 고객과의 계약에서 생기는 수익의 기준을 모두 충족할 때 수익 인식 5단계 과정에 따라 순서대로 옳게 나열한 것은? (단, 거래가격의 변동 요소는 고려하지 않는다.)

ㄱ. 거래가격을 ₩400으로 산정
ㄴ. 고객과의 계약에 해당하는지 식별
ㄷ. 거래가격 ₩400을 커피머신 1대 이전에 대한 수행의무 1(₩300)과 2년간 원두공급에 대한 수행의무 2(₩100)에 배분
ㄹ. 커피머신 1대 이전의 수행의무 1과 2년간 원두 공급의 수행의무 2로 수행의무 식별
ㅁ. 수행의무 1(₩300)은 커피머신이 인도되는 시점에 수익을 인식하며, 수행의무 2(₩100)는 2년간 기간에 걸쳐 수익인식

① ㄱ → ㄴ → ㄷ → ㄹ → ㅁ
② ㄴ → ㄱ → ㅁ → ㄷ → ㄹ
③ ㄴ → ㄹ → ㄱ → ㄷ → ㅁ
④ ㅁ → ㄷ → ㄱ → ㄴ → ㄹ
⑤ ㅁ → ㄹ → ㄴ → ㄱ → ㄷ

11 ①②③

(주)감평은 20×1년 1월 1일에 액면금액 ₩1,000(표시이자율: 연 5%, 이자지급일: 매년 12월 31일, 만기: 20×3년 12월 31일)인 사채를 발행하였다. 발행 당시 유효이자율은 연 10%이고, 사채의 발행금액은 ₩876이다. (주)감평은 동 사채의 일부를 20×2년 6월 30일에 조기상환(상환가액 ₩300, 사채상환이익 ₩84)했다. (주)감평의 20×2년 말 재무상태표 상 사채 장부금액(순액)은? (단, 화폐금액은 소수점 첫째 자리에서 반올림하며, 단수차이로 인한 오차는 가장 근사치를 선택한다.)

① ₩400　　② ₩474
③ ₩500　　④ ₩574
⑤ ₩650

12 ①②③

(주)감평은 20×1년 1월 1일 다음과 같은 조건의 비분리형 신주인수권부사채를 액면발행하였다.

- 액면금액: ₩1,000
- 표시이자율: 연 5%
- 사채발행시 신주인수권이 부여되지 않은 일반사채의 시장이자율: 연 12%
- 이자지급일: 매년 12월 31일
- 행사가격: 1주당 ₩200
- 발행주식의 액면금액: 1주당 ₩100
- 만기상환일: 20×3년 12월 31일
- 상환조건: 신주인수권 미행사시 상환기일에 액면금액의 113.5%를 일시상환

20×2년 초 상기 신주인수권의 60%가 행사되어 3주가 발행되었다. 20×2년 초 상기 신주인수권의 행사로 인해 증가하는 (주)감평의 주식발행초과금은? (단, 신주인수권 행사시 신주인수권대가는 주식발행초과금으로 대체한다. 화폐금액은 소수점 첫째자리에서 반올림하며, 단수차이로 인한 오차는 가장 근사치를 선택한다.)

기간	단일금액 ₩1의 현재가치		정상연금 ₩1의 현재가치	
	5%	12%	5%	12%
1	0.9524	0.8928	0.9524	0.8928
2	0.9070	0.7972	1.8594	1.6900
3	0.8638	0.7118	2.7232	2.4018

① ₩308
② ₩335
③ ₩365
④ ₩408
⑤ ₩435

13 ☐1☐2☐3

20×1년 초 설립된 (주)감평은 우유생산을 위하여 20×1년 2월 1일 어미 젖소 2마리(1마리당 순공정 가치 ₩1,500)를 1마리당 ₩1,500에 취득하였으며, 관련 자료는 다음과 같다.

- 20×1년 12월 27일 처음으로 우유 100리터(l)를 생산 하였으며, 동 일자에 생산된 우유 1리터(l)당 순공정가 치는 ₩10이다.
- 20×1년 12월 28일 (주)감평은 생산된 우유 100리터(l) 전부를 거래처인 (주)대한에 1리터(l)당 ₩12에 판매하 였다.
- 20×1년 12월 29일 송아지 1마리가 태어났다. 이 시점 의 송아지 순공정가치는 1마리당 ₩300이다.
- 20×1년 말 어미 젖소와 송아지의 수량 변화는 없으며, 기말 현재 어미 젖소의 순공정가치는 1마리당 ₩1,600 이고 송아지의 순공정가치는 1마리당 ₩250이다.

(주)감평의 20×1년도 포괄손익계산서 상 당기순이 익 증가액은?

① ₩1,000   ② ₩1,350

③ ₩1,500   ④ ₩1,650

⑤ ₩2,000

14 ☐1☐2☐3

(주)감평은 20×1년 초 A사 주식 10주(보통주, @₩100)를 수수료 ₩100을 포함한 ₩1,100에 취득하여 당기손익−공정가치측정 금융자산으로 분류하였다. ㈜감평은 20×2년 7월 1일 A사 주식 5주를 1주당 ₩120에 매각하고, 거래수수료로 매각대금의 3%와 거래세로 매각대금의 2%를 각각 지급하였다. A사 주식의 1주당 공정가치는 20×1년 말 ₩90이고, 20×2년 말 ₩110일 때, (주)감평의 20×2년도 포괄손익계산서의 당기순이익 증가액은?

① ₩0
② ₩100
③ ₩140
④ ₩180
⑤ ₩220

15 ☐1☐2☐3

리스제공자 입장에서 일반적으로 금융리스로 분류 될 수 있는 조건이 **아닌** 것은?

① 리스기간 종료시점에 기초자산의 소유권을 그 시점의 공정가치에 해당하는 변동 지급액으로 이전하는 경우
② 기초자산의 소유권이 이전되지는 않더라도 리스기간이 기초자산의 경제적 내용연수의 상당 부분(major part)을 차지하는 경우
③ 리스약정일 현재, 리스료의 현재가치가 적어도 기초자산 공정가치의 대부분에 해당하는 경우
④ 기초자산이 특수하여 해당 리스이용자만이 주요한 변경 없이 사용할 수 있는 경우
⑤ 리스이용자가 선택권을 행사할 수 있는 날의 공정가치보다 충분히 낮을 것으로 예상되는 가격으로 기초자산을 매수할 수 있는 선택권을 가지고 있고, 그 선택권을 행사할 것이 리스약 정일 현재 상당히 확실한 경우

16 ☐1☐2☐3

충당부채를 인식할 수 있는 상황을 모두 고른 것은? (단, 금액은 모두 신뢰성 있게 측정할 수 있다.)

- ㄱ. 법률에 따라 항공사의 항공기를 3년에 한 번씩 정밀 하게 정비하도록 하고 있는 경우
- ㄴ. 새로운 법률에 따라 매연 여과장치를 설치하여야 하 는데, 기업은 지금까지 매연 여과장치를 설치하지 않 은 경우
- ㄷ. 법적규제가 아직 없는 상태에서 기업이 토지를 오염 시켰지만, 이에 대한 법률 제정이 거의 확실한 경우
- ㄹ. 기업이 토지를 오염시킨 후 법적의무가 없음에도 불 구하고 오염된 토지를 정화한다는 방침을 공표하고 준수하는 경우

① ㄱ, ㄴ
② ㄱ, ㄷ
③ ㄴ, ㄷ
④ ㄴ, ㄹ
⑤ ㄷ, ㄹ

17 ①②③

(주)감평은 20×1년 초 토지 A(취득원가 ₩1,000)와 토지 B(취득원가 ₩2,000)를 각각 취득하고, 재평가모형을 적용하였다. 동 2건의 토지에 대하여 공정가치가 다음과 같을 때, 각 연도별 당기순이익 또는 기타포괄이익에 미치는 영향으로 옳은 것은? (단, 토지에 대한 재평가잉여금의 일부를 이익잉여금으로 대체하지 않는다.)

	20×1년 말	20×2년 말	20×3년 말
토지 A	₩1,100	₩950	₩920
토지 B	1,700	2,000	2,100

① 20×1년 말 토지 A로부터 당기순이익 ₩100이 증가한다.

② 20×2년 말 토지 A로부터 당기순이익 ₩150이 감소한다.

③ 20×2년 말 토지 B로부터 기타포괄이익 ₩300이 증가한다.

④ 20×3년 말 토지 A로부터 기타포괄이익 ₩30이 감소한다.

⑤ 20×3년 말 토지 B로부터 기타포괄이익 ₩100이 증가한다.

18 ①②③

(주)감평은 (주)대한이 발행한 사채(발행일 20×1년 1월 1일, 액면금액 ₩1,000, 표시이자율 연 8%, 매년 말 이자지급, 20×4년 12월 31일에 일시상환)를 20×1년 1월 1일에 사채의 발행가액으로 취득하였다(취득 시 신용이 손상되어 있지 않음). (주)감평은 취득한 사채를 상각후원가로 측정하는 금융자산으로 분류하였으며, 사채발행시점의 유효이자율은 연 10%이다. (주)감평은 (주)대한으로부터 20×1년도 이자 ₩80은 정상적으로 수취하였으나 20×1년 말에 상각후원가로 측정하는 금융자산의 신용이 손상되었다고 판단하였다. (주)감평은 채무불이행을 고려하여 20×2년부터 20×4년까지 현금흐름에 대해 매년말 수취할 이자는 ₩50, 만기에 수취할 원금은 ₩800으로 추정하였다. (주)감평의 20×1년도 포괄손익계산서의 당기순이익에 미치는 영향은? (단, 화폐금액은 소수점 첫째자리에서 반올림하며, 단수차이로 인한 오차는 가장 근사치를 선택한다.)

기간	단일금액 ₩1의 현재가치		정상연금 ₩1의 현재가치	
	8%	10%	8%	10%
3	0.7938	0.7513	2.5771	2.4868
4	0.7350	0.6830	3.3120	3.1698

① ₩94 감소

② ₩94 증가

③ ₩132 감소

④ ₩226 감소

⑤ ₩226 증가

(주)감평은 20×1년 1월 1일에 액면금액 ₩900, 표시이자율 연 5%, 매년 말 이자를 지급하는 조건의 사채(매년 말에 액면금액 ₩300씩을 상환하는 연속상환사채)를 발행하였다. 사채발행 당시의 유효이자율은 연 6%이다. (주)감평의 20×2년 말 재무상태표상 사채의 장부금액(순액)은? (단, 화폐금액은 소수점 첫째자리에서 반올림하며, 단수차이로 인한 오차는 가장 근사치를 선택한다.)

기간	단일금액 ₩1의 현재가치		정상연금 ₩1의 현재가치	
	5%	6%	5%	6%
1	0.9524	0.9434	0.9524	0.9434
2	0.9070	0.8900	1.8594	1.8334
3	0.8638	0.8396	2.7232	2.6730

① ₩298

② ₩358

③ ₩450

④ ₩550

⑤ ₩592

특수관계자 공시에 관한 설명으로 옳지 않은 것은?

① 보고기업에 유의적인 영향력이 있는 개인이나 그 개인의 가까운 가족은 보고기업의 특수관계자로 보며, 이 때 개인의 가까운 가족의 범위는 자녀 및 배우자로 한정한다.

② 지배기업과 종속기업 사이의 관계는 거래의 유무에 관계없이 공시한다.

③ 특수관계자거래가 있는 경우, 재무제표에 미치는 특수관계의 잠재적 영향을 파악하는 데 필요한 거래, 채권·채무 잔액에 대한 정보뿐만 아니라 특수관계의 성격도 공시한다.

④ 기업의 재무제표에 미치는 특수관계자거래의 영향을 파악하기 위하여 분리하여 공시할 필요가 있는 경우를 제외하고는 성격이 유사한 항목은 통합하여 공시할 수 있다.

⑤ 지배기업과 최상위 지배자가 일반이용자가 이용할 수 있는 연결재무제표를 작성하지 않는 경우에는 일반이용자가 이용할 수 있는 연결재무제표를 작성하는 가장 가까운 상위의 지배기업의 명칭도 공시한다.

21 ☐1☐2☐3

(주)감평은 20×1년 1월 1일에 달러표시 사채(액면금액 $1,000)를 $920에 할인발행하였다. 동 사채는 매년 12월 31일에 액면금액의 연 3% 이자를 지급하며, 20×3년 12월 31일에 일시상환한다. 사채발행일 현재 유효이자율은 연 6%이다. 환율이 다음과 같을 때, (주)감평의 20×1년도 포괄손익계산서의 당기순이익에 미치는 영향은? (단, (주)감평의 기능통화는 원화이다. 화폐금액은 소수점 첫째자리에서 반올림하며, 단수차이로 인한 오차는 가장 근사치를 선택한다.)

	20×1.1.1.	20×1.12.31.	20×1년 평균
환율(₩/$)	1,300	1,250	1,280

① ₩400 감소   ② ₩400 증가

③ ₩37,500 증가   ④ ₩60,000 감소

⑤ ₩70,000 감소

22 ☐1☐2☐3

(주)감평은 20×1년 초 유형자산인 기계장치를 ₩50,000에 취득(내용연수 5년, 잔존가치 ₩0, 정액법 상각)하여 사용하고 있다. 20×2년 중 자산손상의 징후를 발견하고 손상차손을 인식하였으나 20×3년 말 손상이 회복되었다고 판단하였다. 동 기계장치의 순공정가치와 사용가치가 다음과 같을 때, 20×2년 말 인식할 손상차손(A)과 20×3년 말 인식할 손상차손환입액(B)은? (단, 동 기계장치는 원가모형을 적용한다.)

구분	순공정가치	사용가치
20×2년 말	₩15,000	₩18,000
20×3년 말	21,000	17,000

	A	B
①	₩12,000	₩8,000
②	₩12,000	₩9,000
③	₩15,000	₩8,000
④	₩15,000	₩9,000
⑤	₩15,000	₩12,000

23 ☐1☐2☐3

도소매업을 영위하는 (주)감평은 20×1년 초 건물을 취득(취득원가 ₩10,000, 내용연수 5년, 잔존가치 ₩0, 정액법 상각)하였다. 공정가치가 다음과 같을 때, (주)감평이 동 건물을 유형자산으로 분류하고 재평가모형을 적용하였을 경우(A)와 투자부동산으로 분류하고 공정가치모형을 적용한 경우(B), 20×2년 당기순이익에 미치는 영향은?

구분	20×1년 말	20×2년 말
공정가치	₩9,000	₩11,000

	A	B
①	영향없음	₩1,000 증가
②	₩2,250 감소	₩1,000 증가
③	₩2,250 감소	₩2,000 증가
④	₩2,000 감소	₩2,000 증가
⑤	₩2,000 증가	영향없음

24 ☐1☐2☐3

(주)감평은 20×1년 초 유류저장고(취득원가 ₩13,000, 내용연수 5년, 잔존가치 ₩1,000, 정액법 상각)를 취득하고 원가모형을 적용하였다. 동 설비는 내용연수가 종료되면 원상 복구해야 할 의무가 있으며, 복구시점에 ₩3,000이 소요될 것으로 예상된다. 이는 충당부채의 인식요건을 충족하며, 복구원가에 적용할 할인율이 연 7%일 경우 동 유류저장고와 관련하여 20×1년도 포괄손익계산서에 인식할 비용은? (단, 단일금액 ₩1의 현가계수(5년, 7%)는 0.7130이며, 화폐금액은 소수점 첫째자리에서 반올림하고 단수차이로 인한 오차는 가장 근사치를 선택한다.)

① ₩2,139

② ₩2,828

③ ₩2,978

④ ₩4,208

⑤ ₩6,608

25 ⬚1⬚2⬚3

20×1년 1월 1일에 설립된 (주)감평은 확정급여제도를 운영하고 있다. 20×1년도 관련 자료가 다음과 같을 때, 20×1년 말 재무상태표의 기타포괄손익누계액에 미치는 영향은? (단, 확정급여채무 계산 시 적용하는 할인율은 연 10%이다.)

기초 확정급여채무의 현재가치	₩120,000
기초 사외적립자산의 공정가치	90,000
퇴직급여 지급액(사외적립자산에서 기말 지급)	10,000
당기 근무원가	60,000
사외적립자산에 기여금 출연(기말 납부)	20,000
기말 확정급여채무의 현재가치	190,000
기말 사외적립자산의 공정가치	110,000

① ₩2,000 감소
② ₩2,000 증가
③ 영향없음
④ ₩7,000 감소
⑤ ₩7,000 증가

26 ⬚1⬚2⬚3

생물자산에 관한 설명으로 옳지 <u>않은</u> 것은?

① 어떠한 경우에도 수확시점의 수확물은 공정가치에서 처분부대원가를 뺀 금액으로 측정한다.
② 수확 후 조림지에 나무를 다시 심는 원가는 생물자산의 원가에 포함된다.
③ 최초의 원가 발생 이후에 생물적 변환이 거의 일어나지 않는 경우 원가가 공정가치의 근사치가 될 수 있다.
④ 생물자산이나 수확물을 미래 일정시점에 판매하는 계약을 체결할 때, 공정가치는 시장에 참여하는 구매자와 판매자가 거래하게 될 현행시장의 상황을 반영하기 때문에 계약가격이 공정가치의 측정에 반드시 목적적합한 것은 아니다.
⑤ 생물자산이나 수확물을 유의적인 특성에 따라 분류하면 해당 자산의 공정가치 측정이 용이할 수 있을 것이다.

27 ⬚1⬚2⬚3

무형자산의 회계처리에 관한 설명으로 옳은 것을 모두 고른 것은?

> ㄱ. 경영자가 의도하는 방식으로 운용될 수 있으나 아직 사용하지 않고 있는 기간에 발생한 원가는 무형자산의 장부금액에 포함한다.
> ㄴ. 자산을 사용가능한 상태로 만드는데 직접적으로 발생하는 종업원 급여와 같은 직접 관련되는 원가는 무형자산의 원가에 포함한다.
> ㄷ. 최초에 비용으로 인식한 무형항목에 대한 지출은 그 이후에 무형자산의 원가를 신뢰성 있게 측정할 수 있다면 무형자산으로 인식할 수 있다.
> ㄹ. 새로운 지역에서 또는 새로운 계층의 고객을 대상으로 사업을 수행하는데서 발생하는 원가 등은 무형자산 원가에 포함하지 않는다.

① ㄱ, ㄴ
② ㄱ, ㄷ
③ ㄱ, ㄹ
④ ㄴ, ㄷ
⑤ ㄴ, ㄹ

28 ①②③

매각예정으로 분류된 비유동자산 또는 처분자산집단의 회계처리에 관한 설명으로 옳지 <u>않은</u> 것은?

① 매각예정으로 분류된 비유동자산(또는 처분자산집단)은 공정가치에서 처분부대원가를 뺀 금액과 장부금액 중 큰 금액으로 측정한다.

② 1년 이후에 매각될 것으로 예상된다면 처분부대원가는 현재가치로 측정하고, 기간 경과에 따라 발생하는 처분부대원가 현재가치의 증가분은 금융원가로서 당기손익으로 회계처리한다.

③ 매각예정으로 분류하였으나 중단영업의 정의를 충족하지 않는 비유동자산(또는 처분자산집단)을 재측정하여 인식하는 평가손익은 계속영업손익에 포함한다.

④ 비유동자산이 매각예정으로 분류되거나 매각예정으로 분류된 처분자산집단의 일부이면 그 자산은 감가상각(또는 상각)하지 아니한다.

⑤ 매각예정으로 분류된 처분자산집단의 부채와 관련된 이자와 기타 비용은 계속해서 인식한다.

29 ①②③

(주)감평은 20×1년 4월 1일 업무용 기계장치를 취득(취득원가 ₩61,000, 내용연수 5년, 잔존가치 ₩1,000)하여 정액법으로 감가상각하였다. (주)감평은 20×2년 10월 1일 동 기계장치의 감가상각방법을 연수합계법으로 변경하고 남은 내용연수도 3년으로 재추정하였으며, 잔존가치는 변경하지 않았다. 20×2년도 포괄손익계산서에 인식할 기계장치의 감가상각비는? (단, 동 기계장치는 원가모형을 적용하며, 감가상각은 월할계산한다.)

① ₩5,250
② ₩9,150
③ ₩12,200
④ ₩13,250
⑤ ₩14,250

30 ①②③

(주)감평과 (주)한국은 사용 중인 유형자산을 상호교환하여 취득하였다. 동 교환거래에서 (주)한국의 유형자산 공정가치가 (주)감평의 유형자산 공정가치보다 더 명백하며, (주)감평은 (주)한국으로부터 추가로 현금 ₩3,000을 수취하였다. 두 회사가 보유하고 있는 유형자산의 장부금액과 공정가치가 다음과 같을 때, (주)감평과 (주)한국이 인식할 유형자산처분손익은? (단, 두 자산의 공정가치는 신뢰성 있게 측정할 수 있으며, 상업적 실질이 있다.)

구분	(주)감평	(주)한국
장부금액(순액)	₩10,000	₩8,000
공정가치	9,800	7,900

   (주)감평   (주)한국
① 손실 ₩200   손실 ₩100
② 손실 ₩200   손실 ₩1,200
③ 이익 ₩200   이익 ₩900
④ 이익 ₩900   손실 ₩100
⑤ 이익 ₩900   손실 ₩1,200

31 ①②③

(주)감평은 정상원가계산제도를 채택하고 있으며, 20×1년 재고자산은 다음과 같다.

구분	기초	기말
직접재료	₩5,000	₩6,000
재공품	10,000	12,000
제품	7,000	5,000

20×1년 매출액 ₩90,000, 직접재료 매입액 ₩30,000, 직접노무원가 발생액은 ₩20,000이고, 시간당 직접노무원가는 ₩20이다. 직접노무시간을 기준으로 제조간접원가를 예정배부할 때 20×1년 제조간접원가 예정배부율은? (단, 20×1년 매출총이익률은 30%이다.)

① ₩10
② ₩12
③ ₩14
④ ₩16
⑤ ₩18

32 ☐1 ☐2 ☐3

(주)감평은 두 개의 제조부문 P1, P2와 두 개의 보조부문 S1, S2를 통해 제품을 생산하고 있다. S1과 S2의 부문원가는 각각 ₩60,000과 ₩30,000이다. 다음 각 부문간의 용역수수 관계를 이용하여 보조부문원가를 직접배분법으로 제조부문에 배분할 때 P2에 배분될 보조부문원가는? (단, S1은 기계시간, S2는 kW에 비례하여 배분한다.)

사용 제공	제조부문		보조부문	
	P1	P2	S1	S2
S1	30기계시간	18기계시간	5기계시간	8기계시간
S2	160kW	240kW	80kW	50kW

① ₩18,000

② ₩22,500

③ ₩37,500

④ ₩40,500

⑤ ₩55,500

33 ☐1 ☐2 ☐3

(주)감평은 종합원가계산제도를 채택하고 있으며, 제품 X의 생산관련 자료는 다음과 같다.

구 분	물 량
기초재공품(전환원가 완성도)	60단위(70%)
당기착수량	300단위
기말재공품(전환원가 완성도)	80단위(50%)

직접재료는 공정 초에 전량 투입되고, 전환원가 (conversion cost, 또는 가공원가)는 공정 전반에 걸쳐 균등하게 발생한다. 품질검사는 전환원가(또는 가공원가) 완성도 80% 시점에 이루어지며, 당기에 품질검사를 통과한 합격품의 5%를 정상공손으로 간주한다. 당기에 착수하여 완성된 제품이 200단위일 때 비정상공손 수량은? (단, 재고자산의 평가방법은 선입선출법을 적용한다.)

① 7단위 ② 10단위
③ 13단위 ④ 17단위
⑤ 20단위

34 ☐1 ☐2 ☐3

(주)감평은 20×1년 초 영업을 개시하였으며, 표준원가계산제도를 채택하고 있다. 직접재료 kg당 실제 구입가격은 ₩5, 제품 단위당 직접재료 표준원가는 ₩6(2kg×₩3/kg)이다. 직접재료원가에 대한 차이분석결과 구입가격차이가 ₩3,000(불리), 능률차이가 ₩900(유리)이다. 20×1년 실제 제품 생산량이 800단위일 때, 기말 직접재료 재고수량은? (단, 기말재공품은 없다.)

① 50kg

② 100kg

③ 130kg

④ 200kg

⑤ 230kg

35 ☐1 ☐2 ☐3

(주)감평은 20×1년 초 영업을 개시하였으며, 제품 X를 생산·판매하고 있다. 재고자산 평가방법은 선입선출법을 적용하고 있으며, 20×1년 1분기와 2분기의 영업활동 결과는 다음과 같다.

구 분	1분기	2분기
생산량	500단위	800단위
전부원가계산에 의한 영업이익	₩7,000	₩8,500
변동원가계산에 의한 영업이익	5,000	6,000

1분기와 2분기의 판매량이 각각 400단위와 750단위일 때, 2분기에 발생한 고정제조간접원가는? (단, 각 분기별 단위당 판매가격, 단위당 변동원가는 동일하며, 재공품 재고는 없다.)

① ₩20,000

② ₩22,000

③ ₩24,000

④ ₩26,000

⑤ ₩30,000

36 ☐1☐2☐3

(주)감평은 결합공정을 거쳐 주산품 A, B와 부산품 F를 생산하여 주산품 A, B는 추가가공한 후 판매하고, 부산품 F의 회계처리는 생산시점에서 순실현가치법(생산기준법)을 적용한다. (주)감평의 당기 생산 및 판매 자료는 다음과 같다.

구분	분리점 이후 추가가공원가	추가가공 후 단위당 판매가격	생산량	판매량
A	₩1,000	₩60	100단위	80단위
B	200	30	140	100
F	500	30	50	40

결합원가 ₩1,450을 분리점에서의 순실현가능가치 기준으로 각 제품에 배분할 때 주산품 A의 매출총이익은? (단, 기초 재고자산은 없다.)

① ₩2,714
② ₩2,800
③ ₩2,857
④ ₩3,714
⑤ ₩3,800

37 ☐1☐2☐3

(주)감평은 제품 A를 생산하여 단위당 ₩1,000에 판매하고 있다. 제품 A의 단위당 변동원가는 ₩600, 총고정원가는 연 ₩30,000이다. (주)감평이 20×1년 법인세 차감후 순이익 ₩12,500을 달성하기 위한 제품 A의 판매수량은? (단, 법인세율은 ₩10,000 이하까지는 20%, ₩10,000 초과분에 대해서는 25%이다.)

① 85단위
② 95단위
③ 105단위
④ 115단위
⑤ 125단위

38 ☐1☐2☐3

(주)감평은 두 개의 사업부 X와 Y를 운영하고 있으며, 최저필수수익률은 10%이다. 20×1년 사업부 X와 Y의 평균영업자산은 각각 ₩70,000과 ₩50,000이다. 사업부 X의 투자수익률은 15%이고, 사업부 X의 잔여이익이 사업부 Y보다 ₩2,500 더 클 때 사업부 Y의 투자수익률은?

① 11%
② 12%
③ 13%
④ 14%
⑤ 15%

39 ☐1☐2☐3

(주)감평의 20×1년 말 재무상태표 매출채권 잔액은 ₩35,000이며, 이 중 ₩5,000은 11월 판매분이다. 매출채권은 판매한 달에 60%, 그 다음 달에 30%, 그 다음 다음 달에 10%가 회수되며, 판매한 달에 회수한 매출채권에 대해 5%를 할인해준다. 20×2년 1월 판매예산이 ₩100,000일 때, 1월 말의 예상 현금유입액은? (단, 매출은 전액 신용매출로 이루어진다.)

① ₩27,500
② ₩52,000
③ ₩62,500
④ ₩79,500
⑤ ₩84,500

40 ☐1☐2☐3

최신의 관리회계기법에 관한 설명으로 옳지 않은 것은?

① 목표원가는 목표가격에서 목표이익을 차감하여 결정한다.
② 카이젠원가계산은 제조이전단계에서의 원가절감에 초점을 맞추고 있다.
③ 균형성과표는 조직의 전략과 성과평가시스템의 연계를 강조하고 있다.
④ 품질원가의 분류에서 내부실패원가는 불량품의 재작업원가나 폐기원가 등을 말한다.
⑤ 제품수명주기원가계산은 단기적 의사결정보다는 장기적 의사결정에 더욱 유용하다.

2024년 제35회 감정평가사 1차 기출문제 정답 및 해설

제1교시 민법 / 경제학원론 / 부동산학원론

제2교시 감정평가관계법규 / 회계학

제1과목 | 민법

01	02	03	04	05	06	07	08	09	10
④	④	⑤	①	③	③	②	②	④	⑤
11	12	13	14	15	16	17	18	19	20
⑤	④	④	⑤	②	①	③	②	①	①
21	22	23	24	25	26	27	28	29	30
④	④	⑤	③	②	①	②	③	②	⑤
31	32	33	34	35	36	37	38	39	40
④	⑤	③	②	③	①	①	②	②	①

총평

민법은 작년 시험에 비해 다소 난이도가 상승하였다고 볼 수 있다. 기존에 출제되지 않았던 지엽적인 부분에서 출제되거나, 판례 문제 중에서도 최신 판례가 출제된 문제가 있었다. 작년에 비해 판례 문제의 비중이 높아지면서, 총론과 물권법의 중요 판례에 대한 정리는 필수적이라 할 수 있다. 기출 문제를 반복적으로 풀어보면서 판례 출제 문제를 정리해보는 것이 실력 향상에 도움이 될 것이다.
법과목 특성상 기본서에 수록된 판례는 관련 이론과 함께 전부 숙지해야 하고 법조문을 묻는 지문도 많으므로 평소 법조문 학습 역시 소홀히 해서는 안 될 것이다.

01 ★☆☆　　　　　　　　　　답 ④

[정답 해설]
④ 관습법이란 사회의 거듭된 관행으로 생성한 사회생활규범이 사회의 법적 확신과 인식에 의하여 법적 규범으로 승인·강행되기에 이르는 것을 말하고, 관습법은 바로 법원으로서 법령과 같은 효력을 갖는 관습으로서 '법령에 저촉되지 않는 한' 법칙으로서의 효력이 있다[80다3231].

[오답 해설]
① 헌법재판소의 결정은 법원 기타 국가기관과 지방자치단체를 기속하므로(헌재법 제47조, 제67조, 제75조), 그 결정내용이 민사에 관한 것인 한 민법의 법원으로 된다.
② 사실인 관습은 사적 자치가 인정되는 분야 즉 그 분야의 제정법이 주로 임의규정일 경우에는 법률행위의 해석기준으로 서 또는 의사를 보충하는 기능으로서 이를 재판의 자료로 할 수 있을 것이나 이 이외의 즉 그 분야의 제정법이 주로 강행규정일 경우에는 그 강행규정 자체에 결함이 있거나 강행규정 스스로가 관습에 따르도록 위임한 경우 등 이외에는 법적 효력을 부여할 수 없다[80다3231].
③ 공동선조의 후손 중 성년 남자만을 종중의 구성원으로 하고 여성은 종중의 구성원이 될 수 없다는 종래의 관습은, 공동선조의 분묘수호와 봉제사 등 종중의 활동에 참여할 기회를 출생에서 비롯되는 성별만에 의하여 생래적으로 부여하거나 원천적으로 박탈하는 것으로서, 위와 같이 변화된 우리의 전체 법질서에 부합하지 아니하여 정당성과 합리성이 있다고 할 수 없으므로, 종중 구성원의 자격을 성년 남자만으로 제한하는 종래의 관습법은 이제 더 이상 법적 효력을 가질 수 없게 되었다[2002다1178 전합].
⑤ 80다3231

02 ★★☆　　　　　　　　　　답 ④

[정답 해설]
④ 이른바 사정변경으로 인한 계약해제는, 계약성립 당시 당사자가 예견할 수 없었던 현저한 사정의 변경이 발생하였고 그러한 사정의 변경이 해제권을 취득하는 당사자에게 책임 없는 사유로 생긴 것으로서, 계약내용대로의 구속력을 인정한다면 신의칙에 현저히 반하는 결과가 생기는 경우에 계약준수 원칙의 예외로서 인정되는 것이고, 여기에서 말하는 사정이라 함은 계약의 기초가 되었던 객관적인 사정으로서, 일방당사자의 주관적 또는 개인적인 사정을 의미하는 것은 아니다. 또한, 계약의 성립에 기초가 되지 아니한 사정이 그 후 변경되어 일방당사자가 계약 당시 의도한 계약목적을 달성할 수 없게 됨으로써 손해를 입게 되었다 하더라도 특별한 사정이 없는 한 그 계약내용의 효력을 그대로 유지하는 것이 신의칙에 반한다고 볼 수도 없다[2004다31302].

[오답 해설]
① 96다47302
② 2002다63275
③ 2011다1330

⑤ 토지거래허가를 받지 아니하여 유동적 무효상태에 있는 계약이라고 하더라도 일단 거래허가신청을 하여 불허되었다면 특별한 사정이 없는 한, 불허된 때로부터는 그 거래계약은 확정적으로 무효가 된다고 보아야 할 것이고, 거래허가신청을 하지 아니하여 유동적 무효인 상태에 있던 거래계약이 확정적으로 무효가 된 경우에는 거래계약이 확정적으로 무효로 됨에 있어서 귀책사유가 있는 자라고 하더라도 그 계약의 무효를 주장하는 것이 신의칙에 반한다고 할 수는 없다고 할 것이다(이 경우 상대방은 그로 인한 손해의 배상을 청구할 수는 있다)[94다51789].

03 ★★★ 目 ⑤

[정답 해설]

ㄱ. [○] 의사능력이 없는 甲이 한 법률행위는 무효이다.

ㄴ. [○] 무능력자의 책임을 제한하는 제141조 단서 규정이 의사능력의 흠결을 이유로 법률행위가 무효가 되는 경우에도 유추적용된다[2008다58367 참고].

ㄷ. [○] 의사무능력자가 자신이 소유하는 부동산에 근저당권을 설정해 주고 금융기관으로부터 금원을 대출받아 이를 제3자에게 대여한 경우, 대출로써 받은 이익이 위 제3자에 대한 대여금채권 또는 부당이득반환채권의 형태로 현존하므로, 금융기관은 대출거래약정 등의 무효에 따른 원상회복으로서 위 대출금 자체의 반환을 구할 수는 없더라도 현존 이익인 위 채권의 양도를 구할 수 있다[2008다58367].

04 ★☆☆ 目 ①

[정답 해설]

① 법정대리인이 영업을 허락함에는 반드시 영업의 종류를 특정하여야 하며, 그 영업에 관한 행위에 대하여는 성년자와 동일한 행위능력이 인정된다(제8조 제1항). 따라서 그 영업에 관하여는 법정대리인의 동의권과 대리권이 모두 소멸한다. 한편 미성년자는 허락된 영업에 관하여는 소송능력도 갖게 된다.

[오답 해설]

② 제한능력자가 속임수를 써서 법률행위를 하는 경우에 상대방은 사기에 의한 의사표시임을 이유로 그 법률행위를 취소하거나(제110조) 또는 불법행위를 이유로 손해배상을 청구할 수도 있으나(제750조), 법은 더 나아가 보호가치 없는 제한능력자로부터 취소권을 박탈함으로써 상대방이 당초 예기한 대로의 효과를 발생케 하여 거래의 안전과 상대방을 보호하고 있다(제17조).

③ 제한능력자의 단독행위는 추인이 있을 때까지 상대방이 거절할 수 있다(제16조).

④ 가정법원은 피성년후견인이 단독으로 할 수 있는 법률행위의 범위를 정할 수 있고(제10조 제2항), 일정한 자의 청구에 의하여 그 범위를 변경할 수 있다(제10조 제3항).

⑤ 특정후견은 본인의 의사에 반하여 할 수 없다(제14조의2 제2항).

05 ★★★ 目 ③

[정답 해설]

ㄱ. [○] 대표이사가 대표이사로서의 업무 일체를 다른 이사 등에게 위임하고, 대표이사로서의 직무를 전혀 집행하지 않는 것은 그 자체가 이사의 직무상 충실 및 선관의무를 위반하는 행위에 해당한다[2002다70044].

ㄷ. [○] [1] 민법 제35조 제1항은 "법인은 이사 기타 대표자가 그 직무에 관하여 타인에게 가한 손해를 배상할 책임이 있다"라고 정한다. 여기서 '법인의 대표자'에는 그 명칭이나 직위 여하, 또는 대표자로 등기되었는지 여부를 불문하고 당해 법인을 실질적으로 운영하면서 법인을 사실상 대표하여 법인의 사무를 집행하는 사람을 포함한다고 해석함이 상당하다. [2] 甲 주택조합의 대표자가 乙에게 대표자의 모든 권한을 포괄적으로 위임하여 乙이 그 조합의 사무를 집행하던 중 불법행위로 타인에게 손해를 발생시킨 데 대하여 불법행위 피해자가 甲 주택조합을 상대로 민법 제35조에서 정한 법인의 불법행위책임에 따른 손해배상청구를 한 사안에서, …(중략)… 乙은 甲 주택조합을 실질적으로 운영하면서 법인을 사실상 대표하여 법인의 사무를 집행하는 사람으로서 민법 제35조에서 정한 '대표자'에 해당한다고 보아야 함에도, 乙이 甲 주택조합의 적법한 대표자 또는 대표기관이라고 볼 수 없다는 이유로 甲 주택조합에 대한 법인의 불법행위에 따른 손해배상청구를 배척한 원심판결에는 법리오해의 위법이 있다고 한 사례[2008다15438].

[오답 해설]

ㄴ. [×] 비법인사단에 대하여는 사단법인에 관한 민법 규정 가운데 법인격을 전제로 하는 것을 제외하고는 이를 유추적용하여야 하는데, 제62조에 비추어 보면 비법인사단의 대표자는 정관 또는 총회의 결의로 금지하지 아니한 사항에 한하여 타인으로 하여금 특정한 행위를 대리하게 할 수 있을 뿐 비법인사단의 제반 업무처리를 포괄적으로 위임할 수는 없으므로 비법인사단 대표자가 행한 타인에 대한 업무의 포괄적 위임과 그에 따른 포괄적 수임인의 대행행위는 제62조를 위반한 것이어서 비법인사단에 대하여 그 효력이 미치지 않는다[2008다15438].

06 ★★☆　　　　　　　　　　🔖 ③

정답 해설

③ 이사의 대표권 제한에 대한 정관의 기재는 효력요건이고 등기는 대항요건이다. 이사의 대표권에 대한 제한은 등기하지 아니하면 제3자에게 대항하지 못하는데(제60조) 학설로는 악의의 제3자는 공평의 원칙상 보호할 필요가 없다는 제한설과 문리해석상 선·악의를 불문하고 대항할 수 있다는 무제한설의 대립이 있다. 판례는 「대표권의 제한에 관한 규정은 이를 등기하지 않을 경우 상대방의 선·악의를 불문하고 상대방에게 대표권 제한으로 대항할 수 없다」는 입장이다(무제한설)[91다24564 참고].

오답 해설

① 법인이 대표기관을 통하여 법률행위를 한 때에는 대리에 관한 규정이 준용되므로 적법한 대표권을 가진 자와 맺은 법률행위의 효과는 대표자 개인이 아니라 본인인 법인에 귀속하고, 마찬가지로 그러한 법률행위상의 의무를 위반하여 발생한 채무불이행으로 인한 손해배상책임도 대표기관 개인이 아닌 법인만이 책임의 귀속주체가 되는 것이 원칙이다[2017다53265].

② 대표이사가 대표권의 범위 내에서 한 행위라도 회사의 영리목적과 관계없이 자기 또는 제3자의 이익을 도모할 목적으로 그 권한을 남용한 것이고, 그 행위의 상대방이 대표이사의 진의를 알았거나 알 수 있었을 때에는 회사에 대하여 무효가 된다[2005다3649].

④ 2017다53265 참고

⑤ 법인과 이사의 이익이 상반하는 사항에 관하여는 이사는 대표권이 없다. 이 경우에는 전조의 규정에 의하여 특별대리인을 선임하여야 한다(제64조).

07 ★☆☆　　　　　　　　　　🔖 ②

정답 해설

② 사단법인의 정관은 이를 작성한 사원뿐만 아니라 그 후에 가입한 사원이나 사단법인의 기관 등도 구속하는 점에 비추어 보면 그 법적 성질은 계약이 아니라 자치법규로 보는 것이 타당하므로, 이는 어디까지나 객관적인 기준에 따라 그 규범적인 의미 내용을 확정하는 법규해석의 방법으로 해석되어야 하는 것이지, 작성자의 주관이나 해석 당시의 사원의 다수결에 의한 방법으로 자의적으로 해석될 수는 없다 할 것이어서, 어느 시점의 사단법인의 사원들이 정관의 규범적인 의미 내용과 다른 해석을 사원총회의 결의라는 방법으로 표명하였다 하더라도 그 결의에 의한 해석은 그 사단법인의 구성원인 사원들이나 법원을 구속하는 효력이 없다[99다12437].

오답 해설

① 제40조 제7호

③ 제56조

④ 법인의 정관에 이사의 해임사유에 관한 규정이 있는 경우 법인으로서는 이사의 중대한 의무위반 또는 정상적인 사무집행 불능 등의 특별한 사정이 없는 이상, 정관에서 정하지 아니한 사유로 이사를 해임할 수 없다[2011다41741].

⑤ 법원의 직무집행정지 가처분결정에 의해 회사를 대표할 권한이 정지된 대표이사가 그 정지기간 중에 체결한 계약은 절대적으로 무효이고, 그 후 가처분신청의 취하에 의하여 보전집행이 취소되었다 하더라도 집행의 효력은 장래를 향하여 소멸할 뿐 소급적으로 소멸하는 것은 아니라 할 것이므로, 가처분신청이 취하되었다 하여 무효인 계약이 유효하게 되지는 않는다[2008다4537].

08 ★★★　　　　　　　　　　🔖 ②

정답 해설

② 등기부상만으로 어떤 토지 중 일부가 분할되고 그 분할된 토지에 대하여 지번과 지적이 부여되어 등기되어 있어도 지적공부 소관청에 의한 지번, 지적, 지목, 경계확정 등의 분필절차를 거친 바가 없다면 그 등기가 표상하는 목적물은 특정되었다고 할 수는 없으니, 그 등기부에 소유자로 등기된 자가 그 등기부에 기재된 면적에 해당하는 만큼의 토지를 특정하여 점유하였다고 하더라도, 그 등기는 그가 점유하는 토지부분을 표상하는 등기로 볼 수 없어 그 점유자는 등기부취득시효의 요건인 '부동산의 소유자로 등기한 자'에 해당하지 아니하므로 그가 점유하는 부분에 대하여 등기부시효취득을 할 수는 없다[94다4615].

오답 해설

① 94다4615

③ 종물은 주물의 구성부분이 아닌 독립한 물건이므로 주물만을 점유한 경우 종물에 대해서는 취득시효에 의한 소유권취득이 인정되지 않는다.

④ 2007다36933, 36940 참고

⑤ 미분리 과실도 명인방법이라는 공시방법을 갖춘 때에는 독립한 물건으로서 거래의 목적이 될 수 있다.

09 ★☆☆　　　　　　　　　　🔖 ④

정답 해설

④ 불공정한 법률행위는 요건이 구비되면 그 행위는 무효이고, 추인에 의해서도 그 법률행위가 유효로 될 수 없다[94다10900].

오답 해설

① 현저한 불공정의 판단기준시점은 법률행위시이다(통설·판례).

② 매도인의 대리인이 매매한 경우에 있어서 그 매매가 불공정한 법률행위인가를 판단함에는 매도인의 경솔, 무경험은 그 대리인을 기준으로 하여 판단하여야 하고, 궁박상태에 있었는지의 여부는 매도인 본인의 입장에서 판단되어야 한다[71다2255].

③ 경매에 있어서는 불공정한 법률행위에 관한 제104조가 적용될 여지가 없다[80마77].

⑤ 불공정한 법률행위는 절대적 무효이므로 선의의 제3자에게도 무효를 주장할 수 있다. 또한 무효행위의 추인에 의하여 유효로 될 수 없고, 법정추인이 적용될 여지도 없다는 것이 판례의 태도이다[94다10900 참고].

10 ★☆☆ 📖 ⑤

정답 해설

⑤ 민법 제109조 제1항 단서는 표의자의 상대방의 이익을 보호하기 위한 것이므로, 상대방이 표의자의 착오를 알면서 이를 이용한 경우라면 표의자에게 중대한 과실이 있더라도 표의자는 그 의사표시를 취소할 수 있다[2013다49794].

오답 해설

① 제111조

② 통정허위표시는 제3자를 속이려는 동기나 목적은 묻지 않는다.

③ 무효인 법률행위는 그 법률행위가 성립한 당초부터 당연히 효력이 발생하지 않는 것이므로, 무효인 법률행위에 따른 법률효과를 침해하는 것처럼 보이는 위법행위나 채무불이행이 있다고 하여도 법률효과의 침해에 따른 손해는 없는 것이므로 그 손해배상을 청구할 수는 없다[2002다72125].

④ 착오로 인하여 표의자가 어떤 경제적 불이익을 입은 것이 아닌 때 그 착오로 인하여 표의자가 무슨 경제적인 불이익을 입은 것이 아니라고 한다면 이를 법률행위 내용의 중요 부분의 착오라고 할 수 없다[98다47924 참고].

11 ★☆☆ 📖 ⑤

정답 해설

⑤ 사기의 의사표시로 인한 매수인으로부터 부동산의 권리를 취득한 제3자는 특별한 사정이 없는 한 선의로 추정할 것이므로 사기로 인하여 의사표시를 한 부동산의 양도인이 제3자에 대하여 사기에 의한 의사표시의 취소를 주장하려면 제3자의 악의를 입증할 필요가 있다고 할 것이다[70다2155].

오답 해설

① 사기죄는 타인을 기망하여 그로 인한 하자 있는 의사에 기하여 재물의 교부를 받거나 재산상의 이득을 취득할 때 성립하고, 사기죄의 요건으로서의 기망은 널리 재산상의 거래관계에 있어서 서로 지켜야 할 신의와 성실의 의무를 저버리는 모든 적극적 또는 소극적 행위를 말하며, 사기죄의 성립

에 있어서 피해자에게 손해를 가하려는 목적을 필요로 하지는 않지만 적어도 타인의 재물 또는 이익을 침해한다는 의사와 피기망자로 하여금 어떠한 처분을 하게 한다는 의사는 있어야 한다[97도3054].

② 강박에 의한 의사표시라고 하려면 상대방이 불법으로 어떤 해악을 고지함으로 말미암아 공포를 느끼고 의사표시를 한 것이어야 한다[2002다73708].

③ 대리인은 상대방과 동일시 할 수 있는 자로 제3자에 해당하지 않는다.

④ 의사표시의 상대방이 아닌 자로서 기망행위를 하였으나 민법 제110조 제2항에서 정한 제3자에 해당되지 아니한다고 볼 수 있는 자란 그 의사표시에 관한 상대방의 대리인 등 상대방과 동일시할 수 있는 자만을 의미하고, 단순히 상대방의 피용자이거나 상대방이 사용자책임을 져야 할 관계에 있는 피용자에 지나지 않는 자는 상대방과 동일시할 수는 없어 이 규정에서 말하는 제3자에 해당한다[96다41496].

12 ★☆☆ 📖 ④

정답 해설

④ 대리인은 행위능력자임을 요하지 않는다(제117조). 따라서 대리인이 제한능력자라는 점을 들어 본인은 그의 대리행위를 취소하지 못한다.

오답 해설

① 부동산의 소유자로부터 매매계약을 체결할 대리권을 수여받은 대리인은 특별한 다른 사정이 없는 한 그 매매계약에서 약정한 바에 따라 중도금이나 잔금을 수령할 수도 있다고 보아야 하고, 매매계약의 체결과 이행에 관하여 포괄적으로 대리권을 수여받은 대리인은 특별한 다른 사정이 없는 한 상대방에 대하여 약정된 매매대금지급기일을 연기하여 줄 권한도 가진다고 보아야 할 것이다[91다43107].

② 임의대리권은 그것을 수여하는 본인의 행위, 즉 수권행위에 의하여 발생하는 것이므로 어느 행위가 대리권 범위 내의 행위인지 여부는 개별적인 수권행위의 내용이나 그 해석에 의하여 판단하여야 할 것인바, 통상 사채알선업자가 전주(전주)를 위하여 금전소비대차계약과 그 담보를 위한 담보권설정계약을 체결할 대리권을 수여받은 것으로 인정되는 경우라 하더라도 특별한 사정이 없는 한 일단 금전소비대차계약과 그 담보를 위한 담보권설정계약이 체결된 후에 이를 해제할 권한까지 당연히 가지고 있다고 볼 수는 없다[97다23372].

③ 본인의 사망은 대리권 소멸사유이다(제127조 제1호).

⑤ 복대리인은 대리인이 「대리인 자신의 이름」으로 선임한 「본인의 대리인」이다.

13 ★☆☆　　　정답 ④

정답 해설

④ 복대리인은 복대리행위를 함에 있어서 본인을 위한다는 표시를 하여야 하며(제114조 제1항), 표현대리규정도 복대리행위에 적용될 수 있다.

오답 해설

① 표현대리가 성립하는 경우에 그 본인은 표현대리행위에 의하여 전적인 책임을 져야 하고, 상대방에게 과실이 있다고 하더라도 과실상계의 법리를 유추적용하여 본인의 책임을 경감할 수 없다[95다49554].

② 유권대리에 있어서는 본인이 대리인에게 수여한 대리권의 효력에 의하여 법률효과가 발생하는 반면 표현대리에 있어서는 대리권이 없음에도 불구하고 법률이 특히 거래상대방 보호와 거래안전유지를 위하여 본래 무효인 무권대리행위의 효과를 본인에게 미치게 한 것으로서 표현대리가 성립된다고 하여 무권대리의 성질이 유권대리로 전환되는 것은 아니므로, 양자의 구성요건 해당사실 즉 주요사실은 다르다고 볼 수 밖에 없으니 유권대리에 관한 주장 속에 무권대리에 속하는 표현대리의 주장이 포함되어 있다고 볼 수 없다[83다카1489].

③ 제126조의 표현대리는 임의대리와 법정대리에 모두 적용된다(통설·판례).

⑤ 수권행위가 무효인 경우처럼 처음부터 전혀 대리권이 없는 경우에는 제129조가 적용될 수 없다.

14 ★☆☆　　　정답 ⑤

정답 해설

⑤ 甲이 추인하는 경우 무권대리 행위는 소급적으로 유효하므로 丙은 乙을 상대로 무권대리인의 책임에 따른 손해배상을 청구할 수 없다(제133조 참고).

오답 해설

① 63다64

② 무권대리인에게 한 추인의 의사표시는 상대방이 알 때까지는 상대방에게 대항할 수 없다(제132조). 민법 제132조는 본인이 무권대리인에게 무권대리행위를 추인한 경우에 상대방이 이를 알지 못하는 동안에는 본인은 상대방에게 추인의 효과를 주장하지 못한다는 취지이므로 상대방은 그때까지 민법 제134조에 의한 철회를 할 수 있고, 또 무권대리인에게 추인이 있었음을 주장할 수도 있다.

③ 무권대리인이 본인을 상속한 경우 무권대리인의 지위와 본인의 지위는 분리하여 병존한다. 그러나 신의칙상 추인을 거절할 수 없다[94다20617].

④ 제131조

15 ★★☆　　　정답 ②

정답 해설

② 유동적 무효의 상태에 있는 거래계약의 당사자는 상대방이 그 거래계약의 효력이 완성되도록 협력할 의무를 이행하지 아니하였음을 들어 일방적으로 유동적 무효의 상태에 있는 거래계약 자체를 해제할 수 없다[98다40459 전합].

오답 해설

① 허가를 받을 것을 전제로 한 거래계약은 허가받기 전의 상태에서는 거래계약의 채권적 효력도 전혀 발생하지 않으므로 권리의 이전 또는 설정에 관한 어떠한 내용의 이행청구도 할 수 없고, 그러한 거래계약의 당사자로서는 허가받기 전의 상태에서 상대방의 거래계약상 채무불이행을 이유로 거래계약을 해제하거나 그로 인한 손해배상을 청구할 수 없다[97다4357, 4364].

③ 2002다12635

④ 90다12243 전합

⑤ 국토이용관리법상 규제구역 내에 속하는 토지거래에 관하여 관할 도지사로부터 거래허가를 받지 아니한 거래계약은 처음부터 위 허가를 배제하거나 잠탈하는 내용의 계약이 아닌 한 허가를 받기까지는 유동적 무효의 상태에 있고 거래 당사자는 거래허가를 받기 위하여 서로 협력할 의무가 있으나, 그 토지거래가 계약 당사자의 표시와 불일치한 의사(비진의 표시, 허위표시 또는 착오) 또는 사기, 강박과 같은 하자 있는 의사에 의하여 이루어진 경우에는, 이들 사유에 의하여 그 거래의 무효 또는 취소를 주장할 수 있는 당사자는 그러한 거래허가를 신청하기 전 단계에서 이러한 사유를 주장하여 거래허가신청 협력에 대한 거절의사를 일방적으로 명백히 함으로써 그 계약을 확정적으로 무효화시키고 자신의 거래허가절차에 협력할 의무를 면할 수 있다[97다36118].

16 ★☆☆　　　정답 ①

정답 해설

① 매도인이 매수인의 중도금 지급 채무불이행을 이유로 매매계약을 적법하게 해제한 후라도 매수인으로서는 상대방이 한 계약해제의 효과로서 발생하는 손해배상책임을 지거나 매매계약에 따른 계약금의 반환을 받을 수 없는 불이익을 면하기 위하여 착오를 이유로 한 취소권을 행사하여 위 매매계약 전체를 무효로 돌리게 할 수 있다[91다11308].

오답 해설

② 93다13162

③ 취소한 법률행위는 처음부터 무효인 것으로 간주되므로 취소할 수 있는 법률행위가 일단 취소된 이상 그 후에는 취소할 수 있는 법률행위의 추인에 의하여 다시 확정적으로 유효하게 할 수는 없고, 다만 무효인 법률행위의 추인의 요건과 효력으로서 추인할 수는 있으나, 무효행위의 추인은 그

무효 원인이 소멸한 후에 하여야 그 효력이 있고, 결국 무효 원인이 소멸한 후란 것은 당초의 의사표시의 성립 과정에 존재하였던 취소의 원인이 종료된 후, 즉 강박 상태에서 벗어난 후라고 보아야 한다[95다38240].

④ 제146조

⑤ 취소권은 원칙적으로 형성권이므로 이 기간은 제척기간에 해당한다.

17 ★☆☆　　　　　　　　　정답 ③

정답 해설

③ 선량한 풍속 기타 사회질서에 위반하는 조건으로써 불법조건뿐만 아니라 그 법률행위 전부가 무효이고, 조건 없는 법률행위가 되는 것이 아니다. 조건부 법률행위에 있어 조건의 내용 자체가 불법적인 것이어서 무효일 경우 또는 조건을 붙이는 것이 허용되지 아니하는 법률행위에 조건을 붙인 경우 그 조건만을 분리하여 무효로 할 수는 없고 그 법률행위 전부가 무효로 된다[2005마541].

18 ★☆☆　　　　　　　　　정답 ②

정답 해설

② 부당이득반환청구권 – 채권성립시부터

더 알아보기

각종 권리의 기산점

권리	소멸시효의 기산점
확정기한부 채무	기한이 도래한 때가 소멸시효의 기산점이다. 따라서 이행기가 도래한 후 채권자와 채무자가 기한을 유예하기로 합의한 경우 그 유예된 때로 이행기가 변경되어 소멸시효는 변경된 이행기가 도래한 때부터 다시 진행한다. 이 경우 유예의 합의는 명시적으로뿐만 아니라 묵시적으로도 가능하다[2016다274904].
불확정기한부 채무	기한이 객관적으로 도래한 때가 소멸시효의 기산점이다. 따라서 채무자가 기한 도래의 사실을 알고 있었는지 여부는 문제되지 않는다.
기한의 정함이 없는 채무	• 채권의 성립시부터 소멸시효가 진행 • 부당이득반환청구권 – 채권성립시부터 • 의사의 치료 채권 – 각 진료가 종료될 때부터
동시이행의 항변권이 붙은 권리	이행기가 도래한 때부터 소멸시효가 진행
기한이익 상실 특약이 있는 경우	• 정지조건부 기한이익상실의 특약 – 사유발생시(정지조건이 성취된 때) • 형성권적 기한이익상실의 특약 – 본래의 변제기

부작위채권	위반행위가 있는 때부터
선택채권	선택권 행사 가능 시
채무불이행에 기한 손해배상 청구권	채무불이행이 발생한 때 : 소유권이전등기 말소등기의무의 이행불능으로 인한 전보배상청구권의 소멸시효는 말소등기의무가 이행불능 상태에 돌아간 때로부터 진행[2005다29474]
대상청구권	원칙: 이행불능 시
불법행위에 기한 손해배상청구권	• 손해 및 가해자를 안 때(제766조 제1항) • 불법행위가 있은 때(제766조 제2항)
계속적 물품공급 계약에서 발생한 외상대금채권	각 외상대금채권이 발생한 때로부터 개별적으로 진행
의사의 치료비채권	특약이 없는 한 개개의 진료가 종료될 때마다 각각의 당해 진료에 필요한 비용의 이행기가 도래하여 그에 대한 소멸시효가 진행[2001다52568]

19 ★★★　　　　　　　　　정답 ①

정답 해설

① 응소행위로 인한 시효중단의 효력은 피고가 현실적으로 권리를 행사하여 응소한 때에 발생하지만, 권리자인 피고가 응소하여 권리를 주장하였으나 소가 각하되거나 취하되는 등의 사유로 본안에서 권리주장에 관한 판단 없이 소송이 종료된 경우에는 제170조 제2항을 유추적용하여 그때부터 6월 이내에 재판상의 청구 등 다른 시효중단조치를 취한 경우에 한하여 응소 시에 소급하여 시효중단의 효력이 있다고 보아야 한다[2011다78606].

오답 해설

② 타인의 채무를 담보하기 위하여 자기의 물건에 담보권을 설정한 물상보증인은 채권자에 대하여 물적 유한책임을 지고 있어 그 피담보채권의 소멸에 의하여 직접 이익을 받는 관계에 있으므로 소멸시효의 완성을 주장할 수 있는 것이지만, 채권자에 대하여는 아무런 채무도 부담하고 있지 아니하므로, 물상보증인이 그 피담보채무의 부존재 또는 소멸을 이유로 제기한 저당권설정등기 말소등기절차이행청구소송에서 채권자 겸 저당권자가 청구기각의 판결을 구하고 피담보채권의 존재를 주장하였다고 하더라도 이로써 직접 채무자에 대하여 재판상 청구를 한 것으로 볼 수는 없는 것이므로 피담보채권의 소멸시효에 관하여 규정한 민법 제168조 제1호 소정의 '청구'에 해당하지 아니한다[2003다30890].

③ 제178조 제2항

④ 가압류를 시효중단사유로 규정한 이유는 가압류에 의하여 채권자가 권리를 행사하였다고 할 수 있기 때문이다. 가압류 채권자의 권리행사는 가압류를 신청한 때에 시작되므로, 이

점에서도 가압류에 의한 시효중단의 효력은 가압류신청을 한 때에 소급한다[2016다35451].

⑤ 2005다41818

20 ★☆☆ 📘 ①

정답 해설

① 구 상호신용금고법(1998.1.13. 법률 제5501호로 개정되어 2000.1.28. 법률 제6203호로 개정되기 전의 것) 소정의 계약이전은 금융거래에서 발생한 계약상의 지위가 이전되는 사법상의 법률효과를 가져오는 것이므로, 원심이, 소외 금고로부터 이 사건 대출금 채권에 대하여 계약이전을 받은 피고는 소외 금고의 계약상 지위를 이전받은 자이어서 원고와 소외 금고 사이의 위 통정허위표시에 따라 형성된 법률관계를 기초로 하여 새로운 법률상 이해관계를 가지게 된 민법 제108조 제2항의 제3자에 해당하지 않는다고 판단한 것은 정당하고, 거기에 상고이유의 주장과 같은 통정허위표시의 효력 및 계약이전에 관한 법리오해 등의 위법이 없다[2002다31537].

더 알아보기

제108조(통정한 허위의 의사표시) 제2항의 제3자에 해당하지 않는 경우
- 채권의 가장양도에 있어서의 주채무자[82다594 참고]
- 저당권의 가장포기시 기존의 후순위저당권자
- 가장매매에 의한 손해배상청구권의 양수인(통설)
- 채권의 가장양수인으로부터 추심을 위한 채권양도를 받은 자
- 제3자를 위한 계약의 수익자
- 가장소비대차의 계약상 지위를 이전받은 자

21 ★☆☆ 📘 ④

정답 해설

④ 경매대상건물인 1동의 주택 및 창고와 부속건물 4동이 한 개의 건물로 등기되어 있고 미등기인 창고 2동이 있는데 부속건물 중 3동만을 따로 떼어 경락허가한 것은 일물일권주의에 위반된다[90마679].

오답 해설

① 일물일권주의(一物一權主義)의 원칙상, 물건의 일부분, 구성부분에는 물권이 성립할 수 없는 것이어서 구분 또는 분할의 절차를 거치지 아니한 채 하나의 부동산 중 일부분만에 관하여 따로 소유권보존등기를 경료하거나, 하나의 부동산에 관하여 경료된 소유권보존등기 중 일부분에 관한 등기만을 따로 말소하는 것은 허용되지 아니한다[2000다39582].

② 온천에 관한 권리는 관습상의 물권이나 준물권이라 할 수 없고 온천수는 공용수 또는 생활상 필요한 용수에 해당되지 않는다[72다1243].

③ 1필의 토지의 일부 부분이 다른 부분과 구분되어 시효취득자의 점유에 속한다는 것을 인식하기에 족한 객관적인 징표가 계속하여 존재하는 경우에는 그 일부 부분에 대한 시효취득을 인정할 수 있다[95다24654].

⑤ 민법이 인정하는 저당권의 객체는 부동산 및 부동산물권(지상권, 전세권)이다.

22 ★★☆ 📘 ④

정답 해설

④ 건물철거는 그 소유권의 종국적 처분에 해당하는 사실행위이므로 원칙으로는 그 소유자(등기명의자)에게만 그 철거처분권이 있다고 할 것이나 그 건물을 매수하여 점유하고 있는 자는 등기부상 아직 소유자로서의 등기명의가 없다 하더라도 그 권리의 범위 내에서 그 점유중인 건물에 대하여 법률상 또는 사실상 처분을 할 수 있는 지위에 있고 그 건물이 건립되어 있어 불법으로 점유를 당하고 있는 토지소유자는 위와 같은 지위에 있는 건물 점유자에게 그 철거를 구할 수 있다[86다카1751].

오답 해설

① 점유보조자는 점유자가 아니므로 소유물반환청구권의 상대방이 될 수 없다. 즉, 주식회사의 직원으로서 회사의 사무실로 사용하고 있는 건물부분에 대한 점유보조자에 불과할 뿐 독립한 점유주체가 아닌 피고들은, 회사를 상대로 한 명도소송의 확정판결에 따른 집행력이 미치는 것은 별론으로 하고, 소유물반환청구의 성질을 가지는 퇴거청구의 독립한 상대방이 될 수는 없다[2001다13983].

② 주식회사의 대표이사가 업무집행을 하면서 고의 또는 과실에 의한 위법행위로 타인에게 손해를 가한 경우 주식회사는 상법 제389조 제3항, 제210조에 의하여 제3자에게 손해배상책임을 부담하게 되고, 대표이사도 민법 제750조 또는 상법 제389조 제3항, 제210조에 의하여 주식회사와 연대하여 불법행위책임을 부담하게 된다. 따라서 주식회사의 대표이사가 업무집행과 관련하여 정당한 권한 없이 직원으로 하여금 타인의 부동산을 지배 · 관리하게 하는 등으로 소유자의 사용수익권을 침해하고 있는 경우, 부동산의 점유자는 회사일 뿐이고 대표이사 개인은 독자적인 점유자는 아니기 때문에 부동산에 대한 인도청구 등의 상대방은 될 수 없다고 하더라도, 고의 또는 과실로 부동산에 대한 불법적인 점유상태를 형성 · 유지한 위법행위로 인한 손해배상책임은 회사와 별도로 부담한다고 보아야 한다. 대표이사 개인이 부동산에 대한 점유자가 아니라는 것과 업무집행으로 인하여 회사의 불법점유 상태를 야기하는 등으로 직접 불법행위를 한 행위

자로서 손해배상책임을 지는 것은 별개라고 보아야 하기 때문이다[2011다50165].

③ 건물의 소유자가 그 건물의 소유를 통하여 타인 소유의 토지를 점유하고 있다고 하더라도 그 토지 소유자로서는 그 건물의 철거와 그 대지 부분의 인도를 청구할 수 있을 뿐, 자기 소유의 건물을 점유하고 있는 자에 대하여 그 건물에서 퇴거할 것을 청구할 수는 없다[98다57457, 57464].

⑤ 소유권에 기한 물상청구권을 소유권과 분리하여 이를 소유권 없는 전소유자에게 유보하여 행사시킬 수는 없는 것이므로 소유권을 상실한 전소유자는 제3자인 불법점유자에 대하여 소유권에 기한 물권적 청구권에 의한 방해배제를 구할 수 없다[80다7].

23 ★☆☆　　　　　　　　　　답 ⑤

정답 해설

⑤ 등기의 추정력이란 어떤 등기가 있으면 그 등기가 표상하는 실체적 권리관계가 존재하는 것으로 추정하는 효력을 말한다. 이러한 등기의 추정력은 권리의 등기에 인정되며, 표제부의 등기에는 인정되지 않는다.

24 ★★☆　　　　　　　　　　답 ③

정답 해설

③ 제249조가 규정하는 선의·무과실의 기준시점은 물권행위가 완성되는 때인 것이므로 물권적 합의가 동산의 인도보다 먼저 행하여지면 인도된 때를, 인도가 물권적 합의보다 먼저 행하여지면 물권적 합의가 이루어진 때를 기준으로 해야 한다[91다70].

오답 해설

① 제249조, 제343조

② 동산질권을 선의취득하기 위하여는 질권자가 평온, 공연하게 선의이며 과실 없이 질권의 목적동산을 취득하여야 하고, 그 취득자의 선의, 무과실은 동산질권자가 입증하여야 한다[80다2910].

④ 판례는 점유개정에 의한 점유취득만으로는 선의취득의 요건을 충족할 수 없다는 입장이다[77다1872].

⑤ 양도인이 무권리자(처분권이 없다)라는 것을 제외하고 거래행위 자체는 유효하여야 한다. 따라서 거래행위가 무효이거나 당사자에게 제한능력, 착오, 사기·강박 등의 사유가 있어 취소 또는 무효가 된 경우에는 선의취득이 성립하지 않는다.

25 ★☆☆　　　　　　　　　　답 ②

정답 해설

② 비용상환청구권은 점유자의 선의·악의 및 자주점유·타주점유를 불문하고 인정되는데, 이는 적법한 점유를 요건으로 하는 유치권(제320조 제2항)과 비교된다.

오답 해설

① 과실수취권자는 원칙적으로 원물의 소유자이나 이에 한정하지 않는다. 즉 선의의 점유자(제201조 제1항), 지상권자(제279조), 전세권자(제303조), 목적물을 인도하지 않은 매도인(제587조 제1문), 임차인(제618조) 등도 수취권을 가진다.

③ 악의의 점유자가 수취한 과실을 소비하였거나 과실로 인하여 훼손 또는 수취하지 못한 경우 그 과실의 대가를 보상하여야 한다(제201조 제2항 후단).

④ 점유물이 점유자의 책임있는 사유로 인하여 멸실 또는 훼손한 때에는 악의의 점유자는 그 손해의 전부를 배상하여야 한다. 소유의 의사가 없는 점유자는 선의인 경우에도 손해의 전부를 배상하여야 한다(제202조).

⑤ 점유자가 점유물을 개량하기 위하여 지출한 금액 기타 유익비에 관하여는 그 가액의 증가가 현존한 경우에 한하여 회복자의 선택에 좇아 그 지출금액이나 증가액의 상환을 청구할 수 있다(제203조 제2항).

26 ★☆☆　　　　　　　　　　답 ①

정답 해설

① 경계에 설치된 경계표·담·구거 등(제239조)에 대해서는 분할이 인정되지 않는다(제268조 제3항).

오답 해설

② 제237조 제1항

③ 제237조 제2항

④ 제240조 제3항

⑤ 제242조 제1항

27 ★☆☆　　　　　　　　　　답 ②

정답 해설

② 취득시효대상은 소유권, 지상권, 지역권(계속되고 표현된 것에 한함), 전세권, 질권, 광업권, 어업권, 지적재산권은 취득시효 대상이 되나, 점유권, 유치권, 가족법상의 권리, 저당권, 형성권은 취득시효의 대상이 되지 않는다.

28 ★★★   🄐 ③

정답 해설

③ 민법 제256조는 부동산의 소유자는 그 부동산에 부합한 물건의 소유권을 취득한다. 그러나 타인의 권원에 의하여 부속된 것은 그러하지 아니한다라고 규정하고 있는데 위 규정단서에서 말하는 「권원」이라 함은 지상권, 전세권, 임차권 등과 같이 타인의 부동산에 자기의 동산을 부속시켜서 그 부동산을 이용할 수 있는 권리를 뜻한다 할 것이므로 그와 같은 권원이 없는 자가 토지소유자의 승낙을 받음이 없이 그 임차인의 승낙만을 받아 그 부동산 위에 나무를 심었다면 특별한 사정이 없는 한 토지소유자에 대하여 그 나무의 소유권을 주장할 수 없다고 하여야 할 것이다[88다카9067].

오답 해설

① 제260조 제1항

② 제257조

④ 부동산에 부합된 물건이 사실상 분리복구가 불가능하여 거래상 독립한 권리의 객체성을 상실하고 그 부동산과 일체를 이루는 부동산의 구성부분이 된 경우에는 타인이 권원에 의하여 이를 부합시켰더라도 그 물건의 소유권은 부동산의 소유자에게 귀속되어 부동산의 소유자는 방해배제청구권에 기하여 부합물의 철거를 청구할 수 없다[2018다264307].

⑤ 일반적으로 건물의 증축부분이 축조 당시는 본건물의 구성부분이 됨으로써 독립의 권리의 객체성을 상실하여 본건물에 부합되었다고 할지라도 그 후 구조의 변경등으로 독립한 권리의 객체성을 취득하게 된 때에는 본건물과 독립하여 거래의 대상이 될 수 있다[81다519].

29 ★★★   🄐 ②

정답 해설

② 유치권자는 유치권을 사전에도 포기할 수 있고 사후에도 포기할 수 있는데 사후 포기의 경우 곧바로 유치권이 소멸한다[2014다52087].

오답 해설

① 제한물권이 제3자의 권리의 목적인 때(제191조 제1항 단서) 또는 본인이나 제3자의 이익을 위해서 존속할 필요가 있는 때에는 혼동으로 소멸하지 않는다.

③ 점유권은 성질상 혼동으로 소멸하지 않는다(제191조 제3항). 즉, 점유권은 사실상의 지배를, 소유권은 법률상의 지배를 내용으로 하는 것이므로, 양립할 수 있다.

④ 지역권은 20년간 행사하지 않으면 소멸시효가 완성된다(제162조 제2항).

⑤ 임차주택의 양수인에게 대항할 수 있는 주택임차인이 당해 임차주택을 경락받아 그 대금을 납부함으로써 임차주택의 소유권을 취득한 때에는, 그 주택임차인은 임대인의 지위를 승계하는 결과, 그 임대차계약에 기한 채권이 혼동으로 인하

여 소멸하게 되므로 그 임대차는 종료된 상태가 된다[97다28650].

30 ★★★   🄐 ⑤

정답 해설

⑤ 토지소유자의 독점적·배타적인 사용·수익권 행사의 제한은 해당 토지가 일반 공중의 이용에 제공됨으로 인한 공공의 이익을 전제로 하는 것이므로, 토지소유자가 공공의 목적을 위해 그 토지를 제공할 당시의 객관적인 토지이용현황이 유지되는 한도 내에서만 존속한다고 보아야 한다[2016다264556 전합].

오답 해설

①·② 토지 소유자는 그 타인을 상대로 부당이득반환을 청구할 수 없고, 토지의 인도 등을 구할 수도 없다. 다만 소유권의 핵심적 권능에 속하는 사용·수익 권능의 대세적·영구적인 포기는 물권법정주의에 반하여 허용할 수 없다[2016다264556 전합].

③ 토지 소유자는 일반 공중의 통행 등 이용을 방해하지 않는 범위 내에서는 그 토지를 처분하거나 사용·수익할 권능을 상실하지 않는다[2016다264556 전합].

④ 상속인은 피상속인의 일신에 전속한 것이 아닌 한 상속이 개시된 때로부터 피상속인의 재산에 관한 포괄적 권리·의무를 승계하므로(민법 제1005조), 피상속인이 사망 전에 그 소유 토지를 일반 공중의 이용에 제공하여 독점적·배타적인 사용·수익권을 포기한 것으로 볼 수 있고 그 토지가 상속재산에 해당하는 경우에는, 피상속인의 사망 후 그 토지에 대한 상속인의 독점적·배타적인 사용·수익권의 행사 역시 제한된다고 보아야 한다[2016다264556 전합].

31 ★★☆   🄐 ④

정답 해설

④ 제267조는 "공유자가 그 지분을 포기하거나 상속인 없이 사망한 때에는 그 지분은 다른 공유자에게 각 지분의 비율로 귀속한다."라고 규정하고 있다. 여기서 공유지분의 포기는 법률행위로서 상대방 있는 단독행위에 해당하므로, 부동산 공유자의 공유지분 포기의 의사표시가 다른 공유자에게 도달하더라도 이로써 곧바로 공유지분 포기에 따른 물권변동의 효력이 발생하는 것은 아니고, 다른 공유자는 자신에게 귀속될 공유지분에 관하여 소유권이전등기청구권을 취득하며, 이후 제186조에 의하여 등기를 하여야 공유지분 포기에 따른 물권변동의 효력이 발생한다[2015다52978].

오답 해설

① 공유물의 소수지분권자가 다른 공유자와 협의 없이 공유물의 전부 또는 일부를 독점적으로 점유·사용하고 있는 경우 다른 소수지분권자는 공유물의 보존행위로서 그 인도를 청

구할 수는 없고, 다만 자신의 지분권에 기초하여 공유물에 대한 방해 상태를 제거하거나 공동 점유를 방해하는 행위의 금지 등을 청구할 수 있다고 보아야 한다[2018다287522 전합].

② 공유자는 다른 공유자의 동의 없이 공유물을 처분하거나 변경하지 못한다(제264조).

③ 공유물의 소수지분권자인 피고가 다른 공유자와 협의하지 않고 공유물의 전부 또는 일부를 독점적으로 점유하는 경우 다른 소수지분권자인 원고가 피고를 상대로 공유물의 인도를 청구할 수는 없다[2018다287522 전합].

⑤ 공유자가 1년이상 전항의 의무이행을 지체한 때에는 다른 공유자는 상당한 가액으로 지분을 매수할 수 있다(제266조 제2항).

32 ★★☆   📖 ⑤

정답 해설

⑤ 공유물분할은 협의분할을 원칙으로 하고 협의가 성립되지 아니한 때에는 재판상 분할을 청구할 수 있으므로 공유자 사이에 이미 분할에 관한 협의가 성립된 경우에는 일부 공유자가 분할에 따른 이전등기에 협조하지 않거나 분할에 관하여 다툼이 있더라도 그 분할된 부분에 대한 소유권이전등기를 청구하든가 소유권확인을 구함은 별문제이나 또다시 소로써 그 분할을 청구하거나 이미 제기한 공유물분할의 소를 유지함은 허용되지 않는다[94다30348].

오답 해설

① 공유자는 분할금지특약이 없는 한 원칙적으로 언제든지 공유물의 분할을 청구하여 공유관계를 해소할 수 있다(제268조).

② 공유자는 공유물의 분할을 청구할 수 있다. 그러나 5년 내의 기간으로 분할하지 아니할 것을 약정할 수 있다(제268조 제1항).

③ 판례는 공유물을 공유자 중의 1인의 단독소유 또는 수인의 공유로 하되, 현물을 소유하게 되는 공유자로 하여금 다른 공유자에 대하여 그 지분의 적정하고도 합리적인 가격을 배상시키는 방법에 의한 분할도 현물분할의 하나로 인정하고 있다[2004다30583].

④ 甲, 乙의 공유인 부동산 중 甲의 지분 위에 설정된 근저당권 등 담보물권은 특단의 합의가 없는 한 공유물분할이 된 뒤에도 종전의 지분비율대로 공유물 전부의 위에 그대로 존속하고 근저당권설정자인 甲 앞으로 분할된 부분에 당연히 집중되는 것은 아니므로, 甲과 담보권자 사이에 공유물분할로 甲의 단독소유로 된 토지부분 중 원래의 乙지분부분을 근저당권의 목적물에 포함시키기로 합의하였다고 하여도 이런 합의가 乙의 단독소유로 된 토지부분 중 甲지분부분에 대한 피담보채권을 소멸시키기로 하는 합의까지 내포한 것이라고는 할 수 없다[88다카24868].

33 ★★☆   📖 ③

정답 해설

③ 지상권이 소멸한 경우에 건물 기타 공작물이나 수목이 현존한 때에는 지상권자는 계약의 갱신을 청구할 수 있으며, 지상권설정자가 계약의 갱신을 원하지 아니하는 때에는 지상권자는 상당한 가액으로 공작물이나 수목의 매수를 청구할 수 있다(제283조 참고). 지상권의 존속기간 만료로 인한 지상권자의 갱신청구를 거절할 경우, 지상권자가 지상물매수청구권을 행사함으로써 소유권이 지상권설정자에게 귀속될 수 있게 된다.

오답 해설

① 근저당권 등 담보권 설정의 당사자들이 그 목적이 된 토지 위에 차후 용익권이 설정되거나 건물 또는 공작물이 축조·설치되는 등으로써 그 목적물의 담보가치가 저감하는 것을 막는 것을 주요한 목적으로 하여 채권자 앞으로 아울러 지상권을 설정하였다면, 그 피담보채권이 변제 등으로 만족을 얻어 소멸한 경우는 물론이고 시효소멸한 경우에도 그 지상권은 피담보채권에 부종하여 소멸한다[2011다6342].

② 최단 존속기간에 관한 규정은 지상권자가 그 소유의 건물 등을 건축하거나 수목을 식재하여 토지를 이용할 목적으로 지상권을 설정한 경우에만 그 적용이 있다[95다49318]. 따라서 기존 건물의 사용을 목적으로 지상권을 설정한 때에는 최단 존속기간에 관한 제280조 제1항 제1호가 적용되지 않는다.

④ 지상권의 양도성은 민법 제282조, 제289조에 의하여 절대적으로 보장되고 있으므로 소유자의 의사에 반하여도 자유롭게 타인에게 양도할 수 있다.

⑤ 민법 제287조가 토지소유자에게 지상권소멸청구권을 부여하고 있는 이유는 지상권은 성질상 그 존속기간 동안은 당연히 존속하는 것을 원칙으로 하는 것이나, 지상권자가 2년 이상의 지료를 연체하는 때에는 토지소유자로 하여금 지상권의 소멸을 청구할 수 있도록 함으로써 토지소유자의 이익을 보호하려는 취지에서 나온 것이라고 할 것이므로, 지상권자가 그 권리의 목적이 된 토지의 특정한 소유자에 대하여 2년분 이상의 지료를 지불하지 아니한 경우에 그 특정의 소유자는 선택에 따라 지상권의 소멸을 청구할 수 있으나, 지상권자의 지료 지급 연체가 토지소유권의 양도 전후에 걸쳐 이루어진 경우 토지양수인에 대한 연체기간이 2년이 되지 않는다면 양수인은 지상권소멸청구를 할 수 없다[99다17142].

34 ★★☆

정답 해설

ㄱ. [○] 전세권설정등기를 마친 민법상의 전세권은 그 성질상 용익물권적 성격과 담보물권적 성격을 겸비한 것으로서, 전세권의 존속기간이 만료되면 전세권의 용익물권적 권능은 전세권설정등기의 말소 없이도 당연히 소멸하고 단지 전세금반환채권을 담보하는 담보물권적 권능의 범위 내에서 전세금의 반환시까지 그 전세권설정등기의 효력이 존속하고 있다 할 것이다[2003다35659].

ㄷ. [○] 전세권자는 전세금을 지급하고 타인의 부동산을 점유하여 그 부동산의 용도에 좇아 사용·수익하며, 그 부동산 전부에 대하여 후순위권리자 기타 채권자보다 전세금의 우선변제를 받을 권리가 있다(민법 제303조 제1항). 이처럼 전세권이 용익물권적인 성격과 담보물권적인 성격을 모두 갖추고 있는 점에 비추어 전세권 존속기간이 시작되기 전에 마친 전세권설정등기도 특별한 사정이 없는 한 유효한 것으로 추정된다[2017마1093].

오답 해설

ㄴ. [×] 전세금의 지급은 전세권 성립의 요소가 되는 것이지만 그렇다고 하여 전세금의 지급이 반드시 현실적으로 수수되어야만 하는 것은 아니고 기존의 채권으로 전세금의 지급에 갈음할 수도 있다[94다18508].

ㄹ. [×] 당사자가 주로 채권담보의 목적으로 전세권을 설정하였고, 그 설정과 동시에 목적물을 인도하지 않은 경우라 하더라도 장차 전세권자가 목적물을 사용·수익하는 것을 완전히 배제하는 것이 아니라면 그 전세권의 효력을 부인할 수는 없다[94다18508].

35 ★★★

정답 해설

③ 甲 주식회사가 건물신축 공사대금 일부를 지급받지 못하자 건물을 점유하면서 유치권을 행사해 왔는데, 그 후 乙이 경매절차에서 건물 중 일부 상가를 매수하여 소유권이전등기를 마친 다음 甲 회사의 점유를 침탈하여 丙에게 임대한 사안에서, 乙의 점유침탈로 甲 회사가 점유를 상실한 이상 유치권은 소멸하고, 甲 회사가 점유회수의 소를 제기하여 승소판결을 받아 점유를 회복하면 점유를 상실하지 않았던 것으로 되어 유치권이 되살아나지만, 위와 같은 방법으로 점유를 회복하기 전에는 유치권이 되살아나는 것이 아님에도, 甲 회사가 상가에 대한 점유를 회복하였는지를 심리하지 아니한 채 점유회수의 소를 제기하여 점유를 회복할 수 있다는 사정만으로 甲 회사의 유치권이 소멸하지 않았다고 본 원심판결에 점유상실로 인한 유치권 소멸에 관한 법리오해의 위법이 있다[2011다72189].

오답 해설

① 점유가 불법행위로 인한 경우에는 유치권이 성립하지 않는다(제320조 제2항).

② 유치권에는 적극적인 사용·수익권이 인정되지 않는다. 따라서 유치권자는 원칙적으로 유치물의 사용·대여 또는 담보제공 등 이용행위를 할 수 없다.

④ 유치권자의 점유는 원칙적으로 직접점유이든 간접점유이든 묻지 않으나, 직접점유자가 채무자인 경우에는 유치권의 요건으로서 점유에 해당하지 않는다[2007다27236].

⑤ 민법 제367조는 저당물의 제3취득자가 그 부동산의 보존, 개량을 위하여 필요비 또는 유익비를 지출한 때에는 제203조 제1항, 제2항의 규정에 의하여 저당물의 경매대가에서 우선상환을 받을 수 있다고 규정하고 있다. 이는 저당권이 설정되어 있는 부동산의 제3취득자가 저당부동산에 관하여 지출한 필요비, 유익비는 부동산 가치의 유지·증가를 위하여 지출된 일종의 공익비용이므로 저당부동산의 환가대금에서 부담하여야 할 성질의 비용이고 더욱이 제3취득자는 경매의 결과 그 권리를 상실하게 되므로 특별히 경매로 인한 매각대금에서 우선적으로 상환을 받도록 한 것이다. 저당부동산의 소유권을 취득한 자도 민법 제367조의 제3취득자에 해당한다. 제3취득자가 민법 제367조에 의하여 우선상환을 받으려면 저당부동산의 경매절차에서 배당요구의 종기까지 배당요구를 하여야 한다(민사집행법 제268조, 제88조). 위와 같이 민법 제367조에 의한 우선상환은 제3취득자가 경매절차에서 배당받는 방법으로 민법 제203조 제1항, 제2항에서 규정한 비용에 관하여 경매절차의 매각대금에서 우선변제받을 수 있다는 것이지 이를 근거로 제3취득자가 직접 저당권설정자, 저당권자 또는 경매절차 매수인 등에 대하여 비용상환을 청구할 수 있는 권리가 인정될 수 없다. 따라서 제3취득자는 민법 제367조에 의한 비용상환청구권을 피담보채권으로 주장하면서 유치권을 행사할 수 없다[2022다265093].

36 ★☆☆

정답 해설

① 주택건물의 신축공사를 한 수급인이 그 건물을 점유하고 있고 또 그 건물에 관하여 생긴 공사금 채권이 있다면, 수급인은 그 채권을 변제받을 때까지 건물을 유치할 권리가 있다고 할 것이고, 이러한 유치권은 수급인이 점유를 상실하거나 피담보채무가 변제되는 등 특단의 사정이 없는 한 소멸되지 않는다[95다16202].

② 임대인과 임차인 사이에 건물명도시 권리금을 반환하기로 하는 약정이 있었다 하더라도 그와 같은 권리금 반환청구권은 건물에 관하여 생긴 채권이라 할 수 없으므로 그와 같은 채권을 가지고 건물에 대한 유치권을 행사할 수 없다[93다62119].

③ 부동산 매도인이 매매대금을 다 지급받지 아니한 상태에서 매수인에게 소유권이전등기를 마쳐주어 목적물의 소유권을 매수인에게 이전한 경우에는, 매도인의 목적물인도의무에 관하여 동시이행의 항변권 외에 물권적 권리인 유치권까지 인정할 것은 아니다. 왜냐하면 법률행위로 인한 부동산물권변동의 요건으로 등기를 요구함으로써 물권관계의 명확화 및 거래의 안전·원활을 꾀하는 우리 민법의 기본정신에 비추어 볼 때, 만일 이를 인정한다면 매도인은 등기에 의하여 매수인에게 소유권을 이전하였음에도 매수인 또는 그의 처분에 기하여 소유권을 취득한 제3자에 대하여 소유권에 속하는 대세적인 점유의 권능을 여전히 보유하게 되는 결과가 되어 부당하기 때문이다[2011마2380].

④ 건축자재대금채권은 매매계약에 따른 매매대금채권에 불과할 뿐 건물 자체에 관하여 생긴 채권이라고 할 수는 없어 유치권을 행사할 수 없다[2011다96208].

⑤ 건물의 임대차에 있어서 임차인의 임대인에게 지급한 임차보증금반환청구권이나 임대인이 건물시설을 아니하기 때문에 임차인에게 건물을 임차목적대로 사용 못한 것을 이유로 하는 손해배상청구권은 모두 제320조 소정 소위 그 건물에 관하여 생긴 채권이라 할 수 없다[75다1305].

37 ★☆☆ 답 ①

① 제340조 제2항

> **제340조(질물 이외의 재산으로부터의 변제)**
> ① 질권자는 질물에 의하여 변제를 받지 못한 부분의 채권에 한하여 채무자의 다른 재산으로부터 변제를 받을 수 있다.
> ② 전항의 규정은 질물보다 먼저 다른 재산에 관한 배당을 실시하는 경우에는 적용하지 아니한다. 그러나 다른 채권자는 질권자에게 그 배당금액의 공탁을 청구할 수 있다.

② 질권은 피담보채권 전부에 관하여 목적물 전부 위에 그 효력이 미친다.

③ 제342조

④ 제338조 제2항

⑤ 제336조

38 ★★☆ 답 ②

② 저당권의 효력이 미치는 저당부동산의 종물이라 함은 민법 제100조가 규정하는 종물과 같은 의미로서, 어느 건물이 주된 건물의 종물이기 위하여는 주물의 상용에 이바지되어야 하는 관계가 있어야 하는바, 여기에서 주물의 상용에 이바지한다 함은 주물 그 자체의 경제적 효용을 다하게 하는 것을 말하는 것이며, 주물의 소유자나 이용자의 상용에 공여되고 있더라도 주물 그 자체의 효용과는 직접 관계없는 물건은 종물이 아니다[94다11606].

① 민법 제359조 전문은 "저당권의 효력은 저당부동산에 대한 압류가 있은 후에 저당권설정자가 그 부동산으로부터 수취한 과실 또는 수취할 수 있는 과실에 미친다."라고 규정하고 있는데, 위 규정상 '과실'에는 천연과실뿐만 아니라 법정과실도 포함되므로, 저당부동산에 대한 압류가 있으면 압류 이후의 저당권설정자의 저당부동산에 관한 차임채권 등에도 저당권의 효력이 미친다[2015다230020].

③ 구분건물의 전유부분만에 관하여 설정된 저당권의 효력은 대지사용권의 분리처분이 가능하도록 규약으로 정하는 등의 특별한 사정이 없는 한 그 전유부분의 소유자가 사후라도 대지사용권을 취득함으로써 전유부분과 대지권이 동일 소유자의 소유에 속하게 되었다면, 그 대지사용권에까지 미치고 여기의 대지사용권에는 지상권 등 용익권 이외에 대지소유권도 포함된다[94다12722].

④ 건물의 증축부분이 기존건물에 부합하여 기존건물과 분리하여서는 별개의 독립물로서의 효용을 갖지 못하는 이상 기존건물에 대한 근저당권은 민법 제358조에 의하여 부합된 증축부분에도 효력이 미치는 것이므로 기존건물에 대한 경매절차에서 경매목적물로 평가되지 아니하였다고 할지라도 경락인은 부합된 증축부분의 소유권을 취득한다[92다26772].

⑤ 저당권의 효력이 저당부동산에 부합된 물건과 종물에 미친다는 민법 제358조 본문을 유추하여 보면 건물에 대한 저당권의 효력은 그 건물에 종된 권리인 건물의 소유를 목적으로 하는 지상권에도 미치게 되므로, 건물에 대한 저당권이 실행되어 경락인이 그 건물의 소유권을 취득하였다면 경락 후 건물을 철거한다는 등의 매각조건에서 경매되었다는 등 특별한 사정이 없는 한, 경락인은 건물 소유를 위한 지상권도 민법 제187조의 규정에 따라 등기 없이 당연히 취득하게 되고, 한편 이 경우에 경락인이 건물을 제3자에게 양도한 때에는, 특별한 사정이 없는 한 민법 제100조 제2항의 유추적용에 의하여 건물과 함께 종된 권리인 지상권도 양도하기로 한 것으로 봄이 상당하다[95다52864].

39 ★★☆ 답 ②

ㄷ. [○] 건물공유자의 1인이 그 건물의 부지인 토지를 단독으로 소유하면서 그 토지에 관하여만 저당권을 설정하였다가 위 저당권에 의한 경매로 인하여 토지의 소유자가 달라진 경우, 건물공유자들은 민법 제366조에 의하여 토지 전부에 관하여 건물의 존속을 위한 법정지상권을 취득한다고 보아야 한다[2010다67159].

오답 해설

ㄱ. [×] 토지에 관하여 저당권이 설정될 당시 그 지상에 토지소유자에 의한 건물의 건축이 개시되기 이전이었다면, 건물이 없는 토지에 관하여 저당권이 설정될 당시 근저당권자가 토지소유자에 의한 건물의 건축에 동의하였다고 하더라도 그러한 사정은 주관적 사항이고 공시할 수도 없는 것이어서 토지를 낙찰받는 제3자로서는 알 수 없는 것이므로 그와 같은 사정을 들어 법정지상권의 성립을 인정한다면 토지 소유권을 취득하려는 제3자의 법적 안정성을 해하는 등 법률관계가 매우 불명확하게 되므로 법정지상권이 성립되지 않는다[2000다14934, 14941].

ㄴ. [×] 동일인의 소유에 속하는 토지 및 그 지상 건물에 관하여 공동저당권이 설정된 후 그 지상 건물이 철거되고 새로 건물이 신축된 경우에는 그 신축건물의 소유자가 토지의 소유자와 동일하고 토지의 저당권자에게 신축건물에 관하여 토지의 저당권과 동일한 순위의 공동저당권을 설정해 주는 등 특별한 사정이 없는 한 저당물의 경매로 인하여 토지와 그 신축건물이 다른 소유자에 속하게 되더라도 그 신축건물을 위한 법정지상권은 성립하지 않는다[98다43601 전합].

40 ★★☆ 답 ①

정답 해설

① 물상보증인이 포함된 이시배당의 문제로 배당순위는 1번 공동저당권자 甲, 물상보증인 丙, 채무자 물건의 후순위 저당권자 丁의 순서이다. 사례에서 공동저당권자인 甲이 물상보증인 소유 부동산에서 먼저 2억 원을 배당받았고 채무자 소유 X토지의 경매시 甲은 나머지 1억 원을 배당받으며, 물상보증인인 丙은 2억 원을 변제자대위취득하므로 후순위저당권자인 丁은 매각대금에서 배당받을 수 있는 것이 없다.

더 알아보기

관련판례

- **채무자 소유의 부동산이 먼저 경매된 경우**

  공동저당의 목적인 채무자 소유의 부동산과 물상보증인 소유의 부동산 중 채무자 소유의 부동산에 대하여 먼저 경매가 이루어져 그 경매대금의 교부에 의하여 1번 공동저당권자가 변제를 받더라도 채무자 소유의 부동산에 대한 후순위 저당권자는 제368조 제2항 후단에 의하여 1번 공동저당권자를 대위하여 물상보증인 소유의 부동산에 대하여 저당권을 행사할 수 없다. 그리고 이러한 법리는 채무자 소유의 부동산에 후순위 저당권이 설정된 후에 물상보증인 소유의 부동산이 추가로 공동저당의 목적으로 된 경우에도 마찬가지로 적용된다[2013다 207996].

- **물상보증인 소유의 부동산이 먼저 경매된 경우**

  공동저당에 제공된 채무자 소유의 부동산과 물상보증인 소유의 부동산 가운데 물상보증인 소유의 부동산이 먼저 경매되어 매각대금에서 선순위공동저당권자가 변제를 받은 때에는 물상보증인은 채무자에 대하여 구상권을 취득함과 동시에 변제자대위에 의하여 채무자 소유의 부동산에 대한 선순위공동저당권을 대위취득한다. 물상보증인 소유의 부동산에 대한 후순위저당권자는 물상보증인이 대위취득한 채무자 소유의 부동산에 대한 선순위공동저당권에 대하여 물상대위를 할 수 있다. 이 경우에 채무자는 물상보증인에 대한 반대채권이 있더라도 특별한 사정이 없는 한 물상보증인의 구상금 채권과 상계함으로써 물상보증인 소유의 부동산에 대한 후순위저당권자에게 대항할 수 없다. 채무자는 선순위공동저당권자가 물상보증인 소유의 부동산에 대해 먼저 경매를 신청한 경우에 비로소 상계할 것을 기대할 수 있는데, 이처럼 우연한 사정에 의하여 좌우되는 상계에 대한 기대가 물상보증인 소유의 부동산에 대한 후순위저당권자가 가지는 법적 지위에 우선할 수 없다[2014다221777, 2014다221784].

제2과목 | 경제학원론

01	02	03	04	05	06	07	08	09	10
①	⑤	④	④	④	③	④	②	①	⑤
11	12	13	14	15	16	17	18	19	20
③	⑤	①	③	①	⑤	⑤	①	②	①
21	22	23	24	25	26	27	28	29	30
④	③	④	③	②	⑤	①	②	③	②
31	32	33	34	35	36	37	38	39	40
④	③	⑤	④	②	②	④	④	①	③

총평

올해 경제학원론 시험은 기출문제의 전형적 모습에서 벗어나, 수리적 모형에 근거하여 주요 개념을 정확하게 이해하고 있는지를 묻는 문제가 상당수 많았다. 문제 자체가 어려운 것은 아니었으나, 충분한 이해 없이 기출지문을 암기하는 데 그친 수험생들에게는 매우 어렵게 다가왔을 것이다. 부문별 출제비중을 살펴보면 미시경제학에서 20문제, 거시경제학에서 17문제, 국제경제학에서 3문제가 출제되었으며 미시경제학에서는 중요단원(수요공급이론, 소비이론, 생산이론, 시장이론)에 집중하여 문제(17문제)가 출제되었고 거시경제학에서는 계산문제(12문제)가 예년보다 매우 늘어난 것이 특징이다. 앞으로는 경제학을 학습함에 있어 맹목적 암기보다는 이해에 착안, 주요개념을 정확히 숙지하는 데 집중해야 할 것이다.

01 ★★☆　　　　　　　　　　　답 ①

[정답 해설]

X재의 가격을 P_X, Y재의 가격을 P_Y라고 할 때 Y재의 가격은 변하지 않는다고 하였으므로, 예산선 $P_X X + \overline{P_Y} Y = M$에서,

1) Y재의 가격이 변하지 않았는데 예산선의 Y절편이 작아졌다는 것은 소득(M)이 줄어들었다는 것을 의미한다(Y절편에서 X재화는 0개 구매).

2) 줄어든 소득에서, 예산선의 X절편이 그대로라는 것은 X재화의 가격이 하락하였다는 것을 의미한다(줄어든 소득에서 동일한 재화의 양을 구매할 수 있다는 것은 그 재화의 가격

이 하락하였기 때문이다).

따라서, X재의 가격은 하락하고, 소득은 감소한 것이다.

02 ★☆☆　　　　　　　　　　　답 ⑤

[정답 해설]

⑤ 수요가 가격 탄력적인 상품이라면 가격 하락 시 수요량 증가가 더 크게 나타나므로, 판매수입은 증가한다.

[오답 해설]

① 사치재는 수요의 소득탄력성이 1보다 큰 재화를 말한다. 소득탄력성이 0보다 크면 정상재이며, 이러한 정상재 중에서 수요의 소득탄력성이 0보다 크고 1보다 작은 재화를 필수재, 1보다 큰 재화를 사치재라고 한다.

② 열등재는 소득이 증가할 때 수요가 감소하는 재화로, 수요의 소득탄력성이 0보다 작은 재화를 말한다.

③ 기펜재는 열등재 중에서도 소득효과가 대체효과보다 더 큰 경우이다. 소득이 증가함에 따라 수요가 감소하는 재화를 열등재라고 하는데, 열등재 중에서도 열등성이 매우 커서 소득효과가 가격하락에 따른 수요량 증가의 대체효과를 초과하여 결과적으로 가격의 하락이 수요량의 감소를 가져오는 재화를 기펜재라고 한다.

④ 두 상품이 완전 대체재일 경우, 무차별곡선은 우하향하는 직선이다.

03 ★★☆　　　　　　　　　　　답 ④

[정답 해설]

- $X > Y$일 때

$$U = X + 2Y, \ Y = -\frac{1}{2}X + \frac{U}{2}$$

- $X < Y$일 때

$U = 2X + Y, \ Y = -2X + U$

- 따라서 무차별곡선은 $X = Y$를 기준으로 $X > Y$일 때에는 기울기가 $-\frac{1}{2}$, $X < Y$일 때에는 기울기가 -2인 직선의 형태가 되며 이를 나타내는 것은 ④이다.

04 ★☆☆   답 ④

정답 해설

$U(X, Y)=(X+2)(Y+1)=XY+X+2Y+2$에서 한계대체율이 4이므로,

$$MRS_{XY}=\frac{MU_X}{MU_Y}=\frac{Y+1}{X+2}=4$$

위에 식에 $X=14$를 대입하면, $4\times(14+2)=Y+1$

$\therefore Y=63$

05 ★☆☆   답 ④

정답 해설

ㄱ. [○] $MRTS_{LK}=\dfrac{MP_L}{MP_K}$이므로 옳다.

ㄴ. [○] 무차별곡선과 등량곡선 모두 완전 대체가 가능하면 우하향의 직선이 된다($Q=aL+bK$).

ㄷ. [○] 등량곡선이 원점에 대해 볼록하다는 것은 한계기술대체율(l등량곡선의 기울기)이 체감한다는 것이므로 옳다.

오답 해설

ㄹ. [×] 콥-더글러스(Cobb-Douglas) 생산함수의 한계기술대체율은 오른쪽으로 이동함에 따라 체감하는 것이지, 0이 아니다.

06 ★★★   답 ③

정답 해설

• 각각의 비용곡선을 정리하면,

$C(Q)=2+\dfrac{Q^2}{2}$에서, $MC=Q$

완전경쟁시장에서 $P=MC$이므로, $P=Q$

그리고 이러한 비용곡선을 가진 기업이 100개 존재하므로, $Q=100P$

• 또 다른 비용곡선 $C(Q)=\dfrac{Q^2}{10}$에서, $MC=\dfrac{1}{5}Q$

완전경쟁시장에서 $P=MC$이므로, $P=\dfrac{1}{5}Q$

그리고 이러한 비용곡선을 가진 기업이 60개 존재하므로, $Q=300P$

• 두 공급곡선을 합하면, 산업 A의 공급곡선은 $Q=400P$

07 ★☆☆   답 ④

정답 해설

• 완전경쟁시장에서 이윤의 극대화는 $P=MC$인 지점이므로,
  $100=8Q+4$, $Q=12$

• 그리고 이 때의 이윤 $\pi=TR-TC$ 이므로,
  $100\times12-(4\cdot12^2+4\cdot12+100)=476$

∴ (ㄱ) 생산량 : 12, (ㄴ) 이윤 : 476

08 ★★☆   답 ②

정답 해설

② 규모에 대한 수익체감이 아닌, 규모에 대한 수익체증에서 규모의 경제가 발생하여 독점형성으로 이어지므로 시장실패의 요인이 된다.

오답 해설

① 역선택은 정보가 비대칭적으로 분포된 상황에서 정보를 갖지 못한 측의 입장에서 볼 때 바람직하지 못한 상대방과 거래를 할 가능성이 높아지는 현상으로써, 시장실패의 사례이다.

③ 긍정적 외부성은 제3자가 혜택을 보면서도 그에 따른 대가를 지불하지 않기 때문에 시장실패의 사례이다.

④ 불완전한 정보는 역선택, 도덕적 해이와 관련되는 것으로써 시장실패를 발생시키는 요인이다.

⑤ 비경합성과 비배제성을 갖는 재화는 공공재이다. 공공재는 비경합성과 비배제성으로 인해 민간부문에서는 공급이 이루어지기 어렵고(시장실패), 보통 정부(국가)가 담당한다.

09 ★★★   답 ①

정답 해설

효용함수는 완전대체재인 직선의 효용함수이다. 효용함수의 기울기인 MRS_{XY}는 1이고 상대가격의 비율인 $\dfrac{P_X}{P_Y}$는 $\dfrac{5}{6}$에서 $\dfrac{8}{6}$로 변화한다. 따라서 처음에는 $MRS_{XY}>\dfrac{P_X}{P_Y}$로 X재화만 선택하지만 이후 X재의 가격이 상승하게 되면 $MRS_{XY}<\dfrac{P_X}{P_Y}$이므로 Y재화만 구매하게 된다. X재의 수요량 변화는 소득효과에 따른 변화는 없고, 대체효과에 기인한다.

10 ★★☆   답 ⑤

정답 해설

⑤ 이중가격설정은, 낮은 가격은 한계비용곡선과 수요곡선이 교차하는 지점의 가격으로, 높은 가격은 한계비용과 한계수입이 일치하는 가격으로 판매하도록 하는 정책이다.

① 러너의 독점력지수는 독점에 따른 후생손실을 측정하는 척도로써, 가격과 한계비용의 차이를 가격으로 나눈 것으로 정의한다. 즉 $dm = \dfrac{P-MC}{P}$에서 이윤극대화 수준의 $MC=MR$을 대입하면,

$$dm = \frac{P-MR}{P} = \frac{P-P\left(1-\dfrac{1}{\epsilon}\right)}{P} = \frac{1}{\epsilon}$$

따라서 러너의 독점력지수는 수요곡선 상의 이윤극대화점에서 측정한 수요의 가격탄력성의 역수와 같은 값이 되고, 수요의 가격탄력성이 클수록 독점도는 작아진다.

② 한계비용가격설정($P=MC$)은 한계비용이 가격과 일치하므로 자원배분이 효율적으로 이루어지지만 $P<AC$이므로 자연독점 기업이 손실을 보게 된다.

③ 평균비용가격설정($P=AC$)은 적자가 발생하지는 않지만, 한계비용가격설정보다 자원배분이 비효율적으로 이루어진다.

11 ★☆☆　　　　　　　　　　　답 ③

[정답 해설]

ㄱ. [○] 수요곡선이 수직선인 경우, 수요의 가격탄력성은 수요곡선 상의 모든 점에서 0이다.

ㄴ. [○] 수요곡선이 직각쌍곡선의 형태인 경우, 수요곡선 상의 모든 점에서 수요의 가격탄력성은 1이다.

ㄷ. [○] 공급곡선이 원점을 지나는 직선인 경우, 공급의 가격탄력성은 모든 점에서 1이다.

[오답 해설]

ㄹ. [×] 수요곡선이 우하향하는 직선인 경우, 수요의 가격탄력성은 중점에서 1이고, 중점보다 가격이 높으면 탄력적, 중점보다 가격이 낮으면 비탄력적이다.

12 ★☆☆　　　　　　　　　　　답 ⑤

[정답 해설]

⑤ 가격상한제와 가격하한제 모두 시장 균형에 인위적 조정을 가한 것이므로 자중손실이 발생한다.

[오답 해설]

① 가격상한제는 시장균형보다 낮은 수준의 가격에 상한을 두므로, 초과수요가 발생하고 실제 거래량은 실시 이전보다 감소한다.

② · ④ 가격하한제는 시장균형보다 높은 수준의 가격에 하한을 두므로, 초과공급이 발생하고 실제 거래량은 실시 이전보다 감소한다.

③ 최저임금제는 가격하한제에 해당하는 가격규제이다(최저임금 미만의 거래를 금지).

13 ★☆☆　　　　　　　　　　　답 ①

[정답 해설]

ㄴ. [○] 규모에 대한 수익체증은, 생산요소의 투입량을 K배 늘렸을 때 산출량은 K배보다 더 크게 증가하는 것을 말한다. 따라서 이 경우 장기평균비용곡선은 우하향한다.

[오답 해설]

ㄷ. [×] 기업의 한계비용곡선이 평균비용곡선의 최저점을 통과한다.

ㄹ. [×] 규모의 경제가 있으면 평균비용곡선은 우하향한다.

14 ★☆☆　　　　　　　　　　　답 ③

[정답 해설]

• 주어진 생산함수를 통해 한계기술대체율을 구하면,

$$MRTS_{LK} = \frac{MP_L}{MP_K} = \frac{0.5L^{-0.5}K^{0.5}}{0.5L^{0.5}K^{-0.5}} = \frac{K}{L}$$

• 그리고 생산요소 가격 비율은

$$\frac{w}{r} = \frac{12}{24}$$

• 두 식을 연립하면(생산자 균형)

$$\frac{K}{L} = \frac{12}{24}$$

$$\therefore \ L = 2K$$

15 ★☆☆　　　　　　　　　　　답 ①

[정답 해설]

① 평등주의 경향이 강할수록 사회무차별곡선은 원점에 대해 더 볼록한 모양을 갖는다.

[오답 해설]

② 평등주의 사회후생함수는 저소득층에 대해서는 보다 높은 가중치를, 그리고 고소득층에 대해서는 보다 낮은 가중치를 부여한다. 예로 내쉬의 사회후생함수 $SW = U_A \times U_B$가 있고 사회적 무차별곡선은 원점에 대해서 볼록한 형태를 취하게 된다.

③ 공리주의자의 사회후생함수는 $SW = U_A + U_B$로 사회후생은 소득분배와는 관계없이 개인의 효용을 합한 크기로 결정된다고 본다.

④ · ⑤ 롤즈의 사회후생함수는 사회의 후생이 가장 가난한 사람의 효용수준에 의해서 결정된다. 즉 $SW = \min(U_A, \ U_B)$이 되고, 후생극대화를 위해서는 최소극대화 원칙이 적용되어야 함을 알 수 있다. 그리고 사회적 무차별 곡선은 45도 선상에서 L자 형을 이룬다.

16 ★☆☆   답 ⑤

정답 해설

- 한계비용과 동일하게 가격을 설정한다고 하였으므로 $P=MC=5$이고 생산량은 $5=140-Q$, $Q=135$이다.
- 이때의 이윤 $\pi=TR-TC=5\times135-(750+5\cdot135)$
  $=-750$

따라서 손실이 750이다.

17 ★★☆   답 ⑤

정답 해설

- 고정비용이 400, 가변생산요소 L의 가격이 400이므로, $TC=400L+400$
- 단기생산함수 $Q=4L^{0.5}$를 L에 대하여 정리하면, $L=\dfrac{1}{16}Q^2$ 이다.
- L을 TC에 대입하면, $TC=400\times\dfrac{1}{16}Q^2+400$
  $=25Q^2+400$

18 ★★★   답 ①

정답 해설

① 계약곡선은 생산뿐 아니라 교환(소비)의 측면도 설명할 수 있으나 생산만을 언급하였으므로 틀린 지문이다.

오답 해설

② 효용가능곡선은 재화공간의 계약곡선을 효용공간으로 옮긴 것으로써 효용가능곡선상의 모든 점은 교환(소비)이 파레토 효율적으로 이루어지는 점이다.
③ 효용가능경계란 경제 내의 모든 자원을 가장 효율적으로 배분하였을 때의 개인A와 개인B의 효용조합을 의미하는 것으로, 효용가능곡선의 포락선으로 도출된다. 옳은 지문이다.
④ 종합적 효율성(overall efficiency)이란 생산과 교환이 모두 파레토효율적으로 이루어지는 상태로 $MRS_{XY}=MRT_{XY}$로 나타낼 수 있다.

19 ★★☆   답 ②

정답 해설

- 완전경쟁시장에서 이윤극대화를 추구하므로 $P=MC$이고 공급곡선에서 $P=2Q$이므로, $MC=2Q$
- $TC=TVC+TFC$에서
  $MC=\dfrac{dTC}{dQ}=\dfrac{dTVC}{dQ}=2Q$이므로 $TVC=Q^2$이 된다.

∴ 생산량이 5일 때, 가변비용은 25가 된다.

20 ★★☆   답 ①

정답 해설

- 총요소비용 TFC_L
  $=w\times L=(60+0.08L)\times L=60L+0.08L^2$에서 노동의 한계요소비용 $MFC_L=\dfrac{dTFC_L}{dL}=60+0.16L$이다.
- 기업A가 1,000의 노동량을 고용할 경우,
  $w=60+0.08\times1000=140$
- 그리고 이때의 $MFC_L=60+0.16\times1000=200$

따라서, 노동의 한계요소비용은 임금률보다 80만큼 더 크다.

21 ★★☆   답 ④

정답 해설

- 실질GDP증가율$=\dfrac{(100\times10)+(100\times50)}{(100\times10)+(80\times50)}=1.2$

∴ 2023년의 전년대비 실질GDP증가율은 20%이다.

- 소비자물가지수는 라스파이레스 물가지수로서 그 증가율은 다음과 같다.

  소비자물가상승률$=\dfrac{(15\times2)+(40\times1)}{(10\times2)+(50\times1)}=1$

∴ 2023년의 전년대비 소비자물가상승률은 0%이다.

- (ㄱ) : 20%, (ㄴ) : 0%

22 ★★☆   답 ③

정답 해설

③ 2023년 베트남의 투자는 10억 달러로 이는 재고투자에 해당한다.

오답 해설

① 2023년 한국의 GDP는 100억 달러이다(수출액).
② 2023년 베트남의 GDP는 부품 100달러를 수입해 소비재 완제품 200억 달러를 만든 것이므로, 부가가치 측면에서 100억 달러이다.
④ 2023년 베트남의 순수출은 수출액 190억 달러 - 수입액 100억 달러 = 90억 달러이다.
⑤ 2024년 베트남의 소비는 10억 달러지만, 재고투자가 감소하여 상쇄되기 때문에 GDP는 불변이다.

23 ★★★   답 ④

정답 해설

$Y=C+I+G+NX$는 다음의 계정으로 변경할 수 있다.
$Y-C-T+T-G-I=NX$
$(Y-C-T)+(T-G)-I=NX$
$(Y-C-T)+(50-40)-(50+60)=0$
∴ $Y-C-T=S^p=100$

24 ★★☆　　　　　　　　　답 ③

정답 해설

ㄱ. [○] 경제 주체들이 디스인플레이션 정책을 알고 있고 이것을 기대 인플레이션에 즉각 반영한다면, 그만큼 장기균형에 빨리 도달하고 실업률 상승을 동반하지 않게 된다.

ㄷ. [○] 단기에 필립스곡선이 우하향하므로 디스인플레이션 정책을 실행할 경우, 실업율이 증가하고 경기침체가 나타난다.

오답 해설

ㄴ. [×] 디스인플레이션 정책이 시행되면, 명목이자율은 고정된 상태에서 인플레이션율이 낮아지므로 실질이자율은 피셔방정식에 의하여 증가한다.

25 ★★☆　　　　　　　　　답 ②

정답 해설

손실함수를 최소화하도록 한다는 것은 $\dfrac{dL}{d\pi_t}=0$인 지점을 찾는 것이고 $\pi_t^e=0$이므로,

$L(\pi_t)=-0.5(\pi_t-0)+0.5(\pi_t)^2=-0.5\pi_t+0.5(\pi_t)^2$

$\dfrac{dL}{d\pi_t}=-0.5+\pi_t=0$

$\therefore \pi_t=0.5$

26 ★★☆　　　　　　　　　답 ⑤

정답 해설

⑤ 환율경로는 통화량의 변화가 환율의 변화를 가져와 그에 따른 순수출의 변화가 실물부문에 영향을 미치는 경로이다. 이 자율이 상승하면 원화표시 자산의 수익률이 상대적으로 높아지기 때문에, 자본이 유입되고 환율은 낮아진다(자국통화 가치 상승). 그 결과 수출은 감소하고, 수입이 증가하게 된다.

오답 해설

① 공개시장 매입은 중앙은행이 국채 등을 매입하고 돈을 주는 것이므로, 본원통화가 증가하여 이자율을 하락시킨다.

③ 통화정책의 변화가 산출량과 고용 등 실물부문에 영향을 미치는 경로를 금융정책의 파급경로 라고 하며, 이러한 금융정책의 파급경로로 크게 금리경로, 자산가격경로, 환율경로, 신용경로가 있다. 자산가격 경로는 통화량의 변화가 주식, 부동산 등 민간이 보유한 자산가격에 영향을 주어 실물부문에 영향을 미치는 경로로써 옳은 지문이다.

④ 신용경로 중 은행대출경로는 통화량의 변화로 인한 은행의 대출여력의 변화가 기업이나 가계의 대출에 영향을 주어 실물부문에 영향을 미치는 경로로써 옳은 지문이다.

27 ★★☆　　　　　　　　　답 ①

정답 해설

- 고전학파 모형에서는 저축과 투자가 일치한다. 따라서 $G=150$일 때, 실질이자율과 민간투자는

　$0.05r(1000-200)+(200-150)=200-10r$

　$40r+50=200-10r,\ 50r=150$

$\therefore r=3,\ I=S=170$

- 그리고 $G=200$일 때, 실질이자율과 민간투자는

　$0.05r(1000-200)+(200-200)=200-10r$

　$40r=200-10r,\ 50r=200$

$\therefore r=4,\ I=S=160$

- 따라서 실질이자율은 1%포인트 상승하고, 민간투자는 10 감소한다.

28 ★★☆　　　　　　　　　답 ②

정답 해설

② 생애주기가설에 따르면, 앞으로 T년을 더 생존할 것으로 예상되는 어떤 개인이 W의 자산을 보유하고 있으며, 현재부터 은퇴할 때까지 R년 동안 매년 Y원의 소득을 얻을 것으로 기대되는 경우, 이 개인의 소비함수 $C=\dfrac{W+RY}{T}$로 나타내진다. 따라서 은퇴연령의 변화 없이 기대수명이 증가하면, 매년 이루어지는 소비는 감소한다.

오답 해설

① 케인즈의 소비이론은 절대소득가설로, 이자율이 아닌 현재의 처분가능소득이 소비의 주요 결정요인이다.

③ 리카도의 등가정리는 정부지출이 고정된 상태에서 조세를 감면하고 국채발행을 통해 지출재원을 조달하더라도 경제의 실질변수에는 아무런 영향을 미칠 수 없다는 내용이다. 조세가 감면되고 국채가 발행되면, 개별경제주체들이 미래의 조세증가를 예상하고 이에 대비하여 저축을 증가시키므로 민간소비가 증가하지 않는다는 것이다. 이는 미래전망적인 소비이론에 근거한 것으로써, 케인즈의 소비이론보다는 항상소득가설 또는 생애주기가설의 기초와 더 가까운 것이다.

④ 케인즈의 소비이론은 현재의 처분가능소득의 크기에 따라 소비가 달라지게 된다(소비 평탄화가 아님).

⑤ 임의보행가설은 항상소득가설에 합리적 기대를 도입하여 소비행태를 설명하는 이론이다. 유동성제약이 존재할 경우, 케인즈의 절대소득가설이 생애주기가설, 항상소득가설보다 소비자의 소비선택을 더 잘 설명한다.

29 ★★☆   답 ③

정답 해설

정부지출승수는 $\dfrac{1}{1-c(1-t)}$ (c: 한계소비성향, t:세율)이므로 주어진 식에서 도출하면,

$$\frac{dY}{dG}=\frac{1}{1-0.5(1-0.2)}=\frac{1}{0.6}=\frac{5}{3}$$

따라서 정부지출을 1만큼 증가시키면 균형국민소득은 $\dfrac{5}{3}$만큼 증가한다.

30 ★☆☆   답 ②

정답 해설

$Y=C+I+G$에서 주어진 식을 대입하면,
$20=2+0.8(20-10)+(2-10r)+10$
$r=0.2$

31 ★☆☆   답 ④

정답 해설

생산함수를 변화율로 정리하면, $Y=AK^{0.5}L^{0.5}$에서

$$\frac{\Delta Y}{Y}=\frac{\Delta A}{A}+0.5\frac{\Delta K}{K}+0.5\frac{\Delta L}{L}$$

$$5\%=\frac{\Delta A}{A}+0.5\times4\%+0.5\times(-2\%)$$

$$\therefore\ \frac{\Delta A}{A}=4\%$$

32 ★★☆   답 ③

정답 해설

- 구매력평가설이 성립하므로 $\dfrac{\Delta e}{e}=\dfrac{\Delta P}{P}-\dfrac{\Delta P_f}{P_f}$에서, 한국과 미국의 인플레이션율이 각각 3%와 5%이므로 환율은 2% 하락한다.

- 이자율평가설이 성립하므로 $i=i_f+\dfrac{\Delta e}{e}$에서, 미국의 명목이자율이 5%, 환율이 2% 하락하므로 한국의 명목이자율은 3%이다.

33 ★★★   답 ⑤

정답 해설

균제상태의 조건인 $sf(k)=(n+g+d)k$에 1인당 생산함수를 대입하면, $0.2\times0.5k^{0.2}=0.1k$, $k^{0.2}=k$, $k=1$이다.

ㄷ. [○] 균제상태로 수렴함에 따라 1인당 자본량이 더 이상 변화하지 않으므로 생산량의 변화율도 0으로 수렴한다.

ㄹ. [○] 황금률에서는 $MP_k=n+d$이므로, $0.1k^{-0.8}=0.1$, $k=1$이므로 균제상태의 1인당 자본량과 황금률 수준은 같다.

오답 해설

ㄱ. [×] 1인당 자본량이 2라면 균제상태의 자본량보다 크기 때문에(자본 과다축적), 균제상태로 수렴하는 과정에서 1인당 투자는 감소하게 된다.

ㄴ. [×] 1인당 자본량이 2이면, 과다 자본 상태로 실제투자액보다 필요투자액이 더 크다. 따라서 1인당 자본의 감가상각이 1인당 저축보다 크다.

34 ★★★   답 ④

정답 해설

ㄷ. [○] 불가능의 삼각정리(Impossible Trinity)로, 환율의 안정, 통화정책의 독립성, 자본이동의 자유화 이 세 가지 목표는 동시에 달성하는 것이 불가능하며, 따라서 이 세 가지 목표 중에서 적어도 어느 하나는 포기해야 하는 현상을 말한다.

ㄹ. [○] 국내통화의 평가절상은 환율의 하락을 기대하게 된다는 것이므로, 국내통화로 계산된 외국채권의 기대수익률이 하락한다.

오답 해설

ㄱ. [×] 현재 시장균형환율보다 높은 수준이여서 자국통화가 약세이므로 투기세력 입장에서는 해당국의 통화가치가 상승하리라고 예상, 달러를 공급하여 해당국 통화로 교환하고자 한다. 투기적 공격으로 달러공급이 늘어나면 환율의 하락 우려가 발생하고, 이에 정부는 달러를 매입하게 되므로 국내 통화량은 증가한다.

ㄴ. [×] 투기적 공격으로 달러공급이 늘어나면 환율의 하락 우려가 발생하고, 이에 정부는 달러를 매입하게 되므로 외환보유고는 증가한다.

35 ★★☆   답 ②

오답 해설

① 유동성함정은 화폐수요곡선이 수평인 구간으로, 화폐수요의 이자율탄력성이 무한대(∞)이다.

③ IS곡선이 수평선인 경우, 통화정책은 LM곡선을 이동시키고 이로 인하여 국민소득 또한 증감하게 된다.

④ 물가 하락에 따른 자산의 실질가치 상승이 소비를 증가시키게 되는 효과를 피구효과라고 한다.

⑤ IS곡선이 우하향할 때, IS곡선의 위쪽에 있는 점이 생산물시장의 초과공급 상태이며 아래쪽이 초과수요 상태이다.

36 ★★★   답 ②

정답 해설

- 화폐시장의 균형에서는 $\dfrac{M^s}{P}=\dfrac{M^d}{P}$가 성립하고 $M=40$, $P=1$이므로 LM곡선을 도출하면, $40=3Y-r$
- 위의 LM곡선과 IS곡선인 $r=120-5Y$을 연립하면 균형소득과 균형이자율은, $40=3Y-(120-5Y)$, $Y=20$, $r=20$이 된다.
- 한편 균형이자율을 5만큼 높이므로 $r=25$가 되고, 이를 IS곡선에 대입하면 $25=120-5Y$, $Y=19$이다.
- 이를 LM곡선에 대입하면, $M^s=3Y-r=3\times19-25=32$
∴ 명목화폐공급량은 40에서 32로 8만큼 감소한다.

37 ★☆☆   답 ③

정답 해설

ㄱ. [○] 재화의 구매력을 기준으로 평가한 구매력평가환율에 따르면 5,000원=5달러이므로 환율은 1,000(원/달러)이다.

ㄴ. [○] '미국의 햄버거 가격과 환율이 변하지 않는다면'에서 현재 환율인 1,100(원/달러)을 유지하겠다는 의미임을 알 수 있으므로, 장기적으로 구매력평가설이 성립하기 위해서는 한국의 햄버거 가격이 5,500으로 상승해야 한다.

오답 해설

ㄷ. [×] '장기적으로 구매력평가설이 성립하고 한국과 미국의 햄버거 가격이 변하지 않는다면'은 장기적으로 환율이 1,000(원/달러)에 도달한다는 것을 뜻하므로, 환율은 하락하게 된다.

38 ★☆☆   답 ④

정답 해설

④ 실물경기변동이론은 새고전학파의 이론으로 경기변동이 추세에서 벗어난 불균형적 현상이 아니라, 그 자체가 균형의 변동이라는 관점을 따른다. 따라서 경기변동국면에서 최적화가 달성된다.

오답 해설

① 새케인즈학파는 단기 필립스곡선은 우하향한다고 본다.

② 가격 신축성에 근거하여 경기변동을 설명하는 것은 고전학파이다. 새케인즈학파는 가격변수의 경직성을 기본적 가정으로 둔다.

③ 화폐중립성은 고전학파의 견해다.

⑤ 메뉴비용이론이란 기업들이 가격을 변경하는데 발생하는 홍보비, 인쇄비 등의 비용을 말하는 것으로써 새케인즈학파의 재화가격의 경직성을 설명하는 이론이다.

39 ★★★   답 ①

정답 해설

- 생산가능인구를 100으로 두면, 경제활동참가율은 50%, 실업률은 10%이므로 경제활동인구는 50, 실업자는 5가 된다. 이를 표로 나타내면 다음과 같다.

생산가능인구(100)		
비경제활동인구(50)	경제활동인구(50)	
	실업자(5)	취업자(45)

- 여기에서 t와 $t+1$ 시점 사이의 변화를 순서대로 기입하면 다음과 같다.

	생산가능인구(100)		
	비경제활동인구(50)	경제활동인구(50)	
		실업자(5)	취업자(45)
〈*1〉		−1	1
〈*2〉	0.5	−0.5	
〈*3〉		0.45	−0.45
〈*4〉	−0.5	0.5	

〈*1〉 : $5\times0.2=1$

〈*2〉 : $5\times0.1=0.5$

〈*3〉 : $45\times0.01=0.45$

〈*4〉 : $50\times0.01=0.5$

- 이러한 변화를 합하면 다음과 같다.

생산가능인구(100)		
비경제활동인구(50)	경제활동인구(50)	
	실업자(4.45)	취업자(45.55)

따라서, $t+1$ 시점의 실업률 $=\dfrac{\text{실업자}}{\text{경제활동인구}}=\dfrac{4.45}{50}=8.9\%$

40 ★★★   답 ③

정답 해설

$M2$ 통화지표이므로 요구불예금 외에 저축성예금까지 계산하면 된다. 통화승수의 기본식인

$$m=\frac{M}{H}=\frac{C+D}{C+Z}=\frac{k+1}{k+z}\text{에서}$$

z(지급준비율)$=\dfrac{1}{10}$, k(현금−예금비율, $\dfrac{C}{D}$)$=\dfrac{1}{3}$이므로,

$$m=\frac{\dfrac{1}{3}+1}{\dfrac{1}{3}+\dfrac{1}{10}}=\frac{\dfrac{4}{3}}{\dfrac{13}{30}}=\frac{40}{13}≒3.07,\ \text{반올림하면 3.1이다.}$$

제3과목 | 부동산학원론

01	02	03	04	05	06	07	08	09	10
②	④	③	⑤	③	③	⑤	③	②	①
11	12	13	14	15	16	17	18	19	20
④	②	⑤	⑤	④	④	①	②	①	②
21	22	23	24	25	26	27	28	29	30
②	⑤	③	④	①	④	①	③	②	④
31	32	33	34	35	36	37	38	39	40
①	②	①	④	③	②	⑤	③	⑤	①

총평

전반적으로 제34회 시험에 비해 세세한 법령 내 규정이나 정의를 묻는 문제가 꽤 있어 수험생이 시험 중 당황스러운 순간이 있었을 것으로 예상된다. 전반적인 문제 수준은 예년에 비해 큰 차이가 없었고, 오히려 기본적인 문제도 많이 포함되어 있어 문제간 난이도 차이가 꽤 있었다고 볼 수 있다. 또한 몇 년 전부터 계산문제가 대폭 늘어난 것도 특징일 것이다. 정상적으로 공부했다면 40분의 한정된 시간에서 65~75점 정도 나올 것으로 예상된다. 부동산학원론은 1차 시험에서 전략적인 과목임에도 최근 범위가 넓어지고, 문제수준도 더 깊은 지식을 요구하고 있다. 개념정리와 문제풀이 등을 통하여 기존 지식을 응용하고 활용하는 연습이 필요하겠다.

01 ★★☆　　　　　　　　　　답 ②

정답 해설

② 정착물은 원래는 동산이나, 토지에 부착되어 계속적으로 이용되고 있다고 인정되는 물건으로 토지와 별도로 거래되는 독립정착물과 토지의 일부로 간주되는 종속정착물로 나눌 수 있으며, 문제는 종속정착물 종류를 물어보는 것으로 종속정착물은 축대, 도로, 구거, 매년 경작을 요하지 않는 다년생 식물, 자연식생물 등이 대표적이다.

오답 해설

가식 중에 있는 수목, 경작수확물은 정착물이 아니며, 건물, 소유권 보존등기된 입목은 토지와 독립된 정착물(독립정착물)이다.

02 ★★☆　　　　　　　　　　답 ④

정답 해설

④ 개업공인중개사 중 법인공인중개사만이 대통령령으로 정하는 기준과 절차에 따라 등록관청의 허가를 받아 그 관할 구역 외의 지역에 분사무소를 둘 수 있다.

03 ★★☆　　　　　　　　　　답 ③

오답 해설

① 민영주택은 국민주택을 제외한 주택을 의미한다.

② 세대구분형 공동주택은 공간의 일부를 구분소유 할 수 없다.

④ 에너지절약형 친환경주택은 이산화탄소 배출량을 저감할 수 있는 주택을 말한다.

⑤ 장수명 주택은 내부구조를 쉽게 변경할 수 있는 주택을 의미한다.

04 ★★★　　　　　　　　　　답 ⑤

정답 해설

⑤ 별도합산과세대상 토지는 영업용 건축물의 부속토지, 철거·멸실된 건축물 또는 주택의 부속토지 등이 있다.

05 ★★☆　　　　　　　　　　답 ③

정답 해설

③ 균형공간재고는 신규건설량과 기존 재고량을 합한 개념으로, 건축원자재 하락에 따라 신규건설량이 증가될 것이므로 균형공간재고는 증가할 것이다.

오답 해설

건축원자재 가격 하락은 신규 건설비용 하락으로 신규건설 착공이 용이해지고, 따라서 신규건설량이 증가함에 따라 시장에 공급이 증대되므로 균형가격 및 임대료는 하락될 것이다.

06 ★★☆ 답 ③

[오답 해설]

ⓒ (×) 후보지가 아닌 이행지에 대한 설명이다.

ⓔ (×) 나지 중 사법상의 권리가 설정되어 있지 않은 토지를 의미한다.

07 ★☆☆ 답 ⑤

[오답 해설]

공동중개계약이란 2인 이상의 업자가 공동활동으로 중개업무를 영위하는 제도를 의미한다.

08 ★★★ 답 ③

[정답 해설]

③ 시·군세에는 주민세·재산세·자동차세·도축세·농지세·종합토지세·담배소비세·도시계획세·지방소득세 등의 세목이 포함된다.

09 ★★☆ 답 ②

[정답 해설]

② 부동성이란 위치의 고정성을 의미하는 것으로 위치가 고정되어 있다 보니 외부효과에 영향을 많이 받게 된다.

10 ★★☆ 답 ①

[정답 해설]

① 빈집 및 소규모주택 정비에 관한 특례법상 소규모주택정비사업에 해당하는 것은 자율주택정비사업, 가로주택정비사업, 소규모재건축사업, 소규모재개발사업만을 의미한다.

11 ★☆☆ 답 ④

[정답 해설]

④ 감정평가법인등이 토지를 감정평가할 때에는 공시지가기준법을 적용해야 한다.

12 ★★☆ 답 ②

[정답 해설]

② 1,000,000(신축공사비)×115/100(건축비지수)×40/50(10년 만년감가: 2013.06.16.~2023.06.16.)×350(면적)=322,000,000원

13 ★☆☆ 답 ⑤

[정답 해설]

⑤ ㄱ, ㄴ, ㄷ, ㄹ 모두 옳은 설명이다.

14 ★☆☆ 답 ⑤

[오답 해설]

① 직접환원법은 한 해의 소득기준으로 환원한다.

② 수익환원법에 의해 산정된 가격을 수익가액이라 한다.

③ 유효총수익(가능총수익에서 공실 및 불량부채 충당금 공제)에서 운영경비를 공제한 것이 순수익이다.

④ 직접환원법은 시장추출법으로 구하는 것을 원칙으로 한다.

15 ★☆☆ 답 ④

[정답 해설]

④ 적합의 원칙은 부동산의 이용방법이 주위환경에 적합하여야 한다는 가격 제원칙으로 외부적 차원에서 지원하는 원칙이다.

16 ★☆☆ 답 ④

[정답 해설]

④ 감칙 제19조에 의해 광업재단은 수익환원법으로, 상표권, 영업권, 특허권, 전용측선이용권 등 무형자산의 감정평가방법은 수익환원법으로 평가해야 한다.

[오답 해설]

과수원은 감칙 제18조에 의거 거래사례비교법으로 평가한다.

17 ★☆☆ 답 ①

[오답 해설]

② 유사지역은 대상부동산이 속하지 않는 지역이나 인근지역과 유사한 특성을 갖는 지역을 의미한다.

③ 동일수급권은 대상부동산과 수요·공급 관계가 성립하고, 가치 형성에 서로 영향을 미치는 다른 부동산이 존재하는 권역을 의미한다.

④·⑤ 지역분석은 표준적 사용과 가격수준을 판정하는 것으로, 개별분석 이전에 실시하는 것이 일반적이다.

18 ★★☆ 답 ②

[정답 해설]

• 전체 환원율=1.8억/20억원=9%

• 9%=0.8×(토지환원율 8%)+0.2×(건물상각후환원율 8%+자본회수율)

• 따라서, 자본회수율은 5%

19 ★☆☆ 답 ①

정답 해설

① ㄱ: 영속성, ㄴ: 부증성, ㄷ: 개별성이 각 항목에 부합하는 토지 특성이다.

20 ★☆☆ 답 ②

정답 해설

② 현재 한국의 감정평가제도에서 토지와 건물을 일괄평가하는 것은 구분건물일 때만 가능한 것으로 일단 머리에 각인하고, 예외사항을 학습하도록 하자.

21 ★★★ 답 ②

정답 해설

- 정보가 불확실한 경우
  [(5억 5,000만원×0.6)+(2억 7,500만원)×0.4] / (1+0.1)
  =4억원
- 정보가 확실한 경우
  5억 5,000만원 / 1.1 = 5억원
- 따라서, 두 값의 차이인 1억원이 정보비용의 현재가치이다.

22 ★★★ 답 ⑤

정답 해설

⑤ 공급의 가격탄력성이 작을수록(비탄력적을 의미) 수요변화 시 균형가격의 변동폭은 커지고, 균형거래량의 변동폭은 작아진다. 무조건 암기보다는 수요공급 그래프를 그려가면서 정오답을 체크하는 게 유용하다.

23 ★☆☆ 답 ③

정답 해설

③ 재산, 자산, 부채, 인구 등은 저량(stock) 변수이다.

24 ★★★ 답 ④

오답 해설

ㄱ. (×) MPTS는 채권이 아닌 지분권적 성격을 갖는 증권이다.

ㄷ. (×) CMO는 트렌치별로 원금과 이자를 지급하고, 존속기간을 다양하게 하는 증권을 의미한다.

더 알아보기

MBB처럼 끝자리 글자가 B면 Bond를 의미해서 채권적 증권, S는 Security를 의미하나 Stock(주식)으로 암기하면 쉬울 듯하다.

25 ★★★ 답 ①

정답 해설

① 프로젝트 파이낸싱은 부외 금융의 대표적인 사례로, 여기서 부외 금융이란 대차대조표 장부에 부채로 표시되지 않는 금융을 의미한다.

26 ★★★ 답 ④

정답 해설

- LTV=대출금액 / 부동산가치(매매가격)
- 부채감당률 DSR=순영업소득 / 부채서비스액에서, 부채서비스액=순영업소득 / DSR
- 부채서비스액=대출액×MC(저당상수)에서, 대출액=부채서비스액 / MC
- 부채서비스액: 순영업소득 4천만원 / 부채감당률 2=2천만원
- 대출액: 부채서비스액 2천만원 / MC 0.1=2억원
- 따라서, LTV=2억원(대출액) / 4억원(매매가격)=50%

27 ★★☆ 답 ①

정답 해설

① 수요의 증가폭이 공급의 증가폭보다 클 경우, 균형가격은 상승하고, 균형거래량은 증가한다.

28 ★★☆ 답 ③

정답 해설

③ 부동산투자회사는 부동산 등 자산의 운용에 관하여 회계처리를 할 때에는 금융위원회가 정하는 회계처리기준에 따라야 한다.

29 ★★☆ 답 ②

정답 해설

아파트 가격 하락과 DSR 규제완화 그리고 가구수 증가는 수요를 견인하는 요인들이다.

오답 해설

반면 금리의 상승이나 실질소득 감소 대출, 규제 강화 등은 대출금액의 부담이나 대출의 어려움 또는 가처분 소득의 감소로 이어져 수요를 억제하는 요인들이다.

30 ★★★ 답 ④

정답 해설

④ 원금균등분할상환방식은 매기간 원금을 상환하기 때문에 매기간 원금과 이자를 분할하여 동일한 금액을 납부하는 원리금균등분할상환방식보다 원금의 평균적인 회수기간이 더 짧다. 대출잔금이 지속적으로 감소하고, 이에 따른 이자지급액

도 같이 감소하므로 초기 상환부담은 크나, 원금상환이 많이 이루어지므로 총 이자지급액도 작아지고, 총 원리금 누적액도 가장 낮다.

31 ★☆☆ 답 ①

정답 해설

① 투자포트폴리오는 비체계적 위험을 감소시키지 체계적 위험은 감소시키지 않는다.

32 ★☆☆ 답 ②

정답 해설

② Build는 준공, Transfer는 소유권 이전, Operate는 운영권을 의미한다고 보고, 문제에 맞게 적용하면 쉽게 풀 수 있는 문제이다.

33 ★★★ 답 ①

정답 해설

- NOI
  $= 85,000,000 - 85,000,000 \times (0.05 + 0.02 + 0.02 + 0.03)$
  $= 74,800,000$
- R＝부채감당률×대부비율×저당상수
  여기서, 부채감당률＝NOI / 부채서비스액이므로
  부채감당률은 74,800,000 / 20,000,000＝3.74
- 따라서, 3.74(부채감당률)×25%(대부비율)×0.06(저당상수)＝5.61%

34 ★★☆ 답 ④

정답 해설

④ ROI는 Return On Investment의 약어로 총투자액 대비 수익(return)을 의미한다. 여기서 return은 임대료 수익 외 매각차익도 포함하는 의미이다.

35 ★☆☆ 답 ③

정답 해설

③ 세분화된 시장이란, 구매자의 집단을 세부화하는 것인데 상식적으로 마케팅 전략에 대해 세부화된 집단이 동일하게 반응할 리가 없을 것이다. 세분시장의 개념만 알고 있으면 무난하게 풀 수 있는 문제이다.

36 ★☆☆ 답 ②

정답 해설

② 내부수익률 IRR은 NPV와 달리 각 자산의 내부수익률 IRR(A＋B)≠IRR(A)＋IRR(B)의 관계가 성립한다.

37 ★☆☆ 답 ⑤

정답 해설

⑤ 위탁관리는 타인에게 관리를 위탁시키는 방법이다 보니 전문성, 효율성을 높이고, 대형건물 등 전문적 관리가 필요할 경우 유용하겠지만, 기밀유지 측면에서 불리하다.

38 ★★★ 답 ③

정답 해설

ㄱ. 타인자본을 활용하지 않은 경우
  - 500 / 10,000＋0.02＝0.07
ㄴ. 타인자본을 활용한 경우
  - 매입가격 중 자기자본 6천만원, 타인자본 4천만원
  - 연 임대료수익분＝5백만원－4천만원(타인자본×4%)
    ＝340만원
  - 1년 후 처분 1억원×0.02＝200만원
  - (340만원＋200만원) / 6000만원＝0.09

39 ★★★ 답 ⑤

정답 해설

- 1월~7월 매장 예상 매출액＝80,000×200
  ＝월 1,600만원＜손익분기점 매출액
- 8월~12월 매장 예상 매출액＝200,000×200
  ＝월 4,000만원＞손익분기점 매출액
- [(5만원 기본임대료×7개월×200m²)＋(2,000만원 초과매출액×0.1×5개월)＋(5만원×200m²×5개월)]
- 70,000,000원＋10,000,000원＋50,000,000원
  ＝130,000,000원

40 ★★☆ 답 ①

정답 해설

① ㄱ: 신탁방식, ㄴ: 환지방식, ㄷ: 공영개발방식이 문제의 개념에 적합한 정의를 기술하였다.

제4과목 | 감정평가관계법규

01	02	03	04	05	06	07	08	09	10
④	⑤	④	①	③	①	②	③	②	③
11	12	13	14	15	16	17	18	19	20
④	④	⑤	⑤	②	④	⑤	②	②	③
21	22	23	24	25	26	27	28	29	30
①	③	①	⑤	③	②	③	⑤	④	①
31	32	33	34	35	36	37	38	39	40
⑤	⑤	①	②	④	②	④	④	④	①

총평

감정평가관계법규는 예년에 비해 높아진 난이도로 출제되었다. 변별력을 갖추기 위해 시행규칙, 시행령 별표, 기존에 출제되지 않았던 지엽적인 부분에서 답을 찾는 문제 등 세부적인 부분까지 충분히 학습을 마친 수험생이 고득점을 했을 것이라고 판단된다. 법령문제는 법조문을 유기적으로 학습하는 것이 관건이다. 법, 시행령과 세부 사항까지 유기적으로 공부하는 습관을 들이고 중요한 부분은 꼭 법의 규정취지를 생각해가며 학습하는 것이 기억을 오래 가져가는 방법이다.

01 ★☆☆　　　　　　　　　답 ④

정답 해설

④ 환경기초시설 : 하수도 · 폐기물처리 및 재활용시설 · 빗물저장 및 이용시설 · 수질오염방지시설 · 폐차장

※ 도축장은 보건위생시설에 해당한다.

국토계획법 시행령 제2조(기반시설)

① 「국토의 계획 및 이용에 관한 법률」(이하 "법"이라 한다) 제2조 제6호 각 목 외의 부분에서 "대통령령으로 정하는 시설"이란 다음 각 호의 시설(당해 시설 그 자체의 기능발휘와 이용을 위하여 필요한 부대시설 및 편익시설을 포함한다)을 말한다.

1. 교통시설	도로 · 철도 · 항만 · 공항 · 주차장 · 자동차정류장 · 궤도 · 차량 검사 및 면허시설
2. 공간시설	광장 · 공원 · 녹지 · 유원지 · 공공공지
3. 유통 · 공급시설	유통업무설비, 수도 · 전기 · 가스 · 열공급설비, 방송 · 통신시설, 공동구 · 시장, 유류저장 및 송유설비
4. 공공 · 문화체육시설	학교 · 공공청사 · 문화시설 · 공공필요성이 인정되는 체육시설 · 연구시설 · 사회복지시설 · 공공직업훈련시설 · 청소년수련시설
5. 방재시설	하천 · 유수지 · 저수지 · 방화설비 · 방풍설비 · 방수설비 · 사방설비 · 방조설비
6. 보건위생시설	장사시설 · 도축장 · 종합의료시설
7. 환경기초시설	하수도 · 폐기물처리 및 재활용시설 · 빗물저장 및 이용시설 · 수질오염방지시설 · 폐차장

02 ★★☆　　　　　　　　　답 ⑤

정답 해설

⑤ 국토계획법 제13조 제5항

오답 해설

① 중앙행정기관의 장, 시 · 도지사, 시장 또는 군수는 국토교통부장관이나 도지사에게 광역계획권의 지정 또는 변경을 요청할 수 있다(국토계획법 제10조 제2항).

② 도지사가 광역계획권을 지정하거나 변경하려면 관계 중앙행정기관의 장, 관계 시 · 도지사, 시장 또는 군수의 의견을 들은 후 지방도시계획위원회의 심의를 거쳐야 한다(국토계획법 제10조 제4항).

③ 국토교통부장관 또는 도지사는 광역계획권을 지정하거나 변경하면 지체 없이 관계 시 · 도지사, 시장 또는 군수에게 그 사실을 통보하여야 한다(국토계획법 제10조 제5항).

④ 광역계획권을 지정한 날부터 3년이 지날 때까지 관할 시장 또는 군수로부터 제16조 제1항에 따른 광역도시계획의 승인 신청이 없는 경우: 관할 도지사가 수립(국토계획법 제11조 제1항 제4호)

03 ★☆☆

目 ④

정답 해설

④ 도시 · 군관리계획의 입안을 제안받은 자는 제안자와 협의하여 제안된 도시 · 군관리계획의 입안 및 결정에 필요한 비용의 전부 또는 일부를 제안자에게 부담시킬 수 있다(국토계획법 제26조 제3항).

오답 해설

① 국토계획법 제24조 제5항 제1호
② 국토계획법 제25조 제1항
③ 국토계획법 제26조 제1항 제1호
⑤ 국토계획법 제20조 제3항

04 ★★☆

目 ①

정답 해설

① 제2종일반주거지역 : 중층주택을 중심으로 편리한 주거환경을 조성하기 위하여 필요한 지역(국토계획법 시행령 제30조 제1항 제1호)

국토계획법 시행령 제30조(용도지역의 세분)

① 국토교통부장관, 시 · 도지사 또는 대도시의 시장(이하 "대도시 시장"이라 한다)은 법 제36조 제2항에 따라 도시 · 군관리계획결정으로 주거지역 · 상업지역 · 공업지역 및 녹지지역을 다음 각 호와 같이 세분하여 지정할 수 있다.

1. 주거지역
   가. 전용주거지역 : 양호한 주거환경을 보호하기 위하여 필요한 지역
      (1) 제1종전용주거지역 : 단독주택 중심의 양호한 주거환경을 보호하기 위하여 필요한 지역
      (2) 제2종전용주거지역 : 공동주택 중심의 양호한 주거환경을 보호하기 위하여 필요한 지역
   나. 일반주거지역 : 편리한 주거환경을 조성하기 위하여 필요한 지역
      (1) 제1종일반주거지역 : 저층주택을 중심으로 편리한 주거환경을 조성하기 위하여 필요한 지역
      (2) 제2종일반주거지역 : 중층주택을 중심으로 편리한 주거환경을 조성하기 위하여 필요한 지역
      (3) 제3종일반주거지역 : 중고층주택을 중심으로 편리한 주거환경을 조성하기 위하여 필요한 지역
   다. 준주거지역 : 주거기능을 위주로 이를 지원하는 일부 상업기능 및 업무기능을 보완하기 위하여 필요한 지역

05 ★★★

目 ③

정답 해설

③ 국토계획법 제44조 제4항

오답 해설

① 「도시개발법」에 따른 200만제곱미터 규모의 도시개발구역에서 개발사업을 시행하는 자는 공동구를 설치하여야 한다(국토계획법 제44조 제1항 제5호, 국토계획법 시행령 제35조의2 제1항).

② 가스관, 하수도관, 그 밖의 시설은 공동구협의회(이하 "공동구협의회"라 한다)의 심의를 거쳐 수용할 수 있다(국토계획법 시행령 제35조의3).

④ 부담금의 납부통지를 받은 공동구 점용예정자는 공동구설치공사가 착수되기 전에 부담액의 3분의 1 이상을 납부하여야 하며, 그 나머지 금액은 제37조 제1항 제1호에 따른 점용공사기간 만료일(만료일 전에 공사가 완료된 경우에는 그 공사의 완료일을 말한다) 전까지 납부하여야 한다(국토계획법 시행령 제38조 제4항).

⑤ 공동구관리자는 대통령령으로 정하는 바에 따라 1년에 1회이상 공동구의 안전점검을 실시하여야 하며, 안전점검결과 이상이 있다고 인정되는 때에는 지체 없이 정밀안전진단 · 보수 · 보강 등 필요한 조치를 하여야 한다(국토계획법 제44조의2 제3항).

06 ★☆☆

目 ①

정답 해설

① 국토계획법 시행령 제55조 제1항 참고

국토계획법 시행령 제55조(개발행위허가의 규모)

① 법 제58조 제1항 제1호 본문에서 "대통령령으로 정하는 개발행위의 규모"란 다음 각호에 해당하는 토지의 형질변경면적을 말한다. 다만, 관리지역 및 농림지역에 대하여는 제2호 및 제3호의 규정에 의한 면적의 범위 안에서 당해 특별시 · 광역시 · 특별자치시 · 특별자치도 · 시 또는 군의 도시 · 군계획조례로 따로 정할 수 있다.

1. 도시지역
   가. 주거지역 · 상업지역 · 자연녹지지역 · 생산녹지지역 : 1만제곱미터 미만
   나. 공업지역 : 3만제곱미터 미만
   다. 보전녹지지역 : 5천제곱미터 미만
2. 관리지역 : 3만제곱미터 미만
3. 농림지역 : 3만제곱미터 미만
4. 자연환경보전지역 : 5천제곱미터 미만

07 ★☆☆　　　　　　　　　　답 ②

정답 해설

② 국토계획법 시행령 제84조

ㄴ. 유통상업지역 : 80% 이하

ㄷ. 일반공업지역 : 70% 이하

ㄱ. 제2종전용주거지역 : 50% 이하

ㄹ. 농림지역 : 20% 이하

08 ★★☆　　　　　　　　　　답 ③

정답 해설

③ 개발행위허가를 받은 자가 행정청인 경우 개발행위허가를 받은 자는 개발행위가 끝나 준공검사를 마친 때에는 해당 시설의 관리청에 공공시설의 종류와 토지의 세목(細目)을 통지하여야 한다. 이 경우 공공시설은 그 통지한 날에 해당 시설을 관리할 관리청과 개발행위허가를 받은 자에게 각각 귀속된 것으로 본다(국토계획법 제65조 제5항).

오답 해설

① 국토계획법 제65조 제2항

② 국토계획법 제65조 제1항

④ 국토계획법 제65조 제5항

⑤ 국토계획법 제65조 제8항

09 ★☆☆　　　　　　　　　　답 ②

정답 해설

② 개발밀도관리구역에서는 해당 용도지역에 적용되는 용적률 최대한도의 50퍼센트 범위에서 용적률을 강화하여 적용한다(국토계획법 제66조 제1항, 국토계획법 시행령 제62조 제1항).

오답 해설

① "개발밀도관리구역"이란 개발로 인하여 기반시설이 부족할 것으로 예상되나 기반시설을 설치하기 곤란한 지역을 대상으로 건폐율이나 용적률을 강화하여 적용하기 위하여 제66조에 따라 지정하는 구역을 말한다(국토계획법 제2조 제18호).

③ 국토계획법 제66조 제3항

④ 국토계획법 시행령 제62조 제2항

⑤ 국토계획법 시행령 제63조 제1호

10 ★★★　　　　　　　　　　답 ③

정답 해설

③ ㄱ : 50, ㄴ : 30

> **국토계획법 제75조의3(성장관리계획의 수립 등)**
> ② 성장관리계획구역에서는 제77조 제1항에도 불구하고 다음 각 호의 구분에 따른 범위에서 성장관리계획으로 정하는 바에 따라 특별시·광역시·특별자치시·특별자치도·시 또는 군의 조례로 정하는 비율까지 건폐율을 완화하여 적용할 수 있다.
> 1. 계획관리지역 : 50퍼센트 이하
> 2. 생산관리지역·농림지역 및 대통령령으로 정하는 녹지지역 : 30퍼센트 이하

11 ★★☆　　　　　　　　　　답 ④

정답 해설

④ 국토계획법 제42조 제1항 제3호

오답 해설

① 국토교통부장관, 시·도지사 또는 대도시 시장은 대통령령으로 정하는 바에 따라 제1항 각 호 및 같은 항 각 호 각 목의 용도지역을 도시·군관리계획결정으로 다시 세분하여 지정하거나 변경할 수 있다(국토계획법 제36조 제2항).

② 하나의 시·도 안에서 둘 이상의 시·군에 걸쳐 지정되는 용도지역에 대해서는 도지사가 직접 도시·군관리계획을 입안할 수 있다(국토계획법 제24조 제6항).

③ 공유수면(바다만 해당한다)의 매립 목적이 그 매립구역과 이웃하고 있는 용도지역의 내용과 같으면 제25조와 제30조에도 불구하고 도시·군관리계획의 입안 및 결정 절차 없이 그 매립준공구역은 그 매립의 준공인가일부터 이와 이웃하고 있는 용도지역으로 지정된 것으로 본다(국토계획법 제41조 제1항).

⑤ 제1항에 해당하는 구역·단지·지구 등(이하 "구역등"이라 한다)이 해제되는 경우(개발사업의 완료로 해제되는 경우는 제외한다) 이 법 또는 다른 법률에서 그 구역등이 어떤 용도지역에 해당되는지를 따로 정하고 있지 아니한 경우에는 이를 지정하기 이전의 용도지역으로 환원된 것으로 본다(국토계획법 제42조 제4항).

12 ★★★　　　　　　　　　　답 ④

정답 해설

④ 시가화조정구역에서 입목의 조림 또는 육림은 특별시장·광역시장·특별자치시장·특별자치도지사·시장 또는 군수의 허가를 받아 그 행위를 할 수 있다(국토계획법 제81조 제2항 제3호).

오답 해설

① 국토계획법 시행령 제32조 제1항

② 국토계획법 제31조 제2항, 국토계획법 시행령 제26조 제1항

③ 국토계획법 제51조

⑤ 국토계획법 제39조 제2항

13 ★★★　　　　답 ⑤

정답 해설

⑤ 국토계획법 제83조의2

> **국토계획법 제83조의2(입지규제최소구역에서의 다른 법률의 적용 특례)**
> ① 입지규제최소구역에 대하여는 다음 각 호의 법률 규정을 적용하지 아니할 수 있다.
> 1. 「주택법」 제35조에 따른 주택의 배치, 부대시설·복리시설의 설치기준 및 대지조성기준
> 2. 「주차장법」 제19조에 따른 부설주차장의 설치
> 3. 「문화예술진흥법」 제9조에 따른 건축물에 대한 미술작품의 설치
> 4. 「건축법」 제43조에 따른 공개 공지 등의 확보

더 알아보기

법률 개정으로 변경되는 점

24.8.7.에 시행되는 개정법령에서 국토계획법 제83조의2는 삭제되고, 제83조의3이 신설된다.

국토계획법 제83조의3(도시혁신구역에서의 다른 법률의 적용 특례)
[법률 제20234호, 2024.2.6., 일부개정] [시행 2024.8.7.]
① 도시혁신구역에 대하여는 다음 각 호의 법률 규정에도 불구하고 도시혁신계획으로 따로 정할 수 있다.
1. 「주택법」 제35조에 따른 주택의 배치, 부대시설·복리시설의 설치기준 및 대지조성기준
2. 「주차장법」 제19조에 따른 부설주차장의 설치
3. 「문화예술진흥법」 제9조에 따른 건축물에 대한 미술작품의 설치
4. 「건축법」 제43조에 따른 공개 공지 등의 확보
5. 「도시공원 및 녹지 등에 관한 법률」 제14조에 따른 도시공원 또는 녹지 확보기준
6. 「학교용지 확보 등에 관한 특례법」 제3조에 따른 학교용지의 조성·개발 기준

14 ★★★　　　　답 ⑤

정답 해설

⑤ 부동산공시법 시행규칙 제11조 제1항

> **부동산공시법 시행규칙 제11조(표준주택가격 조사·산정 보고서)**
> ① 영 제30조 제1항에서 "국토교통부령으로 정하는 사항"이란 다음 각 호의 사항을 말한다.
> 1. 주택의 소재지, 공부상 지목 및 대지면적
> 2. 주택 대지의 용도지역
> 3. 도로접면
> 4. 대지 형상
> 5. 주건물 구조 및 층수
> 6. 「건축법」 제22조에 따른 사용승인연도
> 7. 주위 환경

15 ★★☆　　　　답 ②

정답 해설

② 부동산공시법 제20조 참고

> **부동산공시법 제20조(비주거용 표준부동산가격의 조사·산정 및 공시 등)**
> 비주거용 표준부동산가격의 공시에는 다음 각 호의 사항이 포함되어야 한다.
> 1. 비주거용 표준부동산의 지번
> 2. 비주거용 표준부동산가격
> 3. 비주거용 표준부동산의 대지면적 및 형상
> 4. 비주거용 표준부동산의 용도, 연면적, 구조 및 사용승인일(임시사용승인일을 포함한다)
> 5. 그 밖에 대통령령으로 정하는 사항

16 ★☆☆　　　　답 ④

정답 해설

④ 부동산공시법 시행령 제10조 제2항

오답 해설

① 개별공시지가에 이의가 있는 자는 그 결정·공시일부터 30일 이내에 서면으로 관할 관청에 이의를 신청할 수 있다(부동산공시법 제7조 제1항).

② 표준지공시지가의 단위면적은 1제곱미터로 한다(부동산공시법 시행령 제10조 제1항).

③ 개발부담금의 부과대상이 아닌 토지에 대하여는 개별공시지가를 결정·공시하지 아니할 수 있다(부동산공시법 시행령 제15조 제1항 제1호).

⑤ 개별공시지가의 결정·공시에 드는 비용은 50퍼센트 이내에서 국고에서 보조한다(부동산공시법 시행령 제24조).

17 ★☆☆   답 ⑤

[정답 해설]

⑤ 감정평가법 제39조 제2항 참고

> 감정평가법 제39조(징계)
> ② 감정평가사에 대한 징계의 종류는 다음과 같다.
> 1. 자격의 취소
> 2. 등록의 취소
> 3. 2년 이하의 업무정지
> 4. 견책

18 ★★★   답 ②

[정답 해설]

② 국토교통부장관은 감정평가법인등이 장부 등의 검사를 거부 또는 방해한 경우에는 업무정지처분을 할 수 있다(감정평가법 제32조, 감정평가법 시행령 제29조, [별표 3]).

- 1차 위반 : 업무정지 1개월
- 2차 위반 : 업무정지 3개월
- 3차 이상 위반 : 업무정지 6개월

19 ★★★   답 ②

[정답 해설]

② 교육연수 대상자는 '등록의 취소' 및 '2년 이하의 업무정지'의 징계를 받은 감정평가사로 한다(감정평가법 시행령 제16조의2 제1항).

[오답 해설]

① 감정평가법 제21조 제4항
③ 감정평가법 제15조 제1항
④ 감정평가법 제13조 제1항 제2호
⑤ 감정평가법 시행령 제18조 제1항

20 ★☆☆   답 ③

[정답 해설]

③ • (ㄱ: 기부채납)이란 국가 외의 자가 제5조 제1항 각 호에 해당하는 재산의 소유권을 무상으로 국가에 이전하여 국가가 이를 취득하는 것을 말한다(국유재산법 제2조 제2호).
- (ㄴ: 변상금)이란 사용허가나 대부계약 없이 국유재산을 사용·수익하거나 점유한 자에게 부과하는 금액을 말한다(국유재산법 제2조 제9호).
- 총괄청이란 (ㄷ: 기획재정부장관)을 말한다(국유재산법 제2조 제10호).

21 ★☆☆   답 ①

[정답 해설]

① 정부시설에서 사용하는 궤도차량으로서 해당 시설의 폐지와 함께 포괄적으로 용도폐지된 것은 해당 시설이 폐지된 후에도 국유재산으로 한다(국유재산법 제5조 제2항).

22 ★★☆   답 ③

[정답 해설]

③ 국유재산법 제36조 제1항 제3호

> 국유재산법 제36조(사용허가의 취소와 철회)
> ① 중앙관서의 장은 행정재산의 사용허가를 받은 자가 다음 각 호의 어느 하나에 해당하면 그 허가를 취소하거나 철회할 수 있다.
> 1. 거짓 진술을 하거나 부실한 증명서류를 제시하거나 그 밖에 부정한 방법으로 사용허가를 받은 경우
> 2. 사용허가 받은 재산을 제30조 제2항을 위반하여 다른 사람에게 사용·수익하게 한 경우
> 3. 해당 재산의 보존을 게을리하였거나 그 사용목적을 위배한 경우
> 4. 납부기한까지 사용료를 납부하지 아니하거나 제32조 제2항 후단에 따른 보증금 예치나 이행보증조치를 하지 아니한 경우
> 5. 중앙관서의 장의 승인 없이 사용허가를 받은 재산의 원래 상태를 변경한 경우

[오답 해설]

① 사용허가를 받은 자는 허가기간이 끝나거나 제36조에 따라 사용허가가 취소 또는 철회된 경우에는 그 재산을 원래 상태대로 반환하여야 한다. 다만, 중앙관서의 장이 미리 상태의 변경을 승인한 경우에는 변경된 상태로 반환할 수 있다(국유재산법 제38조).
② 경작용으로 실경작자에게 사용허가를 하는 경우에는 수의의 방법으로 사용허가를 받을 자를 결정할 수 있다(국유재산법 시행령 제27조 제3항 제2호).
④ 행정재산의 사용허가에 관하여는 이 법에서 정한 것을 제외하고는 「국가를 당사자로 하는 계약에 관한 법률」의 규정을 준용한다(국유재산법 제31조 제3항).
⑤ 행정재산의 사용허가를 받은 자가 그 재산에 대하여 유지·보수 외의 시설을 설치하려는 때에는 그 경비조서를 갖추어 소관 중앙관서의 장의 승인을 받아야 한다(국유재산법 시행규칙 제19조 제1항).

23 ★★★　　　답 ①

① 국가가 매각한 일반재산을 일정기간 계속하여 점유·사용하는 경우는 국유재산법 시행령 제56조의 소유권 이전 사유에 해당하지 않는다.

국유재산법 시행령 제56조(소유권의 이전 등)

법 제51조 제2항 전단에서 "대통령령으로 정하는 경우"란 제55조 제2항 제2호 및 제4호부터 제7호까지, 같은 조 제3항 제3호, 같은 조 제4항 제1호에 따라 매각대금을 나누어 내는 경우를 말한다. 〈개정 2023.12.12.〉

국유재산법 시행령 제55조(매각대금의 분할납부) 제2항

2. 제33조에 따른 공공단체가 직접 비영리공익사업용으로 사용하려는 재산을 해당 공공단체에 매각하는 경우
4. 「도시 및 주거환경정비법」 제2조 제2호 나목에 따른 재개발사업을 시행하기 위한 정비구역에 있는 토지로서 시·도지사가 같은 법에 따라 재개발사업의 시행을 위하여 정하는 기준에 해당하는 사유건물로 점유·사용되고 있는 토지를 재개발사업 사업시행계획인가 당시의 점유·사용자로부터 같은 법 제129조에 따라 그 권리·의무를 승계한 자에게 매각하는 경우(해당 토지가 같은 법 제2조 제4호에 따른 정비기반시설의 설치예정지에 해당되어 그 토지의 점유·사용자로부터 같은 법 제129조에 따라 권리·의무를 승계한 자에게 그 정비구역의 다른 국유지를 매각하는 경우를 포함한다)
5. 「전통시장 및 상점가 육성을 위한 특별법」 제31조에 따른 시장정비사업 시행구역의 토지 중 사유건물로 점유·사용되고 있는 토지를 그 점유·사용자에게 매각하는 경우
6. 「벤처기업육성에 관한 특별조치법」 제19조 제1항에 따라 벤처기업집적시설의 개발 또는 설치와 그 운영을 위하여 필요한 토지를 벤처기업집적시설의 설치·운영자에게 매각하는 경우
7. 「산업기술단지 지원에 관한 특례법」 제10조 제1항에 따른 산업기술단지의 조성에 필요한 토지를 사업시행자에게 매각하는 경우

국유재산법 시행령 제55조 제3항

3. 지방자치단체에 그 지방자치단체가 다음 각 목의 용도로 사용하려는 재산을 매각하는 경우
　가. 직접 공용 또는 공공용으로 사용
　나. 법 제18조 제1항 제3호에 따른 사회기반시설로 사용
　다. 「산업입지 및 개발에 관한 법률」에 따른 산업단지의 조성을 위하여 사용
　라. 「국민여가활성화기본법」 제3조 제2호에 따른 여가시설의 조성을 위하여 사용

국유재산법 시행령 제55조 제4항

1. 「도시 및 주거환경정비법」 제2조 제2호 나목에 따른 재개발사업을 시행하기 위한 정비구역에 있는 토지로서 제2항 제4호에 따른 사유건물로 점유·사용되고 있는 토지를 재개발사업 시행인가 당시의 점유·사용자에게 매각하는 경우(해당 토지가 같은 법 제2조 제4호에 따른 정비기반시설의 설치예정지에 해당되어 그 토지의 점유·사용자에게 그 정비구역의 다른 국유지를 매각하는 경우를 포함한다)

---

② 국유재산법 제52조 제1호

국유재산법 제52조(매각계약의 해제)

일반재산을 매각한 경우에 다음 각 호의 어느 하나에 해당하는 사유가 있으면 그 계약을 해제할 수 있다.

1. 매수자가 매각대금을 체납한 경우
2. 매수자가 거짓 진술을 하거나 부실한 증명서류를 제시하거나 그 밖의 부정한 방법으로 매수한 경우
3. 제49조(용도를 지정한 매각)에 따라 용도를 지정하여 매각한 경우에 매수자가 지정된 날짜가 지나도 그 용도에 사용하지 아니하거나 지정된 용도에 제공한 후 지정된 기간에 그 용도를 폐지한 경우

---

③ 국유재산법 시행령 제55조 제2항 제1호
④ 국유재산법 시행령 제53조 제1항
⑤ 국유재산법 제46조 제4항

24 ★★☆　　　답 ⑤

⑤ 기둥과 기둥 사이의 거리(기둥의 중심선 사이의 거리를 말하며, 기둥이 없는 경우에는 내력벽과 내력벽의 중심선 사이의 거리를 말한다)가 20미터 이상인 건축물이 '특수구조 건축물'이다(건축법 시행령 제2조 18호).

① 건축법 시행령 제2조 제3호
② 건축법 시행령 제2조 제4호
③ 건축법 시행령 제2조 제5호
④ 건축법 시행령 제2조 제17호

25 ★☆☆

답 ③

정답 해설

③ 장례시설은 산업 등 시설군에 속한다(건축법 시행령 제14조 제4항).

시설군	건축물의 용도
1. 자동차 관련 시설군	자동차 관련 시설
2. 산업 등 시설군	운수시설, 창고시설, 공장, 위험물저장 및 처리시설, 자원순환 관련 시설, 묘지 관련 시설, 장례시설
3. 전기통신시설군	방송통신시설, 발전시설
4. 문화집회시설군	문화 및 집회시설, 종교시설, 위락시설, 관광휴게시설
5. 영업시설군	판매시설, 운동시설, 숙박시설, 제2종 근린생활시설 중 다중생활시설
6. 교육 및 복지시설군	의료시설, 교육연구시설, 노유자(老幼者) 시설, 수련시설, 야영장 시설
7. 근린생활시설군	제1종 근린생활시설, 제2종 근린생활시설(다중생활시설은 제외)
8. 주거업무시설군	단독주택, 공동주택, 업무시설, 교정시설, 국방·군사시설
9. 그 밖의 시설군	동물 및 식물 관련 시설

26 ★★★

답 ②

정답 해설

② 건축법 제77조의2 제1항 2호, 건축법 시행령 제110조의2 제1항 제4호

국토교통부장관 및 허가권자는 「건축법」 및 관계 법령에 따라 일부 규정을 적용하지 아니하거나 완화하여 적용할 수 있도록 (ㄱ: 경관지구)에서 (ㄴ: 「지역문화진흥법」에 따른 문화지구 안의 도로)에 접한 대지의 일정 구역을 특별가로구역으로 지정할 수 있다.

27 ★★★

답 ③

정답 해설

③ 건축법 시행령 제53조 제2항

건축법 시행령 제53조(경계벽 등의 설치)
② 법 제49조 제4항에 따라 다음 각 호의 어느 하나에 해당하는 건축물의 층간바닥(화장실의 바닥은 제외한다)은 국토교통부령으로 정하는 기준에 따라 설치해야 한다.
1. 단독주택 중 다가구주택
2. 공동주택(「주택법」 제15조에 따른 주택건설사업계획승인 대상은 제외한다)

---

3. 업무시설 중 오피스텔
4. 제2종 근린생활시설 중 다중생활시설
5. 숙박시설 중 다중생활시설

28 ★☆☆

답 ⑤

정답 해설

⑤ 주유소용지는 '주'로 표기한다.

29 ★★☆

답 ④

정답 해설

④ 공간정보관리법 시행령 제64조 제1항 참고

공간정보관리법 시행령 제64조(등록전환 신청)
① 법 제78조에 따라 등록전환을 신청할 수 있는 경우는 다음 각 호와 같다.
1. 「산지관리법」에 따른 산지전용허가·신고, 산지일시사용허가·신고, 「건축법」에 따른 건축허가·신고 또는 그 밖의 관계 법령에 따른 개발행위 허가 등을 받은 경우
2. 대부분의 토지가 등록전환되어 나머지 토지를 임야도에 계속 존치하는 것이 불합리한 경우
3. 임야도에 등록된 토지가 사실상 형질변경되었으나 지목변경을 할 수 없는 경우
4. 도시·군관리계획선에 따라 토지를 분할하는 경우

30 ★★★

답 ①

정답 해설

ㄱ. (ㅇ) 공간정보관리법 시행령 제59조 제1항 제1호
ㄴ. (ㅇ) 공간정보관리법 시행령 제58조 제28호

공간정보관리법 시행령 제58조(지목의 구분)
28. 잡종지
다음 각 목의 토지. 다만, 원상회복을 조건으로 돌을 캐내는 곳 또는 흙을 파내는 곳으로 허가된 토지는 제외한다.
가. 갈대밭, 실외에 물건을 쌓아두는 곳, 돌을 캐내는 곳, 흙을 파내는 곳, 야외시장 및 공동우물
나. 변전소, 송신소, 수신소 및 송유시설 등의 부지
다. 여객자동차터미널, 자동차운전학원 및 폐차장 등 자동차와 관련된 독립적인 시설물을 갖춘 부지
라. 공항시설 및 항만시설 부지
마. 도축장, 쓰레기처리장 및 오물처리장 등의 부지
바. 그 밖에 다른 지목에 속하지 않는 토지

ㄷ. (×) 건축물의 용도가 변경된 경우는 지목변경을 신청할 수 있다(공간정보관리법 시행령 제67조 제1항 제2호).

ㄹ. (×) 지적소관청이 지목변경을 하는 경우 시·도지사의 승인을 받을 필요가 없다. 지적소관청이 시·도지사 또는 대도시 시장의 승인을 받아야 하는 경우는 지번의 변경, 지적공부의 반출, 축척변경의 경우이다.

31 ★★★   답 ⑤

⑤ 공간정보관리법 제87조 제3호

> 공간정보관리법 제87조(신청의 대위)
> 다음 각 호의 어느 하나에 해당하는 자는 이 법에 따라 토지소유자가 하여야 하는 신청을 대신할 수 있다. 다만, 제84조에 따른 등록사항 정정 대상토지는 제외한다.
> 1. 공공사업 등에 따라 학교용지·도로·철도용지·제방·하천·구거·유지·수도용지 등의 지목으로 되는 토지인 경우: 해당 사업의 시행자
> 2. 국가나 지방자치단체가 취득하는 토지인 경우: 해당 토지를 관리하는 행정기관의 장 또는 지방자치단체의 장
> 3. 「주택법」에 따른 공동주택의 부지인 경우: 「집합건물의 소유 및 관리에 관한 법률」에 따른 관리인(관리인이 없는 경우에는 공유자가 선임한 대표자) 또는 해당 사업의 시행자
> 4. 「민법」 제404조에 따른 채권자

① 소유자의 성명 또는 명칭, 주소 및 주민등록번호는 토지대장과 임야대장 등록사항이다(공간정보관리법 제71조 제1항 제5호).

② 공유지연명부의 등록사항에 토지소유자의 변경 원인은 포함된다(공간정보관리법 제71조 제2항 제5호).

③ 지적공부에 등록하는 지번·지목·면적·경계 또는 좌표는 토지의 이동이 있을 때 토지소유자(법인이 아닌 사단이나 재단의 경우에는 그 대표자나 관리인을 말한다. 이하 같다)의 신청을 받아 지적소관청이 결정한다. 다만, 신청이 없으면 지적소관청이 직권으로 조사·측량하여 결정할 수 있다(공간정보관리법 제64조 제2항).

④ 지적소관청은 지적공부에 등록된 토지가 지형의 변화 등으로 바다로 된 경우로서 원상(原狀)으로 회복될 수 없거나 다른 지목의 토지로 될 가능성이 없는 경우에는 지적공부에 등록된 토지소유자에게 지적공부의 등록말소 신청을 하도록 통지하여야 한다(공간정보관리법 제82조 제1항).

32 ★★★   답 ⑤

⑤ 법정대리인이 등기를 신청한 경우에는 그 법정대리인에게, 법인의 대표자나 지배인이 신청한 경우에는 그 대표자나 지배인에게, 법인 아닌 사단이나 재단의 대표자나 관리인이 신청한 경우에는 그 대표자나 관리인에게 등기필정보를 통지한다(부동산등기규칙 제108조 제2항).

① 종중(宗中), 문중(門中), 그 밖에 대표자나 관리인이 있는 법인 아닌 사단이나 재단에 속하는 부동산의 등기에 관하여는 그 사단이나 재단을 등기권리자 또는 등기의무자로 한다(부동산등기법 제26조 제1항).

② 법인 아닌 사단이나 재단 및 국내에 영업소나 사무소의 설치 등기를 하지 아니한 외국법인의 등록번호는 시장(「제주특별자치도 설치 및 국제자유도시 조성을 위한 특별법」 제10조 제2항에 따른 행정시의 시장을 포함하며, 「지방자치법」 제3조 제3항에 따라 자치구가 아닌 구를 두는 시의 시장은 제외한다), 군수 또는 구청장(자치구가 아닌 구의 구청장을 포함한다)이 부여한다(부동산등기법 제49조 제3호).

③ 법인 아닌 사단이나 재단 명의의 등기를 할 때에는 그 대표자나 관리인의 성명, 주소 및 주민등록번호를 함께 기록하여야 한다(부동산등기법 제48조 제3항).

④ 전자신청은 당사자가 직접 하거나 자격자대리인이 당사자를 대리하여 한다. 다만, 법인 아닌 사단이나 재단은 전자신청을 할 수 없다(부동산등기규칙 제67조 제1항).

33 ★★★   답 ①

① 가등기는 등기 대상에 해당하는 권리의 설정, 이전, 변경 또는 소멸의 청구권을 보전하려는 때에 하므로 그 청구권이 시기부(始期附) 또는 정지조건부(停止條件附)일 경우나 그 밖에 장래에 확정될 것인 경우에도 가등기를 할 수 있다(부동산등기법 제88조). 따라서 임차권을 정지조건부로 설정하는 청구권을 보전하려는 경우에도 가등기를 할 수 있다.

② 등기관이 등기를 마친 후 그 등기가 제29조 제1호(사건이 그 등기소의 관할이 아닌 경우) 또는 제2호(사건이 등기할 것이 아닌 경우)에 해당된 것임을 발견하였을 때에는 등기권리자, 등기의무자와 등기상 이해관계 있는 제3자에게 1개월 이내의 기간을 정하여 그 기간에 이의를 진술하지 아니하면 등기를 말소한다는 뜻을 통지하여야 한다(부동산등기법 제58조 제1항).

③ 환매특약등기는 제3자의 승낙 여부와 관계없이 부기로 한다(부동산등기법 제52조).

④ 부동산 등기법 제65조 참고

> **부동산등기법 제65조(소유권보존등기의 신청인)**
> 미등기의 토지 또는 건물에 관한 소유권보존등기는 다음 각 호의 어느 하나에 해당하는 자가 신청할 수 있다.
> 1. 토지대장, 임야대장 또는 건축물대장에 최초의 소유자로 등록되어 있는 자 또는 그 상속인, 그 밖의 포괄승계인
> 2. 확정판결에 의하여 자기의 소유권을 증명하는 자
> 3. 수용(收用)으로 인하여 소유권을 취득하였음을 증명하는 자
> 4. 특별자치도지사, 시장, 군수 또는 구청장(자치구의 구청장을 말한다)의 확인에 의하여 자기의 소유권을 증명하는 자(건물의 경우로 한정한다)

⑤ 이의에는 집행정지(執行停止)의 효력이 없다(부동산등기법 제104조).

34 ★☆☆ 📖 ②

[정답 해설]
② 등기관이 등기사무를 처리한 때에는 등기사무를 처리한 등기관이 누구인지 알 수 있는 조치를 하여야 한다(부동산등기법 제11조 제4항).

[오답 해설]
① 부동산등기법 제11조 제3항
③ 부동산등기법 제14조
④ 부동산등기법 제15조 제1항
⑤ 부동산등기법 제19조 제2항

35 ★★★ 📖 ④

[정답 해설]
④ 대지권이 등기된 구분건물의 등기기록에는 건물만에 관한 소유권이전등기 또는 저당권설정등기, 그 밖에 이와 관련이 있는 등기를 할 수 없다(부동산등기법 제61조 제3항).

[오답 해설]
① 부동산등기법 제40조 제1항 제6호

> **부동산등기법 제40조(등기사항)**
> ① 등기관은 건물 등기기록의 표제부에 다음 각 호의 사항을 기록하여야 한다.
> 1. 표시번호
> 2. 접수연월일
> 3. 소재, 지번 및 건물번호. 다만, 같은 지번 위에 1개의 건물만 있는 경우에는 건물번호는 기록하지 아니한다.
> 4. 건물의 종류, 구조와 면적. 부속건물이 있는 경우에는 부속건물의 종류, 구조와 면적도 함께 기록한다.
> 5. 등기원인
> 6. 도면의 번호[같은 지번 위에 여러 개의 건물이 있는 경우와 「집합건물의 소유 및 관리에 관한 법률」 제2조 제1호의 구분소유권의 목적이 되는 건물(이하 "구분건물")인 경우로 한정한다]

② 부동산등기법 제43조 제3항
③ 부동산등기법 제46조 제1항
⑤ 부동산등기규칙 제12조 제2항

36 ★★☆ 📖 ②

[정답 해설]
② 등기명의인 표시의 변경 또는 경정(更正)의 등기는 등기명의인 단독으로 신청할 수 있다(동산채권담보법 제41조 제2항).

[오답 해설]
① 여러 개의 동산(장래에 취득할 동산을 포함한다)이더라도 목적물의 종류, 보관장소, 수량을 정하거나 그 밖에 이와 유사한 방법으로 특정할 수 있는 경우에는 이를 목적으로 담보등기를 할 수 있다(동산채권담보법 제3조 제2항).
③ 담보권설정자와 담보권자는 제1항의 존속기간을 갱신하려면 그 만료 전에 연장등기를 신청하여야 한다(동산채권담보법 제49조 제2항).
④ 판결에 의한 등기는 승소한 등기권리자 또는 등기의무자 단독으로 신청할 수 있고, 상속이나 그 밖의 포괄승계로 인한 등기는 등기권리자 단독으로 신청할 수 있다(동산채권담보법 제41조 제3항).
⑤ 담보권설정자와 담보권자는 말소등기를 신청할 수 있다(동산채권담보법 제50조 제1항).

> **동산채권담보법 제50조(말소등기)**
> ① 담보권설정자와 담보권자는 다음 각 호의 어느 하나에 해당하는 경우에 말소등기를 신청할 수 있다.
> 1. 담보약정의 취소, 해제 또는 그 밖의 원인으로 효력이 발생하지 아니하거나 효력을 상실한 경우
> 2. 담보목적물인 동산이 멸실되거나 채권이 소멸한 경우
> 3. 그 밖에 담보권이 소멸한 경우

37 ★★☆   답 ④

정답 해설

④ 도시정비법 제52조 제1항 제3호

> 도시정비법 제52조(사업시행계획서의 작성)
> ① 사업시행자는 정비계획에 따라 다음 각 호의 사항을 포함하는 사업시행계획서를 작성하여야 한다.
> 1. 토지이용계획(건축물배치계획을 포함한다)
> 2. 정비기반시설 및 공동이용시설의 설치계획
> 3. 임시거주시설을 포함한 주민이주대책
> 4. 세입자의 주거 및 이주 대책
> 5. 사업시행기간 동안 정비구역 내 가로등 설치, 폐쇄회로 텔레비전 설치 등 범죄예방대책
> 6. 제10조에 따른 임대주택의 건설계획(재건축사업의 경우는 제외한다)
> 7. 제54조 제4항, 제101조의5 및 제101조의6에 따른 국민주택규모 주택의 건설계획(주거환경개선사업의 경우는 제외한다)
> 8. 공공지원민간임대주택 또는 임대관리 위탁주택의 건설계획(필요한 경우로 한정한다)
> 9. 건축물의 높이 및 용적률 등에 관한 건축계획
> 10. 정비사업의 시행과정에서 발생하는 폐기물의 처리계획
> 11. 교육시설의 교육환경 보호에 관한 계획(정비구역부터 200미터 이내에 교육시설이 설치되어 있는 경우로 한정한다)
> 12. 정비사업비
> 13. 그 밖에 사업시행을 위한 사항으로서 대통령령으로 정하는 바에 따라 시·도조례로 정하는 사항

오답 해설

① 재개발사업이 아닌 재건축사업에 대한 내용이다(도시정비법 제2조 2호 다목).

더 알아보기

재개발사업, 재건축사업
- 재개발사업: 정비기반시설이 열악하고 노후·불량건축물이 밀집한 지역에서 주거환경을 개선하거나 상업지역·공업지역 등에서 도시기능의 회복 및 상권활성화 등을 위하여 도시환경을 개선하기 위한 사업.
- 재건축사업: 정비기반시설은 양호하나 노후·불량건축물에 해당하는 공동주택이 밀집한 지역에서 주거환경을 개선하기 위한 사업.

② 하나의 정비구역을 둘 이상의 정비구역으로 분할할 수 있다(도시정비법 제18조 제1항 제1호).

③ 재건축사업은 정비구역에서 인가받은 관리처분계획에 따라 주택, 부대시설·복리시설 및 오피스텔을 건설하여 공급하는 방법으로 한다(도시정비법 제23조 제3항). 환지공급방법은 주거환경개선사업 및 재개발사업의 경우 가능하다.

⑤ 재개발사업은 토지등소유자가 20인 미만인 경우에는 토지등소유자가 시행할 수 있다(도시정비법 제25조 제1항 제2호).

38 ★★★   답 ④

정답 해설

④ 도시정비법 시행령 제31조 참고

> 도시정비법 시행령 제31조(조합설립인가내용의 경미한 변경)
> 법 제35조 제5항 단서에서 "대통령령으로 정하는 경미한 사항"이란 다음 각 호의 사항을 말한다.
> 1. 착오·오기 또는 누락임이 명백한 사항
> 2. 조합의 명칭 및 주된 사무소의 소재지와 조합장의 성명 및 주소(조합장의 변경이 없는 경우로 한정한다)
> 3. 토지 또는 건축물의 매매 등으로 조합원의 권리가 이전된 경우의 조합원의 교체 또는 신규가입
> 4. 조합임원 또는 대의원의 변경(법 제45조에 따른 총회의 의결 또는 법 제46조에 따른 대의원회의 의결을 거친 경우로 한정한다)
> 5. 건설되는 건축물의 설계 개요의 변경
> 6. 정비사업비의 변경
> 7. 현금청산으로 인하여 정관에서 정하는 바에 따라 조합원이 변경되는 경우
> 8. 법 제16조에 따른 정비구역 또는 정비계획의 변경에 따라 변경되어야 하는 사항. 다만, 정비구역 면적이 10퍼센트 이상의 범위에서 변경되는 경우는 제외한다.
> 9. 그 밖에 시·도 조례로 정하는 사항

39 ★★☆   目 ④

정답 해설

④ 도시정비법 제14조 제1항 제7호

오답 해설

① 자치구의 구청장 또는 광역시의 군수는 제9조(정비계획의 내용)에 따른 정비계획을 입안하여 특별시장·광역시장에게 정비구역 지정을 신청하여야 한다(도시정비법 제8조 제5항).

② 건축물의 용도변경은 시장·군수등의 허가를 받아야 한다(도시정비법 제19조, 도시정비법 시행령 제15조).

③ 조합이 조합설립인가를 받은 날부터 3년이 되는 날까지 제50조에 따른 사업시행계획인가를 신청하지 아니하는 경우 정비구역의 지정권자는 정비구역등을 해제하여야 한다(도시정비법 제20조 제1항).

⑤ 정비구역등이 해제된 경우에는 정비계획으로 변경된 용도지역, 정비기반시설 등은 정비구역 지정 이전의 상태로 환원된 것으로 본다(도시정비법 제22조 제1항).

40 ★★★   目 ①

정답 해설

① 시공자·설계자 및 감정평가법인등(제74조 제4항에 따라 시장·군수등이 선정·계약하는 감정평가법인등은 제외한다)의 선정 및 변경시 총회의 의결을 거쳐야 한다. 다만, 감정평가법인등 선정 및 변경은 총회의 의결을 거쳐 시장·군수등에게 위탁할 수 있다(도시정비법 제45조 제1항 제5호).

오답 해설

② 판결에 따라 관리처분계획을 변경하는 경우는 경미한 사항이므로 시장·군수등에게 신고해야 한다(도시정비법 시행령 제61조 제3호).

③ 사업시행자는 관리처분계획이 인가·고시된 다음 날부터 90일 이내에 다음 각 호에서 정하는 자와 토지, 건축물 또는 그 밖의 권리의 손실보상에 관한 협의를 하여야 한다(도시정비법 제73조 제1항).

④ 재건축사업은 시장·군수등이 선정·계약한 1인 이상의 감정평가법인등과 조합총회의 의결로 선정·계약한 1인 이상의 감정평가법인등이 평가한 금액을 산술평균하여 결정한다(도시정비법 제74조 제4항).

⑤ 시장·군수등이 직접 관리처분계획을 수립하는 경우에도 토지등소유자에게 공람하게 하고 의견을 들어야 한다(도시정비법 제78조 제6항 참고).

제5과목 | 회계학

01	02	03	04	05	06	07	08	09	10
②	②	④	②	①	①	⑤	②	④	③
11	12	13	14	15	16	17	18	19	20
④	④	④	⑤	①	⑤	⑤	③	①	①
21	22	23	24	25	26	27	28	29	30
전항 정답	①	③	③	④	②	⑤	①	전항 정답	④
31	32	33	34	35	36	37	38	39	40
③	④	①	④	③	⑤	④	②	⑤	②

총평

회계학은 크게 재무회계와 원가관리회계로 구분됩니다. 전반적인 난이도는 예년과 비슷하였습니다. 재무회계 문항 중에서 유형자산 및 금융부채와 사채 등에서 다소 출제 비중이 높았으며 계산 과정상 복잡한 풀이를 요구하는 문항들도 조금 있었습니다. 원가관리회계의 경우에도 풀이에 다소 시간이 소요되는 문항들이 출제되었습니다. 회계학은 시간 관리가 중요하므로, 계산 과정이 너무 복잡하거나 시간이 다소 소요되는 문항들은 스킵하는 요령도 필요해 보입니다.

01 ★☆☆ 달 ②

[정답 해설]

② 부채가 발생하거나 인수할 때의 역사적 원가는 발생시키거나 인수하면서 수취한 대가에서 거래원가를 차감한 가치이다.

02 ★★☆ 달 ②

[오답 해설]

① 기업이 재무상태표에 유동자산과 비유동자산, 그리고 유동부채와 비유동부채로 구분하여 표시하는 경우, 이연법인세자산(부채)은 유동자산(부채)으로 분류하지 아니한다.

③ 환경 요인이 유의적인 산업에 속해 있는 경우나 종업원이 재무제표이용자인 경우 재무제표 이외에 환경보고서나 부가가치보고서는 한국채택국제회계기준의 적용 범위에 해당하지 않는다.

④ 부적절한 회계정책은 이에 대하여 공시나 주석 또는 보충자료를 통해 설명하더라도 정당화될 수 없다.

⑤ 해당 기간에 인식한 모든 수익과 비용 항목은 다음 중 한 가지 방법으로 표시한다.

- 첫째, 단일 포괄손익계산서
- 둘째, 두 개의 보고서: 당기순손익의 구성요소를 표시하는 보고서(별개의 손익계산서)와 당기순손익에서 시작하여 기타포괄손익의 구성요소를 표시하는 보고서(포괄손익계산서)

03 ★★☆ 달 ④

[정답 해설]

재고자산평가손실＝₩190$^{(주1)}$＋₩75$^{(주2)}$＋₩100$^{(주3)}$＝₩365

> **주1** 제품 A＝₩1,000 －₩900×(1－10%)＝₩190
> **주2** 제품 B＝₩1,200－₩1,250×(1－10%)＝₩75
> **주3** 원재료 B＝₩1,000－₩900＝₩100

더 알아보기

재고자산을 저가법으로 평가하는 경우 재고자산의 시가는 순실현가능가치를 말한다. 생산에 투입하기 위해 보유하는 원재료의 현행대체원가는 순실현가능가치에 대한 최선의 이용가능한 측정치가 될 수 있다. 다만, 원재료를 투입하여 완성할 제품의 시가가 원가보다 높을 때는 원재료에 대하여 저가법을 적용하지 아니한다.

04 ★☆☆ 달 ②

[정답 해설]

매출원가＝₩1,000(기초재고액)＋₩8,000×75%$^{(주1)}$＝₩7,000

> **주1** 당기매입원가율
> ＝₩9,000÷(₩11,500＋₩1,400－₩800－₩700
> ＋₩600)
> ＝75%

05 ★★★　　　답 ①

20×3년 주식보상비용

$= (75명 - 40명) \times 10개 \times 17 + 40명 \times 10개 \times 16 - 3,500^{(주1)}$
$\quad - 3,800^{(주2)}$

$= 5,050$

> **주1** 20×1년 주식보상비용
> $= (100명 - 5명 - 8명 - 12명) \times 10개 \times 14 \times (1/3)$
> $= 3,500$
>
> **주2** 20×2년 주식보상비용
> $= (100명 - 5명 - 7명 - 15명) \times 10개 \times 15 \times (2/3) - 3,500$
> $= 3,800$

06 ★☆☆　　　답 ①

총자산이익률 $= ₩735^{(주1)} \div [(₩10,000 + ₩11,000) \div 2] = 7\%$

> **주1** 기말자본(₩11,000 − ₩9,500)
> $=$ 기초자본(₩10,000 − ₩9,000) − ₩150(자기주식) −
> ₩165(현금배당) + ₩80(기타포괄이익) + 당기순이익
> (₩735)

07 ★★☆　　　답 ⑤

가중평균유통보통주식수

$= 3,000주 \times (1 + 10\%) \times (1 + 4\%) \times 6/12 + 4,200주 \times (1 + 4\%)$
$\quad \times 3/12 + 5,200주 \times 3/12$

$= 4,108주$

더 알아보기

10월 1일 유상증자 실시
- 무상증자 주식수 $= 1,000주 \times [(2,500 - 2,000) \div 2,500]$
$= 200주$
- 무상증자 비율 $= 200주 \div (4,200주 + 800주) = 4\%$

08 ★☆☆　　　답 ②

20×3년도 당기순이익

$= ₩250 - ₩10(20 \times 2년도 기말재고자산 과소계상) - ₩20$
$\quad (20 \times 3년도 기말재고자산 과대계상)$

$= ₩220$

09 ★★☆　　　답 ④

우선주에 배분될 배당금 $= ₩100^{(주1)} + ₩48^{(주2)} = ₩148$

> **주1** 누적적 부분 $= 50주 \times ₩20 \times 5\% \times 2년 = ₩100$
>
> **주2** 완전참가적 부분
> $= [₩500 - ₩100^{(주1)} - 200주 \times ₩20 \times 4\%] \times ₩1,000$
> $\quad \div (₩4,000 + ₩1,000)$
> $= ₩48$

10 ★☆☆　　　답 ③

③ 수익 인식 5단계는 다음과 같다.

> 고객과의 계약을 식별 → 수행의무를 식별 → 거래가격의
> 산정 → 거래가격을 계약 내 수행의무에 배분 → 수행의무
> 를 이행할 때(또는 기간에 걸쳐 이행하는 대로) 수익을 인식

11 ★★★　　　답 ④

20×2년 말 사채 장부금액(순액)

$= [(₩914^{(주4)} \times 1.1 - ₩50) \times (1 - 40\%^{(주1)})] = ₩574$

> **주1** 원금상환비율 $= ₩384^{(주2)} \div ₩960^{(주3)} = 40\%$
>
> **주2** 상환시 BV $= ₩300 + ₩84 = ₩384$
>
> **주3** 20×2년 6월 30일 BV
> $= ₩914^{(주4)} \times (1 + 10\% \times 6 \div 12) = ₩960$
>
> **주4** 20×1년 말 BV $= ₩876 \times 1.1 - ₩50 = ₩914$

12 ★★★　　　답 ④

주식발행초과금

$= ₩1,000 \times 60\%(현금납입액) + ₩135^{(주1)} \times 0.7972 \times 60\%(상$
환할증금의 현재가치$) + ₩72^{(주2)} \times 60\%(신주인수권대가) - 3$
주 $\times ₩100(액면금액)$

$= ₩408$

> **주1** 상환할증금 $= ₩1,000 \times 13.5\% = ₩135$
>
> **주2** 신주인수권대가
> $= ₩1,000 - (₩50 \times 2.4018 + ₩1,000 \times 113.5\%$
> $\quad \times 0.7118)$
> $= ₩72$

13 ★★☆   답 ④

당기순이익 증가액

$= ₩200^{(주1)} + ₩250^{(주2)} + ₩1,200^{(주3)} = ₩1,650$

> **주1** 젖소 $= (₩1,600 - ₩1,500) × 2마리 = ₩200$
> **주2** 송아지 $= ₩250 × 1마리 = ₩250$
> **주3** 우유 $= ₩10 × 100리터 + (₩12 - ₩10) × 100리터$
> $= ₩1,200$

14 ★★☆   답 ⑤

당기순이익 증가액 $= ₩150^{(주1)} - ₩30^{(주2)} + ₩100^{(주3)} = ₩220$

> **주1** FVPL 처분이익
> $= ₩120 × 5주 - ₩90 × 5주 = ₩150$
> **주2** 수수료비용 등 $= ₩120 × 5주 × (3\% + 2\%) = ₩30$
> **주3** FVPL 평가이익 $= (₩110 - ₩90) × 5주 = ₩100$

15 ★☆☆   답 ①

① 리스기간 종료시점에 기초자산의 소유권을 그 시점의 공정 가치에 해당하는 변동 지급액으로 이전하는 경우에는 운용 리스로 분류한다. 이는 기초자산의 소유에 따른 위험과 보상 의 대부분을 이전하지 않는다는 점이 분명하기 때문이다.

16 ★★☆   답 ⑤

ㄱ. (×) 법률에 따라 항공사의 항공기를 3년에 한 번씩 정밀하 게 정비하도록 하고 있는 경우 : 미래 발생할 수선유지비는 자산을 매각하는 등 미래 지출을 회피할 수 있기 때문에 현 재의무가 아니므로 충당부채로 인식하지 않는다.

ㄴ. (×) 새로운 법률에 따라 매연 여과장치를 설치하여야 하는 데, 기업은 지금까지 매연 여과장치를 설치하지 않은 경우 : 상업적 압력이나 법률 규정 때문에 공장에 특정 정화장치를 설치하는 지출을 계획하고 있거나 그런 지출이 필요한 경우 에는 공장 운영방식을 바꾸는 등의 미래 행위로 미래의 지 출을 회피할 수 있으므로 미래에 지출을 해야 할 현재의무 는 없으며 충당부채도 인식하지 아니한다.

17 ★★☆   답 ⑤

① 20×1년 말 토지 A로부터 기타포괄이익 ₩100이 증가한다.

② 20×2년 말 토지 A로부터 당기순이익 ₩500이 감소한다.

③ 20×2년 말 토지 B로부터 당기순이익 ₩300이 증가한다.

④ 20×3년 말 토지 A로부터 당기순이익 ₩300이 감소한다.

18 ★★★   답 ③

20×1년도 당기순이익 $= ₩94^{(주1)} - ₩226^{(주2)} = ₩132(감소)$

> **주1** 이자수익 $= ₩937^{(주3)} × 10\% = ₩94$
> **주2** 손상차손(20×1년 말)
> $= ₩937 + ₩94 - ₩80 - ₩725^{(주4)} = ₩226$
> **주3** $₩80 × 3.1698 + ₩1,000 × 0.6830 = ₩937$
> **주4** $₩50 × 2.4868 + ₩800 × 0.7513 = ₩725$

19 ★☆☆   답 ①

20×2년 말 사채의 BV

$= (₩300 + ₩15^{(주1)}) × 0.9434 = ₩298$

> **주1** 액면이자 $= ₩300 × 5\% = ₩15$

20 ★☆☆   답 ①

① 개인의 가까운 가족: 당해 기업과의 거래 관계에서 당해 개 인의 영향을 받거나 당해 개인에게 영향력을 행사할 것으로 예상되는 가족으로서 다음의 경우를 포함한다.

> ㉠ 자녀 및 배우자(사실상 배우자 포함. 이하 같다)
> ㉡ 배우자의 자녀
> ㉢ 당해 개인이나 배우자의 피부양자

21 ★★☆   답 전항정답

정답 해설

당기순이익 감소액 $=₩37,500^{(주1)}-14,500^{(주2)}=₩23,000$

> **주1** 자산감소액 $=\$30×₩1,250/\$=₩37,500$
> **주2** 부채감소액
> $=\$920×₩1,300/\$-\$945.2×₩1,250/\$$
> $=14,500$

> ※ 문제 풀이에 있는 해답이 보기에 없어, 전항정답 처리되었습니다.

22 ★★★   답 ①

정답 해설

- 손상차손
  $=₩30,000^{(주1)}-MAX(₩15,000, ₩18,000)=₩12,000$
- 손상차손환입액
  $=MIN[₩20,000^{(주2)}, MAX(₩21,000, ₩17,000)]$
  $-₩12,000$
  $=₩8,000$

> **주1** 20×2년 말 장부가액
> $=₩50,000×3년÷5년=₩30,000$
> **주2** 환입 한도액$=20×3년$ 말 장부가액
> $=₩50,000×2년÷5년=₩20,000$

23 ★★★   답 ③

정답 해설

- 재평가모형 $=₩2,250^{(주1)}$
- 공정가치모형 $=₩11,000-₩9,000$
  $=₩2,000$(투자부동산평가이익)

> **주1** 감가상각비 $=₩9,000÷4년=₩2,250$

더 알아보기

재평가모형

- 20×1년 말 $=₩9,000-(₩10,000-₩2,000^{(주2)})$
  $=₩1,000$(재평가잉여금)
- 20×2년 말 $=₩11,000-(₩9,000-₩2,250)$
  $=₩4,250$(재평가잉여금)

> **주2** 감가상각비 $=₩10,000÷5년=₩2,000$

24 ★★☆   답 ③

정답 해설

손익계산서에 인식할 비용 $=₩2,828^{(주1)}+₩150^{(주3)}=₩2,978$

> **주1** 감가상각비
> $=(₩15,139^{(주2)}-₩1,000)÷5년=₩2,828$
> **주2** 취득원가$=₩13,000+₩3,000×0.7130$(복구충당부채)
> $=₩15,139$
> **주3** 이자비용$=₩3,000×0.7130×7\%=₩150$

25 ★★★   답 ④

정답 해설

기타포괄손익누계액 $=₩8,000^{(주1)}-₩1,000^{(주2)}=₩7,000$(감소)

> **주1** 확정급여채무의 재측정요소
> $=₩190,000-₩120,000×(1+10\%)-₩60,000$
> $+₩10,000$
> $=₩8,000$
> **주2** 사외적립자산의 재측정요소
> $=₩110,000-₩90,000×(1+10\%)+₩10,000$
> $-₩20,000$
> $=₩1,000$

26 ★☆☆   답 ②

정답 해설

② 수확 후 조림지에 나무를 다시 심는 원가는 생물자산의 원가에 포함하지 아니한다.

27 ★★☆   답 ⑤

오답 해설

ㄱ. (×) 경영자가 의도하는 방식으로 운용될 수 있으나 아직 사용하지 않고 있는 기간에 발생한 원가는 무형자산의 장부금액에 포함하지 아니한다.

ㄷ. (×) 최초에 비용으로 인식한 무형항목에 대한 지출은 그 이후에 무형자산의 원가로 인식할 수 없다.

28 ★☆☆   답 ①

정답 해설

① 매각예정으로 분류된 비유동자산(또는 처분자산집단)은 공정가치에서 처분부대원가를 뺀 금액과 장부금액 중 작은 금액으로 측정한다.

29 ★★☆

🖹 전항정답

정답 해설

※ 가답안 기준 해설

감가상각비＝₩9,000[주1]＋₩5,250[주2]＝₩14,250

> **주1** 20×2.1.1.～20×2.9.30.까지의 감가상각비
> ＝(₩61,000－₩1,000)÷5년×(9/12)＝₩9,000
>
> **주2** 20×2.10.1.～20×2.12.31.까지의 감가상각비
> ＝[₩61,000－₩9,000[주3]－₩9,000[주1]－₩1,000]
> ×(3/6)×(3/12)
> ＝₩5,250
>
> **주3** 20×1.4.1.～20×1.12.31.까지의 감가상각비
> ＝(₩61,000－₩1,000)÷5년×(9/12)＝₩9,000

> ※ 출제자는 위의 풀이처럼 답안을 도출하여 처음 가답안
> 은 지문 ⑤ ₩14,250으로 발표되었습니다. 이후 최종정
> 답 발표에서 전항정답 처리되었는데, 그 이유는 기중 감
> 가상각비 변경시 K-IFRS에서 어떠한 명확한 기준을 제
> 시하고 있지 않아서 여러 가지로 문제 해석이 가능하기
> 때문으로 보입니다.

30 ★★☆

🖹 ④

정답 해설

- (주)감평이 인식할 유형자산처분이익
  ＝₩3,000＋₩7,900－₩10,000＝₩900
- (주)한국이 인식할 유형자산처분손실
  ＝₩3,000＋₩7,900－₩10,800＝₩100[주1]

> **주1** 유형자산처분손실＝₩8,000－₩7,900＝₩100

31 ★★☆

🖹 ③

정답 해설

제조간접비 예정배부율＝₩14,000[주3]÷1,000시간[주4]＝₩14

> **주1** 매출원가＝₩90,000×(1－30%)＝₩63,000
> **주2** 직접재료비
> ＝₩5,000＋₩30,000－₩6,000＝₩29,000
> **주3** 제조간접비
> ＝₩63,000[주1]－₩10,000＋₩12,000－₩7,000
> ＋₩5,000－₩29,000[주2]－₩20,000(직접노무비)
> ＝₩14,000
> **주4** 직접노무시간＝₩20,000÷₩20＝1,000시간

32 ★☆☆

🖹 ④

정답 해설

P2에 배분될 보조부문원가
＝₩22,500[주1]＋₩18,000[주2]＝₩40,500

> **주1** S1
> ＝₩60,000×18기계시간÷(30기계시간＋18기계시간)
> ＝₩22,500
>
> **주2** S2
> ＝₩30,000×240kW÷(160kW＋240kW)
> ＝₩18,000

33 ★☆☆

🖹 ①

정답 해설

비정상공손 수량＝20[주1]－13[주2]＝7(단위)

> **주1** 공손 수량
> ＝60(기초재공품)＋300(당기착수량)－260(완성품)
> －80(기말재공품)
> ＝20(단위)
> **주2** 정상공손 수량＝(60＋200)×5%＝13(단위)

34 ★★☆

🖹 ④

정답 해설

기말재고수량＝1,500kg[주1]－1,300kg[주2]＝200kg

> **주1** 실제 구입량＝₩3,000÷(₩5－₩3)＝1,500kg
> **주2** 실제 사용량
> ＝(₩3×2kg×800단위－₩900)÷₩3＝1,300kg

35 ★★★

🖹 ③

정답 해설

고정제조간접원가＝800단위×30[주2]＝₩24,000

> **주1** 기초분 @FOH
> ＝(₩7,000－₩5,000)÷100(기말재고)＝₩20
> **주2** 전부원가계산에 의한 영업이익(₩8,500)
> ＝₩6,000(변동원가계산에 의한 영업이익)＋150(기
> 말재고)×₩30(역산하여 산출)－100(기초재고)
> ×₩20[주1]

따라서, 기말분 @FOH＝₩30

36 ★★★ 답 ⑤

정답 해설

- A의 매출총이익 $= 80$단위 $\times ($₩$60-$₩$12.5^{(주1)}) = $₩$3,800$

> 주1 A의 단위당 원가
> $= ($₩$1,000+$₩$250^{(주2)}) \div 100$단위 $= $₩$12.5$
>
> 주2 A의 결합원가 배분액
> $= ($₩$1,450-$₩$1,000^{(주3)}) \times $₩$5,000$
> $\div ($₩$5,000+$₩$4,000)$
> $= $₩$250$

- A의 순실현가능가치
  $= $₩$60 \times 100$단위 $-$₩$1,000 = $₩$5,000$
- B의 순실현가능가치 $= $₩$30 \times 140$단위 $-$₩$200 = $₩$4,000$

> 주3 F의 순실현가능가치
> $= $₩$30 \times 50$단위 $-$₩$500 = $₩$1,000$

37 ★★☆ 답 ④

정답 해설

제품 A의 판매수량
$= ($₩$30,000+$₩$16,000^{(주1)}) \div ($₩$1,000-$₩$600) = 115$단위

> 주1 세전이익 산출과정
>
> | 세전이익 | 계산과정 | 세후이익 |
> |---|---|---|
> | ₩10,000 | ₩10,000 $\times (1-20\%)=$ | ₩8,000 |
> | ₩6,000 | $=$₩$4,500 \div (1-25\%)$ | ₩4,500 |
> | ₩16,000 | $-$ | ₩12,500 |

38 ★★☆ 답 ②

정답 해설

투자수익률$(Y) = $₩$6,000^{(주1)} \div $₩$50,000 = 12\%$

> 주1 영업이익(Y)
> $= $₩$1,000^{(주2)}+$₩$50,000 \times 10\% = $₩$6,000$
>
> 주2 잔여이익$(Y) = $₩$3,500^{(주3)}-$₩$2,500 = $₩$1,000$
>
> 주3 잔여이익(X)
> $= $₩$10,500^{(주4)}-$₩$70,000 \times 10\% = $₩$3,500$
>
> 주4 X의 영업이익 $= $₩$70,000 \times 15\% = $₩$10,500$

39 ★★★ 답 ⑤

정답 해설

1월 말의 예상 현금유입액
$= $₩$5,000^{(주1)}+$₩$22,500^{(주2)}+$₩$57,000^{(주3)} = $₩$84,500$

> 주1 20×1년 11월 판매분
> $= $₩$5,000 \div (1-90\%) \times 10\% = $₩$5,000$
>
> 주2 20×1년 12월 판매분
> $= $₩$30,000 \div (1-60\%) \times 30\% = $₩$22,500$
>
> 주3 20×2년 1월 판매분
> $= $₩$100,000 \times 60\% \times (1-5\%) = $₩$57,000$

40 ★☆☆ 답 ②

정답 해설

카이젠원가계산은 제조단계에서 원가절감 목표를 설정하고 이를 달성하도록 제조공정을 지속적으로 개선해 나가는 원가계산 방법이다. 이는 목표원가계산이 제조이전단계의 대폭적인 원가절감에 초점이 맞추어져 있는 반면, 카이젠원가계산은 제조과정의 지속적인 원가절감에 초점이 맞추어져 있다.

인생에서 실패한 사람 중 다수는
성공을 목전에 두고도 모른 채 포기한 이들이다.

− 토마스 A. 에디슨 −

늘 명심하라. 성공하겠다는 너 자신의 결심이
다른 어떤 것보다 중요하다는 것을.

– 에이브러햄 링컨 –

좋은 책을 만드는 길, 독자님과 함께하겠습니다.

2025 시대에듀 감정평가사 1차 한권으로 끝내기 + 최신기출무료특강

개정4판1쇄 발행	2024년 06월 14일 (인쇄 2024년 05월 29일)
초 판 발 행	2020년 11월 25일 (인쇄 2020년 10월 30일)
발 행 인	박영일
책 임 편 집	이해욱
저 자	박기인 · 윤효묵 · 황사빈 · 유준수 · 신현철 · 구갑성
편 집 진 행	박종현
표지디자인	박종우
편집디자인	박지은 · 고현준
발 행 처	(주)시대고시기획
출 판 등 록	제10-1521호
주 소	서울시 마포구 큰우물로 75 [도화동 538 성지 B/D] 9F
전 화	1600-3600
팩 스	02-701-8823
홈 페 이 지	www.sdedu.co.kr

I S B N	979-11-383-7188-9 (13360)
정 가	90,000원

시대에듀 감정평가사

감정평가사 기출이 충실히 반영된 기본서!

1차 기본서 라인업

감정평가사 1차

민법 기본서

감정평가사 1차

경제학원론 기본서

감정평가사 1차

부동산학원론 기본서

감정평가사 1차

감정평가관계법규 기본서

감정평가사 1차

회계학 기본서

1·2차 기본서

단기합격을 위한 최적의 기본서 시리즈!

2차 기본서 라인업

감정평가사 2차

감정평가이론

감정평가사 2차

감정평가실무

감정평가사 2차

감정평가 및 보상법규

※ 도서의 이미지 및 세부사항은 변경될 수 있습니다.

시대에듀
감정평가사 1차 대비 시리즈

감정평가사 1차 종합서

감정평가사 1차 한권으로 끝내기

핵심이론 + 단원별 기출문제로 이루어진
단기합격을 위한 종합서(3권 세트)

❶권 민법 / 부동산학원론
❷권 경제학원론 / 회계학
❸권 감정평가관계법규 / 최신기출문제(제35회)

감정평가사 1차 기출문제집 시리즈

감정평가사 1차 전과목 4개년 기출문제집

▸ 전과목 기출문제를 한번에 풀어보는 실전 대비용
▸ 2023~2020년도 1차 전과목을 담은 기출문제집
▸ 민법 / 경제학원론 / 부동산학원론 / 감정평가관계법규 / 회계학

감정평가사 1차
과목별 기출문제집(+최종모의고사)

▸ 2024년 포함 과목별 기출문제(2024~2016년) 수록
▸ 취약한 과목을 집중 공략
▸ 적중률 높은 최종모의고사 수록
▸ 민법 / 경제학원론 / 부동산학원론 /
  감정평가관계법규 / 회계학